MW00629665

LOS JUDÍOS, EL MUNDO Y EL DINERO

Traducción de
VÍCTOR GOLDSTEIN

JACQUES ATTALI

LOS JUDÍOS, EL MUNDO Y EL DINERO

Historia económica del pueblo judío

FONDO DE CULTURA ECONÓMICA

Primera edición en francés,   2002
Primera edición en español, FCE Argentina, 2005
   Primera reimpresión, FCE México,   2019

Attali, Jacques
   Los judíos, el mundo y el dinero. Historia económica del pueblo judío / Jacques Attali ; trad. de Víctor Goldstein. — Buenos Aires : FCE, 2005
   554 p. ; 23 × 15 cm — (Colec. Historia)
   Título original: Les Juifs, le monde et l´argent
   ISBN 978-950-557-588-6

   1. Economía – Historia – Judíos 2. Judaísmo – Aspectos económicos y sociales I. Goldstein, Víctor, tr. II. Ser. III. t.

LC DS140.5   Dewey 909.0499A842j

Distribución mundial

© 2002, Librairie Arthéme Fayard, París
Título original: *Les Juifs, le monde et l'argent*

D. R. © 2019, Fondo de Cultura Económica
Carretera Picacho-Ajusco, 227; 14738 Ciudad de México
www.fondodeculturaeconomica.com
Comentarios: editorial@fondodeculturaeconomica.com
Tel.: (55)5227-4672

Diseño de portada: Laura Esponda Aguilar

ISBN 978-950-557-588-6

Impreso en México • *Printed in Mexico*

A mi padre, Simon

AGRADECIMIENTOS

El gran rabino René Sirat, los rabinos Daniel Fahri y Marc-Alain Ouaknin, la señora Jeanne Auzenet y los señores Jacques Bendelac, Ronnie Bruckner, René Cleitman, Charles Enderlin y Denis Maraval tuvieron a bien releer y examinar conmigo la totalidad o partes de este manuscrito. La señora Jeanne Auzenet tuvo la gentileza de cotejar su bibliografía. A todos ellos les agradezco infinitamente. Es evidente que cualquier inexactitud o juicio de valor son de mi exclusiva responsabilidad.

Nota del autor: Para cada acontecimiento tuve que escoger una fecha entre todas las que sostienen distintos historiadores. Para cada nombre propio, sea de persona o lugar, tuve que inclinarme por una ortografía, cuando divergían los criterios de los autores.

INTRODUCCIÓN

Ésta es la historia de las relaciones del pueblo judío con el mundo y el dinero. No se me escapa la condena que pesa sobre este tema. Desencadenó tantas polémicas, acarreó tantas matanzas que se convirtió en una suerte de tabú: no se lo puede evocar bajo pretexto alguno, por miedo a despertar una catástrofe inmemorial. Hoy en día ya nadie se atreve a escribir sobre este tema; parecería que siglos de estudios sólo hubieran servido para echar más leña al fuego de los autos de fe. Por ello, por su sola existencia, este libro corre el riesgo de ser fuente de mil malentendidos.

Cuando uno aborda un tema, siempre se ve tentado a agrandar su importancia. En este caso se corre el gran riesgo de sobreestimar la injerencia del dinero en la historia del pueblo judío, y la del pueblo judío en la historia del mundo. Al decidir el modo de narrar esta historia, uno podría hacer creer que existe un pueblo judío unido, rico y poderoso, ubicado bajo un gobierno centralizado, encargado de hacer que funcione una estrategia de poder mundial por medio del dinero. Nos cruzaríamos de ese modo con fantasías que atravesaron todos los siglos, de Trajano a Constantino, de Mateo a Lutero, de Marlowe a Voltaire, de los *Protocolos de los sabios de Sión* a *Mein Kampf,* hasta el acervo anónimo presente en Internet.

Por añadidura, un libro no es como una conversación: uno no puede concluirlo; tampoco dominar su curso; ni siquiera es como esas historias graciosas —¡hay tantas sobre este tema!— que autorizan a reírse de todo a condición de que no sea con cualquiera. Una vez publicado, un manuscrito escapa a su autor, y ayuda a algunos lectores a reflexionar y a otros a alimentar sus fantasmagorías. Por lo tanto, al escribirlo, hay que prepararlo para todos sus avatares, inclusive los más fraudulentos.

Con todo, a los hombres de hoy les interesa comprender cómo el descubridor del monoteísmo se vio en la situación de fundar la ética del capitalismo antes de convertirse, a través de algunos de sus hijos, en su principal agente, su primer banquero, y, a través de otros, en su más implacable enemigo. Para el propio pueblo judío es igualmente esencial enfrentar esta parte

11

de su historia que no le gusta y de la cual, de hecho, tendría todas las razones para estar orgulloso.

Para ello hay que dar respuesta a preguntas difíciles: ¿fueron los judíos los usureros cuya memoria conservó la Historia? ¿Mantuvieron con el dinero un vínculo especial? ¿Son actores específicos del capitalismo? ¿Aprovecharon guerras y crisis para hacer fortuna? O, por el contrario, ¿sólo fueron banqueros, orfebres, agentes cuando se les prohibía el acceso a los otros oficios? ¿Son hoy los amos de la globalización o bien sus peores adversarios?

Para responder a tales interrogantes y muchos otros —al tiempo que asumimos los riesgos inevitables de la síntesis—, tendremos que revivir los mayores acontecimientos de la historia política, religiosa, económica y cultural de los tres últimos milenios; describir el destino que las naciones reservaron a las minorías; seguir la suerte de príncipes y mendigos, intelectuales y campesinos, filósofos y financistas, mercaderes y capitanes de industria; y reseñar sus trayectorias a menudo increíbles y fulgurantes, casi siempre trágicas, gloriosas o miserables, de poder y de dinero.

Nos sorprenderemos entonces al descubrir el sentido inesperado que adoptan algunos de los más conocidos acontecimientos cuando se revele el papel que tuvo en ellos el pueblo del Libro.

Para realizar semejante travesía, no puede hablarse de adoptar de antemano sólo una brújula: en la extraordinaria profusión de aventuras colectivas y destinos individuales en que se mezcló el pueblo judío sería absurdo seguir una sola pista. Mi tesis se develará a medida que avance el relato, para imponerse a su término. Por eso, el mejor hilo conductor para emprender este viaje cronológico, y la primera de las guías, a mi juicio, debería ser la propia Biblia.

En efecto, todo se presenta como si la división del Pentateuco en cinco libros de temas perfectamente circunscriptos fuera la más exacta metáfora de las principales etapas de la historia del pueblo judío. Más precisamente, todo transcurre como si cada uno de esos cinco libros describiera de antemano el espíritu de cada una de las cinco etapas de la historia real del pueblo que lo escribió. Naturalmente, sólo se trata de una manera de esclarecer ciertas tendencias gravosas, no de leer la Biblia como el relato secreto de predicciones históricas. Su destino es más elocuente que cualquier otra cosa: los hombres son libres de hacer el bien o el mal. Sólo se trata de colocar cada período histórico bajo los auspicios de una de las cinco partes del Pentateuco, porque el tema de cada una de ellas remite de manera perturbadora a los desafíos esenciales de una época.

Ante todo, el Génesis (que, según la Biblia, va del origen del mundo a la muerte de José en Egipto) puede echar luz sobre el período que, en la historia empírica, se extiende desde el nacimiento del pueblo judío alrededor de Abraham hasta la destrucción del segundo Templo. En ambos casos, se trata de la génesis de un pueblo y de sus leyes, de sus relaciones con el mundo y el dinero. En ambos casos, todo culmina con la llegada de los judíos a un lugar de exilio: Egipto en uno, el Imperio Romano en el otro.

Después viene el Éxodo, que, en la Biblia, narra la permanencia en Egipto hasta la salida, cargada de esperanza, hacia el Sinaí. Este período puede ser puesto en correspondencia con el milenio que va desde el exilio en el Imperio romano hasta la partida prometedora hacia la Europa cristiana.

Como eco del Levítico (libro que relata las leyes del Exilio y la esperanza en la Tierra prometida), después del año 1000 comienzan las tribulaciones del pueblo judío entre las garras de los dueños de Europa, en España, los Países Bajos, Brasil, India, Polonia, hasta la revolución estadounidense. Las leyes explican su supervivencia.

Llega entonces la época de los Números (que, en la Biblia, conduce a los judíos del Becerro de Oro dentro del Sinaí hasta las batallas ante las puertas de Canaán), período de abundancia económica y crecimiento demográfico, seguido por matanzas masivas y por la llegada a la Tierra prometida. Exactamente como en la historia real: en ella las maravillosas promesas del Iluminismo indirectamente engendraron la Shoá y luego la creación de Israel.

Algunos de los sobrevivientes llegan entonces al nuevo Estado, que entre tanto pasaba por las manos de los hititas, los filisteos, los apirus, los cananeos, los hiksos, los egipcios, los babilonios, los persas, los griegos, los romanos, nuevamente los persas, los bizantinos, los omeyas, los abasidas, los cruzados, los fatimíes, los mamelucos, los otomanos y los ingleses, sin que los judíos renunciaran jamás a él.

Se abre entonces el período en que todavía estamos. Éste responde al Deuteronomio, que describe las leyes de una sociedad moral que permite a los pueblos defender su identidad con el dinero y contra él.

En estos tiempos de incertidumbre, en que el reconocimiento recíproco de las naciones del Cercano Oriente condiciona la paz y la guerra en el mundo, las lecciones de esos milenios nómadas merecen ser tomadas. Hasta eludir —es la esperanza que deja el quinto libro— la nueva barbarie del dinero, al inventar la más prometedora de las civilizaciones, la de la hospitalidad.

Que empiece la travesía.

1
Génesis
(–2000/+70)

El judaísmo comienza con un viaje. Y, como el sentido de todas las cosas suele estar oculto en el de las palabras, la identidad del pueblo hebreo se disimula en su nombre, que justamente remite al viaje. Su antepasado más lejano, uno de los nietos de Noé, uno de los ancestros de Abraham, se llama *Éber,* que puede traducirse con "nómada", "hombre de paso" o incluso "cambista". Algo más tarde, este Éber se convertirá en *ibrí,* "hebreo". Como si, desde el comienzo, el destino de este pueblo estuviera inscripto en las letras de su nombre, código genético de su historia: deberá viajar, trocar, comunicar, transmitir. Y por tanto, también comerciar.

Este tema del viaje se encuentra en todos los mitos originarios de los pueblos itinerantes: su fundador viene de otro sitio; el primero de sus dioses protege a los viajeros, impera sobre la comunicación y el intercambio, condiciones para la paz y la confianza; y, en procura de complicar un poco más las cosas, ese dios también es, en general, el de los ladrones…

Así, el relato bíblico comienza con un viaje. Y el primer libro del Pentateuco el que se da el nombre de Génesis, cuyas primeras palabras son "En el comienzo" o "En el principio"[90]* justamente narra ese periplo que va de la creación del mundo hasta la partida de José hacia Egipto, es decir, del nacimiento del hombre a la libertad hasta el desastre de la esclavitud.

En la historia empírica de ese pueblo, dicha Génesis comienza en las tierras de la Mesopotamia, dieciocho siglos antes de nuestra era, para culminar con la destrucción del segundo Templo, en el año 70, y la sumisión al Imperio Romano. En suma, va de otro paraíso terrenal a otro Egipto.

En el transcurso de esos quince siglos –por lo menos–, este pequeño pueblo hizo surgir una religión que un tercio de la humanidad de hoy habrá tor-

* Las llamadas no siguen un orden correlativo, ya que remiten a las notas bibliográficas ordenadas alfabéticamente que se encuentran al final del libro (ver pp. 503-520). [N. del E.]

nado la piedra de toque de su creencia, y estructuró una relación con el dinero que más tarde servirá de fundamento al capitalismo.

1. Hasta Egipto: del trueque a la plata

Ish y Adán

Aunque sea imposible afirmar con total certeza la existencia de un pueblo hebreo antes de su llegada a Canaán –hace más de tres mil doscientos años–, tampoco es posible narrar su historia sin interesarse en la manera en que él mismo recuerda su epopeya anterior. Por más que no exista prueba material alguna de los acontecimientos referidos por su Libro sagrado, para los hebreos éstos seguirán siendo, a lo largo de los siglos, una fuente de inspiración moral, política, económica y social, una guía para sus comportamientos cotidianos, una lección de vida, de valentía, un acto de esperanza en el reino de Dios.

Raras son las cosmogonías en que el primer hombre no forma parte del pueblo que las narra. Sin embargo, ése es el caso del relato bíblico, para el cual el primer hombre no es un hebreo.

Este hombre, Ish o Adán, vive primero en el jardín del Edén, lugar del no deseo, de inocencia y de integridad, que le garantiza la abundancia y lo preserva de las exigencias del trabajo, como no sea para guardar ese jardín. El jardín del Edén no le pertenece; pero él nada necesita poseer para vivir allí feliz, primero solo, luego con una compañera: la primera necesidad es de orden sexual, lo primero que rechaza es la soledad. Únicamente dos prohibiciones le atañen, ambas referentes al alimento: no debe comer los frutos del Árbol del Conocimiento –porque descubriría el saber, la conciencia de sí y, por tanto, la duda– ni aquéllos del Árbol de la Vida –porque ganaría la eternidad–. Tanto en un caso como en el otro, se trata de privilegios de Dios. Primera inscripción de la condición humana en la economía: para no desear, el hombre no debe conocer la extensión de su ignorancia ni la finitud de su condición. No bien viola una de esas dos prohibiciones –al comer el fruto prohibido–, descubre la conciencia de sí y el deseo; se lo relega entonces al mundo de la escasez, donde nada está disponible sin trabajar.

El deseo produce la escasez, así dice la Biblia, y no a la inversa, como permitiría pensar la evidencia. Primera lección de economía política…

Esa expulsión del jardín del Edén, ese exilio de la condición humana hace del hombre un ser material. Se convierte en un ser de carne y hueso. De inmediato, la búsqueda de la subsistencia le resulta ardua; hasta dos veces más difícil, dice el comentario, que el alumbramiento para su compañera, y dos veces más ardua que la búsqueda de la salvación. Ish, el hombre sin nombre, el hombre genérico, se convierte entonces en el hombre-individuo, y firma con Dios un contrato que transforma la condición humana en proyecto: plasmar el reino de Dios sobre la tierra para recuperar la inocencia moral, hacer desaparecer la falta.

Por primera vez, una cosmogonía no se vive como cíclica; no se da por objetivo el retorno de lo mismo. Fija un sentido al progreso; hace de la Alianza con Dios la culminación del tiempo; concede al hombre la elección de su destino: el libre albedrío. Así se postula la función de la economía: marco material del exilio y medio de reinvención del paraíso perdido. En adelante, la humanidad tiene un objetivo: superar su falta. Y para alcanzarlo dispone de un medio: valorizar el tiempo.

Pero, cuenta el Génesis, generación tras generación, todo se confunde. Los hombres, en vez de trabajar para reinventar un nuevo Jardín de las Delicias, se alejan de él por sus conflictos y ambiciones. Cuanto más olvidan a Dios, tanto más trabajan para sobrevivir. Ahora el Génesis no es más que el relato, de Abel a Noé, de Noé a Abraham, de Abraham a José, del enfrentamiento cada vez más desastroso del hombre con todas las coerciones de la economía.

Incapaces de preferir las exigencias de la moral a las de la escasez, los hijos de Adán se matan entre sí. A Caín –cuyo nombre significa "adquirir" o "envidiar"– le toca en suerte la tierra. Abel –cuyo nombre remite a la nada, el soplo, la vanidad, el humo– recibe los rebaños.[132] Cuando el campesino niega al pastor el derecho de paso, uno de los dos hermanos pierde la vida. Segunda lección de economía: nadie desea otra cosa que no sea la deseada por el otro; en consecuencia, sólo hay sociedad posible en la diferenciación de las necesidades.[165]

El homicidio del pastor no es un simple fratricidio; el verdadero culpable es la misma tierra, esa tierra maldita que a Caín sólo le había tocado en suerte para acoger en ella a su hermano.[132] Si la Biblia otorga el buen papel a la víctima nómada, si deja sobrevivir al homicida sedentario, es para lanzarlo, a su vez, a un viaje redentor.

Así como lo hizo con Adán, Dios exilia a Caín; lo convierte en un desvalido, un viajero, un nómada, para enseñarle a vivir el otro lado de la violencia.

Estas primeras lecciones no bastan. Los hijos de Caín vuelven a caer una y otra vez en los engranajes del desafío a Dios, de la rivalidad entre los semejantes, del combate por los bienes escasos. Varias veces, Dios intenta devolverlos a la senda del contrato firmado con Adán. En cada tentativa, en tiempos de los obreros de Babel o los delirios de Sodoma y Gomorra, Dios renueva Su gesto de cólera y remite a los hombres a su debilidad.

De Abraham a Jacob

Justo después de un Diluvio refundador, Dios opta por otra estrategia: como todos los hombres no son accesibles a Sus razones, encargará a un pueblo que sea Su intermediario ante ellos. Le confiará deberes especiales, sin privilegio alguno. Exigirá de él que sirva de ejemplo, que repare el mundo quebrado por la falta. Así nace el pueblo "hebreo". Que se convertirá en el pueblo "judío" recién quince siglos más tarde.

Hace cuatro mil años, si se cree en el relato del Génesis, un nieto de Noé, llamado Éber, va errante por Anatolia.[16] Antes de llegar allí atraviesa las primeras ciudades-Estado (Uruk, Lagash, Girson y Kish), donde los pueblos adoran a divinidades ligadas a la fertilidad, conocen la escritura, practican la irrigación, trabajan el bronce, utilizan el oro y la plata como medios de intercambio.[157] Un ex oficial del rey de Kish, Sargón, acaba de federarlos en un imperio acadio, que avasalla a Sumeria, atacada incesantemente por pueblos de paso, a los que somete sin dejar de integrar el estilo de vida y los cultos de sus víctimas.[133] Entre esos pueblos errantes por los que Éber atraviesa en Anatolia están los hititas, descriptos como "rústicos de la montaña que no conocen el trigo", "que no conocen casa ni ciudad", que hablan la más antigua de las lenguas hoy llamadas indoeuropeas.[429] Sumerios e hititas se enfrentan y se observan, mientras construyen cada uno un territorio.

Los descendientes de Noé, la tribu de Éber, convertidos en apirus o haribus, son mercaderes caravaneros, criadores de asnos,[6] pequeños pastores en vías de sedentarización.[430] Oran al antepasado inmediato, que los acompaña y protege, a cambio de sacrificios de animales y piedras levantadas en cada etapa.

Más adelante, alrededor de −1730, la Mesopotamia se organiza en un reino único cuya capital es Babilonia, "puerta de Dios", y cuyo rey es Hamurabi. Se encontrarán algunas huellas de su "código" en las leyes judías posteriores.[157]

En ese momento, según el relato bíblico, uno de esos nómadas apirus, Téraj, rico criador de ganado, abandona Ur, en la Caldea sumeria (o Ura, en

Anatolia), y se instala con sus mujeres, sus hijos, sus pastores y sus rebaños, en Harran, en Asiria hitita.[6] Como viene del imperio enemigo, no es muy bien recibido y le cuesta obtener el derecho de apacentar a sus rebaños.

Uno de los hijos de ese Téraj, Abram −nacido, dice el Génesis, en −1812, o sea, veinte generaciones después de Adán y diez después de Noé−, deja entonces el clan paterno y desposa, entre sus varias mujeres, también a Sara (cuyo nombre recuerda el de Sarai, otro nombre de Ningal, diosa de la Luna tanto en Ur como en Harran).[6]

Y he aquí que Dios le habla. Le da la orden de fundar un nuevo pueblo, un pueblo-sacerdote responsable ante Él de la condición humana. Todo cuanto Dios quiera decir a los hombres, lo dirá a ese pueblo. Y todo cuanto Él le diga se dirigirá a todos los hombres. Abram debe llevar a los hombres la felicidad de Dios.

Así, en el mismo momento en que más al este, en la India, se anuncia otro pensamiento fundador, los Veda, en Asia Menor se origina el monoteísmo. Sólo podía surgir entre nómadas que tenían necesidad de viajar ligero −sin muchos ídolos− y rápido −sin tiempo para adoptar a los dioses de los países que atravesaban−. Doble abstracción: un solo dios −El o Elohim, curioso plural, dios o YHWH−, y el mismo para todos los pueblos.[6] ¡Formidable subversión!

El Génesis narra entonces la pelea entre los pastores del clan de Abram y los de su sobrino Lot por el control de las tierras. Lot parte hacia el este y la rica llanura irrigada por el Jordán, y se establece en Sodoma. Abram −que en ese momento tiene 75 años− parte hacia el sur y las colinas de Hebrón en Canaán. El sur representa la sabiduría espiritual, la luz de la Ley; el oriente designa la riqueza temporal.

La tierra de Canaán a la que llega Abram es un país rico; por allí pasan todas las caravanas en ruta hacia el Asia. Está fragmentada en un mosaico de pequeñas ciudades-Estado bajo la tutela de Egipto, donde entonces reina la XII dinastía, en cuyos archivos se encuentran textos de execración contra los "rebeldes" cananeos.

Al parecer, los apirus encuentran en Canaán a otro pueblo de Asia, los hiksos, guerreros sofisticados, uno de cuyos dioses, Set, se confunde con el Baal de los cananeos.[6]

Cuando Abram, convertido en Abraham, se instala en Canaán, Dios le da dos órdenes.

Primero, crecer, multiplicarse y valorizar la tierra. Dios le pide que sea rico para servirlo. Por eso, el Génesis (13, 2) mide con orgullo los progresos de esa riqueza: "Abraham era muy rico en rebaños, plata y oro", todos bienes que entonces constituían las principales monedas de intercambio. Y, para obtenerlos, casi todos los medios son buenos, inclusive la astucia: Abraham llega hasta hacer pasar a su mujer Sara por su hermana, ¡confiando así en recibir regalos de quienes quisieran desposarla!

Luego, Dios le prohíbe el sacrificio humano, alejando el cuchillo de la garganta de Isaac, hijo de Abraham y de Sara, preferido, según el texto, a Ismael, el primogénito, hijo de otra de sus mujeres, Agar, y en quien la tradición ve al antepasado de los árabes del desierto. Así, Dios pone fin, únicamente para el pueblo hebreo, a milenios de asesinatos rituales. Dios no necesita sacrificios humanos, pero no renuncia al sacrificio animal; así, pone al hombre en un sitio aparte dentro de la Creación y desvía la violencia hacia la exclusiva destrucción de sus riquezas materiales.

Estas dos primeras órdenes de Dios a Su pueblo no son independientes una de la otra: la riqueza en forma de rebaños, de oro o de plata es el mejor sustituto de la violencia. Mil y una veces se encontrará este lazo entre dinero y sangre, lancinante advertencia lanzada por Dios a los hebreos y, a través de ellos, a todos los hombres: el dinero es, ante todo, un medio de evitar la violencia. Al imponerse a sí mismo el reemplazo del sacrificio por la ofrenda, el pueblo judío anuncia todo su destino: utilizará el dinero como medio para reparar los daños y detener el mecanismo de las represalias. El dinero se convertirá para él en un medio de negociar en vez de combatir, de hacer la paz. Por intermedio del dinero, el pueblo judío va a expresar su odio por la violencia. Hasta que la violencia del dinero se vuelva contra él...

Las dos órdenes recibidas se enlazan en el primer acto de importancia de Abraham en Canaán: cuando debe enterrar a Sara, su mujer, madre de Isaac, no escoge un terreno conquistado por la fuerza, sino una gruta comprada a un hitita, Efrón, en Majpelá, no lejos de Hebrón (Génesis 23, 9-16). Todo se hace para que esta cesión jamás pueda ser cuestionada: se realiza en público; Abraham no discute el precio exorbitante que el otro le pide (Génesis 23, 15-16): 400 shekalim [siclos] (entonces ese término todavía designa una unidad de peso), o sea, 4,6 kilos de plata. Se los pesa con pesos de una gran exactitud, cuya autenticidad todos verifican.

Se escribieron miles de páginas para explicar por qué, de hecho, Abraham compra esa gruta a los hombres y la alquila a Dios, y por qué su precio es de 400 shekalim. El alquiler recuerda que los hombres sólo están de paso y que cualquier propiedad, hasta la más duradera, como la tumba, sólo puede ser un préstamo de Dios. Por otra parte, Éste dice: "La tierra es mía, porque vosotros no sois más que extranjeros domiciliados en mi casa" (Levítico 25, 23). No hay que olvidar jamás esta precariedad, que acarrea la obligación de mostrarse hospitalario para con los extranjeros.

El precio tampoco es producto del azar, y la manera en que lo explican los comentaristas judíos posteriores merece ser referida, porque brinda un excelente ejemplo del modo en que razonaron durante milenios los exégetas de estos relatos. En hebreo, como en muchas otras lenguas de la Antigüedad, los números se escriben con letras. Ahora bien, ocurre que la última letra del alfabeto hebraico designa el número 400; para contar más allá, hay que utilizar dos letras, ya no una sola; por eso 400 constituye una suerte de límite de lo mensurable. Además, puede descomponerse 400 en 8 veces 50. Y 8 es el número que sigue al de los días de la semana, y 50 a 49, número de años tras el cual hay que devolver toda tierra a su propietario inicial; por tanto, 8 y 50 representan uno y otro números lindantes con el exterior de los ciclos del tiempo humano. El número 400 simboliza el más allá del tiempo humano.

Más allá del tiempo humano equivale a la eternidad y "400", así, significa el derecho eterno adquirido por Abraham sobre la gruta, el derecho eterno de los judíos sobre Hebrón, y más ampliamente, sobre la tierra de Canaán. Se habrá comprendido que, hasta hoy, ese mismo número resuena como un trueno geopolítico…

Abraham muere a los 175 años, o sea, un siglo después de su llegada a Canaán. Tras él, dos generaciones, la de Isaac y luego la de Jacob, viven y prosperan en Canaán. Su religión se va definiendo.[16] Muchas fiestas cananeas son traspuestas por los hebreos en aniversarios de los principales episodios de su historia del mundo.[6]

Isaac y Jacob confirman la necesidad de enriquecerse para complacer a Dios. Isaac acumula animales. "Fue enriqueciéndose más hasta que se volvió extremadamente rico. Tuvo grandes rebaños de ovejas, grandes rebaños de vacas y muchos esclavos" (Génesis 26, 13-14). A continuación, Jacob "se volvió muy rico, tuvo muchos rebaños, siervas y siervos, camellos y asnos" (Génesis 30, 43). Dios bendice su fortuna y le permite comprar su derecho de mayorazgo a su hermano Esaú, prueba de que todo se monetiza, hasta por un plato de lentejas…

Luego de un combate con un ángel que, al alba, se confiesa vencido por la sabiduría del patriarca, Jacob, herido para siempre, recibe de su misterioso adversario el nombre de Israel ("el combatiente de Dios"), que transmitirá a su descendencia. Luego, distribuye las tierras conquistadas, o adquiridas más o menos pacíficamente ya desde su abuelo, entre sus doce hijos, nacidos de sus dos mujeres, Lía (Rubén, Simeón, Leví, Judá, Isacar y Zabulón) y Raquel (José y Benjamín), y de sus dos criadas, Bala (Dan y Neftalí) y Zelfa (Gad y Aser). La poligamia es y seguirá siendo durante mucho tiempo, en efecto, la práctica admitida por los hebreos, como lo es para todos los pueblos de la región.

Luego, dice el Libro, en Canaán sobreviene la hambruna, que acaso remite a la terrible crisis económica que aqueja al Medio Oriente en esa época,[157] la que empuja a la familia de Jacob –o por lo menos a parte de ella– hacia Egipto. Esto no es nuevo: el Cercano Oriente carece de agua, mientras que en Egipto las tierras fertilizadas todos los años por los cienos del Nilo producen campos y vergeles. Además, cada vez que una sequía se prolonga en Oriente, afluyen las tribus asiáticas de Canaán, de Capadocia y de Mesopotamia en Egipto. Por otra parte, los hiksos –que los hebreos conocieron en Hebrón y con los cuales se mezclaron– aprovechan esa circunstancia para precipitarse por el Nilo.[157] Gracias a una fuerza militar superior, debida sobre todo al uso de caballos para tirar de los carros –técnica que los egipcios no dominan–, toman el poder en Menfis y luego en Tebas, privando al clero de Amón de los productos de Asia, ya encaminados hacia Avaris, el santuario de Set, hermano de Osiris y dios favorito de los hiksos.

Su faraón, Seti I, dice ser el ahijado de su dios, Set, que reemplaza a Horus y protege la producción de los oasis.[16] Precisamente en el mismo momento, más al norte, entre los hititas –que están en su apogeo– se encuentran las primeras huellas escritas[6] de la presencia de los apirüs o apiru en textos que evocan a personajes cuyos nombres podrían ser los de Abraham, Isaac y Jacob.

2. Israel en Egipto: de la plata al oro

Riqueza de exilio

Vemos entonces a los hebreos (recién se volverán "los judíos", habitantes de Judea, siete siglos más tarde) en Egipto, alrededor de –1600, posiblemente, bien recibidos por los poderosos hiksos, a quienes conocieron en Canaán.

A menos que sigamos al Génesis cuando narra (37-41) que allí son recibidos por cierto José.[131] Pero no hay huella histórica alguna de esto. Primera figura del judío cortesano, este José es uno de los hijos de Jacob, abandonado por sus hermanos en una mazmorra, gran seductor convertido en consejero del faraón por haber sabido prever una crisis económica –interpretando un sueño– y suministrar al príncipe una manera de arreglarla: acopiar reservas, forma primitiva del ahorro. La metáfora de las siete vacas gordas y las siete vacas flacas, nuevo curso de economía política ofrecido por la Biblia, revoluciona el orden social: no consumir toda la cosecha, prever las amenazas del porvenir y tenerlas en cuenta; darle al tiempo un rol en el dominio de la naturaleza.

En ese punto concluye el relato del primer libro del Génesis. La formación histórica del pueblo hebreo, no está sin embargo, terminada. Le hará falta mucho tiempo para darse una Ley escrita, encontrar un reino y luego perderlo. Su relación con el dinero y el mundo terminará entonces de configurarse. En esta génesis histórica habremos ido de un nacimiento en un paraíso terrenal, Canaán, a un exilio bajo esclavitud, Roma; una vez más, los bienes materiales habrán estado en el corazón de una formidable mutación teológica y política.

Durante algunos siglos, hasta alrededor de –1200, los hebreos parecen en principio vivir felices en Egipto. Amigos de los príncipes hiksos (acaso primos suyos), se convierten en una comunidad numerosa y poderosa, nación dentro de la nación. Sin disponer todavía, pese a ello, de texto sagrado –está prohibido escribirlo– ni de ritos bien definidos, se sienten como el Pueblo elegido para servir de ejemplo, para hacer conocer la unicidad de Dios. Algunos se preparan para volver un día hacia la Tierra Prometida, mientras que otros viven como egipcios. Ejercen todos los oficios: de comerciante a albañil, de carpintero a campesino u oficiante. Varios son admitidos en el seno de la elite egipcia, de la que aprenden su lengua y adoptan sus costumbres. Se vuelven astrónomos, escribas, oficiales del ejército, financistas. Algunos se asimilan y abandonan el grupo original. La mayoría es pobre, a semejanza de los otros egipcios, y se fusionan tan bien con el pueblo que los acoge que, si bien forzando muy groseramente las cosas, se ha podido sostener que ya no son sino egipcios, que toda su cultura posterior no sería más que una expresión entre otras de la cultura del valle del Nilo.

En cualquiera de los casos, según un esquema imitado de la organización egipcia se organizan (por lo menos metafóricamente) en doce familias o tribus surgidas de los doce hijos de Jacob, todas polígamas, divididas a su vez en clanes, subdivididas luego en "casas paternas" administradas por jueces (shoftim), policías (shotrim) y guardias (shomrim). Un príncipe (nasij) toma las decisiones concernientes a todo el pueblo bajo el control de la asamblea de los jefes de clan, la eda. Sólo rinde cuentas al faraón, con quien negocia los impuestos y las cargas.

Comercian entre ellos y con los egipcios, pero sin concederles las mismas ventajas que a sus hermanos en dificultades. Entre los hebreos se organiza una solidaridad, hecha de trueque y préstamos sin interés.

La moneda no existe todavía en su forma moderna; se comparan los objetos que se intercambian con cantidades abstractas de oro o metales de cualquier otro tipo trabajados en lingotes de peso fijo. En una estela del siglo XVIII a.C. se lee: "Vendido a Hay, por el brigadier Nebsem, un buey, o sea, 120 medidas [deben] de cobre. Recibido a cambio dos potes de grasa [o sea 60 deben], cinco paños de tejido fino [25 deben], un vestido de lino meridional [20 de - ben], un cuero [15 deben]."[17]

En una tumba de Tebas que data del siglo XV a.C., un bajorrelieve representa una balanza con dos bueyes en uno de los platos y nueve anillos de metal sobre el otro. A partir de ese siglo, lingotes de plomo u oro de tamaño no dilucidado comienzan a servir de instrumentos de regulación de los intercambios.

Los exiliados no rompieron los lazos con aquellos de los suyos que permanecieron en Canaán. Por intermedio de los mercaderes hebreos que siguen las rutas de las caravanas, intercambian con ellos manuscritos religiosos, así como innumerables mercancías: oro de Nubia (esa "carne de los dioses", que los orfebres transforman en joyas y objetos funerarios), cobre, amatista, ébano, incienso, aceite, huevos de avestruz, pieles de animales exóticos, marfil, etc. Se emplazan así entre los principales mercaderes y cambistas del imperio.

Sin embargo, cuando el mando cambia de mano, su fuerza comercial y su proximidad con el poder se vuelven funestos para los hebreos. Nueva lección para el porvenir. Alrededor de –1600, algunos sacerdotes tebanos encuentran la fuerza de alzarse contra los ocupantes hiksos. Un tal Ahmosis se apodera de Avaris, expulsa a los invasores, devuelve el poder de los sacerdotes de Tebas y funda la XVIII dinastía, con la que los hebreos de Egipto no tienen ninguna relación. La Biblia lo dice magníficamente en su impactante concisión: "Un rey nuevo se alzó sobre Egipto, que no había conocido a José" (Éxodo 1, 8). Esta nueva dinastía, los Amenofis, vuelve a instaurar al dios Amón como protector.

La economía se perfecciona

La economía se encamina hacia algo que se parece a la moneda. En Egipto, el oro, el cobre, la plata y el bronce sirven de patrón para el intercambio. Así, el jeroglífico egipcio que designa el oro consiste en una hilera de perlas.

El régimen se endurece. Para enfrentar a los hititas, que se muestran apremiantes en el nordeste, los egipcios constituyen un verdadero ejército de oficio, terrestre y marítimo. En esta época, los hebreos se encuentran citados por primera vez en tablillas egipcias, en Tell el-Amarna. De faraón en faraón, la vida de los hebreos se degrada. Hacia −1372, Amenofis IV toma el nombre de Akenatón, elimina al clero tebano y reemplaza a Amón, protector de su propia dinastía, por un dios único y universal, Atón, dios del cielo, al que prohíbe representar de otra manera que no sea un disco solar de donde irradian largos rayos de luz: cada uno de ellos culmina en una mano humana que sostiene el jeroglífico de la vida. Se trata de un extraño período sobre el cual se enunciaron decenas de teorías sin haber hallado realmente su clave.[157] Es posible que el nuevo culto, acaso monoteísta, esté inspirado en el de los hebreos; pero también parece que éstos no se someten al nuevo orden y aplauden la muerte, más o menos natural, en −1347, del misterioso faraón[157] y el advenimiento de Tutankamón.

El clero tebano y los militares vuelven entonces al poder e instalan la XIX dinastía, que durará hasta −1186. Sus faraones, entre ellos Ramsés II (−1294/ −1229), se encarnizan contra los hebreos. Están preocupados por su cuantía, su solidaridad, su influencia todavía no desdeñable en el aparato estatal y el ejército. Se sorprenden de que una parte de la elite egipcia tenga interés por esa religión tan antigua, cercana de lo que la formidable ciencia egipcia da a comprender del mundo, que acaso inspiró a Akenatón la idea de desalojar a los sacerdotes de Amón. Aíslan a los hebreos, les prohíben ejercer ciertos oficios, casarse, tener hijos, matan a todos los recién nacidos y convierten a los sobrevivientes en esclavos, a quienes envían a producir ladrillos y a construir ciudades y monumentos del Nuevo Imperio: "Y [el pueblo hebreo] construyó para Faraón ciudades de abastecimiento, Pitom y Ramsés" (Éxodo 1, 11).

Luego viene Moisés, salvado y salvador. En todo caso, según la Biblia, porque la historia egipcia nada dice de este hebreo escapado por milagro de la matanza de los recién nacidos para convertirse en príncipe, casi hermano de Faraón. Según el Libro, mata a un egipcio que maltrata a un hebreo, se descubre a sí mismo como hebreo y recibe de su Dios, a través de un arbusto en llamas, la misión de liberar a su pueblo de la esclavitud para llevarlo a su tierra. ¡Extraña decisión de Dios la de escoger a un hebreo ignorante de sus orígenes, llegado a la cúspide del poder estatal en el extranjero, para convertirlo en el jefe de una rebelión de esclavos! Más tarde veremos muchos otros ejemplos.

Se trata de una lección política para el porvenir, pero también de una lección de economía: si Dios no fue especialmente riguroso con Moisés por haberse asimilado, por haberse vuelto rico y poderoso entre los no hebreos, hasta el punto de elegirlo como Su patriarca, ¿por qué no hacer otro tanto?

En efecto, Moisés acepta la misión que Dios le dicta. Propone a Faraón, su casi hermano, comprarle los esclavos. Rechazo despectivo por parte del monarca, quien agrava sus condiciones de trabajo, exigiendo de ellos la fabricación de más ladrillos con menos materia prima. Los hebreos se vuelven entonces contra Moisés, quien implora la ayuda de Dios. Elohim interviene con múltiples prodigios para establecer Su supremacía sobre los dioses de Egipto. Cada uno de dichos prodigios podría interpretarse como una señal del imperio divino sobre la economía. Así, el bastón transformado en un cocodrilo lo suficientemente poderoso para devorar al saurio creado por los magos egipcios enuncia el dominio divino sobre todas las creaciones humanas, por prodigiosas que sean. Luego vienen las diez plagas que Elohim inflige a Egipto para que deje partir a Su pueblo. Diez sanciones económicas perfectamente seleccionadas para hacer cada vez más daño al carcelero al arreciar sucesivamente sobre todas las fuentes de su riqueza: el agua, el aire, los peces, la agricultura, el trigo, los rebaños, el clima, etc. Ya las palabras que las designan encubren mensajes de índole económica. Así, una de las plagas, la sangre, es nombrada por la misma palabra, *dam,* que más tarde designará el dinero (*da - mim*): sangre y dinero, inseparables desde el sacrificio de Isaac.

De hecho, el dinero solo no basta; se requerirá la muerte de los primogénitos de Egipto para que Faraón se decida a dejar partir a los hebreos.

Exilio y libertad

Y a dejarlos partir ricos. Cuatro textos lo corroboran. Primero, la predicción hecha largo tiempo atrás a Abraham: "Saldréis de ese país con grandes riquezas" (Génesis 15, 13-14); luego, la orden dada a Moisés ante el arbusto en llamas: "Cada mujer pedirá a su vecina y a su anfitriona vasos de oro y de plata, vestidos con los que cubriréis a vuestros hijos, y despojaréis a Egipto" (Éxodo 3, 21-22); luego, la orden transmitida por Moisés a los jefes de las tribus justo antes de la partida: "Que cada uno pida oro y plata" (Éxodo 11, 1-2-3); por último, el brutal resumen de la situación, un poco más adelante: "Pidieron y despojaron" (Éxodo 12, 35-36). A quienes se sorprenden de ver que los esclavos huyen ricos, los comentaristas[150] responderán, al cabo de los siglos, que esas riquezas se les deben a modo de compensación por el trabajo suministrado gratuitamente durante los años de esclavitud, o de regalo de despedida, o incluso de tributo pagado a los vencedores por un ejército vencido. Algunos exégetas judíos de la Edad Media, como Rashi de Troyes, también observaron que esos bienes no les fueron de provecho a los hebreos: una vez llegados a Canaán, los ocultan en el Templo que será saqueado por los babilonios, luego por los griegos, luego "por los romanos que lo recuperaron de los griegos, y el dinero sigue estando en Roma".[325]

Nueva lección de economía: el dinero obtenido por la fuerza o el terror vuelve a irse por el mismo camino. Una parte, por lo demás, desaparece aun antes: al tomar el oro de los egipcios, los hebreos toman en realidad con qué fabricar un Becerro de Oro que, como veremos, costará la vida a casi todos los jefes de familia.

Según la tradición, esta partida tiene lugar en –1212. Los textos egipcios de la época mencionan además la expulsión de un pueblo enfermo, o de un pueblo con un rey leproso, y una sublevación de esclavos extranjeros. En –1207 también se encontrará una segunda referencia egipcia a los apirus en una estela consagrada al faraón Mineptah, hijo y sucesor de Ramsés II, que los persigue, más allá del mar Rojo, hasta Canaán, entonces parcialmente bajo control egipcio.

Decenas de miles de mujeres, hombres y niños parten, entonces, algunos ricos en oro, plata y toda suerte de bienes, hasta con esclavos. Algunos amigos, maridos o esposas egipcios los acompañan en ese viaje hacia el noreste, en dirección a Canaán, a través del desierto del Sinaí.

Para subsistir durante la travesía, que consideran breve, Moisés impone una organización muy rigurosa: economía nómada que mezcla incesantemente lo religioso y lo material. En primer término exige de todos, ricos o pobres, darse a conocer, abonar medio shékel de plata (Éxodo 30, 11-16) –que todavía sólo es un peso, no una moneda– y sacrificar un cordero por familia. Exhorta a los artesanos a fabricar objetos sólidos, pero livianos. En recuerdo de lo que acaban de padecer, les prohíbe todo trabajo humillante, impone el descanso semanal, concede a todos los esclavos siete semanas de libertad por año (Éxodo 20, 10) y ordena liberar a los esclavos hebreos al cabo de seis años (Levítico 25, 42; Éxodo 21,2). Para resolver los conflictos, formula una regla de proporcionalidad entre falta y castigo (Éxodo 21,12), y fija una indemnización en oro o plata para reparar cualquier daño, incluso corporal. Por último, exhorta a todos a mostrarse amables con los extranjeros que encuentren en las caravanas o los oasis: pueden necesitar su agua y su alimento. Encarga a una de las tribus, la de los Leví, la aplicación rigurosa de estas reglas.

El pueblo nada quiere de todo esto. No salió de una esclavitud, exclama, para recaer en otra. Murmuran y protestan. No ven el motivo de hacerse de reglas tan estrictas para tan breve viaje. Dentro de algunos días estarán en Canaán, dejarán sus alforjas, harán una fiesta en la Tierra recuperada. Por eso, no bien Moisés se aleja del campamento para ir a recibir, al monte Sinaí, la Ley prometida por Dios, algunos hebreos emprenden la construcción de un ídolo con su botín.

Proyecto extraño, hecho a la vez de irrisión y desafío: voluntad de hacer propios los dioses de los antiguos amos, de llamarse los iguales de aquellos que tan mal los trataron, olvidando al Dios único sin el cual aún estarían moldeando ladrillos en el infierno. Aarón, el hermano de Moisés, ayudado por la tribu de los Leví, hace todo lo posible para retrasar la fabricación del ídolo hasta el retorno de su hermano. Primero sugiere a los conductores que escojan como modelo un becerro, símbolo de la riqueza en Egipto, confiando en que el ridículo salte a la vista de todos. Pero como eso no ocurre, propone requisar, para fabricarlo, todas las joyas traídas de Egipto, con la esperanza de que las mujeres que las recuperaron se opongan. De nada sirve. Lo esencial del tesoro arrebatado de Egipto se ve sepultado en la fabricación de un suntuoso Becerro de Oro. El mensaje es claro: adorar a un solo Dios o bien prosternarse ante las riquezas ofrecidas por Dios para que los hombres lo amen.

Nueva lección de economía: el dinero, herramienta al servicio de Dios, se transforma en un competidor de Dios, en un objeto de idolatría, en un peligro si se vuelve un fin en sí. En otras palabras, el enriquecimiento es una forma de idolatría si no está enmarcado por reglas morales.

Más tarde, la equivalencia ya planteada entre dinero y sangre se convertirá, para los enemigos de los judíos, en una equivalencia entre el dinero y Dios, y por tanto, entre Dios, dinero y sangre. Un día, dirán, la sangre de Dios será intercambiada por dinero. En el antijudaísmo, ya no se saldrá de ese triángulo infernal.

Al cabo de cuarenta días, Moisés vuelve de su retiro con el Decálogo, el texto que Dios le dictó. Loco de ira ante el espectáculo del ídolo de oro, lo "quema", dice el texto –ello indicaría que el Becerro sólo es de madera enchapada en oro–, o incluso, dicen los comentadores, lo hace fundir antes de derramar el metal fundido en la boca de tres mil culpables. El texto afirma así que Moisés hace desaparecer a un tiempo las riquezas de Egipto y la elite del pueblo hebreo. A ésta por haber codiciado aquéllas. Una vez más, sangre y dinero.

Moisés le pide al pueblo estupefacto por la sucesión de acontecimientos
–la evasión, el cruce del Mar Rojo, la entrada en el desierto, luego el exterminio de los idólatras– que considere como su principal riqueza un bien que no
podrá vender ni consumir, pero que todos podrán poseer sin privar de él al
otro: la Ley. Pueblo de paso, usufructuario de un texto, deberá conocerlo y
vivirlo para transmitirlo, para convertirlo en la columna vertebral del mundo. Moisés impone así el Decálogo al pueblo, ahora disciplinado. Diez mandamientos que fundan una moral, una ética, y cuyas dimensiones sociales son
considerables. En efecto, exigen el trabajo, imponen el descanso semanal,
prohíben la fabricación de objetos sacros, protegen los contratos y la propiedad privada, asimilan el robo a un rapto y el rapto a un homicidio.

Moisés encomienda entonces la misión de hacer respetar esos mandamientos a la tribu de los Leví, porque son los únicos que no participaron en
la idolatría del Becerro de Oro; los convierte en elegidos entre los elegidos. Y,
para mantener en doce la cantidad de tribus no sacerdotales, divide en dos la
de José (alrededor de sus dos hijos, Manosés y Efraím).

Sin embargo, Moisés comprende que sus compañeros de viaje, al haber
conocido la humillación de la esclavitud y la tentación del Becerro de Oro,
no serán capaces de obedecer esa Ley: demasiado tiempo estuvieron sometidos para aceptar el libre albedrío, eje de la Ley. Por lo tanto, debe cambiar el
pueblo, reemplazarlo por una generación sin memoria, que no haya conocido Egipto. Así cae el veredicto: todos aquellos que conocieron Egipto deberán morir en el desierto. Ningún ex esclavo tendrá acceso a la tierra de la
libertad.

Se organiza entonces un errar alucinante, durante el tiempo necesario para forjar un pueblo de recambio. Para asistir a los hebreos en ese laberinto de
arena y criar a los niños que deberán tomar el relevo, Dios quita provisionalmente una de las coerciones esenciales impuestas al hombre desde Adán: el
trabajo. Un "maná" viene a satisfacer a los viajeros. Según los comentarios, es
una extraña materia que adquiere el gusto soñado por quien la consume: para el niño tiene gusto a leche; para el adolescente, a pan; para el viejo, a miel.
Quienes comen de él se vuelven tan fuertes como los ángeles. Pero el maná
también es un alimento fastidioso: luego de comerlo, lo único que ha desaparecido es el hambre. Ningún placer lo acompaña. El Sinaí no es el jardín
del Edén. El maná realmente no está disponible indefinidamente: cae todas
las mañanas, ante cada tienda, y sólo debe tomarse la cantidad exactamente
necesaria para sus ocupantes. Lo que se toma de más se pudre: no hay aco-
pio, y, por ende, tampoco comercio.

Como para todos los acontecimientos de la Biblia, se buscó una explicación racional de este fenómeno. Algunos científicos ven en ello una referencia a insectos parásitos de ciertas plantas, los tamariscos, que aún hoy crecen en el sur del Néguev. Aún hoy los beduinos utilizan esos insectos, los *Tamarix man - nifera* –unos coccidios ricos en hidratos de carbono, de sabor azucarado y pegajosos–, como sustituto de la miel. Y, aún hoy, los llaman... *¡man!*

El pueblo no se sacia con este alimento que tanta imaginación exige para tener sabor. Desea escapar de esa prisión de arena, salir del laberinto. Una vez más, lección de economía: producir un alimento en abundancia, prodigar alojamiento y cubierto, suprimir la escasez no basta. Nadie puede contentarse con vivir satisfaciendo tan sólo sus necesidades elementales. Todos tratan de aplacar sus deseos y encontrar placer en inventarse otros nuevos incesantemente. Los hombres quieren la Tierra Prometida, pero presienten que no les bastará. Por eso no se sienten desdichados al no hacer otra cosa que buscarla: el vagabundeo en el laberinto termina por constituir su propia finalidad.

De hecho, con el tiempo, algunos de los hebreos extraviados hasta encuentran un placer en este deambular interminable. Al cabo de cuarenta años, se acostumbraron a esta vida de nómadas sin necesidades tan bien que sus vanguardias, que por fin llegan a Canaán, critican ese país donde hay que trabajar para ganarse el sustento.

Moisés, que va a morir, les ofrece una última lección de economía: la rutina de la alienación *(avodá)* no vale la incertidumbre de la libertad *(melakha)*. El nombre de la primera remite a la pena; el de la segunda, al poder. Una vez más, en el judaísmo, el mensaje yace en el sentido oculto de las palabras.

3. El sentido de las palabras: nomadismo y abstracción

No es posible comprender cosa alguna del pensamiento judío, en especial de su relación con el dinero, si uno no se interesa por su sentido tal como lo revela la genealogía de las palabras que las designan. Por lo demás, dice el Génesis, las palabras fueron dadas a los hombres aun antes que las cosas que nombran, y viven independientemente de ellas. Por eso, querer describir la relación del judaísmo con la economía es primero dedicarse a analizar las palabras que pueden describirla, tratar de comprender su historia, su relación con otras palabras. Por ejemplo, encontrar puntos comunes entre palabras que se escriben con las mismas consonantes (en hebreo no se escriben las vocales, y, como en otros lugares, muchas palabras pueden escribirse con las mismas consonantes) o entre palabras que tienen un mismo valor numérico (cada letra equivale a un número, y una palabra equivale a la suma de los valores de cada una de sus letras).

Al operar de este modo, sin duda desde la época de la travesía del Sinaí, los judíos pusieron a punto los principios mismos de la especulación intelectual y el discurso científico, que también apunta a descubrir invariantes comunes para hechos que no tienen a priori relación entre sí. Así, al trabajar sobre las palabras, los judíos de hace tres mil doscientos años preparaban a las generaciones futuras para la abstracción, facultad fundamental, como veremos, para las finanzas, la ciencia y el arte.

Dicha capacidad de abstracción constituye la primera riqueza del nómada. Nadie puede robársela. Así, ella permite jugar con las palabras de la economía.

Existir y tener

La lengua hebrea no tiene un verbo "tener". La palabra *yesh,* que significa "existe" o "hay", designa también la relación de "el que existe" con los objetos; "tengo" se dice *yesh li,* o sea, "esto existe para mí" o "hay para mí". En otras palabras, la cosa poseída no se distingue de quien posee. Los objetos viven la vida de su poseedor, y quienquiera se deshaga de un objeto pierde mucho más en fuerza vital que lo que representa en dinero su venta.

Dinero

La principal palabra utilizada para designar el dinero, *késef,* aparece alrededor de trescientas cincuenta veces en la Biblia.[98] Se escribe con las tres consonantes KSF, que, vocalizadas *kosef,* designan la envidia, la nostalgia, lo que a todas luces no carece de relación con el dinero. Por otra parte, esas mismas tres consonantes, vocalizadas *kasaf* o de otra manera, forman un verbo que aparece solamente en cinco oportunidades en toda la Biblia, siempre con un sentido cercano a "desear".[111] Además, estos pasajes revelan las formas de deseo[119] que el dinero permite satisfacer.

El dinero permite *reclamar* lo que a uno se debe, como cuando Job dice a Dios: "Tú me llamarías, y yo te respondería, y la obra de tus manos la *reclamarías*" (Job 14, 15).

El dinero permite satisfacer una *impaciencia*, como cuando David dice a propósito de sus enemigos: "Esa gente es a imagen del león, que está *impa - ciente* por desgarrar" (Salmos 17, 12).

El dinero permite satisfacer *el deseo de ser amado*, como cuando el profeta Sofonio proclama: "Serenáos, *gente sin deseo*", lo que también se traduce como "pueblos indignos de ser amados" (Sofonio 2, 1).

El dinero permite dejar de *languidecer*, como cuando el poeta canta: "Mi alma *languidece* hasta consumirse" (Salmos 84, 3).

Por último, el dinero permite obtener aquello para cuya obtención uno está *dispuesto a todo, salvo robar.* Así, Labán dice a Jacob, que lo abandona llevándose los ídolos tomados por Raquel: "¿Por qué has robado mis dioses?" (Génesis 31, 30).

Así, el dinero remite al reclamo, al deseo, a la languidez, al amor, a la pasión.[119] Permite satisfacerlos de manera no violenta, civilizada. A condición de dominar ese deseo; pues "quien ama el dinero jamás está satisfecho de dinero", dice magníficamente el Eclesiastés (5, 9). Otra lección de economía: el amor por el deseo sólo puede segregar más deseo.

Sin embargo, como al hebreo le gusta jugar con las letras,[296] también se obtiene, al modificar el orden de las de *késef,* o cambiar una letra de la palabra, otras que también se aproximan de otra manera al sentido del dinero, como *késhef* (brujería), *jesef* (descubrir, revelar), *sajaf* (arramblar) o incluso *sekef* (debilitar, desalentar, atormentar). *Késef* también puede descomponerse en *kes* (cortar, anular) y *sof* (fin); entonces ese término también significa "fin de la anulación": así, el dinero señala el fin de una ruptura, de una violencia, la reanudación de una comunicación, el inicio de un mensaje. Exactamente lo que es.

También se utilizan otros términos para nombrar el dinero y completar su sentido.

El dinero-moneda se designa con *maot,* que, con otra vocalización, puede leerse *meet* (lo que depende del tiempo). En otras palabras: el dinero es una manera de cristalizar el tiempo, el del trabajo y el de la negociación.

El dinero en el sentido de "canon adeudado" también se llamará, más tarde, *DaMim,* que a la vez es el plural de *DaM* (sangre). El dinero sustituto de la sangre: se rocía el altar con la sangre (*DaM*) del animal sacrificado, *compra - do* con el dinero (*DaMim*) de quien ofrece el sacrificio.[98] Peligrosa y luminosa proximidad, ya encontrada en varias oportunidades en Egipto; la corromperán los acusadores cristianos y luego musulmanes para acusar a los judíos de beber la sangre de los niños. De *DM* también se obtiene *DaMa* (parecerse, comparar, representar), pues el dinero representa las cosas para compararlas. DM, finalmente, puede vocalizarse *DoM* (silencio), lo que equivale a decir que el dinero reduce al silencio, que evita la discusión, pero también, según la bella interpretación posterior del Talmud (*Baba Kama* 92 a), que, pese al dinero abonado en concepto de indemnización, el agresor no compensa su falta hasta que no haya obtenido el perdón de su víctima.[296]

Otro término más designa el dinero, en el sentido de "fortuna": *mamone,* cuando *ma-moné* es la reducción de *ma (atá) moné,* que significa: "¿Qué calculas hacer?". En otras palabras, el dinero obliga a calcular los actos de uno.

Como las letras tienen un valor numérico, también pueden hallarse equivalencias y relaciones interesantes entre las palabras cuyas letras tienen un valor total idéntico. Así, un rabino de comienzos del siglo XIV, Jacob ben Asher, llamado Ba'al Haturim, observó que las palabras *mamón* (fortuna), *sulam* (escala) y *oni* (pobreza) tienen el mismo valor numérico: 136. En este vínculo entre tres palabras a priori sin relación entre sí, él descubre una interpretación del sueño de Jacob: la escala de Jacob, que relaciona a los hombres con Dios, nivela las diferencias entre ricos y pobres.

De este modo, el pueblo judío hace de la moneda el instrumento único y universal de intercambio, tal como hace de su Dios el instrumento único y universal de la trascendencia.

Pagar

La palabra *leshalem* (pagar) se vocaliza también *shlemut* (integridad) y *shalom* (paz). Dicho de otro modo, saldar las deudas es un medio de lograr la paz. Con ello, el intercambio monetario se muestra una vez más como una manera de resolver conflictos mejor que la disputa o la guerra.

Valor

La palabra *sha'ar,* que designa el "valor" que permite calcular una equivalencia, proviene de una raíz que también significa "fijar", "preparar"; además designa la puerta de una ciudad, es decir, el sitio donde el tribunal administra justicia y fija el valor de las cosas y los actos. "Como el *valor* de su alma, así es" (Proverbios 23, 7). En otras palabras, todo se cuenta, todo es juzgado. El valor en dinero de cada cosa es indisociable de su valor ético. En hebreo moderno, ese término designa el precio corriente de las cosas; de modo específico, la cotización de las monedas y las acciones.

Comercio

El giro *masá umatán,* que designa el "comercio", también significa "tomar" y "dar". Esto quiere decir que el comercio no es resultado de un cálculo de beneficio, sino de la yuxtaposición de dos dones equivalentes, la simultaneidad de dos actos generosos, unilaterales: en ellos, ambos protagonistas están en pie de igualdad...

Se podría proseguir hasta el infinito este itinerario semántico. Por ejemplo, la palabra que designa el "mercado", *shuk,* también designa la pierna (para mayor precisión, la tibia) y, por extensión, el lugar por el que se camina, la "calle", espacio comercial por excelencia.

4. Jueces y reyes: del oro a la moneda

Al instalarse en Canaán, por primera vez los hebreos tienen ocasión de organizarse en un país munido de Estado. Al comienzo vacilan. Han padecido demasiado el poder para aceptar uno, aunque sea el suyo. Sin embargo, las exigencias de la guerra y la economía los obligan. Se necesitan impuestos, un presupuesto, moneda, reglas de propiedad. En una impresionante eclosión de leyes y procedimientos, se experimentan algunos de los valores y principios de la economía de mercado, que servirán de base a las leyes de Occidente para los tres milenios venideros.

Jueces

Antes de morir, el último entre quienes conocieron el Egipto de Ramsés II, Moisés comprueba que pasó la mayor parte de su tiempo en el desierto entre oraciones y exégesis de la Ley. Entonces reparte esas dos tareas entre Eleazar, un hijo de Aarón, que retoma el papel de sacerdote, y Josué (cuyo nombre significa "Dios ha salvado"), quien vuelve a cargar el peso de interpretar la Ley y guiar la vida cotidiana del pueblo presidiendo un tribunal de setenta y un jueces (veremos que esta cantidad tiene virtudes particulares). Este tribunal no es un gobierno, sino una especie de asamblea democrática, por lo menos en sus principios, dotada de un jefe militar y político a la vez, encargada de encontrar solución a los problemas concretos. No hay Estado, no hay administración, no hay erario centralizado.

En este comienzo del siglo XII, Canaán es un territorio estratégico militar y económicamente, punto de intersección de las principales rutas comerciales de la época: al este, se va hacia la Mesopotamia; al norte, hacia Anatolia; al oeste, hacia el Mediterráneo y Grecia; al sur, hacia Egipto, que lo tutela.

Una multitud de ciudades-Estado independientes, ciudades comerciales, puertos, postas de caravanas, son los puntos de paso obligados de las mercancías: oro, plata, cobre, bronce, estaño, armas, maderas de construcción, ganado, miel, aceite de oliva, cerveza, vino, ungüentos. El comercio internacional, en especial el comercio ribereño, está en manos de los cananeos, "agentes de todo el Oriente".[429] El término *cananeo* o *fenicio* designa entonces al comerciante, que enfrenta la competencia y los ataques de los filisteos, "pueblo del mar", cuyo nombre, un milenio más tarde, dará el de Palestina. Querella de origen: la palabra griega *Palestinai,* según la mayoría de los historiadores,[6] vendría del hebreo *Paléshet* (que designa a los filisteos). Pero, para otros,[205] vendría del griego *palaistes,* que designa al luchador, o sea, el "combatiente de Dios" —es decir, una vez más Jacob, ¡o, en otras palabras, Israel!–. Según Palestina designe el país de los filisteos o el de Jacob, la genealogía de las palabras nuevamente es de una temible importancia geopolítica…

Para los historiadores, la presencia de los hebreos en esos lugares se da alrededor de –1200. Ellos lo explican de modo distinto al de la Biblia. Para ellos, lo más verosímil es que ese pueblo resulta del reagrupamiento en Canaán de cuatro clanes provenientes de cuatro regiones: los Bnei Jacob, clan arameo que huye del valle de Balih, en la Alta Mesopotamia, para instalarse alrededor de –1270 en Siquem, Canaán; los Bnei Israel, que llegan algo más tarde procedentes del sur, del país de Gosén, en el delta del Nilo, donde, bajo Ramsés II, fueron empleados en la construcción de las ciudades de Pitom y Ramsés; estos dos clanes se reúnen en Canaán para formar la "alianza de Siquem" de que habla Josué (24), la que, alrededor de –1200, se junta con otros dos clanes, también ellos reagrupados en una alianza: por un lado, los Bnei Abraham, provenientes de Hebrón, que adoptan el nombre de "casa de Judá", y, por otro, los Bnei Isaac, provenientes de Beersheba, es decir, del Sinaí.

Otros historiadores reducen esta historia a una revuelta de campesinos apirus aliados a esclavos escapados de Egipto contra sus amos cananeos.

Cualquiera sea la verdadera explicación de su llegada a esos lugares, lo cierto es que, durante el siglo XII a. C., algunas tropas compuestas de hebreos, militarmente aguerridos por el desierto y comandadas por un jefe despiadado llamado Josué, marchan, llevando al frente un Arca que contiene su Ley, para reclamar una tierra atribuida a su pueblo por su Dios —al menos en sus relatos cosmogónicos— cinco siglos antes.

Frente a ellos encuentran los ejércitos de las ciudades-Estado filisteas: Gaza, Ascalón, Ashdod, Eqron y Gat.

Al término de enfrentamientos de una extrema violencia, las doce tribus vencen a los filisteos, echan a los hititas y se infiltran entre los cananeos; se instalan en toda la llanura costera entre Jafa y Gaza, organizan al norte las fortalezas de Akko, Megiddo, Taanak y Bethshean, y construyen al sur una segunda línea fortificada con Geer, Ayyalón y Jerusalén. Al principio, los territorios de cada una de las tribus están separados por reinos enemigos. A medida que progresa la conquista, las tierras de las tribus se unen; al sentir que crecen las disputas entre los conquistadores, Josué divide la tierra conquistada entre las doce tribus:

> Designad vosotros mismos a tres hombres por tribu para que les dé la misión de recorrer el país y lo describan según las posesiones que deben atribuirse; tras lo cual vendrán a verme. Lo dividirán en siete partes, y Judá conservará sus lindes al sur, y la casa de José las suyas al norte. Por tanto, haréis delimitar el país en siete partes y me traeréis aquí el plano, donde yo los echaré a suertes para vosotros ante el Eterno, nuestro Dios (Josué 18, 4-6).

En lo sucesivo, los nombres de las tribus de Israel se inscriben en la geografía.

El entorno sigue siendo hostil. Los cananeos controlan la metalurgia, y sobre todo la del hierro, que entonces es un metal precioso; por ello, a los hebreos les cuesta mucho trabajo conseguir armas de hierro. En ese momento, la población total del país alcanza, según parece, una cifra cercana al millón de personas, y está aún compuesta en su mayoría de egipcios, filisteos y cananeos.[35] Los pocos centenares de miles de hebreos recién llegados vacilan entonces en su fe. Muchos comienzan a rendir culto a los dioses locales, Astarté y Baal, divinidades de la fertilidad provenientes de Babilonia. Para preservar su identidad, los otros instauran un orden riguroso: como en Egipto y en el Sinaí, una asamblea de todo el pueblo, la *eda,* debate los grandes desafíos. Cada ciudad, cada pueblo se organiza como comunidad independiente dirigida por ancianos y dotada de un tribunal para juzgar la conformidad a la Ley de cualquier acto de la vida cotidiana, así como para entender en los litigios entre los habitantes.

No hay leyes escritas; sólo jurisprudencias discutidas infinitamente. Como mucho más tarde el derecho anglosajón, el hebraico no pretende fijar nada en textos. De siglo en siglo, los tribunales *(beyt-din)* estudiarán y resolverán casos particulares adaptando los principios éticos de la Ley según las condiciones del momento.

Estos tribunales fijan primero la relación con la muerte: a diferencia de sus vecinos, los hebreos entierran a sus difuntos fuera de las ciudades, en tumbas. Sin duda, se cuentan entre los primeros que prohíben que en ellas se depositen objetos o seres vivos: la fortuna no debe desaparecer con la muerte, grado supremo de la impureza.

La población tiende a volverse más o menos homogénea en el interior de fronteras cada vez más estables. Esos antiguos pastores, convertidos en guerreros nómadas y luego en esclavos jornaleros, se transforman en campesinos que cultivan hasta las laderas menos fértiles. Algunos crean aldeas, donde se convierten en artesanos, comerciantes, joyeros. La moneda todavía no existe; el comercio y los préstamos, al igual que en Egipto y en otras partes, se hacen en especies o en pesos de oro o de plata. Entre hebreos, el préstamo, forma de solidaridad, se ejerce sin intereses; por ejemplo, se lo otorga a los agricultores para que compren sus semillas, y es reembolsado con la siguiente cosecha. A quienes no son hebreos se les pide un interés, tal como lo hacen los otros prestamistas.

Por primera vez aparece la moneda en el recodo de un versículo del Libro de los Jueces (16, 5), cuando se trata de pagar a Dalila el precio de la trampa que tiende a Sansón; luego, un poco más lejos, en otro versículo del mismo libro (17, 2), en forma de siclos de plata (monedas, ya no pesos) fundidos para convertirlos en una estatua, como regalo enviado a una madre. Una de estas primeras apariciones de la moneda remite a la sexualidad; la otra, a la maternidad. Ambas acompañan la traición. Pero más allá de la metáfora, aquí sólo se trata de un anacronismo: ya veremos que la primera moneda aparecerá en el mundo recién cinco siglos más tarde, en Asia Menor. De hecho, el Libro de los Jueces, que la menciona, fue escrito transcurridos seis o siete siglos de los acontecimientos que relata y dos siglos después de la introducción de la moneda por parte de los griegos.

Los tribunales fijan nuevas reglas familiares aplicadas a la vida sedentaria. Lo que se adquiere mediante el trabajo debe servir primero para mantener a la familia ("El hombre debe gastar por debajo de sus medios para el alimento, como sus medios se lo permitan para su ropa, pero por encima de sus medios para honrar a mujeres y niños, porque ellos dependen de él", dirán más tarde los comentarios).[407] El hombre tiene plena autoridad sobre sus mujeres (se mantiene la poligamia) y sobre sus hijos, salvo, desde Abraham, la de matarlos (Levítico 20, 2-5; Deuteronomio 21, 18-21). El padre tiene la obligación moral de circuncidar a todos los varones y "rescatar", mediante una ofrenda, a su primogénito, para rememorar el sacrificio de Isaac. El primogénito recibe en herencia el doble que los otros; los nietos están antes que sus tías. De no haber hijos y nietos, las hijas heredan de su padre, pero sin derecho de primogenitura entre ellas; si un hombre no tiene niños, su sucesión va a sus tíos paternos. La madre de un difunto y los padres de ella no tienen ningún derecho sobre los bienes del muerto (Jueces 11, 2). Pero el derecho de primogenitura no determina por sí solo el destino de cada cual. Todos los hombres pueden incluso comprarlo, como hicieron Jacob y José, o incluso ser escogidos como tal por su padre, como hizo Abraham con Isaac.

Sin embargo, el estatus de las mujeres mejora: el contrato de matrimonio les garantiza cierta seguridad material en caso de repudio; si una mujer no tiene niños, puede tenerlos por procuración de otra mujer. Pero todas quedan extremadamente sometidas: si bien heredan de su padre, las hijas sólo pueden casarse con hombres de su misma tribu (Números 36); las viudas sin hijos están obligadas a casarse con un hermano menor de su marido para garantizarles una descendencia póstuma. La esposa sigue a su marido a la esclavitud cuando él no puede saldar una deuda (Éxodo 21, 2-3). Ellas tienen a su cargo la primera educación religiosa de los hijos, sin por ello determinar todavía la pertenencia al pueblo, que es de linaje masculino.

Después de Josué, otras fuertes personalidades dominan la asamblea de los jueces y elaboran la jurisprudencia. Teocracia democrática cuyas principales figuras son Débora, Jefté, Sansón, Gedeón y Samuel. Pero teocracia cada vez menos eficaz, tanto en las finanzas como en lo militar...

Samuel y Saúl

A comienzos del siglo XI a. C., las tribus de Efraím, Manasés y Benjamín son vencidas por pueblos especialmente agresivos: los filisteos y los amonitas. El Arca es tomada, el santuario de Siló destruido. Los jueces deciden entonces reforzar el ejército, hasta entonces muy poco profesional y rehuido por la mayoría. Servir en el ejército, dicen ahora los jueces, es servir a Dios; los soldados son los "hombres súbditos de Dios" (Jueces 20, 2). Aquel que se sustrae a la conscripción es excomulgado ("Se ha negado a acudir en ayuda de Yahvé"). A pesar de esas exhortaciones, la ausencia de un sistema fiscal impide tener un ejército permanente y una estrategia coherente.

Alrededor de –1020 la situación se torna cada vez más crítica. Los invasores amonitas se hacen más amenazantes. Una asamblea plenaria de las tribus se reúne en Ramá. Los ancianos de todos los clanes intiman al primer juez de entonces, Samuel, a que designe un rey y delegue en él los medios para reclutar un ejército permanente. En un discurso magnífico, Samuel previene a los delegados contra el riesgo de que un monarca confisque poder y riquezas, y recuerda todo cuanto un poder autoritario es capaz de hacer padecer a un pueblo. Se trata de un texto de una modernidad jamás cuestionada:

> Así procederá el rey que queréis tener: tomará a vuestros hijos para emplearlos en sus carros, en su caballería, los hará correr delante de su carro; los convertirá en oficiales; los obligará a labrar, a cosechar para él, a fabricar sus armas y los pertrechos de sus carros. Empleará a vuestras hijas para la preparación de perfumes, para su cocina y su pan. Tomará lo mejor de vuestros campos, viñedos y asnos para enriquecerse. Dictará un impuesto sobre vuestro rebaño, y vosotros mismos terminaréis por volveros sus esclavos. Os lamentaréis entonces a causa de ese rey que habéis deseado; pero ese día el Eterno no os oirá (I Samuel 8, 10-19).

Pero el pueblo no escucha y responde con un clamor: "¡No, necesitamos un rey!".

Samuel se resigna entonces y propone a aquel que cree mejor preparado para resistir esas tentaciones: Saúl, general vencedor de varias batallas contra los amonitas. Elegido por aclamación y consagrado por unción de óleo santo, Saúl recluta soldados, requisa víveres, erige fortalezas.

Durante un mes al año, todos deben proveer los bienes necesarios al rey. Junto a él sesiona un tribunal de setenta y un miembros. Cada clan administra su distrito y nadie fuera del clan puede enajenarlo. En cada ciudad, la autoridad es ejercida por un tribunal *(beyt-din)* conformado por tres personas, y por un ejecutivo de siete; ambos deben ser legítimos ante los ojos del pueblo.

Saúl dispone una organización militar eficaz. Durante diez años, antes de morir en combate, repele a los amonitas y a los filisteos; en –1010, muere junto a tres de sus hijos, entre ellos Jonatán, a quien había designado como sucesor.

David y Salomón

El poder pasa entonces a otro general, reciente vencedor de los filisteos en circunstancias de las que el texto conservó una huella legendaria. Con todo, es el primer personaje bíblico cuya autenticidad histórica está corroborada.[115] Según la tradición, de él descenderá el Mesías. David unifica las tribus y rechaza un nuevo ataque filisteo. Administrador sin igual, construye el Estado y elige como capital la de un antiguo rey cananeo, Melquisedec, entonces ocupada por los jebuseos: Jerusalén, cuyo nombre significa "ciudad de la paz". Allí se hace construir un palacio en madera de cedro del Líbano, instala un colegio de consejeros, organiza la explotación del dominio real, instaura una fiscalía, realiza un censo y dirige la redacción de la liturgia (la tradición le atribuye la composición de la mayoría de los Salmos). Sin duda, pone entonces en circulación algo que comienza a parecerse a la moneda: en cualquiera de los casos, utiliza metales preciosos para emitir monedas de valor aún desigual, cuyo monopolio se adjudica.[34] Adquiere una parcela de tierra para levantar un templo y reemplazar así los dos principales lugares de culto hebreo, Gilgal –donde Josué había dejado huellas de la travesía del Jordán– y Siló, que resguardaba el Arca de la Alianza. Sin embargo, para su gran perjuicio, no logra recaudar suficientes tributos sobre los vecinos. La tradición quiere también que el haber enviado a la muerte a Uri, primer marido de Betsabé, le haya impedido llevar a buen término ese proyecto. El crecimiento económico del país es considerable. Desarrolla la metalurgia del hierro y el cobre, los transportes por tierra y por mar. Algunos mercaderes van a instalarse en ciudades extranjeras para servir de relevo a los comerciantes de Judea. Por otra parte, en el primer libro de los Reyes aparece la primera mención de mercaderes hebreos que residen en el extranjero: "Ben Hadad dice a Ajav: Yo devolveré las ciudades que mi padre tomó al tuyo, y tú podrás crear bazares en Damasco, como mi padre había creado en Samaria," (Reyes 20, 34).

El funcionamiento de los imperios de la época exige arrebatar tributos cada vez más elevados a los pueblos vecinos para defenderse. Aunque David extrae tributos de sus conquistas –garantizadas por una tropa de mercenarios–, no trata de agrandar el territorio de Israel; por eso sus recursos quedan exhaustos. Así, condena a su país a un estado de fragilidad económica por falta de afán de conquista.

David muere en –972. Tras muchas querellas, lo sucede su hijo Salomón. Contemporáneo de la XXI dinastía de Egipto, permanecerá cuarenta años en el trono. La profecía de Samuel no deja de cumplirse: fastuoso monarca con un harén de setecientas esposas y trescientas concubinas, Salomón reemplaza la tropa de mercenarios de su padre por un ejército de conscriptos y recauda gravosos impuestos. Fortifica ciudades en las fronteras, como Megiddo, Hazor, Gezer. Para quebrar el espíritu de clan, divide el país en doce distritos cuyas fronteras no se corresponden con las de las tribus, y confía su administración a intendentes. Crea una escuela destinada a formar funcionarios. Vuelve a lanzar el proyecto de construcción de un templo en Jerusalén: 150 mil hombres trabajan para ello durante siete años y medio, utilizando los materiales más lujosos de la región, sobre todo la madera de cedro del Líbano provista por Hiram, rey de Tiro.

En la región, lo esencial del comercio aún está en manos de no hebreos; para designar a los mercaderes todavía se dice *knaaní,* palabra que más tarde designará a los fenicios. El comercio no es una actividad reservada al pueblo hebreo, primero pastor, campesino y guerrero. Sin embargo, éste pone pronto su empeño en ello. Para abonar la plata, el oro y las joyas, en adelante utiliza como medio de pago lingotes estampillados por el rey. Pronto se cuentan más y más hebreos entre los mercaderes de la región, y ahora hasta se los encuentra como marinos a bordo de los barcos mercantes o de guerra de Salomón; otros, arquitectos, artesanos u orfebres, parten a construir palacios en otros países.[34]

Para aumentar sus ingresos, el rey garantiza la seguridad del comercio en la región a través del pago de un tributo que deben realizar sus vecinos. Organiza una política de alianzas, en especial con el reino de Saba. Precisamente en esta ocasión (I Reyes 10) se ve aparecer por primera vez la moneda como ofrenda religiosa: la reina de Saba ofrece a Salomón, para su Templo, madera de sándalo, plantas aromáticas y ciento veinte talentos de oro, dice el texto. Una vez más se trata de un peso, ya que la moneda aparecerá dos siglos más tarde.

Para mantener la paz con Egipto, Salomón desposa, entre otras princesas lejanas, a una hija de Faraón; la cultura hebraica se nutre ahora de influencias egipcias, fenicias –término griego por cananeos– y babilonias.

La religión judía se torna más definida.[16] Muchas fiestas (Pésaj, Shavuot, Sucot, Rosh ha-Shaná) se organizan alrededor de los ciclos de la vida agrícola. Los trabajos de construcción del Templo culminan a golpes de impuestos y trabajo forzado. Su inauguración da lugar a grandes ceremonias durante las cuales se ora y se ofrecen sacrificios –toros– en pos de la felicidad de cada una de las setenta naciones que pueblan el mundo. En su oración inaugural, Salomón, por otra parte, le asigna una vocación universal: "Para que todos los pueblos de la Tierra reconozcan Tu Nombre" (I Reyes 8, 43). Texto esencial para el porvenir: el pueblo hebreo no puede ser feliz si los demás no lo son. Pueblo elegido, sus riquezas sólo tienen sentido si contribuyen a la riqueza de los demás. Nada es bueno para los hebreos si no lo es para los otros, y toda riqueza debe ser compartida con el resto del mundo: así, se reserva un rincón en el campo a los extranjeros, que pueden acudir libremente a cosechar el fruto del trabajo del campesino hebreo.

Se organiza una verdadera economía alrededor del Templo, que recibe cada año el sexto de las cosechas; un décimo de esa ofrenda va a los levitas, sacerdotes entre los sacerdotes, el resto sirve para gloria del Templo y para alivio de los pobres. Los primeros frutos del año deben ser ofrecidos al gran sacerdote. Toda donación al Templo se vuelve sagrada, y el donador no puede recuperarla sino comprándola por una suma superior a su valor en el mercado. El Templo, el lugar mejor custodiado del país, se convierte así en una cámara fortificada que también utilizan el Estado y las grandes fortunas privadas para resguardar sus riquezas. Rápidamente constituye el principal polo de atracción del país, el lugar de encuentro de todos los hebreos provenientes de los imperios vecinos. Incluso, su atrio se convierte en el lugar de trabajo de los pesadores de metal precioso, luego de los prestamistas, que ejercen ya sea con personas privadas o con empleadores, en especial con los propietarios rurales, que piden préstamos antes de las cosechas para pagar el salario de sus aparceros.

Primeras doctrinas

Ya no basta con transmitir la Ley de memoria. Ahora es lícito redactar las primeras versiones de lo que, algunos siglos más tarde, se convertirá en la Torá ("la enseñanza"). Comienzan así a compilar la jurisprudencia de los tribunales, y un tribunal supremo, el Sanedrín –siempre de setenta y un miembros, como en el tiempo de Josué–, define, entre otras cosas, las condiciones de funcionamiento de la economía del reino.[98] Éstos son sus grandes principios.

Primero, un formidable optimismo. Es época de construcción, de afianzamiento, de grandes proyectos. Aunque el relato de la destrucción de la torre de Babel recuerde las amenazas del progreso, más que nunca se cree en la necesidad y la posibilidad de la valorización, de la reparación del mundo. Se recomienda hacer fortuna, porque, dicen los jueces, un hombre rico está preservado de la tentación de robar, puede estudiar y, sobre todo, puede dar más fácilmente. Un poco más tarde, en la *Ética de los Padres*, compendio de pensamientos, se leerá esta fuerte máxima que resume correctamente el espíritu de la época: "Cuando no hay harina, no hay Torá". Y viceversa.

Pero la fortuna debe permanecer discreta, no debe subirse a la cabeza ni llevar a conductas orgullosas: esa época no escatima ejemplos contrarios dentro del entorno del rey... Además, se reafirma que la riqueza es precaria, reversible. Mientras que la vida, en cambio, no lo es. Ser rico sólo es un medio para servir a Dios, para hacer el bien. No es un fin en sí.

La propiedad privada es protegida, sin por ello ser sagrada. Todas las transferencias de propiedad y todas las transacciones comerciales deben hacerse ante testigos (Génesis 37, 2). La propiedad mobiliaria se transmite por recepción del objeto; la inmobiliaria se cede mediante una ceremonia en cuyo transcurso el vendedor se quita su zapato (Ruth 4, 7). Los derechos del locatario se mantienen si su contrato está vigente cuando la propiedad se vende. La propiedad ajena debe ser protegida: "Si encuentras extraviado el buey o el asno de tu enemigo, se lo devolverás." Pero nadie va a la cárcel por deudas, ni aun por robo. El ladrón que opera a escondidas debe reintegrar el doble de lo que robó (el cuádruple si se trata de ganado), a menos que devuelva el objeto a un agente del tribunal (lo que le permite permanecer en el anonimato). El ladrón que opera a la luz del día sólo está obligado a restituir el objeto, sin pagar multas. Si hay insolencia ante un juez, la pena es mucho más grave.

El engaño es un "robo mental" y debe tener una sanción mayor que el robo material. Está escrito: "Maldito quien hiciera errar al ciego en el camino" (Deuteronomio 27, 18), y: "No debes obstaculizar el camino de un ciego" (Levítico 19, 14), lo que se interpreta como la prohibición de dar a sabiendas un mal consejo, vender objetos adulterados (vino, alimento en mal estado) o perjudiciales (armas, drogas), engañar a quien no sabe, pesar los productos con pesas falseadas. Además, como los hebreos se codean cada vez con más extranjeros en Canaán y otras partes, los tribunales se ven llevados a discernir entre lo que está prohibido a todos los hombres y lo que sólo lo está a los hebreos, pueblo-sacerdote con deberes especiales. ¿Pueden venderse armas, ídolos, a extranjeros? ¿Puede prestárseles con interés?

El interés (que se dice *néshej*, o "tajada, mordida") está prohibido en el seno de la comunidad, porque en ella el préstamo está considerado como una forma de solidaridad entre hermanos, no como una operación comercial. Aunque el prestatario sea acomodado, se le debe prestar sin interés, porque no se sabe si seguirá siéndolo al vencimiento del préstamo; en consecuencia, debe ser tratado como un pobre potencial. Quien solicita un préstamo a interés es tan culpable como quien lo concede. Algunos ya eluden esta prohibición al invertir en un negocio y compartir riesgos e ingresos con el empresario.

En el comercio, siempre que exista una verdadera competencia, los precios son libres, salvo para los productos de primera necesidad; para estos, los beneficios están limitados al sexto del precio de costo, con dos intermediarios como máximo. En otras palabras, el beneficio comercial sobre los productos básicos no puede superar el impuesto al Templo, que también es de un sexto. En ocasiones, el que se instala primero es protegido de competidores demasiado agresivos.

Punto esencial: nadie debe aceptar un trabajo obligado, dependiente, bajo ninguna circunstancia, porque someterse a alguien equivale a volver a Egipto, a entregarse a una droga o a sucumbir a la idolatría: "Véndete tú mismo para un trabajo que te sea ajeno, pero no seas dependiente". Esta prohibición explica por qué, de siglo en siglo, los judíos se rehusarán la mayoría de las veces a pertenecer a grandes organizaciones y preferirán trabajar por cuenta propia.

Del mismo modo que la riqueza, el trabajo manual es glorificado si se pone al servicio de valores éticos. En la medida en que no sea obligado, adquiere una consideración aun mayor que el estudio, porque permite ganar los medios para consagrarse al estudio. "Que el Eterno te bendiga en toda la obra de tus manos" (Deuteronomio 14, 29). Enmendar el mundo es el primer deber.

El empleado tiene derecho a una protección contra los caprichos de su empleador: el salario debe ser pagado un día fijo (Deuteronomio 24, 14); está prohibido hacer trabajar a cualquiera en condiciones perjudiciales para la salud; el trabajador demasiado joven, enfermo o entrado en años debe ser protegido. Los asalariados tienen derecho a unirse, pero las uniones no pueden desembocar en la exclusión de un tercero del trabajo. La huelga debe permitir que el asalariado exija el respeto del juicio de un tribunal, un contrato o una costumbre. Las actividades prohibidas el día del Shabat todavía no son enumeradas en detalle; pero ya está prohibido trabajar el día sábado, hacer trabajar a los esclavos y a los animales, y encender un fuego. Más adelante, el sábado se podrá hacer jugar la legítima defensa.

El estatus del esclavo se define. El esclavo hebreo debe ser liberado al cabo de seis años y recibir entonces algunos animales y frutos (Deuteronomio 15,13-14); si quiere permanecer al servicio de su amo como asalariado, le perforan la oreja (Éxodo 21, 6; Deuteronomio 15, 17). Los otros esclavos, todos circuncidados (Génesis 17, 9-14 y 17, 23-27), toman parte en las festivi-

dades ligadas a las ceremonias religiosas y tienen derecho en particular al reposo del Shabat (Éxodo 12, 44); también pueden volverse hombres de confianza (Números 24, 2). Si se convierten –a lo cual tienen derecho–, son
liberados en las mismas condiciones que los hebreos.

El entorno debe ser protegido de los efectos de la economía y de la guerra:
"Si durante el sitio de una ciudad que estás atacando para adueñártela, te detienes en ella largo tiempo, no debes sin embargo destruir sus árboles ni alzar
el hacha sobre ellos", porque "ellos son los que te alimentan y tú no debes abatirlos. Sí, el árbol del campo es el propio hombre" (Deuteronomio 20, 10-20).

Pero la Ley que así se elabora supone una sociedad ideal, un monarca justo, tribunales perfectamente esclarecidos y ciegamente obedecidos. En la
práctica no ocurre eso. Los juegos del tiempo y del poder llevan en realidad
a una acumulación de riquezas y prerrogativas. Lo que había predicho Samuel en tiempos de Saúl se produce en tiempos de Salomón: las fortunas crecen; algunos príncipes se dejan corromper. Mientras el pueblo debía reunirse
en el Templo a intervalos regulares (por lo menos, cada siete años) para tomar las grandes decisiones, los jefes de las grandes familias y los propietarios
de vastos dominios deciden acerca de todo con algunos mercaderes, un puñado de altos funcionarios y el rey (Deuteronomio 31, 10-13).

Para compensar esas injusticias y proteger la identidad del grupo, un sistema de protección social sofisticado se dispone progresivamente por iniciativa de los jueces. Justicia y caridad se confunden en un concepto particular,
tzedaká, palabra que remite tanto a "caridad" como a "solidaridad", tanto a
"justicia" como a "rectitud". La *tzedaká* se aplica a todos aquellos que corren
el riesgo de ser excluidos de la comunidad por su pobreza o su rebelión: "Si
tu hermano llega a desobeder, si ves vacilar su fortuna, sostenlo, así fuera extranjero y recién llegado, y que viva contigo" (Éxodo 23, 1-9). El pobre debe
recibir de la comunidad no solamente qué comer sino también con qué crear
una nueva actividad y vivir dignamente de su trabajo. Una comunidad está
obligada a asistir a todos los pobres que residan en su seno destinándoles por
lo menos el décimo de sus ingresos. El Templo distribuye las donaciones entre los pobres. Una "oficina secreta" permite dar de manera anónima, y a los
pobres, recibir sin darse a conocer.

A la inversa, la riqueza no debe carecer de límites. No hay que ser demasiado rico. En los Proverbios (30, 8-9) está escrito: "No me des ni indigencia
ni opulencia, déjame ganar mi parte de pan, por temor a que, al estar colmado, no cometa apostasía y diga: '¿Quién es Dios?', o incluso, que siendo indigente no profane el nombre de Dios". Para frenar la acumulación excesiva,

conforme a las exigencias de la agricultura, es imperativo dejar que la tierra descanse un año de cada siete (es el año sabático) y dejar ese año los productos de la tierra a los más pobres. Además, cada cuarenta y nueve años, la tierra es devuelta a su propietario inicial, es decir, a aquella de las doce tribus que la recibió en reparto (el jubileo). Esta obligación se extiende a los préstamos, que también deben ser anulados cada cuarenta y nueve años. Este mecanismo equivale a prohibir la constitución de grandes propiedades, a inutilizar la posesión de esclavos agrícolas; sobre todo, a impedir la transmisión de las riquezas más allá de dos generaciones y a reducir el apego a la tierra. Economía nómada...

Pero es demasiado tarde: la situación se ha degradado en exceso para que un bloque normativo tan sofisticado pueda corregirla. Hacia el año −932, cuando muere Salomón, las desigualdades se han ahondado, los grandes dominios arruinaron a los pequeños campesinos, los grandes rebaños reemplazan los cultivos de subsistencia; se ostentan fortunas insolentes, las finanzas del país están en su peor momento, los tribunales se vuelven incapaces de imponer sus decisiones, la *tzedaká* no se pone en práctica, el lujo del Templo y del Palacio, antaño admirado, ahora es objeto de aborrecimiento. La legitimidad del poder es cuestionada por algunas tribus. El reino se halla al borde de la implosión.

Judea y Samaria

La historia que sigue va a marcar profundamente al pueblo hebreo. En algunos siglos va a llevarlo a perder la tierra que se le confió, para enviarlo a vivir en el exilio. Hasta el día de hoy, esa historia determina su relación con el mundo y el dinero. Y explica ampliamente el papel que el mundo le hará desempeñar.

Diez tribus del Norte se niegan a reconocer a Roboam, hijo de Salomón, heredero legítimo, y proponen elegir como rey a un alto funcionario íntegro, Jeroboam, exiliado entonces en Egipto por haber intentado poner orden en las finanzas del reino. Como Roboam se niega a retirarse, las provincias del Norte hacen secesión y crean un nuevo reino (aproximativamente la Cisjordania y la Galilea de hoy), que llaman de Israel o de Samaria, con Samaria por capital y Jeroboam como soberano. El reino del Sur, alrededor de Jerusalén, se convierte en el reino de Judea −o de Judá, por el nombre de la tribu que lo rige−. El pueblo hebreo se convierte en el pueblo judío.

El abismo entre ambos reinos es ante todo político. La concepción de la monarquía no es la misma: el pequeño reino de Judá, alrededor de Jerusalén, conserva la forma dinástica en torno a la familia de David, mientras que en Israel el rey debe ser aceptado por un consejo de ancianos y puede ser reemplazado si no cumple con su deber primario: garantizar la justicia y la protección de los pobres. Los reyes de Israel, por lo tanto, ya no son realmente sagrados. Incluso algunos, en Samaria, consideraron al rey como un intermediario inútil entre Dios y el pueblo. Esta precariedad del poder conducirá sucesivamente a nueve familias al trono de Israel.

Más vasto, más poblado, no tan religioso, el reino de Israel conoce una civilización más brillante que el otro, más austero. Las riquezas siguen acumulándose, pero las injusticias no se toleran tanto como tiempo atrás. Algunos letrados particularmente inspirados, que reciben el nombre de profetas, se levantan para denunciar esas desviaciones morales. Algunos comparan a Jerusalén con Sodoma, destruida por no haber sabido distribuir mejor sus riquezas entre ricos y pobres, por haber protegido demasiado bien la propiedad privada y por haberse negado a recibir a los pobres de paso. Isaías amenaza: "¡Ay de vosotros, que anexáis casa a casa, que agregáis heredad a heredad sin dejar un rincón libre, y pretendéis implantaros solos en el país! Sabaot el Eterno me ha dicho al oído: '¡Lo juro, numerosas casas están destinadas a la devastación! Grandes y bellas hoy, ahí están sin moradores'" (Isaías 5, 8-9). En Judea, el comercio predomina a veces incluso sobre la Torá, y no siempre el Shabat es respetado por los habitantes de Jerusalén, al punto que dos profetas, Amós y Nehemías, deben prohibir el acceso del Templo a comerciantes que vinieron a aprovechar ese día de afluencia para instalar sus puestos.

La diferencia entre ambos reinos también es de orden religioso: los habitantes de Israel, hebreos que rápidamente van a llamarse "samaritanos", aspiran a volver a una religión más simple. Algunos llegan incluso a realizar un sincretismo con las religiones de los pueblos que viven a su alrededor: así, Él se convierte en el padre de YHWH y forma con su esposa Astarot (Astarté) y sus dos hijos (una niña y un niño) un conjunto divino.[6] El reino del Sur, el de Judea, poblado por judíos, sigue siendo por el contrario estrictamente monoteísta; y hasta considera a los samaritanos como paganos.

Comienza así a distinguirse entre pueblo, nación y Estado, porque ahora existen dos reinos para la misma nación, y numerosos judíos viven en el extranjero, en Egipto, Siria, Babilonia.

Los intercambios entre esos imperios son considerables, y los judíos participan en ellos. El Este envía las mercancías elaboradas hacia el Oeste, que despacha oro y plata. Los imperios vigilan y mantienen las rutas. El carro con ruedas y la nave a vela permiten que las caravanas regulares vayan de Egipto a Mesopotamia y a las Indias, pasando por Israel. Algunos mercaderes judíos hacen el comercio de metales y paños entre el centro del Asia Menor y la Mesopotamia.[157] Egipto importa cobre de Persia, cinc de Siria, oro de Armenia y de Nubia, plata de Capadocia; exporta cereales a los atenienses y a los hititas, alumbre a Delfos, oro a los príncipes de Asia. Algunos mercaderes hacen el trayecto entre las ciudades más al norte de Fenicia –Tiro, Biblos–, ligadas entre sí y con el delta egipcio por acuerdos comerciales.

Todas esas actividades generan la fortuna de los lugares de comercio (puertos marítimos o francos en las fronteras de los Estados) y la de las comunidades judías que allí residen.

El crecimiento económico, interrumpido durante un tiempo por la crisis de los últimos años del reino de Salomón, se reanuda en los dos reinos. Uno y otro se cubren de ciudades (Mizpá, Megiddo, Debir, Lakish) y emprenden inmensos trabajos de derivación de agua; los caminos surcan el desierto del sur hacia el Mar Rojo y el puerto de Eilat. El reino de Israel, más abierto, más rico y mercantil que el otro, lanza expediciones comerciales hasta la costa occidental de las Indias.[34] En las ciudades, los talleres artesanales y las manufacturas (regias o privadas) trabajan a pleno para satisfacer los pedidos de los ricos. Todavía no existe una moneda en el sentido moderno del término; pero se utilizan metales preciosos, en pesos estampillados por el tesoro real, para financiar las grandes operaciones de comercio.

Ciertos dirigentes de los dos países no renuncian a reunificar al pueblo hebreo. Uno de los primeros reyes de Israel, Ajab, intenta acercar los dos reinos ofreciendo a su hija Atalía en matrimonio al hijo del rey de Judá, aunque su mujer, Jezabel, lo lleva a convertirse al culto de Baal. El acercamiento político fracasa, pero los dos reinos observan poco más o menos la misma religión.

Por miedo a los desórdenes, en ese momento gran cantidad de hebreos de ambos reinos deja la región para ir a países donde la vida parece más fácil: Babilonia, Egipto, Creta o Chipre. Uno de ellos, a quien llaman Isaías, pronuncia entonces, alrededor de –765, palabras que serán repetidas durante milenios en todas las comunidades dispersas: "En ese día, el Señor tenderá por segunda vez la mano para tomar posesión del resto de su pueblo que haya escapado a Asiria, Egipto, Patrós, Kush, Elam, Shinar, Hamat y a las islas del mar. Alzará el estandarte para recibir a los exiliados de Israel y reunir los restos dispersos de Judá de los cuatro rincones de la tierra"

(Isaías 11, 11-12). De hecho, la diseminación por el mundo sólo está comenzando.

De Nínive a Babilonia

Hacia −750, el Imperio Asirio, entonces el más poderoso, necesita nuevos recursos. En Nínive, la capital, el rey Tiglath-Falazar III se interesa por las riquezas de Canaán. La mayoría de los vecinos de Israel y de Judea pasan bajo el control de los asirios, que reclaman considerables tributos. El rey de Israel, Pécaj, se alía al rey de Damasco, Rasón, y, con la neutralidad del rey de Judá, Yotam, rechaza a los asirios. Pero Ajaz, hijo de Yotam, convertido a su vez en rey de Judea, traiciona a sus hermanos de Samaria pese a los reproches de Isaías (7): se pone de parte del rey de Asiria, lo deja penetrar en Jerusalén y le entrega el tesoro del Templo. El asirio alcanza entonces Gaza y el "río de Egipto" (*Wadi el-Arish*), impidiendo así toda posibilidad de auxilio egipcio, y luego se vuelve contra el reino de Israel. Pécaj es asesinado por un tal Osías ben Elah, que sube al trono y pacta con el asirio en −735. El rey de Siria, Rasón, resiste todavía tres años, luego sucumbe a su vez en −732. Asiria ha ganado: en −721, su nuevo soberano, Salmanasar V, entra en Samaria y convierte el reino de Israel en una provincia asiria. Deporta a treinta mil habitantes del reino hacia Nínive y los reemplaza por derrotados de otros países. Numerosos samaritanos huyen a Egipto y a Asia Menor; se unen a las comunidades ya establecidas allí y, en ocasiones, se enrolan como mercenarios en los ejércitos locales. Las diez tribus de Israel, hasta entonces agrupadas en Samaria, son dispersadas, asimiladas, perdidas.

Más pequeño y fácil de defender, el reino de Judea, tironeado entre Egipto y Asiria, conserva una independencia formal, y Jerusalén sigue siendo el centro de la vida judía. El nuevo rey judío, Ezequías, moderniza el país y construye un acueducto subterráneo entre Siloé y Jerusalén. En −705, a la muerte del rey de Asiria Sargón II, Ezequías intenta reunificar el país y reclama a los habitantes de ambos reinos y a los hebreos de la diáspora el pago de un impuesto para el mantenimiento del Templo de Jerusalén.

Isaías proclama: "¡Ay de vosotros que anexáis casa a casa, que agregáis heredad a heredad sin dejar un rincón libre" (Isaías 5, 8). Amós denuncia el empleo de esclavos el día de Shabat (Amós 8, 5).

En −701, el nuevo rey asirio Senaquerib invade el reino de Judea. Cuarenta y seis ciudades fortificadas son destruidas. Está a punto de tomar Jerusalén cuando se retira, sin duda a cambio de un fuerte rescate. Ezequías muere en –699. El reino de Judea subsiste, muy debilitado. El siguiente rey, Manasé, reina cerca de cincuenta años, hasta –645. Parecería que mandó asesinar al profeta Isaías (en todo caso, uno de los dos conocidos bajo el mismo nombre), que le reprochaba su laxismo religioso y la ultrajante fortuna de los ricos.

En –627 los asirios de Asurbanipal son vencidos por el gobernador del "país del mar", un caldeo llamado Nabopolasar, que funda una nueva dinastía. En –612, la ciudad de Asur, y luego Nínive, capital de los asirios, caen en manos de los nuevos amos, que las destruyen. Se reparten el imperio con los medas y se instalan en Babilonia, ex capital de Hamurabi sobre el Éufrates.

El rey de Judea de entonces, Josías, intenta aprovechar ese cambio de poder entre los amos para reunificar los dos reinos hebreos una vez más. Para dotar a ambos reinos de una jurisprudencia unificada, hace compilar los juicios de los tribunales en un código, primera versión de lo que se convertirá en el quinto libro de la Torá, el Deuteronomio. Logra financiar un ejército de mercenarios –griegos– y recupera de los caldeos parte de la llanura costera. Pero es asesinado en Megiddo en –609 por las tropas de los nuevos señores babilonios.

Los egipcios, que también pretenden ejercer su influencia sobre esta región tan estratégica desde una perspectiva comercial, imponen entonces a Yohakim en el trono de Jerusalén, y le recomiendan que haga la paz con Nabucodonosor, que había reemplazado a su padre Nabopolasar en –605. Desdeñando los consejos del profeta Jeremías, retirado en Anatot, junto a Jerusalén, el nuevo rey rechaza ese sabio consejo y se subleva. En –589, las tropas de Nabucodonosor entran en Jerusalén y envían a Yohakim, a su séquito y a miles de miembros de las clases dirigentes, funcionarios, artesanos, técnicos, a reunirse con los 20 mil hebreos ya exiliados en Nínive, durante la caída de Samaria, y los reagrupan en Nipur, a 60 kilómetros al sudeste de Babilonia, sobre la ribera del Éufrates. Nabucodonosor nombra rey en Jerusalén a un joven de 21 años, Zedekiah, sobrino de Yohakim. Zedekiah acepta el trono, pero a su vez suscita una rebelión contra los ocupantes. Tras dieciocho meses de sitio, el 29 de julio de –587, Nabucodonosor entra nuevamente en Jerusalén y el día 9 del mes de Ab arrasa el Templo y se lleva sus tesoros. Una vez detenido Zedekiah, manda asesinar delante de él a sus hijos, le arranca los ojos y lo envía a reunirse con su tío Yohakim en deportación. Esta vez, el reino de Judá, que había sobrevivido 136 años al de Israel, es aniquilado.

Así se acaba el orden religioso, político y económico de Israel. Sin Templo, sin sacrificios, sin ofrendas, sin recursos fiscales, ni ejército, ni rey, ni sacerdotes. Lo único que resta hacer es someterse a la ley del vencedor. En −586, Jeremías parte a Egipto, desde donde escribe a los exiliados una larga carta de la que algunos siglos más tarde se extrajo la principal regla de vida en la diáspora: para sobrevivir, hay que someterse a la ley del país de adopción.

Sin embargo, Jerusalén no es olvidada. El Salmo 137 traduce a las claras esa esperanza de retorno: "A orillas de los ríos de Babilonia, estábamos sentados y llorábamos, recordando a Sión".

5. Primer exilio en Babilonia: de la moneda a las finanzas

Nueva experiencia que se prolongará y servirá durante los milenios posteriores: la diáspora, pueblo en el seno de otros pueblos, se organiza sin una entidad estatal. Para su propia sorpresa, los hebreos se descubrirán capaces de organizar el exilio mucho mejor que el reino, la diáspora mucho mejor que Judea. Mezclados con otros, sin autoridad sobre un territorio, se perciben más libres para extraer lo mejor de sí mismos y brindar a los demás las herramientas irremplazables de su cultura. Más adelante se comprenderá por qué.

El recibimiento

En el siglo VI antes de nuestra era se fijan, ignorándose casi totalmente entre sí, algunos de los principales fundamentos del pensamiento mundial. En Asia es el siglo de Confucio y de Lao Tsé; en India, el de Buda; en Grecia, el de Pitágoras. En el mundo judío, ese siglo de excepción es el de algunos de los grandes profetas y de las primeras descripciones de la utopía mesiánica.

Sin embargo, el pueblo hebreo se encuentra en una penosa situación: la mitad de los judíos −sin duda son 3 millones en total− están ahora en el exilio o dispersos en Babilonia, Creta, África del Norte o Egipto. La Judea y la Samaria en ruinas viven de la asistencia que los rabinos recaudan en las comunidades de la diáspora.

Con el Imperio Meda, la Babilonia de Nabucodonosor se convierte en la gran potencia económica del mundo. El monarca renueva su capital, multi-

plica los zigurats y los jardines suspendidos. El nuevo poder se muestra tolerante para con las minorías: no hay medidas vejatorias, existe el derecho a
practicar la religión elegida y a ocupar cualquier función. Los deportados hebreos lo aprovechan. En −561, el ex rey Yohakim es liberado; se le devuelve
su corte y lo instalan en Nipur como soberano. Los dirigentes judíos, resig-
nados, deciden organizarse para vivir allí de manera duradera. Después de todo, precisamente de allí viene Abraham.

Como entre las comunidades dispersas se difunde el rumor de que la situación en Babilonia es mucho mejor que en Judea, muchos acuden incluso
a reunirse voluntariamente con los primeros deportados. Pronto se cuentan
en centenares de miles. A los artesanos, técnicos, altos funcionarios militares
y civiles del comienzo se añaden ahora comerciantes, agricultores, pescadores, albañiles que vinieron a participar en todos los trabajos proyectados por
el monarca.[34]

De generación en generación, relaciones amistosas, culturales, religiosas
y comerciales se establecen con no judíos. Los hebreos comercian hasta productos que no tienen derecho a consumir. Y dan crédito a interés a los babilonios. No porque éstos no tengan derecho a hacerlo: del viejo código de
Hamurabi, además de la ley del talión, conservaron la autorización del
préstamo a interés. Todavía no hay monedas −se comercia sobre todo en cebada, trigo, dátiles−, pero los lingotes de oro estampillados hacen ahora las
veces de reservas de riquezas. Así, un recaudador de impuestos, Shuma
Ukin, financia viajes comerciales adelantando capitales. La familia Egibi financia sociedades en comandita y préstamos individuales; reciben depósitos, efectúan pagos por encargo. Algunos financistas judíos trabajan con
esos mercaderes locales. En los archivos de una de las primeras casas de crédito del mundo −la "Casa de Murashu",[34] instalada en Nipur, que financia
la agricultura y el comercio mediante técnicas muy sencillas de participación en los beneficios−, se encontraron setenta nombres de prestamistas judíos y contratos firmados en paridad entre hombres de negocios judíos y
babilonios.

Sin embargo, para evitar un exceso de relaciones con los templos babilonios, que administran las ofrendas y sirven de lugares de garantía a los préstamos entre mercaderes, los judíos crean sus propios bancos y se hacen pagar
en ganado, joyas, esclavos e ingresos de la tierra. Algunos se vuelven muy ricos (Nehemías 7, 67-69) y son admitidos en la corte del rey Nabucodonosor. Varias familias judías toman patronímicos locales. Para algunos, la
asimilación está en marcha. La mayoría de los judíos, con todo, la rechazan,

no se mezclan completamente con los otros: el Shabat y otras prácticas, como la circuncisión y las prohibiciones alimentarias, los diferencian del resto
de los habitantes de Babilonia. Elaboran los preceptos esenciales a los que
deberán su supervivencia durante los milenios de exilio venidero: obedecer
la ley local, permanecer agrupados, no confiar más que en los suyos, no acumular bienes raíces, transmitir una cultura, convencer a los no judíos que
desposan a judíos para que se conviertan a la religión de Moisés. Las festividades se organizan alrededor de la familia erigida en valor supremo, instrumento de la perduración, con un control riguroso de la moral sexual. Se
comienza a enseñar sistemáticamente a leer y escribir a los niños en arameo,
lengua de la vida cotidiana y del comercio, y en hebreo, lengua de oración.
La escritura se modifica: las letras se vuelven cuadradas, como lo son todavía hoy. Se ve aparecer una relación más individual con Dios, que se vuelve
un ser perfecto, absoluto, celoso, que exige de todos −en especial de los sa-
cerdotes− la perfección. Las nociones de más allá, de pecado, de resurrección, de ángeles, se cristalizan.[16] Se ora por el retorno a Sión (nombre
cananeo de Jerusalén) y por la reconstrucción del Templo. Entre los sacerdotes, poetas y músicos componen los Salmos, el Libro de Job, los Proverbios, el Eclesiastés. Algunos profetas nuevos siguen denunciando los peligros
que se corren al mezclarse con los desafíos de los poderosos, al vivir en medio de los ricos, al ganar dinero con los babilonios: "¡Su oro los mancillará!",
exclama Ezequiel (7, 19-20), que denuncia en Babilonia a una superpotencia (16, 29; 17, 4). Sofonías rechaza el oro y la plata, "los dos metales que
ya no pueden salvar al hombre" (1, 18).

Al igual que en Israel y en Judea, en cada comunidad dispersa de Babilonia los tribunales reúnen a sabios (jajamim) y zanjan litigios individuales.
Cuando los debates se refieren a cuestiones personales, para resolver litigios
de negocios o de índole privada, los nombres jamás se mencionan. No pueden infligirse sanciones corporales, sino, en los casos extremos, una pena
que prácticamente equivale a la muerte: la excomunión. Al excluir al condenado de su comunidad, ésta, en efecto, le prohíbe trabajar y recibir asistencia de los otros judíos. Para decidir acerca de las cuestiones más difíciles,
los jueces completan los escasos textos disponibles con lo que saben respecto de las decisiones de los grandes maestros de Judea. Para eso mantienen
una correspondencia, y las cartas de esos rabíes −preguntas y respuestas−
son llevadas por los mercaderes junto con los hatos de especias. Algunas escuelas comienzan a formar a los jueces. En ellas, a diferencia de lo que sucede con los sacerdotes de Jerusalén, no se paga a los profesores, sino que

éstos se ganan la vida trabajando manualmente como campesinos, artesanos, mercaderes. Aunque no deban rendir cuentas al poder político y no estén obligados a adecuarse a la legislación babilónica, comienzan a adaptar la doctrina establecida en el tiempo de los reinos de Judea y Samaria a las condiciones del exilio.

La doctrina económica en la diáspora

En adelante, toda la doctrina económica apunta a fijar las mejores condiciones de supervivencia del grupo en un medio extranjero. Se basa en tres principios: trabajo, competencia, solidaridad. También puede enunciarse de este modo: cada miembro de la comunidad debe trabajar para ganarse la vida, de conformidad con los principios éticos planteados por la Ley, de ser posible en un oficio libre y solitario; cada cual debe aceptar la competencia, lo que le permite tener la posibilidad de hacer fortuna, pero también le hace correr el riesgo del fracaso, y torna necesaria la solidaridad. Por último, cada uno debe cuidarse de no perjudicar al grupo a los ojos de terceros e incluso, si puede, ser útil a los anfitriones que los reciben.

El trabajo es una prioridad absoluta. Un desocupado es peligroso para la comunidad, porque es una carga y puede terminar en el cuatrerismo, hasta en el homicidio, y perjudicar así a todo el grupo. Por lo demás, una comunidad se considera responsable de todos los crímenes cometidos en la vecindad. El trabajo manual es visto como algo especialmente digno, hasta por los letrados: "Toma un trabajo, aunque no esté de acuerdo con lo que tú podrías considerar honorable, para no padecer necesidades", enuncian los maestros, que añaden: "Aquel que vive del trabajo de sus manos es superior al hombre piadoso que cree en Dios". Hasta un rabino debe trabajar con sus manos para ganarse la vida; no debe esperar, como hacían algunos en Jerusalén, el producto del diezmo. Según un relato, un sabio, rabí Kahana, responde a otro que le pregunta dónde encontrar su alimento: "No tienes más que ir al mercado y descuartizar a los animales que acaban de ser degollados, y con eso podrás ganarte la vida."[408] El trabajo puede ser penoso, pero no debe ser alienante ni por su duración ni por las condiciones en que debe realizarse. Se intensifica especialmente la desconfianza respecto del asalariado: trabajar para otro puede constituir una alienación; más vale trabajar por cuenta propia. Los sabios dicen: "El universo es oscuro para quien espera su alimento de otro."[408] Y también: "Más vale hacer del Shabat un día laborable que depender de otro."[408] La jurisprudencia es incluso reticente a la división del trabajo, que percibe como una amenaza de alienación: "Maldito el hombre que confía en el hombre."[408] Los tribunales de la época desconfían naturalmente de los empleadores. Por ejemplo, pagar el salario con retraso puede considerarse un pecado tan grave como un homicidio: "El mismo día le entregarás su salario antes que se ponga el sol, porque es pobre y espera su salario con ansiedad."[408] Por último, una larga serie de juicios exhorta también a respetar el trabajo de los animales, a no imponerles tareas demasiado penosas: obligación de alimentarlos antes que a los hombres, prohibición de comprar un animal de carga cuyo mantenimiento no se pueda garantizar, descanso semanal, prohibición de descuartizar un animal vivo.

En esta economía que, respecto de lo esencial, está hecha de pequeñas empresas, la competencia es primordial. Los consumidores, principal objeto de atención de los jueces, deben tener la posibilidad de alimentarse convenientemente al precio más bajo posible. Como en Israel en el tiempo de Salomón, el beneficio sobre los productos básicos queda limitado a un sexto, lo que por otra parte lleva a los proveedores judíos a vender a menudo más barato que sus competidores no judíos. Incluso, los tribunales pueden fijar los precios de estos bienes de primera necesidad, esenciales para la supervivencia, y prohibir venderlos fuera de la comunidad, si escasean. Cada cual debe consagrar el décimo de su ingreso a la solidaridad. Evidentemente, la comunidad de una ciudad debe recibir a cualquier judío que llegue para unírsele. Nadie debe impedir que un recién llegado abra un comercio, aunque ponga en dificultades a otros comercios ya instalados; sin embargo, será a condición de que mejore la situación de los consumidores (por ejemplo, que ofrezca productos nuevos o precios más bajos), no arruine a todos los comercios existentes y no aumente los perjuicios, como humos u olores.[408]

Para que el consumidor esté perfectamente informado, el comerciante puede hacer promoción con carácter publicitario o repartir muestras gratis de sus productos. Sobre este punto, la discusión de los rabinos es interesante: "Rabí Yehudá dice: 'Un comerciante no debe distribuir trigo tostado o nueces a los niños, porque los acostumbra a acudir a su comercio'. Pero los otros sabios lo permiten. Rabí Yehudá dice: 'No debe vender por debajo del precio del mercado'. Pero los otros sabios dicen: 'Un hombre semejante sólo puede ser mencionado positivamente'."[408]

Esta doctrina que se bosqueja deberá ser puesta en práctica pronto en un nuevo entorno: apenas partidos al exilio, los judíos podrán, para su gran sorpresa, volver a Israel, donde sus amos resultaron más débiles que ellos.

6. Retorno a Palestina: de las finanzas a la ruina

Aparentemente, la última etapa de esta génesis del pueblo judío es más teológica y política que económica. A lo largo de un increíble entrelazamiento de dinastías, jalonado por golpes de Estado y traiciones, los judíos van a volver a Judea, reconstruir su reino, triunfar, luego perderlo todo una vez más, y volverán a partir al exilio por dos mil años. El dinero está presente detrás de cada uno de esos acontecimientos: por dinero se ambiciona la tierra, gracias a él se financian ejércitos y se recontruye el Templo, a causa de las riquezas que contiene son atacados y colonizados. El dinero, que debería haber servido para evitar la violencia, no hizo más que atraerla nuevamente.

El talento, los persas, el Templo

Precisamente en esa época, alrededor de –600, en un pequeño reino griego de Asia Menor, Lidia, al norte del Éfeso, aparece la primera moneda verdadera: piezas estandarizadas de oro y de plata con un valor de cambio fijo. Los lidios comienzan utilizando como instrumento de cambio piezas de electro, aleación natural de oro y plata de origen aluvial, de tamaño variable y sin indicación de valor. Luego, el último de los reyes lidios, Creso (alrededor de –550), abandona el electro por una moneda bimetálica de oro y plata con indicación de valor: el *talento*. Herodoto escribe: "Por cuanto sabemos, los lidios son los primeros que acuñaron y pusieron en uso la moneda de oro y plata, y también los primeros que hicieron comercio al por menor."[196] Es posible que las monedas vengan de China pero que Lidia sea el primer reino que las haya fabricado en un metal precioso y haya garantizado su valor. El sistema es inmediatamente retomado por los persas, por las demás ciudades griegas y por todos los pueblos con los que comercian.

Creso y los babilonios encuentran conjuntamente a su amo: cincuenta años después de haber tomado Jerusalén en –550, el imperio babilónico de Nabucodonosor (muerto en –562) cae a su vez bajo los golpes de un gran estratega persa, Ciro II, que construyó su poder sobre el desconocimiento de las alianzas –en otras palabras, sobre la traición–, tal como lo había hecho el propio Nabucodonosor. Rey desde hacía seis años de una ciudad persa, Fars, se subleva primero contra su suegro, Astiages, rey de los medas; lo vence y se apodera de su capital, Ecbatana. En –549 se hace proclamar rey de los persas y los medas. En –547, aliado de Nabónides, rey de Babilonia, avanza en Asia

Menor y aplasta a los griegos jonios, entre ellos a Creso. En –539 traiciona de nuevo: se vuelve contra su aliado babilonio, lo hace prisionero, entra triunfalmente en Babilonia, toma el título de "rey de Babilonia, rey de las cuatro naciones", y convierte a Judea en una provincia persa. Deja a los pueblos vasallos una amplia autonomía como contraparte de un tributo en plata y soldados, que los judíos deben pagar al igual que el resto. Autoriza las ceremonias rituales de todas las confesiones. Marduk, dios de Babilonia, se codea así con el Dios de los judíos, entre muchos otros.

En –538 –o sea, diez años después de la conquista– Ciro, que teme un ataque de Egipto, decide convertir a Judea en una valla entre el faraón y él. Autoriza entonces el retorno de los judíos, incluso ordena devolverles los tesoros del Templo saqueados por Nabucodonosor, para que cuenten con los medios para reconstruir su país. Pero no por ello promete devolverles su independencia ni su rey; la provincia permanece administrada por un gobernador persa.

En –530, cuando Ciro muere durante el combate con las tribus turanas en Asia Central, los judíos de Babilonia no han vuelto en masa a Jerusalén. Porque, en ese tiempo, Judea se ha convertido en una provincia pobre, asolada por saqueadores. Los exiliados de Babilonia no sienten gana alguna de abandonar el brillante imperio persa. En total, no vuelven más que la mitad de los exiliados –ahora son alrededor de 200 mil–, acompañados de 70 mil esclavos domésticos (proporción normal en la época); a menudo fueron financiados por los más ricos que se quedaron en la Mesopotamia. En general, estos emigrados vuelven con su fe intacta y tropiezan con aquellos que, habiéndose quedado en el país, en ocasiones se volvieron paganos y ocuparon los bienes vacantes. Los tribunales de Judea deben solucionar entonces innumerables litigios que conciernen la recuperación de sus tierras por los que vuelven, la roturación y el cultivo de las tierras yermas, la reconstrucción de las fortificaciones. Se reinstalan los tribunales, las escuelas de rabinos, así como el Sanedrín. Ya no es posible respetar todas las leyes del reino de David. Por ejemplo, el jubileo no puede volver a aplicarse: las tierras ya no están repartidas según las tribus, ya no pueden hallarse los herederos y diez de las doce tribus están perdidas. Por consiguiente, esta ley mayor no habrá podido permanecer en vigor los 49 años necesarios para ser puesta en práctica más de una vez. La vida es difícil: los judeanos deben apelar incesantemente al dinero de los ricos babilonios para extinguir las deudas de los campesinos con extranjeros y evitar el embargo de las tierras.

En –522, un oficial llamado Darío, hijo de un sátrapa, desposa a dos de las hijas de Ciro, descartando a muchas otras pretendientes, y pasa a ser rey de los persas. Crea dos nuevas capitales junto a Babilonia –Persépolis y Susa–, unifica el sistema monetario instaurando una verdadera moneda compuesta de dáricos de oro y siclos de plata. Acuñada con la efigie de un arquero, esta moneda está reservada a los intercambios con el extranjero; en los mercados interiores, los intercambios siguen haciéndose en especies. Darío divide el Imperio en veinte satrapías, pone en marcha un catastro e implanta postas mercantiles y militares a lo largo de las rutas. Toma el control del Mar Egeo, anexa Tracia y Macedonia, refuerza los grandes ejes comerciales entre el Mar Rojo y el Golfo Pérsico, culmina la perforación del canal entre el Mar Rojo y el Nilo.[35] Judea se convierte entonces en el mayor cruce de rutas comerciales de los europeos. Bajo su reinado, los judíos se sienten alentados a quedarse: hay mucho trabajo para todos, oportunidades para vivir con holgura.

Para gobernar en Judea, Darío tiene la inteligencia de escoger como prefecto a un judío, Zorobabel, hijo del rey deportado, y así encaminarse casi a una restauración de la monarquía. El entusiasmo subleva a Jerusalén. Los profetas Ageo y Zacarías quieren proclamar a Zorobabel rey de los judíos. Éste los modera, reorganiza el erario, se rodea de antiguos exiliados que toman con él el poder sobre los que se quedaron, no sin suscitar disputas y conflictos. Por fin se inicia la tan anunciada reconstrucción del Templo, con un financiamiento garantizado a la vez por una contribución de los judíos de Babilonia, un impuesto muy gravoso sobre los judíos de Judea y desembolsos de todas las comunidades, ahora dispersas alrededor de todo el Mediterráneo y en Oriente, que vienen incansablemente a solicitar rabinos que Zorobabel envía. Comienza a tener injerencia la Diáspora en la economía de Israel.

El nuevo Templo se inaugura el 3 de marzo de –515. No es tan grande ni tan lujoso como el primero. El Arca de la Alianza ha desaparecido; un candelabro de siete brazos reemplaza los diez candelabros de Salomón. Pero la economía del Templo está de regreso con sus sacerdotes, sus diezmos, sus donaciones y sus cambistas. Las ofrendas afluyen. Sacerdotes, grandes sacerdotes y levitas se atarean en masa. Pronto se cuentan de a varios miles los sacerdotes mantenidos por los ingresos del Templo, cofre siempre bien guardado que contiene joyas, monedas de oro y plata de todos los países. Como estos tesoros están ocultos en el corazón del santuario, todos, judíos y no judíos, exageran su importancia. El Templo se convierte en tema de conversación y objeto de codicia en todo el Cercano Oriente.

Vencido en –490 por los griegos en la batalla de Maratón, Darío muere en –486. Su hijo, Jerjes, retrocede ante los griegos en Salamina. Su nieto, Artajerjes, gobierna su imperio rodeándose de intelectuales judíos y griegos, entre ellos Temístocles, exiliado de Atenas, y Nehemías, un rabí a quien en –445 nombra gobernador de Judea para evitar que se instale allí una dinastía con los descendientes de Zorobabel. Nehemías reduce los impuestos, anula las deudas, restablece el diezmo.

La época también asiste a una excepcional proliferación de textos. Un segundo Isaías habla acaso del Mesías venidero, cuando anuncia la llegada del "Servidor doliente", a menos que con ese nombre designe al pueblo judío. Se da forma a los textos del Pentateuco y de los Profetas. El Libro de Jonás evoca el deber de los judíos del primer exilio: defender a Nínive, metáfora de la necesidad para los judíos de defender, en todas las épocas, al mundo contra la ira de Dios. La desgracia de los otros también es la suya.

Alejandría

En –338, cuando Artajerjes III es asesinado, lo sucede Darío III, pero es el fin del gran reino persa. El poderío económico oscila entre Persia y Grecia. El Mediterráneo toma el poder. Alejandro, hijo de Filipo de Macedonia, alumno de Aristóteles, rey a los 20 años, señor de Tebas y Atenas, se convierte en jefe de la confederación helénica. Hace acuñar monedas de plata y oro con su efigie y adopta el sistema monetario de Atenas, pronto generalizado a toda la región. Con un importante ejército, vence a Darío III en Isos, Siria, en –333. Alejandro sitia Tiro (siete meses) y Gaza (dos meses) y atraviesa Jerusalén en –332 bajo las aclamaciones de los judíos. Muy pronto, las costumbres griegas se ponen de moda. Los ricos judeanos empiezan a hablar en griego y a imitar la vestimenta y el modo de vida de los nuevos ocupantes. Hasta los jóvenes servidores del Templo se ejercitan en los juegos deportivos en los gimnasios.[35] La asimilación está en marcha, tanto en Judea como en otras partes.

Grecia también domina el comercio. En la práctica de los marinos y los comerciantes griegos de esa época aparecen las modalidades de la venta a plazos, del préstamo a la gruesa a pescadores y mercaderes, de la hipoteca, la prenda, la fianza, el contrato de cambio y hasta el seguro:[17] así, desde esta época, los griegos organizan en Babilonia un sistema de seguro contra la fuga de esclavos, financiado con el pago de una prima por cada propietario de esclavos.[17]

Alejandro deja Jerusalén y conquista Egipto, acompañado por mercenarios judíos a modo de pago por la construcción de un templo sobre el monte Garizim, en Samaria. Funda Alejandría, puerto comercial, en un sitio estratégico, donde rápidamente se instalará una gran comunidad judía que goza de los mismos derechos que los macedonios. Los judíos representan, ya en el inicio, cerca de la mitad de los 300 mil habitantes de la nueva ciudad. De allí en más, el judaísmo se irradiará sobre todo el mundo griego. Otras comunidades judías se establecen en el Egipto helenizado; sin embargo, como se ha conservado el recuerdo –por lo menos en el plano mitológico– de lo que cuenta el Éxodo, los egipcios no reciben muy bien a esos mercaderes llegados con el ocupante griego.

Precisamente de ese lugar del mundo y de esa época de la historia datan los primeros retratos de los judíos como "usureros" u "homicidas". El antijudaísmo es griego, alejandrino, antes de ser cristiano. Anteriormente, los egipcios sin duda los detestaron. Un tal Damócrito afirma que, cada siete años, los judíos deben capturar un extranjero, llevarlo a su Templo e inmolarlo cortándolo en pedazos. Apiano de Alejandría escribe que los judíos engordan todos los años a un griego para comérselo. Un tal Manetón, sacerdote egipcio, explica que los judíos no son más que una raza de leprosos, ya echada de Egipto en la época de Moisés, y que conviene volver a echarlos.

En –331, Alejandro abandona Egipto, vuelve a pasar por Judea y Tiro, marcha hacia la Mesopotamia, incendia Persépolis –Darío III es asesinado por sus tropas– y reemplaza el dárico de oro por la estatera. Los tesoros de los reyes de Persia son transformados en monedas, lo que favorece los intercambios comerciales y acarrea un formidable desarrollo económico, que pasa en gran medida por los mercaderes judíos. En –327, el macedonio llega a Kabul y Bamyan, continúa hacia el Indo y luego vuelve por los desiertos en un extenuante periplo hasta Babilonia, donde muere a los 33 años, fulgurante estrella, en –323. Ha sido el primer hombre cuyo perfil se puede apreciar en las monedas, hasta entonces privilegio de los dioses.

Sus generales, los diadocos, se reparten su imperio. Seleuco toma Siria y Mesopotamia, del mar Egeo hasta Afganistán. Tolomeo se arroga Egipto y Grecia. Judea, bajo el control de Seleuco, se convierte rápidamente en una manzana de la discordia entre las dos potencias griegas: en efecto, el desafío es el control de las rutas comerciales, que siguen pasando por ahí.

Tolomeo I Soter, general de Alejandro, instala su capital en Alejandría en –313, edifica el faro y la biblioteca con ayuda de letrados griegos y judíos así como de banqueros judíos. Toma Chipre, ayuda a Seleuco I a adueñarse de Babilonia y, a cambio, recibe de él Siria: dos griegos gobiernan los dos antiguos imperios de Egipto y de Babilonia. Reina hasta –286.

Último sobreviviente de la formidable aventura del rey macedonio, Seleuco reina durante cerca de cincuenta años, hasta –281, donde una nueva capital que lleva su nombre, Seleucia, sobre el Tigris, justo al lado de Babilonia. Después de él, los reyes griegos mantienen su poder sobre Babilonia y su apoyo a la comunidad judía local: mercaderes, artesanos, campesinos. También controlan Palestina, donde comienza a manifestarse una diferenciación entre varios grupos religiosos judíos: los fariseos, los saduceos y los esenios.[428]

Los saduceos, representantes de la aristocracia y de las familias de los grandes sacerdotes, ejercen el poder sobre el orden político y religioso. Se ocupan de los impuestos, las ofrendas, el Templo y todos los circuitos financieros.

Los fariseos, guías espirituales de la comunidad, dirigentes religiosos y laicos, hacen la apología de la vida sencilla, critican la riqueza de los sacerdotes, afirman su creencia en el libre albedrío, la vida eterna, la resurrección y el Mesías. Recuerdan que el profeta Elías proclamó inclusive que la pobreza es el bien supremo que Dios confirió a Su pueblo con una hermosa metáfora: "La pobreza conviene a Israel como una rienda roja a un caballo blanco". La ascesis –*prishut,* de donde deriva "fariseo"– no conduce necesariamente a la salvación, y, por tanto, no condenan la riqueza si está al servicio del bien.

Los esenios, secta semimonástica, van más lejos todavía en el rechazo de las riquezas. Ponen en común propiedades e ingresos, alimento y vestimenta. Rechazan el matrimonio y los sacrificios animales. Predican la castidad, la pureza y el uso de vestimentas blancas.

Las condiciones de la solidaridad se definen: cada miembro de la comunidad debe siempre consagrar por lo menos el décimo de sus recursos para financiar la *tzedaká.* Administrada por la comunidad, ella garantiza ahora la dote de las muchachas pobres, un ingreso para los más ancianos sin familia, un nuevo trabajo para quienes llegaron a la bancarrota, el otorgamiento de préstamos sin interés, la acogida de los extranjeros de paso, el rescate de los esclavos y, por último y sobre todo, la escuela para todos los niños.

En –301, Judea, primero en manos de Seleuco, pasa a las de Tolomeo I. Éste entra en Jerusalén un día de Shabat, lo que escandaliza a todos, pero hace terminar la reconstrucción del Templo e interviene muy poco en los asuntos internos del país. Percibe un tributo anual, del que sin embargo exonera a los servidores del Templo y, por tres años, a todos los judíos de Jerusalén. El gran sacerdote, única autoridad nacional autorizada, tiene el poder de recolectar un diezmo, en Palestina y en la diáspora, y de administrar el tesoro del Templo.

Tolomeo II (llamado Filadelfo), que sucede a su padre en –286, controla Palestina y reina desde Alejandría hasta –246. Jamás Egipto, en toda su historia, habrá sido tan poderoso; helenizado, pasa poco a poco bajo la influencia de Roma, nueva potencia occidental. Filadelfo hace traducir la Biblia al griego: es la Biblia llamada de los Setenta, útil para los judíos que ya no hablan otra lengua.

En –245, su sucesor, Tolomeo III Evergetes, refuerza Judea y enriquece el Templo. La función de gran sacerdote es garantizada por un tal Simón el Justo, y luego por sus dos hermanos. "Para un judío –escribe en esa época Simón el Justo– el mundo descansa en tres pilares: la Ley, el servicio a Dios y los actos de amor." En –222, Tolomeo III acelera la helenización de Palestina, y todas las relaciones oficiales entre judíos y ocupantes ahora se entablan en griego. La economía del país está inscripta en la del nuevo imperio egipcio. Fariseos y esenios siguen levantándose contra los ricos saduceos y se dedican a reconquistar los tribunales: los miembros saduceos del Sanedrín son a su vez progresivamente reemplazados por fariseos. La economía comercial sigue siendo floreciente. Las campiñas vuelven a ser prósperas. En adelante, Judea es una provincia griega, que vive como tal.

En –202, nuevo cambio de amo: al término de un largo viaje de conquista hasta India y luego Arabia, otro rey griego, el seleucita Antíoco III (–223/ –187), se alía con Filipo V de Macedonia y organiza la reconquista de Asia. Recupera Palestina de manos de los Tolomeos y reconoce el derecho de practicar el judaísmo.

Roma, nueva potencia que se postula como garante de la libertad de las ciudades griegas, se interesa cada vez más por el Cercano Oriente y su potencial comercial, y se inquieta por la fuerza ascendente de Antíoco III. Para los señores de Roma, la ruta de Asia debe permanecer abierta. Se forman las alianzas: Macedonia con los seléucidas, los Tolomeos con los romanos. Judea se encuentra política y comercialmente entre los dos. Las comunidades de la Diáspora –entre los Tolomeos en Alejandría, los seléucidas en Babilonia, los romanos en Roma– en ocasiones son acusadas de complotar para hacer pasar a Judea bajo la protección de otro de los poderosos: ya se levanta la acusación de doble juramento de fidelidad, reforzada por la presencia de comunidades hermanas en los imperios rivales.

Roma se hace cada vez más presente, militar y comercialmente, en Egipto. En –191, el cónsul Flaminio, aliado a los Tolomeos de Egipto, enfrenta a los ejércitos seléucidas aliados a Filipo V de Macedonia, lo que les confiere una notable superioridad numérica. Sin embargo, los romanos ganan en las Termópilas, luego en Magnesia en –189. Antíoco debe firmar el tratado de Apamea, por el cual deja a los Tolomeos sus posesiones en Asia más allá del

Tigris. El rey vencido es condenado a pagar indemnizaciones de guerra tan elevadas que no puede honrarlas sino vendiendo los cargos de grandes sacerdotes de todas las religiones y saqueando todos los templos a su alcance, de todas las religiones, de Jerusalén a Babilonia. Sorprendido en –187 saqueando el de Baal en Susa, Antíoco es asesinado.

Judea, atravesada por todos los ejércitos y cambiando incesantemente de amo, sigue siendo muy próspera. La tierra produce trigo, cebada, frutos, vino, aceite e higos. La cría suministra los animales de sacrificio. La pesca se desarrolla en los puertos de Acre y Jafa. Como el país es pobre en metales pero rico en piedra de construcción, y la riqueza de ovinos produce lana en abundancia, se desarrollan la construcción y el artesanado textil. Los prestamistas –eludiendo la prohibición que atañe al préstamo a interés– financian la agricultura, la pesca, los talleres.[34] Los cambistas se ponen al servicio de los peregrinos. Algunos, escasos, se enriquecen como recaudadores de impuestos al servicio del ocupante, cualquiera sea éste. Las diásporas siguen financiando la reconstrucción del país y manteniendo a sacerdotes cada vez más numerosos que gravitan alrededor del Templo.

Desde Jerusalén, Babilonia y Alejandría, tribunales y escuelas religiosas definen la jurisprudencia. Maestros y estudiantes comienzan a redactar sus notas de cursos, llamadas *mishnaiot* o "repeticiones" –lo que se aprende de memoria–; redactan compendios que recapitulan las decisiones de los tribunales sobre cuestiones morales pero también económicas, como el erario público, los precios, las empresas, la vida social, la solidaridad, el entorno. Exaltan el trabajo manual –a diferencia de la sociedad griega vecina, donde se lo considera degradante–; fijan los "precios justos"; limitan los beneficios; controlan los agrupamientos corporativos, los *jevrot;* reparten las calles en las ciudades entre los diferentes cuerpos de oficios; vigilan en especial a ciertos artesanos especializados en productos femeninos, como los perfumistas –sospechados de relajación moral–; alejan a aquellos que ejercen ciertos oficios considerados humillantes, como la curtiembre, la minería o la recolección de excrementos (en virtud del olor), y autorizan el divorcio de ellos.

Ahora sucede que ciertos tribunales prohíben una actividad si perjudica al resto de la economía o al entorno. Por ejemplo, la cría del ganado menor, en particular las cabras, se prohíbe porque devasta los campos. Otro juicio prohíbe establecer un área de apaleo a menos de cincuenta codos de los límites de una ciudad, por miedo a que el cascabillo, llevado por el viento, perjudique la salud de los habitantes. De igual modo, no se deben construir hornos que produzcan demasiado humo, quemar sobre el altar del Templo madera

de olivo, vid o datilera ni hacer arder demasiado rápido una lámpara con aceite de nafta "porque es desperdiciar un valor natural".[408] A las ciudades nuevas se les impone preservar una zona vacía en su periferia, sin árboles, cultivos
ni empresas.

Extrayendo las lecciones de la precariedad de las situaciones y de la necesidad de estar preparados para partir, los tribunales fijan principios de administración del patrimonio: "Un hombre siempre debe guardar su fortuna en tres
formas: un tercio en tierra, un tercio en ganado, un tercio en oro".[408] También
definen las condiciones de la ayuda que debe otorgarse a los pobres, las viudas, los huérfanos y los extranjeros, contra los acreedores y la enfermedad.

Queda prohibido prestar a interés, ya que todo prestatario corre el riesgo de volverse pobre e insolvente: el interés queda asimilado a la mentira y
la corrupción. "Si prestas dinero a un compatriota, al indigente que está en
tu casa, no te comportarás con él como un prestamista, no le impondrás intereses" (Éxodo 22, 25; Levítico 25, 37). Está igualmente prohibido prestar
a interés, redactar el acta de préstamo, rubricarla ante testigos. Del mismo
modo están prohibidos todos los actos mediante los cuales un acreedor podría aprovecharse indirectamente de su préstamo (*avak ribit,* literalmente,
"polvo del interés"). En realidad, pese a esta prohibición general, la interpretación capciosa de los textos permite que los tribunales toleren ciertas prácticas: primero limitan la prohibición a los préstamos para el consumo, los
únicos que realmente conciernen a los pobres. Los préstamos para la inversión son autorizados según mecanismos muy específicos. Por ejemplo, los
bienes prendados de un préstamo sin interés son rescatados por el prestatario, en el momento del reembolso, con un margen que equivale a un interés. Sin embargo, en principio, las prendas son severamente controladas:
"Todo hombre recuperará el bien que posee y cada uno volverá a su familia"
(Levítico 25, 33-41). Cualquier bien puede ser dejado en prenda sin límite
de tiempo, salvo los alojamientos, que no pueden ser recuperados por el
prestatario sino en el plazo de un año, para permitir que el prestamista se
instale con su familia.

Fuera de la comunidad, que exige solidaridad y caridad, el interés está autorizado porque no tiene nada de inmoral: "Al extranjero podrás prestar y tomar en préstamo con interés" (Deuteronomio 23, 20). Nadie está obligado a
considerar al extranjero como un pobre en potencia. Los no judíos tampoco
corren el riesgo de ser expulsados.

Como prácticamente no hay sanciones –fuera de la exclusión de la comunidad, muy delicada de pronunciar–, los tribunales deben repetir incesante-

mente la jurisprudencia. Y los préstamos directos a interés entre judíos son numerosos, como testifican en el siglo v a.C. papiros establecidos en Egipto por la comunidad judía de Elefantina, una isla ubicada frente a Asuán.[399]

Las acusaciones de doble juego proferidas contra los judíos continúan, y toman un sesgo particularmente dramático en −187 cuando Antíoco IV Epífanes, que gobierna en el Este, reprocha a los judíos de Mesopotamia y Palestina haberse pasado del lado de los Tolomeos y los romanos. Deroga el edicto de Antíoco III que reconocía al judaísmo y, en una primera tentativa de erradicación, prohíbe su práctica en toda Judea, hace construir una estatua de Zeus sobre el altar del Templo, castiga con la muerte la circuncisión, obliga a los judíos a participar en las festividades griegas y rebautiza a Jerusalén con el nombre de Antioquía.

Nunca fue tan amenazada la supervivencia del judaísmo en Judea. Los judíos se vuelven entonces hacia Roma en busca de ayuda. Y ésa será su perdición.

Bajo Roma

Ahora asistimos a la historia de la desaparición de la última identidad estatal de los hebreos, que condicionará por completo la prosecución del destino de los judíos. Y, una vez más, perturbará las relaciones de los judíos con el mundo.

En −169, Antíoco IV intenta reprimir la rebelión del gran sacerdote Jasón en Judea; de paso se adueña de los tesoros del Templo, quema los libros y decreta la helenización forzada de Judea. Daniel protesta; muchos judíos parten para Egipto, donde los Tolomeos tratan de atraerlos. En −167, un sacerdote, Matatías el Asmoneo, y su hijo, Judas Macabeo, inician la resistencia, incendian los pueblos helenizantes, circuncidan por la fuerza a los niños varones.[101] En diciembre de −164, los rebeldes toman el control de Jerusalén y vuelven a inaugurar el Templo como lugar sagrado de los judíos con un aceite milagroso, hecho desde entonces conmemorado en la fiesta de Janucá. El retorno al poder pasa por el de la Luz, el del Espíritu…

En −161, Judas Macabeo aprovecha ese primer éxito para proclamar la creación de un Estado judío independiente.[101] Despacha a dos representantes a Roma en procura de la protección del Senado. Pero muere en −160 en un campo de batalla, al norte de Jerusalén, frente a los ejércitos macedonio y seléucida. Su hermano Jonatá lo sucede, y, tras haber firmado un acuerdo con los generales seléucidas, se apoya en los fariseos y se hace nombrar gran sacerdote del Templo, con los ingresos asociados a dicha función; en −150 se lo reconoce jefe de la nación judía, y hasta jefe militar de los ejércitos seléucidas del Sudeste, lo que le permite administrar Palestina. Sin embargo, existen otras preocupaciones.

En efecto, en el Este surge una nueva potencia: los partos, llegados de Asia Menor. Su jefe, Mitrídates, vence a los griegos seléucidas y entra como liberador a Babilonia, sin cambiar el status de las comunidades que allí viven. Palestina, en cambio, queda bajo control de los seléucidas, con su imperio reducido.

En −143, Simón, el tercer hermano Macabeo, sucede a Jonatá, que había sido asesinado. Se niega a pagar los impuestos al nuevo amo griego, Demetrio I, y decreta la independencia de hecho de Judea fundando la dinastía asmonea. En −141 envía más embajadores a Roma en pos de la alianza romana contra los seléucidas debilitados, y convoca a una Gran Asamblea, un Sanedrín que le reconoce el título de "gran sacerdote, estratega y rey de los judíos", "príncipe y gran sacerdote vitalicio". Acuña monedas ornadas con los siete principales productos agrícolas (trigo, avena, uva, higo, granada, oliva y dátil)[34] y distribuye entre sus hermanos los poderes político, económico y religioso; todos nombrados en forma vitalicia, de modo que controlan el ejército, a los religiosos, los tribunales y las finanzas. La realeza ha vuelto. Es incluso hereditaria: a Simón lo sucede su hijo primogénito, Aristóbulo I, que es el primero de los Macabeos que adopta el título de rey, dinastía de los asmoneos. Al cabo de un año, su hermano, Judas Aristóbulo, hijo de Hircán, él mismo tercer hijo de Simón, se apodera del trono y reina un cuarto de siglo, hasta −76, aniquilando a los fariseos que le oponen resistencia y conquistando Samaria. Los saduceos apoyan a los asmoneos, combatidos por los esenios.

La crisis entre las facciones judías lleva a definir la naturaleza de los libros sagrados que deben protegerse. Para los saduceos, esto se limita al Pentateuco. Para los fariseos, también incluye los otros libros bíblicos. Para los esenios, involucra todos los libros, pero que ellos interpretan según exigencias de pureza y austeridad.

Aquí detectamos un episodio dinástico especialmente complejo que lleva al nacimiento del cristianismo y el fin del último Estado judío.

Tras la muerte de su madre Alexandra, los dos hijos de Judas Aristóbulo, Hircán II y Aristóbulo II, se disputan el poder. Hasta que un joven gobernador judío de Idumea (una de las provincias del país), llamado Antipáter, haga entrar en el juego a los romanos proponiendo a los dos hermanos enemigos que se sometan al arbitraje de Pompeyo, el comandante de las fuerzas romanas desplegadas al este del Mediterráneo.

Pompeyo acaba de recibir del Senado la doble misión de pacificar los mares, donde piratas griegos amenazan el comercio, y llevar a cabo la guerra contra Mitrídates IV, el rey parto que acaba de diezmar a los romanos en Éfeso, Asia Menor. Pompeyo acepta ayudar a Antipáter, a quien cree que va a necesitar para su combate ulterior. Deshace el resto de los ejércitos seléucidas y entra en Jerusalén en –63. Penetra en el Sancta Sanctorum y da su arbitraje en favor de Hircán II, cuyo poder y territorio, no obstante, reduce. Aristóbulo II es enviado prisionero a Roma. Doce mil judíos son liquidados. De hecho, pese a las apariencias, éste es el fin de la dinastía asmonea. Sin quererlo, creyendo restaurar un poder judío, Antipáter trabajó para el dominio de Roma.

En adelante, los judíos tienen la obligación de aceptar la sumisión al Imperio; sus recaudadores de impuestos perciben tasas, a las que siempre se añaden el diezmo para el Templo y el impuesto para los pobres. Por lo tanto, la alianza romana sólo se tradujo en un cambio de dueño y una recarga de las servidumbres.

Un episodio bien conocido vuelca todavía más a Palestina bajo control romano. En –61, Pompeyo, exhausto, es obligado a compartir el poder con el jefe de los ejércitos de Occidente, Julio César, y con un político riquísimo, Craso, en quien recae el control de Oriente. Entonces, liberan a Aristóbulo II, quien intenta recuperar el poder de su hermano. Vencido, lo llevan por segunda vez a Roma como prisionero de guerra. Aliado de Pompeyo, Hircán II reconstruye Jerusalén mientras que, en Roma, César hace liberar a los judíos vendidos como esclavos. En –54, al pasar por Jerusalén, en ruta hacia la guerra contra los partos, Craso entra en el templo, donde se adueña de todos los presentes ofrecidos por las diásporas y 2 mil talentos de oro que Pompeyo no había tocado; además, exige de la población 8 mil talentos suplementarios, o sea, en total, el equivalente a 34 toneladas de oro.

En –52, cuando asesinan a Craso, el Senado vota plenos poderes para Pompeyo. César, entonces en campaña en Galia, no acepta ser así desprovisto de su parte de poder; cruza el Rubicón y toma Roma, mientras Pompeyo y toda la cúpula del Senado huyen hacia Grecia. Como Antipáter e Hircán II tomaron el partido de Pompeyo, César libera a Aristóbulo II y lo envía a conquistar Judea contra su hermano. Pero aquél fracasa por tercera vez.

Pompeyo es vencido por César en Farsalia el 9 de agosto de –48; Antipáter e Hircán II cambian entonces de bando y se unen a César, que abandona a Aristóbulo II. La traición campea por todas partes. Hay soldados judíos en todos los ejércitos. Uno de ellos es el jefe de la policía en Egipto. Otro comanda los ejércitos de Cleopatra. Algunos mercenarios judíos acuden en ayuda de César para vencer a los egipcios. Antipáter, recompensado por su traición, se vuelve ciudadano romano y se hace nombrar por César *procurator* (administrador) de toda Judea. Pompeyo se refugia en Egipto, donde lo asesinan.

En –44, convertido en dictador, César no olvida la ayuda que le dieron los judíos de Judea en su lucha contra Pompeyo: les concede un estatus privilegiado, pero no les devuelve su independencia. Autoriza la práctica del judaísmo, así como el culto de Isis o de Mitra. Como siempre, la soberanía, aunque relativa, trae aparejada ventajas fiscales:

> Nosotros, Cayo César, dictador, cónsul por quinta vez, ordenamos, tanto por consideraciones de honor, de virtud y de amistad como por el bien y el provecho del Senado y el pueblo romano, que Hircán, hijo de Alexandra, y sus hijos, sean grandes sacerdotes y soberanos sacrificadores de Jerusalén y de la nación judía; que se disminuyan los impuestos de los judíos en el segundo año; que los habitantes de la ciudad de Jerusalén paguen todos los años un tributo, pero que no paguen el séptimo año sabático, pues no siembran ni recogen los frutos de los árboles; que paguen cada dos años un tributo igual al cuarto de las semillas, así como los diezmos a Hircán y a sus hijos como los pagaron sus predecesores.[177]

Ese mismo año, César es asesinado y Antonio se adueña del poder en Roma. Casio, uno de los asesinos, toma el comando de las tropas en Siria. El propio Antipáter, denunciado como aliado de los romanos, es asesinado en –42 por nacionalistas judíos.

En Jerusalén, Hircán II es reemplazado por su sobrino Antígono, hasta que en –37 el Senado confía el poder a la familia del procurador que tanto ayudó a Roma: uno de los dos hijos de Antipáter, Herodes, es proclamado rey de los judíos. Antígono es decapitado.

Herodes resulta ser un administrador brutal y un excelente soldado. Se reconcilia con los esenios y se opone a los poderosos saduceos, nombrando él mismo a los grandes sacerdotes a su arbitrio. Ninguna carga es ya hereditaria. Para reconstruir el país, presiona al pueblo con impuestos.

En –27, Augusto toma el poder en Roma. Según algunas estimaciones, los judíos son ahora 6 millones en el conjunto de los territorios controlados por Roma, o sea, casi el 10% de la población total. Se los encuentra en Egipto, Tesalia, Asia, España, en África (Argelia), Lyon, Tréveris; en Roma son 50 mil, con 15 sinagogas: artesanos y mercaderes, prestamistas y cambistas.

En –20, en Jerusalén, Herodes, odiado por el pueblo como lo era su padre, trata de seducirlo financiando los trabajos de embellecimiento del Templo. Duplica el atrio, tratando de recuperar el esplendor del reino de Salomón. El santuario vuelve a ser el centro de ofrendas y peregrinaje del judaísmo. Solamente ese año recibe para Pascuas —observa el escritor judío romanizado Flavio Josefo—[213] a 3 millones de peregrinos provenientes del mundo entero, o sea, ¡más del tercio del judaísmo mundial! Se trata de una exageración, sin duda alguna. La economía del Templo funciona a pleno. Mercaderes, prestamistas, letrados —oficios a menudo ejercidos por un mismo individuo— circulan del Templo al mar y luego a la diáspora, transportando ofrendas, mercancías, dudas teológicas, respuestas de maestros, compromisos de préstamos, donaciones para el Templo...

Con una insistencia creciente, los esenios reclaman más sencillez en el modo de vida de los sacerdotes, menos aparato en el funcionamiento del Templo, menos ofrendas, menos trabajos de magnitud, más solidaridad para con los pobres. Muchos leen en los desórdenes de la época el anuncio de la próxima llegada del Mesías.

Herodes se hace omnipresente. Él mismo interviene con motivo de treinta y un temblores de tierra que perturban los ánimos, y de hambrunas que exacerban las revueltas. Un tal Juan sumerge brevemente en las aguas del Jordán a todos los que se presentan a él y los llama a la penitencia, hasta que lo detienen y ejecutan. En el año 4 antes de nuestra era nace en Belén un tal Yehoshú o Joshúa, que pronto será criado en Nazaret.

Herodes muere ese año. Augusto, en Roma, niega el título de rey al hijo de aquél, Herodes Antipas, y se limita a nombrarlo tetrarca. Dos años más tarde, el emperador decide someter a la elite judía, a la que exilia —con excepción del tetrarca— lo más lejos posible, en Viena, Galia. Confía a un prefecto romano la administración de Judea, la que vincula con la provincia de Siria, y pone el Templo bajo la tutela de la ley romana.

Para adaptarse al nuevo entorno, la doctrina de los tribunales rabínicos se suaviza. Por ejemplo, como el fisco romano exige ahora una liquidación de impuestos todos los años, se renuncia a poner en barbecho las tierras y a la anulación de las deudas una vez cada siete años, en el momento del jubileo. Para ello, de acuerdo con las autoridades teológicas, en particular con el sabio principal, rabí Hillel, se modifican los contratos existentes que lo preveían recurriendo a un procedimiento griego, el *prosbul,* que permite cambiar los términos de un acuerdo mediante simple declaración ante un tribunal.

Los ricos ya casi no se interesan en la religión. Ninguno de ellos financia la construcción de ninguna de las cuantiosas sinagogas edificadas en esa época en Judea por las comunidades de campesinos y artesanos. Por otra parte, la agitación popular se despliega contra los sacerdotes (que gastan), contra los ricos (que derrochan), contra los tribunales (que toleran), contra los romanos (que oprimen), contra los recaudadores de impuestos (que presionan).

En 14, un nuevo emperador, Tiberio, nombra procurador a un tal Valerio Gracio, quien designa y luego destituye sucesivamente a tres grandes sacerdotes antes de hacer su elección, en 18: el más dócil, José Caifás, quien acepta –¡humillación suprema!– ir a mendigar sus hábitos sacerdotales al procurador antes de cada ceremonia. En 21, Herodes Antipas funda una nueva capital, Tiberíades, aún más lujosa que Jerusalén, pero donde los judíos piadosos se niegan a ir, porque está construida sobre un cementerio. En 26, Gratio es reemplazado por Poncio Pilatos, nombrado con plenos poderes: político, fiscal, policial, judicial. Algunos judíos se rebelan cuando hace levantar estatuas en honor de César en Jerusalén y cuando ordena que el tesoro del Templo financie un acueducto. José Caifás, en cambio, cede a todas las demandas de los romanos.

Las sectas se multiplican.[295] La espera del Mesías se hace cada vez más ferviente. Entre muchos otros, Joshúa, Jesús de Nazaret, rabí, predica el amor al prójimo y la vanidad de las riquezas. Retomando lo que se dice en la Torá, del sermón de la montaña al "Shabat hecho para el hombre", de la apología de la no violencia al precepto de "amar al prójimo como a sí mismo", deja entender que recibe su autoridad de Dios, echa a los comerciantes del atrio del Templo, cuya próxima destrucción anuncia. Las autoridades romanas y el Sanedrín quieren hacerlo callar, como a todos aquellos que hablan alto. Jesús de Nazaret es ejecutado por los romanos un día de Pascua. Su muerte pasa más o menos inadvertida hasta que sus compañeros anuncian su resurrección, tres días más tarde.

La "proclama", hecha primero por Pedro, es repetida a todos los judíos por Santiago y otros compañeros de Jesús, todos judíos, los apóstoles. Tras haber sido convencido, Saúl, convertido en Pablo, anuncia en las sinagogas de varias grandes ciudades de la cuenca mediterránea el advenimiento del Mesías. Los romanos no ven todavía en ellos más que una secta entre otras.

Por lo demás, otros movimientos judíos aparecen en la misma época, entre ellos los celotes, partidarios de la lucha armada contra los romanos.

Mientras tanto, en Roma, crece el odio contra los judíos. Se les reprocha ser diferentes, no orar a los dioses lares, atraer a sí a muchos grandes señores y nobles. Tiberio, que sucede a Augusto en 14, prohíbe el judaísmo en toda la península itálica.

En 37, Calígula, que sólo reinará cuatro años, nombra a Herodes Agripa II rey de Judea; revoca al procurador de Judea, Poncio Pilatos, y pide al legado en Siria, Petronio, que instale una estatua de él en el Templo de Jerusalén. Petronio vacila, sintiendo que semejante provocación corre el riesgo de desencadenar una verdadera insurrección.

Furioso, Calígula provoca ataques de griegos contra los judíos de Alejandría, principal comunidad del Imperio, mucho más rica y poderosa que todas las de Judea. Temiendo que las matanzas aumenten, los responsables de esta comunidad despachan un emisario a Roma para negociar la paz con el emperador. Este hombre, conocido con el nombre de Filón, es un intelectual refinado, gran filósofo, y a la vez uno de los más ricos mercaderes de la ciudad; ha financiado las puertas de oro y de plata que adornan la entrada principal del Templo de Jerusalén. La negociación se dilata. Sintiéndose protegidos por Roma, los griegos se vuelven cada vez más amenazantes. Los judíos de Alejandría temen entonces lo peor. Pero Calígula muere en 41, antes de haber pasado a los actos. Aliviados, los judíos de Alejandría se vengan del miedo que experimentaron volviéndose contra los griegos.

La palabra de Jesús de Nazaret adquiere amplitud. Algunos, entre los últimos testigos de su muerte, ahora desean anunciar la "buena nueva" a otros además de los judíos. Tras ásperas discusiones, Pablo lo acepta. Se preguntan entonces si hay que imponer a los paganos convertidos a la nueva fe las mismas reglas que obedecen los judíos. Coinciden en mostrarse menos exigentes con ellos: nada de circuncisión, muchas menos prohibiciones alimentarias. En 41, cuando los primeros cristianos –casi todos judíos– llegan a Roma, donde Claudio acaba de ser investido con la púrpura imperial, todavía los tratan como a los otros judíos; los dispensan del culto de Roma y de Augusto, a condición de que no perturben el orden público.[368] En la *Vida de los doce Césares,* Suetonio escribe que "el emperador Claudio echa de Roma a los judíos, que, por incitación de un tal Christos, no dejan de agitarse".[335] En el mismo momento, en Antioquía, comienzan a llamar a los discípulos de Jesús con el nombre de *christianoi,* que remite a la palabra griega χριστος, que designa al Mesías...

En 41, Claudio reconoce el título de rey de los judíos a Herodes Agripa I, nieto de Herodes. Palestina ya no es totalmente una provincia del Imperio Romano. El nuevo rey expulsa a Caifás y lo reemplaza por un nuevo gran sacerdote, más libre, a quien el procurador romano, al partir, entrega sus ornamentos. Pero la cosa no dura: en 44, a la muerte de Herodes Agripa, Claudio vuelve a relacionar lo esencial del reino con el Imperio en cuanto provincia administrada por un procurador romano. Deja al hijo de Herodes Agripa I, Agripa II, varios territorios en Siria y el título de inspector del Templo de Jerusalén, con poder de nombrar al gran sacerdote y cierto acceso a las riquezas del Templo.

Los procuradores se muestran cada vez más represivos. En 55, Nerón, que había sucedido a Claudio, entrega al rey de los judíos una pequeña parte de la Galilea que incluye Tiberíades. Esto no basta para tranquilizar los ardores independentistas de un puñado de rebeldes, los celotes, dirigidos por un tal Judas el Galileo, que lleva a la guerra total contra los romanos. Los cristianos no se asocian a esto. Cada vez más inquieto por estas revueltas y por el proselitismo de los judíos, inclusive en su propia familia (se murmura que Popea, su mujer, se ha hecho judía), Nerón, en 64, hace exterminar a todos los judíos del Imperio –entre ellos, a algunos miembros de la secta cristiana–, tras el incendio de su capital, del que los hace responsables.

La destrucción del Templo

La crisis final comienza una vez más por una cuestión de dinero: en 66, bajo el gobierno del procurador Gesio Floro, un soldado romano roba 17 talentos de oro al tesoro del Templo. Suma irrisoria, frente a las riquezas que allí se encuentran almacenadas. La muchedumbre, para burlarse, organiza una colecta para el procurador, quien replica enviando a la tropa. Así comienza una revuelta que pronto se convierte en una lucha de independencia. Un grupo de celotes dirigidos por Menahem, hijo de Judas el Galileo, se adueña de Masada y allí aniquila a la guarnición romana. El rey Agripa II está desbordado. Los cristianos se niegan a unirse a los judíos sublevados y permanecen en segundo plano.

La represión contra todos los judíos del Imperio es terrible: son las primeras matanzas en masa de la historia judía. La comunidad de Antioquía es exterminada; en Alejandría, donde vivieron tan felices durante más de tres siglos, son exterminados 53 mil judíos. Los romanos sitian Jerusalén, donde los jefes judíos no logran ponerse de acuerdo en una estrategia para liberar la presión. Nerón envía a Vespasiano con 70 mil hombres para someter la rebelión.

Tras la muerte de Nerón, en 68, en Roma, son sucesivamente asesinados tres emperadores: Galba, Otón y Vitelio. Vespasiano, que estaba en Jerusalén, se hace emperador en 69 y deja a su hijo Tito para que termine con la guerra en Judea. El joven general sitia Jerusalén durante la Pascua judía y toma el Templo, que pretende colocar bajo su protección. El 23 de julio, cuando la antorcha de un soldado desata un incendio bajo un pórtico vecino al Sancta Sanctorum, Tito trata de sofocarlo, ya que había hecho una promesa a Berenice, hija de Herodes Agripa I, de la que está enamorado: proteger el Templo. Pero el 9 de Av (29 de agosto) de 70 –según la leyenda, el aniversario de la destrucción del primer Templo–, el segundo Templo es destruido y sus riquezas saqueadas por la soldadesca romana. Según un magnífico comentario posterior (Suká 55 a), la desaparición del Templo también es una tragedia para los no judíos, porque los hebreos oraban por ellos: "No saben lo que perdieron".

La parte alta de la ciudad, controlada por Simón Bargiora, resiste un mes más. Luego de su derrota, se cuentan entre 600 mil y un millón de muertos de los 3 millones de judíos de Judea y Samaria; los hombres sanos parten para Roma como esclavos o gladiadores. Las últimas riquezas del Templo –el candelabro de los siete brazos, la mesa de oro, los rollos de la Ley– acompañan a Tito en su triunfo. El jefe de la revuelta, Simón Bargiora, azotado durante todo el trayecto, es ejecutado al llegar. Numerosas monedas celebran el acontecimiento. Herodium y Machaerus caen en 71; Masada en abril del año 73, cuando su guarnición, tras haber resistido cerca de tres años, se suicida colectivamente.

Cesarea se convierte en la capital del país ocupado. El prefecto autoriza al principal sabio sobreviviente, un discípulo de Hillel, Yohanán ben Zakai, rabino zapatero remendón que había escapado de la Jerusalén sitiada haciéndose encerrar en un ataúd, a que vuelva a instalar no lejos de allí, en Yavné, una academia de sabios y el tribunal supremo, el Sanedrín.

Se cuentan entonces alrededor de siete millones de judíos en el mundo:[35] dos en Palestina, tres en el resto del Imperio romano, uno en el Imperio parto y el último en otras partes. Roma impone a los cinco millones entonces bajo su control que abonen las sumas recolectadas hasta entonces para el mantenimiento del Templo. Así nace el *fiscus judaicus*,[34] del que están exentos los cristianos por no haber participado en el motín: para Roma, la distinción entre judíos y cristianos es ante todo fiscal.

Algunos celotes siguen la lucha en Egipto y Cirenaica. Pero es en vano. Los judíos ya no parecen tener otro destino que el de fundirse irreversiblemente en los pueblos en cuyo seno se han dispersado. Su papel teológico, político y económico parece concluido. Otro monoteísmo habrá de relevarlo.

El Génesis histórico, como el bíblico, termina en el Exilio: el Imperio Romano, un nuevo Egipto.

2
Éxodo
(70/1096)

Mientras una nueva era se inicia con el triunfo del Occidente romano, el pueblo judío se lanza nuevamente a los caminos. Esta vez, su destino parece definitivamente sellado: desaparecer, como antes lo hicieron otros pueblos arrojados de sus tierras o sometidos a colonizadores, como los hiksos o los escitas, y como lo harán más tarde los medas, los galos, los godos, los vándalos, fusionándose con sus vencedores sin casi dejar huellas de su poder, su fe, su cultura y su lengua.

Contrariamente a ellos, sin embargo, los judíos van a lograr lo imposible: sobrevivir en los intersticios de los imperios, preservar lo esencial de su cultura adaptándola incesantemente a las exigencias de nuevos lugares de exilio. De la destrucción del segundo Templo hasta el inicio de las cruzadas, van a atravesar todas las vicisitudes económicas, religiosas y políticas del primer milenio cristiano. En los imperios de Oriente y las primeras potencias de Occidente, bajo el dominio de monarcas, príncipes, obispos, su suerte seguirá siendo casi en todas partes más o menos tolerable, salvo en el Imperio Romano.

Sorprendente destino de un pueblo minúsculo hecho de campesinos, mercaderes, artesanos, comerciantes, financistas y letrados, mezclado en los principales acontecimientos del mundo. Pueblo de hombres que pasan, que participa en primera línea en la transformación progresiva del orden de los imperios en lo referente al dinero, mantiene lazos entre comunidades dispersas en los diferentes bandos en guerra, y constituye así una red cultural y comercial única entre todos los pueblos sedentarios en la paz y en la guerra.

El espíritu de este milenio de exilio es un calco del correspondiente al período narrado por el segundo libro del Pentateuco: el Éxodo (o los "Nombres"),[90] en efecto, da cuenta de la larga estadía de los hebreos en Egipto –a veces felices y libres; otras, esclavos obligados a construir ciudades que no habitan– hasta su partida hacia un futuro desconocido que prometía libertad. Este capítulo también relata una estadía en el exilio, en múltiples regiones: algunas hospitalarias; otras, terribles lugares de opresión donde los judíos, en la esclavitud, construyen mundos de los que luego se ven excluidos.

Al final del libro del Éxodo parten rumbo a Canaán. Al término de este primer milenio cristiano huyen hacia Europa. Una y otra, tierras de esperanza, sitios de futuras y crueles desilusiones.

Durante este largo período, de paso entre mundos en guerra, los judíos garantizan las relaciones entre España, Siria, Egipto y Persia. A menudo letrados y mercaderes a la vez, por lo general pobres, relegados a los oficios más riesgosos y menos populares, detestados por los servicios ofrecidos y su terquedad en no convertirse, sospechosos por sus lazos con comunidades implantadas en territorio enemigo, a veces felices, a menudo mártires, casi siempre solidarios, sobreviven transmitiendo de generación en generación su herencia cultural. Jalones olvidados, sin los cuales muchos aspectos del mundo de hoy serían incomprensibles.

1. Con Roma y sin el Templo: primera red nómada

Durante la caída de Jerusalén, lo esencial del pueblo judío se encuentra en el Imperio Romano, un tercio del cual está en Palestina, encrucijada estratégica de rutas militares y comerciales. Al perder los recursos del Templo, los judíos deberán aprender a vivir en el exilio, tanto en su tierra como en otras partes, y a organizar la primera red internacional de nómadas.

Las leyes de la ocupación: el dinero de lo esencial

Para Roma, la cuestión judía no es entonces una cuestión marginal: uno de cada diez habitantes del Imperio sigue siendo judío; incluso en algunas regiones, como Roma, son tres de cada diez; aún más en Alejandría, entonces centro del judaísmo y del comercio mundial. También se encuentran judíos, como en Cartago, en el contorno mediterráneo y en ciertos valles fluviales de Galia, en Clermont-Ferrand, en Poitiers, en la encrucijada de los cursos de agua y de las rutas tomadas por las legiones romanas. Siguen a los ejércitos como proveedores o soldados antes de instalarse en las ciudades intermedias como funcionarios, tenderos, vendedores ambulantes, armadores, prestamistas, viticultores. Comercian de todo: productos agrícolas, textiles, maderas preciosas, especias, pieles, vinos, plata, oro, esclavos.[34] Algunos establecen postas comerciales del norte de Germania al sur marroquí, de Italia a la India, y hasta hacen adeptos entre los otros mercaderes: ser o volverse judío ofrece el doble beneficio de una solidaridad comunitaria y una red comercial única en su género.

Cuando se difunde la noticia de la destrucción del segundo Templo, esas comunidades que abonaron a escondidas sumas en ocasiones considerables para sostener el esfuerzo de guerra contra su propio ocupante no pueden sino comprobar la magnitud del desastre. En la batalla por Jerusalén murieron un millón de judíos (según el historiador judío Flavio Josefo, exactamente 1.197.000 habitantes de Judea),[191] o sea, el tercio de la población del país; 97 mil prisioneros partieron a la esclavitud, a Roma. La aristocracia saducea está totalmente desacreditada, la elite esenia cayó en combate. Los dos millones de sobrevivientes implantados en Judea y Samaria, esencialmente fariseos, intentan sobrevivir como mejor pueden en un país en ruinas. El pueblo perdió su razón de ser. Dios parece haberlo abandonado. ¿Por qué seguir confiando todavía en Su Ley y Sus sacerdotes? ¿Por qué creer en Aquel que los condujo a la desgracia o, por lo menos, no la impidió?

Toda la economía judaica (los romanos dicen ahora "palestina") está en ruinas. Las industrias en las que sobresalía el país –las del hierro, el lino, la cristalería, la seda, la tintura– están abandonadas. En el campo, la ocupación romana rompe las comunidades aldeanas; las escasas explotaciones todavía activas viven en autarquía. Ricos o pobres, los campesinos abandonan sus tierras, por no poder comercializar sus productos en seguridad.[34] Ciudades y pueblos se llenan de desocupados y mendigos que maldicen a Dios y a sus sacerdotes. Los rabinos exhortan a los campesinos a no liquidar sus tierras vendiéndolas a extranjeros y los dispensan de todo estudio religioso con máximas tales como: "El trabajo de la tierra es una ocupación de tiempo completo",[408] o: "Se educará a los hijos en el oficio del padre."[408] Como último remedio, exhortan a todo propietario decidido a vender a no ceder sus tierras sino a un miembro de su familia.

Todos esperan un salvador. Para algunos, será un jefe militar que los llevará al combate y los liberará de la ocupación romana. Para otros, ya ha llegado con la impronta de Jesús de Galilea, cuya muerte anunció las desgracias posteriores y cuyo retorno será la ocasión de una revancha. Los restantes, como Flavio Josefo, están preocupados por las catástrofes que engendraría una revuelta y aconsejan a los judíos que se fusionen en el Imperio Romano, tan acogedor para los pueblos vencidos.[212]

Para evitar las conversiones a la religión del ocupante o al cristianismo, los rabinos alivian las exigencias de la oración. Contrario a la lucha abierta contra Roma, *rabbi* Yohanán ben Zakai enseña que "el simple recitado, mañana y tarde, del *shemá* [la principal oración judía que anuncia la unidad de Dios] bastaría para que se realice el mandamiento bíblico".[408] Rabí Meir promete todas las recompensas celestes a cualquier residente de Palestina que se exprese en hebreo.[408] Se unifican los ritos, se da la última revisión a los textos de la Biblia. Se excluye a todas las sectas de las sinagogas, entre ellas la de los cristianos.

Por su parte, los romanos no están especialmente urgidos por asimilar a los judíos, a quienes algunos panfletos describen como "sucios", "salvajes", "cobardes", "leprosos", "sacrificadores de niños". Séneca, luego Quintiliano, y más tarde Juvenal, denuncian en el judaísmo una superstición.[335] Tácito escribe: "Todo cuanto es sagrado para nosotros es profano para los judíos, y todo cuanto les está permitido a ellos es impuro para nosotros".[335] Y Roma, sobre todo, no desea que vuelvan a constituir un Estado. El emperador Vespasiano y su hijo Tito, que aún lo representa en Jerusalén, interrumpen todos los flujos financieros en ese sentido. Tras haber saqueado el Templo y malversado el impuesto abonado hasta entonces al gran sacerdote, se les prohíbe financiar autoridades judías, ya sean religiosas o políticas. Un procurador especial se encarga de recaudar el *fiscus judaicus* (fijado en el equivalente a dos dracmas) para cualquier judío adulto que resida en el Imperio.

Sin Templo, ya no es posible realizar sacrificios, almacenar riquezas, organizar intercambios ni sacralizar contratos. Por ello, los rabinos transfieren una parte de las competencias del Templo a las sinagogas. Explican que la *tzedaká*, la solidaridad, más necesaria que nunca, reemplaza los sacrificios y permitirá por sí sola garantizar la expiación de los pecados. No obstante, en ningún momento se habla de reproducir en las sinagogas el ideal de esplendor del Templo: éstas deben permanecer sencillas, y los ingresos de los rabinos, atenerse a un monto en promedio diez veces inferior a lo que cobraban antaño los levitas. Comienza el judaísmo sin Templo: la oración reemplaza el sacrificio.

Convertido a su vez en emperador, Tito sigue saqueando las riquezas de Judea, como las del resto del Imperio, y distribuyendo las tierras a ciudadanos romanos. Prohíbe reconstruir el Templo y manda aniquilar a todos aquellos que podrían pertenecer, por vía cercana o lejana, a la casa de David, fuente de legitimidad de los monarcas autóctonos y del Mesías. Deja que los tribunales rabínicos ajusten las disputas entre judíos, y que el Sanedrín se reorganice en Jamnia (Yavné) bajo la dirección de Yohanán ben Zakai, ese rabino zapatero que había logrado escaparse de la Jerusalén sitiada al ocultarse en un ataúd. Su sucesor a partir del año 80, rabí Gamaliel II –cuyo alumno, por lo demás, es el apóstol Pablo–, retoma el título de *nasí* que enarbolaban sus predecesores en los tiempos felices. Única autoridad judía autorizada por los romanos, reafirma la unidad de la jurisprudencia. Sin embargo, hace ciertas concesiones a sus contrincantes, y promete que en el dictado de sentencias se hará mención de las opiniones minoritarias.

La destrucción del Templo, en el momento preciso en que habría podido federar el conjunto de las diásporas, las libera de hecho de toda tutela. Tanto en Palestina como fuera de ella, las comunidades reanudan los lazos con las viejas reglas elaboradas en el tiempo de la primera estadía en Babilonia: trabajar duro, no confiar más que en los suyos, transmitir a las generaciones futuras una lengua y una Ley, obedecer al príncipe del país de acogida, permanecer agrupados, comunicarse entre las comunidades.

A lo largo de todo el Imperio Romano las comunidades se organizan de ese modo, imitando lo que se hace en Judea; eligen un colegio de dirección formado a la vez por los menos ignorantes y los menos pobres, a veces sabios ricos o ricos letrados, que se eligen unos a otros a menudo de manera hereditaria.

En algunas ciudades de Italia, donde desembarcan exiliados que provienen de los cuatro confines de la Diáspora, surgen sinagogas distintas según las costumbres de unos y otros. En Roma, siete sinagogas –de las trece que entonces posee la ciudad– están reservadas a judíos provenientes de ciertas regiones del Imperio.

En cada comunidad, un consejo de notables administra los cementerios, la recaudación de los impuestos, el apoyo a los pobres, la negociación por el rescate de los esclavos. Un tribunal rabínico reglamenta los precios entre los judíos, las remuneraciones, las tarifas de los transportes, las comisiones; en especial durante los períodos inflacionarios, media entre empleados y empleadores para fijar los salarios y los precios mínimos; controla los pesos y medidas, verifica la aplicación de una forma embrionaria de derecho laboral; asigna calles especiales a los cuerpos de oficios, administra las mutuales de solidaridad de los artesanos.

También administra las relaciones con los no judíos, en ocasiones para limitarlas. Así, cuando Roma impone la creación de colegios de artesanos, los tribunales rabínicos exhortan a los judíos a no hacerse miembros para no tener que trabajar el día del Shabat. Alientan la creación de corporaciones judías para garantizar la defensa de sus intereses y la ayuda mutua. La mayoría de las veces, estos tribunales impulsan a adaptarse a las leyes locales (así, como la sociedad romana es monógama, muchos tribunales rabínicos sancionan la poligamia); autorizan a los comerciantes judíos a vender alimentos o bebidas no *casher*.

Tras las matanzas allí padecidas, Alejandría ha vuelto a ser la comunidad más floreciente del Imperio. Su puerto es el más grande del mundo, y algunos judíos se encuentran nuevamente entre los principales armadores. Allí se intercambian plumas de avestruz, marfil, oro que remonta los canales del Nilo; se fabrican papiros, vidrio, tapices, platería, tejidos, de los que el Talmud, un poco más tarde, citará catorce especies diferentes. Al respecto, rabí Yehudá escribe:[329]

> Quien no ha visto la sinagoga de Alejandría jamás vio la gloria de Israel: los fieles no ocupaban su lugar al azar, sino que los orfebres estaban sentados aparte, los que trabajaban la plata estaban sentados aparte, los herreros estaban sentados aparte… De tal modo que, cuando un hombre pobre entraba en la sinagoga, inmediatamente reconocía a los miembros de su profesión; ellos le conseguían trabajo, así como a los otros miembros de su familia.

En algunos países –como justamente en Egipto, donde ahora reside cerca de un millón de judíos–,[35] un etnarca con rango de príncipe, como en su momento Moisés, administra junto a un colegio de ancianos *(gerusía),* elegido por las asambleas de fieles de todas las ciudades, las relaciones con el procurador romano que dirige la provincia.

Nadie tiene la idea ni el poder de vincular todas esas comunidades a una autoridad central. Un tribunal supremo, el Sanedrín, en Palestina, ya no ejerce más que un magisterio de influencia que inspira a los tribunales locales de todo el mundo en sus juicios. E incluso lo hace con una flexibilidad extrema, porque si un juez local toma en alguna parte una decisión contraria a la jurisprudencia del Sanedrín, nadie lo sanciona; hasta ocurre que determinados argumentos locales acarrean un viraje del propio Sanedrín. Todo se adapta incesantemente alrededor de principios éticos inmutables.

Frente a este formidable instinto de supervivencia, el sucesor de Tito, Domiciano, se ve ante un dilema con el que muchas veces tropezaron los que quisieron liquidar el judaísmo: ¿no es mejor dejarlo vivir para arrebatarle lo que sabe y lo que gana, antes que cargar el costo de su exterminio? Tras haber sometido las últimas amenazas de revuelta en Judea, Domiciano está tentado de exigir una conversión general a la religión oficial del Imperio; habla de cerrar tribunales y sinagogas, incluso de expulsar a quienes pretendieran seguir siendo judíos. Pero cambia de parecer cuando sus financistas le señalan los ingresos de los que se privaría si empuja a los hebreos a emigrar con los enemigos de Roma, donde vastas comunidades están dispuestas a recibirlos. El emperador decide entonces no hablar más de conversión, sino aumentar el *fiscus judaicus* y aplicarlo a cualquier hombre *nacido judío,* sin importar dónde se encontrara en el Imperio y ni cual fuese su religión del momento; llega a imponer a todos los sospechados de judaísmo a un interrogatorio y un examen físico. El judaísmo se convierte así en una *raza,* ya no simplemente en una religión. Muchos se ocultan para no pagar el impuesto. La situación en Palestina se agrava todavía más; los que se enriquecieron en último término emigran hacia la Mesopotamia; el impuesto recaudará cada vez menos, aunque durante mucho tiempo siga siendo uno de los primeros ingresos fiscales del Imperio Romano.

En procura de aumentar aún más los dividendos, el emperador Nerva invierte la política de Domiciano, asesinado en 96, y se esfuerza por hacer volver a las elites judías a Palestina. Les devuelve el derecho, único en el Imperio, a no celebrar el culto al emperador; alienta a sus tribunales a resolver sus litigios; restituye algunas de sus prerrogativas a la casa de David, refugiada fundamentalmente entre los partos; devuelve el título de patriarca al jefe del Sanedrín, rabí Gamaliel II, y lo exime de impuestos al tiempo que lo autoriza a recaudar en su provecho, sobre todas las comunidades del Imperio, el impuesto pagado antaño al Templo (el *aurum coronarium*), para financiar su corte en Yavné y las escuelas. Nerva deja circular libremente a través del imperio a los recaudadores de este impuesto, personajes a menudo importantes que van de comunidad en comunidad, nuevos agentes de la red intercomunitaria. Por el lado del patriarca, ni palacio ni lujo: la caída del Templo sirvió de lección. No hay una centralización marcada. Ni una acumulación llamativa. Tampoco una coordinación visible.

Aunque Nerva sólo reina dos años, sus reformas tienen un enorme impacto sobre el judaísmo. Tras él, los circuitos económicos de Palestina se reorganizan, la producción vuelve a activarse, las ciudades se reaniman, las comunidades entablan intercambios y diálogos. En 98, Trajano no cuestiona las medidas adoptadas por su predecesor; pero el reino de este español resulta mucho más difícil, tanto para los judíos como para los otros pueblos colonizados, debido a las guerras civiles y los conflictos con los vecinos. La situación económica se degrada. En Egipto y en Chipre, judíos y griegos se matan entre sí. Trajano envía fuerzas que exterminan a ambos bandos. En 116, en

Judea, vuelve a tronar la rebelión; el gobernador Lucio Quinto la sofoca. Otras tropas romanas vencen a los partos, ocupan la Mesopotamia, pretenden imponer el *fiscus judaicus* a los judíos que viven allí.

El Imperio Romano jamás abarcó una superficie semejante. Sin embargo, como siempre, el apogeo parece anunciar en breve plazo la caída: Roma no tiene los medios para administrar un conjunto tan vasto.

Segunda guerra, primer Talmud

A partir del año siguiente (117), Adriano, quien sucede a su tío Trajano, comprende que es peligroso controlar un imperio de tanta extensión. Para la más grande alegría de los judíos de Babilonia, devuelve la Mesopotamia a sus antiguos dueños partos. Tolera las oraciones en las sinagogas del Imperio y autoriza a la Academia a que se mude de Yavné a Seforis, capital administrativa de Galilea. Gamaliel II transmite el título de patriarca a su hijo Simón.

Sin embargo, Adriano sueña con unificar a los pueblos del Imperio y crear un *civis romanus*. En consecuencia, debe acabar con esos judíos tan numerosos, tan organizados, tan pendencieros, tan atrayentes para las elites romanas. Aunque admite en la administración romana a los extranjeros –por tanto a los judíos–, prohíbe toda práctica específica y ostentatoria, como el Shabat; del mismo modo, la circuncisión se convierte en un crimen capital, por analogía con la castración (la medida también apunta a los egipcios). Su imaginación fiscal carece de límites: inventa la carga de acarreo y la *quadragesima,* derecho de aduana del 2,5% percibido por el paso de cualquiera de las fronteras provinciales. Todo es pretexto para un nuevo impuesto; un gobernador romano llega a lamentar "no poder gravar el aire que respiran los judíos".[34] Según ciertas crónicas, algunos judíos se ven obligados a vender a sus niños para pagar a los recaudadores de impuestos, puestos bajo la responsabilidad de las autoridades judías, que se convierten en "colaboracionistas" de hecho. Al respecto, rabí Yohanán escribe: "Mejor huir del país que aceptar una elección en el colegio de la ciudad."[408]

Adriano decide convertir Jerusalén en una ciudad romana, *Aelia Capitolina*. Ordena construir en lugar del Templo un altar dedicado a Júpiter, y prohíbe que los judíos ingresen a sus ruinas, salvo el 9 de Av –aniversario de su destrucción–, medida que los judíos eluden sobornando a los guardias romanos. Al respecto, un autor del siglo XIX escribirá: "Sólo a expensas de dinero los judíos podían verter lágrimas allí donde habían comprado y derramado la sangre de Jesucristo".[264] Una vez más, dinero y homicidio se encuentran mezclados cuando se trata de acusar a los judíos.

En 130, cuando Adriano va en persona a verificar la eficacia de su empresa de aniquilación cultural, una rebelión explota en Judea. Su jefe es un tal Simón ben Kozeba. Uno de los mayores sabios de la época, rabí Akiba, adivina en la tiranía romana una amenaza de exterminio: abandona el Sanedrín, se pone al servicio de los rebeldes y parte a recaudar a través de todo el Medio Oriente, de comunidad en comunidad, los medios para financiar una insurrección. Al retorno de rabí Akiba, Simón ben Kozeba desencadena operaciones de guerrilla; muchos judíos se le unen. Como durante la rebelión precedente, sesenta años antes, los cristianos prefieren mantenerse apartados; algunos se ponen incluso de parte del ocupante. Algunas ciudades judías, como Seforis y Tiberíades, escogen la neutralidad por temor a las represalias.

Simón ben Kozeba comienza por vencer al ejército romano comandado por el general Tineio Rufo. Recupera Jerusalén, destruye Aelia Capitolina, reinstala un altar judío en el emplazamiento del Templo, proclama la restauración del Estado hebreo y hasta hace fabricar nuevas monedas que llevan la inscripción "Año 1 de la libertad de Jerusalén". Es la hora del triunfo. Rabí Akiba proclama a Simón ben Kozeba rey de los judíos, y transforma su nombre en Bar Kojva ("hijo de la estrella") para recordar la profecía que anuncia la llegada del Mesías: "Una estrella se alzará de Jacob" (Números 24, 17), dejando entender así que Simón –y no Jesús– podría ser el Mesías tan esperado, porque salvó el país.

Adriano reemplaza entonces al general vencido por su mejor oficial, Julio Severo, a quien hace acudir de Bretaña, donde estaba ocupado en reducir los últimos bastiones celtas. Tras cuatro años de combates encarnizados, Jerusalén es retomada; la última fortaleza judía, Beitar, cae en 135. Sólo resisten algunos puntos aislados en grutas del desierto. Simón Bar Kojva es ejecutado; rabí Akiba, primero encarcelado en Cesárea, sigue poco después sus pasos. El Sanedrín es desmantelado; el templo de Júpiter y la ciudad de Aelia Capitolina son reconstruidos, y ningún judío tiene siquiera derecho a aproximarse, ya ni para fijarla como morada o sitio de oración.

El pueblo judío pierde entonces a todos sus jefes civiles, militares y hasta religiosos. La mayoría de los hombres en edad de llevar las armas son asesinados o vendidos como esclavos. Como todo el territorio es declarado dominio imperial, los escasos campesinos judíos que siguen cultivando el suelo no son otra cosa que sus arrendatarios más o menos hereditarios, y deben pagar a Roma un arriendo, además de los impuestos. Los que pueden escapan.

En total, según el historiador griego Dión Casio,[34] nacido treinta años después de los acontecimientos, 580 mil hebreos sucumbieron en esta guerra, cifra que se suma al millón de la guerra anterior. En Palestina no quedan ya sino algunos centenares de miles de judíos. En total, el pueblo judío había disminuido un tercio en un siglo.

Los nazarenos, nombre dado por algunos romanos a los discípulos judíos de Jesús, ahora llamados "cristianos" por las autoridades, conservan, por su parte, el derecho a residir en Jerusalén y a no pagar el *fiscus judaicus:* la distinción entre unos y otros es de orden fiscal.[34]

Cinco años más tarde, en 140, el sucesor de Adriano, Antonino Pío, autoriza a los discípulos de rabí Akiba, el maestro rebelde, a entrar en Judea y reconstruir una academia en Usha, Galilea, todavía bajo la presidencia de Simón, hijo de Gamaliel II, que recuperó de su padre el título de patriarca o *nasí* ante su hijo Simón II. Para el mayor perjuicio de los otros contribuyentes del Imperio, judíos y no judíos, los rabinos son exceptuados de las cargas fiscales para alentarlos al estudio. Por otra parte, Antonino reautoriza la circuncisión de los varones nacidos de padres judíos. Es un viraje tan grande que en Roma corre incluso el rumor de que un rabino llamado Judá lo habría convertido, ¡y que hasta le habría encargado redactar comentarios teológicos! Palestina deja de ser una subdivisión de la provincia de Siria para convertirse en una provincia autónoma. Precisamente aquí aparece realmente el nombre de "Palestina". Habrá que esperar otros tres siglos para que se imponga en todos los escritos romanos.

Pese a estos esfuerzos, en 161, último año del reino de Antonino, algunos judíos de Galilea se alían a los partos, concentrados en las fronteras de Siria, para tratar de librarse de la tutela romana. El emperador siguiente, Marco Aurelio, somete esa nueva rebelión judía, hace retroceder a los partos e impugna la mayoría de las reformas de Antonino.

En 165, rabí Yehudá ha-Nasí sucede a Simón II como patriarca y se instala en Seforis con el Sanedrín, donde ejercerá dicha función durante treinta años. Su primera decisión consiste en poner por escrito los comentarios de la Biblia que los sabios se transmiten de manera oral desde hace siglos, e incluso estaba formalmente prohibido consignar, tal vez para evitar que se pusieran de manifiesto sus contradicciones ("dos rabíes, tres opiniones"). Ciento cuarenta y ocho autores, por lo menos, participarán en la redacción de ese corpus, que se convertirá en la *Mishná* (o "Repetición", porque reúne textos hasta entonces "repetidos" de memoria). El Libro reemplaza al Templo como "lugar" de reunión del pueblo.

En 188, rabí Yehudá termina de compilar 63 tratados subdivididos en seis órdenes: agricultura, ciclo anual de las ceremonias, matrimonio, código comercial civil y penal, servicio del Templo, rituales de purificación. Se requerirá todavía medio siglo, en Jerusalén y Babilonia, para terminar la *Mishná*. Lo esencial de la doctrina económica figura en cuarto lugar (*Nezikim*), en especial en tres tratados (*Baba Kama, Baba Metzía* y *Baba Batra*) en arameo (lengua todavía hablada en Babilonia y parcialmente utilizada en los textos), literalmente, la "primera puerta", la "puerta del medio" y la "última puerta", donde están agrupadas las leyes sobre la propiedad.

La Mishná constituye el estado del derecho de la época; no fosiliza la reflexión de los jueces: los letrados siguen redactando nuevos comentarios, y los tribunales juzgando libremente situaciones incesantemente cambiantes. Por ejemplo, cuando tras la publicación de la Mishná los romanos exigen el pago de impuestos todos los años, inclusive durante el año llamado sabático, los tribunales autorizan a los judíos a vender ficticiamente sus tierras por un año a amigos no judíos para escapar a la obligación de barbecho que ese año los priva de ingresos. Rabí Yanai llega incluso a proclamar, por los mismos motivos y circunstancias, la abolición del año sabático.

Por eso ya se trabaja, en las academias de Galilea, en comentarios de la Mishná que se llamarán *Guemará* ("Culminación"), constituidos por anécdotas, discusiones, complementos añadidos a cada uno de los libros de la Mishná. Uno y otro formarán juntos lo que se llamará el Talmud de Jerusalén.

Sin embargo, pese a todos los esfuerzos realizados para mantener una vida judía en Palestina, las comunidades tienden siempre a dispersarse en el resto del Imperio Romano: en Persia, en Arabia, y aun más lejos. Los más ricos llevan consigo todos los cuerpos de oficios necesarios para la vida de una comunidad: profesores, jueces, oficiantes, carniceros, panaderos. Los que quedan se vuelven minoritarios, sometidos a una influencia que es más griega que romana.

Poco a poco, el pueblo judío vuelve a desaparecer como tal. Pronto ya nada quedará de él, predicen los escritos romanos,[335] a no ser algunos libros y el recuerdo irónico y despectivo que de él conservarán los vencedores.

En ese mismo lugar y momento, surge otra lectura monoteísta del mundo y del dinero, una alteración radical en la relación con Dios.

2. Cristianos y judíos frente al dinero

Dinero fértil, dinero estéril

Los primeros discípulos de Jesús son judíos practicantes. Siguen la liturgia judía, respetan la Torá. Tras haber reconocido al Mesías en Jesús, esperan convencer a los otros judíos de que se unan a ellos en la espera de su retorno.

Pero como este retorno se hace esperar, y como las conversiones son más escasas, las relaciones se ponen tirantes. Los cristianos se dicen el *verus Israel*, sospechan que los judíos maldicen a Jesús en sus oraciones y los acusan de "deicidio".[428] Algunos incluso murmuran que todas las desdichas de los judíos se remontan al martirio de Jesús y al papel que en él desempeñaron los saduceos. Por su parte, los judíos los declaran heréticos, los excluyen de las comunidades y de las redes comerciales.[428]

Las dos ramas del judaísmo se alejan así una de otra. Pablo de Tarso, en desacuerdo con Pedro, atrae a él a paganos, primero simpatizantes del judaísmo. Las conversiones al cristianismo se aceleran en Asia Menor, Grecia, Siria, Egipto, Roma, Cartago. En cada comunidad, cuando hay suficientes fieles, se ordena un sacerdote. Cuando hay suficientes sacerdotes, éstos eligen un obispo que, consagrado por los obispos vecinos, se hace responsable de los sacerdotes y los fieles de su comunidad.[428] La Iglesia todavía no tiene un Libro santo. Tras la desaparición de Pedro, tampoco tiene un jefe. Mucho más tarde, éste será el obispo de Roma, en el corazón del Imperio dominante.

De manera paralela se profundizan las diferencias entre las dos doctrinas económicas. Tanto en una como en otra se cree en las virtudes de la caridad, la justicia y la ofrenda. Pero, para los judíos, es deseable ser rico, mientras que para los cristianos lo recomendable es ser pobre. Para unos, la riqueza es un medio de servir mejor a Dios; para los otros, sólo puede perjudicar la salvación. Para unos, el dinero puede ser un instrumento del bien; para los otros, sus efectos siempre son desastrosos. Para unos, cualquiera puede gozar del dinero bien ganado; para los otros, debe quemar los dedos. Para unos, morir rico es una bendición, si el dinero fue adquirido moralmente y uno ha realizado todos sus deberes para con los pobres de la comunidad; para los otros, morir pobre es la condición necesaria de la salvación. Así, Mateo refiere estas palabras de Jesús: "Os lo digo una vez más: es más fácil que un camello pase por el ojo de una aguja que un rico entre en el Reino de los cielos" (19, 24). Y si Lucas concluye la parábola del mayordomo infiel con una frase ambigua ("Hacéos de amigos con el dinero de la deshonestidad" [16]), reconociendo de ese modo la fuerza del dinero, inmediatamente agrega: "Haced el bien y prestad sin esperar nada a cambio" (6, 35).

De hecho, como hemos visto, para los judíos obtener un interés del dinero no es inmoral; y si no debe hacérselo entre judíos, es por prurito de solidaridad, no por prohibición moral. Como el ganado, el dinero es una riqueza fértil, y el tiempo un espacio que debe valorizarse. Para los cristianos, por el contrario, al igual que para Aristóteles y los griegos, el dinero no produce riqueza en sí mismo, es estéril, tampoco el tiempo; por eso comerciar con dinero es un pecado mortal. Esta obsesión por la esterilidad del dinero también remite al odio a la sexualidad, prohibida fuera del matrimonio. Para la nueva Iglesia, nada debe ser fértil fuera de lo creado por Dios. Hacer trabajar el dinero es fornicar.

Sin duda, también debe verse en estas diferencias la huella del antiguo conflicto entre esenios y saduceos, y la voluntad de los apóstoles de atraer hacia ellos a los más pobres de los judíos.

Las donaciones de los judíos a sus comunidades están limitadas al quinto de sus ingresos. A la inversa, se alienta a los cristianos a dar sin límites a la Iglesia. Mientras que las comunidades judías deben redistribuir íntegramente esas donaciones entre los pobres, la Iglesia puede guardarlas, al menos en parte, para sí, y luego crear por su esplendor las condiciones de la admiración y la salvación de los hombres. Para ella, el dinero, que no puede producir interés, sí puede producir gracia si transita por la Iglesia. Todo el poderío eclesiástico futuro provendrá de esa inversión de la relación con el dinero.

Para ahondar todavía esa diferencia, desde el principio la crítica cristiana del judaísmo mezcla lo teológico y lo económico combinando las acusaciones de deicidio con las de acaparamiento. Los Evangelios oponen a Judas (que acepta recibir treinta denarios para entregar a Jesús [Mateo 27, 3-4], y luego espera que se limpie su falta devolviéndolos) y María Magdalena, que derrama trescientos denarios de perfume a los pies de Cristo (Lucas 7, 47), haciendo del dinero un medio de redención y dando el ejemplo de una ofrenda para redimir los pecados.

Los Evangelios oponen también la supuesta "ley judía del talión" (que, según vimos, en realidad venía de Hamurabi y era denunciada en el Pentateuco)[121] y la apología cristiana de la no violencia. Mateo (5, 38-39) retoma esa acusación por su cuenta, y hace decir a Jesús: "Habéis aprendido que se dijo: 'Ojo por ojo y diente por diente'. Pero yo os digo que no os resistáis al mal que quieren haceros; y si alguien os pega en la mejilla derecha, presentadle entonces la otra". Pero el versículo bíblico citado dice, de hecho: "Darás vida según [y no "por"] vida, ojo según ojo, diente según diente". La palabra *tájat* (según) no designa una venganza sino, por el contrario, el pago de una indemnización en compensación por un daño.[121] Por lo tanto, el versículo exige contentarse con dinero cuando se perdió sangre. Esta prohibición de las represalias se encuentra en otros innumerables versículos del Pentateuco, entre ellos aquel que Jesús, excelente doctor de la Ley, cita con tanta frecuencia que luego se olvidará la referencia inicial: "No te vengues ni guardes rencor. [...] Ama a tu prójimo como a ti mismo" (Levítico 19, 18).

Aun cuando, conforme a este espíritu, algunos teólogos del cristianismo antiguo,[301] como Clemente de Alejandría, predican una ética económica muy cercana a la moral del Pentateuco, los primeros cristianos extraen argumentos de esos pasajes de los Evangelios para sostener que, entre los judíos, todo se mide en dinero, todo se monetiza: hasta el tiempo, hasta la carne humana, ¡hasta Dios! El judío, dicen, que cambió al Mesías por dinero, está dispuesto a comprarlo y venderlo todo. El mercado es su única Ley. El antijudaísmo cristiano es inmediatamente inseparable de la denuncia económica.

A fines del siglo I de la era cristiana, cuando la Iglesia comienza a sentar sus bases, la cuestión de sus relaciones con el judaísmo está en el centro de los debates.[301] Algunos teólogos explican que el cristianismo es la consumación del judaísmo; otros, por el contrario, que nada tiene que ver con él. Los gnósticos, por ejemplo, sostienen que el Dios de los judíos sólo creó el mundo de aquí abajo y que otro Dios, el Padre de Jesús, creó el mundo superior. Hacia 150, el heresiarca gnóstico Marción pide incluso que se elimine de los textos de los Evangelios, entonces en proceso de escritura, cualquier referencia al judaísmo y al Pentateuco.

Pese a esos deslindes, según el modo de ver de los romanos, los cristianos todavía no son más que una secta judía entre otras, como los samaritanos. El sucesor de Marco Aurelio, el emperador Cómodo, un desquiciado que se cree Hércules, persigue indistintamente a judíos y a cristianos. Unos y otros permanecen aparte dentro del Imperio, habitan en los márgenes y son condenados a empleos igualmente marginales. A partir de 212, Caracalla, convertido en emperador tras haber perpetrado mil crímenes, retoma contra unos y otros la estrategia de la asimilación. Promulga un edicto que instaura una ciudadanía romana única para todos los habitantes del Imperio. Son numerosos los judíos que entran entonces en la administración romana, sin tener que prestar juramento al emperador ni cambiar de religión, pero no pueden acceder a los puestos importantes. Los mejores empleos que pueden esperar son los de recaudadores de impuestos, execrados por todos. Ya no conservan ningún derecho específico; su religión y su cultura son negadas. Se ven inmersos en un dilema que ya no cesará: hay demasiada persecución y mueren; o hay demasiada integración y desaparecen.

Hacia 240, el cristianismo penetra cada vez más los estratos más altos del Imperio. Se forman los cánones del Nuevo Testamento, los Evangelios ya están ordenados. Se reconoce el poder de los obispos sobre regiones enteras. Las donaciones afluyen, intercambiadas por promesas de eternidad, ya se trate de tierras, cabezas de ganado u objetos preciosos. Los prelados tienen la misión de administrarlas por constituir dominios e ingresos propios de la Iglesia. Algunos tratan de revenderlas, cosa que la institución, alrededor del obispo de Roma, trata de impedir en la medida de sus posibilidades. Orígenes, teólogo de Alejandría, declara que ahora los fieles de la Iglesia reemplazan al pueblo judío como "pueblo elegido".

A comienzos del siglo III, Roma declina en provecho de sus provincias de Asia, mientras que el cristianismo gana todo el Imperio. Así, en 216, un concilio regional reúne a 71 obispos africanos en Cartago. Poco tiempo después otro, inspirándose también en el Sanedrín, reúne en Roma a otros tantos. En la capital ya se cuentan 46 sacerdotes cristianos. Incluso hay cada vez más fuera del mundo romano. El poder en ascenso de los cristianos inquieta ahora mucho más al poder imperial que los pocos millones de judíos, no convertidos, diseminados por el Imperio.

A partir de 222, cuando comienza el reinado de Alejandro Severo, los judíos son un poco menos maltratados que los cristianos: tienen derecho de ciudadanía en Roma, están eximidos de cargas, pueden celebrar públicamente su culto. En 236 desaparece incluso el *fiscus judaicus,* pues desde hace cierto tiempo la recaudación es menor que los costos para obtenerla; las comunidades también se cansan de pagar el *apostolado,* el impuesto al patriarca, cuya notoriedad se debilita. Las relaciones entre comunidades conservan su fuerza, pero su centro ya no está situado en Palestina. Si ese centro está en alguna parte, es más bien en Alejandría y, como veremos luego, en los imperios rivales de Roma.

Los emperadores siguientes (Decio, Valeriano, Diocleciano) persiguen a judíos y a cristianos. El esfuerzo de asimilación de unos y otros continúa. En 250, Decio obliga todavía a todos los ciudadanos de Roma a orar a los dioses oficiales. En 285, Diocleciano prohíbe que los artesanos judíos y cristianos tengan sus propias corporaciones. En 303, sus lugares de culto son quemados, prohibidas las asambleas cristianas, embargados todos los bienes de la Iglesia.

A contrapelo de estas persecuciones, el judaísmo persiste y la Iglesia se refuerza, ganando en todas partes terreno y voluntades. Bajo la autoridad creciente del obispo de Roma, calca su organización sobre la del Imperio. Al recibir cada vez más ofrendas, declara inalienables sus bienes y prohíbe que sus obispos los comercialicen, acumulando así medios para atraer cada vez más fieles. A menudo, los emperadores incautan la fortuna de los obispados, que es reconstituida casi inmediatamente por nuevas donaciones.

Los primeros obispos hacen todo lo posible para distinguir a los patriarcas de la Biblia de los judíos de su tiempo. Así, Eusebio, obispo de Cesarea, distingue entre los "buenos hebreos del Antiguo Testamento" y los "horribles" judíos contemporáneos. Sin embargo, esta estrategia de segregación no debe resultar muy eficaz porque, en 312 –durante uno de sus primeros concilios regionales que sesiona en Elvira, España–, la Iglesia prohíbe que los cristianos hagan bendecir sus cosechas por los rabinos. Estas prohibiciones, reiteradas con tanta frecuencia, no hacen más que poner de manifiesto la persistencia de las prácticas que condenan: cristianos y judíos siguen estando de hecho mucho más próximos de lo que querrían sus oficiantes. Tanto de un lado como del otro, mercaderes y campesinos, artesanos y orfebres se hablan más de lo que desearían los obispos. Se reciben unos a otros, asisten a las respectivas festividades e intercambian oraciones y bendiciones, ante la gran cólera de las autoridades religiosas.

El encierro bizantino

Lo que se anuncia desde hace un siglo termina por ocurrir: en 312, un emperador se hace cristiano. Tras muchas matanzas entre pretendientes, Constantino se adueña del poder en Roma y en 313 concede la libertad de culto a los cristianos mediante el edicto de Milán. Incluso devuelve a la Iglesia todos los bienes incautados por sus predecesores. La fortuna de la cristiandad es una realidad. Al mismo tiempo, se toma la decisión de que el Imperio se incline hacia el Oriente; la economía del mundo gravita cada vez más alrededor de Asia.

Constantino funda una nueva capital, Constantinopla, sobre las ruinas de Bizancio, una ex colonia griega sobre el Bósforo. Para designar esta parte oriental del Imperio se hablará más tarde de Imperio Bizantino. En 325, convertido en único señor de todo el Imperio, Constantino pretende ser también el de la Iglesia, por encima de los obispos. Interviene en los debates teológicos e intenta convertir a los samaritanos, a quienes distingue de los otros judíos. A quienes rehúsan hacerse cristianos les retira la ciudadanía romana concedida por Caracalla un siglo antes; prohíbe severamente cualquier prose-litismo (un cristiano convertido al judaísmo es condenado a la hoguera, así como el judío que lo convirtió), prohíbe la circuncisión de los esclavos cris-tianos, castiga con la muerte todo reproche dirigido por un judío a otro por haberse convertido. Excluye a los judíos de los empleos militares y civiles –fuera de la recaudación de impuestos–, al tiempo que les da la posibilidad de someter sus litigios a sus propios tribunales: ya no son romanos y la ley ro-mana ya no se les aplica.

La diferencia entre judíos y cristianos se sigue discutiendo en el seno de la propia Iglesia. En 318, Arius, sacerdote en Alejandría, sostiene que el Padre preexiste al Hijo y lo ha creado. El obispo de Alejandría lo excomulga y afir-ma que el Hijo coexiste con el Padre desde toda la eternidad. Tras esta diver-gencia se oculta un debate sobre el rol del judaísmo en el nacimiento del cristianismo. Los cristianos se dividen entre el deseo de acabar con el otro monoteísmo y el de conservar el pueblo del que surgió Jesús como testimo-nio de su autenticidad histórica. Para zanjar la cuestión, Constantino convo-ca en 325 en Nicea, Asia Menor, el primer concilio ecuménico. El emperador y el concilio confirman que el Padre, Dios de los cristianos, es el mismo que el de los judíos, decretados sin embargo "pueblo odioso"… Se consolida el antijudaísmo cristiano, con base en el odio hacia aquel que trajo la buena pa-labra. El odio hacia quien prestó un servicio. Esto se encontrará mucho más tarde en la relación con el dinero: el odio por aquel que presta dinero a los otros tras haberles provisto a su Dios.

De emperador en emperador, la situación de los judíos empeora. Su en-cierro se hace más duro a medida que declina el Imperio. En 330, año en que ve la luz Constantinopla, "Nueva Roma", estalla un conflicto de poder entre la Iglesia y el emperador, ya que cada cual pretende el predominio político y teológico. El único punto en que coinciden es en la necesidad de someter a los judíos. A las prohibiciones que hace el emperador a los judíos, la Iglesia –en una incesante disputa– responde prohibiendo a los cristianos mantener cualquier lazo con ellos. Así, prohíben a los cristianos utilizar el calendario de las festividades judías para fijar las suyas. Esta situación no disgusta a algunos rabinos, que también ven en esta segregación la ocasión de mantener una identidad amenazada.

Cuando Constantino muere, el Imperio Romano en su apogeo se escinde en dos subconjuntos, el de Oriente y el de Occidente: en 337, Constancio II, uno de los hijos de Constantino, se instala en Constantinopla y lleva adelan-te la guerra contra los persas; su hermano mayor Constantino II se establece en Roma y gobierna la parte occidental del Imperio. El hermano menor, Constancio II, con su tercer hermano Constante, reprime revueltas judías en Alejandría y en Judea. En 339 prohíbe el matrimonio entre judíos y cristianas, luego entre judías y cristianos. Y, para echarlos definitivamente de la agricultura, les prohíbe poseer esclavos, incluso no cristianos.

En 350, Constancio II intenta reunir las dos partes del Imperio tras haber hecho exterminar al resto de su familia. Denuncia a los judíos como una "secta perniciosa" y los acusa de complotar contra él, en connivencia con los persas; ofrece como prueba a esos "rabinos espías" que circulan entre los dos imperios, de hecho para transmitir a las comunidades el calendario de las fiestas establecido en Jerusalén. Sus redes comerciales y religiosas se encuentran entonces muy seriamente debilitadas. Gran cantidad de judíos se convierte para evitar las persecuciones; ellos viven entonces su fe a hurtadillas, o terminan por convertirse en cristianos sinceros. En Galilea, Galo, el teniente de Constancio para el Oriente, les hace la vida insoportable. La región es cada vez menos importante políticamente. Las rutas comerciales mayores van de Roma a Constantinopla y a Alejandría. Palestina está marginada.

En 352 estalla una nueva revuelta; pero como el patriarca, que colabora con Roma, no la apoya, aborta rápidamente por falta de recursos financieros. En 358, para terminar con la identidad nacional judía, Constantinopla decide agrupar a Palestina, con el conjunto de los otros territorios situados entre el Mar Rojo y el Mediterráneo, en una nueva provincia bautizada *Palestina Tertia*. Ahora se instala realmente el nombre de Palestina. Cuando en 358 el patriarca, desacreditado ante los judíos de todo el mundo, intenta imponer un nuevo calendario, a partir de la fecha de destrucción del segundo Templo, nadie le presta atención.

En el mismo momento, en la soledad de sus escuelas, y a pesar de la decadencia circundante, los rabíes de Tiberíades culminan la redacción de los nuevos comentarios del conjunto de los textos sagrados. Obra inmensa, esta Guemará forma junto con la Mishná el Talmud llamado "de Jerusalén", o más bien de "Eretz Israel", porque no fue escrito en la Ciudad Santa. Simultáneamente, como veremos, se escriben otros comentarios de la Mishná, otra Guemará que vendrá a añadirse al Talmud de Babilonia.

Como en el juego de un péndulo, los emperadores de Oriente se muestran luego más o menos tolerantes con los judíos, según capricho de las circunstancias económicas y las necesidades de la época. Dondequiera que vivan, éstos son esencialmente comerciantes o artesanos; en lo sucesivo, ya casi no pueden cultivar la tierra, porque se les impide tener esclavos. Sólo muy raras veces son prestamistas, sobre todo para el comercio internacional, donde su papel sigue siendo considerable.

Juliano, politeísta convencido, sucede a Constancio II en 361, y regresa al paganismo, lo que le vale el apodo de Juliano el Apóstata. Con la expectativa de lograr la ayuda de la red internacional de los mercaderes judíos, y, por su intermedio, el de las comunidades de Babilonia, en la guerra que lo opone con los sasánidas de la Mesopotamia, protege a los judíos de todo el Imperio, les permite volver a ocupar empleos públicos, les reconoce el derecho a la oración y a sus propios tribunales, promete suprimir el impuesto adeudado al patriarca. Incluso inicia la reconstrucción del Templo, cuyos primeros trabajos son interrumpidos por un misterioso incendio que se produce justo antes de su muerte en 364 durante el sitio a Ctesifonte, la capital de los sasánidas, al cabo de sólo tres años de reinado.

Posteriormente, los emperadores reanudan sus lazos con el cristianismo y las persecuciones antijudías vuelven a empezar. Valencio y Valentiniano echan a los judíos de los empleos públicos a los que Juliano les había permitido volver. Los emperadores siguientes agravan nuevamente el aislamiento de los judíos fuera de la economía y el poder.

En 380, Teodosio I vuelve a una política más clemente. Mientras Ambrosio, obispo de Milán, en 390 denuncia a los judíos, que se dedican "a horribles transacciones comerciales",[301] Teodosio reafirma la autonomía decisoria de los tribunales judíos ("Ninguna persona ajena a la fe judaica fijará los precios para los judíos"),[301] exige el respeto de sus fiestas, de su calendario y su protección contra cualquier forma de agresión; el mismo año concede a los armadores judíos de Alejandría el derecho a constituirse en corporación autónoma, privilegio excepcional en el primer puerto del mundo.

Sin embargo, la Iglesia se opone a los judíos tanto en el terreno teológico como en el económico. En 395, justo después de la destrucción parcial de la biblioteca de Alejandría a manos del patriarca cristiano Teófilo, el patriarca de Constantinopla, Juan Crisóstomo, los denuncia como "hostiles a Dios", llama a la sinagoga "la casa de Satán dedicada a la idolatría", "la guarida de los asesinos de Dios".[34] Reprocha a los judíos su lujo y su práctica del préstamo a interés (sin embargo, todavía extremadamente infrecuente). "Los judíos adoran al diablo, su religión es una enfermedad".[135] En la misma época, en Hipona, Numidia, Agustín denuncia el préstamo a interés. Distingue tres pecados mayores: la codicia de la carne (pero es muy necesario reproducirse), la codicia del poder (pero es muy necesario ocuparse de los asuntos comunes) y la codicia del dinero (que, en cambio, es inexcusable).

En otras palabras, debe prohibirse que el dinero "fornique", o sea, que produzca interés. Agustín hace de los judíos los símbolos, "por su decadencia", de la muerte de Cristo. Si bien pide que no se los mate, prescribe –para poder mostrarlos– que los dispersen y los humillen "para marcar la victoria de la Iglesia sobre la Sinagoga".

En 395, Teodosio I entrega el imperio de Oriente a su primogénito, Arcadio, y el de Occidente a su hijo menor, Honorio. Los nuevos emperadores se muestran menos tolerantes que su padre. Una ley de 398 impugna la autonomía jurídica de los judíos y sólo reconoce sus tribunales como "simples órganos de arbitraje con el acuerdo de las partes",[135] combinados con un derecho de apelación ante los tribunales ordinarios. Les prohíbe convertirse para obtener una ventaja económica, por ejemplo, para tener acceso a ciertos oficios o no pagar determinados impuestos. Los mercaderes griegos y bizantinos están ahora en todas las rutas y todos los mares. Los judíos son competidores indeseables.

Teodosio II, hijo de Arcadio, lo sucede en 408, y termina de encerrar a los judíos en un estatus de excepción. En 431 deroga por decreto imperial la dignidad de patriarca. Instaura un nuevo impuesto cuyo pago debe ser garantizado por cada comunidad.[34] Llega hasta prometer a todo delator de judíos una fracción del ingreso recuperado. Vuelve a prohibir a los judíos poseer esclavos cristianos, criticar a los cristianos, recaudar impuestos para la *tzedaká,* convertir y circuncidar a no judíos, construir sinagogas. Los judíos no están autorizados a observar sus fiestas salvo en privado. Las leyes redactadas desde 312 y agrupadas luego en el Código teodosiano, compuesto de 435 a 438, también condenan a muerte a todos los judíos –designados como "la secta abominable"–, a todos los samaritanos y a los demás no cristianos "que buscan el paraíso" que intenten convertir a un cristiano. Este código limita los lugares donde pueden vivir los "infieles".[135] Para que dejen de integrarse y se los distinga de los mercaderes rivales, define cómo deben vestirse los judíos. Les cierra las puertas de la mayoría de los empleos públicos, en especial los de carceleros y de juez, y los obliga a asumir aquellos que acarrean cargas financieras, sobre todo la recaudación de impuestos.

En este punto, el texto del código es de una hipocresía despiadada:

> Como a Su Majestad Imperial le importa considerar todas las cosas con arreglo al bienestar general en sus menores detalles, ordenamos que las sectas a las que se confíe las funciones de recaudar impuestos en todas las ciudades las conserven, con sus empleados de provincia, y sean obligadas a consagrarle su

fortuna, hacer donaciones y cumplir con los deberes militares. Ninguna exención será concedida a tal gente, detestable por sus maniobras, que la ley debe condenar.[177]

Alrededor de 435, el obispo de Ravena, Pedro Crisólogo, utiliza por primera vez en latín el término "deicidio".

La mayoría de los judíos deja entonces el Imperio de Oriente. Mientras tanto se asientan los de Occidente, un poco mejor tratados.

Los vándalos hospitalarios: necesidad de mercaderes

En Occidente, los visigodos entran en Roma conducidos por su rey Alarico, el 24 de agosto de 410. En 418, Honorio logra echarlos, para más tarde hacerlos sus aliados. Luego, el turno de saquear Galia, España, África del Norte, Cartago, hasta Italia les toca a los vándalos, provenientes de Europa Central. Incluso si Aecio, que entonces gobierna el Occidente, rechaza a otros invasores –los hunos, cerca de Troya, en 453–, los vándalos de Genserico saquean Roma en 455.

El postrer episodio no es bien conocido, sin duda por no ser muy glorioso: en 476, Odoacro, rey de los herulos (uno de los grupos vándalos), depone al último emperador de Occidente, Rómulo Augústulo, ocupa su lugar y hace llevar las insignias imperiales a Zenón, que entonces reina en Constantinopla: última humillación del moribundo Imperio Romano de Occidente.

Paradójicamente, los judíos serán mucho mejor tratados por esos bárbaros que por los cristianos de Constantinopla. Cierto es que, incluso antes de tropezar con ellos en el Imperio Romano, las tribus germánicas habían entrado en contacto con mercaderes judíos, que desde el siglo I llegaban a las tierras del Norte y del Este en busca de ámbar y pieles. Allí, según el derecho germánico, habían pedido a los señores locales, a cambio de un canon, la protección debida a los extranjeros de paso durante el tiempo de sus compras. La habían obtenido antes de volver a partir hacia el Imperio Romano y el Oriente sin intentar obtener allí un derecho de residencia: los germanos necesitan mercaderes para comprarles sus producciones y ofrecerles las mercancías del resto del mundo.

Cuando el Imperio Romano de Occidente se derrumba, se aplica el derecho germánico: los germanos tratan a los judíos igual que a los otros ciudadanos romanos, como "extranjeros". A estos súbditos a priori sin soberano, el derecho consuetudinario germánico no les reconoce estatus alguno: no se castiga a quienes los matan; quien los alberga es responsable de sus actos; no tienen derecho a la propiedad ni a la herencia. Si, al cabo de un año y un día de residencia, no encontraron ningún protector, o si no pueden pagarle el canon que exige, deben partir o se convierten en esclavos. Se los utiliza como un recurso, una riqueza, una herramienta de comercio.

En el siglo V, cuando esos bárbaros se hacen cristianos, no se sabe con exactitud quién —entre romanos, vándalos, francos, burgundios o visigodos—, asimila al otro. Los derechos se fusionan. Los romanos cristianizados, como los vándalos o los visigodos romanizados, se convierten en ciudadanos de reinos nuevos. Sólo los judíos siguen siendo "extranjeros", útiles para eso y deseosos de seguir siéndolo.

Muchas cosas parecen hechas para llevarlos a convertirse, o al menos prohibirles que se opongan a la decisión de sus hijos de hacerlo. No obstante, los que persisten en su religión no son tan maltratados por los nuevos amos como lo eran por los emperadores bizantinos: están excluidos de las funciones militares, pero les permiten fundar puestos comerciales. Porque, en realidad, los necesitan: en la inseguridad de las rutas, el caos de las relaciones y el estrépito de las armas, con algunos mercaderes griegos que llaman *Syri* —muchos de los cuales también son judíos—, garantizan las relaciones comerciales y el financiamiento de los primeros pueblos de la nueva Europa.

Pese a lo que ocurre en Constantinopla, mejoran las relaciones de los judíos con la Iglesia de Roma, que quiere proteger a los testigos de la autenticidad de Cristo. En 495, el papa Gelasio I hasta llega a recomendar a un obispo a un judío "que le hizo grandes favores". En 512, Teodorico, rey de los ostrogodos, influido por su cónsul y prefecto, el escritor Casiodoro, conserva el derecho a residir libremente de los judíos, si son "de alguna utilidad a la colectividad" *(pro servanda civilitate),* y les da la autonomía judicial retirada por la ley romana de 398. En 519, Teodorico incluso obliga a los cristianos a financiar la reconstrucción de las sinagogas de Ravena que ellos mismos habían incendiado.

Únicamente España adhiere al antijudaísmo de Constantinopla. En 589, cuando el rey Recaredo, bajo influencia de los bizantinos, abandona el arrianismo y se convierte al catolicismo, ordena a los judíos que liberen a sus esclavos, prohíbe los matrimonios mixtos, obliga a los niños judíos a recibir una educación cristiana, y luego intima a todos los judíos a escoger entre el bautismo y la expulsión. En 615, uno de sus sucesores, Sisebuto, vuelve a dictar esas leyes, lo que tendería a probar que no se las aplicaba.

Los judíos son cada vez menos en lo que resta del Imperio Romano. Parten hacia Babilonia, ahora bajo el dominio de los partos, para garantizar sus relaciones comerciales con el imperio de Oriente.

3. Babilonia, corazón del mundo

En la época en que se destruye el segundo Templo, una parte de los hebreos reside desde hace por lo menos cinco siglos en esa Babilonia donde, según el relato bíblico, nació el padre del pueblo, Abraham. Todos los judíos saben que ese primer exilio fue tan feliz que, cuando Ciro les permitió volver a Israel, muy pocos lo hicieron. Muchos saben también que, pese a las vicisitudes que continuaron con las ocupaciones griega y luego parta, allí las comunidades judías siempre fueron bastante bien tratadas y pudieron preservar su identidad sin temor a desaparecer. Por eso, tras el desastre del 9 de Av, muchos judíos de Judea y del resto del Imperio Romano llegan a las provincias persas. Se trata de un movimiento tan amplio que, en el espacio de dos siglos, son más de dos millones los que pasan de un imperio al otro.

Poderosos en Babilonia

En esa época, los partos de Babilonia, junto con China y Roma, se hallan entre las primeras potencias económicas, políticas, culturales y artísticas del mundo.

Entonces la guerra entre Roma y Ctesifonte, capital de los partos, por el control de las riberas y de las rutas estratégicas desde España hasta China causa estragos. Guerras frías, guerras calientes, guerras de posiciones, guerras de movimientos, guerras de mercaderes y de soldados. Las fronteras se desplazan; las tropas de unos penetran a veces hasta el corazón de los otros. Guerras "permeables", también: los imperios y sus ejércitos intercambian bienes, hombres, tierras; dejan pasar caravanas y mensajeros. Ni hablar de cerrar las rutas a los comerciantes, en particular a los judíos y los griegos.

En las fronteras surgen ciudades; se instalan comunidades en una situación arriesgada pero ventajosa. Sospechadas de espionaje por los distintos bandos, víctimas de todos los saqueadores, intentan conservar su neutralidad, comercian con todos los que pasan, viajan hasta en los bultos de unos y de otros. Así, encontramos huellas de mercaderes judíos en los ejércitos tanto partos como romanos, donde son proveedores de grano o de material (en principio, el comercio de armas les está prohibido), y a veces también de soldados, como en Egipto.

En general, los judíos optan por apoyar a la acogedora Persia contra la destructiva Roma. En 116, los judíos de Egipto participan en una insurrección contra Roma; luego en otra en Cirenaica, y otra más en Chipre. Por lo demás, en todos los rincones del Imperio Romano los acusan de financiar sublevaciones contra Roma. Su papel económico se incrementa entre los partos, cuya fuerza comercial aumenta.

En el Imperio Parto, los judíos se vuelven mayoritarios en muchas ciudades: incluso en Babilonia, Seleucia, Nehardea, Nisibis, Mahoza, Ispahán, Susa; pero también en pueblos diseminados por toda la Persia y la Mesopotamia, donde comunidades de campesinos, artesanos y mercaderes judíos se mantienen desde hace siglos.[34] Durante todo este período no aparece evidencia alguna de conflictos violentos, de matanzas masivas, de acusaciones específicas.

Para dirigir el conjunto de estas comunidades que pronto agrupan, con los exiliados procedentes del Oeste, a alrededor de dos millones de personas, el poder parto —tal como había hecho Ciro en tiempos del primer exilio— reconoce cierta autonomía a una autoridad judía, el exilarca (o, en arameo, que no deja de hablarse, *resh galuta,* "jefe del exilio"). A la inversa del patriarca de Jerusalén, el exilarca ejerce un poder temporal y no religioso. Príncipe judío reclutado en el seno de dinastías que supuestamente descienden directamente de David, su poder se extiende a todas las comunidades de la Mesopotamia. Incluso administra a los habitantes, judíos y no judíos, de las regiones donde los primeros son mayoritarios. Ciudades como Nares, Sura, Pumbedita, Nehardea, Nahar-Paked y Mahoza (donde reside) son puestas bajo su autoridad. Dirige su economía, cada vez más importante para el Imperio.

El primer exilarca conocido con ese título es un tal Nahúm, alrededor de 75 antes de nuestra era, aunque es muy probable que hayan existido otros antes que él, tal vez incluso desde el reinado de Darío.[45] Dispone de una policía, un ejército, un presupuesto financiado por un impuesto comunitario cuya recaudación organiza y una administración judicial, civil y religiosa. Nombra un preboste en el seno de cada comunidad. Puede infligir penas de multa, flagelación y encarcelamiento. En Babilonia todos aceptan esa ficción de monarquía, como una suerte de recuerdo de la realeza en Judea, y además porque permite mejorar la relación de fuerzas con el soberano. Sin embargo, como ningún versículo de la Biblia impone su autoridad sobre las comunidades, no goza de los privilegios de un rey: por ejemplo, es responsable de sus actos ante la asamblea del pueblo, y los judíos no se privan de criticarlo. Sorprendente construcción –que encontraremos en Egipto, Marruecos, Polonia– de un poder en el seno de otro poder. En ese caso, durará un milenio, confiriendo al judaísmo babilónico los medios para una extraordinaria estabilidad política y económica, así como una excepcional creatividad teológica, cultural y financiera.

El nombre y la letra de cambio

En el campo, los judíos son mercaderes de productos agrícolas y de animales necesarios para esa actividad; a veces también labriegos, criadores, jornaleros, aparceros y hasta propietarios. Son tan numerosos los que se sienten apegados a la tierra que los tribunales rabínicos no sesionan durante los meses de Nisán y Tishrí, época de intensos trabajos agrícolas. Los inmigrantes recientes y los mercaderes llegados del resto del Medio Oriente les hacen conocer las nuevas tecnologías, los productos nuevos. No es la última vez que esos nómadas aportan algo nuevo. Como campesinos, están a la vanguardia de los progresos de la agricultura: implantan el olivo en el valle del Éufrates y organizan el reemplazo del aceite de sésamo por el de oliva como alimento y combustible. Introducen la miel de abejas, los dátiles, las palmeras e incluso la vid hasta Ta'if, cerca de La Meca.[34] Sus médicos –la disección es autorizada por los rabinos– emprenden las primeras luchas contra las epidemias y epizootias que asolan la región.

Acuciados por los impuestos –para la comunidad, para el propietario terrateniente, para el rey–, cuando no pueden pagarlos, los campesinos, judíos o no, son reducidos a la esclavitud por el Estado o por cualquier persona, judía o no judía, que acuda a reclamar lo adeudado. Mientras que en el Imperio Romano las tierras de los deudores fiscales son rápidamente embargadas por el Estado, en la Mesopotamia, sin embargo, relaciones y corrupción permiten mil y una componendas, y en definitiva son escasos los deudores reducidos a la esclavitud.

En la ciudad, los judíos son comerciantes, panaderos, cerveceros, tejedores, sastres, curtidores, pescadores, marineros, peones, herreros. Como los jueces prohíben ejercer un oficio forzado e imponer su ejercicio a cualquiera, prefieren trabajar por su cuenta con muy pocos empleados, en general miembros de su familia. No les gusta ni ser asalariados ni tenerlos a su cargo; su principal activo es su nombre y su reputación. Sus artesanos son considerados como los más expertos del imperio en la fabricación de tinturas, el trabajo del cobre, las perlas, la vidriería, los metales preciosos.[34] Algunos son buhoneros y apenas se ganan la vida; otros son orfebres, mercaderes de oro más o menos puro, acuñadores de moneda; otros son mercaderes más grandes, que exportan semillas, vino, lana, e importan hierro, seda, piedras preciosas a través de caravanas o de barcos en el Mar Rojo y el Océano Índico.[45] Otros son prestamistas, financian las cosechas y los cargamentos. Su especialidad es importar objetos novedosos, y plata.

Naturalmente, los préstamos a interés siguen prohibidos entre judíos; pero los comerciantes inventan incesantemente nuevas técnicas para eludir esa prohibición compartiendo riesgos y beneficios. El comercio internacional se desarrolla y necesita crédito. De Constantinopla a El Cairo, de Babilonia a Ispahán, de Alejandría a Fes, como disponen de las mejores redes de información de la época, los judíos son, con los griegos, algo así como los financistas de la economía internacional. Muy envidiados por los ricos babilonios sedentarios, estos mercaderes y financistas, letrados y viajeros, constituyen blancos ideales para todas las críticas, y hacen pesar una amenaza sobre toda la comunidad. A comienzos del siglo III, un banquero judío de Seleucia –la ex capital de los seléucidas, convertida en campo militar y luego en ciudad mercantil bajo los partos– se resigna a las tasas especiales que lo agobian con la afirmación de que "aseguran su existencia", mientras que "de suprimirlas, darían rienda suelta a las tendencias de la población a derramar la sangre de los judíos".[34] Encontraremos muchos casos en que el éxito de una ínfima minoría servirá de pretexto para persecuciones masivas.

Los judíos se sienten tan bien protegidos por este equilibrio que en 220, cuando el rey de un pequeño principado vecino a Persépolis, Ardashir I, ataca al rey parto Artabán V, la mayoría de ellos toman partido por la dinastía amenazada. Sin embargo, Artabán es vencido. Ardashir establece la dinastía conocida con el nombre de sasánida e instala su nueva capital a orillas del Tigris, en Veh-Ardashir o Ctesifonte, en la margen izquierda, frente a Seleucia –ubicada en la margen derecha–, que sigue siendo la capital comercial. El conjunto está unido por dos puentes erizados de muros fortificados.

Los nuevos soberanos casi no cambian cosa alguna de la organización del país. Mantienen el sistema religioso y las divisiones sociales en castas; la nueva alta nobleza se apoya en señores de segundo rango y el clero mazdeano. Ardashir no toca la organización de las comunidades judías, tampoco el exilarcado; no ordena ninguna conversión, pero concede algunas ventajas fiscales a los fieles de la religión de los señores. La administración sasánida no prohíbe que los judíos construyan sinagogas; sí prohíbe que los cristianos, que comienzan a multiplicarse, construyan iglesias.

Tras diez años de lucha más bien victoriosa contra sus enemigos del este, los escitas, Ardashir choca con Roma por el control de la Mesopotamia y de Armenia, lugar de paso hacia el resto de Asia. Al morir en 240, deja un imperio próspero, abierto a los artistas e intelectuales procedentes de todas las regiones, en especial judíos. Su sucesor, Chapur I, sigue atrayendo a los judíos, que se vuelven incluso mayoritarios en Ctesifonte, capital del Imperio.

En ese momento la vida comunitaria es floreciente. A no ser cuando se termina la redacción de la Mishná: para los judíos de la Mesopotamia es casi imposible tener acceso a los comentarios de los rabinos de Palestina; cualquier judío que pase documentos por la frontera entre el Imperio Romano y el sasánida es considerado por uno y otro campo como un peligroso espía, aunque sólo se trate de comentarios religiosos.

Además, las academias de Yavnéh y de Tiberíades no tratan los temas propios del exilio, y la Mishná no permite que los judíos de Babilonia zanjen cada caso. Por lo tanto, necesitan proveerse cuanto antes los medios para elaborar una doctrina propia de la Diáspora, aunque de ese modo se alejen de los maestros de Judea.

En 250, un médico, astrónomo, jurista y rabino, *rav* Samuel, crea una primera academia religiosa en Nehardea. Como es destruida en 259 durante una incursión de aliados de Roma, la hace reconstruir un poco más lejos, a resguardo, en Pumbedita, luego en Sura, donde permanecerá durante ocho siglos. El jefe de esa academia toma el título de *gaón* ("orgullo" de Jacob). Es tanto un ámbito de investigaciones como un tribunal supremo. En ella, los jóvenes letrados comienzan por estudiar; luego, hasta los 40 años, escriben sus propios comentarios antes de enseñar a su vez. Cada maestro puede conferir el título de *rav* a su alumno, porque "toda persona que recibió la ordenación puede conferirla".[408] Los letrados no están separados de las comunidades. Primero, durante dos meses cálidos (Adar y Elul), todos los judíos de las ciudades vecinas se unen a los estudiantes para grandes sesiones, llamadas *kalah*, de comentarios al aire libre. Además, esos letrados no son pagados por la comunidad, sino que deben trabajar para ganarse la vida; son comerciantes, médicos, banqueros, horticultores, artesanos. Por ejemplo, *rav* Aba Arika, el fundador de la academia de Sura, administra el comercio de seda de su tío. *Rav* Hiya vigila las transacciones. *Rav* Samuel, que dirige la academia de Nehardea, también comercia seda. Algunos son terratenientes y viven de rentas. Otros se casan con la hija de un rico letrado, y entonces su trabajo manual es meramente simbólico. La mayoría está exenta de impuestos.

La rivalidad entre el exilarca y el *gaón* es inmediata. Aunque el primero, en principio, tiene autoridad administrativa sobre los jueces y trata al segundo como un simple colaborador, los rabíes desprecian a los funcionarios del exilarca, acusados de vivir de los impuestos recaudados sobre los judíos: "Más vale ganar dinero con el trabajo de sus propias manos que gozar de la riqueza del exilarca, que vive del dinero de otros."[408]

Tanto bajo los sasánidas como bajo los partos, los judíos son mucho mejor tratados que los cristianos. En todas las zonas de conflicto, son, por lo general, aliados de los persas, mientras que los cristianos se vuelven aliados de Roma. Por eso, los emperadores sasánidas intentan atraer a los judíos del Imperio cristiano, mientras que los emperadores cristianos suelen intervenir a favor de los cristianos de Persia. Las poblaciones se intercambian como rehenes; las mercancías vuelven a circular.

Los judíos se sienten tan bien en la Mesopotamia que alrededor de 360, cuando el emperador romano Juliano el Apóstata trata de seducirlos y ataca Persia, los rabinos de Babilonia no llaman a la rebelión que Constantinopla desea, pero autorizan a los comerciantes judíos de la Mesopotamia, violando así las reglas judías, a que suministren armas al ejército persa.

Sin embargo, los judíos raras veces figuran en el entorno de los príncipes. Tanto bajo los sasánidas como bajo los partos –al igual que en los países sometidos a Roma–, el poder político permanece en manos de los militares y de una aristocracia hereditaria muy cerrada. El único lazo de las autoridades con la comunidad judía está garantizado por el exilarca y el impuesto: cada comunidad debe una suma a destajo como prorrata de la cantidad de miembros. Si no se reúne la suma en la fecha prevista, la administración persa reclama la liquidación al exilarca, que luego trata de que la comunidad lo reembolse, al tiempo que recauda de ella otro impuesto para hacer funcionar sus servicios y financiar la *tzedaká*. Los agentes del exilarca se muestran igualmente insistentes para cobrar uno y otro. ¡Y es inútil decir que son muy poco populares!

Todas las comunidades, por modestas que sean, establecen una organización sofisticada (sinagoga, escuela, baño ritual…). En cuanto cuentan con los medios, también crean instituciones para hacerse cargo de los entierros, albergar a los ancianos sin familia, remunerar a los profesores, pagar las dotes, los ajuares, el alimento y la vestimenta de los pobres de la comunidad o los que están de paso.

El desarrollo del comercio exterior, cuyo principal impulso proviene de los judíos, lleva a los comerciantes a crear nuevos instrumentos financieros. Así, la *letra de cambio,* inventada en ese momento en Persia, acaso por uno de ellos,[34] constituye una revolución financiera y económica de primer orden, pues permite hacer del crédito algo abstracto y transferirlo a un tercero que se encarga de que el prestatario inicial se lo pague. Como sólo puede funcionar con la confianza de las partes, los comerciantes judíos son los mejor ubicados para utilizarla. Sin embargo, los rabinos desconfían de este instrumento, porque temen que los créditos se transfieran a desconocidos. Y para ellos la confianza, fundamento de la economía, supone conocer a quien garantiza el valor del crédito. El *nombre,* la repetición, son los principales valores, y se recomienda no olvidarlo: son ellos los que permiten obtener fondos en el curso del viaje ante la simple presentación de una letra de ese tipo (a tal punto que a menudo los comerciantes persas toman a un judío como socio para estar cubiertos por la misma garantía).

Para vencer las reticencias de los letrados ante estos nuevos instrumentos de crédito, algunos comerciantes, con frecuencia también rabíes, ponen a punto prendas muy particulares reservadas a prestamistas de confianza: observan que algunos rabinos procedentes de Palestina entregan, con el objeto de recibir donaciones para las comunidades de Judea, a sus generosos mecenas títulos de propiedad meramente simbólicos sobre parcelas de tierra situadas en Palestina, por lotes de cuatro codos de superficie.[34] Deciden utilizar dichos títulos de propiedad –evidentemente sin valor jurídico alguno, porque allá la tierra se ha vuelto un dominio imperial– como prendas para préstamos consentidos entre ellos y como garantía para transferencias entre mercaderes judíos de un crédito sobre un no judío. Estos documentos, que no tienen otro valor que el apego por parte de quienes los transmiten a la tierra de Israel, según su parecer constituyen el mejor seguro de la validez del crédito.

Pese a esta inventiva financiera, para entonces la actividad crediticia es muy marginal, ya que la moneda está muy poco difundida y el trueque suele ser la norma. Por eso los tribunales judíos casi no se ocupan de ello, salvo en lo que respecta al comercio internacional.

Para zanjar sus litigios los judíos conservan el derecho –totalmente particular y del que carece cualquier otra minoría del Imperio Sasánida– de no acudir más que a sus propios tribunales. Fuera de las condiciones de los préstamos, éstos fijan una enorme cantidad de condiciones de aplicación de la Mishná y en especial definen el precio de las mercancías, las tasas de ganancia, la jerarquía de los salarios, las formas de los contratos; controlan los precios, los pesos y medidas. De esto se desprende toda una madeja de reglamentaciones, derogaciones, excepciones a las excepciones, de donde se deducen comentarios de comentarios que paulatinamente se alejan de los de Jerusalén.

4. La nueva doctrina económica: el Talmud y el dinero

La Escritura y el dinero

Tomando como base la Mishná elaborada alrededor de 200 en Palestina y Babilonia, Yavné y Pumbedita, los jueces de Babilonia, exiliados que se dirigen a exiliados, refinan y definen el equilibrio entre los puntos de vista de los campesinos, atados a la tradición, y los de los comerciantes, viajeros y letrados de las metrópolis y los puertos, portadores de novedades. Su objetivo es ante todo garantizar la cohesión de las comunidades y la transmisión de la ética. En el siglo V, el conjunto de estas reflexiones formará con la Mishná lo que pronto se llamará el "Talmud de Babilonia", por oposición al que es redactado en el mismo momento en Palestina. Como es obra de una comunidad rica, pronto va a circular en todas las comunidades, más que el de Palestina.

En ese mundo brutal, regido por las relaciones de fuerza, poco a poco la moneda se muestra como una forma superior de organización de las relaciones humanas que permite solucionar sin violencia todos los conflictos, inclusive los de índole religiosa. Los autores del Talmud, ellos mismos mercaderes en su mayoría, son a menudo expertos en economía; sus juicios son de un infrecuente refinamiento teórico, y hasta de una gran modernidad. A tal punto que, a comienzos del siglo XX, uno de los primeros economistas que se interesaron en ellos, el alemán Werner Sombart, observará que "los rabinos del Talmud razonan como si hubieran leído a Ricardo y a Marx, o como si hubieran ejercido durante años las funciones de agentes de cambio en el Stock Exchange".[391] Veremos que David Ricardo, Karl Marx y muchos agentes de cambio del Stock Exchange también abrevaron de esa cultura…

Las decisiones del Talmud se aplicarán en todas las comunidades judías del mundo hasta fines del siglo XVIII, y a veces hasta mediados del XX; esto es, quince siglos después de la escritura de este compendio, cuyas principales directivas hacemos constar aquí.

Amar a Dios con todas sus riquezas

Ante todo, la riqueza sigue siendo bienvenida.[409] Dios, autor de todos los bienes, dio la tierra a los hombres para que la valoricen y la conviertan en su patrimonio común. En especial el dinero, máquina para transformar lo sagrado en profano, para liberar de las coerciones, para canalizar la violencia, para organizar la solidaridad, para enfrentar las exigencias de los no judíos, constituye un excelente medio de servir a Dios. Es un fluido necesario para la vida de las redes. Por eso, al igual que los textos anteriores, el Talmud no condena a los ricos ni glorifica a los pobres.

Pero la riqueza no es una recompensa: es una carga. El rico no tiene que excusarse de serlo; solamente tiene que asumir una parte mayor de responsabilidades en los hechos del mundo; ningún rico tiene derecho a sustraerse de esta misión. Por tanto, enriquecerse no es señal de un favor divino sino de un deber divino, y el rico sólo adquiere el privilegio de poder hacerse útil, de poder ayudar a los otros.

A la inversa, la riqueza puede resultar peligrosa si es egoísta y ostentatoria; entonces crea envidias y puede viciar el comportamiento de quien dispone de ella, tornándolo avaro y presuntuoso. Por consiguiente, el rico debe vivir modestamente, sin orgullo ni suficiencia pero también sin falsa humildad: no debe vivir como un pobre para no perder el sentido de sus privilegios y el de sus deberes. Debe asumirse como rico para no olvidar compartir con los más pobres.

La fortuna no debe constar esencialmente de bienes raíces, porque entonces es demasiado visible, creadora de envidias, difícil de ceder para aquel que puede tener que partir con rapidez. Por eso debe ser fluida: el metal precioso es su mejor forma, la tierra la peor.

La riqueza tampoco es el medio para satisfacer todos los deseos, insaciables desde la Caída. Sólo puede crear la necesidad de su propia superación, que es indefinida. Más aún, el enriquecimiento sólo es tolerable y benéfico si se hace creando riquezas por innovación o a partir de bienes fértiles (ganado, dinero), sin tomarlo de otros. Por último, como toda riqueza viene de Dios, dar es enriquecerse: la *tzedaká* es un modo de enriquecimiento. Para terminar, la única verdadera riqueza es la vida. El dinero es reemplazable; ella no. La fortuna, reversible, no es el principal bien de los hombres, mientras que el curso de la vida prosigue, irreversible. Por eso los rabinos aprueban que un agricultor agote una tierra para comer o pagar sus impuestos. O que una comunidad venda sus bienes para lograr la liberación de un esclavo o un prisionero. O que se viole el Shabat para defender una vida. Por ende, nada es más importante que la vida, ni siquiera la Palabra de Dios: si esto es necesario para rescatar esclavos o adquirir medios de defensa, puede utilizarse el dinero recaudado para construir una sinagoga o un lugar de estudio, e incluso vender manuscritos de textos sagrados y cualquier objeto cultural.

La relación monetaria de las cosas y de los cuerpos

La moneda sirve para compensar cualquier daño, inclusive los que pueden haber sido provocados intencionalmente, hasta los daños corporales. Permite resarcir a una víctima del sufrimiento y ayuda a evitar el mecanismo de represalias. Al definir el rechazo a la ley del talión ya enunciado por la Biblia, el Talmud estipula detalladamente cómo indemnizar robos, golpes y heridas. Larguísimas discusiones definen la índole de lo que debe ser compensado por el culpable: "Cualquiera que lastime a su prójimo está obligado a indemnizarlo pecuniariamente por el ataque a sus capacidades profesionales, el sufrimiento físico ocasionado por la herida, el daño moral, los gastos médicos, la interrupción de su actividad."[408] Además, la indemnización es proporcional al daño, no a la fortuna de quien cometió la falta.

Con todo, esta equivalencia monetaria no compensa cualquier daño. En especial, el dinero no puede compensar la pérdida de una vida: por onerosa que sea, una multa no basta para castigar un homicidio; es indispensable el perdón.[408] De igual modo, nada de cuanto concierne a la vida puede intercambiarse por dinero: por ejemplo, un hombre no puede vender una esposa ni comprar un título de rabino. Y un esclavo puede escapar a su condición sin ser rescatado, con sólo hacerse judío. Del mismo modo, como todavía se cree —a semejanza de muchas otras civilizaciones— que cualquier objeto fabricado por la mano del hombre contiene un poco de la vida de quien lo moldeó, el dinero no llega a compensar del todo el valor del objeto vendido. El Talmud (*Baba Metzia* 51 a) dice incluso de un modo muy bello: *zabén ovid* (el vendedor pierde); ello equivale a decir que vender un objeto es como abandonar la vida que en él se encuentra, imposible de compensar con dinero.

Una transacción honesta: el precio justo y verdadero

Engañar y falsear constituyen los peores crímenes: "Engañar a alguien en palabras es una acción peor que la defraudación en dinero".[408] En especial, utilizar un peso falsificado, aunque muy levemente, en una transacción es una blasfemia. Un precio es como una palabra. Por otra parte, el hebreo designa un "precio injusto" con la palabra *onaá,* que remite a "mentira" o "herida". En otros términos, vender algo a un precio injusto equivale a mentir u oprimir (Levítico 25, 14).

Una serie de reglas talmúdicas definen las condiciones en que una transacción puede hacer surgir el precio justo de las cosas, respetando por prioridad al más débil, el consumidor. Y sobre todo, al consumidor no judío.

Primero, la transacción debe utilizar instrumentos honestos, en particular un sistema preciso de pesos y medidas. "Balanzas fraudulentas son una obscenidad [frente a Dios]; pesos justos son Su voluntad" (Proverbios 11, 1). Ya lo dice el Levítico (19, 35-36): "No engañarás en el juicio, en la medida de la longitud, del peso y el contenido. Tendréis balanzas y pesos justos". En el momento en que mide o pesa los objetos que va a vender, el comerciante se convierte en un oficial de justicia, y, al anunciar un peso o una longitud, enuncia un veredicto. Algunos comentadores llegan incluso a considerar la prohibición que atañe a las balanzas falsas casi tan importante como aquella, absoluta, del incesto "en virtud de la amplitud, en el espacio y el tiempo, de las consecuencias de un fraude".[408] El productor tiene el deber de informar en detalle a sus clientes acerca de la naturaleza de lo que les vende; los vendedores no pueden agruparse en un "cártel" a menos que su alianza contribuya a encontrar el "precio justo".

Si el precio de venta resulta luego excesivo, el comprador puede reclamar el reembolso de la sobreganancia, salvo que el vendedor pueda probar que informó al comprador antes de la venta. Para que el precio sea justo, la ganancia no debe superar un monto "razonable" fijado, en el caso del simple intermediario comercial, en el sexto del precio de costo, a no ser que el vendedor justifique el servicio ofrecido. En cuanto a los productos de primera necesidad –alimento y vestimenta–, la comunidad debe fijar precios que los pobres puedan afrontar. Muy numerosos comentarios (*Baba Batra* 90 b) definen las condiciones de fijación de los precios en caso de escasez de un bien esencial. El interés del consumidor lleva a permitir que un recién llegado intervenga en un mercado, excepto que no ofrezca nada nuevo o cree una situación desigual con los vendedores ya instalados. A la inversa, un comprador no tiene derecho a alejar a otros consumidores para mantener los precios en baja.

La propiedad

La propiedad sobre las cosas nunca es absoluta. En materia de bienes raíces, uno puede adueñarse de un terreno que carece de herederos (*jayacá*). La comunidad puede recuperar una propiedad si es "de interés público", por ejemplo, para crear un espacio verde, abrir un lugar de culto o una escuela, eliminar polución, garantizar la seguridad de la colectividad ante vecindades peligrosas, impedir la venta o el alquiler a un no judío de un terreno situado en un barrio judío. Para hacer entrar en vigencia la prohibición, la propia comunidad –dice el comentario de la Mishná (*Baba Kama* 114 a)– puede comprar el terreno en litigio o simplemente conceder a vecinos judíos un derecho preferencial invocando el versículo: "Has autorizado que un león viva en los límites de mi propiedad". Estos cuestionamientos a la propiedad privada son más abarcativos que aquéllos autorizados por las categorías romanas de *res nullius* y de *res omnium communes,* en las que se inspiraron los derechos occidentales modernos.

Como la propiedad no es absoluta, el robo es menos castigado que la violencia. Si un robo es cometido a cara descubierta (*gzelá*), el tribunal sólo exige del ladrón la restitución o el reembolso del bien robado; si es cometido a cubierto de la víctima por un ladrón enmascarado (*gnevá*), éste debe reembolsar por lo menos el doble de lo que robó. El robo de una persona, el rapto, puede ser castigado con la muerte.

Como para dejar bien sentado que la propiedad privada no ha de considerarse un principio sagrado, se encuentra en el Talmud, justo después del análisis de una cuestión esencial –el Shabat–, una definición de la conducta que debe adoptarse en la materia: respetar la propiedad de otro sin defender la propia. En un comentario titulado el *Tratado de los Padres,* Hillel escribe en su lengua tan particular: "Hay cuatro dimensiones del hombre. El que dice: 'Lo que es mío es mío, y lo que es tuyo es tuyo' es un mediocre. El que dice: 'Lo que es mío es tuyo, y lo que es tuyo es mío' es un ignorante. El que dice: 'Lo que es tuyo es mío, y lo que es mío es mío' es un malvado. El que dice: 'Lo que es mío es tuyo, y lo que es tuyo es tuyo' es un sabio." En otras palabras, solamente el reparto merece defensa y respeto.[296]

Las mujeres y la tierra

En la diáspora, para vivir en paz con sus vecinos, los judíos deben adaptar el derecho a su entorno. Por ejemplo, como la Mesopotamia es polígama, los judíos de Babilonia también lo son –por lo menos en principio–, mientras que los de Occidente desde hace mucho tiempo adoptaron la monogamia vigente en el Imperio Romano. Y, así como los rabinos del mundo cristiano encuentran textos de la Torá para prohibir los matrimonios múltiples, los rabinos del mundo babilónico encuentran otros, igualmente perentorios, para justificarlos, prohibir cualquier discriminación legal entre las esposas y hasta aconsejar que se tomen tres mujeres antes que dos para evitar rivalidades. En cambio, aunque el incesto sea una práctica corriente tanto entre los babilonios como entre los egipcios, sigue rigurosamente prohibido entre todos los judíos, estén donde estén. Y mientras que la unión libre está prohibida por la legislación persa, los rabinos la toleran –y, con ella, la sexualidad fuera del matrimonio–, reconociendo los mismos derechos a todos los niños, legítimos y naturales. Como en Palestina y en Roma, los rabinos de Oriente también alientan los matrimonios precoces, sobre todo en la ciudad. El oficio de casamentero, por lo demás, es reconocido como una profesión honorable, que en ocasiones ejerce un rabino.

Un contrato escrito protege a las mujeres contra los caprichos de sus maridos, y los rabinos de la Mesopotamia denuncian a los judíos de Alejandría que se casan sin establecer tal documento, como si fueran "gente que viniera de la calle para apoderarse de una mujer y desposarla". En otras palabras, casarse con una mujer sin darle la garantía de un contrato equivale a tratarla como a una prostituta. Al igual que en las comunidades judías del mundo cristiano, la dote es pagada primero por las jóvenes para permitir que el marido estudie, luego es aportada por los padres del novio y después por el propio novio, en un principio a los padres de la novia y luego a la propia mujer. Esta dote es puesta en reserva para el caso de muerte del marido o de divorcio. El marido la administra junto con los demás bienes de su esposa y conserva su usufructo. La colectividad se hace cargo de la dote de las más pobres. Pocas mujeres trabajan, salvo para asistir a sus maridos en sus puestos o para realizar las tareas domésticas.

Los tribunales judíos también intentan reglamentar las relaciones de los judíos con los babilonios. Si una comunidad carece de raciones alimentarias, el tribunal puede pedir que se evite venderlas a los no judíos, aunque eso fuera más redituable. A la inversa, recomienda vender únicamente a los no judíos los productos peligrosos para la moralidad. Por ejemplo, según *rav* Judá ben Betera, una comunidad de viticultores debe alentar la venta de vinos a extranjeros "porque esta exportación contribuye a reducir la lascivia"[408] en el seno de la comunidad. Pero nadie debe comerciar objetos que podrían incitar a los no judíos a realizar actos inmorales. Así, los tribunales prohíben vender armas a no judíos, y prohíben vender a cualesquiera objetos de idolatría y estatuas con figura humana que pudieran servir para organizar cultos no monoteístas.

Transmitir

En esta época, el judaísmo todavía se transmite por los hombres o las mujeres. Una bella historia talmúdica narra que la judeidad, por otra parte, se juzga en los niños, y no en los padres: no basta con ser educado como judío para serlo, también es preciso educar como tales a los hijos de uno. Dicho de otro modo, para todo hombre, judío o no, lo más importante no es lo que recibe sino lo que transmite. La mayor responsabilidad de la comunidad consiste, pues, en transmitir su saber a la generación siguiente. De allí deriva la obligación de casarse en el interior de la comunidad o, por lo menos, obtener la conversión del cónyuge. Habrá que esperar algunos siglos todavía para que el judaísmo sólo se transmita por vía materna.

El primer deber de la madre y el padre para con sus niños es enseñarles a leer. Los manuscritos son escasos y la memoria es el mejor receptáculo del saber. El aprendizaje se organiza a través de la participación en las oraciones familiares y los ejercicios mnemotécnicos. Decenas de páginas se consagran entonces al orden en que deben estudiarse los textos, al listado de aquellos que conviene aprender de memoria, a la selección de los textos profanos –Aristóteles en primer lugar– que se pueden leer y hacer leer a los niños.

El Talmud también define las condiciones de la transmisión del patrimonio material. Un hombre hereda de su esposa; pero una mujer no hereda de su marido, salvo por donación escrita. Los rabíes prohíben que un padre deshererede a sus niños e imponen, en cada contrato de matrimonio, la adjudicación de una parte de la herencia a las hijas menores: "Éste es el orden de sucesión: los hijos y los descendientes de los hijos (si mueren antes que su padre) preceden a las hijas; las hijas preceden a los hermanos del difunto, y lo mismo sus descendientes; los hermanos del difunto preceden a los hermanos del padre, y los descendientes de los hermanos están antes que los hermanos del padre. Pero el padre que sobrevive a sus hijos precede a todos sus descendientes" (*Baba Batra* 8 b).

Si bien los hombres son los herederos prioritarios, la educación de las hijas está antes que la herencia de los varones. "Cuando un hombre muere dejando a la vez hijos e hijas, si la sucesión es importante, los hijos heredan, y con parte de esa suma se ocupan del mantenimiento de las hijas hasta su matrimonio; si la sucesión es modesta, esa suma sirve para que las hijas sobrevivan, y los hijos mendigarán" (*Baba Batra* 9 a).

Trabajar para vivir

En el exilio no es posible vivir del maná, como en el desierto, ni del diezmo, como los sacerdotes del Templo. Nadie, ni siquiera los rabinos o los jueces,

tiene derecho a vivir sin trabajar. Vivir de la caridad sólo es el recurso extremo. "Más vale abstenerse del Shabat que depender de la caridad."[408] Trabajar con sus manos es el primer deber de un judío, cualquiera sea el tiempo
que pase estudiando, orando, juzgando o enseñando. El Talmud cita innumerables ejemplos de maestros, en Judea o en Babilonia, que se ganaban la vida
con un trabajo manual: el patriarca Yohanán ben Zakai era zapatero remendón, rabí Yehudá ha-Nasí, panadero; *rav* Houna, labriego; rabí Isaac, herrero. Otro maestro importante, fundador de la escuela de Sura, *rav* Aba Arika,
un día llegó a negarse a responder al saludo de sus alumnos por estar concen-
trado en un trabajo manual cuya interrupción podría haber perjudicado al
que se lo había encargado. Hasta la lectura de la Biblia –salvo en el momento
de las oraciones– viene después del trabajo.

Tampoco es posible rehuir el carácter penoso del trabajo. Según un modo
de razonamiento que le es propio, el Talmud demuestra, por otra parte, que
trabajar para vivir es necesariamente dos veces más difícil que dar vida. Aquí
tenemos esta demostración. Por un lado está escrito: "Parirás con dolor" (Génesis 3, 16), y por el otro: "Obtendrás tu subsistencia con amargura" (Génesis 3, 17). Como la palabra "amargura" tiene el doble de sílabas que la palabra
"dolor", lo que se hace "con amargura" (trabajar) es dos veces más difícil que
lo que se hace "con dolor" (parir). Uno es sufrimiento moral, mucho más penoso que el otro, sufrimiento físico. Por las mismas razones, ganar el alimento es más penoso que ganar la eternidad, y hasta más complejo que abrir un
paso a través del Mar Rojo…

Si bien no es posible evitar que el trabajo sea moralmente penoso, no debe ser ni envilecedor ni humillante. Por eso están prohibidos los trabajos que
exigen gestos indefinidamente recomenzados, aquellos cuyo objetivo, intención o consecuencia son inmorales, aquellos que obligan a depender de la
buena disposición de un tercero. De allí la preferencia por el trabajo independiente. Las tareas domésticas, inevitables, son aceptadas con reticencia ("de-
gradantes para los hombres, perjudiciales para la moralidad de las mujeres").
Por eso se admite –como es costumbre en la época para los más ricos– tener
esclavos no judíos para realizarlas, porque no están atados a las mismas obligaciones morales, como el Shabat.

Sin embargo, la esclavitud se tolera menos que en los siglos anteriores: si
bien todavía está permitido que un judío conserve a prisioneros de guerra y
deudores, dicha dependencia ahora está limitada a sólo un año. Basándose en
el versículo según el cual el esclavo debe "encontrarse bien en tu casa" (Deuteronomio 15, 16), los rabinos babilonios deducen que está prohibido con-

servar siquiera un instante a un esclavo judío; también que debe proponerse a cualquier otro esclavo que se convierta; si éste persiste un año en su negativa, entonces hay que venderlo.

Por otra parte, en el Talmud se encuentra una descripción de las actividades prohibidas durante el Shabat mucho más específica que la anteriormente provista por el Pentateuco, la cual sólo prohibía llevar el menor objeto y alejarse más de dos mil codos del pueblo. Esta lista añade la prohibición de treinta y nueve actividades (presentadas como los oficios ligados a la construcción del Templo), cuyo examen aporta preciosas indicaciones sobre los oficios de la época; con ello una vez más se comprueba la pregnancia de la agricultura y las actividades conexas.

Está autorizado todos los días –pero prohibido desde el viernes a la tarde al sábado a la tarde–: sembrar, arar, segar, cosechar, hacer gavillas, golpear el trigo, cribar, seleccionar el grano, moler, pasar por el cedazo, amasar, cocer el pan, esquilar los corderos, lavar la lana, batirla, teñirla, hilar, tejer, hacer dos bucles, tejer dos hilos, separarlos, hacer un nudo permanente, deshacerlo, coser dos puntos, desgarrar para recoser dos puntos, cazar un gamo, matar un caballo, descuartizar un animal, seleccionar, curtir una piel, pulirla para hacer una pieza de vestuario o un rollo de escritura, cortarla, escribir dos letras del alfabeto, borrar dos letras del alfabeto, construir, derribar una construcción, apagar un fuego, encender uno, martillar para terminar un trabajo, llevar un objeto de un sitio a otro. A todo esto se añaden, en otro texto, prohibiciones que recaen sobre el comercio y sobre diversas tareas domésticas.

Cuando el trabajador no puede evitar ser un asalariado –en una tienda, el taller de un artesano o un armador–, debe dedicar a su trabajo todo el tiempo previsto; tiene incluso el derecho de no saludar a su empleador o no pronunciar la menor bendición tras la comida si esto invade sus horas de trabajo. A cambio, el empleador le debe un salario que le permita hacer vivir dignamente a su familia.

No hay un "salario justo"; sí un "precio justo": el Talmud protege más a los consumidores que a los trabajadores. El salario se desprende del "precio justo" repartido entre el beneficio –limitado, en ciertos casos extremos, a un sexto del precio de costo–, el costo de las materias primas y el mismo salario; es lo que subsiste cuando el resto fue pagado. Como el beneficio tiene un tope, puede afirmarse que, en cuanto a lo esencial, el valor creado pasa al consumidor y al asalariado, no al capitalista.

Más aun que su salario, el empleador debe respetar la dignidad del asalariado. Debe considerarlo su igual y, por ejemplo, invitarlo a compartir todos

los días su comida en su mesa. También debe pagarle el salario debido. Si se
niega, lo despoja de su tiempo, su trabajo y sus expectativas; en suma, le quita
una tajada de vida y comete entonces el equivalente a un homicidio, porque
el otro "es pobre y en ello le va la vida" (comentario talmúdico del Deuteronomio 24, 14). Se trata de un crimen extremadamente grave. "El Eterno despoja entonces de su vida a aquellos que despojan al débil de sus bienes, y
despoja de sus bienes mal adquiridos a aquellos que despojan al débil de su
vida."[408] Para negarse a pagar, un empleador no puede contentarse con jurar
que no debe nada o que ya pagó; debe ofrecer la prueba material de su pago
o de que nada debe. Sin embargo, a un asalariado le basta con afirmar que se
le adeuda un salario para que el empleador esté obligado a pagárselo. Porque,
dicen los jueces, el empleador, como tiene muchos asalariados, puede olvidar
su deuda para con uno de ellos, mientras que el asalariado, en cambio, sabe
exactamente si le pagaron o no.

La intolerable pobreza

La pobreza no priva de dignidad. La ofrenda religiosa de un pobre vale tanto
como la de un rico; "el toro del rico tiene idéntica santidad que el puñado de
harina del pobre".[408] La pobreza no se discute, no se demuestra, no se negocia.
No se debe pedir a alguien que justifique que tiene hambre antes de alimentar-
lo, pero se le puede pedir que pruebe que carece de ropa antes de dársela.

La pobreza es la enemiga del pueblo. "Dios está a la puerta con el hombre pobre", dice magníficamente un comentario del Levítico (34,9). Hay que
combatirla por amor al prójimo (Levítico 19, 18), en virtud de la prioridad
que se reconoce a la vida (Deuteronomio 30,19), para preservar la integridad
del pueblo y evitar la violencia.

Pero la pobreza es invencible. El Talmud no es un texto utopista: versado
en la experiencia de los siglos anteriores, piensa que la pobreza resistirá siempre y se recreará incesantemente. "Peor que cincuenta plagas",[408] la pobreza
siempre es consecuencia o causa de una falta ética, de la violación de un mandamiento, de la negación de la palabra o de la mala suerte que se encarniza
sobre alguien. Para demostrarlo, el Talmud mezcla, como suele hacer, fábula
y juegos de palabras. Veamos un ejemplo espléndido:

> Rabí Yohanán ben Zakai [el patriarca en tiempos de la revuelta] dejó un día
> Jerusalén a lomo de burro, acompañado por sus discípulos. En un campo vio

a una mujer que hurgaba el estiércol del ganado en busca de granos de avena. Al verlo, la mujer se envolvió en su cabellera, se le acercó y le dijo: "¡Maestro! Dame de comer". Él respondió: "Hija mía, ¿quién eres?". Ella respondió: "Soy la hija de Nakdimón ben Gurión". Él le preguntó: "Hija mía, ¿qué pasó con la fortuna de tu padre?". Ella respondió: "Como dicen en Jerusalén: la sal de la moneda provoca su disminución".[408]

Por supuesto, esta respuesta misteriosa suscita mil y un comentarios. Puede significar que cualquier uso del dinero provoca la ruina. Pero algunos rabinos observan que la palabra "disminución" (*jaser*) sólo difiere de la palabra "beneficencia" (*jésed*) en una sola letra: la *d* en vez de la *r*. Esto, dicen, muestra que la diferencia entre "fortuna" y "ruina" resulta de una simple falta de ortografía, de un debilitamiento en la expresión de la palabra. Dicho de otro modo, la pobreza podría ser resultado de una falta ética, y no de un azaroso manejo del dinero. Otros comentadores observan que la sal es el principal medio de conservar los alimentos y que, por tanto, es el símbolo de la acumulación. Cuando la mujer dice: "La sal de la moneda provoca su disminución", quiere decir que la avaricia llevó a su padre a la ruina moral, luego material. Mientras que una actitud justa le hubiera permitido tener con qué seguir siendo rico y con qué dar generosamente a la vez.

En suma, la mujer explica que su padre se arruinó al querer conservar demasiado para él. Una letra de diferencia —otra actitud ética—, y habría afirmado que se había vuelto rico por su generosidad...

La obligación de ser caritativo

Según otro magnífico comentario, los tribunales pueden obligar a los miembros de una comunidad "a hacerse recíprocamente todos los favores compatibles con su propio interés".[408] En otras palabras, la riqueza sólo tiene sentido porque permite ser útil a los demás. Los bienes materiales —afirman también los maestros— son como una fuente que hay que dejar manar; el dinero sólo es un medio para crear y ser útil. Obstinarse en guardarlo es un despropósito homicida; dar es un acto ético, una manera de enriquecerse.

Tal como en materia de propiedad, el Talmud distingue cuatro actitudes frente al don: "El que quiere dar solamente si los otros no dan quiere distinguirse de los otros; el que quiere que los otros den, pero no él, quiere camuflarse en los otros; el que no da e impide que los otros den es un malvado; el que da aunque los otros también lo hagan es un sabio".[408]

El don no es más que una obligación terrenal; no es una ofrenda que garantice la salvación o la eternidad. Se dirige prioritariamente a los otros judíos, pero también a todos aquellos que no son idólatras. Y el cristianismo es considerado en esa época por los judíos como idólatra, en virtud de la Trinidad. A diferencia de lo que ocurre en el cristianismo, la caridad no constituye un seguro para la vida futura, sino solamente un deber humano, una responsabilidad colectiva. Así, una comunidad será considerada responsable de los robos y los homicidios cometidos en la vecindad, por no haber sido capaz de evitar la pobreza a su alrededor. Cada miembro de una comunidad, por lo tanto, tiene la obligación de abonar a ésta un impuesto que debe ser totalmente distribuido a los pobres. La medida normal de esta caridad –la *tze-daká*– es, como en la época de Salomón, el décimo de los ingresos de toda índole; por ejemplo, un campesino o un propietario terrateniente debe abonar el décimo del producto de sus campos, huertos o viñedos, tras la sustracción del diezmo pagado a los sacerdotes (reducido a casi nada, tanto en Palestina como en el exilio, desde la destrucción del Templo). El campesino también debe permitir que los pobres acudan tras la cosecha a recoger las gavillas y las espigas caídas así como las uvas caídas o verdes. Más aún, un rincón de su campo no le pertenece: es de cualquier extranjero, judío o no. Y el campesino judío sólo puede estar satisfecho de su cosecha si la del extranjero en su campo es considerable. El rico debe dar hasta el doble de la *tzedeká* –o sea, el quinto de sus ingresos–, pero no más, para no poner en peligro su fortuna. Tampoco debe ocultar su fortuna con el solo fin de reducir sus donaciones. El Talmud dice incluso que un rico debe tener buena mesa y vivir bien, ¡para no verse tentado de aconsejar a los pobres que imiten su frugalidad! Y un rico que piensa que sus ingresos van a disminuir debe reservar una parte para cumplir posteriormente con la *tzedaká,* tal como lo muestra esta encantadora historia talmúdica:[118]

> Rabí Yohanán ben Zakai [¡otra vez!] vio en sueños que sus sobrinos estaban a punto de perder 700 dinares. Sin decírselo, los persuadió de que dieran todo cuanto poseían para hacer la *tzedaká*, de que no conservaran más que 17 dinares, y ellos aceptaron. La víspera de Yom Kipur, el gobierno de los extranjeros se quedó con todo el dinero de los judíos. Rabí Yohanán dijo a sus sobrinos: "No es grave, ustedes no tenían más que 17 dinares, y eso es todo lo que os sacaron". Sus sobrinos le preguntaron: "¿Cómo lo supiste?" Él res-

pondió: "Por un sueño". Ellos lo interrogaron: "¿Por qué no nos dijiste nada?" Y él replicó: "Porque yo deseaba que realizárais la *tzedaká* de manera desinteresada".[408]

El Talmud también dice bellamente al respecto que hay que "esquilar las ovejas antes de pasar el vado".[408]

La *tzedaká* siempre debe realizarse con discreción. Si el dador la efectúa de manera ostentosa, espera una retribución; entonces es un acto comercial, un tráfico, que lleva a catástrofes: el que da de ese modo llama la atención de los poderosos y los celosos, y el que recibe de ese modo es víctima de "heridas narcisistas".

El Talmud define el uso que la comunidad debe hacer del dinero recaudado. A diferencia de la Iglesia, que entonces se está instalando, nada se guarda para el esplendor de los lugares de culto. La prioridad es el pago del rescate de los esclavos, de los prisioneros de guerra, de los mercaderes abordados por los piratas. Para que este seguro de compra no incite a tomar como rehenes a los judíos, se proclama a viva voz que no se pagará más caro que lo usual para un esclavo o un rehén no judío. Y para que los judíos pródigos no se vean tentados a pedir prestado sin límite, queda entendido que la comunidad pagará sólo dos veces el rescate de un esclavo por deudas, salvo que luego haya peligro para su vida. Por otra parte, la *tzedaká* garantiza el financiamiento de la manutención de los huérfanos, la dote de las muchachas pobres, la recepción de los viajeros, el salario de los profesores, la ropa "para el que va desnudo; los utensilios de cocina para el que no los tiene; una mujer o un marido para los solteros, y hasta un servidor para un rico que se volvió pobre".[408] Pues el Talmud recomienda ayudar más a uno que fue rico que a un pobre de toda la vida. Por último, la *tzedaká* sobre todo debe acudir en ayuda de quienes sólo necesitan una ayuda temporaria, para evitar que tengan que vender sus bienes en el mal momento. En ese caso adquiere su forma más consumada: el préstamo de dinero sin interés.

El préstamo de dinero

La mejor manera de llevar a cabo la justicia consiste en prestar dinero o bienes materiales a quien carece de recursos o atraviesa una dificultad pasajera. Entonces, el préstamo debe ser sin interés: "Está permitido hacer pagar por partes, pero no si el total de las partes es superior al precio pagadero al contado" (*Baba Metzia* 70 b). Rabí Gamaliel incluso recomienda prestar a pérdida a los más pobres.

De manera más general, queda prohibido, como siempre lo ha estado, prestar a interés a un miembro de la comunidad. Esta prohibición es formal y repetida: "No aceptes de tu hermano 'tajada' (*néshej* [usura]) ni 'interés' (*ribit*), pero teme a tu Dios y a que tu hermano viva contigo" (Deuteronomio 23, 20, comentado en *Baba Metzia* 61 a). La "tajada" designa el interés pagado por el deudor; la "plusvalía" es el interés recibido por el prestamista. Para algunos letrados, esta prohibición del interés no se justifica solamente por el riesgo para el rico de volverse pobre, sino también por el hecho de que el hombre no es propietario del tiempo. Pero el interés transfiere el tiempo del prestatario (para quien el intervalo entre dos plazos es demasiado corto) al del prestamista (para quien este intervalo es demasiado largo). Por lo tanto, el interés, como dicen las doctrinas griega y cristiana, no es una venta de tiempo del prestamista al prestatario sino, a la inversa, un robo del tiempo del prestatario por parte del prestamista, que además recibe intereses.

Con todo, en ciertos casos es posible prestar a interés a un miembro de la comunidad, por ejemplo, si no se dispone de ninguna otra fuente de ingresos; entonces, el que hace caridad pagando intereses es el prestatario. Pero el prestamista no debe ponerse voluntariamente en la situación de depender de los ingresos de los préstamos para vivir, y el Talmud condena al prestamista profesional (*Makot* 24 a; *Nedarim* 49 b).

Para algunos letrados, si estas prohibiciones sólo atañen a los préstamos entre judíos se debe a que están sometidos a obligaciones superiores; para otros, a que un no judío está en una situación menos precaria o corre menos riesgos de volverse pobre. Como sólo por espíritu de caridad y solidaridad no deben percibirse intereses entre judíos, fuera de ello el dinero está vivo y debe trabajar; es fecundo, como lo eran los rebaños de Jacob, y la riqueza es sana. No es un bien distinto de los demás; está tan vivo como aquéllos. Según algunos jueces, sólo los letrados pueden prestar a interés, y a los no judíos, pues ellos saben mejor que los otros cómo conducirse con ellos. Según otros, finalmente, prestar a interés a no judíos es, para todos los judíos, una obligación, un deber moral.

En definitiva, tras muchos debates y contradicciones, el Talmud autoriza en todos los casos el préstamo a interés a los no judíos y lo autoriza entre judíos a condición de hacer del prestamista el asociado del prestatario.

Una sociedad necesariamente altruista: "enmendar el mundo"

En resumidas cuentas, en el Talmud se cristaliza el fundamento de la práctica judía de la economía: nada es bueno para los judíos si a la vez no es bueno para los otros. Por tanto, no pueden vivir felices en un entorno que no lo es. Por eso les corresponde "enmendar el mundo" (*tikún olam*), porque el mundo, dice la Mishná, es el resultado de una "rotura de vasos".[43] El papel del pueblo judío es ayudar a repararlo, en solidaridad con el resto de los hombres.

Se encuentran huellas de esta exigencia altruista en gran cantidad de comentarios.[43] Así, el Talmud se pregunta cómo deben amar a Dios los judíos. Respuesta: obrando de modo que, a través de la ejemplaridad de sus actos, del altruismo de su conducta, los otros hombres amen a ese Dios que lleva a Sus fieles a semejante actitud.

Ya lo hemos visto: quien cultiva un campo debe dejar parte de los frutos a los extranjeros. De aquí también proviene la obligación de la honestidad, la prohibición de cometer fraude y actos perjudiciales para terceros –judíos y no judíos–, explotar o alienar a cualquiera. También la obligación de recibir bien a los extranjeros, no olvidar que un día uno lo fue o puede llegar a serlo. Y por último, la obligación de añadir bienes a los bienes del mundo, y no de sustraerlos a los demás. En consecuencia, la economía no consiste en tomar riquezas de los vecinos, sino en crear riquezas nuevas, para no privar a nadie de su haber. De aquí proviene la importancia de los bienes fértiles, que crean riquezas: la tierra, el dinero, la inteligencia.

Ésta es la función de la "elección" (Éxodo 19 y Deuteronomio 26), que impone al pueblo judío deberes, libremente consentidos, ante todo el de hacer felices a los demás, encontrar su felicidad en la felicidad de los demás. Rabenu Hananael dice: "Los judíos nunca están mejor que cuando también los otros lo están".

En consecuencia, el mundo tiene interés en dejar a los judíos la suficiente libertad para que puedan cumplir ese papel. Así, según un comentario (*Suká* 55 b), el mundo está en su mejor estado cuando los judíos son libres y, por tanto, capaces de interceder en su favor. Deben ayudar como a sus iguales a los monoteístas y perdonar a los politeístas para que rechacen la idolatría.[390] La desgracia del pueblo judío, por ende, es una desgracia para todos los hombres.

Durante la redacción de estos textos, del siglo III al V, bajo la dirección sucesiva de *rav* Judas, *rav* Huna, *rav* Nahmen, *rav* Abaye, *rav* Papa y *rav* Ashi, judíos y mesopotámicos mantienen relaciones amistosas, tomando unos los riesgos comerciales que los otros no quieren tomar. El conjunto de los comentarios redactados alrededor de 420 bajo la dirección del rabino Ashi es cuatro veces más voluminoso que el de Jerusalén. Pero, a mediados del siglo V, cuando el Imperio de Occidente se derrumba bajo los embates de varias invasiones bárbaras sucesivas, emergen de pronto en la Mesopotamia movimientos fanáticos en los círculos mazdeos. El exilarca de entonces, Mar Samuel, se rebela; pero lo matan. El nuevo exilarca, Mar Zutra II, organiza un ejército y declara la independencia de un Estado judío, agrupando las principales ciudades con mayoría judía de Babilonia, y resiste durante siete años, hasta su muerte en 520.

Estos acontecimientos interrumpen los trabajos de escritura de la Guemará de Babilonia más de un siglo después de culminada la de Israel.

Entonces, la situación es muy inquietante para el pueblo judío: mal recibido en Constantinopla, perseguido en la Mesopotamia y en Roma, echado de Jerusalén, ya no tiene muchos lugares adonde ir. Perseguidos, los judíos se asimilan. Ya no son más que 5 millones, en vez de los 8 de hace cinco siglos.[35] Muchos abandonan el Imperio sasánida para instalarse en Yemen, en Arabia, en India, en los Balcanes. Un rey de Arabia meridional, Dhu Nuwar, se convierte al judaísmo a comienzos del siglo VI, lo que desembocará en la creación de la comunidad de los falasha de Abisinia. En la costa de Malabar (actualmente, Kerala), algunos refugiados procedentes de Ctesifonte fundan una comunidad que hasta el siglo XVI desempeñará un papel considerable en el comercio de la pimienta.

Entre Bizancio y Roma, una nueva posibilidad se manifiesta en Palestina...

5. Entre Roma y Bizancio: la nueva posibilidad de Israel

El papa contra Bizancio

Cuando se hace emperador en 527 a la muerte de su tío Justino I, Justiniano reprime las rebeliones (una de las cuales se produce en su propia capital en 532); luego centraliza la administración del Imperio, también de la Iglesia. Deja que su representante, el exarca, que reside en Ravena y tiene prelación sobre el papa, dirija el Imperio de Occidente. Por su parte, firma tratados teológicos, arbitra entre las diferentes corrientes cristianas, favoreciendo a los "nicenos" –para quienes Jesús es consustancial a Dios– contra los "monofisitas" –para quienes Jesús es el igual de Dios–, que dominan entonces en Oriente. En 531 compila todas las leyes existentes en un código, compromiso entre la ortodoxia de la Iglesia y la práctica del Imperio.[21] Sobre la cuestión del préstamo, por ejemplo, retoma la tradición romana, que admite un interés en ciertos casos, como en el comercio marítimo, con un límite del 33% anual, en compensación por los riesgos corridos. Como sigue viendo en el judaísmo un rival en términos de universalidad, Justiniano exige de cada comunidad que rinda homenaje a cada nuevo emperador y cada nuevo papa. A quienes "creen en las supersticiones judías, los heréticos, los maniqueos y los samaritanos",[21] les prohíbe atestiguar contra un cristiano, agrandar las sinagogas existentes, construir nuevas, ejercer responsabilidades locales. Reduce los tribunales rabínicos a cortes de arbitraje y obliga a celebrar los matrimonios según las reglas de la ley canónica. Autoriza a los judíos a que posean y compren esclavos paganos a condición de liberar a los que se conviertan al cristianismo.

En 532, uno de sus generales, Belisario, firma una paz con el soberano sasánida Cosroes I Anushirvan, que permite a los comerciantes bizantinos utilizar las rutas de Asia y comerciar con los judíos de Ctesifonte y de todo el Imperio Persa. Tres años más tarde, a la cabeza de 12 mil hombres, Belisario recupera de los ostrogodos el control de Ravena, del sur de Italia y el sur de España, y hace de Toledo una verdadera metrópolis. Como los judíos de Roma, Nápoles, Milán, Génova y Palermo toman partido por los vándalos y los ostrogodos contra los bizantinos –por ejemplo, defendiendo Nápoles contra el ejército de Bizancio–, Belisario los excluye del servicio armado y de todos los servicios públicos. En 535, los concilios locales de Clermont y de Mâcon protestan una vez más contra la presencia de los judíos en la función pública y judicial del Imperio. En 538 y 541, los concilios de Orleans intentan proscribir nuevamente cualquier relación entre judíos y cristianos. Pero siempre en vano. Las comunidades se aferran a su identidad profunda.

En 546, Roma es recuperada por los godos, que vuelven a ser vencidos por los bizantinos en 555. En 565, al morir Justiniano, que jamás había abandonado Constantinopla, el Mediterráneo está bajo el control del Imperio de Oriente. Pero, una vez más, la omnipotencia anuncia la caída: tres años después, otros bárbaros, los lombardos, atacan Italia mientras que Persia ataca Constantinopla. Bajo Justino II, luego bajo Tiberio y Mauricio, hijo adoptivo de Justino II, los imperios se agotan en esos múltiples e interminables conflictos.

En 590, el papa Gregorio I exige la prelación sobre el exarca de Ravena, representante en Italia del emperador bizantino.[3] Muy ocupado en establecer su autoridad y luchar contra una resurgencia del arianismo, quita las restricciones que conciernen a los judíos.[308] En 591 prohíbe al obispo de Terracina que desplace una sinagoga con el pretexto de que las oraciones de los judíos perturbarían a los fieles de una iglesia vecina, y ordena la indemnización a la comunidad judía de Palermo, cuya sinagoga y cuyos lugares de acogida de los pobres habían sido requisados. Llega incluso a censurar a un judío convertido por haber instalado una cruz y una imagen de la Virgen en una sinagoga.[336] Alienta a los judíos a que ejerzan las actividades económicas necesarias para la cristiandad pero prohibidas a los cristianos. Por ejemplo, como el trabajo de los esclavos "es esencial para el funcionamiento de las grandes propiedades cristianas", inclusive las de la Iglesia, pero el cristianismo no autoriza su comercio, se ocupa de incitar a que lo hagan los judíos. Pero como por otra parte la Iglesia les prohíbe poseerlos, Gregorio los autoriza a mantener un esclavo cristiano durante cuarenta días y uno pagano convertido durante tres meses, el tiempo para venderlos. Más aún, ¡autoriza a un mercader judío llamado Basilio a transferir de manera ficticia a sus esclavos cristianos a sus filas, convertidos por el tiempo de la transacción! Por último, autoriza que los escasos propietarios terratenientes judíos empleen *coloni* cristianos. Lo que no le impide felicitar al rey Recaredo por su legislación antijudía, y condenar a los reyes francos por haber autorizado que los judíos de Galia posean en forma duradera esclavos cristianos.[34]

De pronto, en Constantinopla, un golpe de Estado debilita aún más al Imperio. En 602, una sublevación del ejército del Danubio desemboca en el asesinato de Mauricio, último emperador asociado al linaje de Justiniano; en 610, en Bizancio, Heraclio funda una nueva dinastía.

La situación militar es caótica. Aunque los persas son contenidos por Heraclio, los eslavos pasan el Danubio; en 629, los visigodos bizantinos son echados de España por otros visigodos. Todos son cristianos y están sometidos al papa. Desde entonces, la Iglesia ya no necesita velar por los judíos: en 633, un concilio regional celebrado en Toledo en presencia de los nuevos soberanos declara que el judaísmo es una "contaminación".[135] Reitera la obligación de que todos los judíos se conviertan, en especial aquellos que ejercen un empleo público, y vuelve a prohibir que cualquier converso se codee con sus ex correligionarios. Sin embargo, ninguna de esas medidas tiene aplicación efectiva.

Última tentativa en Judea

En 610, el mismo año en que Heraclio I y los visigodos toman el poder en Bizancio, el emperador sasánida Cosroes II intenta recuperar Palestina –donde los judíos no representan más que el décimo de la población– de manos del emperador cristiano. Los judíos toman partido por el general sasánida Romizanes, e intentan librarse del ocupante bizantino. Un grupo mata al patriarca cristiano de Antioquía; otros se rebelan en Tiro. Al parecer (según las únicas fuentes disponibles de la época, que son cristianas), algunos judíos de Tiberíades dirigidos por un tal Benjamín ayudan a los sasánidas a tomar Cesarea a cambio de la promesa de administrar ellos mismos Judea.[135] Los persas entran en 614 en Jerusalén. Romizanes lleva a Ctesifonte la reliquia de la Santa Cruz y confía, como había prometido, la administración de la Ciudad Santa a Benjamín. Algunos ven en ello augurios del advenimiento del Mesías. En el Apocalipsis de Elías se dice que antes de esta llegada el "último rey de Persia" habría de "permanecer en Roma durante tres años sucesivos" y "derrotar a tres héroes que vienen del mar a su encuentro". Benjamín es proclamado rey de los judíos, y todos aquellos que, de España a Alejandría, sueñan con la reconstitución del Estado judío concurren a Jerusalén.

Pero este sueño no dura mucho. Tres años más tarde, en 617, los persas retiran a Benjamín la administración de Jerusalén y expulsan a los "tumultuosos" a más de 3 millas fuera de los muros de la ciudad. La última posibilidad de restablecer un reino judío en Judea ha pasado. Benjamín, desesperado porque el Mesías no ha acudido en su ayuda, se convierte, al igual que muchos otros, decepcionados de ver cómo se desvanece toda esperanza de reconstruir Israel. Así, por ejemplo, se conservó el rastro de la conversión al cristianismo de 375 judíos en Tumai, Egipto.[135]

En 626, el emperador Cosroes II sitia Constantinopla. Pero el Imperio Bizantino de Heraclio recupera sus fuerzas. En la batalla de Nehavend, sus tropas arrollan a los persas, que no se habían ocupado de consolidar su flota. Cosroes II es asesinado y reemplazado por su hijo Yazdgard. Ctesifonte es ocupada por los bizantinos, que recuperan allí todos los tesoros saqueados por los persas, entre ellos la Santa Cruz que, en 630, vuelven a llevar a Jerusalén, de donde había salido quince años antes.

Los judíos, que maniobraron para la victoria de los persas antes de que estos últimos los echaran, esperan las peores represalias por parte de los bizantinos. Pero Heraclio proclama una amnistía. Es la hora de su apogeo, y de la ruptura entre Oriente y Occidente: Heraclio reemplaza el latín por el griego como lengua oficial del ejército y de la corte, toma el título de *basileus*, no el de "César Augusto" utilizado por el emperador romano desde Augusto. Pone cada provincia bajo la dirección de oficiales y crea un ejército de mercenarios. El Imperio de Oriente parece instalado para siempre.

Sin embargo, una vez más, un imperio victorioso va a sufrir por su victoria. Debilitado por la guerra con los persas, minado por los incesantes conflictos doctrinarios entre arrianos (para quienes Dios está primero, antes que Jesús), monotelistas (para quienes la voluntad de Dios se expresa en Jesús) y monofisitas (para quienes Jesús es semejante a Dios), y mal aceptado por el obispo de Roma, el poder de Heraclio padece y se debilita. Aunque en 632 repita la obligación de conversión hecha a todos los judíos del Imperio, ya no puede imponerla. Tampoco puede hacerlo el rey visigodo en España, Sisebuto, quien exige una vez más a los judíos que escojan entre bautismo y exilio. Nadie logra imponerles nada. Las comunidades perduran a despecho de todos los ataques y prohibiciones que las aquejan.

Mientras tanto, la lucha entre los imperios bizantino y sasánida malogra toda la economía de Medio Oriente. Los canales de irrigación ya no son mantenidos; lentamente la región vuelve a ser un desierto.[34] A pesar de la victoria, la lucha debilitó a Bizancio. Lección de economía doméstica: en ocasiones, el dominante es mucho más vulnerable que el dominado. Lección de estrategia: al ser piramidal, un imperio tiene muchas menos posibilidades de resistir a los golpes que una estructura de redes. Lección de política: cuando dos superpotencias se disputan la supremacía, una tercera puede surgir y vencer.

En efecto, ha llegado el tiempo del islam, y los judíos van a encontrar un nuevo espacio de relativa libertad.

6. Felices como en islam

Una nueva idea de Dios viene a revolucionar la geopolítica. En un siglo, el islam toma el poder, desde Córdoba hasta Kabul. Ahora los judíos encuentran un nuevo entorno monoteísta, esta vez más o menos acogedor, donde van a vivir correctamente, humillados pero aceptados, sin dejar de ser los amos del comercio internacional. Al acompañar a los conquistadores árabes hacia Europa, llevándole mercancías y saberes de Oriente, crearán las condiciones del despertar de Occidente. Veamos cómo lo harán.

Los mercaderes judíos y el nacimiento del islam

Antes del nacimiento de Mahoma, los judíos ya son numerosos en los diferentes reinos de Arabia, a donde han llegado huyendo de las persecuciones persas y romanas. Arabia es entonces un lugar de paso donde se cruzan monoteísmo y politeísmo. Incluso existe en Heyaz (Hijaz), en el Norte de Yemen, un reino de árabes convertidos al judaísmo, que desaparecerá alrededor de 530 bajo la presión de un rey cristiano de Abisinia.[166]

Justamente en esta región comienza la aventura de Mahoma, nacido en 570 ó 571 en La Meca, oasis caravanero de 3 mil habitantes, con el nombre de Muhammad ibn Abdalá. Huérfano a los 10 años, iletrado, con el sello de la profecía recibido de niño en el desierto, es acogido por uno de sus tíos, Abu Talib, comerciante, jefe de una tribu, los qoraichitas, que está a cargo de un meteorito, la Piedra Negra, en ese entonces emplazamiento de trescientos ídolos, ofrecida por el ángel Gabriel a Abraham y a su hijo Ismael, lo cual atestigua la presencia del monoteísmo abrahámico en la región. Mahoma se casa con una rica viuda, Jadiya, 15 años mayor que él. Profundiza su conocimiento del monoteísmo, sin duda a través de contactos con la pequeña comunidad judía de la ciudad. Alrededor de 607 parte al desierto para realizar largos retiros, y en 610 recibe la revelación de su misión por el ángel Gabriel, durante el mes de Ramadán, en una gruta del monte Hira. Hace la apología de la pobreza, de la purificación moral, de la sumisión (*islam*) al Dios de Abraham, Alá. Pide a sus primeros discípulos –pocos y perseguidos– que lean, reciten (*qurán,* que deriva en "Corán"), oren volviéndose hacia Jerusalén y rechacen los ídolos. Atrae cada vez más discípulos, los *muslimún* ("los que entregan su alma a Alá"). Dos años después de la muerte de su primera mujer –tendrá hasta nueve simultáneamente–, una noche de 621, en medio de su sueño, un viaje (*isra*) lo conduce hacia el santuario lejano, en Jerusalén, de donde se eleva hacia el cielo (*miraj*) para encontrarse con los profetas, Jesús y los apóstoles, antes de volver. Dicta entonces el Corán, redactado en "árabe puro", a escribas que lo anotan en fragmentos de cuero, cascos de alfarería, nervaduras de palma. Es una revelación (*al-tanzil;* la misma palabra designa el aguacero), una palabra "increada", "el verbo de Dios" Mismo. Algunos escribas se jactarán más tarde de no haber consignado exactamente lo que les dijo el Profeta y hasta de haberle sugerido algunos pasajes. Cuando termina el dictado, el diálogo de Mahoma con Gabriel habrá durado doce años.

En septiembre de 622, setenta y cinco habitantes del principal centro comercial de Arabia, el oasis de Yatib, o Medina ("la ciudad del Profeta"), a 300 kilómetros de La Meca, le piden que arbitre un conflicto entre dos familias árabes, los Aws y los Jazraj. En ese momento, Medina es también el más importante centro de vida judía en Arabia.[385] Artesanos, comerciantes, mercaderes, orfebres, fabricantes de corazas y armas, banqueros (el Corán es el primer texto no judío que hace alusión a una actividad judía de prestamistas a interés) toman partido en la disputa: los Banu Nadir y los Banu Qurayza por los Aws; los Banu Quaynuqa por los Jazraj. El arbitraje es difícil; Mahoma se inclina por los Jazraj y sus aliados judíos.[455]

Mahoma se convierte entonces en jefe de guerra, profeta armado y señor de la ciudad. En una declaración llamada de Medina, propone organizar las tribus monoteístas, musulmanas y no musulmanas, en una confederación de todos los descendientes de Abraham. "Debatan con ellos [los judíos] de la manera más amable" (Corán 16, 126). Algunos judíos son seducidos; pero la mayoría se rehúsa. La disputa teológica es muy intensa con los rabinos, que acusan a Mahoma de deformar el texto bíblico. El ángel Gabriel, que fue el primero en informarlo de su misión, vuelve a advertir a Mahoma que la tribu judía de los Banu Nadir, que perdió el proceso, complota contra él. En 624 ordena que echen a esa tribu de Medina: "¡Abandonad vuestra tierra y tomad todo cuanto vuestros camellos puedan llevar, salvo vuestras armas y armaduras!". Ya no ora volviéndose hacia Jerusalén sino hacia La Meca. El Ramadán reemplaza el Ashura, similar al Kipur.

En marzo de 627, los árabes que no siguen a Mahoma reclutan un ejército de 10 mil hombres, con ayuda de algunas familias judías y cristianas. La guerra está declarada. Mahoma va a llevar a cabo veintiocho batallas contra los infieles: "Haced la guerra contra la gente del Libro que […] no acepta la religión del islam" (Corán 9, 29); "Y Alá había decretado el destierro para ellos. Los habría castigado en este mundo ciertamente, que tengan y en el Más Allá el castigo del fuego" (Corán 59, 3). Luego expulsa a los judíos de Quaynuqa y hace exterminar a los de la tribu de Qurayza.

En 628, los judíos de Kaybar, en el norte, en Hijaz, son aniquilados. Kaybar se hace musulmán; mujeres y niños son entregados a los vencedores. Mahoma conserva para sí como concubina, entre otras, a una judía llamada Rayhanah.[305] Firma entonces con los cristianos y los judíos de Kaybar tratados de paz que les aseguran la libertad de culto y de trabajo, a cambio del impuesto de una moneda de oro por adulto, pagado antaño a los ocupantes persas.[34]

Poco a poco, todas las tribus árabes se convierten. En 630, los 10 mil hombres de los ejércitos de Mahoma dominan la región de La Meca. En las zonas controladas por él, Mahoma organiza un Estado. Todas las antiguas formas de comercio, incluido el préstamo, se mantienen. El Corán admite los contratos de asociación (*shirka al akd*), los contratos societarios, las sociedades de capitales, las sociedades de trabajo, las sociedades de "alta consideración" (contratos anulados según el arbitrio de cada uno de los asociados), la comandita (ya practicada en época preislámica por las caravanas), el contrato de siembra y el de irrigación.[17] También admite el contrato generador de ganancia, a condición de que esté justificado por un trabajo; en consecuencia, autoriza el préstamo *(rahn)* prendario sobre un inmueble por una duración determinada y con goce del usufructo si no es reembolsado al vencimiento. El acreedor también puede vender la prenda sin siquiera recurrir a la justicia.

Como toda Arabia se adhiere a él, Mahoma prohíbe que judíos y cristianos residan en la península:[385] "¡Señor, que perezcan los judíos y los cristianos! Hicieron iglesias con las tumbas de sus profetas. Ninguna de las dos religiones existirá en Arabia". Sin embargo, en 631 firma un acuerdo con los jefes cristianos del Najrán y las colonias judías del norte de Arabia, que se comprometen a abonar la mitad de sus cosechas a los musulmanes a cambio del derecho de permanencia.[385]

Luego de su muerte, el 8 de junio de 632, aproximadamente a los 62 años, comienzan las fulminantes conquistas de sus sucesores. En diez años Palestina, Siria, Egipto, el imperio babilónico caerán en sus manos. "Te hemos enviado hacia todos los hombres", escribe el Corán.

Jerusalén y Babilonia pasan al islam

Muy ocupado en ajustar el texto del Corán y en proseguir la conquista, el primer califa, Abu Bakr, no echa a los judíos ni a los cristianos de Arabia. Sube hacia Judea por el desierto. Temiendo entonces una connivencia entre judíos y musulmanes, Heraclio trata de obligar nuevamente a que todos los judíos de Palestina se conviertan al cristianismo. Pero en 633, sus ejércitos son vencidos al sur del Mar Muerto por los de Abu Bakr. Allí donde se instalan los musulmanes, las tierras vacantes, hasta entonces tierras del emperador, se vuelven "dominio del imán". Muchos fenicios, cananeos, griegos de Palestina, se convierten entonces al islam. En varias oportunidades, Abu Bakr intenta conquistar Jerusalén; pero es en vano: el ejército bizantino resiste sus embates. En agosto de 634 el califa muere, de muerte natural, cosa que no ocurrirá con sus tres sucesores.[256]

El primero de ellos, el califa Omar ibn al-Jataab, el primero en exhibir el título de "comendador de los creyentes", rodea Judea por el este y, en 636, a orillas del Yarmuk, aplasta a un ejército de mercenarios al servicio de Bizancio y se apodera de Damasco. Los judíos que viven allí reciben a los conquistadores como liberadores. En 638, los musulmanes toman finalmente Jerusalén, a la que han rodeado por completo. Entre Omar y el patriarca cristiano de la ciudad se entabla una negociación sobre la cantidad de judíos que habrán de tolerar. Los judíos reclaman ese derecho para al menos doscientas familias. El patriarca propone cincuenta. Omar acepta setenta, sin acceso a los pozos, que los judíos obtendrán más tarde, así como el derecho a orar ante el muro occidental, pese a las órdenes formales del califa.

Allí donde se instala, Omar confía el poder a algunos fieles. Deja en sus puestos, bajo sus órdenes, a funcionarios del régimen anterior que convierte en burócratas esclavos, y confía a sirios y judíos el trabajo de recaudar los impuestos. Las ciudades y provincias que se rinden sin resistencia tienen menos cargas que las que resisten.[256] Inspirado en el arreglo de Mahoma con los judíos de Kaybar, Omar añade a la tasa per cápita un impuesto inmobiliario igual al quinto de la cosecha, y otros sobre los bienes, a los que se suman además aquellos que los recaudadores imponen por su cuenta propia. El pago de impuestos, que condiciona el derecho a circular suele ser pretexto para ceremonias humillantes: en cada ciudad, el representante del califa, el emir, recibe la contribución y luego asesta un golpe sobre la nuca del contribuyente, que es echado después por un guardia. Como al califa no le interesa perder contribuyentes, las tropas musulmanas y los emires no se esfuerzan por convertirlos y el impuesto más bien contribuye a mantener la cohesión de las comunidades.

Los no musulmanes —ya sean judíos, cristianos o politeístas—, se vuelven minorías "protegidas", *dhimmis*.[454] Situación humillante: el *dhimmi* no tiene derecho a alzar la voz en presencia de musulmanes, ni a mantenerse junto a uno de ellos sobre un camino estrecho; no tiene derecho a matar animales ni a armarse ni a ir a caballo. Ningún oficio le está prohibido; tampoco ninguno le está reservado, a no ser el de banquero, todavía poco desarrollado. Aunque en principio no tengan derecho a llevar nombres árabes, los *dhimmis* conservan los que tenían antes de la llegada del islam, con las designaciones *Abu, Banu* e *Ibn* combinadas con nombres árabes. No están obligados a residir en un barrio aparte, pero les parece preferible permanecer agrupados para aprovechar mejor los servicios del rabí, el juez, el cuidador de las transacciones, la caja de asistencia, el encargado del rescate de los cautivos, los mensajeros procedentes de las otras comunidades. Sin embargo, esos pueblos en la ciudad —llamados *mellás* en algunas regiones— no son cerrados, y sus intercambios con los vecinos son incesantes. La única coerción que aqueja tanto a las residencias como a los lugares de culto judíos es que no deben ser más grandes ni más altos que las construcciones musulmanas cercanas.

Campesinos, tejedores, banqueros o traductores judíos se integran a la sociedad islámica. Algunos judíos participan incluso en la fijación del texto coránico;[455] ayudan a elaborar las categorías de la gramática árabe y desempeñan un papel muy particular en la organización de la civilización islámica. Gran cantidad de mercaderes judíos circula en barco y en caravanas entre España y Persia, atravesando tierras cristianas, musulmanas y persas.

Algunos judíos son incluso empleados por los ejércitos musulmanes. En 640, Omar se instala en Alejandría –donde encuentra otros 40 mil judíos– y en lo que más tarde será en El Cairo.[256] En la conquista de la ciudad lo acompaña una tribu de cuatrocientos guerreros judíos, los Beni Rubi. 642 es un gran año para los musulmanes: toman por completo Judea de los bizantinos y toda la Mesopotamia de los sasánidas. Omar entra en Ctesifonte venciendo a Yazdgard II, último hijo de Cosroes II. La ciudad tiene más de 2 millones de habitantes, contando los alrededores. Más de la mitad de los jefes de familia son judíos; 90 mil de ellos dan una bienvenida triunfal a Omar. Ya desquiciado por la ocupación bizantina, quince años antes, el régimen local se derrumba. Los príncipes sasánidas y los sacerdotes zoroastrianos desaparecen rápidamente. La Mesopotamia se convierte en uno de los centros políticos e intelectuales del Islam. Pese a las demandas de sus tropas, Omar protege a los judíos. Así, prohíbe que uno de sus generales, Sa'd ibn Abu Waqqar, se adueñe de tierras pertenecientes a judíos.[34] Reconoce la legitimidad del exilarca, entonces llamado Bostanai. El jefe de la escuela de Sura, el *gaón,* adquiere importancia; en adelante puede ordenar excomuniones, la flagelación en público, y concluye sus réplicas con un perentorio: "Ésa es la Ley, y está prohibido apartarse de ella, ya sea hacia la derecha o la izquierda".[135] Comienza entonces una querella de legitimidad. En 661, Mu'a wiya inaugura la dinastía de los omeyas. Desde Damasco, donde se instala tras haber dejado El Cairo, intenta tomar Constantinopla a partir de 674 y todos los años. A cada intento, el emperador Constante IV logra rechazarlo. De Ctesifonte conquista luego Persia, donde los judíos viven desde hace al menos seis siglos; algunas comunidades como la de Ispahán, centro económico y cultural de primera importancia, se remontarían incluso, según algunas leyendas locales, al primer exilio.[346] Las redes mercantiles de los judíos de Islam encuentran allí nuevas fuentes comerciales.

De igual modo, cuando las tropas musulmanas penetran en Afganistán, encuentran en Merv, Balk, Ghazni, Herat, Kabul y Nishapur a judíos mercaderes, recaudadores de impuestos por cuenta de los dueños de las ciudades o dirigentes de las minas de plomo.[47] En Merv se conservaron testimonios de un rabino que recibió el ordenamiento en Babilonia, fue recaudador de impuestos por cuenta de un tal Mansur ibn Omar, también de una polémica que se produjo entre los "judíos" y "aquellos a quienes llaman judíos".[47] Una parte de esta comunidad se convirtió al islam, como los otros habitantes; el resto parte hacia Palestina, donde el control musulmán se vuelve más intenso.

En Jerusalén, los judíos son incluso autorizados, en raras ocasiones, a acercarse a los vestigios del muro occidental sobre el cual el califa Abd el-Malik hizo construir, a partir de 685, la mezquita del Domo, sobre el Peñasco, luego, al lado, a partir de 705, la de Al-Aksa. Jerusalén se convierte en Al-Qods, "la Santa".

Mercaderes judíos y primeros judíos de corte

En 672, los nuevos soberanos árabes venden el bronce del Coloso de Rodas –una de las siete maravillas del mundo, que ellos habían destruido– precisamente a judíos. En muchas ciudades y emiratos, los mercaderes judíos son responsables de la recaudación de los impuestos. Algunos se convierten en proveedores de los ejércitos musulmanes al tiempo que mantienen lazos estrechos con sus comunidades de origen; escriben en hebreo o en arameo, y en la vida cotidiana hablan en árabe.

Gran novedad: en muchas regiones, algunos judíos se convierten en los consejeros escuchados por los emires. El fenómeno es completamente nuevo: hasta ahora, los judíos sólo se acercaban a los príncipes en concepto de empleados del fisco. La falta de elites musulmanas los lleva al primer plano. En 695, en Damasco, un financista judío es incluso nombrado responsable de la moneda para todo el Islam por el califa Abd el-Malik.

En Túnez, donde hay judíos que residen desde mucho antes de la conquista árabe, las tropas musulmanas tropiezan a veces con tribus judías, como la de los Ubaid Alá, instalada en la isla de Djerba. En Argelia, una mujer, Dihya, llamada "la Kahina", combate a los árabes en 703 junto a judíos y bereberes judaizados. Los conquistadores musulmanes encuentran comunidades judías, comerciantes y agrícolas, en Constantina, Fez, Marrakesh. En el Sahara, la tribu de los daggatún, que combate al Islam, sería judía.[252]

Continuando su avance, las tropas árabes desembarcan en España, de donde los visigodos acaban de echar a los últimos bizantinos; los judíos los reciben como libertadores. Con su ayuda, las tropas musulmanas vencen al rey Roderico en julio de 711 y rápidamente conquistan toda la península, con excepción de algunos enclaves en el norte que siguen siendo cristianos. Las relaciones entre judíos y musulmanes se hacen más intensas. Discuten acerca de filosofía, literatura, ciencia, teología. Intercambian ideas. Traducen al árabe y al hebreo los textos griegos. Tarea inmensa: *rav* Ibn Abitur traduce la Mishná al árabe. Los mercaderes circulan; los artesanos prosperan. Los judíos jamás conocieron un lugar de estadía más bello que ese Islam europeo del siglo VIII.

En 717, desde Damasco, el califa Omar II emprende el refuerzo de la presencia musulmana en el aparato estatal. Intenta reemplazar a todos los funcionarios *dhimmis* por musulmanes. En consecuencia, trata de librarse de los altos funcionarios judíos, que se han vuelto demasiado numerosos y demasiado influyentes. Pero no lo logra, por falta de dirigentes valiosos, tanto que los religiosos musulmanes reprochan a los califas su excesiva benevolencia para con los judíos.[454]

Precisamente en ese momento, en 745, un subordinado suyo, señor de un reino de Asia Central, un tal Bulán, rey de los jázaros, se habría convertido al judaísmo. Sus sucesores habrían seguido siendo judíos durante dos siglos y medio. Según una correspondencia del siglo X entre un ministro judío del califa de Córdoba –un poderoso judío de corte, Hasdai ibn Chaprut, de quien volveremos a hablar– y Josef, rey de los jázaros, esta conversión se habría efectuado como desenlace de un debate entre los tres monoteísmos, organizado por el rey Bulán; en esa ocasión, el judaísmo habría salido vencedor.

En 753, un nuevo fracaso de los califas omeyas ante Constantinopla provoca la rebelión de los descendientes de al-Mansur [Almanzor], un tío de Mahoma, al-Abas. Uno de ellos elimina al último califa omeya, Merván II, y a su familia.[256] En 756, el único sobreviviente de esta matanza, Abd al-Rahman, funda una dinastía en Córdoba y toma el título de emir de al-Andalus.

En Mesopotamia, el nuevo califa de los abásidas, la nueva dinastía, decide edificar una nueva capital, más al este que Damasco, para acercarse a las provincias orientales, que en adelante constituyen lo esencial de su territorio. Encarga a un matemático y astrólogo judío, Masha Allah, y a un astrónomo zoroastriano, An-Naubakl, que preparen los planos, no lejos de Ctesifonte, Babilonia y Seleuco, capitales de los imperios precedentes, y sobre el Tigris: será Bagdad.

Bagdadíes y radhanitas

En 762, esto es, diez años después del surgimiento de la idea, Bagdad se vuelve la capital del islam. Rápidamente se convierte en una ciudad gigante, la más grande del mundo, que pronto alcanza tal vez la cifra de dos millones de habitantes. Más de un millón de judíos, se dice, dejan ciudades, pueblos y campos circundantes para ir a vivir a su centro mercantil, Al-Kark, para no pagar más el impuesto inmobiliario, aunque los califas prometen reducciones fiscales a los que sigan establecidos en la tierra.[34]

En esta inmensa aglomeración, los judíos *bagdadíes* ejercen todos los oficios; no son ni más ni menos ricos que los musulmanes. Viven agrupados en barrios no cerrados. Allí como en todos lados, los propietarios judíos son incitados por los rabinos a no ceder a un musulmán una casa del barrio judío, para no tener "a un lobo por vecino".[256] Las leyes musulmanas incluso reconocen a los judíos un derecho de prelación sobre una casa poseída en común con un musulmán. Las escuelas de Sura y de Pumbedita ahora están ligadas a la nueva capital por el *Náhar Yehudiyá,* el "río de los judíos", porque sus casas bordean el río. Las dos escuelas se oponen a veces sobre la actitud que se debe adoptar frente al Talmud o ciertas fórmulas de oraciones.

La red de comunidades mercantiles vincula ahora todas las comunidades judías del mundo conocido —las de la India, el Cáucaso, el Mar Rojo, la Mesopotamia, Palestina, Egipto, los oasis saharianos, Italia y España—[256] alrededor de tres capitales: Córdoba, Alejandría, Bagdad. Entre ellas circulan mercaderes judíos como desde hace siete siglos, a quienes en adelante llaman los *radhanitas* (la palabra vendría del persa *radhan,* "guía", o "el que conoce las rutas").[256] Para la mayoría, esos mercaderes siguen siendo letrados. Aunque, hasta esa época, nadie tenga un nombre totalmente estable, comienzan a surgir algunos gracias a alguna letra o factura. Así ocurre con Abraham ben Yishón, que comercia desde África del Norte hasta Sumatra y obtiene el título de *javer* (miembro) de la *yeshivá* de Jerusalén[230]. Mientras los mercaderes de Damasco, llamados los *Syri* (a menudo cristianos pero a veces judíos), exportan los productos de lujo orientales con destino a España, Italia o el Norte de Europa, los radhanitas importan a Bagdad sedas, oro, especias, drogas, esclavos y pieles del Norte, vinos y tejidos procedentes del Rin, el Mosa, el corredor Saona-Ródano y de Languedoc. Para ello organizan transferencias de fondos entre comunidades, sobre la mera base de escritos. Otros son recaudadores y garantizan el pago de los impuestos de las provincias.[455]

La letra de cambio se vuelve impersonal, pese a la oposición de los rabinos; el hebreo, junto con el griego y el árabe, se convierte en una de las principales lenguas del comercio internacional; el derecho comercial internacional, privado y público, se unifica casi alrededor de la Ley judía y sus comentarios.

Grandes visires y judíos miserables

En Bagdad, los califas desconfían de los persas (que se convierten al islam chiíta) y de los cristianos (que podrían verse tentados a ayudar a los bizantinos). Para sostener el califato, desmembrado por fuerzas centrífugas, recurren a consejeros y banqueros judíos, que administran sus finanzas, organizan su moneda y obtienen préstamos considerables que los califas reembolsan tras la recaudación de los impuestos, que están a cargo de los mismos –u otros– mercaderes judíos.

Sin embargo, su evidente influencia no debe ocultar la extraordinaria precariedad de la condición de lo esencial de las comunidades circundantes. En su inmensa mayoría, los judíos siguen siendo muy pobres, y su situación, tanto allí como en otras partes, es incluso agravada por el éxito de los judíos de corte.

Así, alrededor de 800, el quinto califa abásida, el famoso Harun al-Rashid, conocido sobre todo por el relato de sus relaciones legendarias con Sheherazade, se rodea de numerosos consejeros judíos. Incluso envía a uno de ellos, llamado Isaac, como embajador ante Carlomagno (según algunas fuentes, este Isaac sería de hecho un enviado de Carlomagno, que se hizo amigo de Harún, quien lo habría devuelto, cargado de regalos, a su primer amo). Esto no le impide en absoluto agobiar a los judíos, como a los otros, con impuestos.

En 853, el califa al-Motawakel, a pesar de que varios de sus consejeros influyentes son judíos, transforma algunas sinagogas e iglesias en mezquitas; prohíbe a los judíos el recitado de ciertas oraciones en voz alta, retira a los mercaderes judíos el derecho a utilizar caballos para transportar mercancías –lo que reduce a nada algunos comercios– y termina por echarlos de la administración de las finanzas.

Como en esa época judíos y cristianos se asimilan tan bien que no se los puede distinguir de los musulmanes, les impone una vestimenta específica: en un pie un zapato blanco y en el otro uno negro; sobre el manto, el dibujo de un mono para los judíos y el de un cerdo para los cristianos. Pronto otros harán lo mismo, en Europa.

El califa siguiente, al-Hakam, obliga a los judíos a llevar en ciertas ocasiones troncos que pesan por lo menos 5 libras, esculpidos en forma de un buey que simboliza el Becerro de Oro, y a los cristianos, a arrastrar una cruz de dos pies de largo. Esto no impide que algunos banqueros judíos conserven posiciones elevadas. Así, alrededor de 880, dos banqueros judíos de Bagdad, Josef ben Fimeas y Aarón ben Amram, son empleados por el visir al-Kaqán para "transacciones semi fiscales, semi comerciales". En 892, el yerno de ese mismo Josefo ben Fimeas, Netira, se vuelve el confidente del califa al-Muktadin, tras haber descubierto un desvío de fondos en el seno del aparato estatal.[251] En 969, Jawhar Paltiel, procedente del sur de Italia, construye una parte de El Cairo para al-Mir'izz, primer califa de una nueva dinastía, los fatimíes. En 975, Yacub ibn Killis se convierte en visir del califa al-'Aziz y funda en El Cairo la universidad coránica Al-Azhar. En 983, cuando también se funda en El Cairo una corporación de banqueros judíos, su situación es tan próspera que algunos panfletos acusan a la dinastía fatimí de tener orígenes judíos.[251]

Pero no es bueno para una comunidad tener a poderosos en sus filas: en 998, cuando un banquero judío de Bagdad niega un préstamo al califa, algunos dirigentes de la comunidad son encarcelados. Alrededor de 1030, la familia Tustari, enriquecida con el comercio de piedras preciosas, se convierte en el principal financista del califa Mustansim,[161] sin que las persecuciones se vean por ello detenidas o disminuidas.

Luego Bagdad declina; el poderío económico de los califas se pierde en las arenas del desierto. Las elites judías parten entonces hacia Egipto y España. En 1038, el puesto de *gaón* de Babilonia desaparece; en 1040 el último exilarca, Ezekiah, muere sin sucesor. Bagdad se eclipsa ante El Cairo, luego ante Córdoba, donde las escuelas talmúdicas superan en su irradiación a las academias bagdadíes. Allí, los maestros también toman el título de *gaón*, con una diferencia respecto de Babilonia: un derecho de vida y muerte sobre aquellos a quienes juzgan.

En 1080 el califa Al-Muktadin obliga a los últimos judíos de Bagdad a enarbolar una insignia amarilla y una medalla de plomo del peso de un dinar de plata sobre la que figura la palabra *dhimmi*. Así culmina, para los judíos, un milenio y medio de vida casi feliz en la Mesopotamia. También es el fin de los imperios de Oriente. El Occidente está por tomar la delantera. En apariencia, por su organización social, los feudos. En realidad, por su red mercantil.

La transferencia de Córdoba

El reino musulmán de España y de Marruecos atrae a los mercaderes hebreos, al punto de que ciertas ciudades españolas pronto se vuelven mayoritariamente judías. Incluso, Granada es llamada en lengua árabe *Gharnartat al-Yahud* ("ciudad judía") porque, explica en la época el historiador Al-Himyari, "los primeros habitantes que allí se establecieron eran judíos".[19] Éstos organizan con musulmanes lo que podría llamarse una "transferencia de tecnologías" de Oriente hacia Occidente: los manuscritos griegos, los cálculos indios, la geometría china, la contabilidad babilónica, la medicina griega llegan por intermedio de árabes y judíos.[34] Inmensas obras son entonces traducidas al hebreo y al árabe. Córdoba se convierte en una enorme máquina de traducir y comentar. Allí se instalan considerables comunidades, así como en Sevilla, Granada, Toledo. Tanto allí como en otras partes, los judíos se vuelven artesanos, proveedores de los ejércitos y las cortes, recaudadores de impuestos, financistas y ministros. Citemos algunos destinos, entre otros.

En 960, Hasdai ibn Chaprut, rabino, médico y erudito, se vuelve diplomático, cortesano, y luego gran visir del califa Abd al-Rahman III; recibe a los embajadores, orienta el comercio internacional hacia las comunidades de Oriente. En 970, Jacob Ibn-Jau aconseja al califa Al-Hakam. Un poco más tarde, Samuel Halevi se convierte en regente del califa Al-Mansur. En 1030, Samuel ibn Nagida, surgido de una rica familia de mercaderes de Córdoba, agente de especias en Málaga, autor de tratados religiosos, talmudista y lingüista, se vuelve recaudador de impuestos, luego visir del rey Habbus de Granada y, durante dieciocho años, general comandante en jefe del ejército; pese a numerosas conjuras, en 1038 llega incluso a primer ministro bajo Belir el Libertino, y seguirá siéndolo hasta su muerte en combate en 1056, en una batalla contra príncipes cristianos. Su hijo lo sucederá pero, en 1066, una sublevación dirigida contra él acarreará la matanza de tres mil judíos de la ciudad.

Esperanzas y matanzas: preludio de cuanto espera a los judíos en Europa.

7. Primeros banqueros de los cristianos

La Francia merovingia

Cuando el cristianismo se instala en Galia, ya estaba instalada allí una comunidad judía muy antigua. Desde el año 6, Arquelaos, hijo de Herodes el

Grande, estaba exiliado en Viena, y Herodes Antipas en Lyon. Siguiendo sus pasos, muchos otros judíos palestinos se instalan en Tours, Poitiers, Narbona, Lunel, Nimes, en Aquitania, en Normandía y en Champaña. En el siglo V hay huellas de una sinagoga levantada en París en la Isla de la Cité.[61] En el reino burgundio, en 517, la presencia de judíos es revelada por las leyes del rey Segismundo, que los expulsa. En 554, Childeberto I, que reina sobre una parte de la Galia, les prohíbe mostrarse el día de Pascua por las calles de París. Ferreol, obispo de Uzès, es privado de su diócesis por "haber tratado a judíos con demasiada suavidad".[369] En 576, una sinagoga de Clermont es destruida como consecuencia de la prédica del obispo Avito. En 582, Chilperico obliga a los judíos a escoger entre el bautismo y el arrancamiento de los ojos.

Lo esencial de los intercambios —hasta el siglo XI— se sigue haciendo en forma de trueque. La sal, las armas, los tejidos, el vino, los productos agrícolas se intercambian unos por otros. Los cánones a los señores se pagan en trigo, piezas de paño o vestimenta de lana o de lino (algunas fincas rurales poseen verdaderos talleres de tejido).[34] Entre las ciudades, algunos mercaderes, en ocasiones sirios, pero también judíos de lengua griega —a veces llamados *Syri*—, hacen circular paños preciosos, especias, drogas, esclavos, a veces oro. Casi nunca se utilizan monedas;[17] de vez en cuando, algunos lingotes para el comercio exterior. Nada o casi nada de divisas "nacionales": abadías, obispos, príncipes acuñan monedas de oro y plata incompatibles entre sí; en algunas regiones prevalece todavía el *solidus* de oro creado por Constantino, bajo el nombre de besante, dinar o maravedí.[17] El *nómisma* bizantino, pieza de un centavo acuñada en oro en Constantinopla, con un peso teórico de 3,89 g, sigue siendo, con las viejas monedas romanas y francas, la principal moneda del comercio internacional. Este *solidus* —que mucho más tarde pasa al francés como *sol* o *sou*— en Europa no representa más que un papel de moneda de cuenta entre grandes centros comerciales y entre los mercaderes judíos y griegos que hacen de puente. Pero no tiene circulación real. El oro domina más bien en Oriente; la plata, en Occidente.[17]

Junto a los *castra,* burgos rodeados de muros, nuevas comunidades judías se instalan a fines del siglo VI. En los puertos, los judíos atienden las redes de intercambio que mantienen desde el Imperio Romano, cualesquiera sean los señores. El papiro de Egipto es desembarcado en Marsella; el trigo de África del Norte y de Sicilia, en Ostia. El aceite de oliva, que viene de España, es vendido hasta en el norte de la Galia. Las especias de India y de China son entregadas en Narbona, que sigue siendo un puerto. Las sedas de Constantinopla se despachan a mercaderes de Ravena. En la feria de Verdún se comercian esclavos sajones, distribuidos luego por España y Oriente.[34] En estas ciudades, los judíos ejercen todos los oficios del comercio y el artesanado; el crédito –actividad marginal, limitada a los préstamos para consumo– es monopolio de ellos. La inversión todavía no es usual y el espíritu de empresa es mal visto: la "usura"[237] (*usura*), palabra tomada de la Vulgata, designa cualquier beneficio que resulta de una transacción a base de dinero, por consiguiente, designa tanto la ganancia comercial como el interés del crédito, inclusive cuando éste recae sobre un monto modesto; esta generalidad del sustantivo conduce a tratar de "usurero" a prácticamente cualquier empresario hasta el siglo IX y a cualquier prestamista, sin importar qué tasa utilice, hasta el siglo XIX.

En 584, Gregorio de Tours, arzobispo y cronista de la *Historia de los francos,* menciona el asesinato en su ciudad de un prestamista judío, un tal Armentarius.[34] Clotario II, en 613, y luego Dagoberto, en 629, vuelven a obligar a los judíos de Languedoc –recuperado de los visigodos– a optar entre el bautismo y la expulsión. En 719, Narbona, Carcasonne, Agde, Béziers y Nimes son ocupadas por un general musulmán. En 732, Carlos Martel detiene en Poitiers este empuje del islam hacia el norte; en 737 vuelve a tomar Carcasonne y Béziers. En Narbona, siguen cohabitando musulmanes, cristianos y judíos. En 755, Pepino el Breve vence a los lombardos y mantiene la promesa que hizo al papa el año anterior: "donar a san Pedro" territorios conquistados en Italia; así se fundan los Estados pontificios. En 759 recupera Narbona de los musulmanes, con ayuda de los visigodos. A modo de agradecimiento por su neutralidad, confirma a los judíos de esa ciudad el derecho a organizarse en una comunidad y el de transmitir a sus herederos bienes inmuebles. Se trata de un privilegio muy infrecuente, que se mantendrá por seis siglos más.

La Edad de Oro carolingia

En 800, el papa León III se encuentra enfrentado al emperador bizantino en un enérgico diferendo sobre la representación de Jesús por medio de imágenes. A raíz de ello, corona a Carlomagno emperador de Occidente en pro de que surja un rival para Bizancio. La Europa de Carlomagno todavía es muy pobre, comparada con el imperio de Constante IV, la Mesopotamia de Harun al-Rashid y el emirato de Córdoba de Abd al-Rahman II. Carlomagno inaugura su reinado con una revaluación de la moneda: la plata es confirmada como patrón, con dos monedas imaginarias (la libra y el centavo) y una sola en circulación (el dinar). Para refrendar su predominio político, favorecer los intercambios en el país y reducir el comercio hacia el exterior del Imperio, Carlomagno prohíbe la acuñación privada de medios de intercambio internacionales y limita la cantidad de talleres públicos de acuñación de moneda.[17] Los mercaderes judíos siguen importando los productos orientales por Sens, Verdún y Troyes, que son grandes centros feriales.[34]

En Narbona, un tal Majir funda hacia 800 una escuela religiosa y recibe de Carlomagno gran parte de la ciudad, que se convierte en una suerte de minúsculo "reino" encabezado, según el antiguo modelo de la comunidad de Babilonia, por un "príncipe de exilio" cuyo título será transmitido hereditariamente durante varias generaciones. En 797, el emperador llega a confiar una embajada ante el califa de Bagdad a un judío narbonés llamado Isaac (acaso aquel que se mencionó antes), que regresa en 802 con una clepsidra y un elefante.

Para favorecer el desarrollo económico de su reino, el emperador carolingio trata de atraer a los judíos. Un médico e historiador judío, Josef Ha-Cohen, escribirá al respecto en el siglo XVI:

> Cristianos y moros se hicieron la guerra, y ese tiempo fue un tiempo de aflicción para Israel. El emperador Carlomagno, rey de Francia, trajo de Roma a rabí Kalonymos, de Lucques, quien volvió a llevar a Alemania a los judíos sobrevivientes, reunió a los dispersos de Judea; y Carlomagno pactó una alianza con ellos. Entonces establecieron en Alemania escuelas de la Ley de Dios, como antes, y ese rabí Kalonymos fue su jefe.[293]

Por otra parte, el emperador permite que los mercaderes judíos presten un juramento *more judaico,* es decir, sobre su Biblia, y encarga a algunos funcionarios cristianos, los *magistri Judaeorum,* que vigilen y protejan a los judíos que se dedican al comercio. Se instala una verdadera administración específica.

El país sigue siendo muy pobre. Bandas de cuatreros y miserables lo recorren interminablemente. La ayuda a los indigentes incumbe a la Iglesia, que en principio debe destinarles el tercio de sus ingresos. Uno de los capitulares de Carlomagno especifica que "el diezmo eclesiástico debe ser repartido, en presencia de testigos, en tres partes destinadas a los gastos de mantenimiento de la iglesia, la subsistencia del sacerdote y la ayuda a los pobres".[160]

Un cronista[60] del reino del emperador conocido con el nombre de "Monje de Saint-Gall" relata cómo un día Carlomagno pidió a un mercader judío amigo suyo que tendiera una trampa a un obispo especialmente codicioso,

que no respetaba la obligación de entregar el tercio de sus recursos a los pobres. El mercader perfuma un ratón y se lo exhibe al prelado "fingiendo haber
encontrado en Judea ese animal nunca visto antes". El obispo quiere comprarlo por tres libras de plata. "¡Qué precio ridículo para un objeto tan caro!,
exclama el mercader judío. Preferiría arrojarlo al mar antes que cederlo a un
precio tan vil." El obispo propone entonces diez libras. El mercader responde: "El Dios de Abraham no querría que yo perdiera así el fruto de mi trabajo y mi sostén". El obispo aumenta a veinte libras. El mercader envuelve el
ratón en un tejido precioso y da señales de querer partir. El prelado lo llama
y le ofrece una medida plena de plata. El mercader cede e inmediatamente refiere a Carlomagno el precio de la venta, y le narra la escena. El emperador
convoca entonces a los obispos a un sínodo y, tras haber despachado los asuntos de todos los días, hace traer el dinero obtenido por el mercader judío, lo
muestra a la asamblea y dice: "Vosotros, obispos, deberíais servir a los pobres
y, a través de ellos, a Cristo, antes que ocuparos de cosas fútiles... ¡Aquí tenéis todo el dinero que uno de vosotros pagó a un mercader judío por un vulgar ratón doméstico un poco perfumado!...". Según la crónica, el obispo así
"expuesto a la vergüenza pública se arrojó a los pies del emperador e implo-
ró su perdón".[60]

Según la perspectiva de la Iglesia, tales anécdotas, verdaderas o falsas, no
mejoran la imagen de Carlomagno ni de los judíos.

El hijo de Carlos, Luis el Piadoso, también se rodea de judíos. Su consejero privado es un médico, Zedekiah, que adquiere tal ascendente sobre él
que –según escribe el monje español Agobardo en *Cinco cartas contra los ju -
díos escritas en 814*– "los cortesanos procuran sus favores ofreciéndole ricos
presentes".[60] Así, en la corte se pone de moda sostener a los judíos. "Algunos
señores hasta celebran el Shabat y prefieren los sermones de los rabinos a los
de sacerdotes y monjes, que entonces eran muy ignorantes."[60] El soberano
entrega pasaportes a familias judías "para atraerlos y protegerlos en sus peri-
plos comerciales". Los autoriza a construir nuevas sinagogas y les concede el
derecho a comerciar durante la cuaresma y observar el Shabat, pese a las protestas de Agobardo, que en 813 se convierte en arzobispo de Lyon. El rey logrará exiliarlo después que aquél empuje a sus tres hijos a rebelarse contra él.

Esta paz carolingia atrae a un número creciente de judíos de Asia Menor,
de los Balcanes y del sur de Italia. Así, a pesar de la hostilidad de la Iglesia y
de la aristocracia, algunas comunidades se instalan en Provenza, Champaña,
sobre el Rin, en el norte de Italia, en todas partes sobre el trayecto de las primeras ferias. Tanto allá como en Córdoba, los judíos ofrecen su experiencia

en materia de viticultura y artesanado y sus relaciones comerciales con el Asia Menor,[34] y participan en la transferencia de riquezas y saberes procedentes de Oriente.

Iglesias y sinagogas son todavía indiscernibles; los cantos son aún bastante cercanos. Muchos cristianos celebran el descanso sabatino; curas y rabinos debaten, se mezclan, comercian, conversan. Compendios del Midrash o de la Hagadá traducidos en lengua de oil por judíos convertidos son presentados como "fábulas". La parábola del ciego y el paralítico del Sanedrín 91a se convierte en la historia de San Martín.[388] A fines del siglo IX, alrededor de 20 mil judíos se establecen en Germania y 30 mil en Galia.

Los judíos son cerca de 100 mil en la Europa cristiana, o sea, una fracción todavía irrisoria de los 6 millones que viven entonces en todo el mundo. El resto se encuentra sobre todo en Islam y en Bizancio, un poco también en Europa Central. En el siglo X, en Viena (actual Austria), donde se instalan mercaderes, aparece la palabra *askenazí* para designar a los judíos de Alemania, palabra, se dice, formada a partir del nombre de un bisnieto de Noé (cuyo propio padre se llamaba Gomen, nombre de sonoridad que vagamente remite a *Germania...*).

El judaísmo feudal

Poco a poco se instala el sistema feudal. A comienzos del siglo X, los nobles y los hombres libres protegen a los campesinos a cambio de su trabajo agrícola. Los judíos, por su parte, no son libres ni siervos, y no tienen derecho a portar armas, tampoco a poseer tierras. Sólo son contribuyentes extranjeros, una fuente de ingresos que un príncipe puede ceder a un vasallo o a una abadía a cambio de otras ventajas.

En cambio, los señores de las jóvenes ciudades mercantiles de Europa reciben a judíos y les ofrecen tierras, privilegios, hasta una "carta de derechos". Necesitan mercaderes y se dan cuenta de que los judíos aportan riquezas a la ciudad que los recibe. En 1004, un obispo de Spira, en Renania, llamado Rudiger, concede una carta de ese tipo a los judíos de su ciudad: "Creo –escribe– que aumentaría mil veces el honor de nuestra localidad si trajese judíos a vivir aquí." Así, en Champaña, a lo largo del Rin, del Loria y del Sena, en el norte de Italia y en Polonia, se instalan varios centenares de nuevas comunidades. En el sur de la Galia, algunos judíos se vuelven terratenientes y en ocasiones explotan ellos mismos sus fincas. A veces, incluso son vinicultores, mientras que no pueden beber con cristianos (el Talmud dice: "El vino de los gentiles está prohibido en virtud de sus hijas. No es posible beberlo juntos"). Una vez más, aparece el temor a los matrimonios mixtos. Por lo general, sin embargo, los judíos están menos implicados en los trabajos agrícolas que en tierras del islam y en la Mesopotamia. En primer término, porque la Iglesia prefiere confiar sus tierras a cristianos, a quienes puede hacer pagar un diezmo. Luego, porque los judíos no tienen derecho a emplear esclavos, sin los cuales no hay agricultura extensiva posible. Por último, el motivo principal: las amenazas de expulsión pronto incitan a los judíos a conservar su movilidad; la diáspora, en Europa, sólo puede ser urbana.

En las ciudades, las comunidades *(universitas Judaeorum)* se constituyen en personas civiles: como en otras partes, se munen de un consejo, un tribunal, un fondo de solidaridad, una sinagoga. Los judíos ejercen los oficios más diversos: médicos, tintoreros, curtidores, carroceros, sastres, ebanistas, herreros, joyeros, banqueros, carpinteros. Los mercaderes cristianos se preocupan por la competencia que representan para ellos. En el siglo IX, el capitulario de Quierzy estipula que los mercaderes judíos deberán pagar derechos del décimo, y del onceavo para los cristianos.

Las operaciones de crédito son marginales; ni siquiera se las menciona en los compendios antijudíos, los *Adversus Judaeos* de la época.[60] Las sumas consignadas en los juicios (que, por otra parte, jamás identifican a las partes, ni la fecha y el lugar de la transacción, ni la tasa del interés) no son muy importantes. Sin embargo, esas operaciones existen: cristianos de distintos estratos sociales piden dinero en préstamo a los judíos y por lo general consideran el reembolso como una obligación moral. Así Dhuoda, condesa de Tolosa, recuerda en su *Liber manualis,* redactado para su hijo Guillermo, la obligación de pagar las deudas de su padre, inclusive aquellas que se deben a acreedores judíos.[60] Algunos judíos también prestan a abadías: un tal Ursellus, de Montmorency, percibe, por ejemplo, un interés del 28% por un préstamo concedido a la abadía de Saint-Denis.[176]

Estas demandas aumentan en cierta medida con el crecimiento económico y terminan por superar las capacidades de los prestamistas individuales; los jueces autorizan entonces a los prestamistas judíos a agruparse para reunir los fondos que deben prestar a los cristianos. Por lo tanto, se hace posible el préstamo a interés entre judíos, siempre que el prestatario final sea cristiano. Dos siglos más tarde, es decir, en el XI, en Alemania, rabí Gershom escribe: "Si un no judío autoriza a un judío a buscar dinero con otro judío para que se le preste a interés, el asunto es legítimo porque el primer judío sirve de procurador en la transacción del préstamo al gentil".[176] Paulatinamente, las comunidades judías sólo son admitidas a condición de ser prestamistas, oficio prohibido a los cristianos.

Para garantizar el reembolso de esos capitales y los intereses, que a menudo superan el 60% anual, los prestamistas toman una prenda. O bien la misma prenda reporta ingresos que el prestatario conserva, y entonces es "prenda muerta", o bien el ingreso de la prenda constituye un interés para el prestamista, a cambio del compromiso, tomado ante notables cristianos, de no alienar ese bien, salvo en caso de no reembolso de la deuda, y entonces es "prenda viva".

En la segunda mitad del siglo X, la demanda de préstamos se hace más fuerte, y la presión de los deudores sobre los prestamistas se vuelve preocupante. Las prendas se discuten a rajatabla. Rabí Meshulam ben Kalonymos recomienda pedir en prenda inmuebles con ingresos equivalentes a los intereses.[34] A veces, esas prendas no reportan nada: en presencia de testigos "notorios", los conventos entregan en prenda objetos preciosos, vestimentas de ceremonia, objetos de culto que no reportan nada y que el prestamista judío no puede utilizar ni vender. En ese sentido, el préstamo prendario está basado en el deseo del prestatario de recuperar la prenda.

Salvo los judíos, ningún otro tiene todavía derecho a prestar, y a menudo tampoco a ejercer otros oficios sin ejercer también ése. "El único préstamo de dinero es judío", se dice en todas partes.[134] En muchas lenguas de la época, "judaizar" significa "tomar intereses".[231] La expresión no es para nada indulgente, y eso preocupa a los judíos, que en vano tratan de sacársela de encima. Ya no se designan como "usura" las ganancias comerciales extraídas de la compra y la venta de bienes, sino únicamente los préstamos: el usurero es el judío, y viceversa…

Judíos de ferias

La distancia con los "centros" de Babilonia y de Palestina favorece la originalidad de las comunidades que se crean en la Europa cristiana. Allí se ora sin cubrir la cabeza, y se recita el *Kadish* (santificación del nombre de Dios) en vida de los progenitores. Algunos intelectuales componen poemas litúrgicos para todas las fiestas e introducen nuevos métodos de estudio del Talmud. Ya no se esperan respuestas de Jerusalén ni de Bagdad; ni siquiera de Córdoba. Nadie se conmueve cuando la academia de Sura, centro teológico del judaísmo babilónico, renueva la prohibición del préstamo a interés, así sea indirecto, primero a judíos y luego a no judíos.

Como los letrados también son mercaderes, es muy natural que en las ciudades feriales –Maguncia y Worms en Alemania, Troyes y Sens en Francia– se organicen encuentros entre maestros: tanto para vender sus productos como para discutir acerca de las controversias teológicas del momento. Luego sus opiniones repercuten a través de Europa por la palabra de otros mercaderes y sientan jurisprudencia.

Así, en Maguncia, rabí Gershom Maor ha Golá ("Luz del Exilio") prohíbe definitivamente la poligamia a todo el judaísmo europeo. Esta práctica, autorizada todavía por el Talmud, permanece en vigor en tierra del islam, pero desde hace mucho tiempo no rige en el Imperio Romano. Pero la llegada a la Europa cristiana de comunidades procedentes del mundo musulmán obliga a reiterar la regla. En Worms, rabí Eleazar se preocupa por el papel reservado a los judíos en todas las actividades financieras. Al sentir despuntar la amenaza, aconseja –por motivos de prudencia política, y no de orden teológico– no prestar nunca a interés a nadie, ni siquiera a un no judío. Nadie lo escucha. Por lo demás, ¿cómo negarse?

En Troyes, que era entonces uno de los primeros centros comerciales de Europa, aparece uno de los primeros pensadores en lengua francesa –o más bien en antigua lengua de Champaña– Salomón ben Isaac, llamado Rashi, discípulo de Isaac ben Yehudá, de Metz, alumno de Gershom Maor ha Golá, de Maguncia, de oficio vinicultor y mercader de vino.[373] Entre 1060 –a sus 20 años– y 1105 escribe un comentario completo de la Biblia, versículo por versículo, y de la casi totalidad del Talmud, a lo que se suman 350 *responsae* a preguntas recibidas de comunidades de toda Europa.[325] Esta fuente, que con frecuencia ofrece el equivalente en antiguo *champenois* de una palabra hebrea difícil, es una fuente extremadamente preciosa para la gramática histórica del francés antiguo. Notable teólogo y hombre de su tiempo, Rashi propone una lectura simple y clara de la Ley, al mismo tiempo que una modernización considerable de la jurisprudencia. Por ejemplo, autoriza a los judíos a mezclarse con los cristianos: "No podemos ganarnos la subsistencia a menos que hagamos negocios con los gentiles, porque vivimos entre ellos, dependemos de ellos".[325] Exhorta a los mercaderes a firmar contratos escritos, estableciendo la clara voluntad de las partes de suscribirlos sin transgredir la Ley. Como conoce a la perfección el funcionamiento de las ferias, dicta una nueva reglamentación de los precios. Por ejemplo, advierte contra los ricos mercaderes que compran una parte importante de la cosecha a bajo precio y la almacenan para revenderla más tarde, con ganancias considerables, al tiempo que en apariencia respetan el principio del "precio justo". Mejora la condición de los asalariados exigiendo que tengan un contrato de trabajo limitado a tres años. Autoriza que un jornalero abandone su puesto en cualquier momento si esa partida no acarrea perjuicios materiales fuera de la detención del trabajo en sí, y hace que se conserve el derecho al pago integral de la fracción de salario correspondiente a su tiempo de trabajo real.

Al final de su vida, Rashi conocerá la angustia por las primeras matanzas ligadas a la primera cruzada, y no tendrá tiempo de concluir su trabajo.[373] Las correcciones o rectificaciones aportadas por él al texto del Talmud serán incorporadas en todas las ediciones posteriores. Y tras él, sus discípulos serán llamados tosafistas (*tosafá* significa "adición") porque "añaden" al maestro (como Simja ben Samuel, de Vitry; Chemaya; Yehudá ben Abraham; José ben Yehud; Jacob ben Simeón). Sus tres hijas se casarán con tres de sus alumnos. Uno de sus nietos, Samuel ben Meir, culminará la redacción de su comentario del tratado *Baba Batra,* uno de los tratados económicos del Talmud. Otro nieto, Jacob rabenu Tam, prestamista, recaudador de impuestos y vinicultor, autorizará la venta de vino a los no judíos si es su única manera de ganar dinero. Escribirá: "Cada vez que se trató de una gran pérdida financiera, la Torá se preocupó por el dinero de Israel. ¿Por qué daría yo muestras de menos diligencia y me negaría a decidir que esto es algo permitido?"[34] Uno de los lejanos discípulos de Rashi será uno de los más grandes maestros del judaísmo de Europa Central, en el siglo XVII, el Maharal de Praga. La influencia de Rashi superará incluso la esfera del judaísmo: el monje franciscano Nicolás de Lyre (1270-1340) lo leerá en el texto y lo citará frecuentemente en su propio comentario bíblico. Martín Lutero también citará sus comentarios.

Rashi es el símbolo más alto de ese momento de gloria de los mercaderes letrados, actores esenciales del despertar económico y político del mundo cristiano.

8. Los mercaderes judíos pasan al Oeste

En esta conmoción geopolítica, los judíos siguen siendo casi los únicos que pueden pasar de una parte del mundo a la otra. Los puertos del Mediterráneo, en poder de los musulmanes (de España a Egipto, de Palestina al Líbano), cierra el paso a los comerciantes cristianos. Génova y Pisa deben llevar a cabo duros combates contra los piratas musulmanes. Por vía terrestre es peor aún, porque el Islam comienza en las fronteras de Bizancio. Los mercaderes judíos, en cambio, están presentes en los principales puestos comerciales, terrestres y portuarios, ya sean musulmanes o cristianos: Génova, Palermo, Kairuán, Alejandría, Fustat (el futuro El Cairo), Cos, Adén, Ramle y Sijilmosa (oasis de llegada de las caravanas a Marruecos, en pleno desierto). Circulan de la Mesopotamia a Marruecos, del Cáucaso y Crimea a España, del Golfo Pérsico a la costa de Malabar. Forman una suerte de corporación que se reserva la exclusividad de ciertos clientes,[34] organiza intercambios que sólo ellos pueden llevar a cabo. Gracias a archivos encontrados en El Cairo,[45] se conocen bien sus prácticas de la época; sin duda, también reflejan más o menos las de los siglos anteriores.

Muchos mercaderes judíos acompañan a bordo de las naves sus propias mercancías (textiles, tinturas, remedios, perfumes, cobres, bronces, azúcares, jarabes, aceites, ceras, vinos, pescado seco, piezas de oro y plata, manuscritos; pero no se encuentra ninguna evidencia de un comercio de armas o esclavos).[5] Emplean la mayor de las cautelas para proteger del agua y las termitas las mercancías; y son expertos en embalaje, papeles, tejidos y nudos. Por lo general, sus clientes son otros mercaderes judíos, importadores de sus mercancías. Para hacer conocer sus productos utilizan una suerte de "agentes publicitarios" pagados a comisión. Para no correr demasiados riesgos, distribuyen sus cargamentos entre varios barcos, salvo en tiempo de guerra, cuando en ocasiones intentan forzar el paso en una sola nave, con peligro de perder la libertad o la vida. Entonces tienen pocos contactos con gobiernos y ejércitos, a menos que sean sus proveedores. A veces piden protección para sus convoyes marítimos, a través de los desiertos o en las zonas en conflicto (Siria, Yemen, Egipto). En ocasiones, son apresados por piratas, pero rápidamente liberados (es el caso de un judío de Adén hecho prisionero en Bombay y liberado por su cuñado en Bangalore). También ocurre que se pudran durante años en una ciudad, dirigiendo cartas desesperadas a sus asociados o parientes (lo que le ocurre, alrededor del año 1000, a un mercader de Túnez confinado en Amalfi, o a Nahrey ben Nissim, intelectual, mercader y banquero tunecino, que pasará gran parte de su vida recluido a su pesar en Egipto).

Las cartas que intercambian estos mercaderes –cuyos testimonios poseemos en esa época, pero que deben existir desde largo tiempo atrás– son en ocasiones largas y complejas, sutiles y detalladas, floridas, hasta poéticas, pero en otras también reducidas a simples estados contables. Incesantemente piden noticias, se preocupan, se resignan a la fatalidad. Pero el optimismo es generalizado y la confianza en Dios, inquebrantable. En todas las cartas se desea al destinatario "preservar su posición honorable".[5] Al final de una carta remitida por un mercader judío tunecino del siglo XI a un corresponsal comercial puede leerse: "Por favor, recupere los dos mil dinares que me deben de los dos convoyes. Compre cera de primera calidad, si es posible de la Misari, la mejor, y la cantidad que pueda encontrar de hojas de cuchillos Fayymi[5]."

A menudo, todos utilizan como fórmula de cortesía: "¡Que Dios le inspire ideas exitosas!".[5] Viajan de Sicilia a Túnez, de Egipto a Yemen, sin dinero, confiados en encontrar crédito en el lugar, alojamiento, referencias sobre los mercados locales.[254] En el momento del pago, discuten largamente acerca del contenido de metal de las monedas, cuyas fluctuaciones equivalen a un interés positivo o negativo que por tanto conviene compartir. (En general, los tribunales deciden que la pérdida de valor de la moneda debe ser compartida en partes iguales entre el comprador y el vendedor.)

En las ciudades donde no hay comunidades judías importantes y donde no tienen corresponsales naturales, los mercaderes instalan representantes cuya oficina también hace las veces de bolsa, oficina de correos, banco, tribunal y estudio notarial (para las familias de los mercaderes muertos en viaje). A veces, esos agentes tienen esclavos que son rápidamente liberados o revendidos. Cada tanto, esos representantes son musulmanes; a veces incluso ocurre que los jueces entre dos mercaderes judíos son cadíes que aplican para la ocasión el derecho talmúdico. Ocurre también que mercaderes judíos y musulmanes se unan para construir barcos o comerciar: así, alrededor del año 1000, el jefe de la comunidad judía de Adén, Ma'mun, se asocia con un armador musulmán, Bilal, para construir un enorme navío destinado a recorrer la ruta entre Adén y Ceilán.

Algunos mercaderes, tras haber viajado mucho, se instalan en una ciudad inicialmente desconocida para ellos. Así, Josef ben Jacob ibn Awkal, originario de Irán, tras muchos viajes por España y Sicilia, desembarca en Egipto con los fatimíes en 969 y se establece en Fustat. Su familia habla el persa; él mismo escribe en hebreo, en judeo persa y en árabe, en un estilo muy refinado. Comercia con Asia y el mundo musulmán, recibe de Sijilmosa todo lo que proviene del África negra, *via* Kairuán. Se especializa en el comercio de perlas y diamantes, que intercambia por maderas preciosas, especias, perfumes, sedas, jabones, oro de Sudán, plata de España. También recibe, por idénticos circuitos, las preguntas y respuestas de las academias de Bagdad, agonizantes, que representa en El Cairo.

En Adén, la principal familia judía, los Ma'mun, ejerce el oficio de armador (entonces es más fácil para un judío serlo en el Océano Índico que en el Mediterráneo).[5] Otra familia fija las tarifas aduaneras del puerto.

Regidos por el derecho talmúdico, tanto los contratos como los créditos de los mercaderes judíos son muy protegidos. Sus letras de cambio y de crédito a menudo son redactadas en hebreo para que resulten indescifrables para eventuales piratas. Cuando las policías locales aprenden a descifrar el alfabeto hebreo, los correos utilizan códigos secretos formados por esos mismos carácteres. Los litigios son solucionados por tribunales rabínicos que aplican su derecho, y no el del país por el cual transitan. El derecho es nómada, viaja con el mercader.

Así, los mercaderes judíos hacen caer las barreras lingüísticas entre Oriente (pocos árabes saben latín) y Occidente (pocos cristianos hablan árabe). Establecen la uniformización notarial, transmiten ideas, traducen textos (griegos al árabe, árabes al latín). Al parecer, corresponde a un mercader judío la transmisión del sistema numérico hindú al mundo árabe; y a otro, la del sistema numérico árabe al mundo cristiano.[64] Así, muchas otras innovaciones pasan de un mundo al otro.[254]

En ese caso, como desde hace quince siglos, esos nómadas son necesarios para el funcionamiento de las comunidades sedentarias. Una vez más, nada es bueno para ellos si no lo es también para los otros. De ese modo, los mercaderes judíos logran mantener lazos entre las partes hostiles de un mundo dislocado, al tiempo que conservan su identidad. El hombre de paso encuentra su razón de ser en la organización del pasaje. Si los judíos sobrevivieron, fue para realizar esa misión: transmitir, "pasar" en el espacio y el tiempo.

Por lo que a ellos respecta –bien recibidos tanto en el Islam abásida como en la Europa carolingia; muchos en España, factores de encuentro de los dos monoteísmos dominantes–, sólo piensan en el Estado judío por nostalgia. Su restauración ya no es más que una esperanza mística tan improbable como la llegada del Mesías, con la cual, por lo demás, se confunde.

Últimos testigos de una perturbación geopolítica mayor, los judíos anuncian la inclinación del mundo hacia Europa. El Éxodo, para ellos, parece concluir. Durante este período, matanzas y asimilación redujeron a la mitad la magnitud numérica del pueblo judío, de ocho a tal vez cuatro millones, mientras que la población del mundo crecía hasta duplicarse y aun más.[86] ¿Es una Tierra Prometida lo que se anuncia en Europa? Como la otra, estará sembrada de gloria y prosperidad, de lágrimas y de sangre.

3
Levítico
(1096/1789)

Contrariamente a lo que dicen todos los mitos, a fines del primer milenio de nuestra era los judíos no son ricos ni banqueros, tampoco consejeros de los príncipes. Casi todos son pobres, campesinos y artesanos. Algunos son prestamistas obligados, por montos ínfimos, a comerciantes, artesanos, campesinos, conventos, pequeños señores. Pocos son financistas de monarcas y ayudan a organizar las administraciones de los Estados. La mayoría vive en el Islam de España, de la Mesopotamia y de Egipto. Algunos son mercaderes en barcos o en caravanas; viajan sin respetar las fronteras ni las prohibiciones de los príncipes, y constituyen la última red que une imperios cada vez más enfrentados entre sí.

Cuando el Oriente se ensombrece y la llama de Occidente amenaza con ser sólo una pira, cuando declina el mundo que los tolera y se despierta el que los odia, los judíos adivinan que no será bueno quedar atrapados en medio de los combates que se avecinan.

Éstos, en efecto, serán terribles: mientras al parecer, del año 1000 hasta fines del siglo XVIII, la población del mundo se multiplica más de tres veces,[86] pasando tal vez de 250 a 900 millones, la del pueblo judío parece estancarse en alrededor de 4 millones, bajo los embates de las matanzas y las conversiones más o menos forzadas.

Si el pueblo hebreo no desaparece por completo, asimilándose –como lo hacen muchos otros en esa época–, se debe a que logra respetar y transmitir reglas de vida compiladas dos mil años antes en el tercer libro del Pentateuco, el Levítico (o "Él llamó").[90] Ese conjunto de consignas dispensadas a los sacerdotes organiza justamente las condiciones prácticas de perduración en el tiempo de lo inherente a la identidad del pueblo: reglas de alianza, principales fiestas, preceptos alimentarios, lengua, cultura, memoria, ética de la libertad y, de paso, ética de la economía. Junto a las reglas de la vida judía, el Levítico recapitula las condiciones de anulación de las deudas y de devolución de las prendas. Extraña mezcla, extraordinaria premonición: en el curso de los siglos de la Edad Media, y más allá, los judíos se harán, por fuerza, prestamistas. Y les guardarán rencor por dar ese servicio. Obligados a financiar el nacimiento del capitalismo, perseguidos por haberlo hecho, bosquejarán los valores de aquél. Al cabo de una formidable epopeya, en el vértice de mil desastres, ayudarán a instaurar las reglas del mundo del dinero y a organizar el dinero del mundo.

1. Viajar más al Este (año 1000)

De Bizancio y de Islam: cheque y contabilidad

En vísperas del Milenio, mientras Bagdad declina, Constantinopla tiene en sus manos todas las cartas ganadoras: puede convertirse en el centro de la economía mundial. Punto de convergencia entre Asia, África, Occidente y Pekín, esa megápolis es, junto con la metrópolis china, una de las mayores ciudades del mundo. Dispone de dinero, mercancías, espacio, poderío militar y redes comerciales. Sin embargo, por falta de combatividad de una elite demasiado burocrática, demasiado habituada al lujo, demasiado feliz, cada vez más paralizada por su propio arte de vivir y su nostalgia helénica, Constantinopla no consigue tener ascendiente sobre el Islam.

Aquí, los judíos viven entre ellos y trabajan para todos. Son tintoreros, peleteros, tejedores, comerciantes, intermediarios, agentes de todo tipo de productos, proveedores —en ocasiones hasta en la corte— de vestuario y joyas; muy pocos ejercen como prestamistas o financistas: el Imperio Bizantino ahora dispone de sus propios canales.

Desde el emperador Justiniano, un grupo de hebreos se integró particularmente al espíritu griego para hacerse aceptar mejor: son los romaniotas. Trabajan, sobre todo, como artesanos, orfebres, ebanistas, mercaderes en el puerto. Tras haber helenizado sus patronímicos, leen las Escrituras y realizan sus ritos en griego; como conceden más importancia a los comentarios de sus rabinos que, de por sí, al texto de la Torá, a veces juzgan los litigios entre ellos según las leyes del Imperio. Luego de 1050, cuando otros judíos, al escapar de la Bagdad en decadencia, recalan en la capital bizantina, sus ritos son tan diferentes de aquellos de los romaniotas que el emperador Alejo Comneno debe hacer construir un muro entre sus respectivos barrios. Ambas comunidades judías trabajan y comercian juntas, pero no oran en las mismas sinagogas y raramente se casan unas con otras. No es un cisma, sino apenas una distancia cultural.

En este momento, el Islam circundante no es tan favorable. Las comunidades agrupan todavía a las tres cuartas partes de los judíos –o sea, a más de 3 millones de personas– de Córdoba a Kabul, e incluso más allá. En cualquier parte, como en Constantinopla, trabajan en todos los oficios del comercio, la agricultura y el artesanado; y siguen siendo aislados, encerrados, "protegidos", humillados y tratados como inferiores. Sus mercaderes, sin embargo, se ocupan de una porción nada desdeñable de los intercambios entre el Indo y el Atlántico: con sus cortejos de caravanas y sus naves llegan hasta la pimienta de India y la seda de China.

El Islam ya no tiene otro centro que el religioso de Arabia, del que están excluidos los judíos. Bagdad ha dejado de ser la primera ciudad judía del mundo, y el judaísmo de Mesopotamia perdió su papel milenario de maestro de pensamiento. Ya no hay ni exilarca ni *gaón;* cada vez menos financistas gravitan alrededor de los califas. La población de Bagdad se ha fusionado: en 1168 sólo cuenta con 40 mil judíos. En 1177, según un viajero judío, Benjamín de Tudela, cuyos apasionantes relatos[422] no siempre son de un gran rigor histórico, todavía se encuentran veintiocho sinagogas y una decena de escuelas. Un siglo más tarde, en 1258, otro viajero habla de no más de 36 mil judíos que asisten a tan sólo dieciséis sinagogas: como en todas las zonas del Islam, la presión musulmana ahora los lleva a orar en privado. En otras partes del califato, son menos de un millón; los demás se fueron a Alejandría o a las innumerables pequeñas comunidades dispersas en tierras del islam.

En Alepo, Mosul, Damasco, Fostat, Kairuán, Fez, en Yemen y en España, cada una de estas comunidades ajusta sus prácticas a su manera, y en ocasiones permanecen durante siglos bajo la autoridad de una misma familia de mercaderes letrados. Padecen humillaciones y persecuciones, como en Fez, donde en 1032 un jefe árabe, Abu Kama Tanim, aniquila a 6 mil personas; o como en Marrakesh, donde a partir de 1150 una nueva dinastía especialmente intolerante, los almohades, prohíbe la práctica a una comunidad fundada en 1062. En Palestina, la situación llama a mayor conmiseración: salvo en las academias, hay muy pocos judíos, y los que quedan son tratados en algunas ciudades como subhumanos.

El Islam más acogedor y próspero de la época se encuentra en Egipto, que sigue siendo el punto de tránsito obligado de Oriente hacia Occidente. Allí, a partir del año 1000, la dinastía shií de los Fatimíes garantiza una prosperidad y una libertad casi nunca alcanzadas en toda la historia del Nilo. En esta sociedad mediterránea, teólogos bizantinos y letrados judíos se codean y dialogan con los pensadores musulmanes. Las comunidades judías de Egipto están representadas ante el califa por un *naguid,* que negocia para ellas los impuestos y las faenas en un espíritu de mutuo respeto. Cuando los Fatimíes toman el control de La Meca y Medina, así como de las regiones circundantes, el *naguid* de El Cairo se convierte a la vez en el portavoz de las comunidades de Palestina, Sicilia y el Norte de África. Campesinos, artesanos, cambistas, agentes, orfebres participan en la construcción de la nueva capital, Al-Qahira (El Cairo), junto a la antigua, Fostat. Arquitectos judíos dibujan los planos de la mezquita Al-Azhar, y los marinos judíos, con los griegos, mantienen la red de lazos comerciales que relacionan desde hace mil años a Alejandría, España, Sicilia, Pisa, Amalfi, Corfú, Omán y Cochin.

Los mercaderes judíos son los primeros en hacer uso de tres invenciones que la Historia atribuirá mucho más tarde a italianos: el *cheque* (un papel entregado como pago de una mercancía por el comprador al vendedor: en él se menciona el nombre de uno y de otro, el lugar donde se encuentra el dinero, el monto a pagar y un versículo bíblico a manera de código de identificación del comprador), la *letra de cambio,* cuando el pago es diferido, y la *contabilidad por partida doble* para anotar los movimientos de sus acreencias.

Pero el paréntesis fatimí y shií no dura mucho. En 1164, crecidas insuficientes del Nilo, cosechas catastróficas y una hambruna aguda acarrean trastornos económicos y motines en El Cairo. El califa, desbordado, apela entonces a las tropas del *atabek* de Alepo, el sunita Nur al-Din. El general curdo Saladino[258] (Salah al-Din ibn Ayyub), despachado para restablecer el orden, se hace nombrar visir del califa fatimí Al-Adid, a quien luego elimina, y restaura la primacía sunita en El Cairo. A la muerte –más o menos natural, en 1174– de Nur al-Din, Saladino une Siria con Egipto, toma el control de una parte de la Mesopotamia y de Arabia, y en 1187 se apodera de Jerusalén. La suerte de los judíos de Egipto no resulta por ello alterada. En lo esencial, siguen siendo artesanos y mercaderes. Un tal Abu Al Beygren se convierte en médico del nuevo califa. Otro, Abu Al Menagga ibn Shahah, es su responsable en lo atinente a la agricultura y construye un canal derivado del Nilo.

En este Islam espléndido y más bien tolerante, nadie encarna mejor las múltiples facetas del destino judío que Moisés Maimónides, rabino, médico y consejero del príncipe. Nació en 1135 en Córdoba y tiene 13 años cuando los príncipes almohades invaden la ciudad y prohíben la práctica del judaísmo. Entonces, su familia aparenta convertirse al islam, y se exilian en Marruecos, algo más lejos de la dinastía almohade. Allí conviven con numerosos intelectuales en busca de libertad: musulmanes –como Averroes, gran comentador de Aristóteles, refugiado en Marrakesh– y judíos, en su mayor parte establecidos en Fez. Allí, judío más o menos en secreto, Moisés Maimónides estudia el Talmud, la medicina, las filosofías griega y musulmana (más tarde escribirá: "No existe un monoteísmo más puro que el islam").[262] Tiene 22 años cuando redacta un tratado sobre el calendario.

En 1165, los almohades intensifican su dominio sobre Marruecos; la práctica, incluso discreta, del judaísmo se vuelve muy difícil. Atraído por la libertad que reina en Egipto, Maimónides se instala en Alejandría alrededor de 1165, y encuentra allí una ciudad en decadencia (en 1177, Benjamín de Tudela no contabiliza más que tres mil judíos). Se reúne con su hermano, que había ido poco antes que él para enriquecerse en el comercio hacia el Océano Índico, antes de perecer ahogado en el Mar Rojo en 1169. Convertido en un rico y joven heredero, Maimónides se casa, se instala en Fostat, barrio de El Cairo donde vive la mayoría de los judíos de la capital; entonces se consagra a la teología y a la medicina. En 1185 es el médico de Al-Fadil, visir que representa a Saladino, quien partió para instalarse en Damasco; recibe a rabinos y letrados musulmanes apasionados por las matemáticas griegas y la ciencia egipcia. A este medio de intelectuales y mercaderes letrados, perturbados por el choque del Corán con Aristóteles, pretende demostrar –en árabe– que la filosofía judía ofrece una explicación racional de la condición humana. Alrededor de 1190 escribe la *Guía de extraviados*,[262] que supera y actualiza el *Libro de los Padres* y el pensamiento de rabí Hillel, el cual adapta al universo griego y musulmán. Organiza una coherencia nueva entre lo colectivo y lo individual, la fe y la razón, la Biblia y Aristóteles, como hace Averroes en el islam en ese mismo momento. Según Maimónides, cada cual es libre de vivir la fe como la entiende ("Unicamente la Torá puede llamarse divina: las otras leyes son obra de los hombres").[262] En el mundo de mercaderes y viajeros donde vive, hace la apología de la responsabilidad individual; llega incluso a deducir que la mejor forma de caridad consiste en ayudar, "ya sea a través de dádivas o préstamos, ya asociándose a él, ayudando a quien se empobreció a crearse un trabajo de modo que ya no necesite solicitar asistencia".[262] En otras palabras, la pobreza sólo puede ser vencida si los ricos financian los proyectos de los pobres. En efecto, crear es la única manera digna de enriquecerse. Por otra parte, es moralmente obligatorio prestar a los no judíos, si se tienen los medios, con el único límite de no explotar al prestatario mediante tasas demasiado elevadas y la de prestar a una mujer sola para no hacerla dependiente.

Tras la muerte de Maimónides en 1204, sus hijos inauguran una dinastía de rabinos y dirigentes comunitarios que dominará el judaísmo egipcio hasta la conquista del país por los otomanos en 1517. Esta dinastía comienza incluso con el suegro de uno de sus hijos, rabí Abraham Hananael, rico propietario de una refinería de azúcar, responsable del conjunto de los tribunales rabínicos de Egipto, que juzga todos los litigios entre mercaderes que partieron a buscar las especias de India y las sedas de China para revenderlas en Europa.

Muy pronto, la obra de Maimónides se da a conocer en el seno de las comunidades judías del Islam y de la cristiandad: los mercaderes viajan con sus libros. Así, sobre todo a partir de Egipto y a través de este pensador judío, los rudimentos de una ética del individualismo racional irrigarán muy pronto el Occidente cristiano. Maimónides define de paso las nociones de gracia individual y de eternidad del alma, en las que se inspirará Tomás de Aquino, y los valores de libertad y responsabilidad de los que surgirá la ética del capitalismo. Muchos de aquellos que, más tarde, pretenderán reflexionar sobre los orígenes de la modernidad olvidarán sus fuentes judeo-islámicas: Hillel, Averroes, Maimónides.

Pimienta y papel moneda

La pimienta —con la seda— es entonces una de las principales riquezas de Oriente. Se la encuentra esencialmente en la India, en la costa de Malabar (hoy Kerala). Desde hace siglos, incluso más de un milenio, mercaderes judíos llegan allí para cambiarla por tejidos y joyas. Una poderosa comunidad se instaló en Cochin, alrededor del año mil, bajo la dirección de un tal Josef Rabán, que sirve de relevo a los agentes y mercaderes procedentes de Egipto. Benjamín de Tudela, viajero impenitente, refiere que allí, alrededor de 1180, tropezó con mil judíos "negros como sus vecinos, que observan la Ley y poseen algunos conocimientos del Talmud".[422] Algo más tarde, varios viajeros cristianos también observan la presencia de mercaderes judíos en Cochin y Cranganore, que sirven como sitios de relevo para viajes más lejanos hacia China, adonde van a buscar seda.

En efecto, algunos mercaderes judíos alcanzan el imperio del Medio al menos tres siglos antes que Marco Polo. En 950, un judío de El Cairo, Buzuy ibn Shahriyar, narra en el *Libro de las maravillas de la India* la historia de un tal Isaac ben Yehudá, mercader que partió de Omán en 882 a China, donde habría permanecido hasta 912; de allí habría regresado rico, antes de volver a partir y morir asesinado en Sumatra. Alrededor del año 1000, una comunidad de mercaderes[248] llegados de Omán, Persia e India se instala en la provincia de Henan, sobre el río Amarillo, en Kaifeng, que entonces es la capital imperial de la dinastía Song. Esta minúscula comunidad perdida en medio de 60 millones de chinos sirve primero de oficina de representación para los mercaderes del Cercano Oriente; son agentes de todo tipo de productos. Además se ocupan de otras funciones en el seno de la sociedad china y se hacen artesanos, campesinos, prestamistas. Un siglo más tarde, bajo la dinastía Yin, se los encuentra en la administración del Imperio en niveles a veces importantes; en especial, algunos son responsables de la moneda y el Tesoro público, como en muchos otros lugares del mundo. Hasta parecería, según algunos investigadores chinos de hoy,[472] que fueron judíos los primeros que fabricaron en 1154 billetes de banco en yute: en los cuatro bordes de una placa de impresión encontrada recientemente podría leerse algo así como caracteres hebraicos.

Algunos judíos están presentes entonces en varias ciudades del país: se encuentran huellas de una sinagoga establecida en 1163 en Shangjing (hoy Acheng), en la provincia de Heilongjiang. En 1271, si se da crédito a los recuerdos atribuidos a un mercader judío de paso en Cantón, Jacob de Ancona, dos mil judíos viven en medio de francos, genoveses y romanos; le hablan de varias decenas de miles de otros judíos instalados más al norte de China. Estas comunidades prosperan hasta el siglo XIV bajo los Yuan. Luego, bajo los Ming, pierden todo contacto con el resto del mundo: algunos miles de judíos en medio de cien millones de chinos.

La avalancha hacia el Oeste

La Europa de fines del siglo XII se despierta. Se crean y organizan puertos a lo largo del Mar del Norte y el Báltico. Se tejen nuevas redes comerciales para ir a buscar los productos del Océano Índico, símbolos de abundancia y confort; pasan por las ferias de Nuremberg, Maguncia y Troyes, por los puertos de Venecia, Ravena, Amalfi, Túnez, Constantinopla, Alejandría, Omán y Cochin. Únicos en disponer de corresponsales de confianza en todos esos lugares, los mercaderes judíos figuran entre los maestros de las rutas de la lejana Asia y de África; son casi los únicos que saben cómo traer el oro del Sudán.

Sin embargo, pierden muchos de sus mercados de Europa. Por un lado, los progresos de la agricultura permiten producir una gran cantidad de las mercancías (en especial las tinturas) que hasta entonces comerciaban. Por el otro, en las nuevas ciudades mercantiles de Inglaterra y Flandes, para defenderse contra los saqueadores, los mercaderes cristianos se agrupan en "caridades" que, a imagen de las asociaciones milenarias de mercaderes judíos, organizan y financian en adelante sus propias caravanas e instalan a uno de los suyos en cada puerto de paso. La solidaridad ya no es monopolio judío. Una asociación de mercaderes estacionales de Gotland forma una *hansa* que en el siglo XIV reunirá a ciento setenta ciudades del Báltico, de Brujas a Dantzig, de Lübeck a Riga.[69] A través de ellos pasan los productos del Lejano Oriente, que en ocasiones transitan por la Mesopotamia y los Balcanes. A los mercaderes judíos no les dejan más que los mercados menos rentables: los del trigo y el vino, que ellos van a vender en las ferias de Renania, donde terminan por deshacer sus maletas, engrosando las pequeñas comunidades instaladas allí a veces desde hace siglos.

En suma, en el siglo XI, las comunidades judías del Occidente cristiano forman una red de aproximadamente 200 mil personas. Pese a su pequeña cantidad, van a desempeñar, de manera muy involuntaria, un papel estratégico en el nacimiento del capitalismo: en el momento en que se despiertan al comercio, los 25 millones de cristianos con que cuenta Europa necesitan tomar préstamos, sin tener ellos mismos derecho a prestar. Un par de "deicidios" llegarán a tiempo…

2. Prestamistas y vendidos (1000-1260)

Ferias y puertos

Cuando el Imperio Carolingio se desmembra, los judíos viven en Europa en el seno de comunidades reducidas, a menudo de menos de quinientos miembros. Se las encuentra en Sicilia, Nápoles (donde Federico II recibe a sabios judíos y musulmanes, que hacen de la ciudad un ámbito de traducciones, intercambios y comercio), Venecia, Roma, Espira, Worms, Maguncia, Nuremberg, Londres, York, Bristol, Canterbury y Viena (donde en el siglo XII se crea un primer establecimiento judío). Benjamín de Tudela cita como ejemplo la comunidad de Astransburgo, "una de las más florecientes de Alemania",[422] a partir de 1188. En Francia existen en más de un centenar de ciudades,[113] sobre todo en Provenza y a lo largo de los ríos: Sena, Loria, Garona, Ródano y Rin. En París, los judíos son menos de un millar; en Narbona, Burdeos y los otros puertos del sur, así como en la España cristiana y musulmana, son mucho más.

En suma, aunque no haya cifras corroboradas, la población judía de la Europa cristiana en el siglo XI aparentemente alcanza los 300 mil individuos, cifra irrisoria, comparada con los 4 millones y medio todavía instalados en

Oriente. Sin embargo, a partir de este pequeño grupo va a moldearse la nueva imagen del judío: el usurero parásito, y no ya solamente el deicida. En esta historia, la economía va a tomar poco a poco el relevo de la teología.

Las reglas romanas y carolingias se esfuman. En principio, los extranjeros tienen dos opciones: que les apliquen sus propias costumbres o fusionarse al derecho feudal, hecho de relaciones de fuerza y lazos con la tierra. Los judíos que permanecen fieles a su fe no pueden ser caballeros ni siervos. Así, muchos siguen siendo verdaderos extranjeros, mientras que los otros pueblos se asimilan. *Servi camerae* −"siervos del Tesoro", "vasallos del rey"−, no pueden entonces disponer, sin consentimiento del príncipe, ni de su persona ni de sus bienes. Los señores tienen sobre ellos derecho de vida o de muerte. Sus acreencias se extinguen con su defunción y sus señores heredan todos sus bienes, salvo un favor particular que se otorgue a sus descendientes.

Cuando se roba a un judío, hay que indemnizar a su protector. También ocurre que un protector se oponga a la partida de un judío que le pertenece para casarse con una judía que pertenece a otro; así, el rey de Aragón escribe a Alfonso, conde de Tolosa, para reclamarle a su judío Bonus del Mas-de-Agenais.

Las comunidades reciben cartas de residencia que, a cambio de una tasa, les garantizan protección contra los bandoleros, derecho a vivir en las tierras del protector y a practicar su religión. Con frecuencia, estas cartas, apenas concedidas, son recuperadas y luego revendidas a las mismas personas, tras simulacros de expulsión que sólo apuntan a justificar nuevos impuestos.

Para un príncipe, tener judíos es garantizarse importantes ingresos. Poco a poco, las comunidades constituyen fuentes financieras considerables que los señores protegen y defienden con cuidado, escogiendo, según las circunstancias, entre apoderarse de todos sus bienes de una vez o extraer regularmente una parte de sus ingresos. Nueve siglos más tarde, Hitler, Goering, Speer y Himmler seguirán debatiendo acerca de la misma alternativa.

Los primeros estatutos de este tipo son concedidos en el siglo XI en Inglaterra, Alemania y Francia por monarcas; luego, entre 1120 y 1150, por ciudades como Worms, Espira, Salamanca y Marsella. En 1236, los judíos de Estrasburgo se vuelven *Kammerknechte*, "siervos de la Cámara imperial", puestos bajo la protección personal del emperador Federico II; la comunidad de la ciudad paga entonces 200 marcos por año al Tesoro Imperial; sus dirigentes reparten esa carga entre las familias según su patrimonio. Cuando una comunidad manifiesta su desacierto, puede ocurrir que el pago sea coaccionado: así, un obispo de Estrasburgo, Berthold de Bucheck, considerando que también él puede imponer tasas a los judíos de la ciudad, los hace detener a todos por sus propias tropas en la sinagoga un día de Shabat –está seguro de encontrarlos– y sólo los suelta a cambio de 6.000 libras, la mitad de las cuales, aclara, es "para el matrimonio de sus sobrinos". En ocasiones, el reclamo va acompañado de malos tratos y torturas; en otras, también, algunos señores aceptan aplazar el pago, el tiempo para que los contribuyentes reconstituyan sus recursos.

Con los movimientos de poder cambian de amos. Por ejemplo, en 1177, cuando Federico Barbarroja debe reconocer la independencia de las ciudades lombardas, los judíos pasan a manos de nuevos señores.

Las protecciones se organizan en cascada: los vasallos deben pedir a su señor el derecho de recibir a judíos en sus tierras. En 1294, Ulrich de Neuhaus pide a Wenceslao III, rey de Bohemia, permiso para establecer en sus tierras a ocho familias y autorizarlos "a hacer, para su satisfacción, todas las cosas que los judíos del rey hacen para satisfacción del rey, y a procurarle todos los servicios que los judíos del rey otorgan al rey".[221] Promete que únicamente el jefe de cada familia será obligado a practicar el préstamo de dinero y que, si algunas familias se escapan, no tratará de reemplazarlas entre las comunidades pertenecientes al rey. En 1322, el rey de Bohemia, Juan, autoriza al obispo de Olmütz a conservar a un judío en cada una de sus cuatro ciudades; en 1334 autoriza a Pedro de Rosenberg a tener a cuatro en sus propios Estados.

En ocasiones, algunos señores ceden los ingresos que les proporcionan sus judíos a acreedores o a vasallos.[221] También pueden vender a sus judíos, ponerlos en prenda, intercambiárselos. En Borgoña, en 1196, el duque Eudes III cambia a sus judíos por los de la ciudad de Dijón. Enrique III de Inglaterra pone a los suyos en prenda ante Ricardo de Cornualles, luego los cede a su hijo Eduardo, quien a su vez los pone en prenda ante banqueros lombardos. En 1293, el emperador Adolfo de Nassau cede sus derechos sobre los judíos de Alsacia al arzobispo de Maguncia como pago de una deuda de 1.200 libras. Para agradecer a un tal Enrique de Isny su fidelidad, Rodolfo de Habsburgo le promete 3.000 marcos y le cede sus derechos sobre los judíos de Estrasburgo y de Maguncia hasta completar dicha suma.

También ocurre que algunos señores ceden tierras o privilegios, mientras conservan para sí los judíos que estaban en ellas. Así, en 1106, en España, el vizconde de Gerona cede la fortaleza de Balaguer a Arnold Berenger de Anglerola, pero conserva el dominio sobre los mercaderes que en ella se encuentran, ya sean judíos, cristianos o moros.[19]

Objetos de comercio, las comunidades judías también son tema de litigio entre los señores, las autoridades religiosas y las municipalidades. Primero se disputan el derecho a juzgarlos y, por tanto, el de cobrar las multas; luego, el de imponerles tasas. En 1094, el obispo de Spira, Rüdiger, concede una carta a sus judíos; seis años más tarde, el emperador Enrique IV otorga otra a la misma comunidad. La de Ratisbona es puesta bajo la tutela de tres autoridades: el emperador, el conde y los burgueses de la ciudad. Los judíos de Narbona son divididos en dos comunidades: una depende del arzobispo y la otra del vizconde, cada una con derechos diferentes; en 1289, el parlamento de Tolosa ordena que se abonen indemnizaciones a judíos del arzobispado torturados por servidores del vizconde.

En materia fiscal no dejan de hacer gala de imaginación: en 1261, la municipalidad de Estrasburgo impone a los judíos el pago de las banderas de la ciudad, a lo que se añade un impuesto sobre las multas infligidas por el tribunal rabínico ¡y otro para "pagar los regalos de Navidad"! El obispo de la ciudad, Walther de Geroldseck, que ya les impone tasas, se opone a esta decisión, considerando que dichos impuestos amenazan con perjudicar su capacidad de pagar los que él mismo les reclama. El conflicto se convierte en guerra civil: las tropas del obispo son vencidas el 8 de marzo de 1262; entonces se acuerda que los judíos estarán eximidos de impuestos durante cinco años y luego deberán pagar 1.000 libras por año a la ciudad, 12 marcos al obispo y 60 marcos al emperador.

En Francia, hay que esperar a Felipe Augusto y la centralización del poder para que los judíos queden bajo la autoridad de los monarcas.[67] Y por añadidura se toman algunas precauciones para preservar los derechos adquiridos: entre 1198 y 1231, dieciocho acuerdos de respeto recíproco de la propiedad de los judíos son firmados entre el rey y diversos señores. En 1223, por ejemplo, Luis VIII firma con veinticinco señores del reino un acuerdo que especifica que nadie tiene derecho a recibir o a retener a los judíos de otro, como tampoco a prestarlos a otro señor sin consentimiento del rey, que de paso recibe una remuneración. En 1230, Luis IX confirma el acuerdo otra vez por una convención de Melun, cuando la mitad de las ciudades que albergan a comunidades judías habían pasado a la administración regia. Hay que esperar a Felipe el Hermoso, alrededor de 1300, para que algunos oficiales reales prohíban que los privilegios de los barones interfieran "con las personas o las actividades comerciales de los judíos del reino";[61] en otras palabras, para que se ocupen de que la Corona reciba su parte de los impuestos pagados por los judíos a sus señores. Así, la propiedad sobre los judíos es uno de los primeros signos de la afirmación de un poder monárquico.

La vida de las comunidades

Jóvenes, mercantiles, pioneras, estas comunidades sometidas a un orden feudal implacable se organizan para negociar sus derechos e impuestos. Mientras que por lo general en Oriente su comportamiento es garantizado de manera hereditaria por familias de letrados, en Europa son administradas por los más audaces de los mercaderes, los que están en mejores condiciones de negociar con el príncipe. Incluso en la Inglaterra de los Plantagenet llega a ocurrir que todas las comunidades de un país logran agruparse para que un solo representante, el *presbyter* (el "anciano"), negocie con el príncipe el monto del impuesto, reanudando de ese modo lazos con la tradición del exilarca de Bagdad o el *naguib* de El Cairo.

La vida de estos pequeños conglomerados aislados en tierra cristiana se organiza alrededor de algunos preceptos simples y ancestrales: permanecer agrupados, mantener relaciones correctas pero distantes con los poderosos, ser útil a los no judíos y transmitir la Ley. De los ascetas del Norte a los sibaritas de España y de Provenza varía la práctica religiosa; a veces, una comunidad, ocupada en los trabajos del campo, remunera a unos *batlan* para orar mañana y tarde en nombre de todos.

En Europa como en otras partes, los judíos, junto con los notarios, figuran entre los únicos que saben leer; es siempre una obligación para todos, desde la infancia. Su lengua de oración y de cultura es el hebreo, el cual integra expresiones de la lengua del país de acogida. Los dirigentes de cada comunidad organizan la enseñanza de la lengua y de la Ley, el funcionamiento de los baños rituales –elemento esencial de la higiene–, las sinagogas, los cementerios, los tribunales y, sobre todo, la solidaridad. Desde la Antigüedad, ningún letrado acepta vivir en una comunidad que no asista a sus pobres. Mucho antes de las fundaciones y los hospitales generales de los cristianos, sociedades de "hospitalidad" alimentan y alojan a visitantes y a pobres procedentes de otras comunidades; los rabinos dictan reglas rigurosas para organizar su estadía:

> Desde su llegada, hay que tratar a los visitantes con la mayor cortesía, aunque se muestren groseros. Hay que darles de comer tan pronto como sea posible porque, si son pobres, pueden vacilar en pedirlo. El anfitrión no debe mostrarse preocupado por problemas personales ni ufanarse de sus riquezas. Por su parte, los invitados recitarán una bendición en favor de su anfitrión durante la acción de gracias, tras la comida.[408]

En ocasiones, algunas comunidades vacilan en dejar que se instalen demasiadas familias nuevas, por miedo a las reacciones de su protector o el costo adicional que su mantenimiento podría acarrear. Pero la hospitalidad es sagrada y, en general, los más reticentes terminan por ceder.

Cada comunidad también debe apartar los medios para pagar el rescate de sus miembros encarcelados por el capricho de un príncipe o de sus mercaderes retenidos lejos por piratas. A veces ocurre –raramente– que un prisionero se niega a que paguen su rescate; así, en 1286, un letrado de la región de Worms, conocido como el Maharal de Rothenburgo, encarcelado por el señor de Worms, Rodolfo de Habsburgo, prohíbe a su comunidad que pague su rescate para evitar que el príncipe rapte a otros notables. El príncipe no cede, y el Maharal muere en prisión. Un mercader judío, Alexander Wimpfen, que se había propuesto para pagar el rescate, compra su cuerpo –por el mismo precio– y lo hace enterrar con gran pompa en su propio panteón. Todavía hoy pueden verse, en Worms, las dos tumbas yuxtapuestas.

La caridad no se limita únicamente a los vecinos: como las otras, las comunidades de Europa deben contribuir en las colectas organizadas por los rabinos procedentes de Tierra Santa para las últimas comunidades que allí subsisten.

También se discute acerca de la actitud que debe adoptarse frente a un pobre no judío que golpee la puerta de una sinagoga. Aunque los textos (*Suká* 55 a) exigen la misma solidaridad para con todos los monoteístas, muchos rabinos se oponen a ello para no dilapidar los escasos recursos disponibles y porque, sostienen, los cristianos, al creer en la Santa Trinidad, no son monoteístas, a diferencia de los musulmanes…

La comunidad financia todos estos servicios mediante un impuesto pagado en dinero o en especies, y por la subasta de "honores" en la sinagoga. Sustraerse al impuesto comunitario es motivo de excomunión, condena mayor. Pero su tasa no debe perjudicar el desarrollo económico. Un décimo del ingreso siempre constituye un mínimo; un quinto, un máximo. Nada se distrae del impuesto para financiar el esplendor de los lugares de culto: no hay arte religioso judío –o casi no lo hay–.

Las comunidades también rigen la vida de los más ricos prohibiéndoles una actitud excesivamente ostentatoria para no suscitar celos entre los cristianos. Así, en el siglo XIII, una comunidad del Rin –región donde, como veremos, los judíos son especialmente maltratados– prohíbe a sus miembros toda festividad no religiosa, para no llamar la atención. Los letrados, sobre todo, no tienen derecho a participar en fiestas, ni siquiera entre ellos, "excepto cuando un letrado desposa la hija de otro letrado",[262] aclara Maimónides, al que se remiten los rabinos de Europa. Otra comunidad de Alemania castiga severamente a todos aquellos que se visten, o visten a sus hijas, con ropa costosa. De aquí provienen las acusaciones de avaricia que a propósito de los judíos comienzan a extenderse un poco en todas partes. Una vez más, se les reprocha aquello que están obligados a ser.

Agentes y artesanos

El dinero debe ganarse honestamente, mediante el trabajo. El juego, como el robo, está prohibido, porque "no contribuye al establecimiento del mundo". El dinero no es vergonzoso; es un salvoconducto, un medio para huir, una garantía de libertad. No sirve para acumular tierras: irrisoria ambición, grilletes en los pies, dicen los sabios. Tampoco es un camino hacia la salvación. Es un escudo. Un rabino judeoprovenzal de la segunda mitad del siglo XIII, Jacob ben Elías, agradece a Dios "por haber multiplicado nuestras riquezas, porque eso nos da la posibilidad de proteger nuestras vidas y las de nuestros niños, y hacer que fracasen los designios de nuestros perseguidores".[329] Además, cuando las persecuciones amenazan, el miedo a estar en falta es un poderoso estimulante del trabajo y el ahorro.

Bastante raros son los judíos que se establecen como campesinos; si lo hacen, en general es como arrendatarios, nunca como siervos ni como señores, a menos que se conviertan. No tan escasos son los que comercian con productos agrícolas, ganado o vino. En los grandes pueblos suelen ser posaderos, curtidores (oficio tan maloliente que les están reservadas algunas sinagogas –o por lo menos algunos oficios–), sastres, sopladores de vidrio, tejedores de seda (por tradición, la seda de la capa que se lleva durante la coronación de los Habsburgo es tejida por un judío),[34] orfebres, talladores de piedras preciosas y hasta fabricantes de incienso y objetos de culto cristianos. A veces, los rabinos se oponen al trabajo de las mujeres: por ejemplo, la venta a domicilio les está prohibida, ya que una mujer no acompañada por su marido no debe encontrarse bajo el techo de otro hombre.

En la ciudad, los judíos son a menudo agentes, es decir, intermediarios, compradores y vendedores de todo tipo de productos, a veces representantes de grandes mercaderes cristianos. En el capitalismo naciente, no hay mercado transparente sin un agente que ayude a comparar la oferta y la demanda, a encontrar el financiamiento de una u otra, y a hacer progresar la calidad de los productos. Por naturaleza, el agente es un marginal; necesario y detestado a la vez, trabaja en solitario, por la simple virtud de su nombre, fuera de las corporaciones. Su oficio no requiere capital alguno: solamente una aptitud para anticipar las necesidades, los clientes, los proveedores, los precios. Para especular, en el buen sentido de la palabra.

En Arles, algunos judíos son fabricantes de jabón; en Marsella, son agentes marítimos, y algunos poseen el monopolio del artesanado del coral.[5] En Nápoles se los encuentra ante todo en el teñido de paños, el tejido de seda y –primera industria– en la explotación minera. En Languedoc y en España, algunos acceden a los concejos de las ciudades y, en ocasiones, obtienen el privilegio de la recaudación de impuestos o el de acuñar moneda. En todas partes son médicos, descubridores del cuerpo humano, por ser en principio los únicos que tienen el derecho de disecar cadáveres. Por último, muchos son músicos ambulantes, como el trovero Susskind von Trimberg y el trovador Acher Ben Yehiel.

A comienzos del milenio, tanto en el Sur de Europa como en tierra del islam y en Constantinopla, los judíos constituyen sus propias corporaciones de artesanos. En el Norte ingresan a las corporaciones cristianas, a veces abiertamente, otras de manera clandestina. Luego, tanto en el Norte como en el Sur, las corporaciones, que se han vuelto omnipotentes, los excluyen de las profesiones artesanales, hasta de los oficios menos buscados: en 1331, en la ciudad imperial de Esslingen, son echados de la corporación de los curtidores.[5]

Entonces, en muchos lugares de Europa, ya prácticamente no les queda otra cosa que el comercio de caballos, el oficio de carnicero y, sobre todo –¡trágico atolladero!–, el de prestamista, oficio estratégico en esta fase del capitalismo naciente y la constitución de las naciones. Como los obligan a ejercerlo, van a hacerlo hasta el hartazgo. Para su mayor desdicha. Una vez más, serán útiles y los odiarán por los servicios prestados.

El interés de los judíos

Hacia el Milenio, el sistema monetario se sofoca frente a las exigencias del comercio. Aunque durante la Edad Media algunas monedas de Génova (el florín), de Francia (la tornesa) y de Venecia (el ducado) se suman a la de Carlomagno (el dinar de plata), el volumen de los medios de pago ya no basta para cubrir las necesidades de campesinos, artesanos, mercaderes y, sobre todo, de los señores y los monarcas. Por lo tanto, se necesita crédito, mucho más que en los siglos pasados.

Pero prestar les está absolutamente prohibido a los cristianos; la Iglesia sigue llamando con horror *usura* al ingreso que se obtiene de ello, mientras que ha dejado de emplear esa palabra para designar el ingreso surgido del comercio de mercancías.[237] Todo prestamista es considerado una especie de diablo que tienta al prestatario y crea las condiciones para su ruina: el préstamo y el prestamista son, respectivamente, la imagen de la manzana y de la serpiente en el jardín del Edén. Por lo tanto, el prestamista es odiado por aquel a quien ayuda, aunque sus condiciones de préstamo no sean usurarias.

Por añadidura, la Iglesia se preocupa al ver que el crédito afianza a los monarcas, que se oponen a ella, y a las ciudades, donde no puede hacer marcar el paso a cuerpos y almas tan fácilmente como en el campo. En consecuencia, sigue prohibiendo el préstamo a cualquier cristiano; pero, paradójicamente, no prohíbe que los fieles pidan prestado. Por consiguiente, el atolladero entre las necesidades económicas y la ideología religiosa es total.

A partir del siglo XI, cuando el feudalismo va en camino a engendrar el orden mercantil y el Estado-nación, únicamente los judíos ejercen el comercio del dinero. Ya empezaron a hacerlo en los siglos anteriores. Y ahora, muchos tienen los recursos monetarios: comerciantes y artesanos, incapacitados para comprar bienes raíces, preocupados por disponer con qué partir de apuro en caso de amenaza, acumulan alguna liquidez en monedas, oro y piedras preciosas, que pueden prestar mientras siguen ejerciendo su otro oficio, si tienen el derecho a ejercerlo. Por otra parte, las tasas de interés son tales (a veces incluso superan el 60% anual, en virtud de la demanda y los riesgos) que su liquidez se incrementa velozmente. Aunque no fijen a su capricho las tasas, muy controladas por las autoridades, son lo suficientemente libres para escoger las condiciones de pago. La Iglesia sigue enfatizando con horror que "el dinero engendra el dinero"; algunas voces ultrajadas mezclan economía y sexualidad en su denuncia de la índole monstruosa del interés, producto de los "amoríos" culpables del prestamista y su obligado.

En consecuencia, vemos a los judíos convertidos en prestamistas al mismo tiempo que sometidos. Propiedad de los señores y prestamistas de ellos o de sus vecinos. Prestamistas forzados. Prestamistas vendidos.

Desde el siglo XII, algunas ordenanzas ponen como condición para recibir a las comunidades judías que realicen ese oficio. En ocasiones, hasta exigen que todos los jefes de familia sean prestamistas –además de otro oficio–, como ocurre en Neuhaus, Bohemia. También en el siglo XIII, la primera carta concedida a los judíos de Polonia menciona la actividad de prestamista como uno de los oficios requeridos. En 1236, el emperador acepta a los judíos como *servi nostri* a cambio de sus servicios como prestamistas.

Los rabinos de los siglos XI y XII son perfectamente conscientes de los peligros inherentes a la aceptación de un papel semejante: ya en el siglo X, en Bagdad, se había perseguido a comunidades enteras porque algunos de los suyos habían aceptado hacer las veces de banqueros. Si hasta ese momento las persecuciones de prestamistas habían sido escasas en Europa, se debía a que el crédito era insignificante. Los *ravim* debaten largamente acerca de este asunto; intercambian cartas. Y siempre retoman la misma cuestión: ¿por qué arriesgarse a ser exterminados por deudores airados?

Rabí Ishmael recomienda que la prohibición de prestar a interés a los judíos se extienda a los no judíos, a menos que no haya otro medio de ganarse la vida. En otras palabras: ¡no se arriesguen, salvo urgencia absoluta! Rabí Ravina es de la misma opinión, porque el oficio de prestamista lleva a entablar demasiadas relaciones con los no judíos, y pone en riesgo la integridad ética; el autor del *Séfer Hajinuj* subraya que, "según la nueva moralidad del mundo, uno debería estar autorizado a prestar a interés; pero el objetivo de los *mitzvot* es purificar a los judíos, y Dios nos prohíbe hacer cosas inaceptables según las exigencias morales que nos son propias".[442]

A la inversa, otros rabinos no se oponen: en Francia, rabí Mordejai, citando a Rashi de Troyes, lo aprueba entre judíos cuando el préstamo se realiza a través de un intermediario que oculta al destinatario final; pero la mayoría de los comentarios rechaza el préstamo a interés entre judíos, a no ser que las ganancias vayan a la *tzedaká*, vale decir, a los pobres. Más tarde veremos algunos ejemplos. En 1160, uno de los nietos de Rashi, Rabenu Jacob Tam –al igual que Maimónides en Egipto, en el mismo momento–, interpreta el permiso de prestar a los extranjeros como una obligación moral.[176] Uno debe poner sus bienes a disposición de los extranjeros. Añade –razonamiento muy moderno que no será retomado antes de Adam Smith– que el préstamo a interés es del interés del prestatario, porque lo lleva a tomar decisiones racionales, mientras que el préstamo sin interés falsea los cálculos económicos. Rambam es de la misma opinión, y por su parte recuerda que, sin ser obligatorio, el oficio de prestamista a interés es autorizado por la Torá. Muchos explican también que es un oficio honorable, ya que los prestamistas ganan rápido el dinero suficiente para dejar cualquier otro oficio y consagrarse al estudio religioso. Eso ocurre especialmente en Alemania, donde un rabino del siglo XII, Shalom ben Isaac Shekel, observa: "Que la Torá ocupe en Alemania un lugar mayor que en otros países se debe a que allí los judíos prestan a interés a los gentiles y no necesitan dedicarse a un oficio que requiere tiempo [...]. Quien no se entrega al estudio de la Torá dedica sus ganancias a atender las necesidades de aquellos que sí la estudian".[34]

Otros debaten acerca de la tasa de interés: debe ser muy elevada –dicen algunos– para cubrir el riesgo de no ser reembolsados y para no tener que prestar demasiado; debe ser baja –replican otros– para no suscitar rencor y celos.

Los señores que protegen a los judíos son sus primeros clientes: se necesita plata, mucha plata, para construir Estados. Luego de la conquista normanda que los lleva a Inglaterra en 1066, Guillermo el Conquistador exige que los comerciantes judíos financien sus nuevas instituciones; les deja la preocupación de cobrar recaudando ellos mismos los impuestos o prestando con una gran tasa de interés a otros que no sea del príncipe. Así, en 1170, un mercader judío, Josué de Gloucester, presta a Enrique II sumas considerables para financiar la conquista de Irlanda. Un obispo inglés protesta:[239] "El dinero que obtiene un príncipe por vía de los ingresos de un usurero lo convierte en cómplice del crimen". Entonces, el prestamista es arrastrado a un mecanismo mortal: en cuanto recaudador de impuestos, debe soportar los retrasos en el pago de los pequeños notables y los campesinos, y entonces se vuelve su acreedor sin haberlo querido. De este modo, al igual que bajo Luis IX, los funcionarios reales, al recaudar ellos mismos el impuesto, embargan los bienes de los contribuyentes insolventes, que fuerzan a los judíos a aceptarlos como prenda a cambio de un préstamo otorgado al rey: esa situación redunda en que el prestamista forzado luego debe cobrar directamente al contribuyente a través de sus prendas. Finalmente, lo que ocurre es que, sin más, los agentes del poder confiscan los bienes de los prestamistas, pues "su práctica usuraria empobrece a los deudores", ¡y olvidan que ellos los hicieron cargo de eso!

Después de los príncipes, los monasterios son los segundos clientes impuestos a los judíos. El abate Suger, que se dedica a la reconstrucción de la abadía de Saint-Denis, se felicita por haber podido pedir prestado y luego rembolsar su deuda, contraída ante un tal Ursellus de Montmorency, prestamista.[60]

Una anécdota especialmente esclarecedora:[80] hacia 1173 en Inglaterra, la abadía de Bury Saint Edmund's pide en préstamo a un tal Isaac, hijo de rabí Josué, 400 libras esterlinas a una tasa del 25% anual, poniendo en prenda las propiedades de la abadía, vestimentas de seda y vajilla de oro, y luego otras 40 libras a un tal Benedicto de Norwich. La historia de este préstamo, referida más tarde por un monje,[80] muestra con elocuencia las condiciones que enfrentan todos los judíos de esa época, banqueros obligados, prestando cada vez más, con la esperanza, a menudo ilusoria, de ser un día rembolsados, viendo sus acreencias amañadas e impugnadas hasta su anulación por una autoridad superior. Vale la pena leer en detalle ese relato.

> Para reparar nuestra mantequera, que estaba destruida, el sacristán William tuvo que pedir prestado en secreto a Benedicto, el judío de Norwich, 40 libras a usura; le dio una constancia de deuda lacrada con un sello colocado habitualmente junto al relicario de San Edmundo, con el que las corporaciones y las fraternidades sellan sus mensajes. Cuando la deuda llegó a 100 libras, el judío vino con cartas del rey a propósito de la deuda del sacristán, y se reveló que éste había contraído esa deuda a escondidas del abad y los monjes. El abad, tras haber querido destituir al sacristán, emitió una nueva constancia de deuda al judío, por 400 libras pagaderas en cuatro años, tanto por las 100 libras ya prestadas como por otras 100 más que solicitó el abad, quien no puso su propio sello sobre el reconocimiento de deuda, sino tan sólo el sello de los monjes. Por eso, al término de los cuatro años, la deuda no se pagó, y se estableció una nueva constancia de deuda por 880 libras, pagaderos esta vez a razón de 80 libras por año durante once años. Como el mismo judío tenía otras constancias de deudas no rembolsadas de este convento, entre ellas una desde hacía catorce años, la suma total que se le debía era de 1.400 libras. El representante del rey señaló al abad que debía mantenerlo informado de deudas tan enormes.[80]

La historia no dice si el acreedor judío fue pagado, en definitiva. Seguramente no, si se toma en cuenta la manera en que fueron tratados los judíos ingleses algunos años más tarde.

Más allá de los príncipes y la Iglesia, todo el mundo –sobre todo en Renania– pide prestado a los comerciantes judíos: los campesinos, para comprar semilla; los artesanos, para conseguir herramientas; y hasta las corporaciones, que no los quieren en sus filas. Por lo general se trata de montos bajos, prestados a tasas elevadas y casi siempre devueltos en un ambiente amistoso. Algunos documentos notariales conservados en Perpiñán, a fines del siglo XIII,[134] muestran que la media de los préstamos equivale a un año de ingresos de un artesano, y que un décimo de los préstamos son inferiores a 60 maravedíes, o sea, dos meses de ingresos. Mientras que en San Quintín los prestamistas judíos dan crédito a los comerciantes más modestos, en Perpiñán sólo financian al artesanado pudiente,[134] con una tasa de interés anual superior al 50 por ciento.

A veces, los prestatarios contraen estos préstamos con remordimiento, como una droga de la que no pueden abstenerse, furiosos contra el que se la consigue. Por su parte, los prestamistas deben calcular sus riesgos según la personalidad y la situación del prestatario, justipreciar las tasas que razonablemente pueden pedir, imaginar y evaluar prendas, hacerse rembolsar en los plazos convenidos, ocultar las prendas y el dinero –a menudo sumas considerables– que se les paga, tan tentador para los ladrones. Por eso, no hay prestamistas sin teoría del riesgo, sin ciencia del escondrijo, sin peritajes de objetos preciosos –perlas, oro, plata, monedas–, que permitan disimular la mayor riqueza posible en el espacio más pequeño imaginable.

Al comienzo, las operaciones de crédito se hacen sobre todo oralmente: los pobladores no saben leer ni escribir; en especial, las mujeres, que a menudo piden prestado a escondidas de su marido, se niegan a que su deuda figure en un documento.[176]

Con el desarrollo del derecho escrito en Europa meridional durante la segunda mitad del siglo XII, algunos contratos comienzan a servir como pruebas en caso de impugnación. Pero todavía hace falta –como vimos en el ejemplo del monasterio inglés de Bury Saint Edmund's– que la rúbrica y el sello sean dignos de fe. En ocasiones se asientan los títulos del préstamo ante un notario o el oficial del obispado. Así, las actas de los archivos notariales de Perpiñán contienen tanto contratos de importantes transacciones financieras como testimonios de préstamos pequeños otorgados a artesanos,[125] en general sin impugnación.

Entonces, los prestamistas elaboran técnicas de préstamo cada vez más sofisticadas. Algunos trabajan además con el ahorro de sus vecinos judíos, a quienes remuneran, cosa que los sabios autorizan, porque el prestatario final es ajeno a la comunidad. Otros refinan instrumentos escritos que permiten transformar el préstamo en un bien comercializable que pueden revender: el *mamram* es un simple documento en que figuran la suma adeudada, la fecha prevista para el rembolso y la firma del deudor (nadie conoce realmente el origen de esta palabra tan utilizada en la Edad Media: ¿viene del hebreo *he-mir*, "cambiar", del latín *in memoriam*, o incluso de *membrana*, que en bajo latín designa un trozo de pergamino?). Se encuentra un primer testimonio en la Francia del siglo XII, en un comentario hecho por Elahan ben Isaac de Dampierre sobre el tratado *Avodá Zará*. Como el nombre del acreedor no es mencionado en él, el *mamram* puede pagarse a quien lo presente ante el deudor; por lo tanto, es transferible, al menos entre prestamistas judíos que se tienen confianza, con un interés porque el prestatario final es cristiano. Formidable herramienta de desarrollo del crédito, permite que los prestamistas dispongan de nuevos recursos para convencer a otro prestamista del valor de la firma de su cliente: Estado, campesino, artesano o mercader. Los judíos lo utilizan tres siglos antes de que los billetes a la orden se hagan transferibles en Italia (a comienzos del siglo XV). Sin embargo, esta innovación será atribuida a banqueros lombardos, algunos de los cuales, lo veremos, podrían ser conversos que siguieron siendo judíos en secreto.

La cuestión de la prenda también suscita muchas discusiones doctrinales.[231] Los rabinos aceptan que los bienes de los gentiles sean tomados como prenda, a excepción de algunos objetos de primera necesidad (la piedra para moler el grano o algunas piezas de vestuario).[231] En la ciudad se toma en prenda herramientas, piedras preciosas, obras maestras de artesanos, hasta objetos de culto cristianos. En el campo, la prenda es a menudo la cosecha del prestatario; en Mosela y en Renania, son tejidos, caballos o vinos. En las ciudades polacas[414] y en las comunidades moravas, también vino. En consecuencia, el préstamo sobre prenda es de hecho una venta disfrazada y el prestatario se ve obligado a dejar por un precio bajo un bien valioso en manos de su acreedor. Algunos señores prohíben que los judíos tomen como prenda terrenos, molinos o feudos; otros, más maliciosos, por el contrario, los obligan a no tomar como prenda más que bienes raíces, ¡para que no puedan irse con ellos! A veces, los reglamentos fijados por una ciudad a una comunidad especifican que los prestamistas pueden hacer embargar la prenda de un deudor en mora. La situación es particularmente delicada cuando un prestamista debe embargar las prendas dejadas por su propio protector, el que otorgó la carta. ¿Y qué pedir como prenda a un monarca que pide prestado para pagar el sueldo de su ejército?

Así, poco a poco algunos prestamistas se vuelven propietarios más o menos voluntarios de ropa, caballos, cosechas de vino y hasta dependencias, feudos de artesanos, feudatarios, fábricas, caídas de agua, molinos, acueductos, canales, que a veces no tienen derecho a explotar ni a revender a su antojo. La Iglesia también se preocupa al ver que los señores dan en prenda a los judíos bienes que tenían la esperanza de recuperar en concepto de ofrendas religiosas.

Entonces aparecen nuevos oficios, para administrar y comerciar esos bienes. Ya comerciantes, artesanos, agentes y prestamistas, los judíos se convierten además en negociantes de artículos de ocasión. Así, los prestamistas de Alsacia y de Renania aprenden el comercio de caballos, ganado, vino –cosa que los rabinos procuran impedir–, tejidos, ropa de ocasión (serán ropavejeros) y objetos preciosos. A veces también ocurre que los prestamistas comercien objetos robados dejados en prenda por ladrones en fuga, con el riesgo de ser acusados del hurto.

Cada comunidad es responsable de la probidad de sus prestamistas. En algunos casos, hasta debe comprometerse a que no superen ciertas tasas y a garantizar la restitución de las prendas a los prestatarios a su debido momento.

Prestar casi nunca es un oficio. Es una ocupación anexa de la mayoría de los judíos. En algunas comunidades, todos los judíos adultos son prestamistas y campesinos, prestamistas y comerciantes, prestamistas y médicos, prestamistas y rabinos. En ocasiones es difícil encontrar a un judío que, por lo menos episódicamente, no se dedique al comercio de dinero. Menahem Ha-Meiri, sabio judío provenzal del siglo XIII, escribe: "Parecería que nadie se priva del ejercicio del préstamo a interés a los gentiles."[104] Ni siquiera él...

El informe de unos investigadores despachados a San Quintín por Luis IX muestra que allí un tercio de los prestamistas judíos son mujeres, a las que acuden otras mujeres a cargo de familias por montos muy inferiores a los que piden los hombres.

Cuando la situación política es duraderamente tranquila, a veces se instalan dinastías de prestamistas especializados que ejercen ese oficio durante tres o cuatro generaciones y toman el relevo de las dinastías financieras del Norte de África o de Oriente, sobre todo para prestar a los príncipes y los grandes mercaderes: eso ocurrirá con los Volterra, los Tívoli, los Da Pisa, los Del Banco, judíos de Italia que más tarde serán tomados por lombardos. Algunos de ellos se enriquecen: en Inglaterra, alrededor de 1240, bajo Enrique III, algunos documentos fiscales confirman que tres prestamistas judíos (Aarón y León de York, y David de Oxford) pagan el 83% de las tasas abonadas por todos los judíos sobre las actividades crediticias. A fines del siglo XIII, un gran banquero y mercader judío de Borgoña, Elías de Vesoul, tiene clientes hasta en Alemania. Ante la amplitud adoptada por las operaciones de estos prestamistas, sus protectores, en Inglaterra o en España, los controlan, registran sus acreencias y toman una parte de los intereses, ¡aunque ellos mismos sean los prestatarios!

El prestamista y el judío terminan por no ser más que uno. Así, Bernardo de Clairvaux acuña el verbo *judaisare* para designar la actividad del prestamista. En la mentalidad del siglo XII, todo deudor es cristiano y todo acreedor judío; incluso cuando el financista es un cristiano, como el mercader flamenco Guillermo Cades –cuyo volumen de transacciones en el mercado inglés supera al de su contemporáneo judío Aarón de Lincoln–, se lo considera un "judaizante".[104]

Las relaciones con los otros: odiados por los servicios prestados

Algunos judíos –no muchos– se establecen de manera solitaria en pueblos, fuertes, puestos avanzados, donde son comerciantes, concesionarios de destilería, representantes de grandes mercaderes, agentes, recaudadores de impuestos, y al mismo tiempo, con mucha frecuencia, prestamistas. Los demás viven en comunidades de por lo menos diez adultos varones, como impone la Ley. Todos están en contacto con los cristianos circundantes. Sus médicos y comadronas cuidan a los enfermos de los alrededores; sus campesinos venden sus productos en la feria; sus comerciantes tienen acceso a la intimidad de las casas de los gentiles; viajan en su compañía, comen y se alojan con ellos; artesanos judíos trabajan en talleres con obreros cristianos; los prestamistas deben negociar con sus clientes; los vendedores ambulantes de todas las raleas juegan juntos a los dados en los garitos; los mercados reciben a cristianos y judíos; la "calle de los judíos", que se encuentra en muchas ciudades, es un espacio abierto.

Exploradores por esencia, los judíos se someten de buena gana a esa inmersión en nuevos mundos. Cada vez que llegan a un país, aprenden su lengua y se apropian de su cultura. Discuten las mismas literaturas; leen a los mismos filósofos; comparten las mismas modas en lo que hace a la vestimenta; padecen las mismas hambrunas, las mismas epidemias, los mismos enemigos. Luchan en los mismos ejércitos; crean juntos obras literarias, obras maestras de artesanado y empresas comerciales. Participan en la misma economía, consumen y producen los mismos bienes que los cristianos. También aportan cosas nuevas de donde vienen. Más flexibles, exentos de las coerciones de las corporaciones, son temibles competidores de los artesanos cristianos. Con frecuencia se teme su aptitud para producir mejor y más barato.

Esta necesidad de vivir en un medio abierto los obliga a modificar su práctica de la Ley. Aunque la cuestión todavía sea citada y discutida, el precepto babilónico que prohíbe comerciar con no judíos tres días antes de las fiestas religiosas deja de ser aplicado. La prohibición de comerciar vino y de poseer objetos de culto cristianos también cae en desuso con las necesidades de la prenda. La poligamia se convierte en motivo de excomunión; se prohíbe el repudio y el divorcio deja de estar autorizado salvo por consentimiento mutuo. Por último, como desde tiempos del primer exilio babilónico, se prohíbe a los judíos resistir la fuerza del príncipe (a menos que quieran imponerles la conversión: en este caso, y solamente en este caso, son autorizados a la resistencia armada e incluso, en ocasiones, a cometer suicidio).

Se refieren muchas historias de discusiones públicas, de vínculos comerciales y familiares, de amistad, hasta de amor entre cristianos y judíos, como la de ese clérigo de Oxford que, alrededor de 1220, se convirtió al judaísmo por amor a una joven de la comunidad judía de la ciudad. La situación inversa es igualmente cierta, y algunos judíos se convierten por amor o por deseo de integración.

Cristianos y judíos debaten acerca de teología en la plaza pública o en casa de unos y otros. Rashi de Troyes cuenta que uno de sus vecinos cristianos le ofrece tortas el último día de la Pascua judía. Estudiantes judíos polacos frecuentan a clérigos de universidades italianas. Rabí Levi ben Gershon es recibido en Aviñón en la corte del papa Clemente VI. Las obras de Abraham ibn Ezra son traducidas al latín y al francés.[104] Los grandes intelectuales judíos de entonces, como el filósofo Ha Meiri, de Perpiñán, dialogan con sus homólogos cristianos, como Ramón Lull, que escribió *El gentil y los tres sabios*.[257] Algunos escritores cristianos acreditan un excelente conocimiento de la literatura judía.[388] Los textos de Nicolás de Lyre contienen innumerables remisiones a Rashi; cada vez con más frecuencia, algunos textos judíos apelan a la filosofía árabe, griega y agustiniana; las novelas de caballería inspiran a los filósofos judíos. En el siglo XII, algunos teólogos cristianos consultan los manuscritos hebreos y apelan a rabinos para compararlos con la Vulgata. Una estrecha colaboración se entabla entre monjes de Císter y rabinos, que traducen del hebreo al francés pasajes de la Escritura que los clérigos sólo conocen en latín.[104] Dominicanos y franciscanos consultan a exégetas judíos para enriquecer sus comentarios. En el siglo XIII, Salomón ibn Gabirol, en *La fuente de la vida,* alimenta sus construcciones teóricas abrevando en algunas doctrinas cristianas.[388] Los rabíes insisten entonces en las convergencias entre los tres monoteísmos. Tiene mayor aceptación lo que Rashi escribió al respecto: "Esas naciones en las que nosotros, el pueblo de Israel, estamos exiliados, reconocen la Creación *ex nihilo,* el Éxodo y otros puntos esenciales. Su culto está dedicado al Creador del cielo y de la tierra".[326] En Perpiñán, Ha Meiri reconoce incluso que los cristianos son monoteístas, a imitación de judíos y musulmanes, y no idólatras, lo que obliga a las comunidades a ayudar a sus pobres de la misma manera que a los de las otras religiones del Libro.

Aristóteles —ya traducido al árabe— es debatido en hebreo por las comunidades judías del sur de Francia antes de ser comentado por Tomás de Aquino.[388] En 1336, por otra parte, estalla una polémica en el seno de la comunidad de Narbona acerca de la edad en que los jóvenes judíos deben ser formados en el pensamiento aristotélico. Los cristianos, confrontados con

Aristóteles por Averroes, atraviesan entonces una crisis a la que Maimónides ya había intentado responder en la *Guía de perplejos*. Algunos autores cristianos citan la enseñanza judía como modelo. Así, un alumno de Abelardo observa en un comentario suyo a la Epístola de Pablo a los Efesios: "Aunque sea pobre, aunque tenga diez hijos, un judío los enviará a la escuela, no por beneficio, sino por la inteligencia de la Ley, y no solamente a sus hijos, sino también a sus hijas".[59] De paso, también destaca el excepcional desarrollo demográfico judío: las familias con diez hijos no son raras, y las comunidades crecen rápido.

Como siempre, los rabíes temen entonces que los más grandes comerciantes, los mejor integrados, los más ricos, los más cercanos a los príncipes o a los medios intelectuales sean perjudiciales para sus comunidades por las faltas que podrían cometer o los celos que podrían suscitar. Siempre la vieja idea: nada es bueno para los judíos si no lo es también para los demás. Por eso, las relaciones fuera de las comunidades son muy vigiladas; los maestros repiten sin descanso que la supervivencia de todos depende de la honestidad de cada cual, que apropiarse deshonestamente de los bienes de un cristiano o beneficiarse con un error cristiano en una transacción comercial constituyen pecados mayores, y que cada cual tiene interés en la prosperidad de los gentiles y debe contribuir a ello.

Pero como por encima de todo se teme la asimilación, los rabíes velan por hacer respetar las prescripciones alimentarias, prohibiendo que todo judío comparta una comida o beba con un cristiano. Instan a sus fieles a agruparse en los mismos barrios, alrededor de una sinagoga, de un baño ritual, de un cementerio. A veces reclaman la facultad de cerrar ellos mismos ambos extremos de su calle con un portal para defenderse mejor en caso de agresión. En lo sucesivo, en este tipo de barrios, el rabino, el maestro de escuela, el carnicero y algunos artesanos ya nunca tienen contactos con los gentiles.[34] Los señores favorecen estos agrupamientos, que facilitan los controles y evitan las mezclas. Así, en 1243, Jaime el Conquistador, rey de Aragón, asigna a los judíos de Perpiñán, con su consentimiento, que vivan en un barrio cercano al de los tejedores, a quienes financian. El gueto no está lejos.

Con seguridad, los rabinos tienen razón al desconfiar: pese a la coexistencia popular y a su utilidad económica, el odio está de regreso. Mediante una sabia mezcla de teología y economía, pronto Occidente se librará de sus acreedores acusándolos de deicidio. Así, las comunidades judías van a convertirse en blanco de nuevos ataques, deslizándose incesantemente de un campo a otro. Hay resentimiento contra los judíos por haber suministrado su Dios y su dinero, pues están resentidos consigo mismos por no poder ya abstenerse ni de Uno ni del otro. Prestamistas de Dios, prestamistas de dinero, los acusan indistintamente de ser ladrones, explotadores, parásitos, acaparadores, usureros, complotadores, bebedores de sangre, envenenadores, asesinos de niños, profanadores de hostias, enemigos de Dios, asesinos de Cristo, celosos de Jesús.

Las cruzadas: pagar y morir

Desde mediados del siglo XI, el panorama se colma de presagios. La situación en Europa no es floreciente. Bandas de salteadores saquean las ciudades, los señores se pelean entre ellos. En 1073, un nuevo papa, Gregorio VII, aprovecha para negar al emperador romano germánico el derecho a intervenir en la elección pontificia. Hasta lo obliga, en 1077, a arrodillarse ante él en Canosa, y prohíbe a los señores la compra de cargos eclesiásticos. Una vez más, el nuevo emperador de Oriente, Alejo Comneno, cuyos ejércitos acaban de ser vencidos por los musulmanes, se vuelve en 1081 hacia el papa para solicitar la ayuda de los cristianos de Occidente, con los que sin embargo rompió desde hace más de veinte años.

La ocasión es demasiado propicia para la Iglesia de Roma: respondiendo a este llamado puede tener la esperanza de tomar el mando de los príncipes de Occidente, recuperar la Iglesia de Oriente, aprovecharla para proseguir su avance hasta Jerusalén y recuperar de los musulmanes la tumba de Cristo. Gregorio VII no tiene tiempo de poner en marcha este proyecto. Su sucesor, Urbano II, desencadena durante un concilio reunido en Clermont, el 27 de noviembre de 1095, lo que más tarde se llamará la primera cruzada. Caballeros, monjes, hombres del pueblo provenientes de toda Europa, bajo el mando de caballeros francos, Godofredo de Bouillon y Raimundo de Tolosa, se lanzan así en auxilio de los bizantinos y a la conquista del Oriente.

Para financiar sus equipamientos y garantizar la protección de sus familias durante su ausencia, que se anuncia larga, los cruzados naturalmente carecen de dinero. El único lugar donde creen poder encontrarlo son las arcas de los prestamistas judíos. Por lo demás, la Iglesia los exonera de todo rembolso de préstamos anteriores. Eso no basta: algunos recurren al saqueo. En la ruta de Jerusalén, los cruzados –sobre todo los de Alemania; pero no solamente ellos– atracan a las comunidades que encuentran, y les arrebatan dinero, oro, perlas y hasta las joyas de los muertos desenterrados. Nada logran hacer los llamamientos al sosiego de algunos obispos, así como las protestas del emperador Conrado III, a quien están sometidos los judíos alemanes. A partir del 30 de mayo de 1096, las comunidades de Colonia, Maguncia, Worms, Spira, Estrasburgo son saqueadas y diezmadas, con frecuencia tras ofertas de conversión rechazadas. En ocasiones, para prevenir violaciones y torturas, algunas batallas culminan en suicidios colectivos, como en Colonia y en Worms. En total, 30 mil muertos en el período de algunas semanas. Desde las matanzas de Judea, mil años atrás, jamás había ocurrido nada semejante en parte alguna del mundo. Se discute de eso afiebradamente en Provenza, España, Italia y Europa Central, regiones relativamente respetadas.

Al llegar a Tierra Santa en 1098, los cruzados encuentran, encolumnadas tras los ejércitos selyúcidas, algunas raras comunidades judías correctamente tratadas por el Islam. Por eso, cuando el 15 de julio de 1099, luego de cinco semanas de sitio, se apodera de Jerusalén y aniquila a sus habitantes, Godofredo de Bouillon reúne a los pocos miles de judíos de la ciudad en una de las escasas sinagogas todavía intactas y le prende fuego. Los otros judíos capturados con las armas en la mano son vendidos como esclavos a precios menores que los soldados musulmanes, para dejar bien marcada su humillante inferioridad.

Una vez instalado, el reino cristiano no instituye un impuesto particular sobre los judíos ni impone discriminación alguna a los sobrevivientes, fuera de la prohibición de vivir en Jerusalén. Su participación en la economía del reino de las cruzadas será marginal.

En el Sur de Europa, el acontecimiento suscita tal traumatismo que algunas comunidades parten hacia Marruecos y otras exigen garantías suplementarias de los príncipes cristianos para permanecer bajo su tutela. Por ejemplo, la ciudad de Reggio de Calabria, para evitar que su comunidad judía parta, debe garantizarle una indemnización total en caso de agresión.

Pero dichas medidas nada hacen por frenar la violencia. En Alemania e Inglaterra, día tras día, los judíos son acusados de crímenes cada vez más variados: enemigos de Cristo, aliados de los sarracenos, aprovechadores de la ausencia de los cruzados —ya que estos, según se dice, están obligados a "privar a sus familias de lo necesario para cubrir sus gastos de viaje, mientras que los enemigos de Cristo viven en la opulencia"–. Todas las ocasiones son buenas para confiscarles sus bienes. En 1130, el rey Enrique I de Inglaterra, primero muy acogedor, les hace pagar colectivamente una multa de 2.000 libras porque se sospecha que uno de ellos cometió un homicidio. A su muerte, en 1135, sus dos herederos todavía se disputan ávidamente el dinero de los judíos.

En 1144, se produce una gran innovación: los judíos de Norwich son acusados de haber matado, para beberle la sangre, a un joven que se halló muerto en un bosque la víspera del Viernes Santo. Es la primera vez desde la Antigüedad que se lanza una acusación de ese tipo contra los judíos. Hasta ese momento estaba reservada a los cristianos heréticos. Pese a la intervención de algunas autoridades locales, que establecen que el muchacho murió de una crisis epiléptica, un centenar de comerciantes judíos, muchos de los cuales prestaban a los campesinos, son aniquilados; a los otros les corresponde una multa: los protectores se convierten en saqueadores.

En 1146, ante las dificultades financieras y militares del reino de los cruzados, Bernardo de Claraval predica una segunda cruzada, al tiempo que prohíbe el saqueo de los bienes judíos. Para él, tal como para San Agustín y San Gregorio Magno, el pueblo judío debe ser protegido como testigo y "responsable" de la pasión de Cristo. Por lo tanto, es necesario que sobreviva para que se lo siga denunciando como deicida. Sin embargo, algunos monjes –sobre todo en el sur de Alemania– llaman a la destrucción de comunidades que apenas fueron reconstruidas medio siglo después de las primeras matanzas. Un monje llamado Randulfo predica el saqueo en Alemania y en Alsacia. Una vez más, las acusaciones de deicidio son estímulos para la matanza. También ese año, Pedro el Venerable, abad de Cluny, acosado por deudas contraídas ante prestamistas judíos y furioso de ver que los bienes que esperaba recibir como ofrendas se volvían judíos por vía del préstamo prendario, da rienda suelta a su amargura. Sus sermones denuncian la usura, "mala costumbre de los judíos", capaz de contaminar al buen pueblo. Hay que arrebatarles todo, escribe cínicamente a Luis VII: "Deben ser execrados y odiados, pero yo recomiendo que no se los ejecute. Conviene castigarlos de una manera más afín a su perversidad. ¿Existe castigo más indicado para este mal pueblo que arrebatarles lo que adquirieron por el fraude y robaron con iniquidad?"[309]

La segunda cruzada, liderada por Luis VII y Conrado IV, tiene un inicio mediocre con la toma de algunas islas griegas y culmina de manera lamentable ante Damasco. En Europa se reanudan las matanzas; esta vez son fruto del pueblo, ya no de los príncipes. Es lo que ocurre en 1168 en Gloucester. Luego, en la Pascua de 1171, toda la comunidad de Blois, acusada de beber la sangre de los niños –el segundo caso de este tipo luego de Norwich– es quemada viva. Ese mismo año, Salah al-Din ibn Ayyub, llamado Saladino,[85] que se ha convertido en señor de Egipto, desencadena la guerra contra los francos y se apodera de Damasco, antes de ser vencido en 1177 en Montgisard y fracasar ante Jerusalén.

El primer monarca de la Europa cristiana que tuvo la idea de expulsar a todos los judíos de su reino fue Felipe Augusto. En 1180, a su llegada al trono, proyecta desterrarlos autorizándolos a que se lleven solamente el producto de la venta de sus muebles. Hace cerrar la *yeshivá* de París; luego, acuciado por necesidades de dinero –sobre todo en vista del anuncio de una nueva cruzada–, les permite quedarse a cambio de un impuesto suplementario: sus financistas le explicaron que los judíos producen más como contribuyentes que como expropiados.

La misma técnica será utilizada muchas veces posteriormente: un edicto de expulsión del que luego se desdicen a cambio de un rescate. Así, seis veces en un siglo, los judíos estarán a punto de ser expulsados de Francia, sin partir nunca, pero pagando siempre.

Las matanzas continúan, sobre todo en Inglaterra: en Bury Saint Edmund's en 1181 (o sea, ocho años después del préstamo mencionado más arriba), en Bristol en 1183, en Winchester en 1192. Los judíos no son los únicos perseguidos de este modo por la Iglesia. En efecto, ésta también embiste contra los herejes: en 1184, los valdenses son aniquilados; luego les toca a los cátaros, contra quienes se crea la inquisición episcopal, policía dotada de plenos poderes, entre ellos el de torturar: los sospechosos que no abjuran con frecuencia mueren bajo las torturas; los que se "reconcilian" con la Iglesia son condenados al "muro", es decir, la prisión de por vida; los que confiesan y persisten en su fe herética (los "relapsos") son entregados al brazo secular y quemados –a veces muertos, a veces vivos–.

En 1187, luego de quince años de esfuerzos, Saladino derroca al reino de los cruzados, extermina a los caballeros (como Renaud de Châtillon), conquista Beirut y Jerusalén, arranca la cruz colocada sobre el Domo del Peñasco y nuevamente autoriza a residir allí a los judíos.[85] Para recuperar la ciudad de los musulmanes, los tres principales soberanos de Europa, Federico Barbarroja, Enrique II Plantagenet y Felipe Augusto lanzan una tercera cruzada en 1188. En todas partes, su financiación queda explícitamente a cargo de los judíos. En 1188, el Parlamento inglés, reunido en Northampton, decide subvencionar la nueva aventura imponiendo un impuesto de 130.000 libras, la mitad de las cuales les toca a los judíos, cuando representan menos del 0,25% de la población. Para hacer frente a esos impuestos y expoliaciones, los prestamistas judíos aumentan sus tasas de interés, lo que incrementa en igual medida su impopularidad. El 3 de septiembre de 1189, luego de la muerte de Enrique II, su sucesor, Ricardo I Corazón de León, rechaza el acceso a su coronamiento, en Westminster, a judíos que concurrieron para llevarle regalos;

se desatan motines y matan a judíos. Al día siguiente, el monarca los toma bajo su protección: los bienes de sus vasallos le pertenecen, explica en sustancia, ¡por ello conviene no deteriorarlos!

Una vez que Ricardo parte a la cruzada, a comienzos de 1190, un grupo de barones endeudados, liderado por Ricardo Malebys, se lanza contra la comunidad de York, que, el 16 de marzo, se refugia en un castillo del rey; la multitud lo toma por asalto, al tiempo que quema los registros de los préstamos conservados en la catedral. Al día siguiente, a instancias de su rabino, rabí Yom Tov Ben Isaac de Joigny, la comunidad sitiada se defiende casi sin armas, y luego se suicida para no convertirse y evitar la tortura. Otras matanzas se producen en Londres y, nuevamente, en Norwich.

Acre es tomada por los caballeros. Saladino es vencido. La guerra se empantana; se disputan Jerusalén. Ricardo quiere la Ciudad Santa "que es para nosotros –escribe– un objeto de reverencia tal al que no renunciaríamos, así nos viéramos reducidos a un solo hombre".[85] Saladino le responde: "Jerusalén es tanto nuestra como de vosotros; para nosotros es todavía más sagrada, punto de partida de nuestro profeta para su viaje nocturno y punto de reunión de nuestra comunidad el día del Juicio".[85] En 1191, para pagar el rescate reclamado por el duque Leopoldo de Austria, a quien Ricardo Corazón de León hizo prisionero en el camino de regreso, una vez más se grava pesadamente a los prestamistas judíos, y sus acreencias se anulan. Una tregua firmada en 1192 deja la costa y Acre a los cruzados del Imperio latino de Oriente, autorizados a ir a orar a Jerusalén; Siria, Jerusalén y Palestina vuelven a Saladino. Tras su muerte, en 1193, Egipto pasa al sultanato de Al-Malik al-Kamil, su tío.

A su regreso a Londres en 1194, el rey Ricardo, furioso por haber perdido, debido a la destrucción de los archivos, los bienes que habría podido recuperar de los judíos, establece una minuciosa protección de sus préstamos para evitar perderles la huella en caso de motín. Encarga a agentes de la Corona que registren todas las acreencias y hace depositar tres ejemplares de los registros en cofres. Comisiones mixtas, presididas por un oficial del reino y conformadas por notables cristianos y judíos, poseen sus llaves.[34] En caso de no pago de los impuestos sobre el ingreso de los préstamos, los castigos infligidos a las comunidades van de la prisión a la muerte, pasando por la tortura y la confiscación de bienes, mujeres y niños. Algunos barones del norte de Francia, hasta ahora moderados, se declaran libres de sus deudas ante los judíos, los saquean y los echan antes de partir en una nueva cruzada.

En la bula *Sicut Judeis,* el papa Inocencio III, como otros antes que él, pro-híbe que los cristianos despojen a los judíos, perturben sus fiestas, los fuercen a realizar ciertos trabajos, profanen sus cementerios o "exhumen los cuerpos que enterraron con el objeto de extorsionarlos y quitarles dinero". De hecho, el saqueo de los bienes judíos ya no rinde lo suficiente para financiar las enor-mes necesidades: los cruzados ni siquiera tienen ya con qué pagar a los vene-cianos el precio de la travesía del Mar Egeo y el Mediterráneo. El *dux* les propone entonces contratarlos para derrocar al emperador bizantino por su cuenta. En 1204, los cruzados, ahora mercenarios, ocupan Constantinopla, y así permiten que los venecianos (y los genoveses) abran sucursales en el Mar Negro, donde se encuentran con mercaderes judíos. El efímero Imperio lati-no de Oriente, carente de refuerzos, agoniza mientras los cruzados descubren en Constantinopla las delicias del arte de vivir bizantino, fuente lejana del fu-turo Renacimiento.

En Europa, para procurarse cierto resguardo, los judíos intentan generali-zar la redacción de los contratos de préstamo. Durante ese mismo año, 1204, el papa Inocencio III protesta también contra esta práctica ante el rey de Francia: "Si a veces [los cristianos] llevan ante quienes prestan su dinero a in-terés testigos cristianos de que ya pagaron, ninguna credibilidad conserva el documento que, en ocasiones, el prestatario cristiano tuvo el descuido de de-jar a su acreedor. Y como en la materia los cristianos no pueden atestiguar contra judíos, éstos hacen fortuna". El papa también se indigna por la enor-me tolerancia del rey de Francia para con sus comunidades judías, menos sa-queadas allí que en otras partes, y con frecuencia lo suficientemente ricas para cometer el error de construir sinagogas demasiado bellas: "Y su insolencia va tan lejos (lo decimos con vergüenza) que los judíos de Sens acaban de cons-truir, cerca de una vieja iglesia, una nueva sinagoga, mucho más alta que la iglesia, donde celebran sus oficios según los ritos judíos. Y lo hacen no como antes de ser expulsados del reino, es decir, de manera discreta, sino con gran-des exclamaciones, sin tener el escrúpulo de procurar no molestar las más san-tas ceremonias que se observan en la iglesia vecina".[60]

En todas partes continúan las extorsiones. En 1210, Juan sin Tierra, que en 1198 reemplazó a su hermano Ricardo Corazón de León, hace encarcelar y torturar a los dirigentes comunitarios para obtener de ellos el pago de 66.000 marcos de plata. En particular, ordena que todos los días arranquen un diente a un representante de los judíos de Bristol, que se niegan a pagar 10.000 marcos de plata. Al tercer diente, pagan lo que pueden. En 1211, trescientos judíos franceses e ingleses van a instalarse a Acre y a Jerusalén del lado cristiano y del musulmán. Cada vez resulta más difícil quitarles con extorsiones lo que ya no tienen.

El año 1215 representa una fecha importante. En Inglaterra se firma la *Magna Carta* por la cual, tras la derrota de Bouvines en 1214, el rey Juan sin Tierra se compromete a no imponer más impuestos sin el consentimiento de la nobleza y del clero, y a conceder a todos los extranjeros –en particular a los judíos– la libertad de comercio. En Italia, el cuarto concilio de Letrán, convocado por el papa Inocencio III, prohíbe que los judíos presten a interés. También reafirma la definición de la transustanciación: la hostia es el cuerpo de Jesús, y el vino, su sangre. Una vez más se mezclan los simbolismos del dinero y de la sangre. Para identificar mejor a los herejes, el concilio también obliga a todos los cristianos a confesarse una vez por año. Para los judíos, peligrosos para la Iglesia, queda el aislamiento: se les prohíbe ocupar un empleo público, emplear a una mujer cristiana en edad de tener niños, entrar en una iglesia, salir a la calle los días de fiestas cristianas, trabajar el domingo, construir sinagogas altas y decoradas. Para distinguirlos mejor de los cristianos y evitar que se deslicen en la ciudad para dedicarse al comercio, el concilio los obliga a llevar una marca: en los países germanos será un sombrero cónico; en los latinos, un decálogo o un redondel de tejido amarillo cosido sobre su ropa (la rueda), que simbolizan las monedas de oro aceptadas por Judas: ¡siempre el dinero! Un comisario es encargado de perseguir a los judíos que no lleven esa marca distintiva.

Tal como las anteriores, estas prohibiciones no son realmente aplicadas. Hasta 1270, veintiún órdenes escritas deberán reiterarlas, cada vez bajo pena de multa o castigos corporales. Siempre en vano: los pueblos se muestran a menudo más tolerantes que sus señores y siguen coexistiendo porque se necesitan unos a otros.

En 1223 comienza una nueva cruzada contra otros herejes: el hijo de Felipe Augusto, que comandó la campaña contra las tropas cátaras de Raimundo de Tolosa, accede al trono con el nombre de Luis VIII. Toma posesión de Languedoc antes de morir en 1226, en el camino de regreso de Cevennes. En 1229, Federico II de Hohenstaufen obtiene del sultán Al-Kamil, sucesor de Saladino, el derecho de entrar a Jerusalén, donde se instala; excomulgado en 1228, hasta su muerte en Italia, lleva la vida refinada de un príncipe oriental. Así, la misma idea de la cruzada se pone en ridículo.

En 1232, Enrique III de Inglaterra es criticado por no gravar suficientemente a los judíos. Un cronista del siglo siguiente observará que en esa época los judíos acumularon grandes riquezas gracias a su monopolio forzado del oficio de banquero:[183]

La Corona los protegió a condición de que una parte de su botín fuera a las arcas del rey, de modo que tuvieran los medios de pagar sin cambiar su modo de vida lujoso [...]. Durante el reinado de Enrique III, las necesidades del reino mantenían a tal punto al rey en situación de dependencia respecto de ellos que en vez de perseguirlos construyó la *Domus Conversorum* [Casa de los conversos], donde abonó pensiones a ex judíos que albergó. Los barones, furiosos por esa alianza del rey y los judíos, aniquilaron a los agentes del rey junto con los judíos.

En 1235, Gregorio IX condena las agresiones perpetradas contra los judíos bajo Luis VIII... o sea, ¡quince años antes! En 1239, la nobleza y los mercaderes logran que el duque de Bretaña, Juan el Rojo, destierre de la provincia a los escasos artesanos-prestamistas judíos que todavía vivían allí; naturalmente, la medida exime de deudas. En Ruán, los últimos judíos que no siguieron a los ingleses padecen idéntica desventura. En 1240, el concilio de Lyon exhorta con una extremada precisión a todos los príncipes cristianos, bajo pena de excomunión, a que fuercen a sus judíos "a entregar a los cruzados el dinero que adquirieron por interés".

Todos los medios se utilizan entonces para la expropiación. En 1241, en el Imperio, bajo Federico II, se descubre en Haguenau a tres niños muertos; el populacho entra en cólera. Ante la amenaza, la comunidad judía obtiene la protección del emperador a cambio de una fuerte suma: se murmura que el monarca suscitó una para obtener la otra. Los tres cuartos de los judíos de Frankfurt –un millar–, acusados de estar aliados a hipotéticos invasores mongoles y vehiculizar la peste, son exterminados; el último cuarto paga muy caro mantenerse con vida.

La Iglesia desea que se saquee a los judíos, pero no que se los aniquile: son los testigos de la muerte de Cristo. Por eso, tras haberlos acorralado, tras haber incitado a que los odien y a no rembolsarles sus préstamos, todavía pretende protegerlos. En 1247, el papa Inocencio IV protesta, tal como hizo Gregorio IX doce años antes, contra las acusaciones de crimen ritual elevadas contra ellos y contra las "expoliaciones". Escribe a los obispos de Francia y de Alemania:

> Algunos miembros del clero, príncipes, nobles y grandes señores de nuestras ciudades y diócesis, trazaron algunos planes urdidos por el diablo contra los judíos, privándolos por la fuerza de sus propiedades y acusándolos falsamente de repartirse entre ellos, en Paynes, el corazón de un niño asesinado. Porque nos place que no sean molestados, ordenamos que se conduzcan con ellos

de manera amistosa. Cuando cualquier ataque injusto llegue a vuestro conocimiento, enderezad las injusticias y no permitáis en el futuro que sean víctimas de semejantes tribulaciones.

Orden que quedará sin efecto, pero que habrá tenido el mérito de existir.

El mismo año, en Inglaterra, esta vez bajo la acusación de acuñar moneda falsa, los judíos son gravados con 20.000 marcos de plata; esto da lugar a
una reunión en Worcester de todos los jefes comunitarios del reino para re-
partirse las cargas. El mayor banquero judío del país, Aarón de York, es condenado por el rey a pagar él solo 4.000 marcos de oro, primero, más 14.000
marcos de plata. A todos les adjudican inagotables riquezas; pero el año siguiente, una amplia investigación lanzada por órdenes del rey de Inglaterra
revela que son casi todos pobres y que, si prestan, en lo esencial es a gente común y sumas pequeñas.

En 1248, antes de partir para una nueva cruzada, Luis IX convoca al concilio de Melun; prohíbe a los cristianos que pidan prestado a los judíos –¡habrían podido empezar por ahí!– y a los judíos que comercien con los
cristianos. Impone a los judíos el uso de una "rueda" (un círculo amarillo).
Su cruzada, luego, es una larga odisea: se apodera de Damieta, en Egipto, antes de ser hecho prisionero en la ruta de El Cairo, mientras que la familia de
Saladino es separada del poder por los mamelucos, soldados mongoles procedentes de las regiones cherkesas. Durante el cautiverio de Luis IX, en 1253,
la regente Blanca de Castilla, su madre, decide expulsar a todos los judíos de
sus Estados; luego, como tantos otros gobernantes, escoge hacerles pagar una
parte del enorme rescate –400 mil libras– reclamado para la liberación del soberano. A su regreso, el futuro San Luis, en señal de gratitud hacia aquellos
que le permitieron volver vivo… ¡los destierra! Inocencio IV, cuyo desvelo
por los judíos no fue muy duradero, le escribe para felicitarlo y como para
disculparse por su mansedumbre anterior: "porque nos enteramos que no
obedecen los reglamentos que hemos emitido". Sin embargo, los judíos logran quedarse a cambio del pago de un nuevo impuesto.

En Inglaterra, el rey Enrique III sigue buscando dinero para llevar a cabo
sus guerras y vuelve a gravar a los judíos ingleses, esta vez con 8.000 marcos
de plata. Como son insolventes, los vende –son unos diez mil– a su hermano Ricardo de Cornualles, segundo hijo de Juan sin Tierra. En 1255, los acusan de haber matado a un niño, un tal Hugues de Lincoln, para beber su
sangre. El descubrimiento del cuerpo, veintiséis días más tarde, cerca del lugar del casamiento de un rabino, da lugar a la matanza de un centenar de ju-

díos. En 1260, rabí Yehiel, testigo de un auto de fe del Talmud en París, abandona Francia para ir a fundar una escuela talmúdica en la ciudad de Acre.

Luis IX vuelve a prohibir que los judíos franceses posean tierras, transmitan bienes por herencia, presten a interés. Pero sus consejeros –escribe Guillermo de Chartres– le hacen notar la importancia creciente del crédito para el funcionamiento de la economía del reino, "de manera que más vale tolerar a los usureros judíos, pues ya están condenados, que dejar que los cristianos cometan ese pecado".[240] Luis replica que no puede tolerar ese "veneno que arruina el reino". Quiere incitar a los judíos a volverse artesanos, pero retrocede ante la oposición de las corporaciones cristianas, y sigue hablando de expulsarlos cuando muere, en 1270, ante Túnez.

Las cruzadas han terminado, aunque sea necesario esperar hasta 1291 para que los mamelucos se apoderen de San Juan de Acre y terminen con el minúsculo reinado de los cruzados.

El único vencedor es, a decir verdad, Venecia: la Serenísima construyó las enormes naves que condujeron a los cruzados; durante un tiempo tuvo el dominio de Constantinopla y las factorías del Mar Negro; domina las técnicas de Oriente para la fabricación y el teñido de los paños de algodón y de seda (el camelote, el brocado, el damasco), y para el arte de la vidriería; controla una parte del tráfico de ciertos puertos mediterráneos: Pisa, Génova, Marsella, Narbona, Sète, Aigues Mortes. Sus mercaderes se alían a los mercaderes judíos y aprovechan sus redes en los Balcanes y los países musulmanes para traer esos productos nuevos que fanatizan a los europeos: dátiles, bananas, rosas, lirios, alheña, sen, índigo, pimienta, clavo, jengibre, canela, nuez moscada, azafrán, cardamomo, comino, anís…

Los primeros créditos hicieron su obra: la economía está lista para echar a andar bajo la presión de nuevas necesidades. Los principales riesgos fueron tomados. El oficio de banquero se vuelve menos venturoso. Basta de judíos.

3. El dinero sin judíos (1260-1492)

Nuevos banqueros

Con semejante demanda, muchos cristianos se molestan por no poder ejercer un oficio tan lucrativo y útil. La Iglesia ya no logra justificar la prohibición de la valorización del dinero ni la confinación del prestamista y el cambista, junto con el juglar, el comediante y la prostituta, entre los oficios que conducen al infierno. Poco a poco pasa "del compromiso con el feudalismo al compromiso con el capitalismo; la Iglesia no hace otra cosa que salvarse ella misma con el capitalismo: la bolsa es su vida".[239]

Primero toma cierta distancia respecto del ideal de pobreza y da a entender que no es del todo inmoral desear recompensas terrenales. A condición, por supuesto, de ofrendarlas a la Iglesia y satisfacerse con continencia y frugalidad; en otras palabras, ahorrar en todos los sentidos de la palabra. Como lo subraya Lewis Mumford,[287] poco a poco la Iglesia transforma cinco de los siete pecados capitales (avaricia, orgullo, envidia, gula, codicia) en valores positivos. Siguen prohibidas la lujuria y la pereza.

Algunos juristas encuentran más rica la legislación romana que el derecho canónico; vuelven a sacar del estante el Código Justiniano olvidado durante algunos siglos. Autorizan nuevamente el préstamo a interés, por lo menos en el comercio marítimo y en pago de los riesgos corridos. Vuelven a descubrir que, a pesar de los concilios y los anatemas, laicos cristianos y hasta monasterios, abates y obispos nunca dejaron de ejercer todos los comercios del dinero.[239] ¡Algunos conventos hasta prestan a interés las donaciones que recibieron en ofrenda![159] Así, la abadía Saint-Martin de Pontoise presta 60 libras a Guillermo de Mello, tomando su feudo de Berville como prenda antes de su partida para la cruzada en 1157. La orden de los Templarios se convierte en un considerable prestamista, así como la orden teutónica es uno de los más grandes mercaderes de lana en Europa.

Pero eso no basta: hay que guardar discreción respecto de dichos préstamos a interés entre cristianos, incluso clandestinos; por lo demás, no llegan a cubrir la inmensidad de las necesidades suscitadas por el despertar de la economía en Europa.

En 1179, el tercer concilio de Letrán ya no se preocupa sino de las usuras "manifiestas", esto es, de los préstamos a tasas "injustas". Entonces considera que el 33% anual, en ciertos casos, puede ser un límite admisible del "precio justo" del dinero. Para apartar mejor a los judíos, declara que el testimonio de un cristiano vale más que un contrato firmado con un judío. En 1215, el cuarto concilio de Letrán admite, no sin cierta hipocresía, que el préstamo de dinero de un cristiano a otro puede ser remunerado si se hace en compensación de una mora o como salario de un trabajo de cambista o de contable, o incluso como precio del riesgo de pérdida del capital prestado. La usura "grave e inmoderada", en cambio, se prohíbe a los cristianos.[237] Esto se traduce en la aparición de algunos banqueros cristianos que aumentan la cantidad de crédito disponible.

Pero el dinero sigue siendo demasiado escaso; las tasas anuales superan corrientemente el 40%. Entre el Rin y el Loria varían entre el 30 y el 60%. En Inglaterra pueden elevarse más: hasta el 80, o aun el 100%. Los príncipes intentan entonces contenerlas. En 1218, una ordenanza del rey de Francia fija el precio del dinero en 2 denarios por semana (vale decir, el 43,33% anual). En 1228, Jaime I de Aragón lo limita a 20% para el corto plazo y prohíbe el interés acumulado. En 1255, durante una reunión de la Confederación de las ciudades renanas, la tasa de interés legal se fija para el corto plazo en 2 denarios por libra y por semana, o sea, el 43,33% anual, y en el 33,5% para el largo plazo.

En tres lugares: Venecia, Génova y Florencia,[69] aparecen mercaderes italianos, agentes de productos agrícolas y luego prestamistas en divisas. Les corresponden tres formas de capitalismo:[17] capitalismo estatal, capitalismo de aventura y capitalismo familiar.

Con las cruzadas, la ciudad de los *duces* toma el relevo de Constantinopla como intermediario privilegiado entre Occidente y Oriente. En adelante, por ella pasará lo esencial de las especias, la seda y el algodón que consume Occidente, que cambia por la pañería de Flandes y la plata extraída de las minas de Nuremberg. En 1252, algunos mercaderes judíos se instalan en la isla de Spinalonga, que se convierte en la *Giudecca*.[75] La mayoría de ellos se vuelven mercaderes, aseguradores, a veces prestamistas, y se unen a los cambistas que circulan y negocian sobre el Rialto.

En Génova, algunos mercaderes y corsarios importan desde hace siglos los productos agrícolas y mineros del Norte de Europa, los tejidos de Europa Central y la cristalería de Italia; los cambian por el oro del Senegal y del Níger, la sal y el cobre del Sahara, los esclavos, las maderas y las armas de África Oriental.[69] Sus lides con los sarracenos les inyectan el gusto por el riesgo y la gloria. Para financiar ese comercio y equipar sus naves resurgen la "sociedad de mar" (conocida por los marinos fenicios, judíos y griegos desde quince siglos antes), que asocia a mercaderes en la compra de un barco dividido en partes abstractas, y la "comandita", que reúne capitales de varios mercaderes para financiar operaciones artesanales o industriales.[17] Para permitir que los mercaderes no viajen llevando encima sumas demasiado grandes, vuelven a descubrir la letra de cambio utilizada en Egipto por los judíos durante por lo menos los dos siglos anteriores.

En Florencia, por último, los mercaderes de semillas y de lana se vuelven banqueros de los príncipes. Reciben depósitos y efectúan pagos a cuenta de sus clientes, transferencias y compensaciones de una filial a otra. Entre ellos, grandes familias como los Bardi, los Riccardi, los Peruzzi o los Frescobaldi también prestan en el extranjero, en especial a los Plantagenets (los Riccardi les adelantan 400 mil libras y los Frescobaldi 12.200), y se instalan en Brujas y luego en Amberes.

Así, a fines del siglo XIII, el crédito se desarrolla lo suficiente en Italia para que las tasas de interés bajen hasta el 25%. Esto le conviene a la Iglesia, que asocia a esos prestamistas a sus asuntos. Sin embargo, aún no terminó con los judíos. Todavía son numerosos los que prestan a los mercaderes y hasta a la Iglesia: medio siglo después del cuarto concilio de Letrán, en 1267, el concilio de Viena observa todavía que los préstamos judíos convierten en prendas bienes que ella codicia, y que "se han vuelto tan numerosos y poderosos que los ingresos del clero experimentan una disminución considerable". La conclusión será sencilla: ¡hay que expulsarlos!

Cambiar de memoria (1260-1300)

Occidente se aleja entonces de Oriente. La Iglesia escoge definitivamente a Roma como centro. La pintura, la música, la literatura occidentalizan discursos, comportamientos y nombres. Jesús y María se vuelven rubios. El pueblo judío, testigo del origen oriental del cristianismo y del fracaso de las cruzadas, es designado como la encarnación del Mal en la pintura, la literatura y el teatro religioso.

Como las comunidades judías ya no son económicamente necesarias, empiezan a amenazarlas con su expulsión de todos los grandes reinos cristianos. Esta partida, de hecho, requerirá más de dos siglos; mientras tanto, decenas de decisiones de expulsión serán tomadas y anuladas: el aporte de las comunidades en impuestos y rescates es mayor que el de una expoliación definitiva.

Por más que Gregorio X ordena proteger a las personas y los bienes de los judíos en todos sus territorios y Felipe III el Intrépido apela a ellos para "reanimar el comercio, restablecer la circulación del dinero y remediar el agotamiento de las finanzas",[67] se anuncian las primeras decisiones de expulsión. En 1272, las sinagogas de Londres son cerradas y la práctica del judaísmo es prohibida en Inglaterra. Un *Statum judaicum* dictado por Eduardo I les prohíbe prestar a interés. Como el soberano francés, el rey de Inglaterra los autoriza a ser artesanos, pero sin abrirles las corporaciones, lo que, como en Francia, para sobrevivir les impide hacer otra cosa que prestar. Buena ocasión para colgar a prestamistas judíos: en 1278, 680 de ellos son detenidos y colgados en la Torre de Londres; en 1280, otros 293 siguen el mismo camino. Ante la imposibilidad de que los sobrevivientes encuentren otras fuentes de ingresos, y frente a las necesidades de crédito, la Corona los autoriza a prestar todavía durante cuatro años, y luego renueva ese plazo. En 1287, Eduardo I, de regreso de Oriente, furioso al ver que su decisión de expulsión no fue aplicada, se apropia de las últimas casas de los judíos, les grava sus bienes raíces y les prohíbe ceder sus prendas. Muchos se preparan para partir y liquidan sus bienes; acusados entonces de querer ocultar lo que poseen, agudizan cada vez más los celos. La expulsión masiva está cercana.

Comienza en 1288 por la de los judíos de Nápoles, casi todos de origen alemán. Muchos aceptan convertirse para quedarse. Dos años más tarde, en 1290, Eduardo I decide expulsar a los quince mil judíos que todavía viven en Inglaterra. Algunos se quedan, ocultando su nombre y su identidad; los otros emigran hacia Alemania, Bohemia, Hungría, Polonia y hasta Francia –sobre todo a Ruán y a Burdeos–, donde la situación no es mejor.

A comienzos de año, una historia recorre París:[175] un prestamista de la Calle de Billettes habría prestado 30 monedas de cobre (la cantidad de denarios de Judas) a una mujer de costumbres ligeras (*muliercula*) y tomado en prenda su vestido más bello. En la víspera de Pascua, ella habría ido a proponerle cambiar la prenda por una hostia robada en una iglesia; él habría aceptado y hasta le habría perdonado la deuda, considerando que la hostia bien valía las 30 monedas. Según el rumor, "el judío pincha entonces la hostia con su cuchillo, pero, ante el estupor general, la sangre del Salvador sale de la hostia". El judío y toda su familia son detenidos y llevados ante el tribunal del obispo, que, "para convertir el milagro en una lección, les propone convertirse". La mujer y los niños aceptan, pero "el codicioso blasfemo, testarudo", se niega; es conducido al cadalso y quemado, "aunque pretenda que un libro en su posesión le salvará la vida. Sobre el sitio del milagro construyen una capilla".[175]

El 18 de julio de ese mismo año, el rey de Francia decide la expulsión de unos cien mil judíos del reino, medida que, una vez más, transforma poco después en simple expropiación.

En 1294 también expulsan a todos los judíos de Berna, acusados de haber matado a un niño; dos siglos y medio más tarde, una fuente, llamada "fuente del Comedor de Niños" –que representa a un ogro cubierto con un gorro amarillo puntiagudo que introduce a un niño en una bolsa mientras devora a otro–, es instalada en la plaza de La Grenette, donde todavía hoy se encuentra.

En 1298, un señor alemán, Rindfleish, apodado "matador de judíos" (*Ju -denschläger*), reúne un pequeño ejército que, en seis meses, extermina a la mayor parte de los cien mil judíos entonces instalados en las ciudades feriales de Warburg, Ratisbonne, Nuremberg, Augsburgo, Heilbronn y Röttingen en Baviera.[129] Es la mayor matanza perpetrada hasta entonces en la historia de los judíos de Europa, más importante aun que la de la primera cruzada, y exactamente dos siglos más tarde y en el mismo lugar.

En 1306, luego de su guerra contra los flamencos, Felipe IV el Hermoso sigue necesitando dinero. Al tiempo que hace encarcelar a los templarios y los banqueros lombardos para confiscar sus bienes, decide, como ya hizo quince años antes, expulsar a los judíos que se nieguen a convertirse. Esta vez es en serio: al parecer, no hay siquiera margen para comprar el derecho de permanencia. Están autorizados a no llevarse más que lo puesto y víveres para una jornada. La operación comienza; y no mengua: entre 1307 y 1310 todavía se encuentran muchos actos de venta de bienes judíos rebajados. Luego, en 1311, una vez más el edicto es diferido; los judíos pueden quedarse, pero sin recuperar sus bienes...

El renacimiento a través de la Gran Peste

A comienzos del siglo XIV, el desarrollo de la economía y el alza de los precios incrementan en Europa Occidental las necesidades de crédito y el papel de los banqueros. En Florencia, los Frescobaldi, los Bardi, los Peruzzi –los "lombardos"– efectúan ahora todas las operaciones bancarias:[411] cambio, transferencias, liquidaciones de un sitio a otro y préstamos a papas, reyes, príncipes, ciudades, cuyos ingresos perciben y a quienes aconsejan en materia de finanzas.[176] Como la tarea bancaria sigue prohibida por la Iglesia a los cristianos, los lombardos fingen dedicarse solamente al comercio y no saber que todo cuanto sus deudores añaden al rembolso de sus préstamos se llama "interés"...[311] Trabajan mucho en Brujas, Amberes e Inglaterra, donde ocuparon el lugar de los judíos (¡a quienes incluso un día tomaron como prenda de un préstamo otorgado al rey!). Así, los Frescobaldi adelantan a Eduardo II el dinero necesario para financiar su guerra contra Escocia;[354] los Bardi y los Peruzzi financian las operaciones de Eduardo III contra Francia en el curso de la Guerra de los Cien Años, tomando como prenda la lana inglesa que va a hacer la fortuna de los talleres textiles de Florencia: el préstamo se convierte entonces en una forma de compra rebajada. En 1318, el patrimonio de los Bardi es valuado en

875 mil florines, o sea, el equivalente del presupuesto de su principal cliente, Eduardo II.[354]

Luego sobreviene la quiebra: en 1345, Enrique III es incapaz de reembolsar 900 mil florines que debe a los Bardi y 600 mil florines prestados por los Peruzzi.[354] ¡Son sumas enormes! Los lombardos entran en bancarrota; eso borra la fortuna bancaria de Florencia en beneficio de la de Génova y Venecia.[176]

Los prestamistas judíos, por tanto, siguen siendo indispensables, pese al fin de las cruzadas. Ninguna de las expulsiones generales es puesta en marcha todavía. Perduran escuelas talmúdicas en Sens, Falaise y Troyes, que forman a decenas de maestros. En todas partes exigen que los judíos sigan prestando a campesinos y artesanos. En Zurich, en 1309, un decreto les ordena incluso prestar a los burgueses de la ciudad con una tasa de interés fijada por el consejo de la ciudad; por otra parte, junto con la venta de la ropa dejada en prenda, son las únicas fuentes de ingresos que les están autorizadas. En Francia, la expulsión de 1306 es rápidamente olvidada, en todo caso en lo referente a los prestamistas, porque desde 1311 el heredero de la corona concede a algunos barones el derecho a tener bajo su jurisdicción a "lombardos, judíos y otros usureros".[61] En 1315, ya como Luis X, confirma su derecho de residencia, en principio por doce años. El mismo año, ante el "clamor del pueblo", el soberano inglés llama a los judíos expulsados veinticinco años antes. En 1317, en Marsella, el judío Bondavin de Draguignan es defendido en el tribunal por veinticuatro testigos cristianos.[382]

Esa tregua no dura mucho: en 1320, en Francia, cuarenta mil "zagales", campesinos sublevados, aniquilan a los judíos en su ruta –una de sus ocupaciones favoritas–, sobre todo en Burdeos. En 1321, las comunas del senescalado de Carcasonne piden a Felipe V el Largo que expulse a los últimos judíos presentes en la ciudad, acusados de haber violado a deudoras cristianas. El mismo año, los de Roma, amenazados de expulsión por Juan XXII, que reside en Aviñón, son protegidos por Roberto de Anjou, vicario general de los Estados Pontificios. En 1337, los de Burdeos son exterminados una vez más por haber profanado una hostia, como otros en Bohemia, en Moravia, en Austria. En 1339, bandas de menesterosos, que se denominan a sí mismos *Judenschläger*, aniquilan a comunidades en Alsacia y en Franconia.

En todas partes de Europa, los judíos son nuevamente acusados de envenenar los pozos, esta vez en colusión con los leprosos. Cunde el rumor: dinero y enfermedad. Uno y otra circulan, como la sangre, y se mezclan en la mente de los pueblos. ¿Sangre, enfermedad, dinero? Está llegando la peste negra.

En 1346, un barco procedente de Caffa, sucursal genovesa del Mar Negro asediada por los mongoles, introduce en Venecia una enfermedad espantosa: la peste,[69] que mata a la mitad de la población de la ciudad y se esparce a enorme velocidad por Europa, a lo largo de la ruta que remonta a través de Renania hacia el Mar del Norte.

Aunque médicos judíos y cristianos luchan juntos —con los precarios recursos de la época— para salvar vidas, algunos sacerdotes y señores denuncian ya al inicio un "acto satánico" orquestado por los judíos para exterminar a la cristiandad envenenando el aire y el agua. Se habla de un complot tramado en Toledo por un tal rabí Peyrat, cuyo cuartel general se encontraría en Chambéry; de allí habría enviado a sus envenenadores por todas partes de Europa, ¡de Venecia a Hamburgo! Los judíos de Chambéry son detenidos por el conde de Saboya, Amedeo VI, y confiesan bajo tortura. En Suiza y en Alemania aniquilan a comunidades sin que la epidemia, evidentemente, sea frenada. En Estrasburgo, donde la peste todavía no ha producido estragos, las corporaciones de carniceros y curtidores, así como algunos nobles endeudados, se proponen matarlos; la peste igual llega a la ciudad, donde extermina a mil seiscientas personas. En abril de 1348, los judíos de Tolón, una de las pocas ciudades de Europa donde son admitidos como ciudadanos en la asamblea de la ciudad, son aniquilados en la "Carriere de la Judería".

En julio y septiembre de 1348, el papa Clemente VI toma bajo su protección a los judíos de Aviñón y del Condado, recordando que la enfermedad no los perdona y que ésta incluso causa estragos en las regiones donde están ausentes. En 1349, 2 mil más son asesinados en Estrasburgo, 400 en Worms, 2 mil en Oppenheim; 6 mil son quemados vivos en Maguncia; 3 mil diezmados en Erfurt; en Viena, Munich, Augsburgo, Wurzburgo, Nuremberg, se asiste a matanzas, batallas y suicidios. En total, la tercera matanza masiva en Renania en dos siglos provoca por lo menos 30 mil muertos. Los sobrevivientes vuelven a abandonar la región; esta vez parten para Polonia, Pomerania y Rutenia.

La peste sigue su recorrido por Europa. Se quema a los muertos y a los vivos. España, Francia, el Sur de Italia y los Países Bajos, no tan aquejados como Alemania, siguen siendo, con el consentimiento de papas y mercaderes, lugares de refugio para algunos judíos. Hasta que la enfermedad se interrumpe en 1352, tan misteriosamente como se declaró. En total, la epidemia se habrá llevado a más del tercio de la población del continente. Y volverá en varias oportunidades.

No es solamente una tragedia indecible. También, por un extraño viraje, significa la defunción del sistema feudal: como los trabajadores se hicieron más escasos, los salarios deben aumentar; la operatoria de las corporaciones no lo resiste. El orden mercantil puede anunciarse; la peste negra habrá puesto fin al viejo mundo.

En ese momento preciso, en 1353, en Florencia, uno de los primeros textos del Renacimiento habla justamente del mundo, los judíos y el dinero. Y, por vez primera, se habla de manera positiva: en un curioso cuento del *Decameron*[62] (primera jornada, tercera *novella*: "Melquisedech judío con un relato de tres anillos"), Boccaccio cuenta cómo Saladino negocia un préstamo

> [tras recordar que] en la ciudad de Alejandría un rico judío de nombre Melquisedech prestaba a usura. [Pero aquél] era hombre sumamente avaro. Saladino lo hace venir y lo trata con familiaridad: "Melquisedech, varias personas me dijeron que eres sobremanera sabio, y muy versado en las cosas divinas: me gustaría saber de ti cuál de estas tres religiones, la judía, la mahometana y la cristiana, te parece la verdadera".[62]

El otro responde con un apólogo en el que un padre, para no repartir una magnífica joya (un anillo) entre sus tres hijos, hace construir otras dos tan parecidas que a su muerte los herederos se pelean para saber cuál es la verdadera, dado que son igualmente bellas. Saladino aplaude la habilidad de la respuesta. "El judío, movido por la generosidad, le prestó todo cuanto él le pidió; y el Saladino, restituyó la suma. No se contentó con ello: también lo colmó de presentes, lo mantuvo a su lado con gran distinción y siempre lo honró con su amistad".[62] Texto radicalmente nuevo donde el islam es dado como ejemplo de tolerancia y respeto recíprocos: el Renacimiento italiano está en marcha.

A partir de 1355, pese a los horribles recuerdos de la Gran Peste, algunos mercaderes judíos vuelven a Turingia, Baviera y Bohemia para vender especias y ropa, sin llegar a instalarse del todo. En Nuremberg, capital de la plata, lugar de tres grandes matanzas, no subsisten más que setenta y ocho adultos judíos, cuyo único oficio autorizado sigue siendo el de prestamista; tres familias constituyen cerca de la mitad de esta comunidad, cada una de las cuales cuenta entre ocho y once adultos. Un agente comunal se dirige a la sinagoga todos los años, durante un Shabat del mes de Nisén, para redactar la lista de los presentes y verificar que cada cual tenga el *Bürgerrecht* (derecho de ciudadanía):[34] allí encuentra a nueve servidores, diez maestros de la Torá, un carnicero ritual, un bedel y algunos niños.

En 1376, en Inglaterra, a la muerte del Príncipe Negro, se murmura que esos banqueros lombardos a quienes el rey no pagó sus deudas treinta años antes habrían sido judíos disimulados:[417] en consecuencia, era normal no rembolsarlos. En 1370, los judíos de Bruselas son aniquilados bajo el pretexto de que han "mancillado las santas hostias". El 5 de julio de 1394, cuando la Guerra de los Cien Años repercute en un matrimonio real, los pocos judíos que habían vuelto a Inglaterra tras la expulsión de 1315 son nuevamente expulsados por Ricardo II bajo la doble acusación de usura y proselitismo. Sin duda, trataron de reavivar la fe de amigos convertidos. Les conceden doce años para arreglar sus asuntos; se les prohíbe prestar a interés; el rey se apropia los dos tercios de sus acreencias vigentes. Esta vez es el fin: tras un siglo de reiteradas expulsiones, no se los volverá a llamar; desde la perspectiva de la Iglesia, el proselitismo es un crimen demasiado grave.

Algunos parten para Alemania, donde una vez más se los acusa de ser "bebedores de sangre" y se los persigue. Durante todo el siglo XIV desaparecen de Europa y sólo sobreviven en Alemania, España e Italia. En 1458, en Frankfurt, son incluso encerrados en su calle. Primeros encierros. Otros se refugian en Lombardía, donde sobreviven vendiendo letras de cambio de deudores ingleses a banqueros locales. Sin duda, algunos reanudan antiguos lazos con banqueros lombardos. Es posible incluso que algunos de esos "lombardos" que tan bien los reciben sean ellos mismos conversos. Juego de máscaras para sobrevivir sin perderse demasiado…

Toscana y Venecia

A comienzos del siglo XV, Brujas se estanca[69] y deja de ser el primer puerto del mundo, la Hansa declina, Amberes todavía no sobresale; casi todo el comercio pasa ahora por Génova, Florencia y Venecia. En toda Italia, los judíos no son más que quince mil, sobre una población total de once millones de habitantes. Gracias a los reglamentos (*condotte*) concedidos desde el siglo XIII por las ciudades de Ferrara, Bolonia, Padua, Mantua, Perugia, Génova, Florencia y Venecia, y pese a franciscanos y dominicanos, que quieren hacerlos expulsar de toda la península, allí todavía son artesanos, orfebres y prestamistas.

Venecia es entonces la primera ciudad de la economía mundial.[69] En ella se fijan los precios de las principales mercancías, donde se construyen los mejores barcos, las *galere da mercato*. Desde allí los mercaderes cristianos y judíos embarcan hacia Oriente la lana de Flandes, el terciopelo de Génova, el paño de Milán y de Florencia, el coral de Barcelona. También allí llegan los

esclavos de Tana, la seda de Constantinopla, los metales de Anatolia, las sederías de Persia, la pimienta de Malabar. La pequeña comunidad judía es
próspera.[75] En 1488, Abraham ben Hayim imprime allí una primera Biblia
en hebreo en talleres instalados por una familia de libreros, los Soncino, luego de que se imprimiera un primer libro de oraciones en hebreo en 1475 en
Reggio de Calabria.[75]

La imprenta constituye una verdadera revolución para el judaísmo, así como para el cristianismo:[19] por fin los libros, tan esenciales para la vida común, van a poder estar disponibles en cantidad y a bajo precio. Ninguna
comunidad de importancia podrá concebirse ya sin su imprenta. El mercado
es amplio: una sola lengua para todo el judaísmo mundial. ¡Casi ninguna lengua hablada en el mundo, fuera del chino y el latín, cuenta entonces con tantos lectores! Pero, a cambio, los comentarios de los grandes rabinos, así
disponibles, fijarán la reflexión. En adelante, pocos se atreverán a añadir los
suyos a los ya impresos.

En lo sucesivo, los judíos venecianos, junto con otros mercaderes cuya base es Venecia, se encuentran entre los únicos que pueden franquear las fronteras y comerciar con Estambul (nuevo nombre de Constantinopla, desde
1453) y con Persia. Tienen representantes en sucursales escalonadas a todo lo
largo de los Balcanes y sobre la ruta de la seda hasta China: Samarcanda, Bujará… Los dos mil judíos venecianos están tan bien integrados a los diversos
comercios que el *doge* se preocupa y, a partir de 1420, les impone llevar un
sombrero amarillo para distinguirlos.[75]

En Florencia, Cosme de Médicis, que reina de 1434 a 1464, atrae a filósofos judíos y árabes alrededor de Marsilio Ficino.[411] En 1437 concede a los
mercaderes judíos un reglamento que les permite dar crédito. Luego, Lorenzo el Magnífico les garantiza la libertad de estudiar y de comerciar. Algunos
romaniotas traen de Estambul las traducciones de textos árabes y griegos, y
representan un papel esencial en la difusión de la imprenta. En la Universidad de Bolonia se crea una cátedra de hebreo. Rabí Elija Delmedigo, que
ocupa la cátedra de filosofía en la Universidad de Padua, ejerce una influencia mayor sobre Pico de La Mirándola, quien buscará en la cábala (la tradición) la prueba de la verdad del cristianismo. En Toscana, la cantidad de
judíos pronto superará los cincuenta mil.

En los Estados del papa —sobre todo en Roma y en su puerto, en 1420
Ancona—, Martín V concede su protección a algunos banqueros judíos a
cambio de un canon.[313] En 1442, Eugenio IV prohíbe a los judíos construir sinagogas, ocupar empleos públicos y testimoniar en procesos contra

cristianos, lo que de facto les impide actuar en los litigios comerciales. En 1462, los franciscanos crean los montepíos para ofrecer préstamos sin interés y forzar al papa a librarse de sus banqueros judíos, cosa que él no hace. Extraña ironía: en esa Europa cristiana donde los judíos son expulsados de todas partes, los papas conservan a algunos que ejercen el oficio de banqueros, ¡sin dejar de recomendar a los príncipes cristianos que se los saquen de encima!

En 1491, una vez más a instigación de franciscanos y dominicanos, los judíos son expulsados de Ravena, cuyas sinagogas son destruidas un año antes de que culmine la fabulosa historia de los judíos de España...

4. De Islam y de Polonia (1260-1492)

Mamelucos, otomanos, mongoles

El Egipto de los mamelucos disputa el Medio Oriente a la Turquía de los otomanos y a la Persia de los mongoles: tres imperios musulmanes en decadencia, de los que muchos judíos tratan de escapar.

En 1250, los mamelucos, oficiales de origen turco, asesinan al último sultán de la familia de Solimán y establecen un régimen militar en Egipto, en Siria, y luego en Palestina. Alejandría, como todo Egipto, enfrenta el poder otomano. Allí, los últimos mercaderes judíos conservan el control del mercado de las especias, que revenden a negociantes genoveses, pisanos, venecianos, marselleses y catalanes.

A fines del siglo XIV, bajo el reinado de Bajazet I, el Imperio Otomano se extiende sobre Anatolia, una parte de Serbia (tras la batalla de Kosovo ganada en 1389), Bulgaria, Macedonia y una parte de Tracia. No le resta más que adueñarse de Constantinopla, cuando es atacado por los mongoles, convertidos al islam desde un siglo antes. En 1386, su jefe, Tamerlán, nieto de Gengis Kan, emprende la conquista de Persia, aniquila a los habitantes de Ispahan y de Shiraz, amparando sin embargo a artesanos y letrados, entre ellos los judíos, a los que deporta a Samarcanda para hacerlos trabajar para gloria de su capital (artesonados, tapices, sederías). En 1393, los mongoles entran en Bagdad, donde aún residen veinte mil judíos. En 1401, ordenan la matanza de todos los habitantes: cada soldado debe traer una cabeza; todos los edificios, entre ellos las sinagogas, son destruidos. Es el aniquilamiento de la más antigua comunidad de la Diáspora, la del primer exilio de −722. En la región sólo sobreviven algunas comunidades dispersas, que más tarde volverán a una Bagdad malherida.

Ese mismo año, Tamerlán se apodera de Alepo, encrucijada comercial de primera índole, y de Baalbek. Damasco, aunque le abre sus puertas, no deja de ser saqueada por sus tropas. En junio de 1402, en la batalla de Ankara, Tamerlán enfrenta a Bajazet, lo hace prisionero y arrebata Anatolia y Esmirna a los otomanos, diezmando de paso a judíos y a cristianos. El emperador mongol muere en 1405, cuando se dispone a atacar la China de los Ming, tras haber fundado la dinastía de los mogoles en la India. Entonces, los otomanos pueden recuperar el aliento y terminar con el Imperio Bizantino. Tamerlán sólo habrá logrado una tregua para los cristianos asediados en el Peloponeso y en la ciudad de Constantinopla, aislada en territorio otomano.

El 29 de mayo de 1453, el sultán Mehmet II atropella al último emperador romano de Oriente, Constantino Paleólogo, y entra en la ciudad. Las iglesias son reemplazadas por mezquitas; pero las sinagogas no. El humillante estatus de *dhimmis,* los "protegidos", como los definió el islam desde el siglo VIII, es aplicado a unos y a otros. Los romaniotas conservan el derecho a decir sus oraciones en griego; abandonando Francia, Alemania, Hungría, Sicilia, otros judíos se unen a ellos. La guerra continúa un poco más, hasta que Mehmet II es derrotado ante ante Belgrado y Rhodes; entonces, el 25 de enero de 1479, firma un tratado con Venecia.

En el Imperio Otomano, que ahora se extiende de Argelia a Persia, pasando por Palestina, los judíos son ante todo artesanos y campesinos. En árabe o en turco, sus nombres, por lo demás, remiten a sus oficios[459] Haddad (herrero), Tzaig (joyero), Nahesi (calderero), Fellah (granjero), Leben (platero), Sabag (pintor), Hiat (sastre), Nejar (carpintero), Attal (peón). A veces, los nombres escogidos remiten voluntariamente a oficios humildes para ocultar fortunas. Algunos comercian en todos los mares, pese a los piratas. Otros se vuelven financistas hasta en la corte de los sultanes. Una buena descripción de su situación en el siglo XV musulmán es dada por rabí Isaac Ilos, a propósito de los últimos judíos de Jerusalén: "Muchos son artesanos [...]. Algunos ocupan ricos comercios. Otros se dedican a la ciencia [...]; la mayoría se consagra al estudio de la Ley. Los judíos de Hebrón son numerosos y hacen un comercio considerable en el algodón, que tejen y tiñen".[459] Tanto en Argelia como en Marruecos, las comunidades son prósperas; las *yeshivot* son llamativamente sofisticadas; el rabino Simeón ben Tsemah Durán redacta ordenanzas que fijarán durante siglos las reglas matrimoniales en la mayoría de las diásporas del islam.

Salvo raras excepciones, los judíos ya casi no ocupan funciones importantes en el Islam, y poco a poco parten de allí. El centro de gravedad del judaísmo se inclina entonces hacia Polonia.

La llegada a Europa Oriental

Los primeros judíos que pasan por Polonia vienen de tierras del islam: en 965 llegan algunos mercaderes radhanitas –y tal vez jázaros– de quienes se conservaron huellas por un relato de Ibrahim ibn Jacob, mercader judío de Toledo (entonces ciudad musulmana).[414] Luego, en 1097, justo después de la primera cruzada, se instalan en Silesia algunas familias procedentes de Renania o de Praga, comerciantes y campesinos que son muy bien recibidos: la reciente cristianización de la región por Mieszko I, el duque de los polanos ("pueblo de los campos"), no predispone a los polacos a adoptar los odios occidentales. Según una crónica de Vincent Kadluba,[414] alrededor de 1170-1180 algunos judíos viven sin preocupaciones en Cracovia, donde son grabadores, teñidores, fabricantes de sederías, prestamistas, mercaderes, agentes. Del Báltico a Turquía, pueblan Lituania, Ucrania y los Balcanes con comunidades que sirven de relevo a los mercaderes. En Polonia, Silesia y Mazovia, fueron encontradas monedas de plata con blasones en hebreo, evidencia de que algunos de ellos acuñaron moneda para Mieszko III, príncipe de Gran Polonia, de 1138 a 1202.[414]

En 1264, según la costumbre germánica, el rey Boleslao el Piadoso los hace "esclavos del Tesoro". Les confirma el derecho de organizar su vida comunitaria, comerciar, prestar tomando como prenda bienes inmuebles, y hasta ser campesinos.[414] Luego, con cincuenta años de demora, la Iglesia de Polonia intenta hacer respetar las decisiones del concilio de Letrán de 1215. En el sínodo de 1267, se desvela por prohibir a los judíos que cultiven la tierra, empleen cristianos, tengan más de una sinagoga por ciudad, y además les impone llevar una insignia especial y aislarse en un barrio. Tales medidas no son más aplicadas que las de Roma, y deben ser reiteradas en vano por las asambleas de Buda (Hungría), en 1279, y de Leczyca (Polonia), en 1285: la Iglesia no puede impedir que tanto el príncipe como el pueblo reciban bien a los judíos. A los de Silesia, algunos señores locales les reconocen los mismos derechos: Enrique Probus de Wroclaw en 1273, Enrique de Glogow en 1274, Enrique de Legnica en 1290 y Bolko de Wroclaw en 1295.

En 1334, un año después de su ascenso al trono, Casimiro el Grande confirma la protección que les concedió Boleslao el Piadoso setenta años antes. Aunque no les reconozca la propiedad del suelo, funda incluso una ciudad para ellos, Kazimierz, junto a Cracovia. La Iglesia protesta una vez más; hasta llega a murmurar que el rey está bajo la influencia de una amante judía, la bella Esterka.[414]

Las noticias circulan velozmente entre las comunidades. Una gran cantidad de judíos acude a Polonia, huyendo de Europa Occidental y sus matanzas contemporáneas de las cruzadas; todavía no representan más que el 0,6% de la población del país, pero ahora se encuentran comunidades más o menos importantes en treinta y cinco ciudades de Polonia, Silesia y Ucrania, incorporada al reino polaco-lituano. La mayoría de los judíos trabaja en el artesanado (pieles, curtiembre, ropa), en el comercio de la sal, el cobre y los arenques, y como agentes del Báltico en Silesia, Hungría, Turquía y hasta en las colonias venecianas del Mar Negro. Algunos prestan a campesinos, otros a ricos mercaderes y se convierten en banqueros importantes: por ejemplo Lewek de Cracovia, Abraham Niger, Wolczko de Drohobycz, Josek de Lublin.[414]

Como las persecuciones se multiplican en el Oeste, los judíos que van hacia el Este son cada vez más numerosos: primero se dirigen a Silesia, en 1349; luego, durante la Gran Peste, a Polonia. Allí también los acusan de envenenar los pozos, sin que por eso sean echados ni exterminados. Luego de Casimiro, a partir de 1387, una nueva dinastía, la Jagelloti, reúne Polonia y Lituania.[414] A menudo la monarquía emplea a judíos como recaudadores del impuesto real en el interior de los dominios de los señores, los magnates. También se los encuentra al servicio de esos propietarios terratenientes como administradores, contramaestres, campesinos, artesanos, posaderos. Algunos de estos intendentes se enriquecen y adquieren estanques, molinos, casas de campo, pueblos. Así, un hombre llamado Wolczko, de Drohobycz, posee varios pueblos en Rutenia.

A partir de comienzos del siglo XV, algunos hombres libres, convertidos en nobles menores, es decir, miembros de la *szchlachta*, reivindican esos empleos tan lucrativos. Al igual que en otras partes, tras haber utilizado a los judíos como "inversores temporarios", piensan en echarlos. Algunos, que se hicieron propietarios, se ven obligados a vender sus casas y tierras. Una universidad cristiana es construida en pleno Kazimierz, y los estudiantes obligan a que los prestamistas judíos les concedan préstamos sin interés: cierta porción es rembolsada. Las acusaciones de asesinato ritual llegan de Occidente.

En 1423, prohíben que los prestamistas emitan letras de crédito y tomen hipotecas de bienes raíces; sólo pueden dar pequeños préstamos garantizados por bienes muebles (ropa, barricas de vino). En 1454, mientras lucha contra la herejía husita en Bohemia, el franciscano Juan de Capistrano, inquisidor, de paso arrecia contra los judíos de Wroclaw. En 1490, los judíos son echados de Baja Silesia, luego de Cracovia y hasta de Kazimierz.

Frente a estas persecuciones, algunos se convierten para ser también ellos gentilhombres. Otros salen de los oficios en que habían sido arrinconados e invierten en las minas o en puestos de recaudadores de impuestos. Sin embargo, parecen estar mejor allí que en cualquier otra parte. Sobre todo, mejor que en España.

5. Financiar los descubrimientos y desaparecer (1000-1492)

La hora española

A comienzos del milenio, la palabra hebrea *Sfarad* comienza a designar a España, punto de encuentro del islam y la cristiandad. La palabra viene del libro bíblico de Obadiá, que habla del "exilio de Jerusalén en Sfarad", evocando así a las comunidades de Asia Menor en tiempos de Nabucodonosor. En el mismo versículo se encuentra la palabra *Tarfat,* utilizada durante el primer milenio para designar la Galia, luego el reino franco.

Al Norte de la Península Ibérica se hallaban los cristianos; al Sur, los musulmanes; en ambos lados, los judíos. Las relaciones eran buenas, y rápidamente se instala allí la más importante comunidad judía de Europa Occidental. La historia de su estadía y de su expulsión constituye una de las más extraordinarias aventuras del destino judío.

En el siglo XI, rabí Samuel Leví es a la vez el *naguid* de la comunidad y el principal colaborador del rey musulmán de Granada. Algunos escritores judíos llevan el pensamiento griego de Oriente, lo traducen al hebreo, lo comentan y lo revelan al mundo cristiano. En 1150, tras haber reconquistado de los moros una gran parte de Castilla, Alfonso VII de Castilla se proclama "emperador de las Españas" y "rey de las tres religiones". En 1170, cuando las cruzadas causan estragos, su hijo Sancho III, rey de Castilla, hace venir de Egipto y de Babilonia a sabios y doctores de la Ley. En Tudela, en el norte de Saragoza, tribunales cristianos arbitran los litigios entre judíos sobre la base del derecho talmúdico.[406]

En esa época, tanto en el Norte como en el Sur de la Península, se encuentran judíos que ejercen todos los oficios: artesanado, comercio y hasta agricultura. En la parte cristiana de Segovia, por ejemplo, la mitad de los jefes de las familias judías son tejedores, zapateros, sastres, orfebres, herreros, alfareros o tintoreros. También en Barcelona, los artesanos (encuadernadores, grabadores, joyeros) representan la mitad de la comunidad.[19] En Tudela son artesanos o médicos; en otras partes, campesinos, viñateros, propietarios de olivares o campos de trigos, que a veces cultivan ellos mismos o que arriendan a musulmanes o a cristianos. En otras partes trabajan la lana o la seda.

Debido a las prohibiciones de la Iglesia y las exigencias de los monarcas, en España, como en el resto del mundo, el préstamo es monopolio forzado de los judíos. Muchos prestan dinero, semillas, aceite, y redactan en hebreo o en judeo-español sus letras de cambio y sus facturas dirigidas a la corte de los reyes. En toda España, el vocabulario económico se forma a partir del hebreo.[19] Así, en castellano, el interés de una deuda es llamado *quiño,* calco del hebreo *quenesh.* Como en otras partes, "judío" y "prestamista" son sinónimos.

Algunos judíos son consejeros de príncipes, responsables de la acuñación de moneda, agentes financieros de las cortes. Josef ibn Zadok es recaudador de impuestos de Alfonso X; Abraham El Barchilón, financista de Sancho IV; Benveniste de Porta, banquero de Jaime I de Aragón; Judá Halevi y Abraham Ibn Josef, recaudadores de impuestos de Carlos III de Navarra. Algunas familias judías son verdaderos semilleros donde se reclutan grandes administradores: los ben Nachman y los Abravanel (o, según las fuentes, Abarbanel) de Sevilla; los Ibn Wakar y los Ibn Shoshan de Toledo; los Halevi y los Benveniste de Burgos; los Caballería y los Alazar de Zaragoza. No son cancilleres ni tesoreros generales; sirven a la persona privada del rey, antes que al Estado. Raramente son admitidos en los gobiernos o en las cortes. Son los ejecutores eficientes de una política en cuya concepción muy pocas veces participan, al menos de manera oficial.

Algunos de estos mercaderes abjuran para integrarse mejor: en el Sur, Samuel ben Yehudá abraza el islam, se convierte en Asmuril y, en 1174, publica un libro en que acusa a los judíos de haber deformado la Biblia; en la cristiandad, el médico de Alfonso VII, rey de Castilla y de León, es un judío converso.

Cuando los pequeños reinos cristianos del Norte, ayudados por caballeros provenientes de Francia, emprenden la reconquista de las tierras musulmanas, los judíos sirven de colonos, como campesinos o administradores.

Mientras que las matanzas y expulsiones se multiplican al norte de los Pirineos, los judíos y los cristianos de España viven en buenas relaciones. En 1250, bajo Jaime I de Aragón, el general de los dominicanos Raimundo de Peñafort, confesor de Gregorio IX, hace aprender el hebreo y el árabe a varios monjes para que estén en condiciones de discutir con los rabinos.[19] En Castilla, Alfonso X, que tiene como intendente de finanzas a Josef ibn Zadok, recibe a sabios de todas las religiones. Los otros soberanos de Castilla incluso alientan a los judíos a respetar su confesión, y algunos tribunales castellanos llegan a infligir multas a los judíos no religiosos. El homicidio contra un judío es castigado con la misma pena que el asesinato de un noble. A mediados del siglo XIII, uno de los mayores señores del reino, don Juan Núñez de Lara, juega a los dados con judíos en el monasterio dominicano de Toledo.[406]

Una parte de los judíos de Francia, expulsados en 1306 por Felipe el Hermoso, va a refugiarse más allá de los Pirineos, felices de encontrar allí una comunidad próspera y numerosas escuelas talmúdicas. Como los mercados españoles están prácticamente cerrados a los lombardos, los cahorsinos y otros prestamistas cristianos, el crédito judío perdura allí mucho más tiempo que en otras partes, y también es mucho mejor aceptado, sin expoliaciones ni matanzas. Judá Abravanel se convierte así en el tesorero de Sancho IV de Castilla en 1284, y luego en el de su sucesor, Fernando IV.

En ese fin del siglo XIII, tras la expulsión de la mayoría de los príncipes musulmanes, la Iglesia adquirió seguridad y pretende obligar a los príncipes a obedecer las consignas de Roma. Un siglo después de las exhortaciones del cuarto concilio de Letrán, se esfuerza por obtener de ellos que separen a judíos y cristianos. Así, el arzobispo de Toledo acusa a los judíos de traición en favor de los sarracenos, con lo que provoca una sublevación; organiza, además, el saqueo de las sinagogas. En Barcelona, en Tortosa, las "disputas" se convierten en procesos contra los textos hebreos.

Aunque no se ensaña tanto con España como con el resto de Europa, la Gran Peste no arregla nada y el destino de los judíos empeora en Castilla. Allí, en 1368, una lucha sucesoria enfrenta al pretendiente legítimo, Pedro el Cruel, con su hermano, Enrique de Trastámara. Inseguros del resultado de las armas, los prestamistas judíos financian a ambos bandos. Cuando Enrique vence en 1369, denuncia a su hermano como "enjudiado", lo manda asesinar y prohíbe a los judíos cualquier función al servicio del Estado. En 1370, la Iglesia persigue a mercaderes cristianos de Gerona por haber jugado a los dados en el barrio judío, un Jueves Santo. En 1378, el archidiácono de Écija y vicario general de la diócesis de Sevilla, Fernando Martínez, reclama la expulsión de los judíos, como se hace en el resto de Europa.[274] En julio de 1390 muere el último soberano que en cierta medida aún los protegía, Juan I de Castilla. El siglo XV se anuncia muy oscuro para ellos, en su último refugio ibérico. La cartografía es una ciencia mayor: todo mapa es un secreto de Estado y constituye una información, el acceso a riquezas. Los mapas, por lo tanto, son objetos de gran valor. Su comercio es complejo y remunerativo, ligado a la diplomacia y al espionaje.

Marinos y descubridores

Desde Salomón, los mercaderes judíos son notables marinos; ya los encontramos, a lo largo de los dos milenios anteriores, bogando de España a la India en barcos persas, griegos, egipcios, árabes, y en sus propias flotas. Así han acumulado un saber inmenso, y en muchos lugares, varios de ellos son excelentes cartógrafos.

Ahora desde España y Portugal se mira hacia el mar abierto: a partir de allí se rodeará el África y se encontrará el borde del mundo. Los marinos que se aventuran hacia el sur necesitan instrumentos de navegación y mapas cada vez más precisos. A comienzos del siglo XIV, muchos instrumentos marítimos son mejorados por astrónomos judíos. Así, alrededor de 1300, Jacob ben Machir ibn Tibon inventa un aparato de a bordo conocido con el nombre de "cuadrante judaico", que permite medir la posición de las estrellas. Alrededor de 1330, Levi ben Gershon, comentador bíblico, matemático y astrónomo, inventa la "báscula de Jacob", cuadrante muy sencillo que permite a los marinos medir la separación angular entre dos cuerpos celestes. Hacia 1475, Abraham Zacuto, astrónomo en Salamanca, redacta las primeras tablas astronómicas que dan las horas más o menos exactas de la aparición de los planetas y las estrellas; su tabla de efemérides, traducida del hebreo al latín por otro judío, Josef Vezinho Diego Mendes, es publicada bajo el título de *Almanach perpetuum*.

Navegantes y mercaderes judíos establecidos en Portugal a partir del reinado de Juan I el Grande, hacia 1410, en la época de las primeras conquistas de ultramar, participan en la organización del comercio exterior del reino. Un poco más tarde, en Barcelona, agentes en especias –la familia Crescas– dirigen un centro judío de cartografía llamado Academia Nacional de Palma de Mallorca. Forzado a convertirse al catolicismo bajo el nombre de Jaime Riba, el hijo de Abraham Crescas, Yehudá, entra al servicio de Enrique el Navegante,

hijo de Juan I de Portugal, que sueña con la conquista de África sin embar-
carse jamás él mismo. Se convierte en director de la escuela de navegación de
Sagres y, con ese título, forma parte de los organizadores de las expediciones
portuguesas a lo largo de las costas de África, tratando –en vano– de dar la
vuelta alrededor de ellas. A partir de 1448, estas expediciones llegan a las costas de África Occidental y desembocan en un comercio de esclavos, que son
arrancados por los árabes a los reinos de Mali y del Songhai para ser cambia-
dos por sederías con los portugueses en Arguino, sobre la costa de Guinea.
No parece que los mercaderes judíos hayan desempeñado un papel específico
en este comercio, aunque probablemente hayan participado.

Detrás de la búsqueda de un pasaje hacia Asia en el sur del África, los judíos también piensan que existe una tierra desconocida, Tierra Prometida,
jardín del Edén o paraíso perdido. Algunos textos del Midrash mantienen la
idea de que miembros de las diez tribus del reino de Israel –las que se "perdieron" tras el primer exilio de 722 antes de nuestra era– partieron a vivir del
otro lado de un río legendario, el Sabatión, cuyas aguas se agitan durante la
semana y se detienen en el Shabat. Un viajero judío del siglo XII, Eldad Ha-
Dani, pretende venir de un lugar desconocido y pertenecer a una de esas tribus, la de Dan. Benjamín de Tudela, el viajero español del siglo XII con el que
ya nos cruzamos en Alejandría y Bagdad, describe las tribus de Dan, Aser, Zabulón y Neftalí, encontradas junto a un río, el Gozán; en cuanto a las tribus
de Rubén, Gad, y la mitad de la de Manasés, las ubica en Jaibar, Yemen.

Sorprendente consecuencia de esta cultura viajera: casi todos los que organizarán y financiarán el descubrimiento de América son o fueron judíos.
Ésta es la extraordinaria odisea de los judíos de España, echados del viejo
mundo y descubridores del nuevo.

Conversos y marranos

Con la muerte de Juan I de Castilla, en junio de 1390, ya no quedan protectores; la puerta se ha cerrado. Los casi 300 mil judíos de España están al acecho, pues sienten que la amenaza se acerca. El 4 de junio de 1391 es como
un reguero de pólvora:[274] la Judería de Sevilla es destruida; luego, en los días
siguientes, les toca a las de Córdoba, Montoro, Jaén, Tudela, Madrid, Segovia, Valencia, Barcelona, Palma y Gerona. En total, 50 mil muertos, o sea, un
sexto de la comunidad; tanto como en las matanzas del siglo precedente. Cincuenta mil sobrevivientes huyen hacia las tierras del islam en Granada, Fez,

Marrakesh, Argelia, Mostaganem, Tlemcén, Orán, Túnez y Trípoli. Cien mil persisten en su fe y permanecen en España. Otros cien mil se convierten, pero algunos seguirán siendo judíos en secreto.

En España aún más que en otras partes, practicar el judaísmo en secreto es peligroso: en rigor, la Iglesia puede tolerar a los judíos, pero quema a los "relapsos". Las idas y vueltas entre cristianismo y judaísmo a veces son toleradas en otras partes, pero aquí no. Ser capturado practicando el judaísmo tras una conversión acarrea la muerte luego de tortura y proceso. Además, un converso pierde a sus amigos judíos sin por ello ganar la amistad de los "cristianos viejos", que lo llaman con desprecio *marrano*. Por consiguiente, muchos de esos marranos viven y se casan entre sí, lo que refuerza las sospechas de la Iglesia para con ellos.

Así, con las matanzas de 1391, comienza la doble vida del marrano, judío en secreto, hecha de angustia, de doble juego y de riesgos cotidianos para transmitir una identidad prohibida. En algunas familias, los padres se convierten sin sus hijos, un esposo sin su cónyuge, y los niños parten sin sus padres. En Tudela, algunos rabinos solicitan el bautismo mientras que otros dos, Itzjak ben Sheshet y Josef ben Menir, parten para el Magreb. En Zaragoza, el hijo de un rabino, Alazar Galluf, se convierte con el nombre de Juan Sánchez. En Burgos, el propio gran rabino, Salomón Ha-Levi, se convierte con toda su familia, y, con el nombre de Pablo de Santa María, llega a obispo de Burgos y escribe panfletos antijudíos.

Quienes se exilian denuncian a los convertidos; quienes se quedan denuncian a los intelectuales, discípulos de Maimónides, que, con su gusto por la filosofía aristotélica y su pasión por la modernidad, perturbó los espíritus y llevó a los dirigentes de las comunidades a asimilarse, a acercarse a los príncipes, lo cual provocó envidias, origen de todas las desdichas.[19]

Al cabo de algunos meses, la violencia decae. En 1394, cuando los últimos judíos de Inglaterra son expulsados, la vida vuelve a la tranquilidad en España. En Zaragoza, en 1397, la comunidad vuelve a ser floreciente. Pero los que se convirtieron en el pánico del verano de 1391 caen en la trampa: un converso no puede volver a ser judío; un judío no puede convertir a conversos al judaísmo. Unos y otros son puestos bajo la máxima vigilancia.

Impedir que los judíos "contaminen" a los conversos se convierte entonces en una idea fija para la Iglesia de España. Contra cualquier consideración de interés económico, a veces contra los propios monarcas y el papa, con una rabia obsesiva, la Iglesia va a tratar de "proteger" a los conversos contra los judíos: éstos, dicen, son portadores de una peste, el propio judaísmo, con el que en cualquier momento pueden contaminar a los conversos, todavía convalecientes. La metáfora de la peste o del tumor ya no los abandonará. Poco a poco, la Iglesia de España limpiará el país de judíos, y sólo conservará –vigilándolos de cerca– a aquellos que se convirtieron. En aras de ello, ya no vacilará en destruir el entramado comercial, cultural, económico y financiero de los diversos reinos, privilegiando su idea fija antes que los intereses de mercaderes y príncipes.

En 1411, en Valencia, las prédicas de un monje fanático, Vicente Ferrer, incitan a las muchedumbres cristianas a aniquilar a los judíos, a quienes acusa –como sucede en otras partes de Europa– de envenenar los pozos. Algunos huyen y se exilian entonces en Polonia.

El 2 de enero de 1412, un primer monarca de la Península cede ante la Iglesia y ante Ferrer: Juan II decide aplicar las resoluciones adoptadas cerca de dos siglos antes por el cuarto concilio de Letrán y aislar a todos los judíos de su reino en barrios cerrados. El texto de este importante decreto, llamado de Valladolid, lo dice todo sobre las condiciones económicas y sociales de los judíos de la época:

> Todos los judíos del reino deben vivir separados de los cristianos en un barrio rodeado de un muro, con una sola puerta de acceso. Tienen ocho días para instalarse, de otro modo perderán todos sus bienes. Ningún judío podrá comer ni beber con cristianos; no podrán conversar con ellos ni asistir a una ceremonia cristiana, ni emplearlos para hacer la cocina, ni para educar a los niños, ni para ninguna otra clase de trabajo. Ni emplear a un cristiano para trabajar en los campos o las vides, ni para construir casas u otros edificios. Ningún judío podrá utilizar paños de un valor superior a 30 maravedíes por cada vara (unidad de medida). Las judías llevarán un manto largo hasta los pies, sin franjas ni plumas, y una toca sin oro. Ningún judío podrá afeitarse la barba ni cortarse el pelo. Ningún judío podrá ejercer los oficios de droguista, procurador, recaudador de impuestos y derechos de aduana, cambista (en ninguna ciudad), farmacéutico, cirujano, médico, veterinario, carnicero, curtidor, herrero, carpintero, fundidor, comerciante de tejidos, zapatos o blusas, fabricante de medias o jubones, ni coser ropa de los cristianos, ni ser arriero, ni transportar ninguna mercancía, y sobre todo se abstendrá de vender aceite, miel, arroz y otros alimentos, y de llevar o utilizar ningún arma. Todo denunciante de una violación de este texto por un judío percibirá el tercio de la multa impuesta al judío que habrá hecho condenar. Ningún judío podrá obstaculizar a aquellos que, inspirados por el Espíritu Santo, quieran convertirse en cristianos, cualquiera sea

el lazo que los una. Ninguna comunidad judía tendrá derecho a recaudar impuestos en su seno sin autorización real. Ninguna comunidad judía podrá distribuir de sus bienes más que lo que haya sido expresamente ordenado por el rey, bajo pena, para los responsables, de perder sus bienes y sus vidas".[39]

No es posible decretar condena más exhaustiva ni encierro más completo: el préstamo de dinero sigue siendo el único oficio autorizado a esos reclusos privados de toda relación con el mundo.

Un Abravanel, familia de banqueros desde hace dos siglos, que garantiza los préstamos de la Corona para financiar el sitio de Algeciras, emigra entonces a Portugal. Cerca de un siglo más tarde su familia estará de regreso en España.[390] En Alcañiz, un médico judío, Joshúa Ha-Lorki, se convierte bajo el nombre de Jerónimo de Santa Fe.

En 1412, el papa Benito XIII organiza una *disputatio* entre el convertido Jerónimo de Santa Fe, que se ha vuelto su médico, y catorce rabinos aragoneses. Los opondrá durante dos años. En el verano de 1414, el papa decidirá que terminó con la victoria del nuevo cristiano.[266]

Sin embargo, únicamente en Europa, el judaísmo español sobrevive todavía gracias a algunos príncipes. Alrededor de 1420, Meir Alguadez, el gran rabino de Castilla, donde acaba de producirse una importante matanza, culmina una nueva traducción al hebreo de la *Ética* de Aristóteles. Otros traducen a Tomás de Aquino y a Guillermo de Occam. A pedido de cristianos, Moisés Ajangel traduce la Torá al castellano. A comienzos del siglo XV, los financistas judíos siguen siendo muy apreciados en algunas cortes; otros son intérpretes, traductores, negociadores, espías, embajadores, lo que les vale un reflorecimiento de celos en la nobleza, el pueblo común y, sobre todo, el clero. En 1432, Abraham Benveniste, gran rabino y tesorero del rey Juan II, obtiene la revocación del decreto de 1412 y reorganiza las comunidades. Una parte importante del poder, en Aragón y Castilla, está entonces en manos de conversos.

Paradoja: se ha hecho todo para convertir a los judíos, pero no se soporta a los conversos. En 1446, a pedido de la Iglesia, el rey de Castilla les prohíbe el acceso a todo cargo público, lo que excluye en especial a la familia Caballería del servicio del Estado, así como a varias grandes familias cristianas que contrajeron matrimonio con conversos. El papa Nicolás V emite una opinión contraria: un nuevo cristiano, explica a sus obispos, es un cristiano como los demás, salvo si se prueba que judaíza en secreto. La Iglesia de los Reinos de

España persiste. Harán falta dos bulas pontificias para acabar con su encarnizamiento.[406]

Extraña situación: en algunas ciudades se aniquila, se tortura, se expulsa; en otras, algunos cristianos escuchan todavía los sermones de rabinos famosos, algunos judíos asisten a misas de Navidad, grandes señores cenan –cas - her– en casa de mercaderes judíos, financistas judíos son invitados a las cortes –donde ejercen funciones considerables–, conversos trabajan junto a judíos y en tanto viejos cristianos como ministros, mercaderes, orfebres, campesinos o artesanos.

Algunos destinos judíos singulares de esta segunda mitad del siglo XV:

Diego Arias de Ávila, y luego su hijo, se vuelven secretarios de Enrique IV de Castilla, hermano y predecesor de Isabel la Católica. Su hijo, Juan, se convierte y llega a ser obispo de Segovia.

Abraham Señor, primero rabino, luego banquero de Alfonso V en la guerra contra Granada, llega a ser recaudador de impuestos y jefe de la comunidad judía de Castilla bajo el reino de Enrique IV. En 1469, con otros judíos influyentes, participa en el arreglo del matrimonio de la hermana del rey, Isabel, con Fernando, hijo del rey Juan II de Aragón. A la muerte de Enrique IV, en 1474, participa en la eliminación de su hija, la Beltraneja, lo que abre a Isabel el acceso al trono.[304] Así posibilita, a la muerte de Juan II de Aragón en 1479, la reunión de los reinos de Aragón y de Castilla. Señor se convierte entonces en rav de la corte* y gaón (título que había desaparecido hacía tiempo) del conjunto de los judíos de los dos reinos reunidos; lo eximen de pagar el impuesto y de llevar la ropa obligatoria para los otros judíos.

Ocho de los nueve hijos de Luis de la Caballería, el tesorero de Juan II de Aragón, padre de Fernando, se convierten; varios de ellos ocupan cargos importantes en la Iglesia y en el Estado. Así, uno de ellos, Alfonso de la Caballería, alrededor de 1460 inicia una carrera de consejero en la corte de Aragón, reino del que será vicecanciller. Al parecer todos continúan siendo judíos en secreto, y la mayoría de sus matrimonios se hacen entre conversos.

Muchos de los conversos ocupan altas funciones ante los dos nuevos monarcas. Hernando de Talavera, confesor de la reina, nació de madre judía. Gabriel Sánchez, hijo de Juan Sánchez, nieto del rabino Alazar Galluff de Zaragoza, se vuelve tesorero de Aragón. Luis de Santángel, sobre todo –cuyo abuelo, Azarías Chinillo, se convirtió al cristianismo a comienzos del siglo XV antes de llegar a obispo de Mallorca–, es nombrado recaudador de impues-

* En español en el original. [N. del T.]

tos; es el favorito del rey Fernando de Aragón, que en 1481 lo nombra escri-
bano de ración,* es decir, controlador general de la casa de Aragón –en otras
palabras recaudador principal de impuestos indirectos del rey–, luego conta-
dor mayor,** esto es, pagador general de Castilla, y tesorero general de la Santa Hermandad (organización paramilitar que garantiza el mantenimiento del
orden), uno de los puestos más eminentes del reino.[304]

Esta lista no está redactada al azar: como veremos algo más adelante, estos conversos, que constituyen el núcleo íntimo del aparato administrativo y
financiero del país, de hecho siguieron siendo judíos en secreto. Juntos financiarán el proyecto de un marino genovés desconocido al que algunos[259] consideran judío. Se encuentra entonces en Portugal, en busca de financiamiento
para un viaje hacia el oeste, cuya ruta marítima discute con cartógrafos portugueses, en su mayoría judíos: se trata de Cristóbal Colón.

Mientras tanto, en España la Iglesia no deja de vigilar a los conversos, sobre todo a aquellos que alcanzaron la cima del Estado. Observa sus contactos
con los judíos y espía sus costumbres de vida, al acecho del menor indicio:
una manera insólita de matar las aves, de encender las velas, de apagar las chi-
meneas el sábado, de conducirse a la mesa, de vestir a los muertos, de celebrar los entierros. La orden de los caballeros de Alcántara afirma inclusive que
toda vigilancia es inútil, que todo judío converso necesariamente sigue siendo judío en secreto; en consecuencia, hay que excluir de Castilla y Aragón a
cualquier individuo que tenga un ascendiente judío, e instaurar lo que la orden llama "pureza de la sangre". Pero Roma, como vimos, no comparte esa
opinión; sólo desea estar segura de la fe de los nuevos conversos y aceptarlos
entre los cristianos. El 1º de noviembre de 1478, un nuevo pontífice elegido
en 1471, Sixto IV, exige justamente de los Reyes Católicos que nombren in-
quisidores en sus reinos para verificar la sinceridad de los conversos y vigilar
a los judíos que los inciten a volver a convertirse. A partir de entonces,
cualquier persona sospechada de "judaizar" en secreto, o de empujar a hacerlo a un converso, será denunciada ante el tribunal y terminará en la hoguera.
En ese momento, una investigación muestra que en Sevilla muchos conversos,
de hecho, siguen siendo judíos en secreto.[274] En Mallorca, el médico Bonet
Bonjorn y el gran cartógrafo Yehudá Crescas también se convertirán.

Inmediatamente, la Inquisición toma ventaja: en 1480, el mismo año en
que entra en funciones, Pedro de Arbues, canónigo de la catedral de Zaragoza,

* En español en el original. [N. del T.]
** En español en el original. [N. del T.]

es asesinado. La Inquisición investiga y cree descubrir un complot que implica a los más famosos conversos del reino: Luis de la Cerda, Pedro González de Mendoza, Luis de Santángel, Alfonso de la Caballería, el marqués de Moya, Juan Sánchez, Sancho de Patenoy y Juan de Coloma. Todos grandes señores y cercanos a los monarcas.

La investigación es pavorosa: se exhuma a la abuela de Alfonso de la Caballería para verificar cómo fue enterrada; se arrastra a su mujer como penitente en un auto de fe; se quema en efigie a su hermano Jaime. El suegro de Gabriel Sánchez, también acusado de ser judío en secreto, es condenado a muerte y ejecutado. Sancho de Patenoy es condenado a muerte, pero se lo indulta gracias a la intervención de su nieto Juan Cabrera, mayordomo en jefe del Rey, que logró conmutar la sentencia en prisión de por vida. Los otros —todos grandes figuras del reino— se salvan por voluntad del soberano, que defiende a sus favoritos. Al año siguiente, como resultado de esos procesos lanzados sin acuerdo contra conversos que le son cercanos, y tras varios ataques contra judíos que supuestamente fueron sus allegados, Fernando, como prueba de su confianza, nombra controlador general de Aragón a uno de los principales sospechosos, Luis de Santángel, y recuerda que "los judíos son nuestros vasallos. Redactar ordenanzas contra los judíos que son nuestras arcas y pertenecen a nuestro patrimonio sólo depende de nosotros". Los judíos "que son nuestras arcas": raramente las cosas habrán sido dichas con mayor crudeza. La Inquisición desdeña esa prohibición: en el espacio de algunos meses, cinco mil conversos son torturados y luego liberados tras haberse "arrepentido"; otros setecientos son quemados vivos.

A esta España inquietante, en plena crisis económica, en 1481 vuelve un gran financista judío portugués, don Isaac ben Judá Abravanel,[391] descendiente de Judá Abravanel, que antaño se había refugiado en Portugal. Isaac huye de la ira de Juan II, nuevo rey en Lisboa, quien sospecha que él formó parte de un complot en su contra tras haber sido consejero, y luego ministro de Finanzas, del soberano precedente, Alfonso I. De ese modo, a los 44 años, Isaac Abravanel vuelve a la tierra de sus antepasados, y pone todos sus bienes al servicio de Isabel y Fernando. Organiza, por ejemplo, el financiamiento de la nueva guerra contra los moros para terminar con Granada;[391] luego se vuelve tesorero del reino bajo la mirada desconfiada de la Inquisición, furiosa de ver que otro judío asciende al entorno de los Reyes Católicos.

Si, en 1482, el papa Sixto IV se esfuerza por morigerar la Inquisición castellana, que sin embargo propició, el dominicano Tomás de Torquemada, confesor de la reina y nuevo inquisidor general a partir de 1483, no claudica.[107] Incluso propone a los Reyes Católicos una solución radical: expulsar a todos los judíos del país para que ya no puedan desviar a los conversos de la verdadera fe.

Fernando, que todavía pretende ser el rey de las tres religiones, no está convencido, ni política ni económicamente, de la necesidad de la expulsión.[304] Ni el pueblo, ni la burguesía, ni la nobleza la reclaman. Los judíos representan una fuerza económica de primer orden; son los únicos prestamistas autorizados y animan el comercio internacional. La llegada de Abravanel lo demuestra: los judíos pueden aportar riquezas al país y privar de ellas a los reinos rivales. Constituyen el "patrimonio" del rey y forman, con los conversos y varios otros señores y mercaderes cristianos, el andamiaje administrativo, financiero y comercial del país, así como su único lazo con el Imperio Otomano y los mercados de la India. ¡Ni hablar de perderlos! Por lo demás, el papa no lo solicita.

Isabel, por su parte, está más seducida por las ideas de Torquemada: purificar es su obsesión; además, ella está convencida de que todos los judíos, puestos entre la espada y la pared, se convertirán.[304]

Los Reyes Católicos vacilan, y, a modo de advertencia para los 300 mil judíos de España —su número casi se triplicó en un siglo—, el 1º de enero de 1483 deciden dar a elegir a las 4 mil familias judías de la arquidiócesis de Sevilla —donde las sospechas sobre los conversos son más fuertes—[274] y de las diócesis de Cádiz y de Córdoba entre abandonar su ciudad y convertirse. Para gran sorpresa de Isabel, muy pocos se convierten; casi todos parten, en general a otras partes de la Península.[274] Torquemada no está satisfecho; extiende su competencia a Toledo, Aragón y luego a toda Castilla, y comienza a instruir procesos de conversos y de judíos que supuestamente fueron sus allegados. En quince años instruirá 100 mil casos y enviará a más de 2 mil acusados a la hoguera.[107]

Mientras tanto, Cristóbal Colón sigue explicando a los portugueses la sustentabilidad de su proyecto: ir hacia las Indias por el oeste. Detalle singular: muchos de aquellos con quienes se encuentra son judíos o conversos. Primero, en Lisboa, en 1484, el cartógrafo converso Yehudá Crescas, a quien conoce justo antes de presentar su proyecto a Juan II; más tarde pretenderán que el geógrafo le habría mostrado un bosquejo de las costas de un nuevo mundo al oeste. Luego, Josef Diego Mendes Vezinho, otro cartógrafo judío en corte del rey de Portugal, que preside un comité de expertos encargados por aquél de evaluar la proposición de Colón. Finalmente, Lisboa rechaza el proyecto de Colón.

En 1485, desalentado, el genovés parte a España. Ese año, en Guadalupe, cincuenta y dos conversos son quemados como relapsos tras haber sido torturados hasta la muerte. Un rabino, Abraham de Huesca, es quemado vivo por haber hecho circuncidar a conversos.

En 1486, Colón conoce en Zaragoza al astrónomo judío Abraham Zacuto, consejero del rey para las expediciones marítimas, que se muestra convencido por el proyecto, pero no obtiene la adhesión de los monarcas.

Colón busca entonces un financiamiento privado. Curiosa coincidencia: entre otros mecenas posibles, conoce a todos aquellos que de una manera u otra tomaron parte en el homicidio del inquisidor Arbues. Primero a Luis de la Cerda, conde de Medinaceli, quien a su vez le hace conocer a uno de sus primos, el cardenal Pedro González de Mendoza, arzobispo de Toledo, que comparte con él una abuela judía. Sin jamás dejarse capturar, ambos fueron sospechados de ser judíos en secreto. Mendoza preside una comisión real que aprueba los planes de Colón, mientras que Luis de la Cerda asedia a los monarcas para que reciban al genovés y Juan Cabrera, en la intimidad de sus funciones de mayordomo, describe a la pareja real los tesoros que el navegante podría traer a la Corona.

En 1486, finalmente, Colón es recibido en la corte reunida en Córdoba. Una nueva comisión de expertos, presidida por el confesor de la reina de Castilla, Hernando de Talavera –prior del Prado, más tarde arzobispo de Granada, una de cuyas abuelas, como dijimos, es judía–, rechaza su proyecto.

En 1488, Colón conoce a otro converso, también preocupado tras el homicidio del inquisidor: se trata de Luis de Santángel, entonces pagador general de Castilla, el hombre más poderoso de España. Él sí aprueba sus planes.

A comienzos de 1491, cuando el proyecto del genovés es rechazado una vez más por los monarcas, Santángel obtiene una nueva audiencia para Colón. El gran señor explica a los soberanos que la Santa Hermandad, dirigida por él, está en condiciones de garantizar un préstamo que financie el viaje, y como la ciudad de Palos debe dinero a la Corona por haberse dedicado al contrabando, podría suministrar las tres carabelas de la expedición.[19]

Los Reyes Católicos se rinden ante su principal financista.[304] Conceden a Colón cartas de misión y las carabelas de Palos. Hay un signo suplementario: otro marrano, Juan de Coloma, cuya mujer es una Caballería, es quien redacta el contrato que firman Colón y los monarcas, en el que se especifica la distribución de las riquezas de las tierras descubiertas.

El propio Santángel financia el proyecto de Colón –con 17.000 ducados– junto a otros dos conversos: Alfonso de Caballería (tesorero de Castilla, toda-

vía sospechoso para la Inquisición de judaizar en secreto) y Juan Andrés Cabrera, mayordomo de Fernando, convertido en marqués de Moya, que es
amigo de Isabel y casi con seguridad también marrano.

Últimas dos relaciones judías de Colón: durante la primavera de 1491 conoce en Málaga, que acaba de ser tomada a los musulmanes, al jefe de la comunidad de Castilla y banquero, Abraham Señor, quien, a mediados de
1491, le presenta a don Isaac ben Judá Abravanel, el judío portugués tesorero del reino de España. Pero éste no puede ayudarlo, porque está ocupado en
algo muy diferente:[391] a mediados de diciembre de 1490, un converso que es
detenido porque lo habrían sorprendido con "una hostia consagrada en sus
alforjas", confesó ante la Inquisición, bajo tortura, que algunos años atrás, un
Viernes Santo, en compañía de judíos y de otros conversos, habría arrancado
el corazón de un niño cristiano después de crucificarlo y haberle puesto una
corona de espinas sobre la cabeza. La instrucción de este extravagante proceso, que comienza el 17 de diciembre de 1490, se cierra un año más tarde, el
16 de noviembre de 1491, con una serie de condenas a muerte y ejecuciones.

En julio de 1491, Luis de Santángel, pagador general de Castilla, que se
hallaba muy comprometido entonces en la organización del proyecto de Colón, también es acusado, nuevamente, de ser judío en secreto. Pero, una vez
más, el rey Fernando logra arrancarlo de las garras de la Inquisición.

Torquemada quiere acabar de una vez e imponer su decisión a los monarcas: España, junto con algunas ciudades alemanas e italianas –¡entre ellas, como vimos, los Estados Pontificios!– es uno de los últimos lugares de Europa
Occidental que toleran a los judíos. Éstos deben partir de España.

El martes 20 de marzo de 1492, cuando culmina la triunfal reconquista
de Granada, que es ganada a los musulmanes, Torquemada pide al Consejo
Real reunido en esa ciudad que acabe con los últimos infieles, dando a los judíos a optar entre conversión y destierro. Miembro del Consejo, Luis de Santángel sostiene con coraje que la comunidad judía es económica, moral e
intelectualmente necesaria para la nación. Torquemada replica que "la herejía judaizante es un tumor maligno que debe ser eliminado". La metáfora de
la enfermedad es siempre igualmente eficaz.

El miércoles 28 de marzo, luego de una semana de reflexión y sin que se
sepa exactamente bajo qué circunstancias, Fernando cede a Isabel: los soberanos aprueban la expulsión.[304] El 12 de abril, Isaac Abravanel, rabino y tesorero de la corte, que acaba de financiar la guerra victoriosa contra los
musulmanes, solicita audiencia a los Reyes Católicos con una delegación de
judíos –y no judíos– mercaderes, diplomáticos, médicos, banqueros, altos

funcionarios, nobles y obispos. Vienen a solicitar la anulación de la decisión; sin duda, en la práctica proponen comprarla, como tan a menudo ocurrió en el pasado en otras partes de Europa. Pero en este caso la expulsión no está motivada por necesidades de dinero. Por lo tanto, no hay nada que comprar. La discusión se corta en seco. El martes 1º de mayo, el texto del decreto de expulsión es exhibido en los dos reinos.

Como ocurrió con tanta frecuencia en otras partes durante siglos, el pánico se apodera entonces de las comunidades judías. ¿Qué hacer? ¿No darle importancia, como de costumbre? Se tranquilizan: desde luego, nuestros dirigentes, sobre todo el *rav* de la corte, Abraham Señor, que es tan poderoso, van a salvarnos. ¡Nosotros no! ¡Eso no! ¡Ellos no!

Luego se impone la duda; las amenazas se hacen más específicas; los dirigentes de las comunidades parecen impotentes. Los judíos españoles comprenden entonces que van a padecer el mismo destino que los del resto de Europa. ¿Convertirse? Nada más peligroso si luego lo capturan a uno judaizando. ¿Partir? Pero, ¿adónde ir? ¿A Portugal? ¿A Navarra? Allí también amenaza el antisemitismo. ¿Flandes? ¿Italia? ¿Francia? ¿Turquía? ¿Polonia? ¿Jerusalén? En todas partes hay peligros. Grandes señores cristianos de Aragón proponen ocultar a los proscriptos mientras todo se tranquiliza: están convencidos de lograr, con ayuda de Abraham Señor, la posterior anulación de la expulsión. Otros les sugieren liquidar del mejor modo posible sus propiedades antes de que colapsen los precios, y partir no bien puedan.

En el mes de mayo se produce el pánico: los judíos no tienen derecho a llevar consigo ni oro ni plata; deben liquidar todo a precio vil y pagar muy caro su pasaje a los armadores. En Cádiz, cerca de ocho mil familias judías dilapidan así sus bienes de apuro y negocian su viaje con capitanes muy decididos a hacerles soltar todo el oro que puedan poseer. Todos tratan de llevar sus herramientas de trabajo. Los impresores hacen lo imposible por partir con sus prensas; las comunidades intentan ayudar a los más pobres. Cuando la de Palencia trata de vender su sinagoga para financiar el viaje de los más indigentes, la municipalidad prohíbe comprarla. A la inversa, cuando la comunidad de Vitória confía su cementerio a la custodia de la municipalidad, rogándole que se comprometa a nunca construir nada, en espera de su retorno, ésta acepta suscribir ese compromiso, que sólo romperá inmediatamente después de la Segunda Guerra Mundial...

Los Reyes Católicos, indecisos o cínicos, hacen saber que ponen esa partida "bajo su protección"; pero las palabras no cambian nada: la Inquisición, encargada por el poder de supervisar el conjunto de las operaciones, empuja a los judíos a partir y les obstaculiza tanto como puede la ruta de la conversión.

Golpe teatral: el martes 5 de junio, el banquero y rabí Abraham Señor, que, al organizar el matrimonio de Isabel y Fernando, los ayudó a unificar la Península, aquel de quien todos esperaban que lograría convencer a los soberanos que pospusieran su decisión, se convierte con gran pompa en la catedral de Córdoba en presencia de los monarcas. Toma el nombre de Fernando Pérez Coronel. Luego se calla y rompe todo contacto con sus allegados. Morirá algunos meses más tarde. Y luego de su muerte se descubrirá que siguió judaizando en secreto, que sólo se convirtió para proteger mejor a quienes no podían partir.

Otro golpe teatral: el domingo 17 de junio, un rabino de Zaragoza, Levi ibn Santo, confiesa bajo tormento que Alfonso de la Caballería, grande de España y vicegobernador de Aragón –cuya familia, según vimos, se convirtió en 1414–, uno de aquellos que fueron incriminados en el proceso Arbues y uno de los financistas de Colón, siguió siendo judío en secreto. Liberado, Levi ibn Santo huye a Portugal. Alfonso de la Caballería es asesinado poco después.

Entre los judíos, el pánico está en su apogeo. Todo ha terminado: hay que partir, camuflando como sea posible los escasos bienes que se tuvo la posibilidad y el tiempo de llevar. Un testigo cristiano, el cura Andrés Bernáldez, que no comprende su negativa a convertirse, escribirá poco después:[406]

> Los judíos de España vivían en la holgura, y entre ellos había hombres muy ricos, propietarios, financistas como Abraham Señor, que consolidaba los impuestos de Castilla, y otros que se destacaban en el comercio. Al abandonar esos bienes y ese esplendor, y confiarse a las vanas esperanzas de su ceguera, vendieron en pocos meses todo lo que pudieron; daban una casa por un asno, una viña por una pieza de tejido o de tela. Antes de partir, casaron entre ellos a todos sus hijos mayores de doce años, para que cada muchacha tuviera la compañía de un marido".[406]

El 2 de agosto (que ese año corresponde justamente al 9 del mes de Av, aniversario de la destrucción del primero y del segundo Templos de Jerusalén), los últimos judíos españoles abandonan su país por tierra, hacia Portugal o Navarra, y por mar, hacia el Islam marroquí o turco.

Apenas salen de los puertos, los barcos de los expulsados son acechados por piratas genoveses y berberiscos, que los abordan. Otro testigo, esta vez judío, Josef Ha-Cohen, observa con afectación:

Los judíos se fueron donde los empujó el viento, a África, Asia, Grecia y Turquía [...]. Agobiantes sufrimientos y dolores agudos los aquejaron. Los marinos genoveses los trataron con crueldad. Esas criaturas infortunadas morían de desesperación durante su ruta; los musulmanes los destripaban para extraer de sus entrañas el oro que habían tragado para ocultarlo, y a otros los arrojaron al mar; hubo algunos que fueron consumidos por la peste y el hambre; otros fueron desembarcados desnudos por el capitán de la nave en islas desiertas; y aun otros, en ese año de desgracia, fueron vendidos como esclavos en Génova la soberbia, y en las ciudades sometidas a su obediencia.[348]

Pobres y ricos parten juntos, sin bienes o casi sin ellos, y sin comprender por qué los echan. En 1496, desde Nápoles, donde se exilió,[390] Isaac Abravanel da su versión de la decisión de los Reyes Católicos con extraordinaria y amarga ironía. Para él, Fernando cedió a Isabel por puro capricho místico. Así lo ridiculiza:

Cuando el rey de Aragón hubo tomado Granada, ciudad pujante y populosa, se dijo: "¿Cómo puedo dar gracias a mi Dios, mostrar celo para con Aquel que entregó esta ciudad a mis manos? ¿Será resguardando bajo sus alas a ese pueblo que camina en la oscuridad, esa oveja descarriada que es Israel, o echándola hacia otros países sin esperanza de retorno?" Por eso, el heraldo anunció a todos los vientos: "A vosotros, todas las familias de la casa de Israel, os hacemos saber: si recibís el agua del bautismo y os prosternáis ante mi Dios, gozaréis como nosotros del bienestar en este país. Si os negáis, ¡tenéis tres meses para salir de mi reino!".[390]

Luego redacta un balance económico de esa partida:

Por el temor que tengo de los cielos y la gloria de la divinidad, declaro que la cantidad de los hijos de Israel era en España de 300 mil, el año en que fue saqueado su esplendor; y el valor de sus bienes, y su fortuna en inmuebles y muebles, y la abundancia de sus bendiciones eran de más de mil·millares de ducados de oro puro, riquezas que guardaban para los días de infortunio. Y hoy, cuatro años después de nuestro exilio y nuestra destrucción, todo pereció al mismo tiempo con un fin amargo; porque no queda de ellos más que cerca de 10 mil hombres, mujeres y niños en los países donde habitan; y en las regiones de su exilio terminaron sus riquezas y todo cuanto habían llevado en sus manos de su país natal.[391]

Entonces el reino de España, con el descubrimiento de América y de su oro, cree llegada su hora de gloria. De hecho, privada de una gran parte de su elite cultural, comercial y administrativa, sólo conoce una vitalidad sin futuro, más allá del Siglo de Oro. La historia de España, más que ninguna otra, muestra hasta qué punto las comunidades judías son útiles para el desarrollo de un país.

Conversiones, exilios, América

Muchos de quienes permanecen en España y se convierten se vuelven auténticos cristianos. Santa Teresa de Ávila nace a comienzos del siglo XVI en una familia de conversos. Diego de Láñez, sucesor de Ignacio de Loyola (a quien éste mismo había escogido), y su secretario son conversos desde antes de 1492, sin que nadie pueda poner en duda la sinceridad de su fe. Otros sólo se convierten para poder permanecer en España, a la espera de que se revoque el decreto. Aunque concurren abiertamente a misa los domingos, los viernes por la noche y el sábado oran en secreto, en sótanos con el suelo cubierto con arena para evitar el ruido. Sin embargo les resulta difícil comer *casher,* respetar los ayunos, no encender fuego el sábado, no dejarse penetrar por las oraciones cantadas en la iglesia cuando ya no hay ningún judío a su alrededor. El vocabulario, los conceptos de su fe aparente terminan por impregnarlos. La implacable vigilancia de la Inquisición los acecha y obliga a librarse de las Biblias en hebreo. Así, en 1505, Lucero, el inquisidor de Córdoba, hace detener a la familia de Hernando de Talavera por práctica clandestina del judaísmo; esto llevará a Hernando a la muerte.[380]

Mientras tanto, muchos seguirán dialogando y comerciando en secreto con otros marranos que partieron hacia otras tierras sometidas a España. Pronto algunos se unirán a ellos, si logran sobrevivir. La mayoría de los que quedan se funden con el paisaje.

Es así hasta 1572, fecha en la cual Juan Martínez Siliceo, arzobispo de Toledo, primado de España, logra que *todos* los marranos –definidos como aquellos que tienen por lo menos un antepasado judío– sean echados del país. Son muchos entonces los que parten hacia las Provincias Unidas* o hacia Turquía. Algunos se quedan todavía en España.

* Provincias Unidas es el antiguo nombre de las provincias septentrionales de los Países Bajos, que se proclamaron independientes en 1579. [N. del T.]

Veinte años más tarde, en 1592, es decir, un siglo después de la expulsión, los jesuitas, último polo de resistencia en el seno de la Iglesia, echarán de sus filas a los últimos descendientes de los marranos, inclusive a título póstumo, llegando hasta a falsificar la genealogía de Diego de Láñez para hacer olvidar que el sucesor de Ignacio de Loyola tenía un antepasado judío.[380]

En 1609, los marranos del islam, los moriscos –cuyos antepasados que rechazaron la conversión habían sido echados el mismo año que los judíos–, también deben abandonar España, convertida en "pura de toda sangre no católica", según dicen los jesuitas.

Los judíos que partieron en 1492 se dispersan.[66] Algunos, como Isaac Abravanel, van directamente para Nápoles, donde reina Fernando, rey de las Dos Sicilias, de quien se hace tesorero. En 1494, cuando don Pedro es derrocado por Carlos VIII, rey de Francia, Abravanel lo acompaña en su exilio a Sicilia.[391] A la muerte del monarca parte hacia Corfú; luego vuelve a Nápoles antes de instalarse en Venecia, en 1500, cediendo a la insistencia de su hijo Josef. Allí publica obras religiosas en hebreo (entre ellas, un comentario de la Biblia), y sirve a la Serenísima como diplomático hasta su muerte, en 1508. Sus hijos se pondrán al servicio de los Médicis.

Algunos otros parten para los Estados Pontificios, donde son tolerados, en especial en Ancona y en Roma. Pero las comunidades, ya superpobladas, no pueden recibirlos a todos. Ocasionalmente, debido a sus relaciones comerciales, algunos se dirigen a sitios donde no tienen derecho a ser judíos abiertamente. Así lo hacen los Pinto, los López Suissa y los Mendes, que buscan refugio en Amberes. Diego Texeira de Sampaio, recaudador de impuestos de España, se vuelve consejero financiero de Cristina de Suecia; su hijo Manuel, judío en secreto, se instala en Hamburgo. Los Gradis y los Pinto parten para Bayona y Burdeos; otros siguen hasta Tolosa o Ruán. Más tarde también se los encontrará, de incógnito, en Inglaterra, Amsterdam y otras partes.

La mayoría trata primero de refugiarse en Portugal, donde todavía se los tolera: a veces tienen amigos o familia entre los pocos judíos portugueses; la lengua es similar; desde allí, pueden conservar el contacto con los que decidieron convertirse. El rey Juan II los autoriza a residir en el país contra un pago de ocho cruzados por persona cada seis meses: no hay beneficios pequeños... Tratan de rehacer su vida cuando, el 5 de diciembre de 1496, el sucesor del rey Juan, Manuel I, tras haber desposado a la hija de los Reyes Católicos, les impone optar entre la partida o la conversión. Luego cambia de opinión y les prohíbe partir: todos son convertidos a la fuerza, ya que los necesita, ante todo para los viajes que preparan Vasco da Gama, Cabral y los otros.

Los judíos de España y Portugal que se someten a la obligación de bautizarse, y permanecen en Lisboa obtienen a cambio dos privilegios: no verse molestados por la Inquisición durante veinte años; y, en el caso de los mercaderes, el monopolio del comercio de la pimienta de la India hacia Flandes. Estos mercaderes, que a menudo siguieron siendo judíos en secreto, se asocian a otros "cristianos nuevos" o bien a judíos discretos (*da naçao*) refugiados en Amberes y en Amsterdam. Tienen tanto éxito que Manuel I, y luego su sucesor, Juan III, prefieren recurrir a ellos antes que a las importantes casas de comercio alemanas e italianas (los Welser, Fugger, Hähsteller, Marchioni, Carducci), que sin embargo tienen sucursales en Lisboa. Como veremos, muchos judíos bautizados tomarán parte entonces en el comercio exterior portugués; los encontraremos más tarde, judíos secretos, en todo el comercio con destino a Amsterdam, Londres, las Indias y las Américas. Sin embargo, el odio y los celos están presentes: en 1506, dos mil "cristianos nuevos" portugueses son aniquilados. En 1507, los sobrevivientes son autorizados a partir. Cuando la Inquisición se instala en Lisboa en 1547, deben dirigirse a Francia, los Países Bajos o África del Norte.[380]

En total, la mayor parte de los 145 mil judíos que abandonan la Península Ibérica terminan su viaje en tierra del islam, de los cuales 93 mil se instalan en Turquía y 30 mil en el Magreb (10 mil en Argelia y 20 mil en Marruecos); otros 9 mil se instalan en Italia; 3 mil en Francia; 2 mil en Holanda; 2 mil en Egipto; mil en Grecia, Hungría, Polonia y los Balcanes; y 5 mil en las Américas.

A bordo de las carabelas de Colón, que dejan atrás el puerto de Palos el 2 de agosto de 1492 –con los últimos judíos expulsados de España–, hay por lo menos cinco judíos bautizados justo antes de la partida: Alonso de la Calle; Rodrigo Sánchez de Segovia, padre de Gabriel Sánchez, uno de los financistas del proyecto; Marco, el cirujano; Bernal de Tortosa, médico que la Inquisición liberó tras haberlo hecho asistir a la muerte de su mujer; y Luis de Torres, intérprete a cuenta del gobernador de Murcia, que habla hebreo, caldeo y árabe, cuya presencia a bordo de la *Santa María* sólo tiene sentido si Colón espera encontrar el Oriente y sus tribus perdidas, o alcanzar tierras ya visitadas por otros viajeros judíos: de otro modo, ¿qué aprendió de los cartógrafos?

Al desembarcar en la primera gran isla, bautizada por Colón Hispañola (hoy Santo Domingo), Luis de Torres es enviado en exploración por el almirante, que le entrega cartas de crédito de la reina Isabel y regalos para los prín-

cipes del interior de esas tierras nuevas. Luis no descubre nada que se parezca a los palacios de Cipango –el Japón– ni a las tribus perdidas de Israel. Observa la práctica de fumar hojas de tabaco. Más tarde volverá a la isla como
agente del rey, obtendrá tierras del soberano local y construirá una suerte de
pequeño imperio con Alonso de la Calle, uno de los cinco judíos de la *San -
ta María*.

A su regreso, Colón escribe a Luis de Santángel –más que nunca el principal financista del reino, sobre todo después de la partida de Abravanel– y a
Gabriel Sánchez para informar acerca de sus descubrimientos, y es Santángel
quien informa a los soberanos: él es el verdadero patrón de la expedición, y
Sánchez, que tenía un pariente a bordo, sin duda es el verdadero financista.

Destino de una carta: Gabriel Sánchez envía copia de la que recibió de
Colón a su hermano Juan, marrano exiliado en Florencia, donde los judíos
son admitidos dos años más; Juan la pasa a un primo impresor, Leonardo de
Cosco, que la traduce al latín y la publica. En un año, esta traducción tendrá
nueve ediciones: la noticia del descubrimiento de esa tierra nueva llega al
mundo a través de los judíos y los marranos...

Otros marranos llegan a México con Cortés en 1521, y al Perú con Pizarro en 1540. Fabulosos destinos de mercaderes, aventureros, exploradores,
marinos. Casi todos, fieles hasta la muerte a su fe oculta, transmitirán sus exigencias secretas a sus descendientes.

Una de las más extraordinarias aventuras de descubridores –sobre la que
estamos mal informados–[326] es la de Gaspar da Gama. Nace alrededor de
1445 en Posen (Poznan), Polonia, bajo un nombre desconocido; es viajero y
mercader, y comercia hasta Jerusalén y Alejandría; se convierte en pirata en el
Mar Rojo, y es vendido como esclavo en India. Luego obtiene su libertad hacia 1490 y entra al servicio del príncipe musulmán de Goa bajo el nombre de
Yusuf Abdil. Según fuentes acaso legendarias,[470] allí adquiere un excelente conocimiento del océano Indico. En 1498, cuando llega Vasco da Gama, Yusuf
Abdil lo recibe en nombre de su señor; se hace reconocer como judío dos
años después de la conversión forzada en Portugal, de la que nada sabe. Bautizado de urgencia con el nombre de Gaspar da Gama, se convierte en pilo-
to de la flota lusitana y la lleva a Portugal; allí recibe una pensión del rey, poco
preocupado por saber si siguió siendo judío. Al año siguiente, en 1500, Gaspar da Gama acompaña a Cabral en su viaje hacia América del Sur, y es el
primero, con Nicola Coelho, en poner el pie sobre lo que pronto será llamado Brasil. En el camino de regreso, en Cabo Verde, conoce a un pequeño
aventurero, Américo Vespucio, que un día dará su nombre al continente. En

1502, acaso por extrañar ese país, vuelve a partir con Vasco da Gama para India, de donde volverá nuevamente en 1505, esta vez con Francisco de Almeida, que lo bautizará Gaspar de Almeida.

En 1510 se elige otro nombre, el de Gaspar de las Indias, y vuelve a partir para Calicut, donde al parecer permanece hasta su muerte.

Tal fue este hombre de cinco nombres, judío polaco descubridor de las Indias y el Brasil, cuya existencia incierta casi nunca es mencionada por los libros de historia.

6. Judaísmo de Oriente: mercaderes de sustitución (1492-1700)

A fines del siglo XV, alrededor de tres millones de judíos, o sea, menos que en el año 1000, están dispersos en la superficie del planeta. Otros desaparecieron con las epidemias y las matanzas. Muchos, por último, se convirtieron.

Cuando despunta el capitalismo, sobre todo en Europa Occidental, tres cuartas partes del pueblo judío se encuentran relegadas en tierras del islam, debido a la expulsión de España, y en Polonia, por las matanzas germánicas.

Las tierras del islam

Todos los lugares sagrados del judaísmo están ahora bajo control del islam: Babilonia, de donde proviene Abraham; Egipto, de donde procede Moisés; Judea, de donde vienen los profetas. El Imperio Otomano se extiende del sur de Austria a los confines de Marruecos; en Europa, agrupa a Hungría, Bulgaria, Rumania, Estambul, Salónica, Andronópolis y las islas griegas. Es amo de todos los puertos mediterráneos del Islam, excepto los de Marruecos, y controla todos los mercados sobre el Mar Rojo, el Golfo Pérsico y el Mar Negro; más allá, por Alepo, Damasco y Crimea, los otomanos son señores de los transportes terrestres. Mercaderes judíos y armenios controlan para ellos el comercio hacia el Lejano Oriente, y sirven de intermediarios para la liberación de los musulmanes capturados en tierra cristiana o para el rescate de los cristianos hechos prisioneros por musulmanes.

En este imperio, las comunidades judías, que son numerosas, viven más o menos libremente. A veces son perseguidas, pero nunca expulsadas. En general, los judíos son *dhimmis* pobres y humillados que no están autorizados a construir nuevas sinagogas y permanecen sometidos a impuestos especiales (la capitación [*j'zya*] y una tasa militar [el *bedel*]), que son entregados al sultán o a los gobernadores de provincia durante las grandes fiestas musulmanas, a veces acompañados todavía de actos vejatorios: se abofetea al contribuyente luego de que ha pagado la tasa.[454] Los dirigentes se esfuerzan por repartir la carga de la manera más equitativa posible: el más rico es gravado de manera igualitaria con los siguientes para no ser singularizado. Recaudadores designados por el rabinato evalúan la fortuna de los miembros de la comunidad y sus capacidades contributivas. En ocasiones, los más ricos intentan dictar a la comunidad su propia evaluación de su fortuna, cosa que los *beyt-din* rechazan. Los judíos ejercen todos los oficios, de buhonero a consejero del príncipe, pero siempre en situación de inferioridad. Aun ricos, no tienen derecho a poseer lo que hace al verdadero prestigio: ni esclavos musulmanes (salvo en El Cairo y en Damasco), ni palacios, caballos, barcos de más de seis remeros o vestimenta lujosa.[34] En cambio, tienen derecho a poseer esclavos no musulmanes.

Después de 1492, 90 mil judíos de la Península Ibérica llegan de una u otra manera al Imperio Otomano. Según fuentes judías,[66] cuando uno de los rabinos que representa a los exiliados, rabí Capsali, acude a Bajazet II y le implora para ellos asilo, éste lo habría recibido afectuosamente en Estambul y le habría dicho: "¿Cómo puede ser sabio e inteligente ese monarca que empobrece su reino y enriquece el mío?". Los refugiados se amontonan primero en Estambul, recibidos por las pequeñas comunidades de artesanos romaniotas y bagdadíes. Mientras que en 1477 en esa ciudad no se cuentan más de 1.647 casas judías, o sea, el 10% de la ciudad, en 1532 son 8.070, vale decir, más del tercio, sin que eso provoque reacciones hostiles.

Desde su llegada, comerciantes y artesanos españoles se ocupan de los oficios que conocen y no requieren grandes capitales: fabricación de pólvora y armas de fuego, hilandería, tejido, teñido, costura, curtiembre, zapatería, comercio de piedras preciosas, oro y plata, hojalatería, abarrotes. Los agentes judíos obtienen hasta los monopolios del comercio del vino, de la cera de abeja, y, en algunas regiones, el de la acuñación de moneda, mucho más importante. Su aporte a la economía otomana es rápidamente inconmensurable.

En 1493, apenas llegados de España con sus prensas y carácteres latinos y hebraicos, David y Samuel ibn Najmías establecen la primera imprenta de Estambul.[66] Primero editan un Pentateuco acompañado de comentarios: las comunidades nuevas tienen una gran necesidad de él para su culto. Los hermanos Najmías abren luego otras imprentas en el Imperio Otomano y publican obras religiosas y laicas. Pronto se convierte en una industria floreciente.

Durante más de dos siglos, todas las imprentas creadas en el Imperio Otomano siguen siendo judías: en 1504 en Estambul; en 1510 en Salónica; en 1554
en Andronópolis; en 1557 en El Cairo; en 1605 en Damasco; en 1646 en Esmirna (o Izmir), el gran puerto del sur de Turquía. La primera imprenta no
judía recién aparecerá en Turquía en 1728, lo que confirma el avance intelectual de la sociedad judía sobre la sociedad otomana de la época.

Algunos recién llegados también se unen a las comunidades ya instaladas
en todas las ciudades por las que atraviesa la ruta de la seda: Izmir, Trebison-
da, Samarcanda, Bujará. También se los encuentra en el gran comercio con
Venecia, India y China.[66]

Otros vuelven a trabajar de astrónomos, financistas, mercaderes. Los príncipes otomanos los utilizan como diplomáticos, porque saben que están poco dispuestos a traicionarlos en favor de los príncipes cristianos. Los sultanes
también se rodean de médicos judíos. Un viajero francés, Pierre Belon, escribe en 1553: "En su gran mayoría, los que medican en Turquía, Egipto, Siria,
Anatolia y otras ciudades del país del turco son judíos. A estos les resulta fácil saber algo de medicina, porque tienen la comodidad de los libros griegos,
árabes y hebreos que fueron traducidos a su lengua vulgar, como Hipócrates
y Galeno, Avicena, Almansur, Rasis, Serapión y otros autores árabes".[345]

En todas partes donde impera el islam –de Marruecos a Palestina–, los
120 mil judíos procedentes de España logran instalarse más o menos libremente. Por mucho tiempo, el ladino es su lengua corriente; sus reglamentos
son redactados en hebreo, árabe y castellano.

En 1517, Selim I agrega Azerbaiján, Siria, Mesopotamia y Egipto al Imperio. Algunos judíos parten entonces hacia Rosetta, El Cairo, Alepo (donde
se desarrolla lo que se convertirá en una inmensa comunidad de mercaderes
e intelectuales), Bagdad, Ispahan y Tabriz en Persia, y hacia todas las ciudades turcas de África, Asia y los Balcanes. Selim toma Jerusalén en 1518. En
El Cairo, pronto se cuentan treinta sinagogas y una comunidad totalmente
volcada al comercio exterior: el sábado, las oficinas de la aduana permanecen
cerradas; ni las mercancías de los judíos ni las de los musulmanes o cristianos
pueden entrar en la ciudad.

Pronto el Imperio se adueña de Arabia, con La Meca: el sultán –desde
1520, Solimán el Magnífico– toma entonces el título de califa, jefe de todos
los musulmanes del mundo. Pero fracasa ante Viena en agosto de 1529.

Tras su anexión, Palestina, donde ahora viven menos de 100 mil judíos,
se vincula con la provincia de Siria. Kurdos, drusos, griegos ortodoxos, armenios, etíopes, georgianos y católicos romanos se codean. La comunidad de

Jerusalén declina, compensada por la expansión de la de Safed, en Galilea, a la que algunos expulsados de España llegan tras mil tribulaciones: así lo hacen rabí Moisés de Trani y rabí Josef Caro, quien en 1555 escribe allí el *Shul - ján Aruj,* que resume las reglas éticas aplicables en la diáspora. Para sobrevivir, esas comunidades de cabalistas envían rabinos a Europa a vender sus libros, que ellos mismos imprimen, con bolsitas de tierra santa para dispersar sobre las tumbas.

En este imperio hallamos dos destinos judíos de excepción:

Nacida en Portugal en 1510 en una familia de conversos con el nombre cristiano de Beatriz de Luna, Gracia Ha-Nassi se casa con un mercader de piedras preciosas y banquero, Francisco Mendes, converso como ella.[344] A la muerte de su marido en 1536, Beatriz se une a su cuñado, Josef Diego Mendes, que había partido el año anterior para Amberes, siempre judío de incógnito. En esa ciudad, todavía bajo tutela española, Josef va a la cárcel –más adelante veremos en qué circunstancias–, y luego vuelve a relacionarse con el poder: ennoblecido por Carlos V, se vuelve banquero de varios soberanos europeos. Con él, Beatriz ayuda en secreto a otros judíos a huir de la Inquisición portuguesa. En 1543, a la muerte de su cuñado, huye de Amberes con el joven hijo de éste, Juan Ha-Nassi Diego Mendes, nacido en Portugal en 1514, que fue el compañero de juventud del futuro emperador, Maximiliano, en Amberes.[345] Viajan a Francia, pasan por Venecia y se establecen en Ferrara, donde vuelven a ser judíos y banqueros. Abandonan el nombre de Luna: ella recupera el de Gracia Ha-Nassi y él el de Juan Ha-Nassi, nombre de soltera de su tía… Siguen ayudando a judíos en secreto; y a tal efecto gastan tanto dinero que una hermana de Gracia, conversa en Portugal, la denuncia a la Inquisición. Gracia y Juan huyen de nuevo, y esta vez se instalan en Turquía en 1553. Como banqueros, se especializan en la inversión en el extranjero de los capitales de mercaderes judíos otomanos, en su mayoría viejos amigos de España o de Portugal. En particular, Juan consigue 150 mil ducados en préstamo para el rey de Francia, Enrique II, que se negará a devolvérselos. Allegado a Solimán II y uno de sus financistas, Juan Ha-Nassi lo convence entonces de que confisque una flota francesa de paso en un puerto otomano hasta alcanzar la devolución de la suma no rembolsada por el monarca francés. En 1555, también persuade a Solimán de que solicite al papa –en condiciones de las que ya hablaremos– la liberación de judíos retenidos como rehenes en Ancona. Al parecer, en 1558, Gracia Ha-Nassi compra al sultán unas tierras alrededor de la ciudad de Tiberíades, en Palestina, para que un día la entierren. Incluso invierte lo suficiente para llevar a esos judíos de Ancona, cuya terrible situación descubrió tres años antes. Pero el primer barco de emigrantes es abordado por piratas, y sus pasajeros son despojados y exterminados, por lo que el proyecto aborta. En 1566, Solimán el Magnífico eleva a Juan a la dignidad de duque de Naxos y le obsequia la isla epónima.[345]

Nassi es entonces –bajo cinco nombres diferentes– un hombre influyente tanto entre los judíos (protege a la comunidad de Salónica) como para el propio sultán (utiliza sus relaciones con los judíos de Amsterdam para ayudar a la Puerta Sublime* contra Felipe II de España, que ordena llevarlo vivo o muerto a Sicilia).[345] Cuando Gracia muere en 1569, Nassi aconseja a Solimán atacar Venecia para tomar Chipre, que quiere convertir en un refugio para los judíos. Resulta un desastre: en 1571, la guerra termina con una derrota en Lepanto frente al ejército veneciano comandado por don Juan de Austria, el bastardo de Carlos V. Aunque esta guerra –en que todas las potencias católicas, salvo Francia, están coaligadas contra los otomanos– supera muy ampliamente la suerte de Chipre, los judíos de Venecia son considerados cómplices de Juan Ha-Nassi, quien cae en desgracia y muere en 1579.

Luego de los Ha-Nassi, otros judíos de origen español se harán financistas, diplomáticos o médicos influyentes en la corte de los sultanes: así, Esther Kiera bajo Murat III, Mehmet III y Ahmet I; Álvaro Mendes, a quien el sultán Murat III dará el título de duque de Mitilene; Salomón Rophe, a quien el sultán confiará la misión de negociar la paz con la República de Venecia luego de Lepanto; Salomón ben Nathan Eskenezi, encargado de establecer las primeras relaciones diplomáticas con Inglaterra.

Pero el período fausto ha pasado. Como siempre sucede en una etapa de decadencia, los judíos son perseguidos. Como las necesidades financieras del Imperio Otomano crecen, los impuestos que gravan a los judíos aumentan. En 1636, Murat IV incluso hace ejecutar a Judá Kovo, presidente de la comunidad de Salónica, porque no aporta el monto previsto como pago del impuesto pañero. El nivel de vida de las comunidades judías decae; además, otras minorías, sobre todo la griega y la armenia, les disputan ahora el predominio comercial.

Una última aventura termina de desacreditar al judaísmo otomano a los ojos del resto del mundo, con consecuencias considerables en los ámbitos económico, político y social.

---

* La Puerta Sublime, Puerta Otomana o simplemente la Puerta, es el gobierno de los antiguos sultanes turcos. [N. del T.]

A mediados del siglo XVII, el ocaso del Imperio lleva a las comunidades oto-manas al misticismo. Sabios de los *yeshivot* de Safed, tan respetados, hasta ha-cen anunciar por sus enviados recaudadores de fondos, en todas partes del Imperio y de Europa, el probable advenimiento del Mesías para 1666. Tales anuncios se producen en varias oportunidades desde hace dos mil años. Una vez más, se lo toma en serio. En todo el mundo judío, las expectativas se mul-tiplican por las persecuciones a las que se enfrenta, exactamente en el mismo momento –ya lo veremos–, la otra gran comunidad, la de Polonia.

Por eso, nadie se asombra cuando en 1664 se anuncia que el Mesías ha lle-gado; se llamaría Shabatai Zvi.[366] Todos quieren saber. Este hombre nació en 1626 en Izmir, primer puerto del Imperio, donde prospera una comunidad judía especialmente brillante. Viajero, asceta, iluminado, Shabatai Zvi, que pretende ser el "hombre de Dios", atrae a las multitudes e irrita a los rabinos, enseña la cábala en las rutas, hasta Jerusalén y Safed, donde los místicos se sorprenden de su saber. Uno de sus compañeros de viaje, Nathan de Gaza, lo declara Mesías. Los sabios cabalistas no lo desmienten. En octubre de 1665, la noticia llega a Italia, Holanda, Alemania, Polonia. El fervor hace que dece-nas de delegaciones acudan a Izmir para llevar a Shabatai Zvi los mensajes y presentes de los dirigentes de las más grandes comunidades: las de Venecia, Liorna y Amsterdam. El entusiasmo se convierte en locura: mercaderes, rabi-nos, médicos abandonan todo para unirse a él, pero no por mucho tiempo. El 15 de septiembre de 1666, el sultán lo hace detener y llevar a Estambul. Le pide que escoja entre la decapitación y el islam. Sin vacilar, Shabatai Zvi escoje el islam y recibe el título de "guardián de las puertas del Palacio", con una pensión de 150 piastras por día.

Aterradas, todas las comunidades primero se niegan a creer en ese lamen-table desenlace. Nathan de Gaza explica que la conversión de su señor no es más que una astucia destinada a permitirle proseguir su misión; algunos dis-cípulos hasta lo siguen en su conversión, patéticos marranos del islam, mien-tras siguen leyendo la Torá y respetando los oficios a escondidas… En todas partes están divididos entre el odio de sí, el miedo al ridículo y la denuncia de los rabíes que designaron al impostor como el Mesías. Los mercaderes des-truyen los documentos donde lo habían reconocido como hijo de David y queman los textos que hablan de él.

El acontecimiento tendrá profundas repercusiones sobre el conjunto del judaísmo y su lugar en la economía mundial. La autoridad de los rabíes aho-ra vacila; los laicos toman la delantera sobre los religiosos, los mercaderes so-bre los letrados, los intelectuales sobre los teólogos, la ética moderna sobre la del dogma. En la continuidad de los trabajos de los médicos y de algunos rabíes, como el médico-rabí Maimónides, el pensamiento científico judío se afirma, y resonará en los Países Bajos con Spinoza, en Inglaterra con Locke, en Francia con Voltaire, que se burlará de los judíos, ridiculizados por uno de los suyos.[432]

Fuera de éste, el único país musulmán donde los judíos también encarnan papeles de importancia es exterior a la órbita turca: Marruecos. También allí son agentes, artesanos, financistas de los monarcas, organizadores de redes comerciales y diplomáticas. En 1492 se instalaron 20 mil de ellos. Sus riberas están entonces bajo control de los portugueses, que rechazan hacia el interior a los merínidas, que reemplazaron a los almohades en 1248. La mayoría de los expulsados intenta primero establecerse en Fez, pero la ciudad los rechaza. Algunos parten hacia Argelia y el Imperio Otomano. Otros vuelven a España, desesperados, y se convierten, aunque no por ello les devuelven sus bienes. Los que se quedan en Marruecos terminan por instalarse en Salé, en Marrakesh, donde rápidamente predominan sobre las comunidades que los precedieron.

Hacia 1550, la dinastía de los saadíes toma el poder, hasta que en 1603 los alauitas se instalan en un país finalmente liberado de los portugueses. Una nueva era se abre entonces para los judíos del reino jerifiano.[458] Amontonados en barrios reservados, los *mellah,* ejercen todos los comercios: minerales, trigo, almendras, higos. Otros se hacen artesanos, orfebres o buhoneros; otros también se ven reducidos a la condición de miserables peones o mendigos mantenidos por la *tzedaká.* Algunos rabíes venden papel, fabrican tinta, amuletos, talismanes. Otros se ganan la vida como cantores; calígrafos; copistas; fabricantes de correas, caireles, chales de oración; encargados de la matanza ritual de los animales y la circuncisión. La vida religiosa y la económica están estrechamente mezcladas. Se estudia incesantemente, a veces reuniéndose en una tienda, en las horas muertas, para discutir acerca del texto de la semana.[458] Como se supone que las reflexiones teológicas son más creativas de noche, se quedan en vela hasta tarde.

Como en otras partes, los ricos deben vivir de manera modesta y discreta; el derroche de dinero debe ser evitado para no exponer los bienes de todos a la codicia de los extranjeros. Los tribunales especifican con lujo de detalles qué vestimenta y qué joyas se pueden llevar, cómo se deben festejar los casamientos, las circuncisiones, el rescate del primogénito. En 1603, una ordenanza del tribunal rabínico de Fez menciona incidentalmente la presencia de cautivos cristianos en casa de ricos negociantes de los *mellah* cuando explica… ¡que está permitido proveer de bebidas alcohólicas a los cristianos cautivos[458] en presencia de musulmanes! En Mogador, ciudad nueva donde Mulay Hasan instaló una poderosa comunidad judía para hacer frente a los ataques portugueses, algunos judíos también poseen, como los señores musulmanes, harenes de esclavas negras.[459]

Los mercaderes judíos se ingenian para eludir la prohibición del interés en los préstamos que se hacen entre ellos. Por ejemplo cuando los rabinos sospechan, declaran que el prestatario abonó "espontáneamente" un suplemento al prestamista. O bien organizan el rembolso de un préstamo en una divisa diferente a la del préstamo, a una cotización ficticia, lo cual paga el interés; o incluso el reembolso se efectúa en oro, o cualquier otra materia prima, a tal precio que paga el interés. Los tribunales no se dejan engañar: un juicio de 1603 prohíbe a los escribanos-notarios redactar actas referentes a ciertos artículos utilizados para este tipo de transacción (trigo, cera, manteca, miel, aceite de oliva, seda) que implique a "cualquier persona que no sepa comerciarla".[458] A veces, la variación de la cotización del patrón utilizado es real, y hay que tenerla en cuenta: así, en 1609, tras la toma de Fez por Mulay Abdallah, la cotización del oro fluctúa; las autoridades rabínicas deciden entonces que se debe compartir la pérdida en el cambio por partes iguales entre prestamista y prestatario.

Las comunidades son guiadas por mercaderes jerarquizados según sus dones en "excelentes de la ciudad", "mejores de la sinagoga", "honorables burgueses", "elites de la sociedad" y "clase dominante". En general, las funciones comunitarias son ejercidas *ad honorem*. Así, rabí Judá ben Attar, orfebre de renombre, se rehúsa a ser remunerado para presidir el tribunal rabínico de Fez.

Entre los notables, el conjunto de la comunidad designa a un *naguid,* un príncipe, que maneja las relaciones con el soberano. Como el exilarca de la Mesopotamia, el *naguid* de Egipto o el *stadlan* de Alemania, el *naguid* de Marruecos a menudo se vuelve consejero del rey, embajador o en ocasiones hasta intendente de los ejércitos. Es asistido por *mojazni,* especie de policías judíos que hacen respetar el orden en las comunidades y defienden a los *me - llah* contra los ataques (frecuentes) de musulmanes.[459]

Para ayudar a los pobres, impedir las conversiones forzadas y rescatar los esclavos convertidos por la fuerza –circunstancia tolerada por el islam marroquí–, las comunidades se financian con impuestos (sobre la sal, el alimento, el vino), multas infligidas a quienes transgreden las prohibiciones sobre los signos exteriores de riqueza, la subasta del derecho a "subir al *séfer"* (para leer las oraciones en la sinagoga), y contribuciones semestrales de los fieles. En las

escuelas judías, los padres abonan al profesor una retribución, no por la enseñanza, que es gratuita, sino por la vigilancia de los niños, "para compensar
el tiempo que sustrae a sus ocupaciones ordinarias".[459] En el sur de Marruecos, la tradición atestigua que recibe el viernes el "pan del maestro". La *tze -
daká*, como en otras partes, es eficaz: una carta fechada en 1613 indica que,
durante una hambruna en Fez, "más de sesenta musulmanes morían cada día
de hambre, pero, gracias a Dios, no pereció ni un solo judío".[459]

Los grandes mercaderes judíos marroquíes poseen sucursales en todas las
ciudades del Imperio Otomano, de Argelia a Sofía, de Sarajevo a Monastir,
de Patras a Izmir, de Volúbilis a Gallípoli. Ante el soberano jerifiano representan un papel diplomático ante Portugal, los Países Bajos e Inglaterra.[459]
Así, Klifá ben Malka, agente en todo, talmudista y poeta, envía a un corresponsal comercial de Amsterdam, rabí Isaac ben Salomón Yeshurum, un compendio de comentarios sobre los rituales sefaradíes. En 1684, el sucesor de
Mulay Ismail encarga a Josef de Toledo que negocie la paz con las Provincias
Unidas. El mercader Josef Pallach tiene tres hijos: Isaac, agente en Amsterdam y profesor de hebreo en la Universidad de Leyden; Moses, secretario del
sultán de Marruecos; y David, súbdito holandés y marroquí a la vez, embajador de Marruecos en La Haya, luego en Constantinopla.

A veces, parecen entregarse a juegos complicados contra el rey: así, en mayo de 1624, un mercader judío de Salé, Aarón Querido, compra a dos mercaderes judíos de Amsterdam, Diego Núñez del Monte y Francisco Váez de
León, armas y municiones que hace despachar en barcos holandeses al caíd
de Kasba, que se ha sublevado contra el monarca. Éste lo hace detener y protesta ante el embajador de los Países Bajos, Josef Biscayno, también judío,
contra este envío de armas sobre barcos holandeses a uno de sus enemigos.
En el mismo momento, el caíd de Kasba se queja ante los Países Bajos de esos
mismos mercaderes judíos que "hacen favores al enemigo [el rey de Marrue-
cos] enviándole pólvora, mosquetes y municiones en barcos pertenecientes a
Vuestra Excelencia, gracias a Benjamín Cohen y Aarón Querido":[459] este Aarón Querido, por lo tanto, procuró armas a los dos beligerantes. Es compren-
sible que el soberano no se haya sentido muy contento...

Los dos Siglos de Oro polacos

Unida a Ucrania y luego al Estado lituano, a fines del siglo XV Polonia forma
un conjunto territorial de 850.000 kilómetros cuadrados que van del Báltico

a la Crimea tártara (*od morza do morza,* "del mar al mar"). El país es hospitalario con todos: cristianos orientales, calvinistas judíos procedentes de Alemania, Bohemia, Hungría, Baja Silesia, Austria, España y las riberas turcas del Mar Negro. Si bien no faltan las controversias religiosas, éstas se desarrollan sin violencia; la Iglesia, hasta la lenta reconquista de los espíritus por los jesuitas después de la Contrarreforma, es mantenida en sus límites por los príncipes.[414] Cada nacionalidad, regida primero por su propio derecho, recibe privilegios generales e individuales que poco a poco se fusionan en un derecho único.[414]

En 1495, tres años después de la última expulsión de los judíos de España, Alejandro Jagellón reafirma su derecho a vivir en Polonia,[414] pese a algunas agresiones antijudías. Hacia 1500, todavía no son más que 23 mil, es decir, el 0,6% de la población, dispersos en 85 ciudades y pueblos.[414] Un siglo y medio más tarde superarán los 500 mil, que representarán el 5% de la población, en un territorio más amplio.

Sus oficios varían considerablemente de una ciudad a otra. Son campesinos, comerciantes, buhoneros, encargados de molinos, cervecerías y albergues, músicos, conductores de caballos, ayudas de cámara –al servicio de los judíos más ricos–, confeccionistas de cuero, textiles y vestimenta, funcionarios en las comunidades. En algunas ciudades, sus artesanos y maestros (orfebres, barberos, farmacéuticos, médicos, fabricantes de productos alimenticios) deben pagar fuertes tasas a las corporaciones locales, o bien el artesanado les está prohibido y son clandestinos. En otras, son admitidos en las corporaciones con los artesanos cristianos. Por último, en ciertas ciudades crean sus propias corporaciones. Los rabíes les prohíben algunos oficios. Por ejemplo, a mediados del siglo XVI, el gran maestro a cargo de la comunidad, rabí Moses Isserles, autoriza el comercio de objetos de culto católicos como los rosarios, mientras que otros rabinos lo prohíben. Más tarde, apoyándose en la cábala, rabí Judá Loew, llamado el Maharal de Praga –muy influyente en Polonia durante medio siglo– decreta que el comercio del cuero con los no judíos excluye de la "celeste Israel" a quienes lo practican.

A veces manejan el comercio de la sal por cuenta del Estado; así, en 1578, un judío de Lituania, Saúl Frudycz, a quien el rey garantiza el comercio de la sal de Koden (a 60 kilómetros de Brest-Litovsk), obtiene préstamos del Tesoro real a tasas muy bajas para acondicionar una torre de evaporación y una cuba de cocción de masas de sal.[414]

Los reyes nuevamente los hacen recaudadores de impuestos o de derechos aduaneros: también aquí, la formación de la nación exige un financiamiento externo.

Los grandes terratenientes, en competencia con los reyes, utilizan a judíos como administradores de sus campos. A cambio de derechos sobre la cosecha, estos administradores adelantan el producto de los campos a los señores, se hacen rembolsar por los campesinos, y se vuelven lo suficientemente influyentes para traer a los campos que administran a otros judíos como posaderos (oficio muy apreciado), granjeros, molineros o ayudas de cámara. Incluso se organizan pueblos judíos alrededor de esos grandes administradores.

La actividad de prestamista adquiere importancia, y los rabinos de Polonia deben volver a autorizarla de manera explícita: para rabí Judá Loew, el derecho a prestar a interés proviene de que el valor numérico de la palabra "interés" (*ribit*) es 612: a su juicio, ello prueba que de por sí prestar equivale a obedecer a las 613 obligaciones de la Ley.[414] Como en otras partes, fuera de los préstamos a ricos mercaderes, los judíos prestan a artesanos y a comerciantes cristianos utilizando el *mamram* (en polaco, *membran goly*), ese billete de carácter muy elemental, desarrollado por judíos franceses en el siglo XII, que hace constar el monto del préstamo, la fecha de pago y la firma del deudor.

Como en otras partes, los oficios de prestamista y de agente se mezclan. En el siglo XVI, un poeta y compositor de música de las cortes de Brandeburgo y luego de Polonia, A. Jarzebski, observa que "los judíos nos hacen ciertos favores al ofrecer pieles, oro, plata, cuerdas y botones, y, con ellos, todo es barato. Todo puede obtenerse o bien por el préstamo o por el trueque. Se dice que, con ellos, hay mercado todos los días, a excepción del sábado. Aunque es cierto que obtienen poco beneficio de lo que venden, es igualmente cierto que dan poca cosa por ese dinero".[414]

Se produce una novedad respecto de lo que ocurre en otras partes de Europa: los prestamistas judíos realmente hacen un trabajo de banco; no sólo prestan sino que también manejan e invierten los ahorros de sus clientes cristianos. Todo comienza con préstamos de nobles a sus administradores para el mantenimiento de los campos que les confían; algunos nobles prestan incluso cuatro veces más a los judíos que lo que éstos les prestan. Luego continúa con inversiones que los prestamistas judíos hacen con el dinero recibido en préstamos públicos o asuntos privados, en especial el comercio internacional. Así, asumen el riesgo de perder el dinero que les confían, esperando ganar más que la tasa de interés que garantizan a sus clientes.

Algunos mercaderes judíos –ya lo vimos con el legendario destino de Gaspar de las Indias hacia 1490– comercian (pieles, madera, sal, trigo, ganado, ropa) con Inglaterra, los Países Bajos, Hungría, Turquía, Palestina, Egipto y la India. Tienen corresponsales en Venecia, Florencia, Leipzig, Hamburgo, Frankfurt del Meno, Wroclaw, Gdansk, Brest-Litovsk, Tykocin, Grodno, Sledzew; forman compañías entre ellos, se asocian a mercaderes no judíos e invierten fortunas cristianas. Los más ricos (los Fiszel en Cracovia, los Najmanowicz en Lvov, Mendel Izakowicz e Isaac Brodawka en Lituania)[414] son financiados por préstamos de otros empresarios, judíos y no judíos. En 1521, uno de los libelistas de la época, Justus Ludwik Decius, escribe con rabia en la *Crónica de Segismundo el Viejo:* "Los judíos se vuelven importantes; no hay aduana o impuesto del que no sean responsables o a los que no puedan aspirar. Generalmente, los cristianos están subordinados a ellos. Entre las familias ricas de la región, ninguna que deja de favorecer a los judíos entre ellos ni de otorgarles la delantera sobre los cristianos".[414]

Entre los eminentes banqueros judíos de esa época se hallan los tres hermanos Ezofowicz, de Brest-Litovsk.[414] El mayor, Abraham, se convierte en 1490 y es nombrado responsable de la plaza militar de Kaunas. Ennoblecido, toma en arriendo las aduanas de Kaunas y se vuelve estarosta de Smolensk y de Minsk. En 1510, Segismundo I lo nombra ministro del Tesoro de Lituania. Luego de su muerte en 1519, su mujer volverá a casarse con un noble. Sus dos hermanos,[34] Michal y Ajzyk, no se convierten, y, al tiempo que siguen en relación con Abraham, hacen una gran carrera financiera. Sobre todo Michal, que se vuelve uno de los banqueros del reino de Lituania en 1514, y luego estarosta de Kowno. Tras convertirse en el principal recaudador de impuestos de Lituania, es ennoblecido en 1525 como conde de Leliwa. Es uno de los últimos banqueros judíos importantes de la historia de Polonia antes de que se vuelva en parte rusa.

En general, los matrimonios son arreglados durante las ferias, adonde los padres de las muchachas van a conocer a los jóvenes de las escuelas talmúdicas, particularmente buscados. Los varones suelen casarse antes de los 18 años y las muchachas, antes de los 14. Rabí Salomón Luria recuerda la regla talmúdica: un matrimonio es considerado regular en cuanto un varón declara a una chica: "Te quiero por esposa", y ella acepta un regalo de él, incluso sin el consentimiento de los padres. La natalidad de los judíos tiene entonces un considerable desarrollo.[414] Como las reglas en materia de alimentación e higiene son muy coercitivas, pese a la extrema pobreza y la exigüidad de los alojamientos, la mortalidad infantil es menor que entre los cristianos. Por tanto, no es raro tener diez hijos, de los que sobreviven seis o siete. La población judía, completada por la inmigración, crece entonces muy rápido.[35] Las comunidades se amontonan en ciudades donde a menudo se vuelven mayoritarias.

Cada comunidad (de 100 a 1.000 personas al comienzo, que luego llegan hasta 10 mil miembros o más) posee por lo menos una *yeshivá,* donde todos los varones estudian el Talmud, y una imprenta para los libros de oraciones: así, la transmisión está garantizada. La organización es la misma que en otras partes: un *beyt-din* (tribunal) para hacer respetar la ética de la Ley; *parnasim* y *tovim* para fijar la base tributaria –recaudadores de impuestos– abonada a los príncipes y las instituciones comunitarias; *medunim* –"guardianes de la medida"– para ocuparse de los pesos y las medidas en los mercados; un *stadlán* –"el que negocia con la ciudad"– para evaluar las amenazas y negociar con las autoridades públicas los impuestos, las multas o la revocación de los edictos de expulsión.

En 1503, el rey Alejandro Jagellón confirma al gran rabino de Polonia, Jacob Pollack, la autoridad de los tribunales judíos sobre los litigios entre judíos. Hacia 1520, el rey Segismundo divide el país en cinco regiones judías: Gran Polonia, Pequeña Polonia, Rusia Roja, Podolia y Lituania. A partir de 1533, los tribunales reúnen una vez por año a los grandes rabinos procedentes de todo el país con motivo de las grandes ferias, en general en Lublin, a veces en Jaroslaw o Tsyzowce, para zanjar los asuntos referentes al conjunto de las comunidades.[414] Los principales notables, rabinos y mercaderes, toman entonces la costumbre de reunirse y de elegir en esa ocasión un Consejo, la "Generalidad Judía", presidido por un rabino general únicamente para Polonia. El primero de ellos, hacia 1540, es rabí Moses Isserles. Poco a poco, este Consejo fija los impuestos comunitarios, organiza la ayuda a los pobres y la vida cultural, y vigila el sistema escolar, las academias talmúdicas y la impresión de los libros hebraicos. También se adjudica el poder supremo, el de excomulgar, y discute acerca de las relaciones con los cristianos: ¿es posible asociarse en el comercio de los productos del Estado?; ¿qué tasas de interés hay que exigir a los cristianos?; ¿qué prendas hay que pedirles?

A partir de 1540, ese consejo delega ante el rey y la dieta a un representante que hace aplicar los edictos reales en las comunidades y negocia con las autoridades polacas el monto global de los impuestos, que luego se encarga de repartir entre judíos. A veces, los más pobres protestan contra esta organización, que a menudo consideran demasiado favorable a los ricos.

Alrededor de 1550, el Consejo extiende su autoridad a todas las comunidades del país, inclusive en Lituania. Ahora los judíos son 150 mil en Polonia, o sea, el 2% de la población total.[414] Algunas ciudades polacas comienzan a encontrar a "esa gente" demasiado invasoras.

Más de veinte ciudades obtienen el *privilegium de non tolerandis Judaeis*: primero Miedzyrzec, en 1520; luego Varsovia, en 1525; Sambor, en 1542; Grodek, en 1550; Vilna, en 1551; Bygoszcz, en 1556; Stryj, en 1567; Biez, Krosno y Tarnogrod, en 1569. Éstas y otras desplazan a los judíos a suburbios reservados: esto ocurre con Lublin, Piotrków, Bydgoszcz, Drohobycz y Sambor. El deseo de separación a veces es recíproco: en 1564, los judíos obtienen el *privilegium de non tolerandis Christianis* para Kazimierz. Así, la separación entre judíos y cristianos decidida por el concilio de Letrán de 1215 se hace efectiva en Polonia con tres siglos y medio de retraso.

En 1569, Segismundo II Jagellón unifica Polonia y Lituania antes de morir sin heredero en 1572. Comienza entonces una monarquía electiva, primero, durante algunas semanas, con Enrique de Valois. Éste, convertido en rey de Francia, abdica al trono de Polonia en favor de Esteban I Báthory, quien, en 1579, oficializa la "Generalidad Judía" con el nombre de "Consejo de las Cuatro Naciones" (*Vaad arba aratzot* o *Vaad*). La reputación de esta instancia ante los judíos pobres no mejora: apenas creado, el Vaad los obliga a que acepten servir de domésticos a los ricos si quieren beneficiarse con la asistencia comunitaria. ¡Nada de ayuda social para los desocupados![414] Al año siguiente (1580), un rabino polaco, Salomón Efraím, de Keczyca, publica en Bale un ataque contra "esos rabinos que cortejan a los ricos". Rabí Loew, llamado el Maharal de Praga, cuya influencia es cada vez más considerable en toda Europa Oriental, y sobre todo en Polonia, también protesta: "Dispensar la sustancia vital al pobre para hacerlo vivir es la esencia misma de la vida. Cualquiera que se sustraiga a eso se vuelve idólatra [...]. La unidad de Dios exige la del pueblo".[260] El Vaad se percata de que las desigualdades y la excesiva riqueza de algunos constituyen una amenaza para todos. En 1581 prohíbe que cualquiera, bajo pena de anatema, administre las minas de sal, recaude impuestos, derechos sobre el alcohol y derechos aduaneros, "porque eso puede hacer correr gran peligro a todo el pueblo judío".[414] No obstante, algunos persisten en infringir esta prohibición en Rutenia, Podolia, Volhynia, Ucrania y Lituania.[414] Los judíos siguen siendo empleados como una burguesía putativa por los nobles, que temen las reivindicaciones políticas de una burguesía nacional.

La organización de las comunidades se torna cada vez más sofisticada. Por ejemplo, en 1599, un consejo de cuatro miembros dirige la de Cracovia, respaldada por catorce rabinos y nueve jueces; otros cinco notables están a car-

go de los huérfanos, los pobres, la tasa del Estado, la venta de lugares en la sinagoga (a los más ricos, y no a los más letrados), el control de las bebidas alcohólicas y la casa de baños, los carniceros, las tasas de interés, el control
sobre quienes prestan el servicio de recolección de basura y sobre las autori-
zaciones para circular por las calles no judías.

Como cada vez más cristianos invierten sus ahorros con los judíos, las comunidades también deben garantizar la aptitud de sus banqueros para rembolsar, con el fin de evitar la ira de los cristianos en caso de incumplimiento.
Pero dar una garantía semejante es arriesgado: si la comunidad no puede rembolsar al prestador cristiano, éste puede hacer cerrar la sinagoga o encarcelar
a los dirigentes. Por eso, para precaverse, algunos dirigentes prohíben a cualquier miembro de su comunidad que manejen el dinero cristiano; otros, más
audaces, crean un banco comunitario que recibe inversiones cristianas que
luego vuelve a prestar, con un interés más elevado, a banqueros de la comunidad, quienes prestan una vez más ese dinero, aún más caro, a prestatarios
cristianos o lo invierten en las operaciones de comercio internacional. Como
la ganancia del banco comunitario sirve únicamente para financiar las obras
sociales, los rabinos autorizan la deducción de intereses entre judíos.

A fines del siglo XVI –ahora hay 300 mil judíos en Polonia, Lituania y
Ucrania–, la integración alcanzó su cénit: mercaderes judíos conforman compañías comerciales y bancarias con mercaderes cristianos. Y, a pesar de las in-
terdicciones, los judíos de Kazimierz comercian en Cracovia. Los nobles
polacos, que siguen en su tesitura de impedir que se enriquezca una burguesía nacional, están satisfechos de ver que los judíos cumplen ese papel.

Las guerras de comienzos del siglo XVII orientan a los judíos hacia nuevos
oficios. Algunos se vuelven oficiales del rey Báthory. Así, se conoce la historia de un tal Mendel Izakowicz, de Kazimierz, ingeniero, especialista en la
construcción de puentes, durante la guerra contra Moscovia en 1610. Otros
sirven en la caballería ligera de Lisowski o son oficiales durante la Guerra de
los Treinta Años. Muchos artesanos también se hacen proveedores de los ejércitos. Son herreros, vidrieros, peleteros, sastres, albañiles, broncistas, armeros,
tapiceros, carpinteros, impresores, tintoreros. En Cracovia, Lvov y Przemysl,
incluso aparecen corporaciones judías de artesanos proveedores del Estado.
En 1640 surge una cofradía de cirujanos-barberos judíos, fundamentalmente al servicio de los ejércitos.

Con el objeto de defender el país, los príncipes polacos crean novecien-
tos burgos "privados" y fortificados, algunos mayoritariamente poblados por
judíos. Polonia alberga entonces la más vasta comunidad judía del mundo.

En 1648, entre Lituania, Polonia y Ucrania, se aproximan a los 550 mil. Como arrendatarios administran molinos, posadas, cervecerías, estanques. Son sastres, tenderos y artesanos. Su organización comunitaria, el Vaad, funciona bastante bien.

La primera mitad del siglo XVII señala el apogeo de la comunidad judía polaca, así como de toda Polonia. A partir de 1648, el ascenso de las potencias sueca y moscovita arrastra a ambas a un largo naufragio.

Todo comienza con la invasión de la Crimea rusa, ucraniana y otomana por los tártaros. Los judíos de la región son aniquilados. Los sobrevivientes, vendidos como esclavos en los mercados de Estambul, son rescatados por judíos de Salónica.

Ese año, la revuelta de los cosacos zaporogos –dirigida por un tal Bohdan Chmielnicki, primero al servicio de los polacos– acarrea, tras muchas batallas y rebeliones, una inmensa matanza, la más importante hasta entonces en toda la historia judía europea: más de 100 mil muertos en algunos meses. De los 350 mil sobrevivientes en la región, más de 125 mil refluyen hacia la Polonia central, Moravia, Alemania, Austria e Italia. Otros se alistan en la lucha de los polacos contra Rusia, en 1654; luego contra Suecia, en 1655; y finalmente contra Turquía, en 1667. Polonia recupera entonces gran parte de los territorios que había perdido en el Este.

Cada vez más mercaderes y artesanos judíos se vuelven proveedores de los ejércitos; de ese modo, se benefician con una situación cada vez más codiciada y amenazada a la vez. Los incidentes entre comunidades se multiplican, la recesión y el desempleo agudizan la competencia. Algunos banqueros judíos, arrastrados por las matanzas, ya no pueden rembolsar las inversiones que les confiaron los cristianos. En 1659, traumatizado por las persecuciones, el Consejo de las Cuatro Naciones prohíbe todas las señales exteriores de riqueza: cada judío debe limitar la cantidad de invitados a sus fiestas en función de los impuestos que paga a la comunidad.

Frente a los ataques que señores y campesinos les hacen padecer, los monarcas sostienen y protegen a los judíos. En 1669, el rey Miguel Wisniowiecki confirma el estatus de los judíos de Lituania. Juan Sobieski III, su sucesor, les concede una moratoria de sus deudas (¡por una vez, no es a la inversa!) y obliga a que las ciudades se comprometan en la protección de sus comunidades. En 1674 prohíbe incluso que la ciudad de Cracovia aumente los impuestos sobre los judíos de la ciudad.[414] La nobleza polaca denuncia entonces a su gobierno como una "junta israelita". En 1683, algunos sastres cristianos acusan de deshonestidad a competidores judíos.

Se producen nuevas matanzas. En 1694, destiladores cristianos se niegan a vender alcohol a taberneros judíos.[414]

Las amenazas de Rusia crecen en intensidad en una Polonia cada vez más debilitada. El vasto imperio ortodoxo sigue sin albergar judíos. En 1665, cuando Smolensk vuelve a ser rusa por la conquista, sus judíos deben escoger entre el exilio sin sus bienes y la conversión. La mayoría se convierte, y crea linajes de marranos. Un tal Samuel Vistritzki, que se ha convertido, sigue rubricando en hebreo los contratos que firma. Otro, llamado Chafir (*safir,* en hebreo: "bello", "soberbio"), llega a ser un gran mercader. Algo más tarde encontraremos a su nieto, con el nuevo nombre de Pavel Filippovitch Chafirov, marrano de corte, como tantos otros antes y después de él. En otras partes de Rusia también se encuentran ortodoxos con nombres extraños, procedentes, según se dice, de ese reino jázaro cuya aristocracia se habría convertido al judaísmo en el siglo VII. Se llaman Kazarinov y Chaldeev...

7. Judíos del príncipe y príncipes sin judíos (1492-1700)

Gueto o Liorna

En Italia existen dos formas de sociedad política, y, paralelamente, dos formas de vida judía: por un lado, las ciudades feudales reciben a los judíos como prestamistas y artesanos, y de noche los encierran en los guetos; por otro, las ciudades mercantiles, los reciben como agentes del gran comercio y los dejan vivir en total libertad. Por un lado, Venecia y los Estados Pontificios; por el otro, Toscana y la Florencia de los Médicis.

En 1492, el papa Alejandro VI recibe en sus Estados a algunos exiliados de España y Portugal, sobre todo banqueros que pueden pagar muy caro su licencia.[313] Le son tanto más necesarios cuanto que los montepíos, de inspiración cristiana, quebraron, a ejemplo del creado en 1462 en Perugia por Barnabé de Terni. Los judíos procedentes de España llegan con sus ritos; se sienten tan profundamente distintos de sus correligionarios instalados allí, en algunos casos desde hace más de quince siglos, que no se mezclan con ellos; para defenderse, algunas comunidades antiguas alejan a los recién llegados. Al cabo de veinte años, sin embargo, se produce la integración: en 1524, los judíos de Roma, establecidos desde mucho tiempo antes, finalmente aceptan compartir la dirección de la comunidad con los recientes refugiados de España, Francia y Alemania.

En Venecia, la recepción reservada a los judíos españoles es tan buena como en los Estados del Papa. Por un lado, no se olvidaron los servicios que prestaron durante las guerras contra los turcos, en particular durante el sitio de Candía. Por otro lado, Venecia los necesita no como banqueros sino como mercaderes internacionales, para mantener sus relaciones con el Levante y exportar allí los textiles italianos.[69] Pero, también en ese caso, las comunidades existentes se inquietan. En Padua el Consejo, preocupado por esa afluencia, quiere prohibir, "en virtud de la situación económica", la entrada a la ciudad a cualquier recién llegado, así se trate de un pariente de un miembro de la comunidad.[193] Una vez más, sin embargo, los rabíes ponen las cosas en su lugar: el *beyt-din* de Venecia, de quien depende Padua, ordena que los dejen entrar. A veces se utilizan algunos rodeos. Así, en 1511, un tal David Bamberg, de Amberes, desembarca en Venecia para crear allí una gran imprenta hebraica; será la primera empresa judía casi industrial que empleará a un centenar de obreros.[75]

En 1516, ante la afluencia de emigrantes –varios miles–, y para conservarlos sin que resulten demasiado invasores, los 5 mil judíos de Venecia son obligados a amontonarse en un minúsculo barrio insalubre de la Giudecca, que toma el nombre de *ghetto*.[75] El origen de la palabra es incierto: vendría de *ge - to nuovo* (en italiano, "nueva colada"), o de *borghetto* (en italiano, "pequeño burgo"), o incluso de *guet* (en hebreo, "separación"). No es el primer barrio separado: ya hubo otros en Valladolid en 1412, en Boloña en 1417, en Turín en 1425 y en Frankfurt en 1458. El nombre veneciano se impondrá para designarlos a todos.

El gueto marginaliza a los judíos, pero también los protege. Los encierran, ya no los expulsan, y ellos no se asimilan tanto. El gueto genera un estilo de vida hecho de miseria, de trabajo encarnizado y de humillaciones –que van del sermón de conversión hasta el rapto de niños–; pero también de alegrías familiares, artísticas e intelectuales:[75] allí se representa por primera vez teatro judío; entre 1528 y 1575 se construyen cinco sinagogas adornadas con espléndidas decoraciones;[75] se caligrafían magníficas estampas; se imprimen numerosos libros –el Talmud, desde 1525– y se organizan intensos debates filosóficos.

La experiencia veneciana gusta a Roma. Como el papa sigue recibiendo suculentos cánones de los banqueros judíos instalados en sus Estados, no se pretende echarlos. Entonces se toma una decisión: la separación. En 1553, Julio III condena el Talmud –impreso en Venecia– con el pretexto de que atacaría a Cristo. En una bula fechada en julio de 1555, *Cum nimis absurdum,* su sucesor, Pablo IV, retira a los judíos residentes en sus Estados ("condenados por

Dios a la sumisión perpetua debido a sus pecados")[313] los derechos concedidos por Pablo III y Julio III, y les prohíbe la práctica de la medicina, el comercio, la renta de cánones y peajes, y cualquier otro oficio que no sea la venta de ropa vieja, el cambalache y el préstamo a interés. También los obliga a llevar un sombrero amarillo y generaliza el gueto. En agosto de 1555, crea uno en Roma (de 2 mil personas), luego otro en Ancona, el puerto de Roma (de mil personas), y otro más en Bolonia. Posteriormente, con el nombre de "canteras", se crean otros en Comtat Venaissin: en Carpentras (de 800 personas), en Aviñón (de 200), en Isle-sur-la-Sorgue (de 200) y en Cavaillon (de 100).

La creación del gueto de Ancona, en agosto de 1555, da lugar a un grave incidente diplomático: al agrupar a los judíos de la ciudad, la Inquisición encuentra en el puerto a marranos portugueses desconocidos, a los que encarcela y hace juzgar como apóstatas; entre ellos, un agente de Gracia Ha-Nassi, de Estambul. Es un súbdito otomano, con considerables lotes de mercancías. Gracia Mendes pide a Selim II el Magnífico que intervenga para hacerlo liberar. El sultán informa al papa de esta petición y, a modo de represalia, confisca los bienes de mercaderes cristianos de Ancona que están de paso en un puerto del Imperio Otomano. La carta de Selim II llega al papa luego de que un primer grupo de marranos portugueses sea conducido a la hoguera; el papa libera los bienes de Gracia Ha-Nassi, pero no a su agente, también llevado a la hoguera.[314] Gracia Ha-Nassi reclama entonces el boicot total del puerto de Ancona y persuade al rabí Josef ibn Levi, responsable de una *yeshi - vá* que ella fundó en Estambul, que firme un *jérem* (una orden) prohibiendo a todos los judíos comerciar con Ancona. Pero esta orden no tiene larga vida, ya que los judíos de Ancona son sus primeras víctimas. Tiempo más tarde, otros intentarán volverla a aplicar, aunque siempre en vano.

Reflexión doctrinaria importante: en 1556, apenas relegado al gueto, el rabino y banquero pisano Yehiel Nissim reflexiona, en un tratado teológico titulado *La vida eterna*,[456] acerca de la ética de operaciones financieras que el Talmud no había podido prever. Las que se refieren a objetos concretos (la letra de cambio, los contratos de asociación, el seguro marítimo) quedan autorizadas;[329] las que carecen de fundamento económico o utilidad social (como la especulación sobre las monedas) son prohibidas. Por ejemplo, comprar marcos para las necesidades del comercio es lícito; pero hacerlo "con la esperanza de que la cotización de esta moneda aumente durante las grandes ferias" es "la clase de usura que la Torá prohíbe".[456] Rabí Nissim formula aquí una prohibición expresada de otra manera, pero exactamente en el mismo momento, por los rabíes de Marruecos: la economía especulativa está prohibida porque no crea nada. Para llegar a esta conclusión, los letrados, sin duda, intercambiaron muchas cartas entre Fez y Pisa. Estas nociones de prudencia financiera se encontrarán entre financistas de Amsterdam, en el siglo XVII, y de Londres, en el siglo siguiente.

En 1559, luego de años de debates teológicos, se autoriza la publicación del Talmud y del *Zohar* en los Estados Pontificios, gracias a algunas supresiones. Esto nada cambia la condición de los judíos: en 1569, Pío V los acusa una vez más de "falsedades", de "traición" y de haber, por "sus rapiñas, arruinado los Estados de la Iglesia".[313] Suprime todos los guetos de sus ciudades italianas, salvo los de Roma y Ancona, "porque la santidad del lugar podría operar su conversión". En realidad, es para mantener el muy lucrativo comercio de Levante y los pocos bancos que necesita. Por otra parte, el papa siguiente, Sixto V, reconocerá que lo incita a tolerarlos en Ancona el dinero que toma de los negociantes judíos.[313]

Los Pisa, los Nissim, los del Banco, los Volterra, los Rieti, los Tívoli, echados de Pisa en 1569, toman entonces la ruta del norte. Entre ellos se halla el cambista Andrea del Banco, cuyos descendientes pronto encontraremos en Alemania con el nombre de la localidad donde van a radicarse: Warburg.[18]

Dos años más tarde, tras la victoria de Lepanto, el gobierno de Venecia, a su vez, decide expulsar del gueto a todos los judíos, que son declarados cómplices de los turcos y agentes del duque de Naxos; luego, como tantas veces en la historia, anula esta decisión a cambio del pago de un impuesto.

Las comunidades estrechan filas. En 1577, el Consejo padovano, en Venecia, excomulga a cualquiera que recurra a los tribunales civiles en vez de al *beyt-din* de Venecia.[75] Esa gravísima condena trae aparejada la prohibición de ingresar a una sinagoga, comerciar con otro judío y comprar comida *casher*. En 1586, las últimas comunidades italianas intentan incluso hacerse de una organización única, como recientemente sucedió con las de Polonia y Marruecos. Pero el proyecto fracasa: en 1593, Clemente VIII (papa intransigente, que por otra parte pondrá muchas dificultades para admitir la conversión de Enrique de Navarra, devenido Enrique IV en el trono de Francia, y también desaprobará el Edicto de Nantes)* reafirma la expulsión de los judíos de sus Estados, salvo, nuevamente, los de Roma y Ancona, a los que el Vaticano sigue vendiendo licencias de banquero por 250 escudos anuales.[313]

---

* El Edicto de Nantes fue firmado por Enrique IV el 13 de abril de 1598. Su objetivo era dar un estatus legal a la Iglesia protestante en Francia. [N. del T.]

Una primicia: en procura de demostrar su lealtad (puesta en duda luego de que el duque de Naxos instigara un ataque turco contra Venecia), en 1638 los judíos venecianos solicitan a Simone Luzzatto, rabino de la ciudad durante cincuenta y siete años, la escritura de un *Ensayo sobre los judíos de Venecia* donde alaba su seriedad, competencia, rapidez, eficacia, sinceridad y sobre todo su fidelidad.[75] Además, agrega, por carecer de madre patria, los judíos venecianos no cuentan con nadie a quien enviar el dinero que ganan; no ocurre lo mismo con otros mercaderes extranjeros instalados en la ciudad. Retoma la cantilena del Talmud: nada es bueno para los judíos si no lo es también para quienes los rodean. Este argumento se encontrará siempre, y en todas partes las comunidades intentarán poner de manifiesto los servicios que pueden prestar.

En 1692, Inocencio XI prohíbe que los últimos judíos de sus Estados –los de Ancona y Roma– presten a interés. Cierra sus bancos, sin ofrecerles nuevas profesiones.[313] Habiendo agotado todos los medios, los judíos de Ancona intentan resistir boicoteando su propio puerto. Es en vano: ellos son las principales víctimas de esta medida. Lo único que se les concede es el oficio de ropavejero, por lo que muchos parten. Hecha de humillación y de miseria, la vida de los que se quedan en esos dos guetos se vuelve espantosa.

La única región de la Península donde los judíos conservan su libertad –cuando el papado no ejerce demasiada influencia– es la toscana, y sobre todo su puerto principal, Liorna. Allí son bien recibidos, y su número alcanza a cerca de 50 mil cuando en 1492 afluyen judíos españoles atraídos por los señores de Florencia, los Médicis.[263] A partir de 1494, unos y otros son expulsados por Savonarola. Ese día, Fernando, sin recordar que él mismo los echó de España dos años antes, escribe a los nuevos señores de Florencia... ¡para protestar por la expulsión de sus súbditos![19]

En 1512, unos pocos judíos (200) vuelven a Florencia con los Médicis; pero deben partir juntos una vez más en 1527 para regresar, nuevamente juntos, en 1530, y quedarse bajo siete generaciones de Médicis. Para estos pocos judíos toscanos, se abre entonces un largo período de libertad económica y cultural.

A partir de 1551, Cosme I de Médicis (muy relacionado con Judá Abravanel, el hijo de Isaac, a quien conoció en Nápoles) propone un reglamento para los mercaderes judíos de los Balcanes para atraerlos hacia Toscana y alejarlos de Nápoles, Venecia y Ancona. Tras una nueva expulsión –la cuarta– de Nápoles, en 1540, y la creación de guetos en los Estados del Papa, en 1555, algunos centenares de ellos se dirigen hacia Toscana.[263]

En 1570, se produce el movimiento inverso: para lograr que el Vaticano reconozca su título de gran duque de Toscana, Cosme II se resigna a encerrar las comunidades de Florencia y de Siena en guetos. Al año siguiente, al caer la noche se enclaustra a los quinientos judíos del gran ducado.

Durante este período, únicamente los judíos de Liorna son protegidos: la ciudad, declarada puerto franco en 1548 (los Médicis quieren convertirla en la rival de Ancona), permanece acogedora para ellos. Pueden ejercer todos los oficios, y hasta ocupar empleos públicos. Como privilegio supremo, la ciudad les garantiza inmunidad frente a la Inquisición por las transgresiones pasadas; en otras palabras, los conversos liorneses conservan el derecho de recuperar su judaísmo sin ser considerados "relapsos".

Llegan entonces de todas partes a instalarse en esta rara ciudad de Europa sin gueto: mientras que en 1600 allí reside un centenar de judíos, son 3 mil en 1689 y 5 mil a fines de siglo. Pronto se consideran una elite judía, como más tarde harán los judíos alemanes. En 1600, el médico Moisés Cordovero también es un banquero importante. Algunos crean empresas de tejido de seda, de soplado de vidrio, de artesanado del coral. Comercian con Argel, Túnez, la India y Brasil, de donde, en 1632, importan a Italia el primer café. Los impresores de esta ciudad publican todos los libros de oraciones utilizados en África del Norte. Sus intercambios culturales con Oriente, América y África del Norte son considerables. Luego de Amsterdam, Liorna se convierte en el segundo gran centro de la actividad comercial, la imprenta y la vida intelectual judías.

De Lutero a los judíos de corte

Entre los Habsburgo —que, desde el ascenso al imperio de Carlos V en 1519, reinan sobre Austria, Alemania, Flandes, España y una parte de Italia—, los judíos apenas son tolerados. Sólo los admiten como prestamistas, salvo en Bohemia y Moravia, donde también tienen acceso al artesanado. Los príncipes también los utilizan para recaudar los impuestos, al tiempo que los hacen prestamistas involuntarios y forzados, incluso odiados por los servicios que prestan. En 1538, el clero de Hesse compara a los prestamistas judíos de Frankfurt con "una esponja que aspira la riqueza del pueblo para volver a escupirla en las arcas del príncipe".[193] Los pocos centenares de judíos de Frankfurt, en Hesse, son relegados desde 1458 en una sola calle separada por altas murallas y cerrada todas las noches en sus dos extremos.

Alojamientos exiguos. Insalubridad total. Familias numerosas. Largas vela-
das de estudio.

En Praga, la comunidad es mucho más cuantiosa y libre que en otras partes de Europa Central. Allí hay artesanos, mercaderes, médicos, *yeshivot*. Es
incluso la primera ciudad situada al norte de los Alpes donde, desde 1526, se
imprimen libros en hebreo.

Este desarrollo general de la imprenta en Europa acarrea otra consecuencia inesperada: al leer directamente los Evangelios, algunos cristianos cuestionan la pertinencia de la lectura que hace de ellos la Iglesia; surge otra ética
cristiana, que implica una relación muy distinta con el dinero, más cercana a
los judíos.

En octubre de 1517, un monje agustino de 34 años, Martín Lutero, exhibe en la puerta de la iglesia colegiada de Wittenberg *Noventa y cinco tesis con -
tra las indulgencias pontificias,* protestando contra el tráfico masivo de
indulgencias organizado por el papa Julio II, sucesor de Alejandro VI, para
edificar San Pedro de Roma.[92] Tomando como base los sentimientos antirro-
manos de las iglesias y las monarquías en Alemania y en los cantones suizos,
su movimiento se extiende. En 1521 es excomulgado. En marzo de 1536, en
Basilea, Juan Calvino ataca como Lutero la obligación del celibato eclesiástico, el culto mariano y los monasterios. Quiere proclamar el sacerdocio universal y volver a una lectura directa del texto de los Evangelios, sin mediación
de los cleros.

Al principio, la actitud de los primeros protestantes respecto de los judíos
es conciliadora.[214] Para Lutero, su persecución retrasó su conversión; por tanto, hay que dialogar con ellos. Un teólogo católico, Johann Eck, llega a de-
nunciarlo como "amante de los judíos". En las comunidades de Alemania se
alza una esperanza:[193] "Gracias a Dios y a la Reforma —escribe en 1537 el rabino David Levi— ahora, en los diversos Estados que habitamos, poseemos
derechos y privilegios desconocidos por nuestros antepasados desde su dis-
persión".

En 1540, la Iglesia replica a Lutero, entre otras cosas, con la creación de
la Compañía de Jesús y el ordenamiento, alrededor de Ignacio de Loyola, de
su cuerpo doctrinario.

Luego, los reformadores proponen una revisión mayor de la ética económica. El dinero deja de ser sucio; está permitido hacerlo trabajar. Calvino
autoriza que los pastores practiquen el préstamo a interés en virtud de los
"piadosos esparcimientos que dispensa a los ministros del culto". ¡Exactamente lo que dicen los rabinos desde hace quince siglos!

Es un cambio radical para la cristiandad: más allá de los primeros banqueros católicos, en mayor o menor medida disimulados como mercaderes, los prestamistas judíos se encuentran ahora frente a una competencia abierta y directa: la ejercida por los protestantes y, muy pronto, no solamente por los pastores.

La violencia de la Reforma contra los judíos se manifiesta primero en los discursos explícitamente antijudaicos del propio Lutero.[214] En 1543 publica una serie de panfletos *Contra los judíos y sus mentiras,* que retoman las acusaciones clásicas: homicidio ritual, envenenamiento de los pozos, brujería. Inclusive las acusaciones sobre la usura. Reclama que sus casas y sinagogas sean quemadas, confiscados el Talmud y sus libros de oraciones, también que los condenen a trabajos forzados.

En todas partes del Imperio, la situación de las pocas comunidades se vuelve precaria y difícil. Hacia 1550, un tal Josel de Rosheim es elegido "comandante de los judíos del Imperio",[193] retomando las viejas funciones del exilarca y del *shtadlán* para negociar los reglamentos y defender a los judíos ante la Dieta.

En Cassel, capital del electorado de Hesse-Cassel, viven ahora algunos judíos que prestan a los campesinos ricos y a los mercaderes de trigo. Entre ellos, los Del Banco, banqueros de Pisa que fueron a instalarse allí en 1556, tras su expulsión. Cambian entonces de nombre para convertirse en los von Cassel.[18] En algunos Estados alemanes, los judíos deben hacer preceder su nombre de *ben* asociado al nombre de su padre. En otros, deben tomar el nombre de la ciudad donde residen precedido de *von.* A partir de 1559, Simon von Cassel, "cambista de dinero y prestamista sobre los bienes agrícolas", se muda de Cassel a Warburg, en Westfalia, donde algunos centenares de judíos volvieron tras las matanzas del siglo XIV. El tutor de Warburg, el príncipe-obispo de la ciudad vecina de Paderborn, le concede el derecho de instalarse ahí por diez años. Tras él, su hijo Samuel y luego su nieto Jacob Simon dirigirán el pequeño negocio familiar de préstamo. Toman entonces el nombre de la localidad; Jacob Simón von Warburg se convierte incluso en el jefe de la pequeña comunidad judía del obispado de Paderborn.[18]

Diseminadas por el Imperio, las comunidades todavía son poco numerosas. En Frankfurt, la más importante del Imperio pasa de 400 a 1.380 miembros entre 1542 y 1610, siempre hacinados en la misma calle. Para no recibir a más personas, las autoridades locales, como en las demás ciudades del Imperio, limitan la autorización a establecerse a una cifra de doce matrimonios por año (autorizados solamente después de veinticinco años) y de dos recién llegados por año. Las autoridades de Hesse les siguen prohibiendo la agricultura y el comercio de armas, especias, vino y trigo. Deben llevar una insignia (dos anillos amarillos concéntricos). Les está prohibido salir del gueto de noche, los domingos y los días de fiestas cristianas; los otros días, no pueden circular por la ciudad en grupos de más de dos individuos ni penetrar en un parque o un albergue. En esta comunidad minúscula, y sin embargo centro del judaísmo del Imperio, en 1603 se reúnen clandestinamente delegados procedentes de toda Alemania para discutir las formas de preservar su unidad, evitar la asimilación, y en especial impedir que sus miembros lleven los litigios que los oponen ante los tribunales no judíos. Se encara la designación de un nuevo delegado general, se habla de la creación de un fondo de solidaridad social, se recalca la necesidad de vigilar la moralidad de las transacciones comerciales. Pero la policía del Imperio irrumpe en la reunión y detiene a algunos delegados por alta traición: los acusan de colusión con las "potencias del Norte". La conferencia es interrumpida, sus proyectos son olvidados y cada comunidad se queda sola.

En 1607, los Warburg se mudan una vez más. Jacob Simón se instala más al norte, en Altona; este puerto franco sobre el Elba se halla bajo soberanía danesa, mucho más tolerante que las ciudades periféricas. Algunos judíos, askenazís y portugueses, están implantados allí desde hace siglos. Ciudad de la Hansa, capital de las comunidades de la región, es la sede del tribunal rabínico de las localidades circundantes. Esta vez, la familia no cambia de nombre. Hacia 1615, Jacob Warburg (el *von* ha desaparecido) hace acondicionar en su propia morada de Altona una bella sinagoga, la primera del obispado.[18]

En Hamburgo, ciudad alemana que linda con Altona, la situación es muy diferente: el Senado de la ciudad sólo tolera a veinticinco sefaradíes, a cambio de un considerable impuesto de 1.000 marcos, e incluso les prohíbe practicar su religión, siquiera en privado. Entre ellos había un mercader de especias, un importador de productos de Brasil, un agente de cambio, un importador de azúcar.

Luego, la situación en el Imperio parece relajarse. Ciertos mercaderes judíos comienzan a acumular algunos ahorros y a invertir, confiados en el porvenir. En Viena, en 1621, una comunidad vuelve tras dos siglos de exilio. Entre ellos, los Oppenheim, los Oppenheimer, los Wertheimer, los Aguilar, pequeños prestamistas, se vuelven banqueros de la corte y organizan enormes préstamos para el Estado. Jacob Bassevide Treuenberg es designado en 1630 como proveedor de los ejércitos en productos agrícolas.[372] Algo más tarde, en 1641, en Praga, Fernando III concede a los judíos el derecho a comerciar como agradecimiento por haber participado en la defensa de la ciudad contra los suecos. En Hamburgo, en 1650, la práctica del judaísmo es autorizada en privado.

En 1648, al salir de la guerra de los Treinta Años, en Europa Central, el sistema de las corporaciones ha muerto; la Hansa perdió su importancia; las asociaciones se esfumaron. Los judíos hacen irrupción entonces en el artesanado y la industria. En Praga, un tal Leopold Porges, surgido de una familia procedente de España, instala un taller de cotonadas.[34] Es el primer industrial judío registrado. Otro mito que se destruye: los judíos no se atrincheran voluntariamente en el comercio y la banca; en cuanto desaparecen las corporaciones, en cuanto se borran las coerciones religiosas, también vienen a trabajar en lo que todavía no se denomina industria.

La liberalización parece anunciar la emancipación y la asimilación: en Spa, hijos de mercaderes judíos van a hacerse atender a hospitales cristianos; en Frankfurt, en 1685, mercaderes judíos salen del gueto durante la jornada para trabajar en la Bolsa.

Pero aún no ha llegado ese tiempo, y la emancipación se detiene apenas iniciada: en cuanto los agentes judíos se muestran en la Bolsa de Frankfurt, los banqueros protestantes se quejan de que "los judíos les arrebataron todas las letras de cambio". Los echan de la Bolsa, les prohíben instalarse "en las mejores calles de la ciudad",[34] los encierran en el gueto. Esto sucede por más de un siglo… En Viena son entonces ciento once familias con tres sinagogas; el 14 de febrero de 1670, bajo la influencia de su mujer Margarita Teresa, hija del rey de España, fiel sostén de los jesuitas, el emperador Leopoldo I de Habsburgo los vuelve a expulsar. En cincuenta años, los prestamistas judíos habrán prestado 35 millones de florines al gobierno que los expulsa.[403] El 8 de agosto del mismo año, Leopoldo vende por 100 mil florines el barrio judío, rebautizado como Leopoldstadt. Sólo tolera a algunos banqueros, a los que debe mucho y que todavía desea exprimir.

A la inversa, el 21 de mayo de 1671, Federico Guillermo, elector de Brandeburgo, acepta la instalación de algunos judíos en Berlín a cambio de un canon anual de 8 talers "para su protección" y de un florín de oro por cada matrimonio y cada entierro.

Destino: Samuel Oppenheimer,[403] nacido en Worms en 1630, que había emigrado a Viena, hacia 1660 se vuelve proveedor del ejército. Como mecenas de los estudios talmúdicos, funda numerosas sinagogas y *yeshivot*. En 1673, cuando la comunidad es echada de Viena, aún ofrece al emperador los medios de financiar la guerra contra Francia; luego, en 1682, otra contra los turcos.

Sin haberlo rembolsado, en 1697 lo acusan –erróneamente– de complot para hacer asesinar a su asociado, Sansón Wertheimer.[357] En 1701 todavía financia la Guerra de Sucesión de España, y tampoco lo rembolsan. A su muerte, en 1703, el Tesoro Imperial le debe 5 millones de florines y se niega a rembolsar a sus herederos, lo que ocasiona la bancarrota de su empresa, última firma judía de Viena, a donde los judíos no volverán antes de treinta años.

8. Judíos de incógnito en el núcleo del capital (1492-1700)

Entre los más acomodados de los exiliados de España, algunos se arriesgan a emigrar hacia los países del "corazón" del capitalismo, allí donde vivir como judío es especialmente peligroso: a Flandes, a Inglaterra y a las colonias de América. Por ser judíos, sólo pueden ir de contrabando.

Extraordinaria mentalidad la de esa gente que corre el riesgo de hacerse expulsar nuevamente o, peor aún, de presentarse como conversos y ser denunciados y torturados. Los conversos en general confiesan haber seguido siendo judíos en secreto. Se arrepienten al tiempo que inventan astucias y códigos para persistir en su fe. Los "relapsos" a veces son expulsados, y la mayoría de las veces condenados a arder vivos en grandes autos de fe públicos; los que se arrepienten se benefician con el privilegio de ser muertos antes de que los entreguen a las llamas.

Estos conversos con frecuencia mezclan creencias cristianas y judías, y cada vez ignoran más lo esencial de unas y otras. Educados en un clima de duda; tironeados entre dos religiones, siempre al acecho, buscando algo nuevo en las certezas de los otros; rechazando las definiciones unívocas de lo verdadero, lo justo, lo bello, lo normal; capaces de apreciar, admitir, creer cosas contradictorias, inventan el espíritu científico y se convierten en las mentalidades con menos ataduras de su época.[457]

De Montaigne a Colbert

En principio, desde 1394 ya no hay judíos en el reino de Francia; los franceses no conocen de ellos más que lo que muestran las pantomimas y las pasiones de Cristo.[61] Los que viven en los Estados del Papa –espantosamente amontonados, humillados, maltratados– en ocasiones logran infiltrarse de contrabando en Ni-

mes, Montpellier, Narbona y hasta en el Macizo Central. Entonces son vendedores ambulantes, tratantes de caballos: atenazados por el miedo a ser capturados, regresan a los guetos una vez hechos sus negocios.[204] Otros pasan
inadvertidos en Ruán, Bretaña o Tolosa, donde algunos marranos financian en
secreto la partida de los judíos hacia Amsterdam y Liorna.

Luego de 1492, únicamente la Guayana los recibe abiertamente en efecto: desde Luis XI, el Parlamento de Burdeos es autorizado a exceptuar a los
extranjeros del derecho de mañería, en virtud del cual los bienes de éstos
vuelven al Estado a su fallecimiento. Por lo tanto, autoriza a doscientos sesenta mercaderes de la Península Ibérica, procedentes sobre todo del norte de España y Portugal, a volverse "burgueses" con el nombre de "mercaderes
portugueses" o "nuevos cristianos". Se sabe que son judíos y se los admite como tales; hasta se los deja volverse judíos más o menos públicamente. Un poco más tarde, cartas patentes de Enrique II les garantizan –siempre en
Guayana– el libre tránsito y comercio, el derecho a adquirir bienes raíces y
hasta el estatus de "regnícolas" (nacidos en la región). Se instalan en Bayona y
en Burdeos. Los Gradis, los Lupes, los Memir[246] recrean las redes de su comercio con Holanda. Seguirán siendo judíos discretos, a veces durante tres siglos,
antes de descubrirse cada vez más. Otros se vuelven cristianos y se asimilan.

La mayoría son mentalidades abiertas, viajeros de la libertad, como Michel de Montaigne, nieto, por parte de madre, de uno de esos refugiados, el
mercader Antonio de Lupes, que pasó por Tolosa antes de instalarse en Burdeos. Montaigne será intendente de esta ciudad en 1581. Impregnado de su
ascendencia y sus relaciones judías –un día asiste a una circuncisión–, encarna con sus escritos[279] la filosofía de todos los marranos. Pesimista: "Todo retrocede a nuestro alrededor, en todos los grandes Estados que conocemos, ya
sea de la cristiandad, o de otro sitio. Observen: encontrarán una evidente
amenaza de cambio y de ruina". Universal: "Considero compatriotas a todos
los hombres". La escritura es su única riqueza: "Tomé una senda por la cual
andaré sin cesar y sin tregua, mientras haya pluma y papel en el mundo".[279]
Nómada: "El viaje me parece un ejercicio beneficioso […]. Me paseo por pa-
searme". Con una perfecta conciencia de la precariedad de la condición humana: "Mi plan (*dessin*) es divisible en todas partes: no se cimenta en grandes
esperanzas, cada jornada trae su afán".

En París, los judíos no están autorizados a instalarse. Algunos raros visitantes se arriesgan, sobre todo estudiantes en la Sorbona que se presentan como
conversos. Hacia 1540, el embajador en Venecia de Francisco I, el obispo
Georges de Selve, ofrece la cátedra de hebreo del reciente Colegio Real (futu-

ro Colegio de Francia) a rabí Eliya Bajur Levita, quien declina la invitación para protestar contra la prohibición de los judíos en el reino.[211] Clemente Ma-
rot adapta los Salmos; Rabelais estudia el Talmud. En 1615, también se
produce el paso por París de un médico judío de Venecia, el doctor Montal-
do. Es posible que hacia esa época también haya habido otros judíos clandestinos. De hecho, en cuanto un notable se aleja de la Iglesia, rápidamente
corren los rumores. Por ejemplo, en ese mismo año de 1615, en el mes de
abril, cuando Cosme Ruger, un protegido de Concini, el abad de Saint-Mahé,
rechaza los sacramentos en su lecho de muerte y prefiere morir como ateo, inmediatamente se difunde el rumor de que es judío, de que otros judíos controlan a Concini y son los dueños del país.[211] Para calmar la ira del pueblo, el
12 de mayo, la regente María de Médicis y el joven Luis XIII vuelven a poner
en vigencia el edicto de expulsión de 1394 "sin excepción ni privilegio
algunos": ¡una expulsión sin judíos!

Unos veinte años después, el mismo Luis XIII autorizará a los "mercaderes portugueses de las Provincias Unidas" a circular por Francia, pero no a
instalarse.

Hacia 1651, Pascal, que pudo conocer a conversos en Ruán alrededor de
1645, es uno de los primeros en reconocer lo que el Evangelio y el cristianismo deben a los judíos. Molière habla de ello al pasar en *El Avaro:* la palabra
es entonces un insulto, tanto en el teatro como en la lengua popular.

Un insulto que puede tener pesadas consecuencias: en 1652, un incidente revela todavía el fantasma de una presencia judía en París.[61] Un tal Jean
Bourgeois se burla un día en público de la cofradía de los ropavejeros, y los
designa como "esos señores de la sinagoga". Sintiéndose injuriado, un ropavejero lo mata. Se produce un escándalo. Aparecen panfletos que acusan al
homicida de ser judío. El proceso establece que, por el contrario, estaba furioso de ser tomado como tal, cuando los ropavejeros "son buenos católicos
que han cometido el error de ejercer un oficio judío" (la ropa de ocasión sirve de prenda a los prestamistas). Sin embargo, ¡en principio no hay ya prestamistas judíos en París desde hace doscientos sesenta años!

Tiempo más tarde, en octubre de 1684, en París, donde sigue sin haber judíos, ¡todavía los acusan de haber hecho desaparecer niños! El 20 de noviembre, la policía ordena a noventa y tres artesanos y a sus familias, denunciadas
anónimamente como judíos, abandonar el país en el plazo de un mes.[61]

Tal vez crean que vinieron del Este, donde los judíos recién entran legalmente en Francia con la anexión de Metz en 1552. En 1657, por carta patente del 25 de septiembre, Luis XIV toma bajo su protección a los judíos de

Alsacia, unidos así con los de Metz, que se hicieron franceses un siglo antes. Comunidades pobres y numerosas: más de 10 mil personas obligadas a vivir sobre todo del préstamo y el pequeño comercio.[67] Como los del Comtat Venaissin, hacen algunos viajes por el resto del reino, donde no tienen derecho a establecerse, e introducen prácticas nuevas. Así venden con bajo margen de ganancia artículos que no coinciden con los modelos corporativos, más cercanos a las necesidades de los consumidores, cuya promoción saben hacer quebrando el marco estrecho del mercantilismo.[67] Aunque reciben la aprobación de la monarquía, si Colbert en ocasiones los elogia y alaba su utilidad para el Estado,[68] nadie se atreve todavía a dejarlos volver abiertamente a París y a otras partes.

De Shylock a Cromwell

En 1493, bajo disfraces aún más rigurosos que en Burdeos, una pequeña cantidad de conversos se instalan en Londres y Bristol, donde los judíos están prohibidos desde 1391. Como médicos y mercaderes, los toleran sin dejarse engañar. Los consideran útiles para la diplomacia y el espionaje, el doble juego y los negocios. Saben que odian a España y los necesitan como agentes secretos en la guerra que se anuncia contra ese país. En 1536 todavía no son más que treinta y siete familias –médicos y mercaderes– que organizan todos los días, en casa de una de ellas, un servicio religioso. La policía, perfectamente informada, los deja actuar, bajo órdenes de Enrique VIII, que utiliza a algunos teólogos judíos para justificar bíblicamente su divorcio de Catalina de Aragón y su nuevo casamiento con Ana Bolena.

Al mismo tiempo –con el desarrollo del comercio y el artesanado, las minas y la metalurgia–, la inversión y el crédito se vuelven cada vez más necesarios. En 1545, en medio de la perturbación anglicana, Enrique VIII autoriza el préstamo a interés, decisión que el Parlamento se niega a promulgar en 1552. En 1571, finalmente, el crédito es permitido y la nobleza se resigna, despreciando a quienes lo comercializan. Ese año, cierto Thomas Wilson publica un *Discurso sobre la usura* donde critica "el interés que puede hacer que la sociedad se derrumbe empujando a la gente a tomar préstamos". Siempre el mismo reproche, desde hace quince siglos… Ni hablar todavía de admitir abiertamente a judíos en Londres.[152]

A partir de 1558, Isabel I tolera a su lado a algunos conversos procedentes de Ruán y de Burdeos. Uno de ellos, Rodrigo López, en 1570 pasa a ser el médico del conde de Leicester, entonces favorito de la reina.

Alrededor de 1580, a solicitud de la Royal Mining Company, también llega, esta vez de Praga, un judío ingeniero de minas de Bohemia, Joaquín Ganz (o Gans o Gaunse), emparentado con el astrónomo David ben Salomón Ganz,[291] que trabaja en Praga con Kepler y Tycho Brahe. En Inglaterra, Joaquín Ganz, cripto judío, es empleado en las minas de cobre, entonces metal estratégico, esencial para la fabricación del bronce en el que se funden los mejores cañones. Él revoluciona la explotación de ese metal, pues reduce la duración del proceso de purificación de dieciséis semanas a cuatro días; incluso encuentra un uso para las impurezas en la tintura de textiles. Ganz garantiza así a la marina inglesa una ventaja considerable sobre los simples cañones de hierro con que cuenta la Armada española. No se equivocará Francis Bacon cuando, cuarenta años más tarde, en su utopía *La Nueva Atlántida*,[26] lo convierta en el modelo del sabio bajo el nombre de Joaquín.

En 1588, otro converso, el doctor Héctor Nuñes, se entera a través de las redes de mercaderes conversos de la llegada inminente de la flota española, e informa a los monarcas ingleses, los que adoptan las disposiciones necesarias para la defensa del país.

Dos conversos totalmente olvidados por la Historia, Nuñes y Ganz, permiten así que los ingleses venzan a la que se llamaba Armada Invencible...

El año siguiente, en 1589, se representa en Londres por primera vez la obra de Christopher Marlowe[268] *El judío de Malta,* que muestra la historia de un judío avaro y cruel, llamado Barabás, cuya hija, enamorada de un cristiano, termina por convertirse. Historia antisemita —algunos la leen hoy como solamente atea—, tanto más absurda cuanto que en esa época no quedan judíos en Malta, fuera de algunos pobres mercaderes raptados entre Túnez y Liorna por los Caballeros de Malta —piratas en sus ratos libres—, y reducidos a trabajar miserablemente en La Valletta a la espera de que alguna comunidad tenga a bien pagar su rescate.

En 1593, el conde de Essex, que teme la influencia del doctor Rodrigo López sobre la reina —de quien ha llegado a ser médico—, lo acusa de haber intentado envenenar a Isabel. López es detenido, torturado y colgado pese a una intervención distraída de la soberana a su favor.

Exactamente en ese momento, entre 1594 y 1597, William Shakespeare escribe *El mercader de Venecia* .[381] En ella se encuentran mezclados todo el juego de relaciones entre el mundo, los judíos y el dinero. La acción transcurre en una Venecia teatral, metáfora de la Londres de la época, puerto ya rebosante de actividad; se presenta el tema de la justicia y la libertad, el derecho a prestar y explotar, el amor y la corrupción. Un joven cristiano, Basanio, corteja a una bella y rica heredera, Porcia. Para obtener su mano, debe resolver un enigma oculto en tres cofrecillos. Y para hacerle la corte, pide prestado algunos miles de ducados a un mercader judío, Shylock, con la caución de su mejor amigo, el mercader cristiano Antonio. Como los barcos con que este último piensa rembolsar el préstamo de Basanio no regresan, Shylock exige su prenda tal como está descripta en el contrato de préstamo: una libra de la carne de Antonio. El caso llega ante el juez –de hecho la bella Porcia, enmascarada–, que exige que la ley sea respetada al pie de la letra: Shylock debe extraer exactamente una libra de carne, pero sin derramar una gota de sangre, bajo pena de muerte. Shylock, evidentemente, no puede arriesgarse. Su fortuna es confiscada; lo condenan a convertirse; su hija Jessica huye con un amigo de Basanio.

Shakespeare retomó aquí antiquísimos motivos del antisemitismo cristiano: la leyenda de los tres cofrecillos proviene sobre todo de un cuento italiano de 1378 de Giovanni Fiorentino; la de la libra de carne está inspirada en un poema antijudío del siglo XIV, el *Cursor Mundi*.

Con el correr de los siglos, la obra conocerá un inmenso éxito en todo el mundo. Por cierto, un Peter Brook dirá: "Mientras exista en el mundo un solo antisemita, jamás la montaré". De hecho, nada es menos judío que el comportamiento de Shylock: la moral judía, como vimos, prohíbe las represalias y rechaza la ley del talión; también excluye cualquier corte de carne sobre un animal vivo. Shylock, perseguido convertido en perseguidor, de hecho es representativo de los puritanos ingleses (al exigir el respeto de la ley al pie de la letra y oponerse a la arbitrariedad de los tribunales de excepción) y del capitalismo financiero (que se opone al capitalismo aventurero de Antonio, enriquecido por el tráfico de esclavos denunciado por Shylock). Antonio y Shylock, unidos por la misma "tristeza" (una de las últimas palabras de la obra), comparten el mismo estatus: ambos gente de dinero finalmente abandonados por aquellos que aman. "Soy judío –dice Shylock–. ¿Un judío no tiene ojos [...], manos, órganos [...], sentidos, emociones, pasiones? ¿No es alimentado por la misma comida, herido por las mismas armas, sujeto a las mismas enfermedades, curado por los mismos medios, calentado y enfriado por el mismo verano y el mismo invierno que un cristiano?"[360] Audacia inaudita para la época: el judío es un ser humano; puede resultar útil.

Por lo demás, la lección de *El mercader de Venecia* es la que necesita oír la Inglaterra de la época: hay que saber recibir a los extranjeros, pues precisamente de ellos depende la prosperidad. Pronto, otros vendrán a decírselo de distinto modo.

Aunque, en 1609, algunos mercaderes portugueses todavía son expulsados de Londres porque dejaron traslucir en exceso que eran judíos, los conversos que se arriesgan en Inglaterra cada vez son más. En su mayoría, son intelectuales, que Francis Bacon describe como "sabios perfectos" en su *Utopía* de 1627.[26]

Todo se acelera en 1649 con la llegada al poder de Oliver Cromwell, quien primero utiliza a un tal Antonio Fernández Carvajal como espía en Holanda; luego, en septiembre de 1655, recibe la visita de un extraordinario personaje de quien volveremos a hablar, el rabino Menasseh ben Israel, que llega de Amsterdam para explicarle que el Mesías no volverá a la tierra mientras los judíos no sean autorizados a vivir en Inglaterra. Además, subraya, retomando los argumentos empleados en 1638 en Venecia por el rabino Luzzato, los judíos serán muy útiles para el desarrollo del país, porque no tienen patria donde enviar su dinero y lo gastan en el lugar. Entusiasmado, Cromwell convoca una conferencia de mercaderes y religiosos, el 4 de diciembre de 1655, para decidir el retorno de los judíos. Pero los notables ingleses se oponen. Cromwell suspende entonces la conferencia el 18 de diciembre y propone a Menasseh una pensión anual de 100 libras. Sabiendo que Cromwell está enfermo, el rabí le dice que prefiere recibir 300 libras abonadas en el momento y de una sola vez, pero no obtendrá nada de nada y morirá arruinado. Un año y medio más tarde, en 1657, Cromwell permite construir en Londres una sinagoga, la primera en Inglaterra después de dos siglos y medio: luego de tres generaciones de "incógnito", más de un siglo y medio después de que sus antepasados debieron abandonar España, algunos centenares de conversos se declaran entonces abiertamente como judíos.

La muerte de Cromwell en 1658, seguida por la restauración de la monarquía en 1660 y el matrimonio de Carlos II con Catalina de Braganza, no impide la llegada a Londres de otros conversos, hasta de judíos que ya volvieron a su religión, como los banqueros holandeses Jacob Henriques y Sansón Gideon, atraídos por el "corazón" del mundo.[152]

De hecho, la aprobación por el Parlamento de Westminster, el 9 de octubre de 1661, de las *Navigation Acts,* que reservan el comercio de importación únicamente a las naves británicas, desencadena una guerra con las Provincias Unidas. Los holandeses son vencidos. El mar, en lo sucesivo, es inglés. Carlos II restablece la Iglesia anglicana y autoriza a los judíos de Inglaterra que hagan venir a un rabino de Hamburgo. En 1684 son aceptados y reconocidos por el Parlamento bajo el apelativo de "extranjeros infieles". En 1689, John Locke, en su *Carta sobre la tolerancia,* expone que la religión es un asunto privado: el poder civil no debe intervenir, salvo para garantizar la libertad de todos. Ese año, Guillermo III de Orange-Nassau, *stadhouder* de Holanda desde 1672, se convierte en rey de Inglaterra. El poder de las dos superpotencias marítimas se fusiona.

Para ese entonces no se cuentan todavía más que seiscientos judíos en Inglaterra. La mayoría son mercaderes; algunos ejercen el monopolio del comercio del coral; otros son banqueros, como Josef Salvador y Sansón Gideon, convertido en consejero del ministro de hacienda. En 1690, doce judíos, procedentes también de Amsterdam, son admitidos en la Bolsa de Londres y le aportan su experiencia holandesa; pronto se ocupan de un cuarto del total de los préstamos gubernamentales de la época.[34] Artesanos o banqueros, judíos askenazís, también procedentes de Amsterdam, construyen su primera sinagoga. Algo más tarde, Jorge II propone al Parlamento que otorgue la nacionalidad británica a todos los judíos que residan en el país desde por lo menos tres años antes. Las razones que manifiesta dejan bien en claro el papel que representan: "Una gran parte son judíos extranjeros; es importante incitarlos a gastar sus ingresos en el reino [...]. Si los judíos tienen los mismos derechos civiles que los otros súbditos, se encariñarán con el país. Por último, sus vínculos con los principales banqueros de Europa serán una gran ventaja en caso de guerra, pues facilitarán los préstamos del gobierno".[152] Así coincide con el fundamento propio del altruismo judío: nada es bueno para ellos si no es bueno también para sus anfitriones. El pragmatismo inglés, nutrido por los argumentos expresados medio siglo antes por Menasseh ben Israel, prevalece así por sobre tres siglos de ostracismo: los ingleses necesitan a los judíos, cuyo papel en los Países Bajos conocen.

En el corazón del dinero de los otros: en Flandes

En 1492, la totalidad de Flandes está bajo control de los Habsburgo, y los judíos han sido desterrados. En 1516, cuando Carlos V, que reina en Gante, se encuentra al mismo tiempo a la cabeza de España por una serie de muertes prematuras (es nieto de Fernando): la situación se torna aún más difícil para los pocos conversos llegados a Flandes tras la expulsión de España: la Inquisición desembarca y los alcanza. Por eso, sólo permanecen los que están seguros de su conversión o tienen razones imperativas para asumir un riesgo de tal magnitud.

Se los halla en Brujas, como mercaderes o profesores.[143] Entre ellos, se encuentra Juan Luis Vives, nacido en Valencia en 1492, justo antes de la expulsión.[469] Tras haber estudiado en la Sorbona –es uno de los raros conversos que estuvo en París–, enseña en Lovaina y Oxford, donde se hace amigo de Tomás Moro. En una memoria muy detallada que dirigió en 1526 a los regidores de Brujas (*De subventione pauperum*), proclama que cada hombre tiene iguales derechos a las riquezas de la naturaleza y propone la creación de un ingreso garantizado para todos, no sólo para los pobres: "inclusive las prostitutas y los jugadores".[143] A cambio, hasta los de mayor edad deberán un trabajo a la sociedad. La Historia atribuirá equivocadamente esta idea de ingreso mínimo a Tomás Moro; pero se origina directamente de manos de este converso de Brujas, en la *tzedaká* bíblica.

Después de Brujas, y antes de Amsterdam y Londres, en Flandes, y ante todo en Amberes, se concentra el dinero del mundo. De hecho, así como Venecia fue la verdadera beneficiaria de las cruzadas, Amberes, con Sevilla, es la del descubrimiento de América y el comercio con las Indias. Allí, en 1501, desembarca el primer barco portugués procedente de Calicut con especias destinadas al Norte de Europa. Amberes se convierte entonces en la capital de la economía mundial.[69]

Los escasos conversos que se arriesgan allí son muy vigilados.[66] En 1532, uno de ellos, Diego Mendes, hermano de un mercader converso que se había quedado en Liorna, es denunciado y detenido como "judaizante", sin duda a causa de alguna rivalidad comercial. En un depósito que le pertenece encuentran 170 mil ducados en especias procedentes de Portugal. El rey de ese país, Juan III, logra que Carlos V lo libere. Se convertirá en un banquero importante, y su hijo todavía más: pronto será Juan Ha-Nassi, duque de Naxos, en Estambul. Al siguiente año, más persecuciones se lanzan en Amberes contra otros "nuevos cristianos" acusados de acaparar el comercio de especias. Dichas persecuciones desembocan en la confiscación de sus bienes, y se establece que hagan venir todos los años de Portugal unos 300 mil ducados en especias.[66]

En 1578, el soberano lusitano retira a los últimos conversos que permanecieron en Lisboa –acusados de judaizar en secreto– el monopolio del comercio de pimienta. Privados de mercancías, sus corresponsales en los Países Bajos se vuelven entonces hacia el comercio de seda y diamantes, que también hacen venir de la India, pero por Venecia. Así, a falta de pimienta, en algunas décadas convierten a Amberes en la capital mundial de los diamantistas.

Otro episodio muy peligroso: a pesar de la bancarrota[69] de 1557 que los hace caer en la ruina al mismo tiempo que a Génova, los españoles, conducidos por Alejandro Farnese, todavía tienen la fuerza de recuperar la revuelta Amberes el 27 de agosto de 1585. De allí huyen apresuradamente los conversos, y no vuelven hasta que partan definitivamente los españoles, en 1609, y entonces retornará con ellos el comercio del diamante.[28]

Sin embargo, apenas son tolerados en la región. En 1674, el clero de Vilvoorde, ciudad flamenca cercana a Bruselas, obligará a las autoridades civiles a negarles la hospitalidad, pese a la oferta de un canon considerable. Y habrá que esperar a 1716 para que el primer judío sea admitido en Bruselas, abandonada en 1349: se tratará de un tal Josef Hartog, evidentemente diamantista, proveniente de Amsterdam.

Ya se ha desplazado, aún más, el centro de la escena a esta última ciudad. A partir de 1520 llegan algunos pocos marranos, aunque la ciudad se halla bajo control español. En el curso del siglo, la ciudad es omnipotente; hacia 1580, su flota es tan fuerte como el conjunto de las otras marinas europeas: 48 mil marinos equipados con un extraordinario tipo nuevo de embarcación comercial, la "urca".[69] Los marranos que llegaron allí durante el siglo XVI encuentran amigos cristianos y otros conversos, viejas relaciones comerciales, que aceptan servirles de prestanombres en su comercio exterior, para no poner en peligro a los marranos de España, de quienes siguen siendo corresponsales.

Hay que esperar la independencia de las Provincias Unidas, en 1593, y la partida de los españoles, para que los judíos se instalen abiertamente. Los descendientes de marranos ya instalados se dejan ver; otros vienen de Alemania. Algunos, como Baltazar Orobio de Castro, hasta llegan a ser rabinos ultra ortodoxos.

Estos antiguos marranos no van a tardar en constituir una pequeña comunidad floreciente. En 1609 son ochenta, portugueses y españoles, que participan en la creación de la Bolsa de Amsterdam con otros setecientos accionistas:[58] entre ellos, Diego Días Querido, Duarte y Antonio Seraye, Felipe Días Vittoria, Francisco Rodrigues, García Gomes, Gaspar Sánchez, Gaspar y Manuel Lopes Souro. Por entonces aún no superan las cien familias. Ese año llega a su comunidad un converso, Gaspar Rodrigues Nuñes, nacido en Lisboa de padres y abuelos conversos, que huye de Portugal, donde lo acusaron de continuar siendo judío en secreto por haber viajado a España; éste es uno de los indicios considerados por la Inquisición... Torturado, expulsado en 1604 hacia Madera, donde nace su tercer hijo Menasseh, Gaspar Nuñes termina en Amsterdam con su mujer y sus tres hijos tras una estadía en La Rochelle. Más de un siglo después de que sus bisabuelos oficialmente dejaron de serlo, vuelve a ser abiertamente judío bajo el nombre de Josef ben Israel. Es el padre del rabino Menasseh ben Israel, de quien ya hablamos a propósito de sus contactos con Cromwell.

En 1615, los Estados Generales de las Provincias Unidas autorizan que esta pequeña comunidad ejerza públicamente su culto. Los oficios de los judíos se diversifican. Ahora dominan la industria de la seda.[28] En 1616, un tal Salomón Franco culmina su aprendizaje de tallador de diamantes con un tallador protestante, David Bulsinck. Varios mercaderes judíos siguen comerciando con Portugal (azúcar, aceite, tejidos y monedas) y con España, pero a través de testaferros. David de Castro Tartas edita un diario en español, *La Gaceta de Amsterdam,* que contiene informaciones políticas, comerciales y marítimas, y también es enviado a los marranos de España y de Portugal.[58] Ninguna información publicada permite sospechar que se trata de un diario de marranos. Y sin embargo es el lazo entre todas esas familias dispersas.

Un destino: Menasseh ben Israel se vuelve rabino en 1622 a la edad de 18 años; en 1626 se apasiona por la imprenta y recibe de los dirigentes de la comunidad la responsabilidad de una imprenta en carácteres hebreos y latinos, creada con el dinero común. Resulta un éxito: a partir de 1628, empleando a obreros cristianos, publica de cinco a seis volúmenes por año[34] y se hace amigo de Grocio y de Rembrandt, el cual pinta su retrato. En 1634 es incluso el único judío, en medio de 159 cristianos, que participa en la feria de libreros que ya se realiza en Frankfurt.[58]

A la inversa, otros marranos todavía no se integran nada bien. La mayoría no llega a familiarizarse con una práctica que ellos mismos jamás conocieron. Algunos rabinos no conversos, por otra parte, se niegan a reconocerlos como judíos: desde hace generaciones, los suyos no son circuncisos ni se han casado conforme a la religión. El médico Juan de Prado, el filósofo Pedro Nunes, el escritor Isaac de La Peyrere se rebelan contra la ortodoxia de los rabinos.[57] Enfrentan la ira de las comunidades para proseguir libremente sus investigaciones. La figura mayor de estos marranos rebeldes es un tal Baruj Spinoza, nacido en 1632 en una familia de conversos portugueses que volvieron al judaísmo en Amsterdam.[457] Estudia en la escuela judía, aprende hebreo y español, y descubre a Maimónides y a Crescas con un amigo marrano, el médico Juan de Prado, también rebelde a los rabinos.

Los judíos son ahora 1.500 sobre los 114 mil habitantes con que cuenta la ciudad. Sobre todo, se trata de sefaradíes nacidos en familias de conversos, a los que se les unen algunos askenazís procedentes de Alemania. Aunque todavía sean considerados como extranjeros, en adelante se sienten más tranquilos e invierten su ahorro en la economía. Mientras que sólo el 1% de los jefes de familia cristianos son titulares de una cuenta en un banco, el 9% de los judíos lo son.[58] Llegan de todas partes para crear empresas: en 1641,

Emmanuel Benveniste se traslada allí desde Venecia para establecer una imprenta con importantes capitales privados y promete constituir un peligroso rival para Menasseh ben Israel, que, para resistir, se asocia en 1643 con encuadernadores cristianos, para gran enojo de la comunidad judía que lo financió. A él poco le importa y cada seis semanas imprime hasta ocho mil ejemplares de libros de oraciones, que se exportan a todas partes de Europa. En 1648 solicita formar parte de la corporación de libreros, lo cual, para su gran decepción, le es negado. En 1650 publica su propio libro, *La esperanza de Israel*,[44] texto magnífico en que presenta a los cristianos la ética judía. En 1655, antes de partir para Londres, donde espera ser mejor recibido, publica una *Apología de los judíos*, en la que hace el retrato de judíos que sirvieron a su príncipe, desde Antipáter ante el César hasta Juan Ha-Nassi ante Solimán. Explica que las cuatrocientas familias judías de los Países Bajos reportan mucho dinero para el Estado, también que, dondequiera que se los admita, los judíos son buenos ciudadanos sin otro deseo que contribuir a la prosperidad general. "Son fieles vasallos." Ese año, Baruj Spinoza es excomulgado por los rabinos de Amsterdam.[457]

Cuando Menasseh Ben Israel parte para Inglaterra, el gobierno holandés, inquieto ante la idea de perder a "sus judíos", encarga a su embajador en Londres que lo vigile. A su regreso, con las manos vacías, el 2 de junio de 1657, el Consejo de la ciudad, tras mensurar el riesgo, concede, presuroso, la ciudadanía a los principales mercaderes judíos. Ese año, Menasseh ben Israel muere en la miseria. El año siguiente, Josef Attias crea una nueva imprenta y hace publicidad en los diarios sobre los nuevos carácteres que propone a sus clientes. En 1661 es admitido en la corporación de libreros cristianos, en la que habían rechazado a Menasseh trece años antes.[58]

Esta prevención de las corporaciones contra los artesanos judíos no sólo atañe a la imprenta. Ese año también se crea una corporación de la seda que apunta a ayudar a los nuevos sederos cristianos a eliminar a los judíos de ese mercado, donde desde hace medio siglo son omnipotentes. Éstos deciden entonces transferir sus talleres y empleados cristianos a un pueblito donde tienen sus residencias de verano, fuera de la jurisdicción de las corporaciones.[58] Dicho recurso durará siete años, y luego irán a la quiebra.

Refugio mayor de los que huyen de las guerras y las persecuciones religiosas, Amsterdam recibe entonces a protestantes fanceses y de Amberes, judíos sefaradíes y askenazís.[58] Hacia 1660, un tercio de la población, es decir, 150 mil personas, ¡es de ascendencia extranjera![69] Sin embargo, sólo se cuentan 2 mil judíos alemanes y polacos, y otros tantos sefaradíes. Su nivel de vida no es muy alto.

En 1660, solamente siete familias judías –todas sefaradíes– son propietarias de sus casas (entre ellas los De Pinto y los Souza Coutinho). La mayoría adopta las reglas y costumbres de la sociedad protestante y comienza a emplear a judíos alemanes y polacos, con quienes sus relaciones no siempre son de lo más amigables…

Alrededor de 1660, Uriel Acosta –hijo de un marrano que se había instalado en Amsterdam a comienzos del siglo XVII al mismo tiempo que el padre de Menasseh ben Israel– protesta por las reglas de la ortodoxia judía: "¿Quién diablos me empujó hacia los judíos?",[457] llega a escribir al final de su patética autobiografía. Excluido por los rabinos, termina por suicidarse.

Las relaciones comerciales entre los judíos de Holanda y los marranos de España son peligrosas. En 1655 se produce una tragedia: el cónsul español en Amsterdam sustrae la lista de los marranos de España que trabajan con los judíos de los Países Bajos y la envía al rey Felipe IV, que la transmite a la Inquisición…[58]

Como en otras partes, los mercaderes judíos también son diplomáticos. Moses Curiel, alias Gerónimo Nuñes Da Costa, es representante comercial de los Países Bajos en Portugal, ¡en la boca del lobo! La familia Belmonte actúa como representante diplomática en España, ¡aún más sumergida en la zona de riesgo![172] En 1650, Guillermo II, estatúder, confía a Moses Machado, proveedor a la vez de los ejércitos holandés y francés, misiones diplomáticas durante el conflicto… ¡franco-holandés! En 1659, el gobierno holandés encarga a Henrico de Azevedo que llegue a un acuerdo con Argelia.

En 1666, pasado el lamentable episodio de Shabatai Zvi, en cuyo transcurso muchos dirigentes de la comunidad de Amsterdam se ponen en ridículo, el pensamiento filosófico puede expresarse más libremente. Y no es una coincidencia que, cuatro años más tarde, aparezca de manera anónima el *Tractatus theologico-politicus* de Baruj Spinoza.[457] Allí hace la apología de la democracia y de la libertad religiosa, y echa las bases de una crítica bíblica sistemática, retomando los argumentos de otro espíritu libre, Abraham ibn Ezra, que había afirmado que el Pentateuco no provenía tan sólo de la mano de Moisés. Para Spinoza, las leyes bíblicas no son verdades reveladas, dictadas por Dios, sino textos humanos que cada cual debe confrontar con su propia conciencia, a su vez fundada en la razón universal, para encontrar su propio camino hacia Dios.[457] No el Dios de una fe revelada, fuente de conflictos e intolerancia, sino un Dios universal, el propio Universo encarnado en la Naturaleza. En 1672, Spinoza rechaza la cátedra de filosofía de Heidelberg que le ofrece el gran elector, así como la pensión que propone asignarle Luis XIV si le dedica una de sus obras. Renuncia a publicar la *Ética*[396] y se retira a La

Haya, donde se gana la vida puliendo lentes ópticas, mientras se escribe con Leibniz. Muere en 1677, ocupado en traducir la Biblia al flamenco.

Se encuentran destinos similares en otros hijos de mercaderes judíos que se niegan a tomar el relevo de sus padres en los negocios. Algunos se vuelven poetas (Daniel Levi de Barrios, David Jessurum, Hazan David Abenatar Mello, Antonio Enriques Gómez), escritores (además de Menasseh ben Israel y Baruj Spinoza, citemos a David Cohen de Lara, Moses Israel de Mercado, Alonso de Herrera) o calígrafos (Abraham Fidanque, Jacob Guedella, Benjamín Senior Gordines).[457]

Pero otros siguen siendo mercaderes y prefieren especular no ya sobre las ideas sino sobre las divisas: De Pinto, Del Monte, Suasso, Bueno de Mesquita organizan préstamos a los gobiernos haciendo malabarismos con las tasas de interés y las tasas de cambio. No es raro que un banquero tome en préstamo al 3% en Holanda para prestar al 7% en Inglaterra. En la bolsa, el juego con las acciones se vuelve muy sofisticado; ya moviliza cerca de 4.500 "jugadores", de los cuales 500 son judíos.[58] Los mercaderes judíos reeditan el libro escrito en 1556 en Pisa en que rabí Yehiel Nissim ponía en guardia contra la especulación sin creación de riquezas.[456] En 1688, un curioso financista judío, Josef de la Vega, hace aparecer en Amsterdam, bajo el título *Confusión de confusiones*,* el primer tratado jamás escrito sobre los mercados bursátiles, poniendo en guardia también contra las especulaciones estériles: "Se vendió arenque a plazo antes de que haya sido pescado, trigo antes de que haya crecido, y otras cosas más, mercancías esperadas del Nuevo Mundo".[58] Amsterdam se ha convertido en el templo de la especulación, el lugar de formación de las "burbujas" financieras.

Como la comunidad construye una magnífica sinagoga, la ciudad llega a exagerar la riqueza de los judíos. Se cuenta que en una de las habitaciones de la morada de los De Pinto se camina sobre un piso de ducados de plata. En febrero de 1670, cuando muere el rico Jacob del Monte –alias Jacob del Sotto, alias Jacob van den Bergh, alias Cornelius van Dick–, la comunidad espera recibir una parte importante de una herencia que consideran fabulosa, pero la viuda protesta, arguyendo que no queda nada, también que, de todos modos, el moribundo hizo quemar su testamento. Al cabo de dos años de litigios, la comunidad recibe 40 mil guílders y una parte del cementerio privado que Jacob del Monte había comprado justo antes de pasar a mejor vida.

* En español en el original. [N. del T.]

De hecho, la fortuna de los judíos es más aparente que real. En 1674, solamente 250 judíos portugueses sobre 2.500 son imponibles; y solamente 3 judíos askenazís sobre 2.500 son censados como empleadores. En 1683, solamente 200 judíos holandeses (2 de ellos askenazís) sobre 5.000 poseen casa propia.[58] Los cristianos más acomodados son mucho más ricos que los judíos más pudientes, tanto es así que por sí solo el patrimonio del más opulento de los cristianos de la época, Gerbrand Omnia, supera, reunidos, los pertenecientes a los diez judíos más prósperos.

9. Los tres nuevos mundos (1492-1700)

De África a la India: los armadores judíos

Desde hace mil quinientos años, muchos judíos prefieren ser marinos campesinos, armadores o banqueros. Aunque la mayoría vive entonces en Polonia, algunos de los que se establecieron a orillas del Atlántico lo cruzan para participar en la valorización de las Américas: primero españoles y portugueses, luego holandeses e ingleses.

Se ponen en marcha entonces extraordinarias redes ocultas entre judíos y marranos instalados en todos los países de la cristiandad.

Dos grupos de mercaderes se reparten primero el comercio de especias de Oriente con destino a Europa. Uno va de la India hacia Lisboa (es el "contrato indio"); el otro, de Lisboa hacia el resto de Europa (el "contrato europeo"). A su llegada a Lisboa, las mercancías del "contrato indio" son revendidas a los participantes en el "contrato europeo", de cuyos beneficios la mitad le corresponde al rey de Portugal.[358] Los judíos enmascarados están presentes en los dos "contratos", ampliamente organizados por mercaderes conversos a partir de Burdeos y de Amberes, luego de Amsterdam y de Londres. Importan, venden y a veces transforman especias, drogas, algodón, sedas, perlas y diamantes. Confunden las pistas para que no se sepa quién es el verdadero propietario de los cargamentos que transportan. Por otra parte, en 1576, Conrad Rott, principal participante en ambos "contratos", reconoce ser financiado por mercaderes conversos que supone siguen siendo judíos. Los Gradis, en Burdeos, aliados a los Pinto, de Londres y Amsterdam, añaden a ese comercio el del vino de Portugal. En 1603, un mercader holandés, J. W. Ijzerman, escribe en su *Diario de viaje (1598-1601):* "En mi opinión, los judíos, con su comercio en los monopolios de la India Oriental, nos derrotan en todas partes".[58]

No sólo financian, sino que viajan. También garantizan los riesgos con la creación, de paso, del seguro marítimo holandés, cuyas enormes primas, medida de los riesgos corridos, se elevan entonces a 70 guílders por cada 1.000 guílders de mercancías compradas para un viaje en Europa, y a diez veces más para un embarque con destino a las Indias o las Américas. Así, la prima prácticamente duplica el precio de costo de los productos –circunstancia que aumenta la fortuna de los aseguradores–; ello deja entender que el precio de venta final de esos productos lejanos es un múltiplo muy elevado de su precio de compra.

Las Compañías de Indias

A fines del siglo XVI, luego de su guerra de independencia contra España y su conflicto con Portugal, los holandeses ya no pueden utilizar a Lisboa como cabecera comercial. Comercian por sí mismos y reemplazan a los portugueses en las costas de África. Crean entonces compañías públicas a las que el Estado vende y revende al infinito monopolios de comercio incesantemente expropiados para hacerse de más dinero.

En 1602, una Compañía de las Indias Orientales recibe el monopolio del comercio con la India. Como hay que ser ciudadano de las Provincias Unidas para ser accionista, entonces no hay más que dos accionistas judíos:[58] un hombre, Stephan Cardozo, y una mujer, Elizabeth Pinto, con el 5% del capital. Otros se suman a ellos en el curso de los dos años siguientes: Melchor Mendes, Manuel Tomas, Miguel López Fernández, Manuel Carvalho y Diego Días Querido.

En 1609 se firma una tregua de doce años con España, que en 1621 no se renueva. Los holandeses crean entonces la Compañía de las Indias Occidentales, y emprenden una guerra privada contra España en el Atlántico.[69] A cambio del pago de un millón de guílders (monto incesantemente aumentado), la Compañía obtiene por ochenta años el monopolio del comercio a lo largo de las costas de África y de América, "de las islas de cada lado de América" y de las "tierras australes y del Sur". En especial, tiene derecho sobre "todo cuanto requieran el servicio de esta provincia, el beneficio y el desarrollo del comercio". Más claro: tiene derecho a saquear todos los barcos españoles y portugueses que encuentre. Por lo demás, en las cuentas de esta empresa de piratería hay una función oficialmente titulada "beneficios y pérdidas por filibustería y saqueo marítimo".

En quince años, las 800 naves de la Compañía capturarán 540 barcos españoles con sus cargamentos de oro.[69] En 1627, una vez limpio el mar, el capitán holandés Piet Heyn lleva a cabo dos raids contra Bahía, capital del Brasil portugués, bastante remunerativos para permitir que la Compañía recupere aliento. Los conversos de los Países Bajos, enemigos jurados de los españoles y los portugueses, se asocian gustosamente a esto a partir de 1633, aunque a veces se vean enfrentados con otros marranos, también mercaderes en barcos procedentes de Portugal.

El 29 de abril de 1638, una vez instalados los holandeses en Recife, tras varias peleas y otras tantas quiebras, el gobierno de los Países Bajos reduce el campo de acción de la Compañía únicamente al comercio de material bélico, madera para tintura y sobre todo esclavos (rama que redunda en un 240% de ganancia neta por cabeza). El papel de los armadores judíos en esto se vuelve tan significativo que, en 1652, la principal fuente de ingresos de la comunidad de Amsterdam es la tasa que impone sobre las ganancias de las partes judías en el seno de la Compañía.[58]

Otros judíos siguen siendo armadores comerciales: en mayo de 1657, Samuel Nuñes de Mercado es el único propietario de la nave *La Escala de Jacob*. Antonio López Pereira, Simón Drago, Diego Martínez son copropietarios de buques que parten de Amsterdam, completan sus cargamentos en Inglaterra, transportan las mercancías europeas hacia los puertos del Brasil holandés y vuelven cargados de productos exóticos. Son incluso los primeros en importar tabaco, algodón, azúcar de caña y café a Italia, Alemania y el Norte de Europa, evitando cuidadosamente los barcos y puertos ibéricos.

Curiosamente, comercian poco con Turquía, pese a sus íntimas relaciones culturales con las comunidades de Estambul, Izmir y Salónica. Dieron vuelta la página: en adelante, miran hacia el oeste. En 1658 no hay más que 7 judíos sobre los 167 accionistas de la Compañía de las Indias Orientales;[143] entre 1658 y 1674 siguen sin ser más que 11, todos de ascendencia marrana. Entre ellos se encuentran Antonio Lopes Suasso, Abraham Alewijn, David e Isaac de Pinto, Jacob Núñez Henríquez y Athias Halevy.

La India y la China

La pimienta, que, como dice un veneciano de la época, "arrastra consigo el resto de las especias",[69] sigue viniendo de la costa de Malabar. Durante siglos, algunos judíos controlaron la totalidad de su comercio, pero eso ya no ocurre. En 1524, los últimos fueron diezmados en Anjuvanam con el pretexto de que todavía controlaban el mercado de la pimienta. En Cochin, una comunidad creada en 1344 por emigrados de la Mesopotamia, protegida luego por el rajá de Cochin, agoniza. Y cuando la Inquisición desembarca a bordo de naves de Portugal en 1502, el jefe musulmán local protege aún a esos escasos marranos, en adelante actores marginales del comercio de la pimienta, frente al colonizador cristiano.

El 9 de agosto de 1663, cuando los holandeses toman Cochin y la costa de Malabar a los portugueses, encuentran todavía a algunos judíos que ya no se reivindican como tales. Son banqueros, mercaderes, diplomáticos, intérpretes; algunos son negros, otros blancos. El desembarco holandés los libera de la amenaza de ser descubiertos. (Todavía hoy el aniversario de esta llegada es jornada festiva en Cochin.) En 1686, algunos judíos de Amsterdam llevan consigo libros impresos en hebreo; los indios jamás habían visto uno hasta ese momento. Se instala una nueva pequeña comunidad. Los judíos de Holanda y los de Cochin van a seguir trabajando juntos, pero sin mezclarse para casarse, orar, ni siquiera para comer.

Más lejos, en China, ya primera potencia demográfica mundial, las pocas comunidades judías, instaladas allí alrededor del año 1.000 y sin contacto con el exterior desde 1300, han dejado de existir. En 1605, el padre jesuita Matteo Ricci, fundador de la misión católica en China, conoce en Pekín a un joven que llega de Kaifeng, donde todavía viven, según dice, doce familias con costumbres extrañas, que se creen musulmanes (aunque Ricci identifica prácticas judías). Nada saben de sus orígenes nunca siquiera oyeron hablar del cristianismo. En consecuencia, habrán hecho falta tres siglos de aislamiento para que la inmensa China asimile una comunidad que no pudo regenerarse, como en la India, con recién llegados.

Las colonias de España

En la América de Colón, Pizarro y Cortés, algunos marranos hacen fortuna en las minas de plata del Potosí o como mercaderes de esclavos; otros siguen siendo modestos artesanos, buhoneros miserables. En 1590, cuando llega la Inquisición, instala tres tribunales del Santo Oficio en Lima, México y Cartagena. Así comienzan los arrestos.

Destinos rotos:[434] un rico mercader de esclavos, Manuel Bautista Pérez, apodado "el Gran Capitán", jefe en Lima de quienes judaízan en secreto, es quemado. Un vagabundo, Juan Vicente, es "reconciliado", es decir, arrepentido, dos veces antes de ser condenado a la hoguera en 1626. Un rabí oculto,

Francisco Maldonna de Silva, desafía a sus jueces, mezclando su fe y su pasión por la razón; cita a Aristóteles bajo la tortura, antes de ser quemado vivo en 1639 en México. Algunas mujeres también padecen esa suerte, como Leonor Núñez, a quien acuden los judaizantes secretos de México para el aseo de los muertos. Por último, la mujer del mercader Francisco Botello rechaza todo arrepentimiento y clama su judaísmo al morir quemada viva en la Plaza Mayor de México el año 1659.

Las colonias de Portugal

Tras el descubrimiento de Brasil en 1500 por Cabral, acompañado por el judío polaco-indio Gaspar de las Indias, nadie está apurado por instalarse: allí no hay oro ni plata ni especias. Un converso, Fernando de Noronha, recibe del rey de Portugal la concesión de la región. Por falta de voluntarios, se envían condenados de derecho común. Algunos marranos se precipitan, creyéndose allí también a resguardo de la Inquisición. Son médicos, abogados, mercaderes, recaudadores de impuestos. Alrededor de 1550, los portugueses importan de Madera la técnica azucarera y establecen en las costas del Nordeste las primeras plantaciones de caña de azúcar de América. Comienza una enorme industria. Durante más de un siglo, el Brasil entregará en promedio a Europa 1.600 toneladas de azúcar bruto por año.

En 1580, tras la unión de Portugal y España, la Inquisición desembarca en Brasil;[326] muchos marranos prefieren huir, y los que se quedan son amenazados, como en México. La Inquisición sospecha que los armadores portugueses que navegan por el Río de la Plata comprando azúcar, arroz, paños y esclavos con reales de plata son "nuevos cristianos" y que judaízan. Entonces, estos conversos portugueses que llevaron adelante la conquista del Brasil por cuenta de Portugal esperan mucho de los holandeses que comienzan a merodear por esas latitudes. Muchos judíos portugueses se unen a ellos cuando los holandeses toman Recife en 1630. Son bien recibidos; en 1634, el gobernador general holandés Mauricio de Nassau permite la libre expresión religiosa. Una comunidad se instala entonces abiertamente en Recife, reagrupando a conversos de Bahía y a judíos de Amsterdam.

Trágico es el destino de un tal Isaac de Castro,[469] que llegó en 1641, a los 16 años, procedente de Amsterdam. En 1644, la nueva comunidad de Recife lo manda a Bahía, capital del Brasil portugués, para buscar conversos y llevarlos a resguardo a Recife, pero es descubierto y lo detienen. Al comparecer ante el obispo de Bahía, pretende llamarse José de Liz, judío francés que llegó al Brasil para saber más sobre el catolicismo. Lo despachan a Lisboa, donde cambia de versión: pretende ser hijo de conversos portugueses llegados a Francia, pero, para ser exonerado del crimen de "relapso", sostiene que no fue bautizado. Le dan a elegir: o se hace católico y purga cinco años de prisión o reafirma su judaísmo y muere. Él persiste; dice que ora siete veces por día y que obedece las seiscientas trece *mitzvot*. Durante dos años se turnan sacerdotes para tratar de convertirlo, pero es en vano. En 1647, a la edad de 22 años, lo condenan a morir en la hoguera cantando oraciones judías.

No tardan en desembarcar otros judíos en el Brasil holandés. Vienen de Hungría, Polonia, Turquía, Marruecos, España, Portugal, Holanda y Alemania. Un ingeniero judío, Baltazar da Fonseca, construye el puente que une Recife con Mauricio. Doscientos judíos llegan de Amsterdam a Recife bajo la dirección de rabí Isaac Aboab y de Moses Rafael Aguilar;[326] una comunidad totalmente constituida, con sus rabinos y profesores.

En 1648, de 12 mil habitantes europeos del Brasil holandés, se cuentan 1.450 judíos, casi todos instalados en Recife.[326] Algunos de ellos, refinadores de azúcar o agentes, adquieren grandes plantaciones de caña en el valle de Pernambuco. Otros desempeñan un papel significativo en el comercio de esclavos, a los que compran en los barcos de la Compañía de Indias para revenderlos a crédito a los plantadores a un precio muy elevado, por añadidura, con un interés del 3 al 4% por mes, pagadero a la cosecha de la caña. Sus beneficios son a veces del 300% per cápita. Representan un papel tan importante en ese mercado que las subastas de esclavos no se realizan los días de fiestas judías. En 1648, el gobernador de Recife, Adrián Lems, escribe a la Compañía de Indias: "Los no judíos no pueden prosperar, porque los negros se les venden demasiado caro y con un interés demasiado elevado".[326] Ese mismo año, los reglamentos de las comunidades de Recife y Mauricio exigen que los mercaderes de esclavos paguen una tasa (una *imposta*) de cinco *soldos* por cada esclavo comprado a la Compañía de Indias y un impuesto del 4% sobre el precio de cualquier mercancía importada.

Azúcares y tabacos

El azúcar de caña bruto se refina en los Países Bajos y luego se distribuye en toda Europa. El tráfico comercial es enorme: de manera permanente, cien naves hacen el servicio entre Recife y Amsterdam, donde las refinerías generan un cuarto de los impuestos indirectos de los Países Bajos.[69] Uno de los más importantes mercaderes de azúcar, con bases en San Salvador y en Recife, el marrano Manuel Rodrigues Vega, instala dos grandes depósitos en Amsterdam para almacenar el azúcar de la Isla de San Miguel. En 1655, Abraham e Isaac Pereira, "mercaderes portugueses de la nación judía", establecen una refinería en Amsterdam.[58] Otros reciben azúcar bruto a través de Portugal, que sin embargo está en guerra con los Países Bajos. Misterio de las redes marranas: en julio de 1657, en Amsterdam, Simón y Luis Rodrigues de Sousa reciben de Porto, entre otras mercancías, 135 cajas de azúcar de un mercader "judío en secreto" instalado en el Brasil portugués, António da Silva. En noviembre de 1658, un tal Sebastião Coutinho también recibe seis cajas. El mismo año, Salomón, Moses e Isaac del Pina construyen otra refinería en Amsterdam, que revenderán a cristianos en 1669.[326] Cuando el azúcar comienza a ser producido en otra parte fuera de Europa, los judíos presienten el ocaso de dicho oficio y lo abandonan.

Entonces, el tabaco se vuelve más que nunca un asunto judío, y un factor de crecimiento para la economía de los otros. La historia pretende incluso que el primer blanco en pisar suelo americano, el marrano Luis de Torres, también fue el primero que lo fumó. En 1611, el primer barril de tabaco importado en Europa es vendido por un mercader judío, David Abendana, a un mercader cristiano de Hoorn. Nueve años más tarde es posible encontrar en Amsterdam a dos agentes de tabaco judíos. De las 30 casas importantes que lo tratan y venden, 10 son judías.[58] Las primeras son las de Isaac Italiander, Jacob Franco Mendes, Isaac Mendes y Sara Días de Fonseca, quien posee una "hilandería" de tabaco que emplea a catorce obreros. Se trata de una verdadera industria, que funciona fuera de las corporaciones.[451] Entre los 14 importadores de tabaco que firman una petición a favor de un tal Manuel López de Azevedo, 11 son judíos. Jacob de Jehuda León –también conocido como Jan Portremiel– emplea en sus manufacturas de tabaco a numerosos operarios judíos alemanes. Por lo demás, es una especialidad de los judíos del Este: de 24 casamientos askenazís celebrados de abril de 1649 a junio de 1653 en Amsterdam, 14 son de moledores de tabaco. Los sefaradíes no están excluidos: Menasseh Gaón, industrial del tabaco, emplea en 1661 a un "hilador" askenazí, Moisés Heyman, y a tres sefaradíes: David de Oliveira, Moisés Da Fonseca y Abraham Levy. Pero, en general, los sefaradíes son patrones y los askenazíes empleados.

En 1654, tras veinticuatro años de presencia holandesa, los portugueses recuperan Recife. Los dos mil judíos que viven allí huyen en quince barcos hacia Cayena, Curaçao, Jamaica, Barbados, Panamá, Costa Rica y las Antillas Francesas, que pronto deben abandonar por órdenes del rey de Francia. En esa región del Caribe el armamento naval pirata es casi monopolio judío, con tripulaciones y capitanes judíos.

En 1667, los holandeses truecan La Nueva Amsterdam por Surinam, que ocupaban los ingleses. Un año más tarde encontramos allí a judíos portugueses que poseen nueve plantaciones: los Pereira, los Da Costa, los Da Silva, los Casseres, los Alonza de Fonseca, los Mesa, que poseen 233 esclavos, 55 trapiches azucareros y 106 cabezas de ganado.[34] Al año siguiente se añaden otras seis plantaciones judías con 181 esclavos, 39 calderos de azúcar y 66 animales. A fines de siglo, de las 400 plantaciones de caña de azúcar del Surinam, 115 pertenecen a judíos. En 1690, algunos de ellos están incluso en la vanguardia de la represión de las revueltas de esclavos. Diez de ellos solicitan emigrar a Jamaica con 322 esclavos, pero el gobernador holandés de Surinam, temiendo por la prosperidad de su colonia, los retiene otros ocho años.

Uno de los barcos en que los judíos huyen de Recife, recuperada por los portugueses en 1654, es capturado por piratas españoles. Éstos se disponen a vender a los judíos como esclavos cuando a su vez son abordados por un barco francés, el *Saint-Charles,* cuyo capitán es un tal Jacques de La Motthe,[55] en ruta hacia una minúscula colonia holandesa, donde desembarcan; es La Nueva Amsterdam. Trece años más tarde es cambiada con los ingleses por Surinam, y se convierte en Nueva York…

Las colonias inglesas

En 1584, sir Walter Raleigh, uno de los favoritos de Isabel I, recibe la autorización para explorar Virginia e instalar una colonia, esperando encontrar oro y un pasaje hacia el Oriente; Raleigh también quiere buscar cobre, metal que resulta estratégico. Para el viaje contrata sobre todo a Joaquín Ganz (o Gaunse), el ingeniero de Bohemia que, como vimos, a pedido de la Compañía Minera Real revolucionó la metalurgia del cobre en Inglaterra.

La expedición, comandada por el almirante Richard Grenville, que había salido de Plymouth, desembarca en 1585 en Roanoke (hoy Carolina del Norte). En honor a la "reina virgen", Isabel, se da a la región el nombre "Virginia". Es el primer establecimiento inglés en América del Norte, treinta y cinco años antes de que el *Mayflower* atraque más al norte, en una región que se convertirá en Massachusetts. Ganz encuentra cobre, pero la colonia no resiste debido a las enfermedades, los miedos y los conflictos con los indígenas. El 19 de junio de 1586, sir Francis Drake los llama a Inglaterra.[64] Ganz se refugia entonces en Bristol, donde sobrevive dando lecciones de hebreo y alemán. Sir Walter Raleigh pierde el favor de la reina por este fracaso y por haber puesto en duda la divinidad de Jesús, lo que llama la atención sobre Ganz: ¿ese judío no será el iracundo maestro de Raleigh? ¿No será él quien echó todo a perder, sembrando la duda en el ánimo de ese buen cristiano? ¿No serán los dos judíos? En 1589, acusado de blasfemia —precisamente después de la victoria sobre los españoles que él posibilitó—, Ganz reconoce ser judío para impedir que lo consideren "relapso". Lo llevan ante el Consejo privado. Parece que entonces le perdonan la vida y lo expulsan a Bohemia.

Recobrada la estima perdida, Raleigh volverá a partir hacia América y remontará el Orinoco en 1595. Luego será condenado a muerte por ateísmo y más tarde indultado. Tras quince años de prisión, volverá a partir en busca de oro, pero fracasará una vez más. Jacobo I lo hará ejecutar en 1618.

En cuanto a Ganz, habrá permitido que Inglaterra venza a España, se asiente en América del Norte y ponga en marcha la Revolución Industrial. ¿Quién se acuerda de él?

Setenta años más tarde, en 1654, al desembarcar en La Nueva Amsterdam, los pasajeros del *Saint-Charles* (Levy, De Piza, Taro, Lumbroso, Mercado, Nuñes)[55] encuentran, entre los primeros colonos allí instalados, a un judío alemán llamado Bar Simhon. El gobernador holandés, Peter Stuyvesant, pone en prisión a los recién llegados, pero luego los libera bajo órdenes de la Compañía, muchos de cuyos accionistas son judíos. Agentes otra vez, comercian con los indígenas; cambian tabaco, pieles y pescado por tejidos y herramientas.[55] Un año después, algunos otros llegados de Amsterdam se unen a ellos. Como siempre, viven mejor donde la Iglesia no los persigue. Desde 1657 les reconocen derechos civiles "a condición de que no constituyan una carga para la Compañía Holandesa de las Indias Occidentales, y que sus indigentes sean mantenidos por su propia comunidad".[106] Así, la *tzedaká* desembarca en América. Algunos fundan allí varias de las futuras grandes familias de los Estados Unidos;[55] los Nathan, los Lazarus, los López, los Lombroso, los Seixas.

En 1667, según vimos, los ingleses cambian Surinam por La Nueva Amsterdam, que se convierte en Nueva York. No hay que inquietarse por los colonos: ahora los judíos son tolerados en Inglaterra, cuando diez años antes no lo eran. Otros —algunas decenas— llegan de Europa Oriental; como agentes de vanguardia, se instalan en Maryland, Pensilvania, Georgia y Carolina.[106]

10. Vida y muerte de las naciones en el siglo XVIII

A principios del siglo XVIII, la población judía mundial asciende aproximadamente a tres millones y medio de personas, es decir, menos que en el año 1000. En su mayoría estuvieron en tierras cristianas. Todas las comunidades de India, Asia, el Cercano Oriente y África del Norte se perdieron en el ocaso. Las de Europa despiertan; entre ellas, fulgurantes, la de Polonia, y aquellas, prometedoras, de las dos riberas del Atlántico. Un mundo en el que tanta gente creía desaparece al tiempo que surge otra manera de ser judío en la Revolución Industrial que se anuncia. Otra manera también de ser útil, pues ésta sigue siendo la condición para ser aceptado.

Adormecimiento del islam

Occidente sólo se interesa en el Oeste; olvida el islam, que a su vez olvida el Oriente.

En 1739, los turcos toman Belgrado, ya ocupada en 1521 y disputada con los austríacos; es su última conquista. El reflujo comienza para ellos en 1774, fecha en que dejan Crimea a los rusos y parte de la cuenca del Mar Negro, donde viven más de 300 mil judíos. Las comunidades que permanecieron en el Imperio Otomano, siempre igualmente marginadas y humilladas, se abren al espíritu occidental y se concentran en algunos polos: Estambul (que sigue siendo entonces, con 450 mil habitantes, una de las primeras ciudades del mundo después de Pekín y de Cantón), Esmirna (o Izmir), Argel y Túnez. Esencialmente preocupados por sus fronteras occidentales, los turcos abandonan a su suerte las provincias del Levante.[383]

Separada de todas las grandes corrientes comerciales, Palestina está exangüe. Los textiles, única actividad local notable, se pierden en el marasmo. Menos de 100 mil judíos viven allí todavía, y otros tantos árabes. Las exacciones de los beduinos prosiguen, cada vez mejor; los peregrinos empiezan a escasear. San Juan de Acre hace las veces de modesta capital regional. Ese rincón del Imperio casi no se diferencia, en ese momento, del espacio sirio al que pertenece geográfica y administrativamente.

En Marruecos, los judíos viven cada vez menos en un circuito cerrado y son más aceptados por los soberanos alauitas.[459] Mercaderes y artesanos judíos comercian con sus vecinos árabes. El dinero está cada vez más presente en los intercambios. Para soslayar la prohibición de recurrir entre ellos al crédito, los mercaderes organizan una vez más el rembolso en forma de divisas, raciones o un metal precioso de naturaleza diferente a la del préstamo. Esto permite fijar libremente su cotización a la fecha del rembolso, e integrarle el equivalente de un interés. En un juicio dictado en Fez en 1723, bajo el reinado de Mulay Ismail, rabí Judá Ben Attar estigmatiza "esa práctica que se extiende como una plaga", destinada, escribe bonitamente, a "cubrir con un tamiz la vista del sol".[459] Otro dictamen del mismo tribunal rabínico de Fez estipula en 1735, bajo Mulay Abdallah: "El rembolso de una deuda debe efectuarse de la siguiente manera: quienquiera que pida un préstamo en dinero o mercancía lo restituirá a su cotización fijada en la fecha del préstamo. No es necesaria ninguna nueva estimación, ya hayan aumentado o disminuido los precios".[459] En 1760, Mulay Mohammed, al subir al trono, hace reconstruir todas las sinagogas y escoge a un judío como tesorero y principal ministro. Hace construir los puertos de Anfa (en 1760) y de Esauira (en 1765), donde instala a gran cantidad de judíos.

Con Turquía y Polonia, Marruecos es uno de los países del mundo donde los judíos son más numerosos, aunque no necesariamente los mejor tratados.

El fin de Polonia

A comienzos del siglo XVIII, más de 600 mil judíos viven en Polonia, Ucrania y Lituania, en una región devastada por las guerras, donde hasta los campesinos libres son arruinados y vuelven a caer en la servidumbre. El país no es más que un fantoche en manos de las potencias extranjeras. El siglo se anuncia sombrío para todos los polacos, judíos o no.

En 1697, obligados a aceptar la elección al trono del elector de Sajonia Augusto II –apoyado por Francia, Austria y Rusia, y financiado desde Viena por los banqueros Oppenheimer y Lehman–,[414] los polacos reciben luego como monarca a Estanislao Leszczynski, designado (en 1704 y nuevamente en 1733) con el apoyo de Francia y de María Leszczynska; luego, en 1723, a Augusto III de Sajonia. En 1764, bajo influencia rusa, Estanislao II Augusto Poniatowski se convierte en el último rey de Polonia.[414]

Los dos tercios de los judíos polacos se amontonan entonces en las ciudades que todavía los protegen. Ni reyes ni príncipes los necesitan ya. Los burgueses quieren su lugar. Siguen siendo propiedad de las ciudades, que no les conceden ningún derecho, en especial frente a la policía. Los alquileres se disparan con la llegada de nuevos inmigrantes y del excepcional crecimiento demográfico. El derecho al matrimonio es entonces estrictamente controlado para no aumentar la demanda de alojamientos. Ningún judío, o casi ninguno, trabaja ya la tierra. Un sexto de ellos son encargados de posadas, un tercio ejerce en el comercio (cera, jabón, sal, tabaco, alcohol), un tercio son artesanos. Entre éstos, dos de cada tres trabajan en peletería y en la industria textil.[414] En 1712, en Vilna, se prohíbe que los sastres judíos trabajen durante las fiestas cristianas, que empleen a cristianos y hasta que tengan clientes cristianos.[414] No obstante, algunos talleres se desarrollan y emplean a asalariados –obreros, sastres, empleados– al servicio de capitalistas, a veces judíos. Otros más son intendentes, como Israel Rubinowicz, intendente de Elizabeth Sieniawska durante más de cuarenta años.[414] Ya no queda un solo gran banquero judío ante los príncipes; pero algunos consejos de comunidades siguen administrando el dinero de los nobles y de la Iglesia.[414]

Ante la considerable distancia entre esos pocos ricos y todos los pobres, ocurre –en Cracovia, Leszno y Drohobycz en Ucrania– que algunos se rebelan contra los dirigentes comunitarios. Dos reacciones contradictorias se manifiestan entonces entre los judíos polacos.

Por un lado, como en todas partes de Europa, aparece una demanda de libertad individual intensificada por un cuestionamiento a las instancias comunitarias. Esta mezcla de reivindicación laica y de exigencia social es producto de los "asimilacionistas", que ante todo se sienten polacos. Algunos de ellos piensan incluso que su destino sólo puede mejorar con el de todos los campesinos, y se unen a los revolucionarios nacionalistas.[414]

Por otro lado, hacia 1750, un movimiento inverso se inicia en Podolia alrededor de Israel ben Eliézer, famoso rabino conocido con el nombre de Baal Chem Tov, que retoma los temas del *Zohar* para predicar la salida de un mundo que no los quiere: son los *jasidim,* que hacen la apología de la felicidad y el entusiasmo a través de la fiesta y el rechazo de la sociedad mercantil. Los "ortodoxos" a veces los excomulgan, como en Vilna, donde rabí Salzmann, el famoso *gaón,* abomina de ellos; pero los ortodoxos de buena gana se alían a los jasídicos contra los "asimilacionistas", su enemigo común.

Varios dirigentes católicos polacos, como Tadeusz Czacki y Maciej Topor Butrymowicz, también predican la asimilación de los judíos, la desaparición del *beyt-din,* la reducción de las áreas de competencia del Vaad y la reorientación de los artesanos hacia la industria y la agricultura. Todos ciudadanos polacos iguales.

En 1764, la Dieta polaca disuelve el Vaad. Sin embargo, la crisis económica agudiza el antijudaísmo de los artesanos polacos contra sus competidores judíos,[451] y el proceso de asimilación se interrumpe. En 1768 ocurren algunos pogromos en Cracovia, Poznan, Lvov, Vilna y Brest-Litovsk, que producen más de 10 mil muertes. En Ucrania, los campesinos ortodoxos reclaman la independencia de su país y aniquilan a miles de católicos polacos y decenas de miles de judíos ucranianos, considerados como los aliados de los ocupantes polacos. Por lo tanto, el camino de la asimilación está cerrado, más aún cuando una parte de Polonia pasa a poder de Rusia.

El 5 de agosto de 1772, en los términos de una primera división, Polonia pierde 4 millones y medio de habitantes: 150 mil judíos se ven integrados a Austria, 25 mil a Rusia y otros a Prusia. La frontera austro-polaca pasa en adelante por Galitzia, entre Cracovia, que sigue siendo polaca, y Kazimierz, que se vuelve austríaca. Muchos judíos de las zonas de combate parten entonces hacia Lituania, donde no son muy bien recibidos por las comunidades locales: el Consejo de los judíos de Lituania propone incluso rechazarlos, por falta de lugar, cuando el *gaón* de Vilna se niega a sesionar, observando que una decisión semejante no tiene ninguna necesidad de tomarse: ya lo fue… ¡en Sodoma y Gomorra!

En 1790, los judíos son 900 mil en Polonia y Lituania, y 150 mil en el Imperio. Su número superó la duplicación en un siglo, por la mera acción de la demografía. El amontonamiento es cada vez más difícil de soportar.

El 3 de mayo de 1791, los burgueses toman el poder en lo que queda de Polonia. La Dieta instaura una monarquía hereditaria y liberal a la vez, que concede a los burgueses los mismos derechos que a los nobles; también decide que los judíos no son ya propiedad de las ciudades, y en consecuencia nadie debería, por ejemplo, poder encarcelarlos sin juicio, como ocurre desde hace siglos. Esto causa gran alegría en las comunidades. En el primer aniversario de esta constitución, en todas las sinagogas del país se realizan servicios de acción de gracias.

Los magnates, descontentos con esta revolución burguesa que siempre habían temido, apelan a Prusia y a Rusia: esta última ataca Varsovia y Vilna. En 1794, Tadeusz Kosciuzko, que defiende el país contra el invasor ruso, organiza una unidad militar judía cuya existencia justifica de la siguiente manera: "Ninguna otra cosa puede ya convencer a las naciones lejanas de la santidad de nuestra causa y la rectitud de nuestra revolución más que ver a gente, distinta de nosotros en religión y costumbres, dispuesta a sacrificar su vida por voluntad propia para sostener nuestra revolución". En abril de 1794, Kosciuszko y Poniatowski comienzan por vencer a los rusos y luego retroceden: en 1795, Polonia vuelve a perder Varsovia, Kalisz y tres millones de habitantes. Poznan, mayoritariamente judía (ese año se cuentan 923 sastres judíos y 676 cristianos), pasa a Prusia. Austria obtiene el resto de Galitzia con Cracovia, de la que son echados todos los comerciantes judíos. Austria va de Cracovia, en el norte, a Trieste y Sarajevo, en el sur. Catalina II anexa Lituania, Bielorrusia y Ucrania de Vilna a Odesa, es decir, si se suman los que vienen del Imperio Otomano, un total de cerca de dos millones de judíos. La iniciativa de los magnates contra los burgueses sólo habrá servido para que Polonia desaparezca. La mayor comunidad judía del mundo ahora se inclina fundamentalmente hacia Rusia.

Primer judío de corte

En Rusia, los judíos polacos se encuentran en un país que desconoce qué es un judío. A todo lo largo de este siglo, como en los precedentes, ningún zar, ni siquiera Pedro el Grande, autorizó que cualquiera de ellos se instalara. Sólo se encuentran rastros del paso de unos pocos mercaderes aislados en Moscú o en los puertos septentrionales, y algunos conversos integrados al capricho de las conquistas rusas.

Un destino:[403] el hijo de Chafirov, ese mercader judío converso de Smolensk de quien ya hemos hablado, es señalado alrededor de 1690 por un amigo de infancia del zar, el príncipe Menchikov, que le presenta al joven Pedro el Grande. Ennoblecido, se convierte en el consejero personal del soberano, a quien acompaña en sus viajes. En 1704 negocia la capitulación de las tropas suecas en Narva, Estonia. Como rico mercader, se hace construir un primer *hôtel* particular en San Petersburgo por el arquitecto italiano Rastrelli —el mismo que edifica los principales palacios de la ciudad–; luego hace acondicionar otros cuatro para sus hijas, que tienen casamientos principescos. Nombrado vicecanciller, casa a una de sus sobrinas con el duque de Courlande y obtiene el título de barón. En 1711, cuando el emperador es hecho prisionero en la guerra contra los turcos, Chafirov se constituye como rehén en su lugar; permanece dos años y medio en Estambul, donde hace contactos con un marrano portugués, Daniel de Fonseca. Entonces se da a conocer como judío, lo que facilita su vida de prisionero. Vuelve a Rusia cubierto de honores. En 1716, Pedro el Grande le encarga la redacción de un relato de la guerra contra Suecia, donde, por primera vez en ruso, se habla de "ciudadano" y de "revolución". Es el primer éxito editorial ruso: más de 20 mil ejemplares. En 1722, durante una expedición a Persia, el zar se malquista con el príncipe Menchikov, el protector de Chafirov, y ambos caen en desgracia. El segundo es exiliado a Nóvgorod y sus bienes son confiscados. A la muerte de Pedro el Grande, en 1725, Chafirov vuelve a Moscú y muere como un gran señor en 1739.

En 1778, Catalina II autoriza a los mercaderes y artesanos judíos que acaba de heredar, en los términos de la primera división de Polonia, a entrar en las corporaciones, lo que les permite elegir representantes en el seno de las asociaciones y las municipalidades. Es la primera vez en la historia de la Diáspora que se permite votar a los judíos.

Cuando culminan las tres divisiones polacas y la expansión de Rusia, en detrimento del Imperio Otomano, hacia la cuenca del Dniéper, el Mar Negro y Crimea, cerca de dos millones de judíos se volcaron al Imperio Ruso, como encerrados en lo que habrá de convertirse en un inmenso gueto.

11. Proveedores de corte y revolución industrial (1700-1800)

Judíos tolerados en Francia e Italia

En 1737, los dos mil judíos del gueto de Venecia son autorizados a salir de noche y el domingo.[75] En 1757, lo mismo sucede en Florencia. En Liorna, la ciudad es acogedora y libre. Sin embargo, la situación de los que se quedaron en Ancona sigue siendo espantosa. En el Comtat Venaissin, otro Estado del Papa, su situación tampoco tuvo mejoras;[204] un testigo[57] de la época observa:

> Los judíos del Comtat Venaissin viven en condiciones espantosas. Los cristianos de esa región no consideran que un hijo de Israel sea un ser humano semejante a ellos. Los judíos deben residir en un barrio que les es asignado y de donde sólo pueden salir durante un margen horario estrictamente impuesto. Si por desgracia se encuentran en una calle por donde pasa una procesión cristiana (lo que es frecuente), deben huir para escapar de las piedras que les lanzan de todos lados [...]. Siempre deben llevar un sombrero amarillo, y también un fular del mismo color que les cruce el pecho. Ay de los que abandonan su barrio sin esas señales distintivas. Obligatoriamente, inclinándose de manera respetuosa, los judíos deben saludar a todos los cristianos, hasta a los mendigos, que entonces les dicen: "¡Dame una ofrenda!". El judío debe obedecer y dar veinticinco céntimos. ¡Sabe Dios cuántas monedas de veinticinco céntimos está obligado un judío a pagar cada vez que sale de su casa![57]

Para sobrevivir, deben salir del Comtat cada vez con mayor frecuencia.[204] En 1740, mercaderes de Montpellier se quejan de su competencia, a lo que el intendente real responde: "Si los cristianos tuvieran tiendas tan bien surtidas como las de los judíos, la clientela también iría a ellas".[293]

En Guayana, donde las cartas reales los llaman indiferentemente "nuevos cristianos" o "judíos", son tolerados cada vez más abiertamente. En junio de 1723, el Regente renueva sus privilegios, a cambio de 100 mil libras ("Los judíos de estos lugares, conocidos y establecidos en nuestro reino bajo el título de 'portugueses' o 'nuevos cristianos' [...], son súbditos del reino y se benefician con el derecho a adquirir bienes raíces y escoger su barrio de residencia").[67] En Burdeos, la familia Gradis vende a Londres y a Amsterdam vinos, licores, buey salado y harina, comprados en Burdeos y Ruán; funda la Sociedad del Canadá para aprovisionar las posesiones francesas de América; durante la Guerra de los Siete Años, fleta naves a cuenta del rey. Otras familias de Burdeos (los Lopes-Dubec, los Raba, los Furtado) son banqueros, mercaderes de vinos y productos coloniales, aseguradores marítimos, comerciantes y artesanos. Se enumeran 41 mujeres que ejercen una actividad profesional, entre ellas una banquera y una negociante de vinos.[67]

En Alsacia, los judíos son 2.125 familias en 1740; en 1784 se cuentan 3.942, o sea, 19.624 personas. Muchos son comerciantes y prestan a los campesinos. Las cartas patentes del 10 de julio de 1784 los autorizan a trabajar la tierra:

> Permitamos que los judíos de Alsacia sean arrendadores de granjas en las comunidades donde hayan sido admitidos, pero a condición de que permanezcan en dichas granjas y las exploten ellos mismos. También los autorizamos a alquilar, pero para cultivarlos también ellos mismos, vides, tierras, y en general cualquier otra especie de bienes raíces. Por añadidura, les prohibimos emplear domésticos cristianos, ya sea para la explotación de dichas granjas o para el cultivo de dichas vides y tierras.[293]

En Lorena son bastante numerosos a fines del siglo XVII. Uno de ellos, Samuel Levy, es tesorero general de Lorena, antes de que lo detengan en 1721. Todos los judíos son expulsados, pero vuelven en 1726. Estanislao, el rey destronado de Polonia, los recibe a cambio de una fuerte contribución. Cuando Lorena se une a Francia, el reino los tolera.

En París también se tolera una pequeña comunidad de "portugueses" (procedentes de Burdeos y de Pont-Saint-Esprit-lès-Bayonne) y otra constituida por alemanes, mesinos, ingleses, polacos y holandeses. En la calle Saint-André-des-Arts se abre una sinagoga de rito portugués; en la calle Brisemiche, otra, de rito alemán. Los "portugueses" en general comercian chocolate y seda, y viven en el barrio del Odeón. Los "alemanes" son hojalateros, ropavejeros y joyeros; dependen de la policía para su permiso de estadía y viven en habitaciones en Arts et Métiers, en la Sorbona y Saint-Merri.[141] Hasta 1787 están obligados a comerciar fuera de las tiendas y permanecen excluidos de las corporaciones. En general son gente común, aunque entre ellos se encuentran algunos raros industriales, financistas e intelectuales: un traductor de la Biblioteca del rey, Israel Bernard de Valabrega; un médico de la corte de Luis XV, Daniel de Fonseca, de una familia procedente de Estambul; el agente oficial ante el rey de la "nación" judía de Burdeos, Jacob Rodrigues Pereira. En 1772, un banquero alemán, Cerf Berr, obtiene la nacionalidad francesa. El edicto real que lo atañe especifica: "La guerra, así como la hambruna que se hizo sentir en Alsacia durante los años 1770 y 1771, le dieron la oportunidad de demostrar el celo que los anima para nuestro servicio y el del Estado".[327] No son prestamistas, salvo en Alsacia. En 1777, por otra parte, se crea un nuevo montepío, más de un siglo después de que cerrara el de Teofrasto Renaudot, con una tasa del 10%. Se convertirá en la casa de crédito municipal.[68]

El 17 de noviembre de 1787, Luis XVI encarga a Malesherbes, ministro de Estado, que proponga una reforma al reglamento de los judíos de Francia. Ese mismo año autoriza que posean tiendas y sean admitidas en las corporaciones. En 1788, algunos obispos se preocupan por el reconocimiento de los no católicos: "Hasta qué punto la revolución será más veloz aún en las ciudades, en medio de los progresos espantosos de la irreligión y de la inmoralidad".

En vísperas de la Revolución, 40 mil judíos residen abiertamente en Francia: 500 en París, 25 mil en la "nación alsaciana", 7.500 en Lorena, el resto en Guayana y en el Comtat Venaissin.[141]

Las discusiones entre los filósofos del Iluminismo también traducen la evolución de la mirada dirigida en Francia sobre los judíos: cada vez menos teológica, cada vez más económica y política. Pero no es especialmente amable. En 1720, Montesquieu escribe: "¿Me preguntas si hay judíos en Francia? Ten presente que en todas partes donde hay dinero, hay judíos".[292]

En 1723, en su *Diccionario universal del comercio*, Savary cita proverbios que designan a los judíos como peligrosos estafadores: "'Un verdadero judío': mercader que encarece y despoja; 'caer en manos de los judíos': tratar con gente dura, pertinaz y difícil en negocios". Y añade:

Los judíos tienen reputación de ser muy hábiles en el comercio; pero también se sospecha que no lo hacen con toda la probidad y la fidelidad posibles. Como quiera que exista este reproche, es seguro que las mismas naciones que mayores prevenciones tienen contra los judíos no sólo los padecen en su seno: incluso dan muestras de poner todo su empeño en aprender los secretos del negocio y compartir los beneficios con ellos.[356]

En la edición de 1732 del *Diccionario Universal* de Trévoux se lee la siguiente definición: "Se dice 'rico como un judío' para decir que uno es muy rico. También se llama 'judío' a un mercader que engaña o se abusa porque los judíos son grandes usureros, pillos y embusteros".[419]

En 1764, en una de sus cartas, retomada en el *Diccionario Filosófico,* Voltaire escribe:

Los hebreos casi siempre fueron vagabundos, bandoleros, esclavos o sediciosos. Todavía hoy erran por la tierra, y odian a los hombres, y aseguran que el Cielo y la tierra y todos los hombres fueron creados tan sólo para ellos [...]. En ellos no encontraréis más que un pueblo ignorante y salvaje, que desde hace largo tiempo une la avaricia más sórdida a la más detestable superstición, y al odio más irreductible por todos los pueblos que los toleran y enriquecen. [...] Vosotros [los judíos] sois animales calculadores; ¡tratad de ser animales pensantes![432]

Y, en el *Ensayo sobre las costumbres,* concluye: "Se contempla a los judíos de la misma manera que nosotros vemos a los negros: como una especie de hombre inferior".[431]

El viraje de la imagen del pueblo hebreo se hace en 1765 con la *Enciclopedia.* El artículo "Judío", redactado por el caballero de Jaucourt, uno de los mentores de la obra, se sorprende de que "ese pueblo siga subsistiendo tras los horrores que experimentaron los judíos, y yo admiro su firme apego a la ley de Moisés". Cita "su índole de vida sobria y ordenada, su sacrificio en el trabajo"; su incapacidad de "poseer bienes raíces y de tener algún empleo". Por último, le parece injusto tratar a los judíos de "infames usureros" porque los cristianos les dejaron, para "subsistir, únicamente el recurso del comercio". Y finaliza: "Se confiscaron sus bienes cuando acogían el cristianismo; e, inmediatamente después, los hicieron quemar cuando no quisieron recibirlo". Y además, agrega: "Se comportaron mal en España al echarlos, así como en Francia al perseguir a estos sujetos, cuya creencia difería en algunas cuestiones con la del Príncipe". Diderot añade: "Pero ¿qué hombres nos ofrece [la

Historia] comparables en autoridad, dignidad, juicio, piedad, conciencia, con Abraham, Isaac y Jacob? […] ¿Y Moisés? ¡Qué historiador! ¡Qué legislador! ¡Qué filósofo! ¡Qué poeta! ¡Qué hombre!".[114]

Proveedores de cortes en Alemania y en Austria

A comienzos del siglo XVIII, el Imperio constituye el Estado más vasto y poblado de Europa: con los dominios patrimoniales de los Habsburgo, englobaba el reino de Bohemia y sus dependencias, la parte del Reino de Hungría que los otomanos no ocupan, el Milanesado, el Reino de Nápoles y Sicilia. A la muerte de Carlos VI, en 1720, una crisis de sucesión desemboca en una guerra europea. Su hija María Teresa logra imponerse, tras innumerables peripecias.

Los judíos, casi todos expulsados de Viena en 1670, vuelven poco a poco. Una pequeña comunidad sefaradí se instala en 1737 y recrea una red comercial con las comunidades de los Balcanes y de Estambul.

En Alemania, fragmentada y arruinada desde la Guerra de los Treinta Años, gran cantidad de pequeños Estados intentan fundar o consolidar gobiernos absolutistas, teniendo como modelo el de Luis XIV, admirado por todos. Cualquier príncipe alemán desea un ejército permanente y un "pequeño Versalles".[329] Algunos banqueros judíos –ausentes sin embargo de Francia, su modelo– van a ofrecerles los medios para hacerlo. Al no poder invertir en bienes raíces ni en los cargos que dan acceso a la nobleza, se tornan garantes de los derechos de aduana, administradores de las monedas, proveedores de semillas a los ejércitos y de capitales a los Estados. "Proveedores de la Corona", ayudan a transformar las viejas estructuras en regímenes eficaces, a imponer la razón de Estado,[13] a garantizar su propia existencia: no hay Estado sin capacidad de tomar préstamos. Una vez más, esos extranjeros apenas tolerados favorecen el nacimiento y el refuerzo de las nacionalidades.

Aunque lleven pelucas y ropa de moda, tengan derecho a vivir fuera de los barrios reservados a los suyos, sean libres de circular en los territorios de su soberano, estén exentos de gravámenes y autorizados a adquirir bienes raíces, por más que algunos de esos *General priviligierte Jüden* reciban incluso títulos de nobleza, los "proveedores de la corte" no viven en la corte. Por ende, muchos los llaman equivocadamente, con desprecio, "judíos de corte".[372] Salvo raras excepciones, no son portadores de título oficial alguno y están totalmente excluidos de la aristocracia; aunque las dotes que constituyen para sus hijas (736 libras a comienzos de siglo, más de 9 mil al final) son dignas de aristócratas cristianos, la nobleza jamás los admite en su seno.[117]

Algunos destinos de estos "proveedores de cortes":[403]

Behrend Leffman (o Lehman) es el hombre de confianza de Augusto de Sajonia. Es judío practicante y desempeña muchas funciones: político, diplomático, economista, sin separarse jamás de una rigurosa práctica religiosa, que –según cree– lo torna invulnerable.[372] En 1697, su príncipe lo envía a París a buscar el dinero que Luis XIV, como otros monarcas, adelanta para su elección como rey de Polonia. Lo trae en barricas de alcohol y lo utiliza para comprar el voto del duque de Hannover, que es determinante.

Josef Süsskind Oppenheimer, nacido en Heidelberg alrededor de 1698, es proveedor de varias cortes antes de ligar su destino al de Carlos Alejandro de Wurtemberg, gobernador de Serbia, que lo nombra "administrador de su tesoro".[357] En 1733, cuando Carlos Alejandro I accede al trono de Württemberg, lo llama a Stuttgart para convertirlo en administrador de las finanzas del ducado, y luego en su representante en Frankfurt, donde es el único judío autorizado a vivir fuera del gueto, en la Posada del Cisne de Oro. Es nombrado director de la Moneda y luego director de Finanzas –único "proveedor de corte" que se beneficia con un título oficial–, reorganiza la administración de Württemberg, adquiere una inmensa fortuna y llega a ser el hombre más poderoso y aborrecido del ducado. Inquieto, el 2 de febrero de 1737, obtiene de Carlos Alejandro I un decreto que lo amnistía por adelantado por todos sus actos, pasados o futuros, realizados al servicio del Estado. Cuando, algunas semanas más tarde, el 12 de marzo, el duque muere misteriosamente, Süsskind es detenido y llevado a prisión.[372] Su proceso, su condena, su retorno al judaísmo y su ejecución en Stuttgart, en 1738, tendrán profundas resonancias en toda Alemania.[402]

Wolf Wertheimer, hijo de Sansón Wertheimer, es banquero de María Teresa hacia 1740. Financia al Tesoro Público y reorganiza la administración, como había hecho su padre antes de la expulsión de los judíos de Viena.

Behrend Levi, proveedor de la corte de Brandeburgo, es también el *stadlan,* es decir, el representante de los judíos de todas las tierras del Gran Elector al oeste del Elba. De hecho, defiende los intereses del Gran Elector y maneja a los judíos de Clèves con tanta dureza que estos se rebelan contra él.

El más famoso de todos estos proveedores de corte será Mayer Amschel Rothschild.[286] Nace en el gueto de Frankfurt en 1743 y es el primero en utilizar ese nombre, que remite al de una casa ocupada por un antepasado en 1560. En la familia son comerciantes, cambistas, mercaderes de lana y seda.

El padre de Mayer, piadoso comerciante, tiene vínculos de negocios con Josef Süsskind Oppenheimer cuando éste vive en Frankfurt. Mayer estudia primero en la escuela rabínica de Fürth. A los dos años parte para Hannover, a casa de Wolf Jakob Oppenheim, otro proveedor de corte y amigo de su padre. Se especializa en monedas y medallas. Obligado, en 1764, a volver al gueto de Frankfurt, logra vender algunas medallas a Guillermo, príncipe de Hesse-Cassel. En 1769 obtiene el título de proveedor de esta corte. En 1770 se casa con la hija de otro proveedor de la corte de Sajonia (él tiene 28 años, lo que en esa época es bastante edad para casarse). Se convierte en experto y célebre mercader de monedas antiguas. Redacta catálogos que envía a sus clientes numismáticos. Si uno de ellos busca alguna moneda en especial, él se la encuentra. En 1780, el príncipe Guillermo y el duque de Weimar –mecenas de Goethe– son sus clientes regulares. En 1787, convertido en uno de los más ricos habitantes del gueto, necesita agrandar su casa: su esposa le dio un niño por año entre 1771 y 1792, lo que no es excepcional entonces en el judaísmo de Europa Central. De esos diecinueve niños, diez sobreviven, cinco varones y cinco niñas. Luego del nacimiento del último, Jacob, en 1792, Mayer Amschel comienza a dar crédito a sus clientes. Los impuestos que abona muestran que en 1794 su ingreso se aproxima al de la familia de Goethe, que vive en la ciudad. Como todos los judíos durante dos milenios, entrega el décimo de sus ingresos a las obras sociales de la comunidad. En 1794 propone al príncipe de Hesse que le entregue no ya monedas sino dinero metálico "al mejor precio posible".[286] Se ha convertido en banquero.

Los proveedores de corte son formidablemente útiles para el desarrollo de los países, a los que aportan los medios financieros para instalar un Estado moderno, y gozan de una influencia indiscutible, sin por ello constituir verdaderas redes políticas.[14] No manifiestan un poder real colectivo sino en 1744, cuando la emperadora María Teresa decide expulsar a los judíos de Bohemia bajo la acusación de espionaje en provecho de los prusianos.[357] Wolf Wertheimer alerta entonces a los proveedores de cortes y responsables de comunidades en Roma, Burdeos, Bayona, Frankfurt, Amsterdam, Londres y Venecia. La comunidad de Roma interviene ante el papa; las de Burdeos y Bayona organizan colectas en favor de los expulsados. A pedido de judíos de su entorno, el rey de Inglaterra y los Estados Generales de los Países Bajos intervienen ante María Teresa, quien termina por anular el decreto de expulsión a cambio del pago de 240 mil florines por Wolf Wertheimer y sus amigos. Es la última tentativa de expulsión de judíos de un país hasta 1939. Y en ese momento, ya no será una expulsión…

Esta emancipación de los proveedores de cortes, sin embargo, no conlleva la de los otros judíos de Alemania y de Austria, que en su mayoría viven en una enorme miseria. Un escritor prusiano de la época, Christian Wilhelm Dohm, cristiano, sostén de los judíos, se queja "de la práctica en vigor desde Federico Guillermo I, que concede a los judíos ricos todo tipo de favores y ayudas, a menudo a expensas de otros judíos".[391]

En 1740, Federico II obtiene el poder en Prusia al término de una larga guerra con Austria. En 1750 hace todo lo posible para restringir la cantidad de judíos en su reino: un padre ya no puede transferir sus derechos de residencia más que a uno de sus hijos; sus oficios son muy limitados: no tienen derecho a vender oro, ganado, lana, alcohol, cuero o tabaco. Sólo pueden dedicarse al comercio de productos importados (pedrería, ropa, caballos, pieles, miel, té, café y chocolate) y ejercer actividades particulares (vendedor ambulante, ropavejero, prestamista, impresor, artesano). Sin embargo, tanto en Prusia como en Austria, los que son autorizados a quedarse progresan socialmente: en dos generaciones, los ropavejeros se vuelven negociantes; los artesanos, industriales; los prestamistas, banqueros; los vendedores ambulantes, propietarios de cadenas de tiendas; los impresores, editores. A través de sus innovaciones, participan en el desarrollo económico y social del conjunto del país.

Pero no por eso cambian de trayectoria: los que son banqueros se niegan a entrar en la industria. No por desprecio; pero zapatero a tus zapatos: "Cuando la fábrica de espejos de Neuhaus, en Baja Austria, que era subvencionada por la administración, resultó improductiva, el judío Wertheimer dio al emperador el dinero necesario para comprarla. Cuando le pidieron que asumiera la dirección de la fábrica se negó, diciendo que su tiempo estaba totalmente tomado por otras transacciones financieras".[323] Estarán resentidos con los judíos por no dirigir ellos mismos las empresas que financian, creándoles la reputación de no comprender nada de la revolución industrial. En realidad, saben que las finanzas no son lo que mejor prepara para la dirección de empresa, y que la industria exige habilidades específicas.

Destino: Moses Mendelssohn, nacido en Dessau (Alemania) en 1729, hijo de un profesor de Torá, aprende hebreo, francés, latín, griego, inglés e italiano en Berlín. Se hace amigo de Kant, publica obras filosóficas, entra como preceptor en casa de un rico fabricante judío de sederías, Isaac Bernhard. En 1763 recibe un premio de la Academia de Ciencias de Prusia por un ensayo "sobre la metafísica como ciencia". Entra en la firma de Isaac Bernhard y se vuelve su asociado. En 1779 es el modelo de *Natan el sabio,* la obra de Gotthold Ephraim Lessing, dramaturgo y partidario del Iluminismo en Prusia. Se orienta hacia un deísmo que considera demostrable por la ciencia. En 1785, en su libro *Jerusalén, o el poder religioso y el judaísmo,* hace la apología de la integración de los judíos en el mundo laico, la coexistencia de las religiones, al tiempo que reivindica para el judaísmo la índole única de una religión revelada. Es el primero que exhorta a los judíos a rechazar la vida de gueto, a vivir en el mundo. Se convierte en el símbolo del momento judío del Iluminismo, la *Hascalá* ("la razón"). Traduce la Biblia al alemán, al tiempo que la escribe en el alfabeto hebraico, para recalcar la necesidad de un pasaje entre ambos mundos. Es el primero que llama a los judíos del Este hacia la modernidad, el rechazo al Talmud como núcleo de la educación, y a iniciarse en el descubrimiento de las ciencias profanas. Gracias a él, en 1778 comienzan a aparecer en Berlín escuelas judías laicas para varones y niñas. También recomienda vivir en la lengua del país de residencia y rechazar el ídish, trabajar en la industria, dejar de esperar al Mesías, intentar mejorar el mundo de los vivos. Exhorta así al judaísmo de Europa Central a salir de un gueto más o menos voluntario.

En consecuencia, la emancipación política de los judíos comienza tímidamente con el progreso económico, generación tras generación. Las autoridades hacen cuanto pueden por aminorar esas evoluciones; aunque los príncipes ya no pueden despojarlos como antaño, aún pueden mantenerlos a distancia. En Frankfurt, en 1784, se niega a la comunidad el derecho a salir del gueto el domingo. Si bien algunas casas son bellas y sus interiores están bien conservados, no cuentan con ningún servicio propio de la vía pública. En 1788, un profesor de matemáticas que había sido autorizado primero a vivir fuera del gueto debe volver luego de un motín. En 1795, a un médico judío, con muchos clientes cristianos, también se le prohíbe residir en la ciudad, tras las protestas de los médicos cristianos que padecen su competencia. Goethe visita entonces el gueto donde sigue residiendo Mayer Amschel Rothschild, y se sorprende de las lamentables condiciones de vida de sus habitantes, que, "después de todo, son seres humanos".

En 1765 en Austria, José II, el nuevo emperador, intenta cambiar el abandono de las servidumbres por el de los particularismos. En 1781 deroga las tasas especiales sobre los judíos, les otorga derechos civiles, los autoriza a practicar oficios manuales y la agricultura, y los admite en las universidades. Como contraparte, pretende obligarlos a vestirse como los cristianos, pasar algunos años en el ejército y hablar alemán. En 1789 escribe: "Desde el comienzo de nuestro reino, uno de nuestros principales objetivos fue que todos los ciudadanos de nuestros Estados, una vez tolerados sin tener en cuenta su nacionalidad, tomen parte en el bienestar público".[117] En 1792, ante la reti-

cencia de las comunidades judías para integrarse con tanta rapidez, su efímero sucesor, Leopoldo II, transforma el servicio militar en impuesto y revoca
el decreto que obliga a hablar alemán.[117] Comienzan a darse cuenta de que
los judíos aportan más riquezas a los otros que a ellos mismos.

En 1797, finalmente Leopoldo autoriza a los mercaderes judíos del imperio a residir fuera de los guetos.[117] Ese año, en Berlín, un actor abre una representación de *El mercader de Venecia* con un discurso de disculpas hacia los
judíos eventualmente presentes en el público.

Decadencia en los Países Bajos

En 1702, al morir Guillermo III –el estatúder convertido en rey de Inglaterra en 1689–, los Estados Generales de Holanda se niegan a darle un sucesor: los burgueses de los Países Bajos recuperan su autonomía respecto de los
príncipes.

Unos 20 mil judíos viven en Amsterdam: mitad sefaradíes, mitad askenazís. En 1743, un documento muy interesante[58] hace un inventario minu-
cioso de los oficios que ejercen: en lo esencial, trabajan en las finanzas y el
corretaje, raramente en el comercio, y menos aún en el artesanado. Éste es el
detalle: 150 familias están en las finanzas (110 viven de la banca, 40 son cambistas); 135, en el corretaje (130 corredores de títulos, 1 agente marítimo, 4
agentes de tabaco); 29, en el comercio mayorista (10 de tabaco, 6 de ropa, 3
de algodón, 2 de productos textiles, 3 de tapices y mantas, 2 de encajes, 1 de
porcelana, 2 de quesos); 40, en el comercio minorista (6 de ropa, 16 de algodón, 10 de té, 6 de tabaco, 1 de bambú, 1 de hilo de algodón); 30, en joyas
(23 joyeros y 7 pulidores de diamantes); 18, en el comercio del alcohol (2
propietarios de despachos de bebidas, 10 cerveceros, 6 propietarios de bode-
gas de vino); 58 ejercen oficios intelectuales (14 impresores, 9 libreros, 2 abogados, 12 médicos, 5 cirujanos, 5 farmacéuticos, 3 docentes, 6 cantores, 1
carnicero *casher*, 1 instructor); 9 son obreros (1 destilador, 1 lavador de lana,
2 peluqueros, 5 porteros). La mayoría de las familias son muy modestas.

Pero algunos son muy ricos: cuando el agente Abraham de Fonseca muere en 1712, deja una fortuna considerable en diamantes, perlas, piedras preciosas, corales, oro y plata.[34] Además, 14 familias poseen su propio carruaje
y 20 tienen propiedades en el campo. Éstas están integradas en la vida pública: Jacob Chizyka Machado, hijo del proveedor del ejército Moses Machado,
llega a ser uno de los principales directores de la Compañía de Utrecht y se

ocupa de crear un banco de cambio, organizar una lotería y cavar un canal de Utrecht a Zuiderzee "para que esta ciudad se vuelva tan poderosa como Amsterdam".[58] En 1748, un De Pinto y un Emmanuel Suasso figuran entre los principales dirigentes de la Compañía de las Indias Orientales.[69] Un año más tarde, otro De Pinto es nombrado director de la Compañía de las Indias Occidentales. En la Bolsa de Amsterdam, ahora los judíos tienen sus lugares reservados, sus cafés; incluso, el comercio de títulos se convierte en una especialidad judía. Un documento[409] de abril de 1739, que define las reglas del comercio de opciones, es firmado por treinta especialistas, de los cuales veintidós son judíos (Israel Ricardo, David Spinoza, Isaac Abravanel, Rodrigues Silva, Salomón de Meza, Cardoso, Mendes, Belmonte, etcétera).[58]

A mediados de siglo, los judíos askenazís siguen siendo mucho más pobres que los sefaradíes. En 1743, una sola familia "alemana" dispone de un ingreso superior a 8 mil guílders. Y las 400 familias judías portuguesas más ricas de Amsterdam tienen a su cargo 800 familias pobres procedentes de Alemania y de Polonia. En 1747, uno de los jóvenes responsables de la comunidad sefaradí, Isaac de Pinto, escribe: "La cantidad de contribuyentes de la comunidad bajó de 629 a 610 en veinticinco años; y el número de familias necesitadas pasó de 450 a 750".[58] En 1748, 1769 y 1785, la comunidad reclama al Estado una desgravación del carbón y el pan de los más pobres, sobre todo askenazís.

Pero los sefaradíes también declinan. El comercio del azúcar y sus refinerías, el negocio de piedras preciosas y los talleres de pulido de diamantes decaen; únicamente los que lograron reconvertirse en el comercio de títulos mantienen su rango y participan en la modernización de la sociedad holandesa.[69] Pero olvidaron las lecciones de prudencia enunciadas por Yehiel Nissim en Pisa dos siglos antes, y por Josef de la Vega en Amsterdam un siglo antes: nada de especulación sin creación de riquezas económicas efectivas. Los mercaderes "portugueses" reciben el golpe de gracia el 25 de julio de 1763: después de la Guerra de los Siete Años, uno de los más grandes bancos cristianos quiebra, como resultado de una mala especulación bursátil, y arrastra consigo la banca judía Joseph Arendt & Co., y luego otras.[58] En octubre, nueve banqueros "portugueses" de Amsterdam dirigen una demanda al tribunal de la ciudad solicitando indulgencia en la aplicación de la ley sobre las letras de cambio. Negativa: todos se enfrentan a la bancarrota. Joseph Arendt escapa.

El año siguiente, 41 banqueros (36 judíos) establecen nuevas reglas bursátiles para evitar tales excesos. Pero la lección no sirvió: las especulaciones se reinician en 1773, y una segunda crisis, esta vez originada en Londres, arrastra a la quiebra a la Compañía Inglesa de las Indias Orientales, en la que invirtieron mucho algunos sefaradíes holandeses.[69] Protegiendo ante todo a sus propios banqueros, el Banco de Inglaterra se niega a descontar las letras de cambio tomadas en la plaza de Amsterdam: ello arruina a todo el mundo. Ahora la comunidad judía de Amsterdam declina, junto con la ciudad, sobre todo los sefaradíes.

Ese año, para recuperar los negocios perdidos, el mismo Isaac de Pinto, responsable de la comunidad holandesa, propone abolir el Shabat y los días feriados. Agrega en un texto magnífico:

> Nuestra nación [judía portuguesa] se empobrece año tras año; nuestras casas comerciales se han visto dañadas, varias están en quiebra; otras muestran un lujo y una extravagancia extremas. La clase media es muy prudente. El comercio de acciones en que nuestros hombres más importantes están totalmente inmersos es un desastre. En suma, la nación judía portuguesa conoció su verano y se acerca a su invierno, mientras que los alemanes más pobres se precipitan aquí, despreciados por nosotros, pero en realidad más laboriosos que nosotros, por haber pasado su invierno y visto ante sí un porvenir próspero. Nosotros caemos. Ellos suben.[117]

"Suben" pero no permanecen, porque los askenazís ven que su porvenir se dibuja en otra parte: en Inglaterra, hacia donde parten en masa. En 1783, el Tratado de Versalles retira a Holanda el comercio en el Océano Índico; la Compañía Holandesa de las Indias Orientales ya no reparte dividendos y muchos accionistas vuelven a la indigencia. Muchos judíos de Amsterdam (todavía son 20 mil, o sea, el 10% de la población) parten entonces a Inglaterra, donde van a desarrollar el comercio de valores. La predicción de Menasseh ben Israel se cumple ciento treinta años más tarde.

Revolución financiera en Gran Bretaña

En la práctica, desde comienzos del siglo XVIII, el judaísmo inglés está totalmente volcado hacia el establecimiento de las finanzas públicas. Como en cada ascenso del poderío de una nación, no hay prosperidad privada que no esté precedida por la instauración de un Estado fuerte. Y no hay Estado fuerte sin finanzas sanas ni, por tanto, financistas de confianza para prestar a largo plazo. Una vez más, como tan a menudo en la historia, ése será el papel de los judíos: construir el basamento financiero de la nueva potencia. La creación del cargo de Lord Treasurer y la instalación del Board of Treasury permiten organizar las finanzas públicas y liberar el Estado de los intermediarios feudales que viven a costa suya como parásitos, esa cáfila de "oficiales" que compraron sus cargos y son incapaces de financiar al Estado. Se inicia una suerte de nacionalización de las finanzas públicas liderada por judíos, que traen del exterior los recursos necesarios y que ayudan a organizarlos.

En 1700, una primera sinagoga sefaradí es edificada en Londres, seguida por una imprenta de libros en hebreo. Estos dos pilares de cualquier comunidad soberana son instalados cincuenta años después que en los Países Bajos y un siglo antes de que se las encuentre en Francia.

El mismo año, un banquero judío holandés, Salomón de Medina, es hecho caballero en Londres por Guillermo III. Medina amasó fortuna pagando al mariscal de Marlborough, durante todas sus campañas, un canon anual de 6 mil libras esterlinas para ser el primero en saber de él el resultado de las batallas de Ramillies, Oudenarde y Malplaquet (Blenheim para los ingleses), informaciones con las que inmediatamente obtiene beneficios en la Bolsa. Todo es producto de las redes de comunicación intelectual y mercantil.

Y esas redes se reorganizan. Otros mercaderes llegan de Amsterdam con mercancías procedentes del continente, que intercambian todavía por productos textiles de Manchester. *The Spectator* del 27 de septiembre de 1712 descubre esa red que, de hecho, no dejó de funcionar durante más de mil años: "Los judíos están tan diseminados por los puertos comerciales del mundo que se convirtieron en los instrumentos mediante los cuales las naciones más alejadas dialogan entre sí y se mantiene la relación entre los hombres. Son como los bulones y los clavos de un gran edificio, absolutamente indispensables para que el conjunto no se disperse, aunque poco considerados".

Y en efecto, en Inglaterra, a pesar de su papel esencial en el despertar económico del país, los judíos todavía son "poco considerados".

En 1753, un proyecto de *Jewish Naturalization Bill*, que atribuye a los judíos nacidos en el extranjero los mismos derechos que a los judíos ingleses, es rechazado. Lo que en modo alguno impide que muchos judíos de Alemania y Polonia afluyan a Inglaterra. Muchos son corredores de mercancías (trigo, colorantes, especias, cáñamo, seda) y divisas; otros, orfebres o banqueros. Algunos se especializan en el lanzamiento de empréstitos estatales, poniendo enormes sumas a disposición de la Corona. Entre ellos, un comerciante procedente de Alemania, Isaac Ricardo. La estabilidad financiera y política del país, en la que participan, da confianza a los prestamistas. Isaac de Pinto escribe en 1771 desde Amsterdam, como con envidia: "La exactitud escrupulosa e inviolable con que fueron pagados esos intereses y la idea que se tiene del seguro parlamentario establecieron el crédito de Inglaterra al punto de hacer empréstitos que sorprendieron y asombraron a Europa". Añade que en Inglaterra "nadie guarda sus ahorros ya en cajas fuertes", y que "hasta el avaro descubrió que hacer circular su bien, comprar fondos estatales, acciones de las grandes compañías o del Banco de Inglaterra vale más que inmovilizarlo".[117]

La confianza es tal que en abril de 1782, en una situación financiera difícil, cuando el gobierno inglés trata de tomar un préstamo de tres millones de libras esterlinas, ¡le ofrecen cinco! "Bastó con una palabra de las cuatro o cinco grandes firmas de la plaza de Londres".[69]

Inglaterra se convierte en el núcleo de la economía mundial. Algunos judíos desempeñan allí un papel muy importante: banqueros, agentes, financistas de la deuda pública, actores (entre otros) de la revolución financiera previa necesaria a la revolución industrial. Una vez más, ofrecen algo nuevo –aquí, dinero– al país que los recibe. Y nada de ser bien recibidos si no se demuestra en qué pueden ayudar a sus anfitriones. Los emigrantes afluyen: la cantidad de judíos ingleses pasa de 600 en 1700 a 20 mil a fines de siglo. David Ricardo, un hijo de Isaac, nacido en Inglaterra en 1772, hace fortuna en la Bolsa a los 20 años, y luego se dedica a la teoría económica,[339] para revolucionarla.

En la India todavía holandesa, uno de los dirigentes de la Compañía Holandesa de las Indias Orientales, David Ezequiel Rahebi, se instala en Cochin. En 1760 reconoce como judíos a los Beni Israel instalados allí desde Tito. Sus descendientes seguirán desempeñándose todavía durante ciento veinticinco años como importadores de libros. Un comerciante de Alepo, Shalom Cohen, llegado a Calcuta en 1798, hace fortuna en el comercio de la seda y el índigo de Alepo a Benarés, hasta ser nombrado, en 1816, joyero del nabab de Lucknow. En Madrás, Calcuta, Bombay y Hong Kong, los Solomon, los Castro y los Sassoon participan en los primeros pasos de la colonización inglesa dedicándose al comercio de diamantes, piedras preciosas, algodón, yute y tabaco.

La esperanza norteamericana

En 1728 se abre la primera sinagoga de América del Norte, en Filadelfia. Otra ve la luz en Manhattan dos años más tarde.[106] En 1740, el Parlamento británico "autoriza" a los judíos a establecerse en las colonias inglesas... ¡donde ya se encuentran desde hace más de un siglo! Muchos emigrantes se instalan en

Charleston, Savannah, Newport, donde una fuerte comunidad de comerciantes se ocupa del comercio de los esclavos y del ron.[55] En 1750 se cuentan 2.500 judíos en toda América del Norte. En 1768 se construye la primera sinagoga de Canadá, la de Shearith Issael, en Montreal. Hacia 1770, Aarón López (el primer judío naturalizado, en 1762, ciudadano de Massachusetts), en Newport, e Isaac da Costa, en Charleston, participan con otros en el comercio de esclavos.[106]

Al emplearse distintas divisas con tasas de cambio que varían incesantemente, y al pagarse tanto en dinero como en semillas o pieles, algunos judíos se vuelven agentes. Cobran cheques, transfieren dinero al extranjero, compran y venden obligaciones estatales y mercancías. Tal como en Inglaterra en la misma época, algunos garantizan la instalación de una tesorería pública, instrumento esencial de la soberanía: no hay Estado sin presupuesto, es decir, sin impuestos ni capacidad de tomar préstamos.

Por lo demás, precisamente por el impuesto comienza en 1773 la Guerra de la Independencia: un grupo de colonos, para protestar contra los derechos de aduana sobre el té, arroja al mar el cargamento de un barco inglés anclado en el puerto de Boston. El 19 de abril de 1775, la batalla de Lexington señala la iniciación de las hostilidades. La Declaración de la Independencia, el 4 de julio de 1776, hace de los Estados Unidos de América el primer país del mundo que concede a los judíos una total igualdad política.[106]

John Locke, que redactó en 1670 la Constitución de las dos Carolinas, incluyó un artículo que protege a "los judíos, paganos y otros disidentes". La Constitución de Pensilvania, compuesta en 1681 por William Penn, que servirá de modelo a la de los Estados Unidos, en su artículo 9 estipula: "Todos los hombres recibieron de la Naturaleza el derecho imprescriptible de adorar al Todopoderoso según las inspiraciones de su conciencia". Por lo que respecta a la de Virginia, redactada en 1776, afirma: "El hombre puede beneficiarse del libre ejercicio de la religión según su conciencia".

El presidente Woodrow Wilson escribirá más tarde que la Biblia representó un modelo para los autores de la Constitución de los Estados Unidos:

> Los colonos recordaron esos pasajes de la Biblia que critican la autoridad real y quitan a la Corona el manto de su divinidad, haciendo de la sociedad hebraica un modelo de gobierno para nuestros pioneros. En el espíritu de nuestra Constitución encontramos el núcleo de la organización judía: la más alta autoridad pertenece a los principios ("la rebelión a los tiranos es obediencia a Dios"); también aquélla es un antecedente divino de democracia pura.

La Guerra de la Independencia culmina el 19 de abril de 1783 con el Tratado de París. Produjo 26 mil muertes: vale decir, en proporción, mucho más de lo que costará a los norteamericanos ninguna guerra posterior.

En 1787, cada uno de los nuevos Estados envía delegados a la Convención de Filadelfia, encargada de redactar la Constitución de la Unión que luego ratifican los Estados. El espíritu de la Biblia sigue presente: el primer proyecto de sello de la unión representa a los judíos cruzando el Mar Rojo, perseguidos por Faraón. Jefferson, Franklin y Adams lo rechazan y prefieren el águila.[106] Luego colocan en la Campana de la Libertad una inscripción tomada del Levítico: "*And proclaim freedom throughout the land unto all the inhabitants thereof* (25, 10)."

En abril de 1789, George Washington –cuyas reticencias para con los judíos son manifiestas en su memorial del 18 de agosto de 1790 a la comunidad de Newport– se convierte en el primer presidente de los Estados Unidos. En 1792, veinticuatro negociantes neoyorquinos crean una bolsa de cambio en el número 68 de Wall Street en Nueva York. En 1795, una ley impone vivir cinco años en el suelo de los Estados Unidos para obtener la nacionalidad norteamericana. Sobre 3,9 millones de habitantes, 3 mil judíos la adquieren: campesinos, corredores, banqueros, como Mordecai Sheftall, Francis Salvador o Isaac Moses, que en 1781 crean el Bank of North America con Alexander Hamilton.[106] Y dos destinos de las finanzas: David Francks y Haym Salomon.

Nacido en Filadelfia en una familia de banqueros alemanes, David Salisbury Francks[55] parte a Canadá para unirse a los insurgentes cuando invaden ese país en 1775. Financia el ejército con su propio dinero. Tras el fracaso padecido en Canadá, en julio de 1776, vuelve a Filadelfia y, como habla francés, se convierte en oficial de contacto con las fuerzas del almirante d'Estaing, comandante de las fuerzas navales francesas. Luego es nombrado ayudante de campo del gobernador militar de Filadelfia, que toma el control de la guarnición de West Point. No sigue a su lado cuando éste traiciona e intenta devolver West Point a los ingleses. Convertido en diplomático, Francks se une en París a Benjamín Franklin, embajador de los insurgentes, y le lleva la copia del tratado que reconoce la independencia norteamericana. Se hace cónsul en Marsella y negocia en 1786 un tratado con Marruecos. En 1789, el Congreso le concede 400 acres de tierra en reconocimiento por los servicios prestados.

En 1775, Haym Salomon[55] abandona Polonia. Tiene 30 años cuando desembarca en Nueva York y sirve en las tropas alemanas de Hesse que acudieron en ayuda de su príncipe convertido en rey de Inglaterra. En 1776, los ingleses sospechan que es espía de los insurgentes y lo ponen entre rejas. Logra evadirse e incita a los soldados de su regimiento a desertar. Vuelve a su oficio de agente y se casa con Rachel Francks, hija de David Francks. Nuevamente detenido por espionaje, sirve de intérprete a los alemanes al servicio de los ingleses; luego vuelve a escapar, llega a Filadelfia y se vuelve proveedor de las tropas francesas, cuya lengua también habla. Mientras tanto, otra historia de finanzas públicas se desarrolla: el gobierno continental emite moneda en exceso por no poder recaudar impuestos. En mayo de 1776, el ejército está al borde de la bancarrota. El siguiente invierno, algunos soldados mueren de hambre. El superintendente de Finanzas del gobierno provisional, Robert Morris, nombra a Haym Salomon "agente del ministro de Finanzas".[55] De 1781 a julio de 1782 coloca 200 dólares de obligaciones estatales, monto considerable; es el primer financista del Tesoro de los Estados Unidos. Cuando, a fines de agosto de 1782, la guerra toma mal cariz: ya nadie quiere comprar esos títulos, Salomon los toma, con la expectativa de colocarlos al año siguiente.[106] También presta dinero a dirigentes de la joven república norteamericana, como James Madison, secretario de Estado y luego cuarto presidente de los Estados Unidos (que lo reconoce en sus Memorias), sin pedir jamás que le paguen. Muere olvidado, tras haber representado un papel decisivo en la victoria de los ejércitos continentales al garantizar su financiamiento.

En 1801, el tercer presidente de los Estados Unidos, Thomas Jefferson, pide a exploradores enviados por el Estado hacia las grandes llanuras del Oeste que vuelvan con la respuesta a la siguiente pregunta: "Dado que no se excluye que las tribus perdidas de Israel se encuentren en algún sitio de las Llanuras, ¿qué vínculos existen entre las ceremonias de los indios y las de los judíos?".[106]

4
Números
(1789/1945)

El mundo occidental se liberó del dominio feudal y religioso. La democracia y el mercado atropellan a monarquías e imperios. Podría pensarse entonces que la asimilación plasmará lo que las persecuciones no lograron: la desaparición del pueblo judío en la trivialidad del número, en las batallas entre clases y naciones nuevas. Nada de eso ocurre. Aquél sobrevivirá con una actuación aún más singular en las perturbaciones del mundo y su economía.

La sociedad occidental comienza por poner en marcha la revolución industrial. El pueblo judío, que ya no está confinado en un lugar o un oficio, va a explorar los territorios y los nuevos oficios que éstas ofrecen.

También en ese caso, el Pentateuco ilustra la Historia. Su cuarto libro —Números, o "En el desierto"—[90] funciona como una metáfora del siglo y medio que va de la Revolución Francesa a la Shoá. Narra la estadía del pueblo hebreo en el Sinaí, durante treinta y ocho años y medio, desde el segundo año de la travesía hasta la muerte de Moisés cerca de Canaán. Comienza por un censo (cuántas familias deben ser alimentadas por el maná, cuántos hombres deben pagar el impuesto y cuántos deben llevar las armas) y culmina con otra cuenta (cuántos entrarán en la Tierra Prometida). Tanto a la entrada como a la salida, contar no es beneficioso: en el mejor de los casos, se cuentan contribuyentes; en el peor, se cuentan los soldados de una guerra venidera; ni uno solo de los que entran en la trampa del desierto sale vivo.

De igual modo, el período que abarca este capítulo narra un viaje, esencialmente a través de Europa, con la esperanza de las Tierras Prometidas. La mayoría sucumbirá.

Además, todo gira alrededor de números. Durante el milenio anterior, la cantidad total de judíos se estancó mientras la población del mundo se cuadruplicaba.[86] Hacia 1800, la situación se mantiene: apenas algo más de 4 millones de judíos, esto es, menos que en el momento de la destrucción del Templo.[35] Más de 3 millones viven en Europa, principalmente en Rusia y en el Imperio Austríaco. Cerca de un millón reside en otras partes, sobre todo en tierras del islam.

Comienza entonces un crecimiento extraordinario: en 1880 son 8 millones, de los cuales 7 se hallan en Europa y Rusia; luego, en 1914, 14 millones, y 16 millones en 1939: cerca de la mitad son indigentes hacinados en Europa Oriental. Parecen hallarse detenidos, antes de desaparecer.

Tal como en el Libro, narrar trae desdichas.

Ante quienes les reprochan ser diferentes, los judíos no tienen más que una respuesta: hacer todo lo posible por dejar de serlo, sin por ello alejarse de su cultura. Ya no se puede vivir en un circuito cerrado sin empobrecerse; participar en el crecimiento de conjunto exige asimilarse. Sin olvidar que nada es bueno para un judío si no lo es también para quienes lo rodean. Como en el desierto, algunos adoran el Becerro de Oro; otros se proveen de nuevas leyes, inventan oficios inéditos, crean nuevas riquezas. Muchos se hunden en el número y pierden su identidad. Otros, en cambio, la encuentran en el individualismo, la integración, la competencia, el rechazo por las reglas colectivas, el espíritu de empresa, sin que desaparezca la exigencia de solidaridad.

La época de los Números también es la época de las aventuras personales, de las elecciones solitarias. Es un período de grandes destinos individuales, de dinastías intelectuales, industriales y financieras; como en el pasado, con la obsesión judía: la valorización de los Nombres. Pero también es la época de las masas anónimas: obreros sacrificados y rebeldes, patéticos constructores de la Modernidad.

Algunos podrían mostrar cierta reticencia: aquí se nombran esos éxitos; perdura en las memorias: no hace mucho designar a alguien como judío equivalía a condenarlo a muerte. No importa: nombrar, dice la Biblia, también es condición de la eternidad.

1. Los comunicadores de la revolución industrial

Otro mito por derribar: por completo dedicado a prestar a los príncipes y defenderse de las persecuciones, el pueblo judío habría sido ciego a la revolución industrial. Nada más falso. Como vimos, hubo una importante presencia judía ya en los inicios de la industria holandesa, británica, alemana, polaca y austríaca, durante los siglos XVI, XVII y XVIII. Mucho más durante el XIX: los judíos estarán en la avanzada de las prodigiosas mutaciones tecnológicas, industriales y financieras que harán posibles la producción en masa.

Aquí, democracia y mercado resultarán inseparables. La entrada en una va a acelerar la entrada en el otro.

Como los demás, cada cual en su casa y Dios en la de todos

Uno tras otro, los sistemas posfeudales y los imperios despóticos se desploman. Las castas y las corporaciones se disuelven. La influencia de las Iglesias disminuye. Las comunidades pierden su justificación defensiva. Para muchos, el sentido mismo del judaísmo –estructura de supervivencia, marco protector y referente consolador– tiende a borrarse. Todos desean afirmarse como ciudadanos libres, independientes, laicos; vivir y trabajar en medio de los otros, en la nueva economía de masas, ya no en el artesanado recluido de los guetos. Todos quieren ser admitidos, como ya lo son los proveedores de cortes, en algunos escasos países de Europa Central.

La emancipación comienza precisamente allí donde están cerca del poder: en el Imperio, en Prusia y en los principados alemanes. En 1781 y en 1789, el emperador José II exceptúa a todos los judíos austríacos de llevar la insignia distintiva y del pago de impuestos específicos: los autoriza a ser artesanos, campesinos, profesores, oficiales. Varios príncipes alemanes hacen lo mismo; el principal de ellos, el de Prusia, sigue siendo intolerante.

En Francia, cuando truena la revuelta, los judíos todavía no son más que 25 mil en Alsacia, 7.500 en Metz, 500 en París, algunos miles en Burdeos y Aviñón, unos pocos en Tolosa y otras ciudades del sur. Ninguno en la corte, cuando menos conocido como tal. Los tres cuartos viven en el campo en condiciones a menudo muy humillantes. La Iglesia se preocupa por el reconocimiento de los no católicos.

Únicamente los judíos de Burdeos, Bayona y Metz son invitados a redactar sus libros de quejas.* Los "portugueses" –generalmente de mejor pasar que los "loreneses"– son prudentes, ya que temen la amalgama con los pequeños prestamistas de Alsacia, muy mal vistos por sus deudores. Sólo reclaman el derecho a organizarse en comunidad y a ejercer los oficios todavía prohibidos por las corporaciones.[164] En otras zonas de Francia donde los pocos judíos todavía no están autorizados a residir abiertamente, se los menciona pocas veces en los libros de quejas a no ser para denunciar, en Alsacia, "el abominable

---

* El *Cahier de doléance* de los Estados Generales de 1789, donde se consignaban las observaciones dirigidas al rey. [N. del T.]

comportamiento de los judíos, que llevan a los pobres cristianos a endeudarse más allá de sus medios".[164]

Fuera de los Estados Generales, el representante de los "portugueses", el armador bordelés Gradis –cuya familia vive en esa región desde hace tres siglos–, es bien recibido por el Tercer Estado: es burgués, no es noble ni sacerdote. El 24 de diciembre de 1789 logra que la Asamblea reconozca a los pocos miles de judíos del sudoeste plenos derechos civiles, reconocidos también en la misma ocasión a los cerca de 100 mil protestantes del país. Pero bajo ningún concepto se concederá derechos específicos, como religión ni como pueblo: tribunales, reglas alimentarias, festividades; tampoco a organizarse política o económicamente.[27] En la tribuna de la Asamblea constitutiva, Clermont-Tonnerre pronuncia esta frase definitiva: "Hay que negar todo a los judíos como nación y concederles todo como individuos; que no constituyan en el Estado un cuerpo político ni una orden".[164] Todo está dicho. Tanto para ellos como para los demás, llegó la hora: cada cual en su casa y Dios en la de todos.

Sin embargo, no obtienen el mismo estatus que los miembros de las otras religiones. El 12 de julio de 1790 no se habla de aplicar a los rabinos la constitución civil del clero votada por la Asamblea Constituyente. Sus emolumentos siguen a cargo de las comunidades, al igual que sus escuelas, la asistencia a sus pobres y sus tribunales.

Tras una fuerte campaña llevada a cabo por algunos "portugueses", apoyada por aliados inesperados –como el abad Grégoire,[179] que en este caso se inspira en Blaise Pascal–, el 27 de septiembre de 1791, el resto de los judíos del reino obtiene los mismos derechos que ellos. Pero la Asamblea Legislativa no redacta decreto alguno para reglamentarlos; luego, la Convención, que quiere instaurar el culto del Ser Supremo, cierra las sinagogas, así como las iglesias, y prohíbe el uso del hebreo.[27] Todo se vuelve más fácil con el Directorio, a partir de 1795. Muchos judíos del resto de Europa y de Constantinopla llegan en ese momento para instalarse en Francia. Por lo general, acaudalados, ya hablantes de francés, pronto forman una comunidad de algunos centenares de familias. En París, en 1795, Beer León Fould, originario de Lorena, funda la primera casa de banco judía en París, en la calle Saint-Georges.

Por dondequiera que pasen, los ejércitos revolucionarios instan a la emancipación de los judíos. Así, en octubre de 1792, cuando bombardean Frankfurt y destruyen en parte el gueto, permiten que los judíos alemanes –en especial los Rotschild– salgan casi fortuitamente, ya que los muros destruidos no son reemplazados. La obligación de llevar una señal distintiva en la vestimenta y la de anteponer a su nombre el prefijo *ben* también son suprimidas.

En Amsterdam, en la primavera de 1796, un pequeño grupo de judíos aunados con cristianos en una sociedad llamada "Felix Libertas", recibe a los regimientos franceses como a libertadores. El 2 de septiembre de 1796, la Cámara de la República batava vota la emancipación de los judíos holandeses. Se disuelven las corporaciones: ya ningún oficio les está prohibido. Lo que debía ocurrir no deja de producirse: la liberalización tiende a romper los mecanismos de solidaridad propios de las comunidades, y muchos dirigentes judíos se oponen a las reformas. Comienza el conflicto entre judíos laicos y religiosos en el terreno social.

La emancipación prosigue con la apertura, por obra de Bonaparte, de los guetos de Florencia, Venecia y, en 1798, de los Estados Pontificios en Roma y Ancona. A propósito de este último, un testigo observa:

> La comunidad judía, que llevaba un gorro amarillo y un brazal con la estrella de David, vivía confinada en un gueto cerrado de noche. Reemplazaron el gorro amarillo y el brazal por la roseta tricolor, suprimieron el gueto. Los judíos de Ancona se sintieron sorprendidos y encantados al comprobar que los primeros soldados franceses que entraron en el gueto eran judíos.[293]

En marzo de 1798, a su llegada a Alejandría, Bonaparte publica una proclama que instaura un consejo de los judíos de Egipto y una función de "gran sacerdote".[305] Espera ocupar San Juan de Acre, dirigirse luego a Jerusalén, y lanzar otra proclama llamando a la creación en Palestina de un Estado judío independiente, antes de apoderarse de Damasco.[305] Los ingleses, que acuden en auxilio de los turcos, lo hacen retroceder; no llega hasta Jerusalén, y se asombra de la estrechez del Jordán ("Diríase el Sena en Montereau"). El texto de su *Proclama a la nación judía,* que debía llevar fecha del 1° de floreal del año VII de la República Francesa (20 de abril de 1799), desde el "Cuartel general Jerusalén", no es publicado.[441] Primer texto "sionista" al tiempo que reflexión sobre la emancipación de los pueblos, merece ser leído por lo que anuncia de radicalmente nuevo para los dos siglos venideros:

> Bonaparte, comandante en jefe de los ejércitos de la República Francesa en África y Asia, a los herederos legítimos de Palestina, israelitas, nación única a la que, durante miles de años, conquistas y tiranía pudieron privar de su tierra ancestral, pero no de su nombre ni de su existencia como nación. [...] ¡De pie ante la dicha, exiliados! Esta guerra, única en toda la Historia, fue em-

prendida para su propia defensa por una nación cuyas tierras hereditarias
sus enemigos consideraban como una presa ofrecida a su codicia. Ahora, esta nación se venga de dos mil años de ignominia [...]. La Providencia me
envió aquí con un ejército joven, guiado por la justicia y acompañado por
la victoria. Mi cuartel general está en Jerusalén y dentro de algunos días es-
taré en Damasco, cuya cercanía ya no ha de temer la ciudad de David. ¡Herederos legítimos de la Palestina! La Gran Nación [Francia], que no trafica
con los hombres y los países como aquellos que vendieron vuestros antepasados a todos los pueblos (Joel 4, 6), no os convoca para conquistar vuestro
patrimonio. No, sólo os pide que toméis lo que ya conquistó. Y, con su apoyo y autorización, que seáis dueños de esta tierra y la conservéis pese a todos los adversarios. ¡Levantáos! Mostrad que todo el poder de vuestros
opresores no pudo aniquilar el coraje de los descendientes de aquellos héroes que habrían honrado a Esparta y a Roma (Macabeos 12, 15). Mostrad
que dos mil años de esclavitud no lograron sofocar ese coraje. ¡Apresuráos!
Es el momento, que tal vez no regrese hasta dentro de mil años, de reclamar la restauración de vuestros derechos civiles, de vuestro lugar entre los
pueblos del mundo. Tenéis derecho a una existencia política como nación
entre las otras naciones.[441]

De haber sido lanzado públicamente, sin duda este llamamiento no habría sido escuchado: el retorno a Sión no era una expectativa judía de la época. Sin
embargo, no harán falta "mil años" para que "llegue el momento" de un retorno semejante, sino tan sólo ciento cuarenta y cinco.

Una vez en Francia, Bonaparte quiere atraer la mayor cantidad posible de
judíos a su imperio, "para el progreso del comercio",[305] dirá más tarde a uno
de sus compañeros de Santa Elena: nuevamente aparece la idea de que los judíos traen la prosperidad a su alrededor, de que la riqueza que crean es superior a la que aprovechan; victoria póstuma de Simone Luzzatto, rabino de
Venecia, y de Menasseh Ben Israel, rabino de Amsterdam...

En su obsesión centralizadora, el Emperador, antes de recibirlos, desea organizar los departamentos, regular las relaciones entre Iglesia y Estado y organizar el reglamento del crédito. Por eso, una vez fundado el Banco de
Francia en 1800 y dictada su carta en 1803, define una política de crédito
que prohíbe a cualquier persona física la profesión de prestamista, salvo que
se cree un banco: *ipso facto*, todas las actividades de los prestamistas judíos en
Alsacia son interrumpidas.

En el mismo momento, otro soberano de Europa parece orientarse, también, hacia la emancipación de los judíos: en 1804, un nuevo zar de Rusia,

Alejandro I –en el trono desde 1800; ahora tiene en su suelo a cerca de la mitad del pueblo judío, recuperada con una parte de Polonia, Lituania y Ucrania–, habla de integrarlos estimulándolos, a través de la agricultura y el artesanado, a salir de los guetos. Pero ese deseo quedará prácticamente en letra muerta: los rusos se niegan a otorgarles tierras y a aceptarlos en las corporaciones; por su parte, los judíos se niegan a abandonar la solidaridad comunitaria que garantiza su seguridad. Ninguno quiere al otro.

En el Imperio francés, luego de que un concordato especificara las reglas de organización de la Iglesia católica, de que artículos orgánicos definieran aquellos aplicables a los protestantes y de que fuera elaborado el reglamento de los bancos, Napoleón se ocupa del destino de los judíos. Ante todo quiere reunir a representantes de los judíos de todos los países que controla para hacerlos debatir entre ellos.[305] El cardenal Fesch, su tío, lo pone sobre aviso: "El fin del mundo llegará cuando los judíos estén reunidos". Kellermann moviliza a los adversarios de los judíos y Chateaubriand teme "medidas impuestas que, cual castillo de naipes, hagan caer las finanzas del mundo en las tiendas de los judíos y acarreen en todas partes una subversión total".[441]

El 26 de julio de 1806, Portalis, ministro de Culto, reúne una asamblea de 111 delegados –comerciantes letrados y 15 rabinos– procedentes de toda la Europa imperial para distinguir aquello que, en el judaísmo, depende de la teología y de lo político, y deducir de ello cómo la práctica del judaísmo puede ser compatible con la lealtad al Estado. El 23 de agosto de 1806, Napoleón escribe a su ministro de Culto para especificar qué espera de una reunión de ese tipo:

> Nunca, desde la toma de Jerusalén por Tito, tantos hombres esclarecidos pertenecientes a la religión de Moisés pudieron reunirse en un mismo lugar. Dispersos y perseguidos, los judíos fueron forzados a tasas punitivas o bien a la abjuración de su fe, o bien a otras obligaciones y concesiones contrarias a sus intereses y a su religión […]. La línea recta de la fe religiosa no puede ser trazada por gente aislada; debe ser establecida por un gran congreso de judíos legal y libremente reunidos; que incluya a miembros de las comunidades española y portuguesa, italiana, alemana y francesa, esto es, a representantes de los judíos de más de las tres cuartas partes de Europa.[441]

Hay entusiasmo en el seno de las comunidades: ello inquieta a los países de la Alianza. En septiembre de 1806, Metternich, embajador de Austria en París, escribe al conde Stadion, ministro de Relaciones Exteriores en Viena:

"Todos los judíos ven en Napoleón a su Mesías".[441] La policía austríaca deduce que es indispensable vigilar a los judíos de Austria, susceptibles de apoyar a los franceses y acaso de espiar por su cuenta.

Primero se abre un debate acerca de las incumbencias de los tribunales rabínicos, en especial acerca de las condiciones del matrimonio. El Emperador quiere imponer a los rabinos que celebren matrimonios mixtos. La asamblea responde que "su religión les ordena observar la Ley Suprema como la ley del príncipe en materia civil y política":[293] así encuentra una manera de autorizar los matrimonios mixtos… haciéndolos totalmente impracticables. Portalis propone entonces organizar un sistema piramidal donde cada comunidad, en cada ciudad, sería dirigida por un consejo de notables elegidos por los jefes de las familias de mayor peso tributario; el Estado nombraría y remuneraría a los rabinos como a los curas y los pastores; y la gran novedad sería un organismo de conjunto, un "consistorio" central, que administraría las comunidades de cada país del Imperio.

Para redactar y negociar los textos de los decretos que habrían de reglamentar dichos principios, el 9 de febrero de 1807 Napoleón convoca, bajo el nombre de Sanedrín, una reunión de 71 responsables judíos de Francia y de Italia, con mayoría de comerciantes y financistas letrados. Ni el nombre, ni la cantidad, ni la pompa de esta reunión, a todas luces, son dejadas al azar. El presidente del Sanedrín es un banquero bordelés, Abraham Furtado, que proclama a Napoleón el "Ciro de los tiempos modernos";[441] y toma como consejero a la más alta autoridad talmúdica de la época, el rabino David Sintzheim, de Estrasburgo.

Tras un año de discusiones, los días 17 de marzo y 20 de julio de 1808 se publican cuatro decretos aplicables a todo el Imperio:[293]

El primero distribuye a los judíos en "consistorios" que, entre otras funciones, deben censar a los conscriptos judíos sujetos al servicio militar, sin poder, como hacen los cristianos, pagar un reemplazante. Se estipula minuciosamente el atuendo de los rabinos, tal como se usa todavía hoy.

El segundo decreto especifica el estatus de los judíos en cuanto ciudadanos: no deben ser ya considerados una nación aparte ni permanecer relegados dentro de la nación. Cada cual debe escoger un apellido y un nombre. La competencia de los tribunales rabínicos está estrictamente limitada a las cuestiones religiosas. Las otras cuestiones, sobre todo los litigios económicos, dependen del nuevo código civil y de los tribunales imperiales, cláusula que en vano intentaron rechazar los rabinos. Es el fin, por lo menos en Francia, de la actuación del *beyt-din* en la formación del derecho social, financiero y comercial.

El tercer decreto atañe a "la represión de los abusos imputados a los judíos". Responde a cuanto se les reprocha desde hace mucho tiempo en Alsacia. En adelante, el oficio de prestamista les está vedado, como a todo el mundo; se instituye una moratoria de diez años sobre todas las acreencias; además, aquellas contraídas por una mujer sin consentimiento de su esposo, o por un menor sin el de sus padres, son lisa y llanamente anuladas. Para abrir un comercio, un judío debe solicitar una patente al prefecto de su lugar de residencia, quien sólo puede otorgársela tras un voto de conformidad del consejo municipal "que compruebe que dicho judío no se dedica a la usura ni a un tráfico ilícito". Abraham Furtado hizo todo lo posible para impedir la promulgación de este texto, al que denomina "decreto infame".[293] Progresivamente logrará su anulación en el Sur, el Sudoeste, los Vosgos y luego en Liorna, aunque no en Alsacia.

El cuarto decreto estipula que los judíos del Imperio deben permanecer en su país de residencia; los judíos ajenos al Imperio sólo pueden instalarse adquiriendo una propiedad agrícola o estando empleados en una. Ningún judío no domiciliado todavía en el Alto o el Bajo Rin podrá establecerse allí.

El conjunto es muy bien recibido por todos los judíos de Europa. Es el fin de la humillación, del gueto, de la marca amarilla, del toque de queda, de los oficios prohibidos. En Inglaterra, Austria y Rusia envidian a los del Imperio francés, a quienes no pueden unirse. Sólo algunos rabinos tratan de impedir que los miembros de sus comunidades lleven sus conflictos ante los tribunales imperiales. Es en vano: el acceso al trabajo, a las libertades, la entrada en las universidades, las relaciones con los intelectuales cristianos trastornan todo. Se asiste así a la primera ruptura seria entre, por un lado, los partidarios del judaísmo ortodoxo y, por otro, los comerciantes e intelectuales judíos. Unos temen que eso lleve a la desaparición del judaísmo; los otros confían en que se erradicará el antijudaísmo. Ni unos ni otros esperan ya nada de Jerusalén. En todos estos puntos, tanto unos como otros se equivocan enormemente...

Sin embargo, las cosas van muy de prisa. A partir de 1810, en la Europa del Imperio se ve aparecer a judíos en oficios nuevos: ingeniero, químico, industrial, científico, periodista, abogado, magistrado, oficial, pintor, novelista, músico. Cuanto más nueva es una profesión, tanto más los atrae, porque ningún poder pudo todavía bloquear su acceso.

En París, en 1810, quince familias —algunas de ellas llegaron de Frankfurt y de Estambul antes del decreto que prohibía la instalación de judíos extranjeros; otras tras haber obtenido derogaciones— forman parte de la burguesía de negocios parisina: los Fould, los Oppenheim, los Furtado, los Goudchaux, los de Eichtal, los Rodrigues, los Stern, los Worms, los Laurent-Meyer, los Javal, los Halphen, los Allegri. Sobre todo los Fould, banqueros judíos de Burdeos que se han establecido en París, participan en el financiamiento de la acción de guerra del Emperador. En 1811, el "decreto infame" es finalmente derogado en Alsacia. Ese mismo año, los "portugueses" de Burdeos, últimos cuasi marranos, abren sus sinagogas.

En Prusia, una tímida emancipación, decidida en 1812, no llega a la práctica, pues se acusa a los judíos de ser espías a sueldo de Napoleón –no obstante, van a proteger su huida durante la retirada de Rusia–.

Por eso, en toda Europa, la caída del Emperador es motivo de revueltas antijudías y un retorno al antiguo orden; en toda Europa, la Santa Alianza[117] invalida las disposiciones de emancipación. En Florencia, con la restauración de la casa de Lorena, los judíos son obligados a volver al gueto. En los Estados Pontificios, Pío VII hace pagar a los judíos de sus dominios la humillación que padeció durante la consagración de Napoleón I. Únicamente Liorna, milagrosamente soslayada, conserva su estatus de puerto franco. En Alemania, nuevamente se prohíbe que los judíos compren tierras, se casen libremente y elijan dónde vivir. En Frankfurt también los hacen volver al gueto.[117]

Luego viene el reflujo: los judíos desean ser integrados y paulatinamente lo consiguen. La evolución iniciada en el siglo XVI llega a su término, al menos en Occidente. En Francia, de 1818 a 1830, todos los decretos del Imperio, cuya validez estaba prevista en diez años, son prorrogados. A excepción del tercero, que perdió su razón de ser: todas las acreencias de los prestamistas de Alsacia fueron anuladas. Ahora, pueden ejercer la mayoría de los oficios. A partir de 1818, en algunas sinagogas de Hamburgo, para gran perjuicio de los judíos ortodoxos, las oraciones se dicen en alemán y ya no añoran el retorno a Sión, la llegada del Mesías ni los sacrificios del Templo; el oficio semanal incluso se efectúa el domingo. En 1819, los judíos alemanes económicamente emancipados reclaman –en vano– la emancipación cívica y política. En Portugal, los judíos vuelven en 1821, con la supresión del tribunal del Santo Oficio. Se instalan en Lisboa y en Faro, procedentes de Marruecos o de Gibraltar. En Francia, en 1831, el Estado decide tomar a su cargo el mantenimiento de los rabinos, como ya ocurrió con los sacerdotes y los pastores.[141] A partir de la conquista extiende su tutela a los judíos de Argelia –sin por ello reconocerles la nacionalidad francesa–, poniéndolos bajo la tutela de Samuel Bacri, "jefe de la nación judía". En 1834, la emancipación, es decir, la ciudadanía igualitaria, es completa en los Países Bajos. En 1835, se extiende a Suecia y a una parte de Suiza en 1838.

En Inglaterra, la emancipación no es tan rápida: un primer proyecto, aprobado en 1833 por la Cámara de los Comunes, es rechazado por la Cámara de los Lores. Ese año, un primer abogado judío, Francis Goldsmid, es admitido en el tribunal y presta juramento sobre su Biblia. En 1837, la reina Victoria nombra caballero a un joven banquero judío, emparentado con los Rothschild, de quien volveremos a hablar: Moses Montefiore. En 1841 aparece el primer diario judío en inglés, *The Jewish Chronicle* (que todavía hoy se publica). El mismo año, otro banquero judío, Isaac Lyon Goldsmid, primer judío que recibe un título hereditario, es nombrado barón y, con ese título, miembro de la Cámara de los Lores.

En Alemania, en la misma época, el debate sobre la emancipación de los judíos hace furor. Hacia 1825, Berlín quiere reservar la ciudadanía a los judíos ricos y designar a los otros como "protegidos". La *Hascalá,* el movimiento judío iluminista nacido con Mendelssohn, exhorta a vivir en la lengua y la cultura del país de residencia. Hacia 1840, en sus *Diecinueve epístolas,* Sansón Rafael Hirsch, rabino alemán de Frankfurt, defiende la idea de que es posible conciliar el respeto de "la Torá con un compromiso en el mundo".[200] En 1843, el filósofo liberal Bruno Bauer escribe, en *La cuestión judía,* que la emancipación reclamada por los judíos pasa por la desaparición de su religión –según el ejemplo de otros cultos– y por su participación en la emancipación de Alemania:

> En Alemania, nadie es políticamente emancipado. Nosotros mismos no somos libres. ¿Cómo podríamos liberaros? En vuestra calidad de alemanes, debéis trabajar para la emancipación política de Alemania, y, en vuestra calidad de hombres, para la emancipación humana […]. El judío, por ejemplo, realmente habrá dejado de serlo cuando no permita que su Ley le impida cumplir sus deberes hacia el Estado y sus conciudadanos. Y cuando el día del Shabat asista a las sesiones de la Cámara de Diputados e intervenga en ellas.[38]

El mismo año, Bauer publica *El cristianismo revelado,* crítica histórica de los Evangelios.

En Londres, Lionel de Rothschild, hijo de Nathan, nieto de Mayer Amschel, es elegido en 1847 en la Cámara de los Comunes. Pero no ocupa su banca porque se niega a prestar juramento "según la verdadera fe cristiana". Habrá que esperar a su quinta reelección para que se modifique el texto del juramento.[152]

En 1848, en toda Europa, muchos intelectuales, comerciantes, obreros, negociantes y artesanos judíos participan en las revoluciones nacionales. Antes que judíos se sienten alemanes, austríacos o franceses. En Alemania, Gabriel Riesser, nieto de un famoso rabino de Altona y líder de un movimiento de "judíos liberales", es uno de los conductores de las insurrecciones. Los jefes de las comunidades judías del Imperio –comerciantes ricos– también están a la cabeza de la revolución en Viena.

En Hamburgo, como en la mayor parte de las ciudades alemanas, los judíos obtienen la ciudadanía así como la apertura del gueto. Hesse y Wurtemberg se muestran más liberales que Baviera, Sajonia y Hannover. En Francia, Adolphe Crémieux,* abogado judío de Nimes, es presidente del Consistorio Israelita en 1843; como diputado de 1841 a 1851, contribuye al derrocamiento de Guizot y se convierte en el primer judío francés que ocupa un puesto ministerial: ministro de Justicia en el gobierno de 1848; en ese cargo deroga la esclavitud en las colonias y la pena capital por delitos políticos.

Pronto todo vuelve al orden autoritario. Como única consecuencia duradera de los acontecimientos de 1848: el 31 de enero de 1850, el rey de Prusia, Federico Guillermo IV, constituye una "Unión restringida" de veintiocho Estados alemanes. Poco a poco los judíos se convierten en ciudadanos como los demás, dentro los límites de una democracia tributaria donde sólo los hombres ricos tienen derecho a expresarse.

Los últimos diques que separan en Europa a los judíos de los otros terminan por ceder: en 1855, sir David Salomons es el primer lord-alcalde judío de Londres. La emancipación total de los judíos británicos es votada en 1858. Lionel de Rothschild finalmente ocupa su banca en el Parlamento. Se crea el Jewish Board of Guardians, organización judía laica de asistencia a los pobres y los emigrantes procedentes de toda Europa Oriental, que hace salir la *tze-daká* del marco religioso. Entre las decenas de miles de judíos emigrados, todos los rabinos deben abandonar sus títulos y funciones, para convertirse en *reverend misters.* Sólo se llaman *ministers* los rabinos afiliados a la United Synagogue, con un traje muy parecido al de los pastores. La religión judía pasa de la esfera colectiva a la privada.

En Suiza, en 1856, un edicto federal finalmente concede a los judíos la igualdad política en todo el territorio.

Ese mismo año, en Bolonia (que todavía forma parte de los Estados Pontificios), la policía captura a un niño judío de seis años, Edgardo Morta-

---

* Tío abuelo de Jeanne Weil, madre de Marcel Proust. [N. del T.]

rra, y lo lleva a una casa religiosa de Roma porque una empleada –judía– afirma que lo hizo bautizar para vengarse de sus padres. Las protestas provenientes de todo el mundo acarrean la creación en 1860, en París –a instancias de Adolphe Crémieux, que vuelve a desempeñarse como abogado, y Charles Netter–, de la Alianza Israelita Universal[88] para defender los derechos civiles y religiosos de los judíos a través del mundo. Pese a las protestas, Edgardo Mortarra será educado en un monasterio, hasta volverse un allegado de Pío IX. En 1861, el nacimiento de Italia, con Florencia como primera capital, conduce a la abolición de los guetos; el último, el de Roma –que los papas mantuvieron tanto tiempo como pudieron–, desaparece en 1870.

En 1865, uno de los Warburg, Samuel, es elegido diputado por Schleswig-Holstein en el Parlamento danés, del que depende la ciudad de Altona. En 1866, cuando la ciudad pasa a ser alemana, Samuel Warburg se convierte en el primer judío diputado en el parlamento de un Estado de Alemania.[18]

El 14 de julio de 1865, musulmanes y judíos de Argelia son autorizados a solicitar la nacionalidad francesa;[374] la ciudadanía será concedida de derecho a todos los judíos de Argelia el 24 de octubre de 1870, por un decreto firmado por Adolphe Crémieux, quien, tras su travesía del desierto bajo el Imperio, se convirtió en diputado de extrema izquierda de París y efímero ministro de Justicia del gobierno provisional de la Defensa Nacional.[374]

En Londres, en 1867, Benjamin Disraeli, nieto de un panadero judío italiano, escritor exitoso como su padre, converso y orgulloso de sus orígenes judíos, llega a ser primer ministro de Gran Bretaña y conde de Beaconsfield.

En 1878, el Tratado de Berlín reconoce la independencia de Serbia, Bulgaria y Montenegro, y emancipa a los judíos de esos países, medida que sigue rechazando Rumania.

En lo sucesivo, en toda Europa Occidental, la mayor parte de los judíos vive en los grandes conglomerados, más favorables a la integración, salvo en Alemania y Alsacia, donde habrá que esperar hasta 1910 para que el 45% de los judíos tenga la ciudadanía. A menudo, los avances de la enseñanza laica relegan la del hebreo y el saber religioso únicamente a los sábados. En Francia e Inglaterra, donde confluyen refugiados de Europa Central y de Rusia, las comunidades financian cursos y movimientos juveniles, como las Jewish Lads Brigades en Inglaterra. Las comunidades de Francia e Inglaterra hacen todo lo posible para que esos refugiados pierdan cuanto antes su aspecto de judíos del Este. Aquí y allá emergen las figuras de grandes economistas como David Ricardo, ingenieros como Emil Berliner, científicos como Albert Einstein, galeristas como Nathan Wildenstein.

En 1905, cuando el *Alien Immigration Act* restringe la inmigración, 250 mil judíos viven en Inglaterra, contra 60 mil de un siglo atrás; en Francia son 70 mil. Los judíos de Occidente son ahora ciudadanos con plenos derechos, y el judaísmo no es más que un aspecto de su personalidad. La religión se ha vuelto un asunto personal. Aquí están en cuerpo y alma, ocupados como los otros en la construcción del nuevo mundo.

Los judíos en la industria europea: comunicar

Muchos historiadores[438] sostuvieron que los judíos no habían tenido actuación alguna en la Revolución Industrial. Los motivos esgrimidos para explicar dicha ausencia fueron numerosos: rechazados por las corporaciones, no habrían tenido una tradición industrial; sus reglas religiosas habrían sido incompatibles con el empleo del tiempo propio de la industria; a los obreros cristianos no les habría gustado obedecerlos; como les gustaba ser artesanos, por su cuenta, difícilmente habrían aceptado la producción en serie; la producción en masa habría sido contraria a la moral judía; antes que invertir en máquinas, habrían preferido conservar sus ahorros en efectivo para disimularlo mejor en caso de amenaza de despojo; por último, hubiera sido una revolución de la energía, y los judíos nunca se habrían ocupado más que del comercio y las finanzas.

Gran cantidad de contemporáneos –incluso judíos– compartieron este punto de vista, sin ver a judíos en la industria y creyéndolos completamente ocupados en las finanzas. Así, Disraeli escribe: "Lo llamativo de este vasto desarrollo [de la industria inglesa] es que los dirigentes del mundo financiero no participaron. Esos poderosos proveedores de fondos, que a menudo tienen en sus manos el destino de reyes e imperios, parecían hombres que, contemplando alguna excentricidad de la naturaleza, asisten a ella con una mezcla de asombro y temor".[286]

Si bien es cierto que los banqueros judíos *y* no judíos persistieron –veremos por qué– en no convertirse en industriales, otros judíos desempeñaron un papel en el desarrollo industrial del siglo XIX. Un papel considerable e increíblemente subestimado. También en este caso, crearon riquezas mucho más allá de su contexto inmediato.

En primer lugar, agentes llegados de Alemania para comerciar se vuelcan a la industria. Así, quince sociedades judías de Frankfurt que importan productos textiles ingleses se instalan en Manchester, en principio para comprarlos, luego para producirlos. Los siguen a esa misma ciudad, y a Liverpool, compradores de paños provenientes de Estambul, Viena o Liorna. También se los encuentra en la industria minera –revolucionada por un judío checo, como ya vimos– en la Inglaterra del siglo XVI. Incluso están presentes en las vidrierías y las industrias de consumo.

Muchos judíos europeos –en especial durante el último tercio del siglo XIX– tienen una actuación fundamental en la puesta en marcha de las principales revoluciones tecnológicas e industriales. Innovadores, emprendedores, actúan conforme a su ética: emprender, explorar, valorizar. El listado de sus innovadores es impresionante; y todavía aquí sólo se citan –con las reservas que implica este tipo de lista– aquellos grandes actores de la revolución industrial europea para quienes el judaísmo fue importante.

Hacia 1860, un químico judío bávaro, Ludwig Mond, instala la industria química alemana, sobre todo la purificación de níquel, antes de emigrar con su empresa y hacerse ciudadano británico en 1872. Su hijo, Alfred Mond, lo sucede a partir de 1906 y llega a ser miembro del Parlamento de Westminster ese mismo año; en 1926 creará el Imperial Chemicals, que más tarde se convierte en ICI, una de las más grandes empresas químicas de Europa.

Incluso antes del modelo definitivo de lámpara eléctrica de Edison en 1879, Emil Rathenau adquiere la primera patente del norteamericano Edison, instala la primer "red" eléctrica alemana, durante el otoño de 1878, y funda la primera compañía alemana de electricidad, la AEG, en 1883.

Alfred Beit, nacido en Hamburgo y establecido en África del Sur, trabaja primero para los Porges, diamantistas de Amberes, antes de fundar en 1888, con Cecil Rhodes, la De Beers, que habrá de ser la primera firma de diamantes del mundo.

Fritz Haber, profesor de química, amigo íntimo de Albert Einstein, inventa en 1904 un método de síntesis industrial de amoníaco que permite aumentar masivamente su producción, lo que tendrá efectos considerables en la fabricación de fertilizantes y la productividad agrícola.

Habría que citar muchos otros nombres en la industria textil inglesa, alemana, francesa y flamenca, así como en la fabricación de muebles y la joyería. Producen en cantidad, sin respetar las reglas de las antiguas corporaciones, de las que jamás formaron parte, adaptando los productos a la demanda, inventando técnicas nuevas de distribución; así, en 1895, Teófilo Bader y Alfonso Kahn, a partir de una pequeña mercería, crean lo que se convertirá en las Galerías Lafayette.

Más notable todavía: muchos judíos aportan al origen de las industrias de la comunicación. Si ello no se suele destacar suficientemente, se debe a que los historiadores no ven en la Revolución Industrial más que un formidable avance en el uso de la energía y en la mecanización del trabajo, olvidando a menudo que también produjo una revolución en los medios de comunicación que utilizaban dicha energía.

Algunos destinos, para atenerse sólo a Europa:

Charles Havas,[332] primero traductor en medios de prensa, crea su sociedad de traducción en 1825, y en 1832 funda en París, junto con Bernhard Wolf, la primera agencia de prensa, que lleva su nombre. La desarrolla cuando, a partir de los trabajos de Samuel Morse, en 1840, las noticias pueden enviarse por telegrama −y anticiparse a los horarios de tren−.[332]

Israel Beer Josefat, nieto de un rabino alemán, es primero empleado bancario en Gotinga, luego trabaja en París con Havas en 1848. Posteriormente, en 1849, crea en Bruselas un sistema postal con palomas mensajeras.[332] Emigrado en 1851 a Inglaterra, con su amigo Segismundo Engländer, uno de los dirigentes judíos austríacos de la revolución de 1848, utiliza sus palomas para enviar a gran velocidad informaciones sobre las cotizaciones de Bolsa y los precios de las materias primas a los diarios británicos: comprendió que lo que vende un diario es *tiempo,* novedades. Para que la sociedad inglesa, ampliamente xenófoba, lo acepte, elige el nombre de Julius Reuter. El primer *scoop* político es, el 10 de enero de 1859, la publicación, gracias a Reuter, de un discurso del rey de Piemonte-Cerdeña que provoca el estallido de la guerra franco-austríaca y a la independencia italiana. El *Times* lo publica ese mismo día y, en 1865, cambia el nombre de su sociedad por el de Agencia Reuters. En 1871, el duque de Sajonia-Coburgo-Gotha lo hace barón.[332]

El maestro alemán Philip Reis inventa el primer "teléfono" en 1860, es decir, mucho antes de que Graham Bell lo conciba en 1876.

Gabriel Lippman inventa la fotografía a color en París en 1891, gracias a lo cual recibe uno de los premios Nobel de Física en 1908.

Abraham Stern ultima los detalles de una de las primeras máquinas de calcular automatizada.

Otros innovan en los medios de transporte: Moritz Herman von Jacobi inventa en 1838 un motor eléctrico por electroimán para accionar los barcos. Siegfried Marens construye en 1864 uno de los primeros automóviles a petróleo, y luego otro modelo en 1875. Hacia 1880, Albert Ballin funda la Hamburg Amerika Linie, la "Línea", que más tarde se convertirá en la Hapag-Lloyd,[18] compañía de transporte transatlántico que llegará a ser una de las mayores empresas alemanas.[81] En 1896, Otto Lilienthal inventa y hace volar en Renania la primera máquina más pesada que el aire, antes de morir el mismo año en un accidente. En 1892, David Schwartz inventa el globo dirigible navegable; muere antes de explotarlo, y su viuda vende las patentes al conde Von Zeppelin, que se lleva el crédito del descubrimiento. En 1924, Karl Arnstein construye y pilotea el primer zepelín sobre el Atlántico.

André Citroën es el hijo de una inmigrante de Polonia y de Lévi Citroën, un joyero en París que se suicidó, arruinado, en 1884, cuando André no tenía más que 6 años. Yendo a casa de su madre, en Lodz, André descubre y adquiere un engranaje ingenioso en forma de espiga. Politécnico en 1898, dirige las Empresas Automotrices Mars en 1906, antes de fundar su propia sociedad de engranajes sobre la patente polaca, en 1912. La guerra, como veremos, cambiará su destino.

Tal como en el siglo anterior, sin embargo, el éxito de estos pioneros oculta la condición de la inmensa mayoría del pueblo judío, hecho de obreros, artesanos, posaderos, conductores de diligencias, profesores y pequeños comerciantes. Al lado de los innovadores y de los capitanes de industria, una clase obrera judía se forma en Inglaterra, luego en Alemania y en Francia, con los inmigrantes del Este que se encuentran sobre todo en la empresa textil, la alimentación y el tabaco. Para luchar contra la explotación de esos obreros por sus patrones –judíos o cristianos–, denunciados a menudo en Londres por *The Jewish Chronicle,* se crean y organizan sindicatos específicamente judíos o secciones judías de sindicatos. Así, en Francia, aparece una sección obrera judía en el seno de la SFIO.*

Pero una vez más, el rol de avanzada de los judíos en la Revolución Industrial europea pasa fundamentalmente por la banca.

La banca judía en la revolución industrial europea

A partir de los proveedores de cortes, un pequeño grupo imaginativo –los banqueros mercantiles– se forma en Alemania, Francia e Inglaterra, para financiar las infraestructuras públicas y las empresas privadas. Los banqueros judíos, con dos mil años de experiencia en préstamos, constituyen su vanguardia.

La jurisprudencia religiosa prohíbe todavía a cualquier banco judío abonar y percibir intereses entre judíos, pero algunos rabíes, como *rav* Yosef Rosen, consideran que si el banco se convierte en una entidad anónima –limitada únicamente a sus activos–, el interés se vuelve posible.[409] Para ellos, una socie-

---

* SFIO, Sección Francesa de la Internacional Obrera. [N. del T.]

dad no es una persona, y, por tanto, puede prestar a interés. Otros, por el contrario, consideran que la sociedad sólo es la máscara de sus accionistas; los banqueros judíos sólo pueden obtener interés de los gentiles.

Los banqueros mercantiles, olvidadizos de la doctrina, en todo caso se dedican a seguir financiando a los Estados y las infraestructuras públicas necesarias para el capitalismo. Todo comienza en Frankfurt: la Bolsa de la ciudad, ya predominante en la Alemania del siglo XVIII, se desarrolla todavía más en la década que sigue a Waterloo. La fortuna de la ciudad está entonces principalmente en manos de los príncipes y de algunos proveedores de los duques de Hesse, de Bade y de Wurtemberg. Ahora necesitan que otros clientes accedan a ellos.

El banco judío más influyente de la época, el Speyer, fundado en 1794, pronto dispone de sucursales familiares en toda Europa. Financia el desarrollo de las empresas alemanas. La fortuna de la familia, valuada en 420 mil florines, hacia 1820, es una de las primeras del país. Otro banco, el de Joseph Mendelssohn –un tío de Félix, el músico–, es fundado en 1795. Salomón Oppenheimer abre el suyo en Colonia en 1801. Samuel Bleichröder funda otro en Berlín en 1803. Todos se dedican al cambio, los préstamos a largo plazo a los Estados, el manejo de las fortunas de príncipes, comerciantes y armadores. Todavía raramente dan préstamos a industriales. Mucho menos se producen fusiones.

Pronto, los más influyentes serán los Rothschild, que dejamos en 1797, fecha en que Mayer Amschel se convirtió en uno de los primerísimos anticuarios y numismáticos de Frankfurt. Ese año es ya uno de los diez hombres más ricos de la ciudad. Desde su casa del gueto comercia con anticuarios renombrados en Berlín, Viena, Amsterdam, París y Londres, y con el *landgrave* de Hesse-Cassel, Guillermo IX, a quien presta con qué comprar objetos y monedas, antes de imponerse poco a poco como su principal consejero financiero. En 1798 envía a Londres a su segundo hijo, Nathan, el más brillante, para que lo represente. Si bien el mayor, Amschel Mayer, permanece a su lado en Frankfurt, Rothschild ha comprendido que el porvenir del mercado financiero está en Londres. De esta elección va a desprenderse la continuación de la historia de la familia.

En 1806, cuando los ejércitos franceses penetran en Hesse y liberan el gueto de Frankfurt, el Gran Elector confía a Mayer Amschel Rothschild títulos, monedas y joyas para disimular en las catacumbas de la ciudad, cuyos menores secretos conocen los judíos por haberlas utilizado con el correr de los siglos para huir del gueto cuando era atacado. Denunciado, Mayer Amschel es detenido por las tropas de Napoleón, que no logran hacerle confesar dónde está oculto el tesoro del príncipe. En Londres, mientras tanto, Nathan abre un banco, y en 1804 obtiene la nacionalidad británica. El dinero oculto por su padre en Frankfurt le sirve para garantizar su suscripción de bonos del Tesoro Británico, que luego invierte en toda Europa. Así, poco a poco, Nathan se vuelve agente, invirtiendo los préstamos que lanza el gobierno de Londres para financiar la guerra. Las comisiones, muy elevadas en virtud de los riesgos, producen al mismo tiempo el poder de los Rothschild y el de Guillermo IX, cuyos bienes sirven de caución a los préstamos ingleses. Rothschild padre e hijo pronto se vuelven indispensables a las potencias coaligadas contra Napoleón: entre 1811 y 1815 reúnen incluso la mitad de los financiamientos aportados por Londres a las potencias continentales –primero a los daneses, luego a Estados alemanes–, que después reinvierten ante ahorristas británicos. No son del todo los "tesoreros de la Santa Alianza" como afirman algunos biógrafos,[76] pero tienen una actuación importante en el financiamiento de la guerra.

Así, por fidelidad a su monarca, los Rotschild se habrán contado entre los escasos judíos de Europa que escogieron el bando de la Santa Alianza contra el de Napoleón.

Como la clave del oficio de banquero reside en la evaluación del riesgo –y, por tanto, en la calidad de las informaciones que permiten medirlo–, a Mayer Amschel se le ocurre constituir una red privilegiada de informantes.[286] Tal vez se inspire en lo que había hecho un siglo antes en Londres Salomón de Medina, haciéndose despachar por palomas mensajeras las noticias de las batallas del duque de Marlborough. Desde Frankfurt, establece lazos con la familia de Tour-et-Taxis, que, desde hace siglos, controla el correo en el Imperio; le compra el derecho a utilizar su formidable red de palomas mensajeras para hacer circular con prioridad sus propios mensajes. Así, gracias a las aves de Tour-et-Taxis, que escoltan los mensajes de oficiales ingleses bien remunerados, Nathan se entera de la victoria de Waterloo mucho antes de que la noticia llegue –¡en cuatro días!–[332] a Londres por los canales oficiales. Esa mañana compra en su precio más bajo, en la Bolsa de Londres, los títulos liquidados por quienes creen ciertos rumores que anuncian la victoria de Napoleón; dos días después, una vez conocido el resultado de los combates, los revende en su precio más alto. Más tarde se murmurará[286] –pero nada lo establece– que él mismo había hecho correr el rumor de una derrota inglesa para que las cotizaciones bajaran más.

Tras la caída de Napoleón, las necesidades de dinero de los Estados europeos son aún mayores para la paz que para la guerra. Los Rothschild, financistas de los vencedores, se hacen cargo de dichos costos. No toman jamás de sus propios bienes; como buenos agentes, saben dónde encontrar capitales al mejor costo, tanto para los Estados que contribuyen a reconstruir como para financiar las inversiones de las empresas: siderurgia, textiles y pronto ferrocarriles.

En 1816, el cuarto hijo de Mayer Amschel, Salomón, parte hacia Viena y se vuelve uno de los banqueros de los Habsburgo. En 1817 se instala en París el más joven de los cinco hermanos, James, enviado a cosechar el fruto de los lazos tejidos con los Borbones durante su exilio; a lo largo de cincuenta años –inclusive bajo Napoleón III, nada rencoroso–, será el más poderoso banquero del Estado y de las grandes fortunas francesas. Por último, hacia 1820, el quinto hijo de Mayer Amschel, Karl, se establece en Nápoles, entonces reino prometedor en el seno de una península cuya zona septentrional todavía es austríaca.

La red se ha tejido, pero no consiste auténticamente en una sola sociedad. Cada cual está sometido a las exigencias de su país de adopción, aunque se opongan a los intereses de uno de sus hermanos. En muchas oportunidades, los hermanos se encuentran incluso en situación de competencia.[286] Equivocadamente, Hannah Arendt escribirá:

> No hay mejor prueba de ese fantástico concepto de un gobierno mundial judío que esta familia, los Rothschild, ciudadanos de cinco países diferentes, poderosos en todos, en negocios muy estrechos con por lo menos tres gobiernos (inglés, francés y austríaco) sin que los conflictos entre naciones jamás hayan atentado siquiera un instante contra la solidaridad de los banqueros. Ninguna propaganda habría podido crear por razones políticas un símbolo más eficaz que la propia realidad.[13]

De hecho, veremos que no conceden ningún préstamo de importancia sin obtener, en sus países respectivos, el explícito consentimiento del ministerio competente, por lo general el de Relaciones Exteriores. Sólo son fieles a su gobierno, y no olvidan que la clave del éxito –y de la moral– de los judíos sigue siendo la misma después de dos milenios: nada es bueno para ellos si no lo es también para sus vecinos no judíos, dondequiera que estén.

Los Rotshchild, recién llegados, tejen lazos con las casas judías más antiguas. En 1820, la casa Warburg, que existe desde hace más de dos siglos, se une a ellos de dos maneras: por un lado, se hace corresponsal en Hamburgo de los Rothschild de Londres, y encuentra prestamistas para sus préstamos en oro; por el otro, Rosa, hija de Sara Warburg, que entonces administra la casa con sus dos hijos Siegmund y Moritz, se casa con un joven banquero de Hamburgo, Paul Schiff, director de la casa recién creada en Viena por Salomón Rothschild, el Kreditanstalt. Tiempo más tarde encontraremos a un pariente de Paul Schiff como primer banquero neoyorquino, también aliado a los Warburg. Por lo demás, los Rothschild trabajan también con otros bancos judíos más antiguos que ellos: los Oppenheimer de Colonia, así como con Samuel Bleichröder, establecido en Berlín en 1803. En 1822, Nathan Rothschild es nombrado cónsul general de Austria en Inglaterra con el título de barón austríaco, que no llevará, esperando más bien un título británico.

Tras la muerte de Mayer Amschel, en 1824, el centro de la familia se traslada a Londres, que toma la delantera sobre Frankfurt, circunstancia que los Rothschild previeron antes que otros: en adelante, la City es el primer depósito de divisas del mundo, que drena el ahorro disponible del continente para financiar la industrialización de Inglaterra y de las tierras lejanas. Esto hará de Rothschild el primer banco judío del mundo. Los *jobbers* y los *brokers,* intermediarios, compran y venden títulos ingleses en los mercados bursátiles. Los *merchant banks* –entre ellos, los Rothschild y una decena de otros nuevos bancos judíos, como los Goldsmid, los Hambros, los Montaigu– organizan los aumentos de capital y los préstamos a largo plazo, y aconsejan a las empresas industriales inglesas, cuyo crecimiento es fenomenal. El papel de los *merchant banks* es buscar intermediarios y ahorristas para comprar los títulos de las empresas. Es un oficio de estrategas y agentes antes que de financistas. También conceden préstamos que alimentan los presupuestos de Francia, Rusia, Austria, Prusia y países recientemente independizados de América del Sur; estos préstamos son extendidos en libras esterlinas: ello les permite no tomar riesgos de cambio. Hambros –nombre de una familia judía procedente de Altona a comienzos de siglo– sirve los intereses escandinavos. Aunque los banqueros judíos garantizan el financiamiento de la industria y de los ferrocarriles nacientes –en 1839, los Rothschild financian los primeros ferrocarriles prusianos, como la Kaiser-Ferdinands Nordbahn, y otros en Francia–, se prohíben implicarse en la gestión de las empresas que financian, para conservar su libertad de acción.

El único incumplimiento a esta estrategia se da en 1843, en Viena, cuando Salomón, ahora Von Rothschild, adquiere las acerías de Witkowitz, primera e infrecuente inversión de un banquero mercantil en la industria. Pero se debe a que los préstamos otorgados a los anteriores propietarios no podían ser rembolsados.

Otros establecimientos prosperan en todas partes fuera del Rin: los Haber, proveedores de los duques de Bade-Wurtemberg en el siglo XVIII, en 1820 se convierten en uno de los primeros bancos de Alemania. En 1833, Samuel Haber, convertido en Von Haber, funda el Darmstadter Bank. En Frankfurt, el banco Bethman, que salvó las finanzas de los Habsburgo durante el siglo XVIII, es el primero en lanzarse en la emisión de obligaciones para las empresas y los Estados de Europa Central. Lo siguen los Eskeles y los Arnstein en Viena, los Bischoffsheim y los Goldschmidt en Berlín, los Warburg en Hamburgo, los Pereire y los Fould en París, los Lambert en Bruselas, los Hambros, Montaigu, Goldsmid, Sassoon y Montefiore en Londres, los Goldschmidt en Amberes; luego, un poco más tarde, Leopold Kronenberg en Varsovia, los Rosenberg en Jitomir, los Günzburg en Kiev y San Petersburgo, los Aschkenazi en Odesa...

Hay dos casos especiales que volveremos a encontrar en varias ocasiones:

El primero es el de Moses Montefiore, nacido en 1784 en Liorna, y educado en Londres en un ambiente muy religioso. Primero es aprendiz de un comerciante de té, y luego se vuelve uno de los doce agentes judíos de la City. En 1812 se casa con Judith Cohen, hermana de la esposa de Nathan Mayer Rothschild, así, será su concuñado, y luego agente de cambio. Hecha su fortuna, Montefiore se retira de los negocios a los 40 años para dedicarse por completo a las instituciones comunitarias. Como veremos, desempeñará un papel no desdeñable en ellas durante sesenta años.

El segundo caso es el de Mauricio de Hirsch, nacido en Alemania en 1831 en un medio de banqueros; su madre es una Wertheimer, familia de banqueros en Frankfurt. En 1841 trabaja en el banco Bischoffsheim y Goldschmidt en Bruselas, y en 1855 se casa con Clara, la hija de Jonathan Bischoffsheim. Luego se hace amigo del Príncipe de Gales (futuro rey Eduardo VII) y del archiduque Rodolfo de Habsburgo. Veremos que en los asuntos judíos tendrá una actuación aún más importante que Montefiore.

Las alianzas son cuidadosamente estudiadas para evitar la fragmentación de las casas y conservar los secretos de negocios en el círculo más estrecho. En París, los Fould se asocian con los Oppenheim y luego con los Heine, banqueros de Hamburgo –padres del poeta–, que también se instalaron en Burdeos. En Bruselas, los Lambert se alían a los Rotschild. Por lo general, una parte sustancial de las dotes se incorpora a los activos del banco del esposo.

Uno de los hijos de Benedict Goldschmidt (de Bischoffsheim y Goldschmidt), Leopold Benedict, se casa con Regina, una hija de Jonathan Bischoffsheim; otro, Maximilian, se casa con la hija del barón Wilhelm von

Rothschild. Una de las hijas de Raphael Bischoffsheim se casa con August Bamberger, un banquero de Maguncia cuyo hijo, Heinrich, se casa con la hermana del barón de Hirsch. Veremos que otro hijo de Bamberger, Ludwig, será uno de los fundadores, en 1868, del Banco de París y los Países Bajos; en 1870 del Deutsche Bank; y luego del Reichsbank, en 1871. Otra hija de Raphael Bischoffsheim, Clara, se casa con Louis Cahen, uno de los fundadores del Crédito Mobiliario de Amberes. Gerson Bleichröder, aconsejado por su padre, de quien se vuelve asistente en 1839, se casa con la hija de un banquero de Breslau.

En 1840, Rothschild supera a los demás bancos, judíos o no judíos. Luego de Nathan, su hijo Lionel instaura en 1836 un cuasi monopolio sobre las emisiones del Tesoro Británico: algunas de ellas tienen una connotación política. En 1847, para luchar contra la hambruna irlandesa; en 1856, para financiar la Guerra de Crimea.

En adelante, la City atrae las fortunas de Europa y las lleva a invertirse en América, Indonesia, Nigeria, Kenia y África Meridional. Los bancos judíos no son los únicos que se interesan en la industria británica, pero, más que otros, encuentran el modo de financiar ferrocarriles, siderurgia, minas y luego el petróleo. Así, prestan a acerías en Suecia, a compañías de ferrocarriles en los Estados Unidos, a sociedades mineras en África Meridional y en América Latina. El barón de Hirsch obtiene una concesión del gobierno turco, organiza el financiamiento del ferrocarril que une Constantinopla con Europa, el Orient Express, y crea empresas en el sector del cobre y la industria azucarera. El banco Speyer financia la industrialización de Turquía; Rothschild, la de Egipto. David Sassoon, originario de Bagdad, instalado en Bombay en 1832 (quien siempre se niega a considerar como tales a los judíos de Cochin), financia el presupuesto del virrey de las Indias con el concurso de bancos judíos de Londres. Más tarde, los Sassoon, con los Ezra, los Kadoorie (que todavía poseen en Hong Kong el Peninsula Hotel y la State Line) y los Hardoon, se establecerán en Hong Kong y Shangai, donde pronto prosperará una extraordinaria comunidad de comerciantes judíos.

Después de 1850, algunos bancos cristianos recuperan el control de los préstamos a los Estados. Baring, fundado en 1839, se convierte en el financista con real privilegio de la familia imperial rusa, de gobiernos de América del Sur y de las infraestructuras de América del Norte. En 1857, esos bancos británicos poseen hasta la mitad de las acciones de los ferrocarriles norteamericanos. Para su mayor desgracia: varios quiebran con ellos, provocando una grave crisis, cuyos efectos transfieren a Europa. Los bancos judíos, más prudentes,

no tan expuestos en los mercados riesgosos, tienen un desempeño fundamental en la solución de esta crisis al hacer que sus redes operen en todo el
continente europeo. Por ejemplo, para la ciudad de Hamburgo, que está en
quiebra, Sara Warburg encuentra un préstamo por seis meses a una tasa del
6%. El prestamista en Viena es su propio yerno, Paul Schiff, quien previamente solicitó y obtuvo el explícito consentimiento del ministro austríaco de
Relaciones Exteriores.[18] No estuvieron muy lejos de la catástrofe…

Uno de los hijos de Sara, Siegmund Warburg, que entonces administra el
banco familiar con su madre, deja constancia de esta frase que cualquier otro
judío habría podido pronunciar desde hace casi tres mil años: "Los Warburg
siempre tuvieron ese sino: cada vez que estaban a punto de hacerse muy ricos, ocurría algo que los volvía a empobrecer y los obligaba a empezar todo
de nuevo desde cero".[18]

En 1843, Samuel Bleichröder informa al barón James de Rothschild en
París que su hijo Gerson dispone entonces de la *prokura,* la firma de un
poder: "Tomé esta decisión teniendo en cuenta la probidad de Gerson, así
como su actividad y celo para servir vuestros honorables intereses".[404] En
1847, Gerson se vuelve socio de su padre y cuando éste muere, en 1855,
dirige el banco, primero con su hermano Julius, que luego abandona el establecimiento familiar para fundar su propio banco. Gerson cultiva más asi-
duamente todavía que su padre las relaciones con los Rothschild y con la
Salomón Oppenheimer e Hijo y Cía., convertida en una empresa de enver-
gadura europea, dirigida en 1840 por Abraham y Simón Oppenheim, dos
hermanos de un dinamismo excepcional, cuya divisa merece ser citada:
"Vender una perla que uno tiene a quien la quiere no es hacer negocios;
pero vender una perla que uno no tiene a quien no la desea, ¡eso se llama
hacer negocios!".[18]

El carácter específicamente familiar de estos bancos se diluye poco a poco: es difícil garantizar la continuidad familiar de un negocio más allá de tres
generaciones. A menudo, los nietos del fundador son atraídos por las artes:
se pierde lo que todavía se llama "fuego sagrado". Los intereses judíos comienzan a unirse a intereses cristianos para fundar establecimientos que au-
guran un porvenir excepcional.

Primera fusión: la Shaafhausenscher Bankverein, fundada en 1848 en Colonia, se fusiona en 1853 con el banco de Abraham Oppenheim para convertirse en el Darmstadter Bank. Un gran nombre desaparece; otro nace.

En 1860, Gerson Bleichröder se asocia con banqueros cristianos, los Han-
semann, para fundar el Consortium Prusiano, sindicato bancario que reúne

los 30 millones de táleros tomados en préstamo por el rey de Prusia para financiar la movilización prusiana durante la guerra franco-austríaca en Italia.

Segunda fusión: tras haber trabajado con Bischoffsheim y Goldschmidt en Maguncia, Ludwig Bamberger funda en Amsterdam, en 1863, el Banco de Crédito y Desarrollo de los Países Bajos; en 1866 vuelve a Alemania para crear con Hermann Karkuser y Aldebert Dalbruck, en 1870, el Deutsche Bank, hoy uno de los primeros bancos del mundo.[155] Luego se dirige a París y, el 27 de enero de 1872, fusiona su Banco de los Países Bajos con el Banco de París, creado a su vez en 1869 en París por Henri Cernuschi: es el nacimiento del Banco de París y los Países Bajos, durante mucho tiempo uno de los primeros bancos mercantiles franceses.

Tercera fusión: Eugen Gutmann funda en 1871 el Dresdner Bank, fusionando varios bancos locales. El fundador es judío; los capitales no.

Junto a estos grandes bancos ya hay en Alemania más de 2 mil, más pequeños, de los cuales por lo menos trescientos son judíos. Su importancia e influencia no dejan de crecer, sin que reciban depósitos ni abran filiales. Uno de ellos, el banco Warburg, está entonces en vías de convertirse en el más influyente del norte de Alemania.

Las redes familiares se estrechan todavía más: en 1862, Siegmund Warburg, hijo de Sara, se casa con la hija de un banquero judío ruso de Jitomir, Theophilie Rosenberg, cuya madre, una Günzburg, proviene de una familia de banqueros de Kiev y San Petersburgo. Una de las hermanas de Theophilie está casada con León Aschkenazi, fundador del banco homónimo en Odesa; otra se casa con el barón Josef von Hirsch-Gereuth, socio del banco Bischoffsheim y Goldschmidt en Berlín. Como es usual en estas familias, dos tercios de la dote van a engrosar el capital del banco. En 1864, el hermano de Siegmund Warburg, Moritz, se casa con Charlotte Oppenheim, hija de Abraham, el banquero de Colonia.

Lionel de Rothschild en Londres, Pereire en París, Günzburg en San Petersburgo, Kronenberg en Varsovia, Stern Bros en Londres, Bischoffsheim y Goldschmidt en Bruselas, Bleichröder en Berlín, Warburg y Behrens Söhne und Lieben en Hamburgo financian juntos, de Europa a los Estados Unidos, de China a Perú, empréstitos públicos para empresas cuyos Estados salen de garantes.

En Francia, los bancos mercantiles judíos –Fould, Pereire, Dreyfus, Lazard, Rothschild, Milhaud, Haas, Bamberger (este último asociado a otros banqueros judíos originarios de Estambul: el conde de Camondo y el barón Leonino)– financian el comercio exterior y el déficit presupuestario, al tiempo que se mantienen apartados de los bancos de depósito que se desarrollan a partir de 1863 alrededor del Crédito Lyonnais. En 1865, 50 judíos son dirigentes de bancos en París; en 1872, de 440 propietarios de establecimientos financieros, son 95, lo que marca su apogeo.

Luego de 1870, su desempeño en Europa vuelve a ser modesto, comparado con el de la alta banca protestante y la gran banca católica, que en adelante dominan el mercado de capitales con numerosas agencias, miles de cuentas, múltiples participaciones en la industria. Los judíos siguen siendo influyentes como consejeros de los Estados. En 1871, en París, los Rothschild organizan el empréstito lanzado por la Francia vencida para abonar a Prusia los daños de guerra. En 1875, Lionel de Rothschild, en Londres, encuentra la manera de adelantar al gobierno británico los capitales necesarios para la compra de su participación en el Canal de Suez, cuya construcción acaba de terminar. Ahora, los banqueros judíos invierten también en proyectos más exóticos: los Rothschild optan por los ferrocarriles de los Estados Unidos, y, pese a sus reticencias frente al antisemitismo ruso, en el petróleo de Bakú; el barón de Hirsch, por su parte, invierte en el azúcar y el cobre del Imperio Otomano.

Los bancos judíos ya no son omnipotentes más que en Alemania, alrededor de Warburg y Bleichröder, primeros bancos mercantiles del país.

A la muerte de Sara Warburg en 1885, y tras la de su hijo mayor, Siegmund, en 1889, el menor, Moritz, se encuentra a los 51 años a la cabeza del banco con sus cinco hijos (Abraham, Max, Félix, Paul y Fritz) y sus dos hijas (Olga y Luisa). El destino de estos cinco hermanos ilustrará la evolución de las tradiciones financieras judías en este fin de siglo. Cuatro de ellos van a entrar en la Historia.[18]

Abraham, el mayor, se casará con una cristiana, para gran escándalo de su familia,[436] y se convertirá en uno de los mayores historiadores de arte de todos los tiempos.[170] Creará el famoso instituto que hoy lleva su nombre en Londres. Max, Félix y Paul conocerán fabulosos destinos políticos y financieros en Alemania y los Estados Unidos. Fritz garantizará las considerables obras caritativas de la familia, en especial para los inmigrantes rusos y en Palestina.

En 1891, primera alerta para Max, que respalda a su padre en lugar de Abraham, que había ido a estudiar el arte italiano en Florencia: un banco ruso perteneciente a la familia de su tío Siegmund, el banco de los Günzburg de San Petersburgo, dilapidó en las minas de Lena, en Siberia septentrional, 7 millones de marcos, prestados a la casa Warburg.[18] El banco Günzburg no puede honrar sus vencimientos. Rosa, una de las hijas de Siegmund, y por tanto prima de Max, debe casarse en junio del año siguiente con el barón Alejandro de Günzburg, con quien está comprometida hace dos años. ¡Ni hablar de permitir que el banco del futuro yerno vaya a la quiebra! Por consiguiente, Moritz Warburg sale como garante de las deudas de Günzburg, sin límite, y descuenta todas sus letras de cambio. El banco Günzburg se recupera. En 1894, el barón y Rosa, ahora su mujer, rembolsarán a todos sus acreedores durante una fastuosa cena ofrecida en su mansión particular de San Petersburgo: cada comensal encontrará lo que se le debe en monedas de oro ubicadas sobre su plato, con una bolsa de seda colocada sobre la silla para disponerlas una vez que las hayan contado. El banco está salvado… justo antes –ya lo comentaremos– de su cierre y la expulsión de los Günzburg del país, sin un centavo.[18]

Los destinos de otros dos hijos de Moritz Warburg, Paul y Félix, íntimamente mezclados, se bifurcan en América. En 1894, Félix conoce a Frieda, la hija de Jacob Schif, un emigrado alemán: ya veremos que entonces comanda el banco Kuhn Loeb, el banquero judío más famoso de Nueva York y uno de los hombres más ricos de América. Es amor a primera vista. Por una vez, no se trata de un matrimonio arreglado. Félix se casará con Frieda, irá a vivir a Nueva York y trabajará para su suegro. En marzo de 1895, la ceremonia da lugar a que lo más granado de Hamburgo[54] y cierta cantidad de banqueros europeos crucen el Atlántico en un buque de la Hapag, compañía de transporte marítimo que acaba de crear Albert Ballin, amigo de Max. Paul, miembro del cortejo de honor de su hermano, se enamora de la muy joven tía de Frieda, Nina Loeb. Otro casamiento. De ese modo, Paul se convierte en tío de su propio hermano, y también él se instala en Nueva York, donde a su vez se asocia con Kuhn Loeb. La más antigua familia de banqueros judíos todavía en actividad, procedente de Italia en el siglo XVI con el nombre de Del Banco, se implanta en América en un lugar destacado entre las fortunas de la ciudad[18] con el nombre de Warburg.

Max permanece en Alemania para dirigir la vieja casa tras el retiro de su padre, en 1898. Está muy ligado a los dirigentes alemanes, a quienes quiere comprometer en la aventura colonial y alejar del zar antisemita. Un ingeniero judío ruso que adquirió la ciudadanía británica, Jaim Weizmann –de quien volveremos a hablar–, trazará tiempo más tarde un retrato cruel de Max, por otra parte válido para todos los financistas judíos de la época: "Era el tipo exacto del judío de corte, más alemán que los alemanes, obsequioso, superpatriota, ansioso por adivinar de antemano los designios y proyectos de los grandes señores de Alemania".[443]

En 1901, en Frankfurt, muere Wilhelm Carl von Rothschild sin herederos, y cesa sus actividades la casa matriz de los Rothschild: confiarla a un extranjero es inconcebible. Los Rothschild abandonan Alemania. Las
inversiones no son tan precisas, tan bien ajustadas: en 1911, los Rothschild
llegan a vender sus partes en los pozos de petróleo de Bakú a la Royal Dutch
Shell. Pero no se puede relacionar esta decisión con un boicot del zarismo.
      Incluso en Alemania, la gloria y el papel de esos bancos se apagan. La po-
tencia económica judía alemana, siempre creadora de riquezas para el país,
ahora está concentrada alrededor de tres hombres: Max Warburg –que dirige
el banco–, Albert Ballin[81] –que dirige la industria a partir del armamento naval, sector estratégico de la época– y Walther Rathenau –que pasa a director
del área de energía con AEG, fundada por su padre–. Los tres están cerca del
Kaiser, pese a su antisemitismo, y más cercanos todavía entre ellos. La primera línea telefónica privada que se instala en Alemania une los despachos de
Max y de Albert. La casa Warburg lanza operaciones con el Kreditanstalt en
Austria, con Kuhn Loeb en los Estados Unidos y con Siemens-Schuckertwer-
ke, el Deutsche Bank, en Escandinavia y Alemania el Disconto-Gesellschaft
y el Deutsche Orientbank. Ellos financian los ferrocarriles chinos con un grupo germano-anglo-franco-norteamericano dirigido por Jacob Schiff. Walther
Rathenau, por su parte, entra en la política.

La influencia de los bancos judíos en la política europea del siglo XIX

Al prestar a los Estados, esos banqueros son el blanco de las mismas críticas hechas a sus predecesores durante mil años: se olvida que nadie más
quiere ofrecer tales servicios: la creación de riquezas para otros; la prensa, y
sus competidores, explican que los gobiernos no son más que juguetes co-
rruptos en sus manos; los presentan como los dueños de Europa, demasiado generosamente pagados para lo que hacen. Por cierto, algunos
banqueros judíos de Europa realmente figuran entre las grandes fortunas de
su país. Pero los Rothschild no son comparables con la centésima fortuna
británica, y Fred Krupp sigue siendo, fuera de discusión, el alemán más rico de su época, más rico que el propio emperador; en Francia, ningún judío tiene una fortuna cercana a la de los Morny o los Hottinguer. Ellos
constituyen una elite cultural antes que material; parecería que ese oficio,
hecho de escrutar señales, predispusiera a un uso sofisticado de la especulación intelectual. El dinero debe circular; para ellos es una herramienta de

trabajo, no un fin en sí. En todas partes, instruidos por persecuciones milenarias, estos banqueros rechazan honores y títulos demasiado llamativos. Saben que puede haber resentimientos contra ellos por los servicios y el dinero que prestan. Por tanto, viven entre ellos con un gran sentido de la etiqueta y una obsesión excluyente: educar a sus hijos. En ocasiones poseen una casa de campo, con sirvientes que suelen ser judíos, joyas, platería, cuadros, mobiliario. Algunas mujeres tienen un salón: en París, Clara Bischoffsheim, Henriette Goldschmidt –esposa de Achille Fould–, los Halévy, la señora Straus; en Londres, los Rothschild; en Viena, la baronesa Fanny von Arnstein, de origen berlinés, casada con un rico banquero "tolerado", tiene un salón brillante y mundano, como Henriette Herz en Berlín, que recibe a Kant y a Humboldt. Algunos banqueros son grandes coleccionistas, perspicaces y visionarios, a veces incluso galeristas, acomodados y prósperos. Nueva forma del eterno oficio de agente. Muchos de sus hijos querrán huir de las tareas financieras, y, en cuanto puedan, entrarán, en general con el beneplácito de sus padres, en la esfera del arte: Heine, Mendelssohn, Offenbach son los principales ejemplos.

Ninguno ejerce auténtica influencia política en país alguno de Europa, salvo, como veremos, un Bleichröder en Prusia y, muy fugazmente, dos Pereire en Francia. A cargo de la recaudación del ahorro, el financiamiento del Estado y accesoriamente de la industria, los puertos, las rutas y el armamento naval, permanecen totalmente sometidos a la política exterior de sus respectivos países. Para consentir un préstamo importante, verifican siempre el *nihil obstat* de sus diplomáticos. Si los ministros de Relaciones Exteriores los consultan y utilizan a menudo como mensajeros oficiosos, eventualmente en contra de su Banco Central o incluso en lugar de sus embajadores, si son esenciales para el buen equilibrio presupuestario de la mayoría de las naciones de Europa, de hecho no tienen más que una ilusión de poder, y observan una perfecta sumisión a la autoridad.[231]

Algunos entran en política. Michel Goudchaux es ministro de Finanzas bajo la Segunda República, y Achille Fould, bajo el Segundo Imperio. Sir Ernest Cassel, hijo de un pequeño banquero de Colonia que emigró sin un centavo a Londres, promovido a director del Banco Bischoffsheim, corresponsal de Kuhn Loeb y de la casa Rothschild en Londres, se hace amigo y consejero del Príncipe de Gales, cuya pasión por los caballos de carrera comparte. Un Bischoffsheim es ministro en Bélgica. Ludwig Bamberger, el fundador del Deutsche Bank y del Banco de París y los Países Bajos, asume como diputado en el Reichstag en 1870 e inspira la legislación que da nacimiento al Banco

Central, el Reichsbank. En 1907, Luigi Luzzato es designado ministro italiano de Finanzas, y luego, presidente del Consejo. Walther Rathenau, hijo del industrial Emil Rathenau, comienza una carrera política.

Sólo un banquero –acaso el más discreto de todos– representa un verdadero papel político en el siglo XIX en Europa: Gerson Bleichröder,[404] que el barón Carl Meyer de Rothschild presenta en 1865 a Bismarck, entonces en busca de un "buen banquero en Berlín". Y es un buen banquero: todos los clientes de los Rothschild, cuando se dirigen a la capital alemana, arreglan sus asuntos en Bleichröder, en la Behrenstrasse, a algunos minutos del castillo del emperador y frente a la futura residencia de Bismarck, sobre Wilhelmstrasse. Hasta antisemitas notorios como el industrial Henkel, el músico Richard Wagner y su futura esposa, Cosima von Bülow, tienen allí una cuenta. Convertido así en financista personal de Bismarck, Gerson lleva al canciller a poner fin al proteccionismo comercial. Le suministra los créditos rechazados por el Parlamento Prusiano para las guerras austro-prusiana de 1866 y franco-prusiana de 1870. Bismarck es el último jefe de gobierno que hace financiar sus guerras por un banquero judío. Gracias a sus relaciones con los Rothschild, Gerson ofrece al canciller un medio de comunicación confidencial con Disraeli. En 1871, convertido en barón, negocia la paz entre Francia y Alemania con los Fould. Bismarck, que lo utiliza siempre en total secreto, escribe al respecto a uno de sus ministros: "Ante todo, es preciso que Bleichröder vaya a París, que se encuentre con sus colegas judíos, que discuta [acerca de la indemnización de guerra de 5 mil millones de francos] con los banqueros".[209] Pero, a partir de ese momento, el antisemitismo sigiloso de Bismarck se transforma en temor paranoico a la supuesta influencia de los judíos. Bleichröder se convierte en su primer blanco: ahí está, espía y conjurado, corruptor, tirando de los hilos, dotado de un poder oculto, "hizo fortuna en la Bolsa en vez de ganar el pan cotidiano con el sudor de su frente".[209] Siempre el reproche del parasitismo, es decir: tomar sin dar, sin ofrecer nada a los otros. Reproche que los judíos enfrentan desde siempre, como extranjeros, especialmente vulnerables.

Cada vez más involucrado en los asuntos judíos, Bleichröder sigue intercediento por las comunidades de Alemania, Rumania y Rusia al tiempo que aconseja al canciller. Bismarck jamás reconocerá lo que le debe. Ni siquiera mencionará su nombre en sus Memorias. Un biógrafo del banquero observa: "¿[Bleichröder] comprendió que la mezcla de éxitos y humillaciones que había caracterizado su vida era sintomática de las relaciones profundamente pervertidas entre alemanes y judíos?".[404] A no dudarlo, los proveedores de cortes en Bagdad ya habían tenido esa vivencia durante el siglo IX, o en Londres en el XII, en Córdoba en el XIII, en Sevilla en el XV, en Frankfurt en el XVIII: tanto más se los odiaba cuanto mayor era el espectro de servicios que prestaban.

Tras la muerte de Gerson Bleichröder en febrero de 1893, sus hijos se convierten; el banco sobrevive. En colaboración con los Rotschild y los Mendelssohn, participa todavía en varios empréstitos gubernamentales destinados a financiar la nueva *Weltpolitik* alemana. Mantiene una posición fundamental en las finanzas rumanas, italianas y mexicanas, pero ya no está en una posición medular: los hijos de Gerson Bleichröder, por lo demás, son olvidados por Kuhn Loeb y Max Warburg, en 1913, cuando hay que articular un préstamo en Europa para financiar los ferrocarriles norteamericanos, en particular el Illinois Central Rock Railroads. En recuerdo de su padre, Max insiste para que al menos se los asocie simbólicamente. Veremos que pronto recuperará el papel político de Gerson Bleichröder. Y esta vez, en la cúspide.

2. Tres fantasmas

Cuando los judíos dejan de ser prestamistas forzados de la gente común, y cuando la inmensa mayoría de ellos todavía está en la pobreza y desperdigada, una pequeña cantidad de industriales y banqueros judíos adquiere una posición considerable, notoria y hasta espectacular, en la revolución financiera y económica de Europa. Judaísmo y dinero se mezclan entonces en la mentalidad de los hombres de ese siglo en tres nuevos fantasmas, fuente de las tragedias del siglo siguiente.

Primer fantasma: de Saint-Simon a Enfantin

Emancipados de los rabinos, apasionados por la modernidad, los jóvenes de la burguesía judía están en busca de nuevos referentes intelectuales. Primero es tentada por la francmasonería, inventada justamente para reunir a quienes desean debatir acerca de temas prohibidos; pero no se limita a ello. Aunque los Rothschild son influyentes en el culto escocés, y Adolphe Crémieux, al final de la década de 1860, sea uno de sus responsables en Francia, a la vez que gran maestre del Gran Oriente, no son muchos: les bastan sus redes familiares.

En Francia, un extraño personaje atrae a muchos judíos por su ideología progresista y su universalismo: el conde Henri de Saint-Simon, nieto del memorialista. Nacido en 1760, combatiente en América, arruinado por la Revolución, predica una religión universal, un "nuevo cristianismo",[353] mediante la supresión de la herencia y del préstamo a interés, la organización científica del trabajo y el desarrollo industrial. En 1820, en la Europa destruida por las guerras imperiales, es uno de los primeros en predicar a favor de los grandes trabajos, entonces tan ridiculizados, y el crédito barato, tan combatido. Incluso hace de las audacias financieras y el banco generoso los principales vectores de su nueva religión. Inspirará a Auguste Comte y a Léon Walras. Jóvenes judíos franceses son seducidos por esta doctrina, pues ven en ella una manera de asimilar, sin abjuraciones, la riqueza al servicio del bien, la vieja fórmula del Talmud. El hijo de un banquero parisino, Léon Halévy, se vuelve secretario de Saint-Simon. El de un banquero bordelés, Olinde Rodrigues, es su mecenas. Tras la muerte del maestro en 1825, Rodrigues funda una revista, *El Productor,* con el principal discípulo de Saint-Simon, Prosper Enfantin: un iluminado en el límite de la perturbación mental. Otros dos discípulos, los hermanos Pereire, también originarios del Sudoeste, son primero empleados de los Fould, y pronto pasan a poner en práctica los proyectos saintsimonianos. Émile Pereire afirmará: "No basta haber escrito gigantescos programas; también quiero roturar con mi idea el suelo". Sueñan con hacerse constructores de un mundo nuevo donde el desarrollo industrial habría de borrar las diferencias religiosas y sociales. Y con este proyecto, tendrán éxito en el primer aspecto, pero perecerán a causa de las segundas.

En 1832, sin siquiera un centavo, los hermanos Pereire presentan un primer proyecto de ferrocarril París-Saint-Germain-en-Laye y proponen un plan de caja de ahorro. No son los únicos: el banco Fould-Oppenheim crea la Compañía Ferroviaria París-Meudon-Sèvres-Versalles. En 1844, los Pereire fundan la primera caja de retiros obrera y militan por la abolición de la esclavitud. Napoleón III, en el poder, les abre todas las puertas. En 1855 obtienen una concesión del ferrocarril financiado por los Rothschild, que todavía los apoyan, pero con reticencias, a instancias del emperador. En 1857 unifican todas las líneas del sudeste bajo la sigla PLM (París-Lyon-Mediterráneo) y participan en la instalación de otras redes ferroviarias en España y Túnez. En este frenesí de crecimiento, también financian los trabajos de Haussmann en París y la creación de la Compañía General Transatlántica, que debe otorgar a Francia los medios para volver a ser una gran potencia marítima. Ése es su triunfo.

Su derrota llega con el banco. Pese a la oposición de los establecimientos de la plaza, Napoleón III les permite crear en 1852 una Sociedad General de Crédito Mobiliario para proponer créditos a tasas bajas a nuevos empresarios. Aunque el éxito es político, no es financiero: los costos de gestión son demasiado elevados. En 1861 –año del tratado de librecambio con Inglaterra, que los Pereire inspiraron a Napoleón III–, los Rotschild y Achille Fould –banquero, en 1861 nombrado nuevamente ministro de Finanzas– deciden librarse de ambos hermanos. En 1863, Fould les niega la autorización para transformar el Banco de Savoya, que compraron en el momento de la incorporación de la provincia a Francia, en un competidor del Banco de Francia, circunstancia que les hubiera permitido descontar la cartera de préstamos del Crédito Mobiliario y sanear su balance. Entonces, su banco ya carece de fuentes de financiamiento y, en 1867 –debido a malas operaciones inmobiliarias en Marsella–, sólo es salvado por el Banco de Francia a cambio de la dimisión de los hermanos Pereire. Más tarde, el Crédito Mobiliario se fundirá con el Crédito Mobiliario Francés, luego con el Banco de la Unión Parisina, con el BNCI y finalmente con el BNP.

Hasta su muerte, los Pereire seguirán defendiendo sus ideas y proyectos. En 1880, Isaac Pereire, último saintsimoniano, inspirará incluso al papa León XIII la primera encíclica sobre el progreso social, *Rerum novarum*.

Segundo fantasma: de Marx a Drumont

Tras la amalgama entre judío, dinero y poder estatal, asistimos a aquella entre judío, dinero y explotación capitalista. Mientras la doctrina judía impone a las comunidades ser útiles al mundo, se los acusa de querer destruirlo. Así como el único remedio posible para la quiebra fue la eliminación de los Pereire, en este caso se piensa que el único remedio para la explotación es la desaparición del judaísmo, que supuestamente acarreará la del capitalismo. Este lazo entre capitalismo y judaísmo, que deberían destruirse mutuamente, constituye la tesis de un joven filósofo nacido en una familia de rabíes y comerciantes judíos de Tréveris (su padre es Hirschel Ha Levi y su madre, Henrietta Pressburg Hirshel), convertido al protestantismo cuando tenía 6 años. En 1844, cuatro años antes del *Manifiesto* que lo hará universalmente famoso, Karl Marx –porque de él se trata– publica *La cuestión judía*, como respuesta a Bruno Bauer, que el año anterior proponía que los judíos se asimilaran para emanciparse.

Para Marx, el judío es la matriz del capitalismo; por ende, asimilarlo en nada cambiaría su estatus. Sólo puede emanciparse con la desaparición, conjunta de capitalismo y judaísmo. En ese texto espantoso, una de las fuentes involuntarias del antisemitismo económico moderno, puede leerse:[270]

> No busquemos el secreto del judío en su religión, busquemos –en cambio– el secreto de la religión en el judío real. ¿Cuál es el sustrato profano del judaísmo? La necesidad práctica, el beneficio personal. ¿Cuál es el culto profano del judío? El tráfico. ¿Cuál es su dios profano? El dinero. [...] La nacionalidad quimérica del judío es la nacionalidad del comerciante, del hombre de dinero. El judaísmo sólo alcanza su apogeo con la perfección de la sociedad burguesa; pero ésta sólo alcanza su perfección en el mundo cristiano [...]. El cristianismo surgió del judaísmo; y terminó por doblegarse ante el judaísmo. [...] Por lo tanto, encontramos la esencia del judío de nuestros días no sólo en el Pentateuco y el Talmud, sino en la sociedad actual. [...] El dinero es el dios celoso de Israel, ante el cual ningún otro dios debe subsistir.

Y entonces Marx bosqueja la teoría del capital, que desarrollará tan ampliamente treinta años más tarde: "El dinero rebaja a todos los dioses del hombre y los transforma en mercancía. El dinero es el valor general y constituido en sí mismo de todas las cosas".[270]

Luego, jugando con el témino "emancipación", Marx pretende demostrar que la liberación del judío implica que la sociedad se libere del judaísmo: "La emancipación política del judío, del cristiano, del hombre religioso, en una palabra, es la emancipación del Estado respecto del judaísmo, del cristianismo, de la religión en general".[270] Dicho de otro modo: para emancipar a los judíos –y con ellos a los otros creyentes–, hay que terminar con todas las religiones y con el capitalismo que ellas fundan.

En ese texto terrible, Marx explica que judaísmo y dinero son inseparables, que no se puede eliminar a uno sin eliminar al otro, que el trabajador, a través de una revolución contra la propiedad privada, puede al mismo tiempo liberarse de Dios y del capital. En suma, a través de su lucha, "el trabajador puede ser libre".

Así, anticapitalismo y antijudaísmo se confunden en una mezcla de la que muchos se alimentarán después de Marx. En efecto, si para él la eliminación del capitalismo acarreará la del judaísmo, para otros,[278] el fenómeno recíproco también se hará efectivo: eliminar al judaísmo –es decir, para ellos, a los judíos– permitirá librarse del capitalismo, cuya fuente son los judíos.

Por una monstruosa ironía, entonces, distorsionando la fórmula de Marx, otros alemanes, un siglo más tarde, escribirán en las puertas de los campos: "El trabajo libera".

Ya al siguiente año, en 1845, en Francia, un discípulo de Fourier, especialista en animales y caza, Alphonse Toussenel, retoma la tesis de Marx: el judío es el capital. Escribe *Los judíos, reyes de la época. Historia del feudalismo financiero*,[416] gran éxito que inspirará a Drumont, Georges Duchêne y la Acción Francesa.

En 1860, otro judío alemán, Ferdinand Lassalle, fundador del movimiento socialista, escribe: "Puedo afirmar que he dejado de ser judío. [...] no quiero a los judíos y más bien tendería a detestarlos en general".[278] Odio de sí, en un entorno hostil, que incluso lleva a los judíos a odiar el judaísmo.

Un poco más tarde, Friedrich Engels, el mecenas de Marx, inquieto por los estragos que el antisemitismo comienza a provocar en el seno de la clase obrera alemana, lamenta que sea utilizado como "un arma de propaganda de la clase burguesa para desviar a las masas obreras del sentimiento anticapitalista";[278] teme que el odio hacia los judíos sirva de válvula de escape para la justa ira de las clases explotadas contra los patrones, y los aleje de los partidos revolucionarios. "Al suscitar hostilidad hacia los judíos entre los obreros, las clases burguesas evitan que las reivindicaciones obreras sean dirigidas contra ellas".[137] Para Engels, todas las clases y todos los pueblos oprimidos deberían fundirse en una Internacional Socialista, nueva familia, nueva identidad de los pueblos, que reúna a obreros y minorías de toda naturaleza, en una misma lucha contra la burguesía.[137] En otras palabras, los judíos tendrían interés en aliarse a la clase obrera mundial para reclamar también ellos sus derechos cívicos y sociales en cuanto minoría.

En 1873, Charles Darwin rechaza la dedicatoria de *El Capital* que le anuncia Karl Marx: no es su terreno, observa con prudencia.

En Alemania, Otto Glagau denuncia en 1874, en una serie de artículos, las fluctuaciones de la Bolsa y las "especulaciones financieras judías". Opone el "capital depredador" (judío) y el "capital creador" (cristiano). El segundo es nacional y proteccionista; el primero, apátrida y mundialista.

> El sistema de librecambio predicado por la escuela de Manchester es la doctrina monetaria del rey Midas. Quiere transformarlo todo en dinero; glorifica el egoísmo, rechaza cualquier sentimiento de solidaridad y cualquier principio moral. El judaísmo constituye el desarrollo de ese sistema llevado a su extremo. Tan sólo le interesa el comercio, e incluso únicamente el regateo y la usura. El judío no trabaja, sino que hace trabajar a los otros; especula y hace negocios con el producto del trabajo manual e intelectual del otro. El centro de su actividad es la Bolsa.[310]

El judío es asimilado al extranjero, especialmente sospechoso cuando se exacerban los nacionalismos alemán, francés o ruso. En 1878, en un panfleto publicado anónimamente, *La judería en la música,* Richard Wagner escribe: "Los judíos, a imagen de los Rothschild, son los poseedores del oro, los pudridores del mundo".[310]

En 1879, un periodista alemán, Wilhelm Marr, inventa el término "antisemitismo" para designar lo que llama odio "no confesional" hacia judíos y judaísmo, es decir, el odio al extranjero, al traidor potencial, a quien cuestiona el orden nacional y abre las fronteras a las influencias procedentes de otras partes.[310] La palabra es lo suficientemente vaga para maquillar el odio al judío englobándolo en una aceptación más vasta, mejor adaptada al patriotismo naciente.

Ese mismo año (1879), Adolf Stöcker, capellán luterano de la corte imperial y fundador del nuevo Partido Social Cristiano, denuncia la emancipación de los judíos, que favorece la especulación bursátil, y critica el "capital móvil" con "ramificaciones internacionales y apátridas". Crea una Liga Antisemita con un famoso filósofo ciego, Karl Eugen Dühring, y reclama la expulsión de los judíos extranjeros y el despido de los judíos alemanes de la función pública. A través de estas palabras trasunta el miedo al mundo venidero, el rechazo a la modernidad, el miedo a los posibles aportes perturbadores del extranjero.

Al año siguiente, en 1880, Franz Mehring y Friedrich Engels instalan la palabra "capitalismo"; en adelante, todas las palabras terminadas en *ismo* estarán en gran boga.

Con la crisis económica de 1883, el antisemitismo hasta entonces teórico se torna práctico, primero en Francia y en Alemania. Al relacionar en la mentalidad del pueblo odio al capital, odio al poder y odio a los judíos, se les imputan a estos últimos todas las fallas, todas las inequidades, todas las miserias sociales. Ese año, por ejemplo, un ex empleado de los Rothschild, Émile Bontoux, hace responsables a sus ex empleadores de la quiebra de su banco, la Unión General, creado en 1878. En 1886, algunos meses después de la muerte de Víctor Hugo, Édouard Drumont publica uno de los mayores éxitos del fin de siglo,[36] *La Francia judía,* que señala al judío como un ser inhumano, casi bestial, un monstruo físico: "Los principales signos por los que puede reconocerse a un judío, por tanto, son: esa famosa nariz ganchuda, los ojos parpadeantes, los dientes apretados, las orejas salientes, las uñas cuadradas, el torso demasiado largo, el pie plano, las rodillas redondas, los tobillos extraordinariamente hacia afuera, la mano blanda y fofa del hipócrita y el traidor".[123]

Entonces, el antisemitismo ya no tiene más que encontrar una ocasión de cristalizarse, de ser posible alrededor de un extranjero inasimilable ubicado en el corazón del poder estatal, en situación de traicionar a la patria. En Francia, podría ser, el 7 de septiembre de 1892, un escándalo del que volveremos a hablar: el del canal de Panamá; pero ese desastre bursátil todavía es insuficiente para cristalizar un odio nacional contra los judíos.

El 7 de diciembre de 1893 en el Reichstag, en nombre de la Liga Antisemita y sus nuevos elegidos, Libermann von Sonnenberg denuncia "la Bolsa, casi totalmente en manos de los judíos".[310] Siempre la acusación de constituir un poder extranjero. El poder político alemán cede. Tanto en Alemania como en Francia, ningún judío es admitido en la alta función pública –especialmente en el ejército y la diplomacia– ni en la Universidad. Muchos judíos alemanes predican entonces la asimilación forzosa. No hablar más otra lengua que no sea el alemán, identificarse con la cultura alemana, sin renunciar –en lo esencial– a su fe.

Luego, el 14 de octubre de 1894, llega la ocasión tan esperada por los antisemitas: un judío sospechoso de traición.[72] Y no cualquiera: el capitán de artillería Alfred Dreyfus, politécnico, hijo de un rico industrial alsaciano que, en 1871, eligió ser francés con sus hijos menores. Muy brillante, y único judío que sirve como oficial del Estado Mayor –donde es admitido con reticencias como pasante–, el capitán es detenido: habría transmitido documentos secretos a Alemania, donde vive parte de su familia alsaciana. Se compara apresuradamente su escritura con la de un documento manuscrito, la "factura" del espía. Pretenden encontrar en esto una prueba. Así, ni siquiera el más asimilado de los judíos merecería ser ciudadano. Él niega todo. El hermano de Alfred Dreyfus y un joven periodista judío, Bernard Lazare –que acaba de publicar una *Historia del antisemitismo*–, asumen su defensa. El "Caso" va a dividir al país en dos campos, donde se encuentran mezclados socialistas y conservadores. El "Caso" no es un asunto de dinero.

El 22 de diciembre de 1894, ante un tribunal militar que lo juzga sobre la base de un legajo mantenido en secreto, Dreyfus es declarado culpable de traición. Es condenado a la degradación y a la deportación perpetua, y enviado al presidio de Cayena. Péguy, Proust, Mallarmé movilizan a los "intelectuales" en su defensa; Paul Valéry y muchos otros no están a su lado. El 10 de noviembre de 1896, *Le Matin* publica un facsímil de la factura que acusa a Dreyfus, inequívoca evidencia de que el documento no puede ser de su mano. *Le Matin* pertenece en parte a un camarada de promoción de Dreyfus, un tal Philippe Bunau-Varilla,[73] a quien volveremos a encontrar más adelante, ayudando, a través de los bancos judíos norteamericanos el financiamiento… ¡del canal de Panamá! El coronel Picquart, que asumió la defensa de Dreyfus, es sospechoso de haber provocado la "fuga" hacia la prensa de la falsa prueba.

Un año más tarde, en noviembre de 1897 –mes capital en el desarrollo del Caso–,[72] *Le Matin* reproduce otras dos cartas al agregado militar alemán, que supuestamente fueron escritas por Dreyfus, junto con una auténtica carta de Dreyfus dirigida a Bunau-Varilla. Esta prueba se añade a las acumuladas desde un año atrás por Bernard Lazare. El 12 de enero siguiente, Émile Zola publica el famoso "Yo acuso"[72] en *L'Aurore,* y grita la inocencia de Dreyfus.

Pese a la acción de numerosos defensores de Dreyfus, el antisemitismo arrecia en el país, inclusive en los medios populares. Y a algunos socialistas les gustaría mucho recuperarlo para convertirlo en un tema y un arma contra los burgueses. En junio de 1898 se forma una asociación que agrupa a obreros judíos de París, que protesta ante la SFIO contra el antisemitismo de los socialistas:

> Observamos que vuestra actitud [la de los socialistas franceses] para con el antisemitismo no es lo suficientemente franca, lo suficientemente enérgica, como en casos similares en que un principio de progreso y de humanidad está en juego […]. No movéis un pelo, porque creéis que el mal es aprovechable, porque consideráis el antisemitismo como un árbol amargo, pero que pronto echa fuertes raíces en cierto suelo: en el sería fácil, después, injertar el socialismo. Queréis centrar el odio de clase sobre el odio a los judíos. En otros términos, vuestra actitud es una transacción, en el terreno político, entre los viejos apetitos bárbaros, los viejos apetitos feroces, y las nuevas aspiraciones humanitarias y libertarias.

Texto premonitorio: las ideas del joven Marx siguen rondando en el entorno socialista. Como hay judíos capitalistas, puede denunciarse desordenadamente a unos con otros. El traidor judío justifica la violencia de los ataques contra el capital, judío o no. Es el anuncio de las dos tragedias del siglo XX.

A fines de agosto de 1898, un oficial de los servicios secretos franceses, el coronel Henry, reconoce ser autor del fraude que agobia a Dreyfus, y se suicida.[72]

En septiembre de 1899, se juzga nuevamente a Dreyfus. Esta vez lo condenan a diez años de reclusión, y el presidente Loubet lo indulta de inmediato.[72] Clamor de indignación de sus partidarios, que exigen su rehabilitación.

Mientras tanto, en Alemania, luego que Gerson Bleichröder cayera en desgracia, Max Warburg es el único que conserva influencia; y los antisemitas siguen manifestándose abiertamente. En Viena, Karl Lueger, jefe del antisemita Partido Social Cristiano, que acaba de ser nombrado alcalde de la capital austríaca, reprocha públicamente a los 100 mil judíos de la ciudad el ser la causa de sus problemas financieros.

En 1899, un inglés naturalizado alemán y convertido en yerno de Richard Wagner, Houston Stewart Chamberlain, explica en *Los fundamentos del siglo XIX* que Jesús no es judío sino ario; también que los judíos "constituyen la raza más corrompida y degenerada del mundo".[315]

En Francia, el Caso culmina: en julio de 1906, el Tribunal de Casación restituye su grado al capitán Dreyfus. Con la terminación del Caso, la Francia moderna gana una batalla, el antisemitismo ya no es dominante. Pero no dijo su última palabra: el 4 de junio de 1908, durante la transferencia de las cenizas de Zola al Panteón, un iluminado dispara sobre el coronel Dreyfus y lo hiere. Tiempo más tarde, uno de los héroes de esta aventura, el infatigable investigador, el coronel Picquart, asume como ministro de Guerra.

Tercer fantasma: de Weber a Sombart

Con la separación progresiva entre Iglesia y Estado en Francia y la atenuación en Europa Occidental de las acusaciones abiertas de deicidio, el judaísmo se convierte en tema de estudio social. El fantasma adquiere entonces nuevas dimensiones, esta vez universitarias: de pronto se erige la ética judía en fuente histórica e ideológica del capitalismo. Pero si existe quien está dispuesto a aceptarlo, incluso a glorificarlo, sólo será liberándose de su filiación judía. Así como quisieron echar a los judíos de la historia de Dios, ahora quieren excluirlos de la historia del dinero. O más bien relegarlos a sus rincones más negros, a lo que el dinero tiene de más turbio y menos productivo. Ya no se trata de buscar la presencia del judaísmo en los hechos, sino en las mentes. Se pretende que es constitutivo de la parte menos confesable del capitalismo, ligada a la especulación, no creativa de riquezas. Para moralizar el capitalismo, se inferirá que hay que librarlo de ese legado, en suma, purificar al capitalismo de sus orígenes judíos, al igual que la Iglesia, que tan bien supo olvidar sus orígenes hebraicos. No es otra la ambición de algunos teóricos alemanes a fines del siglo XIX.

En 1902, más de veinte años después de acuñado, y luego de *El Capital* de Marx, Werner Sombart hace por primera vez uso del término "capitalismo" en un curso universitario: *Der moderne Kapitalismus*.[392]

Dos años más tarde, en 1904, en *La ética protestante y el espíritu del capi-talismo*,[438] un famoso filósofo de cultura enciclopédica, Max Weber, preten-de demostrar que la fuente del capitalismo radica en una ética religiosa muy anterior a su nacimiento, y no en una simple manera de organizar los inter-cambios económicos: el capitalismo no es cuestión de propiedad, sino de cul-tura y conciencia moral, "centro de dirección de todas las matrices de decisión en el individuo y el grupo".[438] Para él, más precisamente, la ética creadora del capitalismo reposa sobre una apología de la responsabilidad in-dividual, del rigor nacional, de la educación, de la excelencia y ante todo de un uso moral del beneficio. "La avidez de una ganancia sin límite nada tiene que ver con el capitalismo, y mucho menos aún con su espíritu";[438] más allá de la búsqueda y la defensa de la propiedad privada, el capitalismo, en con-secuencia, es "el dominio racional de este impulso anárquico".[438] Esta moral, por lo tanto, lleva a moderar la sed de ganancias, a disciplinar la fruición, a reinvertir el excedente, a fundarse en la razón y en "posibilidades pacíficas de ganancia", no en simples piraterías: el capitalismo no es la extorsión de la ga-nancia, sino la ética del ahorro.

Para Weber, la fuente de ese conjunto de reglas morales necesarias para el capitalismo debe buscarse en las religiones, más precisamente en sus "impul-sos prácticos para la acción", a menudo contrarios a sus propias doctrinas teo-lógicas. Weber es uno de los primeros en relacionar la fuerza del capitalismo con la sociedad religiosa, cuando muchos antes que él veían en el dinero al li-berador del oscurantismo teológico. Y en especial –escribe– el judaísmo "tu-vo una importancia histórica decisiva en el desarrollo de la ética occidental en materia económica".[438]

Decisiva –ciertamente– pero accesoria, porque en el judaísmo, a su juicio, "la actividad económica no se ve promovida al rango de virtud";[438] sólo es to-lerada. Enorme error histórico que comete Weber, junto con algunos otros, como veremos. Porque, continúa de una manera igualmente perentoria, el ju-daísmo enfatiza la responsabilidad colectiva, mientras que el capitalismo ne-cesita accionar la responsabilidad individual. Para el judaísmo, según Weber, no hay una ambición privada, diferente del destino colectivo: "La búsqueda del perfeccionamiento individual está subordinada a la lógica de la redención de la colectividad judía".[438] Eso lleva a que el judaísmo practique un capita-lismo particular, moralmente condenable.

Hasta ese momento, el razonamiento de Weber es solamente falso. De allí en más, trastabilla y cae en el delirio antisemita: para él, la precariedad del es-tatus de los judíos no los incitó a crear emprendimientos industriales permanentes –por tanto, necesariamente ascéticas–, sino a contentarse con aprovechar errores ajenos, mediante la usura, el regateo y los tráficos, para participar en "bandolerismos políticos y coloniales sin que Dios se indigne, porque la moral reside en otra parte".[438] Por tanto, su precariedad los llevó a violar su propia Ley. Los judíos, "que querían someter su actividad económica al imperativo de ética social de la *brit* –la alianza–, se vieron llevados a asumir el doble papel de explotado y explotador".[438] Al actuar de ese modo, inventaron un "capitalismo de paria" que nada tiene que ver, dice Weber, con el auténtico capitalismo. Prestamistas de instituciones públicas, operaciones inmobiliarias, guerras, mercados de servicios, empresarios coloniales, arrendatarios de campos, partidos políticos, *condottieri,* especuladores, los judíos están "del lado del capitalismo aventurero, orientado hacia la política y la especulación",[438] y no del lado del capitalismo industrial, "el único honesto".[438] Por consiguiente, no participaron en la instalación del rasgo más específico del capitalismo: el ahorro, la organización racional del trabajo y el aumento de la productividad derivada. Los judíos, subraya Weber, son incapaces entonces de crear empresas industriales, incluso para su propio beneficio o por solidaridad entre ellos: "¿Cómo es posible que precisamente cuando existían amplios estratos de artesanos judíos en la miseria, no se haya visto nacer ninguna burguesía específicamente moderna, o sea, industrial, para utilizar el trabajo judío en su lugar de residencia?"[438] De paso, para que el judaísmo entre en el verdadero capitalismo, recomienda entonces que los banqueros judíos financien… ¡"el trabajo judío en su lugar de residencia"!

El catolicismo, prosigue Weber, no actúa mejor que el judaísmo, pues condena la riqueza, que permite consumir, y prohíbe la ascesis, que permite acumular. En cambio, Lutero y Calvino, explica, sientan los verdaderos fundamentos de la moral capitalista garantizando una ganancia ética a "cualquier actividad efectuada con método y conciencia para adquirir los bienes de este mundo".[438] Mientras que para los judíos un éxito económico sólo es señal de que no se ha realizado nada prohibido, y para los católicos es el anuncio de un peligro moral, por su parte, el protestantismo lo asume. Así, los comerciantes de Londres consideran que el éxito de sus negocios es señal de predestinación divina. En otras palabras, para el puritano protestante, la conducta más ética posible ha de ser austera, racional e individualista. En el protestantismo, pues, radica la ética burguesa: ésta conduce a la apropiación privada del capital alrededor de valores de ahorro, sobriedad, lealtad y honorabilidad. Precisamente la que se debe glorificar, valorizar, extraer de su filón histórico, como fuente de toda la modernidad.

La tesis de Weber, pese a sus contrasentidos –o bien gracias a ellos– dará la vuelta al mundo: permite que los protestantes anglosajones justifiquen ideológicamente su reciente dominación sobre el resto de la cristiandad. Weber no percibe que los judíos inventaron la ética mucho antes que los griegos y los puritanos, de la cual el dinero no es más que un componente; que para ellos la actividad económica es un medio esencial de ir hacia Dios; que el libre albedrío individual es omnipresente y no tiene relación alguna con lo que él llama, en pleno contrasentido, "lógica de la redención de la colectividad judía". Tampoco percibe que fueron banqueros judíos, primero prestamistas forzados, quienes ayudaron a constituir las administraciones y los tesoros públicos: sin ellos ningún capitalismo privado habría podido desarrollarse. Por no haber estudiado los textos del judaísmo e indagado la realidad histórica, no ve que la moral judía, presente en cada detalle de la conducta individual y colectiva, prohíbe el comportamiento que él describe. Al hacer del judío un "paria" del capital, ignora su papel de descubridor, de organizador de las finanzas públicas, de inventor de la ética individualista a partir de Hillel y, aún más, de inventor de la civilización: reemplaza la ley del talión por la indemnización monetaria de las heridas. Por último, no ve que en el mismo momento en que él escribe, algunos judíos están justamente inventando las principales tecnologías con que se alimentarán las industrias del siglo XX. Cree que hace la apología de la ética del capitalismo protestante, y no hace más que añadir un nivel al andamiaje del antisemitismo.

El debate, rápidamente lanzado alrededor de su imponente obra, hace reconocer a Max Weber como el mayor sociólogo de su época. Y todavía hoy muchos citan con respeto esa suma de ignorancia e ingenuidad, sin ver que –con Marx, a quien detestaba– es una de las principales fuentes del antisemitismo alemán.

En 1911, otro universitario alemán, mucho más marginal, el historiador y economista Werner Sombart, le responde con *Los judíos y la vida económica*,[392] donde pretende rehabilitar el papel de estos últimos en el nacimiento del capitalismo: de hecho se trata de otra caricatura, más desmesurada todavía que la de Weber o la de Marx. Para Sombart –en ello coincide con Marx y discrepa con Weber–, los judíos inventaron el capitalismo; pero para Sombart, como para Weber, la moral judía no constituye el fundamento sino de uno de los capitalismos: el propio de la especulación financiera, y no, como sostiene Weber, de la aventura colonial.[329] Por lo demás, el capitalismo, explica Sombart, comienza con la caída de Constantinopla, que orienta a Europa hacia el Occidente, con la introducción –por obra de judíos– de las cifras árabes y la comercialización –también por parte de ellos– de los metales preciosos. Según Sombart, algunas corrientes anteriores del catolicismo, como el tomismo, al condenar el goce y el ocio, representaron un papel considerable en esta invención, al contrario del protestantismo, que, dice, denuncia el amor al dinero, desprecia los bienes terrenales, predica el ascetismo –no el ahorro– y exalta la comunión con Dios. La moral puritana, que Weber convierte en fuente de la ética del capitalismo, a criterio de Sombart no es más que una pálida copia del tomismo, que exhorta a los fieles a un control metódico de las pulsiones "empleando en su defensa tanto ardor apasionado como estrechez de espíritu", y llevando la preocupación por el ahorro hasta la mezquindad,[392] no hasta la asunción del riesgo industrial.

Para Sombart, uno de los capitalismos modernos, el de las finanzas, nace de una de las encarnaciones muy particulares del judaísmo: los judíos polacos emigrados a Inglaterra a partir de mediados del siglo XVII.[392] "El capitalismo inglés fue polonizado como consecuencia de la emigración de los judíos polacos que se escapaban de las persecuciones cosacas [de 1648]."[392] Estos judíos eran maestros en la negociación; y "el alma de todo comercio moderno es la negociación".[391] Para cubrir las carencias de su causa, Sombart inventa aquí una presencia totalmente fantasiosa de los judíos de Polonia en la Inglaterra de comienzos del siglo XIX. Cita al historiador judío alemán Heinrich Graetz, que explica cómo el estudio del Talmud formaba a los judíos polacos en la estrategia de la negociación: "El joven asimilaba las sutilezas enseñadas en las escuelas y las utilizaba para engañar al menos astuto [...]. Los no judíos con que se relacionaba más de una vez tuvieron oportunidad de percatarse, a costa suya, de la superioridad del espíritu talmúdico del judío polaco".[392] Para él no hay más que una diferencia de grado, y no de naturaleza, entre el "pequeño vendedor ambulante" polaco, el "judío ropavejero" y Nathan Rothschild, banquero judío inglés "que, en una conferencia de varios días, negocia con el intermediario prusiano, en condiciones extraordinariamente complicadas, un préstamo de varios millones".[392] Este talento de negociador del comerciante judío se manifiesta a partir de 1815, "cuando los jefes militares británicos, corrompidos por los financistas judíos, los informan antes que a nadie del resultado de las batallas". De esto, Sombart concluye que, "del rey Salomón a Gerson Bleichröder, la riqueza judía atraviesa la Historia como un hilo dorado, sin solución de continuidad".[392] Por eso, el capitalismo financiero, necesariamente parásito y transnacional, es invención y especialidad judía.[392]

Así, el libro de Sombart –colmado de errores fácticos y anacronismos– hace las veces de compendio más o menos involuntario de caricaturas antisemitas. Por ejemplo, para explicar el gusto por el ahorro que adjudica a los judíos, cita un proverbio alemán según el cual "raramente se vio 'un chivo sin barba y un judío sin ahorros'", utilizando de este modo la comparación, tan del gusto de los antisemitas, entre el chivo y el judío.[392] Siguiendo el ejemplo de Weber, Sombart habla de los judíos sin decir nada o casi nada acerca de su estatus de prestamistas forzados, de la expoliación multisecular de su ahorro, de la obligación en que se vieron de disimular todo patrimonio, de la obsesión antijudaica de la Iglesia y de los príncipes, de la ética solidaria y exigente del Talmud, de su papel en la innovación industrial.

En 1934, Werner Sombart publicará *El socialismo alemán,* obra abiertamente pronazi que le dará la gloria, el reconocimiento oficial y un eterno descrédito.

Así, por múltiples vías –periodísticas, polémicas, políticas o universitarias–, desde fines del siglo XIX, el odio a los judíos vuelve a destacarse en el campo de las ideas. No es ya sólo religioso, sino también teórico, laico y económico: para algunos, todo consiste en terminar con el dinero y quienes lo manipulan; para otros, por el contrario, los judíos no deben sacar rédito de los beneficios del capitalismo. En ambos casos hay que sacárselos de encima. Ya pasó su tiempo. Se convierten entonces en el punto focal de todos los odios, el enemigo común de los liberales y los socialistas.

Para ellos ya es tiempo de buscarse otro refugio. Y encontrarán cuatro. En cada uno estarán en el origen de uno de los fundamentos de la modernidad, de una nueva manera de "enmendar el mundo", como dice tan bien el Midrash. Cuatro refugios, cuatro matrices.

3. Cuatro matrices

Desde comienzos del siglo XIX, la circulación más libre de mercancías, hombres e ideas, el fin de las instituciones feudales y los inicios de la emancipación llevan a algunos judíos a escoger más libremente su destino.

Algunos van a acompañar muy lejos la aventura colonial. Mil historias de comerciantes merecerían ser narradas aquí, de Adén a Singapur, de Bombay a Montevideo, de Melbourne a Argel, de Pretoria a Shangai. Bosquejaremos una sola: la del hijo de un comerciante de Viena, Eduard Schnitzer, nacido en 1840, que se recibió de médico, partió hacia Jartum con el general Gordon, fue nombrado gobernador de la ciudad y entró en lucha –con el nombre de Emín Pachá– contra comerciantes de esclavos que, en 1892, lo asesinaron en el Congo.

Fuera de estas trayectorias tan fulgurantes como aisladas, cuatro sitios prevalecen para las masas judías: Rusia y Austria-Hungría, donde residen entonces más de dos tercios del pueblo hebreo; América y Palestina, donde hoy se encuentran dos tercios de lo que queda.

Cada uno de ellos constituirá una de las matrices de la modernidad: el socialismo, el psicoanálisis, la americanización, el sionismo.

La matriz socialista: el judaísmo ruso hasta 1917

A partir de 1795 ya no hay judíos polacos, y todavía no hay judíos rusos o austríacos. Sólo hay judíos polacos que se volvieron rusos, prusianos o austríacos por los azares de los desplazamientos de las fronteras.

Llegados siglos atrás a un país entonces acogedor, Polonia, cerca de la mitad de los judíos de entonces –dos millones– se encuentra, por las desgracias de la época, entre sus peores enemigos: los rusos y los austríacos. Varsovia es rusa; Cracovia, austríaca. Van a convertirse en la matriz del socialismo en Rusia y la del psicoanálisis en Austria.

Los rusos conceden a la nobleza polaca –los magnates y la *szchlarta* que colaboraron en su victoria– el poder de administración económica que hasta entonces los reyes habían delegado ampliamente en los judíos. Sin embargo, estos no son autorizados a abandonar Polonia, su "zona de residencia", y se agrupan en aldeas, los *shtetls* (en ídish), que se convierten en los *mestechkos* (en ruso), que agrupaban a varios miles de habitantes.[117] Allí viven una existencia particularmente difícil, en condiciones de extrema pobreza y gran insalubridad. La vida gira alrededor de la sinagoga, el mercado y la escuela, a menudo situada en casa del rabino, donde un maestro, el *melamed,* enseña a los niños a leer y a escribir en hebreo, y el idish. Estos judíos se ganan muy penosamente la vida, con frecuencia trabajando con su mujer y sus hijos en el artesanado, en pequeñas industrias textiles, como obreros a domicilio. También son vendedores ambulantes, comerciantes, posaderos, jornaleros, almaceneros, negociantes de vinos, mineros, curtidores, sastres, peleteros, prestamistas.

Al comienzo es todavía un período feliz –por lo menos es lo que se quiere creer–. Hacia 1800, el maravilloso rabí Nachman de Breslau (o Bratislava, o Presburgo) escribe: "Es una gran *mitzvá* [deber] ser feliz". Porque ser feliz según la Ley muestra al mundo que la felicidad es compatible con la moral. Y también, como respondiendo a una sorda inquietud, esta metáfora: "La historia de la vida transcurre en un puente largo y estrecho. Para franquearlo, lo esencial es no tener miedo". El miedo está presente, y ya no los abandonará.

Para los zares, el objetivo es fusionar a todos los pueblos de la Gran Rusia en uno solo, con una sola lengua, una sola religión, una sola economía. Los judíos, piensan los rusos, no son asimilables, al menos en el corto plazo: son demasiado diferentes. Por eso hay que evitar que se instalen en todo el país, que "contaminen" a los campesinos con su lengua, religión y reglas económicas tan particulares.

Sin embargo, los judíos viven el nacimiento de este nuevo siglo con la esperanza del advenimiento de un zar que sepa derogar la tiranía de sus predecesores y volver al tiempo bendito de los grandes reyes polacos. Pese al horror creciente de su situación, no renunciarán, hasta la última porción del siglo XIX, a considerar a Rusia como un refugio: cada coronamiento será una suerte de esperanza, incesantemente defraudada, de liberación, de Tierra Prometida; y cada zar, un Mesías posible.

El primer zar del siglo, Alejandro I, promulga en 1804 un reglamento que delimita las regiones en que los judíos están autorizados a vivir: Polonia, Ucrania y las orillas del Mar Negro; los incitan a abandonar los campos –a menos que posean sus propias tierras–, los instan a colonizar Ucrania, pese a la oposición de las masas locales, que siguen viendo en ellos a reemplazantes de los polacos. El puerto de Odesa atrae a las muchedumbres de las zonas rurales vecinas. Una extraordinaria vida cultural –en ídish y en ruso– florece en la miseria de los humildes comerciantes, los ladronzuelos y los obreros del puerto. En todas partes prohíben a los judíos destilar y vender alcohol y prestar dinero a los campesinos. Los autorizan a anotarse en las escuelas públicas, pero, como para eso tienen que abandonar el ídish –a veces más constitutivo de su identidad que la Torá–, pocos acuden a ella. La lengua rusa tarda en abrirse paso en las comunidades.

Todavía no se asiste a ningún frenesí de emancipación. ¿Emanciparse para convertirse en qué? ¿En ruso? ¿En polaco? Nada parece tener sentido.

El reglamento tan liberal del imperio napoleónico sólo es aplicado al efímero ducado de Varsovia, reconstituido de 1807 a 1814, hasta que 100 mil polacos (entre ellos, judíos) mueren como héroes cubriendo la retirada del Gran Ejército. En 1815, Cracovia vuelve a ser una ciudad libre bajo control austríaco. Rusia recupera Varsovia, donde los judíos representan todavía un cuarto de la población. Para castigarlos por su colaboración con Napoleón, los relegan a la periferia de la ciudad, e incluso, solamente si justifican por lo menos 9 mil rublos de ingresos.[414]

A pesar de los proyectos de Alejandro I, nada se hace realmente en Rusia para integrar a esa gente doblemente extranjera, judíos y polacos a la vez. Aunque la acusación de ser "chupadores de sangre" es proscripta en 1817 –pero sin sanción para los que la contravienen–, su aislamiento sigue siendo total.

Sin embargo, todavía son pocos los que quieren abandonar el país: Rusia sigue siendo un refugio. Allí, las comunidades viven como sociedades solidarias, protegidas, dichosas, luminosas, aunque sea en una situación cada vez más miserable. El optimismo se mensura en la natalidad: todavía una de las más elevadas del mundo, más de seis niños por familia. En Rusia son más de 2.250.000 en 1825.

Para romper esa identidad irredenta y esa demografía galopante, Nicolás I, el "zar de hierro", ordena en 1827 que se enrole en el ejército ruso a todos los jóvenes judíos de 12 a 25 años y que los mantengan allí... por lo menos veinticinco años, luego de haberles dado una educación cristiana y haberlos convertido a la ortodoxia. Así, cada comunidad es obligada a suministrar todos los años un contingente de conscriptos. Los *khapers* vienen a los pueblos a llevarse a los muchachos que ocultan. Se asiste a espantosas tragedias; hay figuras de héroes y de cobardes, motines, resistencia, violencias. Protagonizan rebeliones, a veces solos, a veces junto a otros polacos, como durante una insurrección brutal en 1831, sometida por las tropas zaristas, lo que provoca la célebre declaración del mariscal Sebastiani, entonces ministro francés de Relaciones Exteriores: "El orden reina en Varsovia".

En abril de 1835, frente al empuje demográfico judío, Nicolás I amplía el territorio donde tienen derecho a vivir: la "zona de residencia" se extiende en adelante del Mar Báltico al Mar Negro, de Lodz a Vilna, de Kiev a Minsk, de Varsovia a Odesa. En 1837, cerca de 3 millones de judíos se amontonan en esos lugares. Como poco antes hicieron los prusianos, Nicolás I distingue entonces entre judíos "útiles" (ricos, artesanos, agricultores) y "superfluos" (pobres, pequeños comerciantes). Los "útiles" son tolerados; los otros son despachados al ejército o a las colonias agrícolas. Se intensifica la caza de los jóvenes; se obliga a decenas de miles de hombres a ir a cultivar suelos de calidad mediocre en la Rusia meridional. Muchas familias pierden así a sus jefes; algunas mujeres, a veces con diez o doce niños, son reducidas a la mendicidad.

Las ciudades se pueblan de desdichados. En 1842, el censo de artesanos judíos de Odesa indica que allí hay 12 herreros, 9 relojeros, 41 artesanos zapateros con 88 obreros, 14 impresores-encuadernadores, 101 sastres con 94 obreros, 14 vidrieros con 17 obreros, 43 sombrereros con 38 obreros... Otros miles son comerciantes u obreros en el puerto, posaderos y vendedores ambulantes. Otras decenas de miles más, miserables habitantes de los pueblos vecinos, son mendigos y vienen a la ciudad, en verano, a trabajar por un kópec al día en el puerto o las canteras de piedra. El informe, al que poco puede tachársele de simpatizar con los judíos, observa: "Algunos ancianos, agobiados de calor, se alientan mutuamente murmurando las Santas Escrituras".[117]

En 1843, 60 mil judíos son expulsados de la ciudad de Kiev, donde algunas familias están implantadas desde hace siglos. En la Polonia rusa, ya no se los autoriza a poseer establecimientos agrícolas salvo que abonen derechos exorbitantes: allí no quedan más que 6.159 familias campesinas judías.[414] Por lo tanto, ya no se les reconoce el derecho a vivir ni en la ciudad ni en el campo.

Todo está hecho para quebrar su identidad. En 1844, las comunidades pierden el derecho a poseer sus propias instituciones culturales y sociales. Golpe terrible: ya no hay quien organice la caridad con los cientos de miles de mendigos, ni quien represente a los judíos ante la administración rusa, que, ese año, también crea escuelas especiales para "llevarlos más cerca de los cristianos y desarraigar sus nefastas creencias, influidas por el Talmud". La mayoría se niega a enviar a sus niños, que siguen frecuentando la escuela del rabino, a menudo clandestina, al igual que la *tzedaká*.

En 1846 –ya hay más de 3 millones de judíos en Rusia–, sir Moses Montefiore, ahora barón inglés, viene para reclamar a las autoridades de San Petersburgo la detención de las persecuciones. En vano. Varios miles de judíos comienzan a abandonar el país. Algunos, los más acomodados, parten para estudiar en universidades alemanas y adoptan patronímicos germánicos. Otros, más pobres, se instalan en Inglaterra. Algunos pocos van hasta América. Para el resto, la situación es dramática hasta 1855. La "zona de residencia" es como un país muy pobre enquistado en un país pobre, donde los judíos viven en un recinto cada vez más acotado, con una economía cada vez más arcaica, sin acceso alguno al progreso técnico.

En 1855 –ahora se cuentan más de 3,6 millones de judíos en Rusia– sube finalmente al trono aquel que los judíos esperaban desde hacía setenta años: Alejandro II, a quien apodan rápidamente el "zar justo". En 1861 deroga la servidumbre. Luego de motines que enfrentan a estudiantes y comerciantes judíos –entre ellos Leopold Kronenberg– y polacos con la policía rusa, en ocasión de los funerales de la mujer de un general polaco, Sowinski, símbolo del nacionalismo polaco, en vez de adoptar nuevas medidas represivas, el zar suprime el terrible sistema de conscripción de los niños: en veintinueve años, éste habrá engullido a más de 40 mil. Ese mismo año, el gobernador de la privincia de Kiev levanta las prohibiciones de residencia: los expulsados pueden volver a su ciudad. Algunos judíos –llamados "útiles"– incluso son autorizados, por primera vez en la historia rusa, a vivir fuera de la "zona de residencia": médicos, comerciantes, artesanos, abogados y periodistas abandonan Varsovia, Vilna, Lodz u Odesa para probar fortuna en Moscú y San Petersburgo, donde aparecen algunas dinastías bancarias e industriales: los Günzburg, los Rosenberg, los Aschkenazi, los Rosenthal, los Friedland, los Zaks, los Brodski, los Poliakov, inmediatamente relacionadas con los banqueros alemanes y británicos, que, como los Warburg y los Hirsch, intentan financiar grandes proyectos. Kronenberg crea el banco Handlowy en Varsovia. Samuel Poliakov construye ferrocarriles en Rusia occidental, utilizando como mano de obra a judíos autorizados circunstancialmente a abandonar la "zona de residencia". Éstos se vuelven rusos por la lengua y el sentimiento de pertenencia.

En 1863, tras muchas hambrunas, una nueva rebelión polaca, apoyada todavía por judíos, aborta; mejoran las relaciones entre los judíos y los otros polacos, cuando una agitación antisemita recrudece en Rusia. Un diario, el *Novoye Vremya,* denuncia la presencia –sin embargo muy reciente– de judíos en la economía del Imperio, acusándolos de constituir un Estado dentro del Estado. Dostoievski escribe:[10] "Hoy en día, el judío y su banca dominan en todas partes, Europa y las Luces, toda la civilización, sobre todo el socialismo, porque, con su ayuda, el judío eliminará al cristianismo y destruirá la civilización cristiana. Entonces sólo quedará la anarquía. El judío gobernará el universo." El judío ya no es considerado sólo la causa de las desgracias del mundo; ahora se sospecha que las organiza para adueñarse del poder. Negación total de la concepción judía de la economía. Mientras que en la doctrina bíblica la salvación del judío depende de la salvación del mundo, ahora lo acusan de querer apropiarse del mundo para explotarlo en su provecho.

La integración no progresa. En 1864, solamente 6 mil alumnos frecuentan las escuelas estatales reservadas a los judíos. Ese año se crea en Mohilev, sobre el modelo de las sociedades de ayuda de los artesanos judíos de la Edad Media, el primer sindicato judío: un sindicato de obreras de las empresas textiles. En 1870, los 4 millones de judíos rusos –¡la cantidad casi se duplicó desde 1825!– sobreviven en una gran miseria. Un tercio vive de la caridad del resto,[117] cada vez más difícil de organizar, sobre todo desde las desastrosas cosechas de 1860. Una comisión gubernamental, también aquí poco favorable a los judíos, subraya que "el 90% de los judíos constituyen una masa indigente que lleva una existencia miserable".[117]

A partir de 1875, se produce una gran novedad: obreros judíos, empleados en condiciones espantosas en las primeras fábricas alrededor de Varsovia, Lodz, Moscú y San Petersburgo, entran en huelga. Estas huelgas son las primeras que estallan en Rusia, justo después de las huelgas obreras mayores –en particular de trabajadores judíos– que conocieron los Estados Unidos, Alemania e Inglaterra. Al empeorar la situación económica del país, los desórdenes sociales aumentan. En los guetos, en Varsovia, Vilna, Odesa, algunos comienzan a soñar con un socialismo judío; otros evocan el advenimiento de un socialismo ruso; otros más piensan en un socialismo mundial. En 1880 se funda la ORT, organización de apoyo de los trabajadores judíos de la industria y la agricultura: se trata de mostrar que son capaces de producir.

En marzo de 1881, el asesinato del "zar justo", Alejandro II, pone término a las esperanzas de las comunidades. Ante el descontento del pueblo, los poderes desempolvan la vieja receta: la culpa es de los judíos. Una matanza de judíos en Elizabethgrad desencadena una ola de carnicerías en todo el sudoeste del país.

Entonces comienzan los *pogroms*[225] (palabra rusa que significa "destrucción", "trueno", "furia", "aniquilación del enemigo"): más de doscientas matanzas, en ciento sesenta ciudades, provocan cerca de un millar de muertos al grito de: "¡Mueran los judíos para salvar a Rusia!".[225] Las autoridades lo condenan a regañadientes, o incluso lo alientan; por otra parte, los atacantes dicen estar convencidos de poseer el apoyo del nuevo zar –Alejandro III, tirano espantoso– en su lucha contra la "explotación judía". Comienza la emigración hacia Inglaterra y los Estados Unidos, que pronto será masiva.

El procurador general del Santo Sínodo, ex preceptor y consejero espiritual del zar, Pobiedonóstsev, pronostica: "Un tercio se convertirá, un tercio morirá, un tercio emigrará".

En 1882, leyes de excepción, llamadas "leyes de mayo", restringen la superficie de la "zona de residencia". Se agrupa a los judíos en un mínimo de lugares; se les vuelve a prohibir que vivan en el campo, alquilen o posean fincas; se los excluye de la función pública, donde habían podido entrar veinte años antes; se les prohíbe que comercien el domingo y los días de fiestas cristianas, precisamente cuando, como sus puestos eran los únicos abiertos, eso les permitía hacer un poco de dinero. La cantidad de colegiales judíos autorizados en las escuelas secundarias es reducido. Esto carece de importancia, porque, en numerosas ciudades –incluso aquellas en que los judíos representan los dos tercios de la población–, la mayoría de las aulas permanecen vacías: ¡ir a estudiar con los torturadores es inconcebible! Dondequiera que se autorice su permanencia, los judíos deben amontonarse en condiciones de promiscuidad cada vez más intolerables. Los que habían escogido volverse plenamente rusos están desesperados. El director de *Razvet*, diario en lengua rusa de la *intelligentsia* judía, fundado veinte años atrás durante la euforia del reino de Alejandro II, escribe: "Cuando pienso en todo lo que se nos hizo, cómo nos enseñaron a amar a Rusia y la lengua rusa, al punto de que nuestros niños hoy ya no hablan otra lengua que el ruso, y cómo ahora somos perseguidos y acechados [...], mi corazón se llena de desesperación, porque no hay salida".[117] Aquellos que creyeron que el problema judío sería solucionado con el fin del zarismo y se unieron al movimiento revolucionario nacional ruso de los *Narodniki* ("Populistas") se sienten defraudados por la falta de solidaridad de sus camaradas socialistas frente a los pogromos. Entonces se forman movimientos revolucionarios específicamente judíos: antirreligiosos, anticapitalistas y antizaristas, bosquejan y encarnan un nacionalismo judío sin un territorio específico.

En 1887 estalla una gran huelga judía masiva: los obreros judíos textiles de Bialystok, en la Rusia polaca, dejan de trabajar durante dos meses. Tras soportar penurias extremas, muchos comienzan entonces a partir, en primer término hacia Inglaterra: mucho después de lo que, tiempo más tarde, afirmará Werner Sombart...

En 1888, Alejandro III y su familia escapan por milagro a un accidente ferroviario. Interpretando el acontecimiento, la eminencia gris Pobiedonóstsev ve en esto la necesidad de volver a un régimen duro, en especial contra los judíos. En 1889 se orquestan campañas antisemitas desde el poder. Se les imputan los fracasos económicos del régimen. Nuevas matanzas se producen en veintiséis localidades. En 1891, los que habían podido instalarse en Moscú luego de 1865 son expulsados por órdenes del hermano del zar, el gran duque Serguéi: 20 mil personas deben abandonarlo todo en algunos días para ir a amontonarse a la "zona de residencia", ya superpoblada. Sólo son autorizados a permanecer en Moscú los hombres que aceptan convertirse y las mujeres que aceptan prostituirse.[117]

Muchos judíos del Imperio Ruso –más de 1 millón sobre los 4 millones– ahora desean emigrar a Inglaterra y los Estados Unidos. Un joven estudiante, Jaim Weizmann, se va a estudiar a Alemania. Otros parten sin un centavo hacia Francia, donde se agrupan sobre todo cerca de la Bastilla. Pero ¿cómo financiar y poner en marcha un éxodo semejante? Algunos escasos mecenas judíos europeos intentan levantar ese extraordinario desafío: ¡organizar la partida hacia Occidente de los 4 millones de judíos de Rusia!

En 1891, vemos a Mauricio de Hirsch, banquero alemán cuya fortuna es estimada entonces en 100 millones de marcos. Totalmente consagrado a la acción social, ofrece por ejemplo a los hospitales de Londres todas las ganancias logradas por sus caballos de carrera ("Mis caballos corren por caridad", ironiza). Crea tres fundaciones: una, la Fundación Barón de Hirsch, "para ayudar a financiar la educación judía" en Galitzia; otra para acudir en ayuda de los emigrados ya llegados a los Estados Unidos; y la tercera, la Jewish Colonization Association, para poner en marcha un inmenso proyecto: ¡la emigración, en veinticinco años, de 3.250.000 judíos de Rusia hacia Argentina y Brasil! Para empezar, asigna a esta asociación un presupuesto de 36 millones de dólares (el tercio de su fortuna personal). Con el consentimiento del gobierno ruso, instala un cuartel general en San Petersburgo, para organizar las partidas, y otro en Buenos Aires, para las llegadas. Pero este inmenso proyecto rápidamente se malogra: la elección de las colonias agrícolas no es apropiada, y los medios financieros, aunque considerables, son muy insuficientes. En cinco años, solamente 6.757 personas partirán para Argentina y Brasil (en Philippson, en el Estado de Rio Grande do Sul, donde se establecen 37 familias de Besarabia). Mauricio de Hirsch instala otras en República Dominicana y en Nueva Jersey, Woodbine. Pero, una vez más, resulta un fracaso: a los judíos no les interesa reconstruir el gueto en el exilio.

En 1892, en Londres, Hagun Zitlovsky describe en *De un judío a los ju-dios* la utopía de un socialismo agrario judío en Rusia, y critica a parte de la *intelligentsia* judía por su alejamiento del pueblo y la índole demasiado teórica de sus proyectos.

Pese a las partidas, ahora hay cerca de 5 millones de judíos en Rusia, aunque, por primera vez, alrededor de 1893, la cantidad de emigrantes es superior al crecimiento demográfico natural: ya nadie hace nada para retenerlos.

Alejandro III, el zar odiado, muere en 1894 durante unas vacaciones cerca de Yalta, algunas semanas después de haber ordenado la expulsión de los judíos de esta ciudad porque les tenía miedo. Su sucesor, Nicolás II, restablece un poco la libertad de expresión concedida antaño por su abuelo. Algunos judíos de Varsovia surgidos de medios acomodados, como Rosa Luxemburgo —que entonces tiene 24 años—, se afilian al Partido del Proletariado, son detenidos, se evaden y emigran. Algunos obreros judíos —que, en Varsovia, Lodz, Vilna o Kiev, trabajan en fábricas dieciocho horas por día por diez rublos al mes,[414] en condiciones espantosas— también se unen a los movimientos obreros de Polonia, Rusia, Lituania y Ucrania, movimientos a veces específicamente judíos. Uno de ellos, Iuli Tsederbaum, llamado Mártov, futuro compañero de Lenin, escribe entonces: "Cuando los obreros judíos estén organizados en todas partes [...], tendremos aliados seguros, los obreros rusos, polacos, lituanos, [...] creceremos a más y mejor, y así obtendremos la igualdad de derechos".

Los judíos son tan numerosos en la avanzada del movimiento que, en 1896, en el II Congreso de la Segunda Internacional, el dirigente ruso Plejánov declara que son "la vanguardia del ejército de los trabajadores" en Rusia.

Al año siguiente, durante el mes de octubre de 1897, en el mismo momento en que, como veremos, Theodor Herzl lanza en Basilea el movimiento sionista, en Vilna, se crea clandestinamente –por obra de un grupo cuyos animadores son un maestro, Aarón Kremer, y algunos obreros, Liber, Kossovsky– una organización de considerable importancia, que marca el origen del movimiento socialista ruso y el sionismo: partido y sindicato por partes iguales, el Algemeyner Yiddicher Arbeter Bund (Liga General de los Trabajadores Judíos de Rusia, Polonia y Lituania) es una organización rápidamente eficaz y poderosa, llamada Bund ("sindicato" en ídish); reclama derechos nacionales y culturales en el interior del Imperio Ruso. Su utopía es creer que el antisemitismo desaparecerá junto con la dictadura. El Bund organiza centenares de huelgas de herreros y tejedores, y constituye grupos de autodefensa para resistir los pogromos, al tiempo que proclama el ídish, mezcla de hebreo y alemán hablado desde hace siglos, lengua nacional judía. Inmediatamente recibe una asistencia financiera de algunos judíos de Estados Unidos: ello no hace más que acrecentar la ira de los medios nacionalistas rusos, que acusan al Bund de traición.

El 26 de agosto de 1897 aparece en Rusia, en el diario *La bandera,* sin mención de procedencia, un texto que provoca un enorme escándalo:[96] los *Protocolos de los sabios de Sión,* "obra compuesta por un consejo de sabios judíos para dominar el mundo y aniquilar a la cristiandad".[96] Se trata de un hipotético informe de veinticuatro supuestas "conferencias secretas" mediante las cuales dirigentes judíos del mundo aparentemente organizan la caída de las monarquías cristianas de Alemania y la ruina de la aristocracia rusa, y se preparan para reinar sobre el mundo y reducir a los no judíos a la condición de esclavos:

> La intensificación de los armamentos, el desarrollo de las fuerzas de policía son esenciales; no debe haber en el mundo nada más que nosotros, las masas del proletariado, algunos millonarios consagrados a nuestros intereses, la policía y el ejército [...]. Debemos crear en toda Europa fermentos de discordia

y hostilidad. Debemos ser astutos en cualquier negociación [...], parecer honestos para ser aceptados como salvadores. Debemos obligar a los gobiernos a actuar en la dirección de nuestro plan y hacer presión secretamente sobre la opinión pública utilizando la prensa que, fuera de algunas excepciones sin importancia, está totalmente en nuestras manos. Debemos crear logias masónicas cuyos miembros, en su mayoría, sean policías nacionales e internacionales, que sabrán qué hacer con los rebeldes.[96]

Nadie pone en duda la autenticidad de estas revelaciones descabelladas, que producen una repercusión considerable en el mundo entero y refuerzan la idea, nacida con Marx y los filósofos alemanes, de un dominio no sólo del pensamiento bíblico sino también de algunos financistas judíos sobre la economía y la política mundiales. Serán ampliamente explotadas en los Estados Unidos, Inglaterra, Francia[96] y, posteriormente, en países del islam. Mucho más tarde –en 1921, y curiosamente por una carta de un lector turco dirigida al *Times* de Londres, ¡que acaba de declararlas auténticas!– se descubrirá que esos supuestos *Protocolos* fueron escritos por un emigrado ruso en París, Pedro Ratchovsky, colaborador de la policía secreta zarista, plagiando un panfleto francés redactado en Bruselas en 1864 por un tal Maurice Joly y dirigido contra Napoleón III, ¡y donde ni siquiera se habla de los judíos! En adelante, ya nadie podrá albergar dudas: es un fraude.

Ese mismo año, 1897, según el censo ruso, 4.899.300 judíos viven todavía en la "zona de residencia". En algunos distritos todavía son mayoritarios, pese a las partidas, que se aceleran. La mayoría son campesinos, artesanos, obreros, sobre todo en las nuevas ciudades industriales de Polonia, como Lodz. Muy raros son los banqueros, y cada vez más numerosos los sindicalistas y los revolucionarios, que adhieren a movimientos judíos o a organizaciones rusas.

En marzo de 1898, en Minsk, el Bund participa en el nacimiento –también clandestino– del Partido Socialdemócrata Ruso. Mártov, que mientras tanto se convirtió en un militante obrero del Bund, y León Davídovitch Bronstein, llamado Trotski, hijo de un comerciante agrícola de Odesa, educado en Ucrania, se unen a sus filas y pasan a la clandestinidad. Detenido y exiliado en Siberia, Trotski se evade y parte hacia Inglaterra como Mártov.

En diciembre de 1899, el congreso clandestino del Bund discute acerca de los derechos nacionales de los judíos; en 1901, pide que los judíos sean reconocidos como una nación en el interior de Rusia, y condena el sionismo naciente como una "reacción burguesa al antisemitismo".[117] Ese año, otro militante judío, Grígori Yevséievich Radómylsky, llamado Zinóviev, también se une al Partido Socialdemócrata Ruso.

Los antisemitas rusos no bajan la guardia y multiplican los incidentes, con el apoyo y el financiamiento –a veces abiertos, otras ocultos– del aparato estatal. El 6 de abril de 1903, en Kishinev, Besarabia (hoy Moldavia), una muchacha cristiana se suicida; inmediatamente la prensa local responsabiliza a su empleador judío. El editor de un diario del lugar recibe incluso dinero del ministro del interior –V. K. von Plehve, violentamente antisemita– para lanzar una campaña de instigación a la matanza de judíos. Durante dos días seguidos, la muchedumbre desenfrenada aniquila y saquea: 50 muertos, 100 heridos, 1.300 casas destruidas. Los asesinos son condenados a penas leves. La prensa occidental comienza a interesarse y a denunciar esas matanzas.

En los pueblos se crean unidades de autodefensa judías. Las revueltas se multiplican; las huelgas judías se generalizan. La emigración hacia los Estados Unidos vuelve a acelerarse.

Un destino judío: Grígori Andréievich Gershvni, judío lituano establecido en Minsk, donde dirige un laboratorio de bacteriología, organiza el asesinato de varios responsables políticos zaristas. Condenado a muerte, le conmutan la sentencia por exilio perpetuo en Siberia, de donde se evade y llega a los Estados Unidos pasando por China y Japón. Allí militará para obtener fondos de los banqueros y los sindicatos norteamericanos para la lucha social revolucionaria rusa. Tiene éxito: los banqueros judíos norteamericanos, según veremos, prefieren a los socialistas rusos antes que a los zares antisemitas.

Otro destino judío: Maxim Wallach, judío letón, en 1903 entra al Partido Socialdemócrata con el nombre de Maxim Maxímovich Litvínov. Ya hablaremos de él.

El mismo año también, Mártov, que se ha vuelto uno de los responsables del Partido Socialdemócrata, defiende en Londres la idea de un partido de masas democrático y no violento. Así, anima la fracción menchevique (minoritaria) contra Lenin y los bolcheviques (mayoritarios), que dan la prioridad a la organización de una elite de revolucionarios profesionales. Se profundiza la brecha entre ambas corrientes del movimiento revolucionario ruso. En 1904, el ministro Plehve es asesinado. Algunos judíos son acusados. De 30 mil trabajadores judíos sindicados con que cuenta el Bund, 5 mil están en prisión o relegados en Siberia. El exilio se acelera una vez más: decenas de miles de judíos parten ahora hacia Nueva York.

En todas partes, motines obreros mezclan a judíos y cristianos en manifestaciones por el pan. El 1º de julio de 1905, el periódico francés *L'Illustra - tion,* que ahora, como toda la prensa occidental, se interesa por la situación polaca y rusa, describe la situación de los judíos de Lodz, gran ciudad obrera:

> Hace quince días, todo el mundo en Francia, o poco más o menos, ignoraba la existencia de la ciudad de Lodz, en Polonia [...]. Allí llegaron [en el curso del siglo XIX] nuevamente alemanes y muchos israelitas, a los que la posesión del suelo y hasta los trabajos de la tierra estaban prohibidos en Rusia. La ciudad nueva los atrajo [...]. Lodz es ahora una formidable ciudad industrial, habitada por 400 mil almas. Pero el obrero es muy desdichado precisamente en virtud de la proliferación de la mano de obra. [...] Los industriales que consentirían en utilizar sus servicios aprovecharon su situación de *outlaw* para ofrecerles salarios irrisorios: la paga media de un obrero de Lodz no supera los 60 kópecs (aproximadamente 1,60 francos). La media se establece fatalmente según la tarifa que los obreros estaban obligados a padecer. Pudriéndose en una miseria negra, incordiados además, debido a su religión, por la autoridad, los judíos de Lodz se esforzaron por abandonar ese infierno. El "sionismo" suministró a gran cantidad de ellos el medio. Emigraron a América en masa. El socialismo también intervino: movió a los obreros no israelitas y tan maltratados, desde el punto de vista de sus salarios, como los judíos. Toda la población de Lodz fermentó: es sabido cuál fue, estos últimos días, el resultado de ese lamentable estado de cosas.[414]

Bien vemos aquí cómo las reivindicaciones propias de los judíos sirven de acicate para las del resto de la clase obrera rusa y polaca.

En 1905, el Bund cuenta con 33 mil miembros de ellos, 6 mil están en la prisión. Ese año, durante la declaración de guerra al Japón, el poder zarista reprocha a los judíos haber inspirado el rechazo —sobre el que volveremos— opuesto por los banqueros de Nueva York a una solicitud de préstamo de Rusia. Por eso, cuando se anuncia la derrota militar, los nacionalistas rusos responsabilizan a los judíos. Los "Cien Negros" —desocupados y oficiales vencidos en la guerra en Manchuria, manipulados por la Okrana, policía política, y financiados con los fondos secretos personales del zar— inscriben en su programa la eliminación de los judíos, esos "enemigos del interior". ¡Hay que vencer a los judíos y a los socialistas, ya que no se pudo vencer a los japoneses! Así, los monarquistas de la Unión del Pueblo Ruso organizan pogromos en más de trescientas ciudades, Lodz entre ellas, aniquilan a cerca de mil personas y hieren a varios miles.

La emigración se vuelve más masiva. La mayoría de los pobres parte hacia los Estados Unidos. Algunos banqueros judíos de San Petersburgo y Odesa eligen Alemania, donde ya se encuentran sus familias.

En 1906 se funda un partido sionista en Rusia, Poalei Zion (los "Trabajadores de Sión"); de orientación marxista, predica la instalación de un Estado judío socialista en Palestina.

La emigración alcanza su punto máximo en 1908 y 1909: en el espacio de estos dos años, medio millón de judíos abandonan Rusia. A fines de 1909, más de un millón y medio de personas han emigrado, el 90% de los cuales tuvo como destino a los Estados Unidos. Como el crecimiento demográfico no disminuye, todavía quedan cerca de cinco millones.

Exiliado en 1908 con Lenin en Europa Occidental, principalmente en Suiza, Zinóviev se vuelve uno de sus más cercanos colaboradores. Trotski y Litvínov también forman parte de ese entorno. Otros partidos políticos rusos ahora desean que su país se una a las filas de las democracias occidentales. En especial, reclaman la emancipación de los judíos. En febrero de 1911, el Partido Socialista y el Partido Liberal en la Duma proponen la abolición de la "zona de residencia", abriendo a los judíos el derecho a vivir donde deseen y a ejercer todos los oficios. Evidentemente, las organizaciones de derecha y los monarquistas se oponen. Ellos acusan a los judíos de ser al mismo tiempo antirrusos (como aquellos que, en los Estados Unidos, ayudaron al Japón a ganar la guerra), antizaristas (como los que, en Suiza, militan junto a Lenin para el derrocamiento de la autocracia) y anticapitalistas (como los que, en el seno del Bund, fomentan las huelgas). Para la policía, el socialismo son los judíos. Desacreditar a unos es desacreditar a los otros.

En marzo de 1911, se produce un nuevo episodio cargado de consecuencias: en Kiev, tras el asesinato de un joven cristiano, Andréi Luchinsky –cuyo asesino, cristiano, es identificado al instante–, un capataz judío empleado en una fábrica de ladrillos, Mendel Beilis, es detenido bajo la acusación de asesinato ritual; se pudre en prisión durante dos años, el tiempo que tardan en montar contra él un sumario con falsos documentos y falsos testimonios. Pero el mundo ha cambiado; los cerca de dos millones de judíos rusos ahora instalados en los Estados Unidos, apoyados por la prensa, desencadenan una campaña. Se habla de un nuevo caso Dreyfus; en octubre de 1913, el proceso Beilis en Kiev es seguido por diarios de todo el mundo. Es el momento de atraer la atención de Occidente sobre la dramática situación de los judíos rusos. El tribunal declara a Beilis inocente por unanimidad, y se produce una inversión radical: el poder zarista es abiertamente provocado por un tribunal.

(El fiscal que actuó durante el proceso, G. Zamyslovsky, reiterará sus acusaciones en un libro, *El homicidio de Andréi Iuchinsky,* cuya publicación, en vísperas de la Revolución, será financiada con fondos secretos y la aprobación del zar en persona).[117] Toda la Rusia nacionalista se siente ridiculizada por este proceso nacionalista, que siente como un "complot de los judíos" y del extranjero contra Rusia. El socialismo es judío y traidor.

Durante las elecciones de 1912 en la Duma, la casi totalidad de los partidos lanza campañas antisemitas. En todas partes, tanto en Varsovia como en Kiev, se boicotea las tiendas de los judíos. Los acusan de dirigir la revolución: de hecho, el Partido Socialdemócrata tiene tan sólo 364 judíos sobre 23 mil miembros, varios de sus principales dirigentes lo son: entre otros, Mártov, Zinóviev, Trotski, Litvínov, Sverdlov, Radek, Kámenev, Uritsky. Muchos otros partieron.

En suma, entre 1881 y 1914, más de dos millones y medio de judíos dejaron el "refugio" ruso por los Estados Unidos y, accesoriamente, hacia la otra Tierra Prometida: Palestina. Muchos los imitarán desde su otro "refugio" de Europa, el Imperio Austro-Húngaro.

La matriz del psicoanálisis: los judíos de Viena

A partir de 1790, las medidas opresivas se multiplican en el Imperio Austríaco, que cuenta con medio millón de judíos a comienzos del siglo XIX. El efímero Leopoldo II está muy decidido a restringir al máximo sus libertades. En 1804, Francisco II hace que su permanencia en Viena sea cada vez más peligrosa; sistemáticamente, manda dar caza a todos los judíos clandestinos, agrava el "impuesto de tolerancia" que aqueja a los pocos residentes privilegiados, y trata de imponerles la germanización mediante la obligación de llevar un patronímico alemán (como en otras partes, escogen uno modesto, nombre de animal o de oficio manual, para no llamar la atención de los vecinos y el fisco).

En 1820, los judíos son tres veces más en el Imperio Austríaco que en Alemania (750 mil contra 250 mil), pero tres veces menos que los de Rusia. Impuestos exorbitantes reducen su nivel de vida. Les está prohibido ser propietarios de inmuebles; el comercio minorista, la industria y gran cantidad de oficios artesanales les están vedados. En todas partes, medidas drásticas limitan los casamientos para controlar su cantidad. En Bohemia y Galitzia, desde 1773, se aplica una ley destinada a impedir el crecimiento de la población mediante la limitación de la cantidad de matrimonios: únicamente el mayor de cada familia puede fundar una familia. Hasta 1848, ningún judío puede casarse sin haber pasado, ante la policía, un examen que se refiere al contenido de un manual de instrucción religiosa de un tal Herz Homberg, ¡rabino tan asimilado que predica la creación de un impuesto sobre las velas encendidas el viernes a la tarde![117]

En Kazimierz, donde viven 10.280 judíos en 1830, un tercio de ellos –los *Luftmenshen,* "gente que vive del aire"– subsiste gracias a la ayuda de organizaciones caritativas judías financiadas por los menos desprotegidos y por subsidios de las comunidades de Europa Occidental.

En Praga, donde está implantada una de las más antiguas comunidades judías de Europa, y en Galitzia oriental y occidental, el destino de los judíos es especialmente lamentable. En Hungría y Transilvania son alrededor de 250 mil en 1815, que viven replegados sobre sí mismos, en barrios separados; también allí se les prohíbe ejercer ciertas profesiones, y deben abonar un gravoso "impuesto de tolerancia". Hungría, sin embargo, no parece tan impermeable como el resto del Imperio a las ideas liberales surgidas de la Revolución Francesa: en 1839, la Dieta húngara autoriza que los judíos sean propietarios de alojamientos. Un diputado húngaro, Josef Eötvös propone incluso su emancipación, cosa que rechaza el gobierno imperial de Viena. A partir de 1842, los guetos desaparecen de las ciudades húngaras. Como contrapartida, la exigencia de asimilación se hace más acuciante. El emperador decreta que cualquiera que desee abrir un comercio en Hungría deberá demostrar que fue escolarizado en una escuela húngara, lo que excluye a la mayoría de los judíos.[117]

En Bohemia, en Moravia, en Galitzia, la policía persigue despiadadamente a los judíos que intentan sustraerse a los impuestos exorbitantes o las leyes sobre la limitación de los matrimonios. Luego de la revolución de 1848, más violenta en el Imperio Austríaco que en cualquier otra parte, el joven Francisco José recibe la corona de su tío Fernando, y sólo la dejará a su muerte, en 1916. La emancipación se acelera, más aún entre 1859 y 1867, gracias a las derrotas austríacas frente a Francia y luego frente a Prusia. Después de Magenta y Solferino, el emperador emprende una senda más liberal, hasta la adopción, en 1867, de una nueva Constitución que reconoce la autonomía de Hungría, vinculada a la corona de los Habsburgo por una unión personal. Se proclama la igualdad política y cívica de todos, sin importar su religión. Se deroga la tutela clerical sobre la enseñanza. Los judíos, como los otros, logran la libertad de radicarse en todo el Imperio, incluso en Viena y Budapest.

Es una avalancha. En la capital, la cantidad de judíos pasa de 5 mil en 1848 a 40 mil en 1860 y a 80 mil en 1880. Así comienza la gloria intelectual de Viena. Muchos de aquellos a quienes se prohibieron las actividades comerciales y financieras se entregan entonces a la actividad intelectual.[14] El dinero ha dejado de ser su norte. No era más que un pasaje obligado, un modo de acceder a la libertad. El jefe de la comunidad judía de la ciudad, Ignaz Kuranda, funda una prensa liberal y, a partir de 1861, se convierte incluso en jefe del Partido Liberal. Algunos procesos intentados por "asesinato ritual" (en Galitzia, en Hungría, en Bohemia) culminan en absoluciones. En Viena, cuyo alcalde Karl Lueger es abiertamente antisemita, la población judía alcanza los 150 mil individuos en 1900. En esa sociedad hostil, la única manera de ser aceptado es volverse famoso. Tanto en Viena como en Praga, la vida se vuelve tolerable para los intelectuales judíos. Allí viven Kafka, Freud, Webern, Schoenberg, Mahler, Klimt y muchos otros. El teatro, en especial, es casi totalmente judío. Interpretar, poner en escena, brindar un espectáculo, cosa que los judíos hicieron durante largo tiempo entre ellos en los guetos, ahora se ofrece a todos.

Un destino: Sigmund Schlomo Freud, nace en 1856; es hijo de un modesto y religioso comerciante de lana de Moravia, cuya vida siempre estuvo obsesionada por los problemas monetarios. Tras haber estudiado la histeria según el caso de Anna O. y, luego, la interpretación de los sueños, Sigmund enuncia una teoría de la locura doblemente revolucionaria respecto del dinero y de la locura.[8]

Cualquier enfermedad mental puede curarse develándola a sí mismo mediante un analista, a quien debe pagarse caro la terapia, la cual, según Freud, cueste lo que cueste, es un "buen negocio", comparado con lo que habría sido necesario desembolsar por un tratamiento médico clásico. Para él, entonces, es esencial que el cliente pague.[8] De otro modo, creería que recibe un regalo del psicoanalista, sería deudor para con él y no trabajaría sobre sí mismo. Pagar, en consecuencia, fuerza al cliente a la introspección, para justificar su gasto. Y ese trabajo es la condición de su curación.

De modo más general, el dinero remite a la forma anal de la sexualidad; es una materia sucia, que se debe expulsar.[8] El dinero, a su juicio, organiza la forma primaria, primera (de la sexualidad y de la sociedad), que debe reemplazarse con una forma superior, intelectual. Freud escribe:

En verdad, en todas partes donde reinó o bien persiste el modo de pensamiento arcaico, en las civilizaciones antiguas, en el mito, los cuentos, las supersticiones, en el pensamiento inconsciente, el sueño y la neurosis, el dinero se relaciona íntimamente con el excremento. Es bien sabido que el oro que el diablo regala a sus amantes se transforma en excrementos luego de su partida, y es seguro que el diablo no es nada más que la personificación de la vida pulsional inconsciente reprimida. Por otro lado, es conocida la superstición que relaciona el descubrimiento de tesoros con la defecación, y nadie ignora la figura del "cagador de ducados" (*Dukatenscheisser*); ya para la antigua Babilonia, el oro es el excremento del infierno, *Mammon = ilu manman*. Por tanto, cuando la neurosis sigue el uso lingüístico, como en cualquier caso toma las palabras en su sentido originario, cargado de toda su significación, y cuando parece presentar una palabra en sentido figurado, habitualmente no reproduce más que la significación antigua de dicha palabra.

Es posible que la oposición entre aquello a lo cual el hombre aprendió a conceder el mayor valor y aquello más desprovisto de valor, que él rechaza como desecho, haya condicionado esa identificación entre oro y heces.[153]

A imagen de la comunidad judía vienesa, cambiando el dinero que lo aísla por el teatro que le abre todas las puertas, Freud repudia el dinero como "sucio". Así anuncia la inminencia de una salida general de los judíos de los oficios de las finanzas.

Pero otros, en otras partes, todavía los viven a pleno: están inventando la americanización del mundo.

La matriz de la americanización del mundo: los Estados Unidos en el siglo XIX

Mientras que los judíos rusos inventan el socialismo y los judíos austríacos descubren el psicoanálisis, los judíos norteamericanos, en primerísima fila, participan en el nacimiento del capitalismo norteamericano y en la americanización del mundo.

En el momento de la declaración de la independencia de la nueva República, el 4 de julio de 1776, la sociedad norteamericana todavía no es más que una economía agrícola con algunos comerciantes, muy poca industria y nadie que tome el riesgo de financiarla. Como la potencia británica se interesó en mantener las colonias en la dependencia de la metrópolis, tampoco hay nadie que provea las necesidades en capitales del frágil Estado que se instala: ni los bancos ingleses ni los europeos. Una vez más, algunos judíos van a colmar ese vacío, tomando riesgos que ningún otro quiere asumir; esta vez sin que nadie los obligue.

En 1800 todavía no son más que 3 mil en América del Norte, en su mayoría de origen portugués y español.[55] Ciudadanos libres e iguales, por primera vez, son demasiado pocos para vivir en circuito cerrado. Inventan entonces un judaísmo abierto, antes incluso de que éste aparezca en Europa. A partir de 1809, en una sinagoga sefaradí en Nueva York, el oficio se dice en inglés; el rabino es llamado *reverend*. El judaísmo no es más que una dimensión de la vida privada de esos colonos; la asimilación parece estar encauzada, sobre todo en los Estados del Sur, muy cristianos.

A diferencia del resto de las emigraciones judías ocurridas durante dos mil años, esta vez no vienen en familia, no permanecen agrupados –al menos en un primer momento–. Y si los recién llegados, como siempre, son pioneros y exploradores, ahora lo son a título personal. Los judíos, como los demás, se establecen primero en pueblos que se convertirán en Chicago, Indianápolis y Saint Paul; en 1817, un tal Joseph Jonas se radica en Cincinati. Una vez instalados, se esfuerzan por retener con ellos a algunas otras familias judías de paso, por fundar con ellas una comunidad, por comprar terrenos para un cementerio; luego, por generar lazos con las comunidades de las ciudades vecinas, recreando así los reflejos propios de las redes del año 1.000 en el Mediterráneo. En 1820 son 5 mil, sobre todo comerciantes. Algunos, entre los más antiguamente instalados en el Sur –los Seixas, los Lazarus, los Nathan, los Cardoso, los Benjamin–, se han vuelto ricos; más de tres cuartos de las familias judías de Charleston, Richmond y Savannah emplean esclavos, como cerca de la mitad de las familias de esas ciudades. En el Norte, algunos ya protestan contra la esclavitud.[55]

Hacia 1825, en Alemania, mientras una pequeña cantidad entre los más acomodados cursan estudios en la universidad y se esfuerzan por integrarse a la sociedad alemana, los más desvalidos comienzan a partir hacia Norteamérica, llevando los exiguos ahorros de la familia, en ocasiones para encontrarse con un amigo o un primo que había partido antes: la emigración se hace por capilaridad, como sucede con los irlandeses e italianos.

Para ayudarlos a instalarse, un tal Mordejai Emmanuel Noah –nacido en 1785 en Filadelfia, hijo de un emigrado, oficial, periodista y juez que se ha convertido en un rico abogado–, en 1825 compra tierras en Great Island, sobre el Niágara, cerca de Buffalo, para crear una colonia judía que quiere llamar Ararat, nombre del lugar de llegada de Noé, porque su objetivo es "arrancar a sus correligionarios del Diluvio".[55] El proyecto aborta: los recién llegados prefieren quedarse en los puertos de llegada o partir más al oeste; nadie quiere que se reconstituya el gueto del que sale.

A partir de 1840, en medio de una multitud de jóvenes tan desprotegidos unos como otros, desembarcan los pocos aventureros que van a revolucionar y estructurar el capitalismo norteamericano: Goldman, Guggenheim, Kuhn, Lazard, Lehman, Levinsohn, Loeb, Macy, Sachs, Schiff, Schoenberg, Sears, Seligman, Strauss, Warburg, Werheim...

Todos llegan sin un centavo, salvo, como veremos, los Schoenberg (convertidos en Belmont) y los Warburg. La mayoría –fuera de los Lazard, los Warburg y los Guggenheim– es originaria de Baviera o de Frankfurt. Los Guggenheim, por su parte, vienen de la Suiza alemana; en cuanto a los Lazard, son franceses.

Más tarde, estos inmigrantes se apodarán entre ellos los "Cien", los "Grandes duques judíos" o "Nuestro Grupo" (*Our Crowd*).[54] Entre estos, ninguno –salvo los Warburg– salió de grandes familias judías de Europa; ninguno de los vástagos de las dinastías de los proveedores de cortes toma todavía el riesgo de abrir por su cuenta una oficina en las nuevas tierras. Están demasiado ocupados en el Viejo Mundo, demasiado aburguesados para "ir a vivir entre los salvajes". Los recién llegados van a enriquecerse ofreciendo a los Estados Unidos los recursos para organizar su formidable desarrollo. Una vez más, nada es duraderamente bueno para ellos que no sea también útil para quienes los rodean.

Estos jóvenes emigrados no son los primeros en crear bancos en el Nuevo Mundo. Como el oficio del crédito todavía no está reglamentado –recién lo estará después de la Guerra de Secesión–, entonces se dice que "para ser banquero, basta con vestirse de banquero".[54] Así, en 1826, un protestante, Nathaniel Prime, crea en Nueva York el primer establecimiento especializado en asesoramiento y préstamo a largo plazo para las empresas: el primer "banco de inversión", forma norteamericana del *merchant bank* inglés. Otro protestante, Alex Brown, abre en Baltimore un segundo banco; el mismo año, John Vermilye abre otro; luego Jay Cooke crea el suyo en Filadelfia. Más tarde, Pierpont Morgan y John D. Rockefeller. Los siguientes serán fundados por judíos. ¡Y con qué éxito!

Estos futuros maestros de las finanzas norteamericanas, en su mayoría, debutan como modestos comerciantes. En la oleada inmigratoria, la mayor cantidad de los cuales seguirán siendo pobres y anónimos, llega primero, en 1837, Josef Seligman, mayor de los once niños de David y Fanny Seligman, comerciantes judíos tradicionalistas de Baiersdorf, pueblo de Baviera.[54] Desde los 8 años, Josef ayuda a su madre en la tienda cuando no va a la escuela en

Erlingen. A los 14 habla alemán, hebreo, ídish y algo de francés e inglés. Como todos los adolescentes judíos alemanes, aspira a partir hacia América, donde un primo que acaba de emigrar está empleado en una tienda de Manch Chunk, en Pensilvania. David Seligman es reticente: dejar que un niño se exilie es mostrarse pobre en el momento en que la asimilación se hace posible en Baviera. No obstante, Fanny acaba por convencerlo: no hay porvenir en Alemania. En julio de 1837 –sólo tiene 15 años–, Josef, con el equivalente a 100 dólares entregados por su madre, embarca en Hamburgo en el *Telegraf:* ¡varias semanas de travesía comiendo cerdo! A su llegada a Pensilvania, su primo le encuentra un empleo de cajero por 400 dólares al año, en un obrador, en Watertown, dirigido por un tal Asa Packer, quien se convertirá en un rico industrial, será elegido miembro del Congreso y más tarde hará algunos favores al banco Seligman.[54]

Ese mismo año (1837) desembarca August Schoenberg, de 20 años.[54] Pero él viaja en primera clase. Es aprendiz desde los 13 años con los Rothschild (tal vez, se dirá más tarde, porque es un hijo ilegítimo de Nathan), en Londres, luego en Nápoles, La Habana y Nueva York. Hasta entonces, los Rothschild casi no concedían importancia a los Estados Unidos, y ningún miembro de la familia los había visitado todavía. Los de Londres consideran ahora que Nueva York podría convertirse un día en un gran puerto, con el agregado de un mercado financiero considerable. En esa época, todavía es una ciudad mucho menos importante que Boston, Filadelfia o Charleston, y tomar la decisión de abrir una oficina financiera equivale a tener el don de la clarividencia. August Schoenberg transforma entonces su nombre en Auguste Belmont, y se hace pasar por un judío francés que viene a proponer financiación al gobierno norteamericano. Oculta sus lazos con los Rothschild: en Nueva York, los sefaradíes prohíben sus sinagogas a los "alemanes", y Belmont logra que lo admitan, dando a entender que es un descendiente de marranos.

En 1840, los judíos son 15 mil en los Estados Unidos. Están en Chicago, Nueva Orleans y hasta en San Francisco. Sobre todo son agentes, comerciantes, pioneros; la mayor parte de las veces pobres, en todo caso. En 1843, los más acomodados fundan una sociedad laica de ayuda mutua, la *Bnei Brit,* que se expande por todo el país.

Entre los recién llegados, un tal Henry Lehman desembarca en 1844, llegado de Rimpar, en Baviera, no lejos de los Seligman, a quienes no conoce. Tan pobre como ellos, no se queda en Nueva York. Parte hacia el interior, se instala en Mobil, Alabama, de donde sale con un carricoche para comerciar a lo largo de los ríos. Con el dinero así ganado abre una tienda de ultramarinos en Montgomery, principal ciudad del Estado y metrópolis del comercio del algodón, y allí vende a los colonos herramientas, vituallas y semillas.

Tras el fracaso de las revoluciones europeas de 1848, afluye una segunda ola de judíos alemanes, de mayor edad y mejor educados que los primeros. Esta vez emigran en familia, provistos de algunos ahorros. Son médicos, rabinos, maestros, sastres. Se instalan en grupo, formando comunidades en Hester Sreet, en Nueva York y en Maxwell Street, Chicago.

En esa oleada de recién llegados arriban cuatro personajes notables:

Primero Simon Guggenheim, con su segunda esposa y ocho hijos; viene de Aargau, Suiza, donde la familia (originaria de Guggenheim, cerca de Heidelberg, Alemania) está establecida desde 1696. Se instala en Cincinnati, donde compra repuestos y tinturas que revende con su marca.

El mismo año, Marcus Goldman llega de Burgpreppach, en Baviera; se casa con una modista, una tal Bertha Goldmann –sin relación de parentesco con él–, y se instala como sastre en Market Street, en Filadelfia.

El mismo año también llegan los Sachs, de Wurzburgo, que se establecen como comerciantes en Baltimore. Pronto, ese Goldman, ese Sachs y ese Guggenheim van a encontrarse.

Siempre en 1848, Alexandre y Simon Lazard, así como su primo Alexandre Weil, emigran de Alsacia y se instalan como comerciantes en Nueva Orleans, y luego, rápidamente, como banqueros en San Francisco.

Mientras tanto, otros bancos no judíos se han vuelto poderosos. En 1849, los Morgan y los Peabody organizan las primeras inversiones de capitales ingleses en los Estados Unidos. Finalmente llegan algunos banqueros judíos europeos: los Speyer, banqueros establecidos de Alemania, abren modestas oficinas norteamericanas; otro inmigrante judío alemán, Isaías Hellman –que será presidente de la famosa Wells Fargo Nevada Bank de San Francisco–, funda el primer banco de Los Ángeles (ciudad tomada por los estadounidenses a los españoles en 1849), estimulado por la primera avalancha hacia el oro.

En 1850, Henry Lehman, almacenero en Montgomery durante seis años, ha ahorrado lo suficiente para permitir que sus dos hermanos, Emmanuel y Mayer, se le unan. Abren juntos una oficina de corretaje de algodón en Montgomery.

El mismo año, dos cuñados –Abraham Kuhn y Salomon Loeb– dejan Worms hacia Norteamérica. Ellos tampoco permanecen en Nueva York, sino que van a vender tejidos al por mayor a Cincinnati.

Siempre en 1850, los Lazard, desde San Francisco, van a abrir una oficina en París, en su país de origen.

También ese año, uno de los emigrados de 1837, Jo Seligman, deja Watertown, donde se instaló por su cuenta, para ir a Nueva York. Su hermano Jesse, a quien hizo venir, parte para San Francisco, donde abre un comercio de mantas, whisky, oro, algodón, calzados y cigarros. Agente de cualquier cosa, como es tradición, vende a crédito y presta dinero a sus clientes. Con la fiebre del oro, hace fortuna: recolecta el metal precioso que le traen los mineros y lo envía a Nueva York, donde está su hermano, quien lo comercializa.[54] ¡Extraordinaria organización, cuando las diligencias del Far West todavía son tan poco seguras para los transportadores del metal amarillo! ¡En 1857, lo esencial de los 500 millones de dólares de oro que llegan de California a Nueva York pasa por los dos Seligman![54] Llega la riqueza. Los diez hermanos y hermanas de Jo acuden uno tras otro.

Tal como los Seligman hacen fortuna con el oro en California, los Lehman se enriquecen en el Sur con el algodón, que venden al Norte a cambio de *cotton bills,* letras de cambio negociables que invierten en bancos de Nueva Orleans y Nueva York.

Los primeros ferrocarriles norteamericanos, que facilitarán extraordinariamente su comercio, aparecen entonces, financiados por bancos y compañías de seguros. El 25 de agosto de 1857, el endeudamiento excesivo de esas compañías provoca una grave crisis financiera: primero, una compañía de seguros de provincia, la Ohio Life and Trust Company, cesa sus pagos; luego, el 17 de octubre, es seguida por ciento cincuenta bancos norteamericanos.[298] El rumor se extiende también a las compañías de ferrocarriles: a comienzos de octubre, la cotización de las acciones de la Illinois Central Railroad y otras compañías cae en un tercio. Los Rothschild, a través de Belmont, prestan entonces 10 millones de dólares a dos bancos norteamericanos de Cincinnati, cuyo control toman. Los Seligman, que previeron la marcha de los acontecimientos, sólo conservaron efectivo y oro, lo que aumenta aún más sus activos.

En 1858, Henry Lehman muere de fiebre amarilla en Nueva Orleans.[54] Su hermano Mayer Lehman se queda en Montgomery, donde se casa con una joven que resulta ser la hijastra de Isaías Hellman, fundador del primer banco de Los Ángeles. El tercer hermano, Emmanuel Lehman, se instala en Nueva York para organizar la venta del algodón de su hermano.

La economía norteamericana parece volver a ponerse en marcha cuando, en abril de 1861, el presidente Lincoln, un año después de su elección, impone el bloqueo contra el Sur esclavista. Auguste Belmont es entonces el consejero financiero de la Casa Blanca, pero los Rothschild vacilan: en Europa nadie cree que el Norte vaya a ganar la guerra que se anuncia, y ningún banco europeo quiere prestar a Washington.[218] El gobierno confederado, por el contrario, fácilmente puede colocar sus bonos, prendados con el algodón que Emmanuel Lehman, con otros, va a vender a Inglaterra. Por lo demás, dicen los rumores que sus fardos de algodón sólo sirven de camuflaje para la exportación de oro, plata y objetos preciosos.

Los Seligman se comprometen entonces del lado de la Unión, proponiéndoles para comenzar un modesto mercado de suministros a los ejércitos: Jo envía a su joven hermano Isaac a Washington para ofrecer a otro emigrado alemán (no judío), que ocupa un puesto importante en la intendencia de las tropas nordistas, financiar la compra de uniformes –¡viejo oficio de los proveedores de cortes en Alemania!– para el ejército del Norte. Washington está interesado: las grandes manufacturas no quieren proveerlos, por temor a que un Tesoro vacilante no les pague. Seligman obtiene así un primer pedido; compra los uniformes a crédito a sastres; se hace pagar en bonos del Tesoro, que logra invertir con buena ganancia; y luego paga a sus proveedores. En seis meses cierra otros tratos del mismo tipo con el Estado, por un total de un millón y medio de dólares, que le pagan nuevamente en bonos del Tesoro, que él reinvierte.[54]

Primera alerta antisemita: en 1862, el general nordista Grant expulsa a todos los judíos de Kentucky, Tennessee y el Mississippi, porque allí se ha descubierto un mercado negro de algodón y el rumor denunció a los judíos, aunque sin pruebas. El presidente Lincoln anula inmediatamente la orden.

Ese mismo año, Jo Seligman hace una gira por Europa (Frankfurt, Berlín, Amsterdam, Londres) para invertir sus bonos estadounidenses ante bancos comerciales. Así, dos jóvenes judíos norteamericanos procedentes de Alemania, Jo Seligman y Emmanuel Lehman, se cruzan en Londres a fines de 1862, ¡cada uno de ellos tratando de financiar a uno de los bandos de la guerra de Secesión!

Jo Seligman lo logra, pero con mayor dificultad que Emmanuel Lehman: para reinvertir los bonos del Norte con ahorristas europeos escépticos, los bancos deben proponerles una tasa de interés especialmente atractiva, del 7,3%. Seligman vuelve triunfante: recuperó su inversión y demostró que sabe financiar el presupuesto del nuevo Estado. En 1863, Washington se dirige a él nuevamente, esta vez para colocar en forma directa un empréstito del Tesoro, sin hablar más de pedidos de uniformes.[54] Son bonos que Belmont se negó a colocar el año anterior…

Ese mismo año, el general Lee, comandante en jefe de los ejércitos del Sur, es detenido en Gettysburg en su ascenso hacia Washington. Comienza el reflujo sudista.[218] En dos años, Seligman habrá colocado en Europa cerca de 500 millones de dólares de bonos del Tesoro, desempeñando así un papel protagónico en el financiamiento del ejército del Norte, condición de su victoria.

En 1864, Simon Guggenheim, todavía comerciante de paños en Cincinnati, se convierte en banquero y se muda a Filadelfia. El mismo año, el presidente Lincoln ofrece a la Northern Pacific Railroad el marco jurídico necesario para comprar tierras y arremeter hacia Seattle.

Siempre en 1864, un tal Jacob Schiff, de 17 años, llega de Alemania, de donde partió a espaldas de su padre, agente de cambio en Frankfurt surgido de una familia acomodada: uno de sus antepasados había sido gran rabino de Inglaterra en el siglo XVIII y otro, de creer en la tradición, un tal Uri Phoebus Schiff, cambista en Frankfurt en el siglo XIV, ¡pretendía ser descendiente del rey Salomón! En todo caso es una familia conocida: Heinrich Heine tiene relaciones de parentesco con ella, y el padre de Jacob es un amigo de Sara Warburg, cuya hija acaba de casarse con otro Schiff, director del banco Rothschild en Viena.

Algunas horas después de la rendición del general Lee en Appomattox, que marca, en 1865, el fin de la Guerra de Secesión, Jo Seligman funda oficialmente su banco, el J. & W. Seligman & Co. A ejemplo de los Rothschild, instala a tres de sus hermanos en Europa: William en París, Henry en Frankfurt e Isaac (que se ha hecho amigo de Lincoln) en Londres. Otros dos hermanos, Abraham y Leopold (los menos dotados), van a San Francisco; en cuanto a los últimos dos, James y Jesse (que se hizo amigo de Grant), se quedan con él en Nueva York. J. & W. Seligman & Co. siguen siendo los banqueros del Tesoro de los Estados Unidos, al que financiaron durante la guerra.

Las acerías dan lo máximo de sí, el telégrafo funciona a través del continente; el Union Pacific y el Northern Pacific avanzan hacia el oeste, el Central Pacific hacia el este; el gobierno federal pone 60 millones de dólares a su disposición para comprar tierras. Pequeños bancos, como el de los Guggenheim y el de Seligman, ganan mucho dinero "sindicando" los préstamos de esas compañías y tomando comisiones sobre dichas inversiones.

En 1866, pese al descubrimiento de nuevos yacimientos de oro en California, que hubiera debido hacer bajar las cotizaciones, el descubrimiento de minas de plata en Nevada provoca el derrumbe de las cotizaciones de ese metal, no de las del oro. Seligman apuesta atinadamente y gana una fortuna.

Nueva alerta antisemita: en 1866, siete compañías de seguros de Nueva York, que decidieron no hacer más negocios con judíos, deben echarse atrás frente a la amplitud del boicot que padecen en consecuencia.[54]

Nueva York se convierte en la capital de las finanzas norteamericanas en detrimento de Boston y Filadelfia. Todavía modestos, los Loeb, los Lehman y los Goldman se unen a los Seligman cerca de Wall Street.

Primero los Loeb: el 1 de febrero de 1867, con los 500 mil dólares que ganaron vendiendo ropa en Cincinnati, Abraham Kuhn y Salomon Loeb, los dos cuñados, vuelven a Nueva York, como hicieron antes que ellos los Guggenheim, y abren una oficina de préstamos en el 31 de Nassau Street.

Luego los Lehman: Emmanuel y Mayer siguen trabajando juntos. En Montgomery se produce el algodón, en Nueva Orlean se lo comercializa, en Nueva York se lo financia.

Por último los Goldman: en 1868, Marcus Goldman deja Filadelfia por Nueva York; él también deja de ser sastre para hacerse prestamista. Los Goldman y los Loeb, que ahora se conocen, recorren la ciudad a pie para visitar a joyeros mayoristas y comerciantes de cuero, a quienes ofrecen el dinero que los bancos les niegan. A cambio, toman letras de cambio (que ocultan en su sombrero)[54] y, por la tarde, van a colocarlas a los bancos, a los que logran convencer por el volumen de las operaciones que aportan y la seriedad de sus acreencias: el monto de los negocios se mide por el volumen del sombrero.

En el mismo momento, Jacob Schiff funda su propia sociedad de corretaje bancario en Wall Street. Apenas tiene 20 años.

Los bancos europeos, judíos y no judíos, comienzan a percibir la amplitud del mercado norteamericano y abren algunas oficinas en Nueva York y en Boston, o compran bancos en el Middlewest y en California. Otros judíos alemanes, atraídos por la expansión norteamericana, desembarcan entonces y crean establecimientos del mismo tipo: los Morgenthau, los Lewison, los Oppenheimer.

Jay Cooke, John Pierpont Morgan, Seligman y Guggenheim rivalizan ahora en los préstamos a los ferrocarriles y las acerías. La primera colocación garantizada la logra Jay Cooke en 1869: se trata de un préstamo de dos millones de dólares al Pennsylvania Railroad Union. Bancos judíos y no judíos compiten entre sí, pero en ocasiones colaboran. Andrew Carnegie desarrolla sus actividades en el acero con un financiamiento de Guggenheim. Pierpont Morgan financia a los comerciantes judíos de algodón. Juntos, constituyen los consejos de administración de algunas sociedades cuyo financiamiento organizan, como las compañías de tren. Los Guggenheim y el National Bank de Cincinnati –controlada, a través de Belmont, por los Rothschild de Londres– financian también a un tal John D. Rockefeller; sobre todo lo ayudan a desarrollar, luego de 1870, la Standard Oil y a comprar a sus competidores. Cuando intente montar un monopolio de cobre, los Guggenheim –que se han vuelto expertos en ese metal– le aconsejarán firmemente que no lo haga.

En 1869, año de la entrada en funcionamiento del canal de Suez, Grant propone a Jo Seligman el puesto de secretario del Tesoro, pero éste lo rechaza. El mismo año, el joven Jacob Schiff fracasa en Nueva York y vuelve mortificado a Alemania. Por su parte, los Goldman se asocian con los Sachs para fundar un modesto banco en común.

Estas pocas familias no son nada representativas del destino de los 80 mil judíos que viven en los Estados Unidos en 1870, o sea, el 2% de la población total del país. Si algunos crean empresas, otros se vuelven médicos o abogados; muchos son ropavejeros, comerciantes, sastres, obreros. Algunos controlan lo esencial de la industria de la ropa, como, por ejemplo, la ropa de trabajo, el *jeans*, patentado por Levi-Strauss y Jacob Davis en 1873. En los Estados Unidos, más de la mitad de los judíos viven en Nueva York. Allí recrean un verdadero gueto al este de Manhattan, con sus comercios, sus artesanos, sus escuelas, sus teatros, sus restaurantes. Hay diarios e imprentas en ídish. Algunos –sobre todo "alemanes"– se instalan en pueblos rurales como comerciantes y buhoneros, generalmente en cantidad suficiente para construir una sinagoga y crear una sociedad de ayuda mutua, pivotes de la organización comunitaria.

Entre los que emigraron entre 1837 y 1860, el más rico es Jo Seligman. Los Lehman todavía son vendedores de algodón en Nueva York y Nueva Orleans. Los Strauss son comerciantes en Nueva York con el nombre de Macy's. Salomon Loeb es banquero en Nueva York con Kuhn, como Goldman con Sachs. En Filadelfia, los Guggenheim hacen fortuna gracias al financiamiento de los ferrocarriles, y pronto gracias al del mercado del cobre. Únicos entre los futuros poderosos, los Lazard no son alemanes: luego de San Francisco y París, abren una tercera oficina en Londres en 1870.

Los judíos alemanes acomodados siguen hablando alemán entre ellos; tocan música alemana; van a darse baños termales y atenderse en Alemania; envían a sus hijos a las universidades alemanas. En la Quinta Avenida, abren la sinagoga *Emanu El,* donde las mujeres oran junto a los hombres y donde oficia en hebreo un rabino británico. Abonan (anónimamente, de otro modo la ofrenda no cuenta) el décimo de sus ingresos a obras judías: escuelas, seminarios, hospitales. Otros financian también la Universidad de Harvard o la de Frankfurt. Todavía no se interesan, como algunos judíos de Europa, en Rusia y Palestina. En 1870 fundan la United Hebrew Charities, que suministra alojamiento, alimentos y educación a los recién llegados en edificios de World's Island.

No todos eligieron realmente instalarse de manera duradera en los Estados Unidos, y siguen apasionadamente la política alemana. En 1871, tras la proclama del Imperio Alemán, Abraham Kuhn –que fundó su banco en Nueva York con su cuñado Salomon Loeb– se jubila y vuelve a Hamburgo, lleno de esperanza en la nueva Alemania; allí conoce al joven Jacob Schiff, que regresó mortificado de América tras su fracaso, y fue enviado por su familia a trabajar en el Deutsche Bank –fundado el año anterior, como vimos, por otro banquero judío amigo de su padre, Ludwig Bamberger, que acaba de ser elegido en el Reichstag–. Schiff no renunció a su sueño americano, y suplica a Abraham Kuhn que le encuentre un empleo modesto en su banco de los Estados Unidos. Abraham acepta solamente entregarle una carta de recomendación para Salomon Loeb, en Nueva York. Con este apoyo, Jacob desembarca una segunda vez en América en 1872. A Salomon le cae bien y lo contrata, sin percatarse de que acaba de contratar a su propio patrón.

En efecto, Jacob Schiff es una personalidad extraordinaria. Desde su llegada –tiene 25 años–, se casa con Theresa Loeb, la muy joven hija de Salomon –el matrimonio mundano de que se habló más arriba–, y se convierte en el socio de éste al siguiente año. Así como prudente es Loeb, de igual modo es audaz Schiff. Loeb prefiere financiar a los comerciantes; Schiff se hace experto en el financiamiento de trenes. No bien le hablan de una línea para financiar, sabe escoger el mejor instrumento financiero del momento y logra colocar de la mejor manera posible los empréstitos de las compañías. Ahora en competencia con J. P. Morgan, Seligman, Guggenheim y Belmont, este joven ambicioso y muy dotado es igualmente rápido para despreciar a todo el mundo. De Belmont dice: "Un zoquete, lo único que le falta es el zapato".[54]

A pesar de la inmensidad americana, todavía se casan entre sí, como en Alemania. Jo Seligman se casa con su prima; tres hermanos Seligman se casan con tres hermanas Levi; Mayer Guggenheim se casa con su cuñada; Levinsohn, con su sobrina. Unos Lehman se casan con otros Lehman. Los Schiff se casan con los Loeb y los Warburg, que se casan con los Seligman. Según la tradición ancestral, varias viudas se casan con el hermano menor de su difunto marido. Como en un pueblo polaco o alemán, se casan entre hijos de socios, lo que revela la fuerza reconstituida de la organización familiar. Dos hijos Sachs se casan con dos hijas Goldman (aquí comienza Goldman-Sachs). Una hija Sachs se casa con un hijo Strauss (aquí comienza Macy's). Dos cuñados,

Leopold Cahn y Semon Bache, fundan juntos la J. S. Bache & Co., que se convertirá en el primer agente de cambio de Wall Street. Los cuatro principales fundadores de Hallgarten (una de las primeras cadenas de grandes tiendas), como los de Goldman-Sachs, también son cuñados y yernos.

En 1873, el año del *jean*, es decir, unos quince años después de la primera crisis de 1847, estalla la segunda gran crisis financiera del capitalismo norteamericano, también provocada por el exceso de crédito.[18] Esta vez, los banqueros judíos quedan tan expuestos que algunos artículos antisemitas atacan, en la prensa norteamericana, a los judíos alemanes, esos "advenedizos", esos "revolucionarios del cuarenta y ocho" que se alzaron "al mando de las finanzas".

Sin embargo, la crisis inclina progresivamente el centro del mundo industrial de este lado del Atlántico. Las industrias del acero, los astilleros navales, los ferrocarriles se concentran. El equipamiento eléctrico tiene una aceleración fulgurante. En ese desarrollo, los banqueros judíos están más que presentes: financian la mayoría de las infraestructuras, mientras que otros se ocupan de la industria textil y otros más inventan parte notable de los usos de la energía eléctrica.

Un caso entre otros: Emil Berliner, judío alemán nacido en La Habana en 1851, emigra a los Estados Unidos en 1870, donde en 1887 inventa el micrófono, el disco plano, el transformador y, cuatro meses antes que Thomas Edison, el "transmisor telefónico", que le compra Graham Bell. Luego funda en Alemania, y más tarde en Gran Bretaña, lo que se convertirá en la más importante compañía de discos de Europa: la Deutsche Gramophon.

Al lado de esas pocas celebridades, otros miles de judíos trabajan en 1870 como artesanos, maestros, médicos, comerciantes, restauradores o simples obreros. Un tercio de ellos vive todavía en Nueva York, donde desembarcan de manera cada vez más numerosa los emigrantes de Rusia, ya no sólo de Alemania.

Cuando algunos franceses proponen construir la Estatua de la Libertad en homenaje a esa Norteamérica acogedora, los ricos judíos alemanes de Wall Street no quieren oír hablar de un proyecto que les recuerda demasiado su pasado. Mientras que los sefardíes, como los Lazarus y los Pinto (que se designan entre ellos como *sefardis* o a veces como *grandees*,[55] y no como judíos), conscientes de que su grandeza está ligada a esa memoria, financian su zócalo, aunque no sean tan ricos.

Los bancos de negocios adquieren un poder considerable. John Pierpont Morgan Jr., que reemplaza a su padre, financia los ferrocarriles, organiza la General Electric y la US Steel, y funda una nueva filial, la Drexel, Morgan &

Co.; según dicen, es más poderoso que el propio presidente de los Estados Unidos. No tan influyentes, están Jo Seligman y Simón Guggenheim, así como otras casas todavía modestas: Lazard, Kuhn-Loeb, Lehman Brothers y Goldman-Sachs. En 1875, Jo Seligman funda un segundo banco en San Francisco, el Anglo-Californian, presentado como la filial de un establecimiento cuya casa matriz está en Londres. Seligman se americaniza, se interesa en la agricultura, ya no come *casher*. Como muchos, tiende a olvidar que es judío. Como a muchos, los otros no van a tardar en recordárselo.

La crisis de 1873 y los desbordes antisemitas que acarreó, en efecto, no dejaron de provocar estragos. Ese año, el propietario de una cadena de tiendas neoyorquinas, Alexander T. Stewart, muere dejando una inmensa fortuna, entre otras cosas el hotel más lujoso de Saratoga, ciudad termal próxima a Nueva York, donde los ricos clientes procedentes del Sur importaron los juegos por dinero practicados en los *steamboats* del Mississippi. Los neoyorquinos se convirtieron en grandes clientes. Jo Seligman, que sin embargo no es un jugador, es un habitué del *palace*; se dispone a dirigirse a él cuando el ejecutor testamentario de A. T. Stewart, el juez Henry Hilton (sin relación con Conrad Hilton, el creador de la cadena de hoteles del mismo nombre), le prohíbe el acceso.

Se produce un escándalo, con amenaza de juicio: es el primer caso resonante de antisemitismo en los Estados Unidos. Otros hoteles imitan al de Saratoga, como el del Lake Placid Club; el Tribunal de Nueva York rechaza admitir a un abogado judío; los promotores inmobiliarios de Coney Island quieren prohibir a los judíos el acceso al nuevo parque de diversiones; otros clubes famosos les cierran sus puertas. El juez Hilton incluso funda una efímera American Society for the Suppression of the Jews...

Jo Seligman no se deja intimidar. Organiza el boicot contra las tiendas de A. T. Stewart; la caída de las ventas es tal que, habiendo entrado en pánico, Henry Hilton busca la paz: hace una donación de mil dólares a una obra judía. ¡Afrenta suprema! El boicot aumenta, ampliamente apoyado por los medios protestantes. A. T. Stewart no tarda en ir a la quiebra.

Muy marcado por este caso, Jo Seligman muere el siguiente año, en 1878. La ciudad de Roller's Ridge, en el Missouri, cambia entonces de nombre para llamarse Seligman. Jesse, el hermano de Josef, veinte años mayor que Jacob Schiff, se convierte en el primer banquero norteamericano.

El mismo año de la desaparición de Jo, Jesse Seligman se interesa en un viejo proyecto que vuelve a corporizarse: un canal que atraviese Panamá o Nicaragua para unir ambos océanos.

En París, nimbado con la gloria que le significó la perforación del Istmo de Suez, Ferdinand de Lesseps, a los 70 años, prepara con mucha publicidad la emisión de acciones de una compañía universal del canal interoceánico, previsto para seguir un trazado a través de Panamá, que pertenece a Colombia. Pero no recauda más que 8 de los 400 millones de francos necesarios, y los norteamericanos, a quienes no seduce en medida alguna la idea de que los franceses se metan en su mayor proyecto, se regocijan con su fracaso.

En 1881 –esto es, un año después de la mudanza del banco Lazard de San Francisco a Nueva York–, el desencadenamiento de nuevos pogromos en Rusia estimula la llegada a los Estados Unidos de 250 mil nuevos emigrantes. Ya son familias enteras, ortodoxas, en su mayoría totalmente desvalidas, extenuadas, que no se alejan demasiado de los límites de los puertos de desembarco. Reconstituyen el equivalente de los *shtetls* en el Lavendost Side de Nueva York y el West Side de Chicago. Instituyen sus tribunales y crean restaurantes, teatros, sindicatos, fraternidades, *yeshivot,* diarios; algunos comerciantes letrados recuperan sus oficios de agentes, carniceros, vendedores de objetos de culto. Obreros en su mayoría, se emplean en fábricas de zapatos y de cigarros, en talleres de confección –en general, pequeñas empresas familiares, a menudo judías, donde siguen hablando entre ellos en ídish o en ruso–. Muchos se vuelven sindicalistas, y entre éstos se reclutan los conductores de las duras huelgas que están comenzando. A su cabeza se encuentra Samuel Gompers, un judío de origen holandés nacido en Londres, aprendiz de zapatero a los 10 años, que llegó a los Estados Unidos a los 14, en 1864, y se convirtió en obrero cigarrero. Organizó su primera huelga en 1875 y, en 1877, llegó a presidente del sindicato de los obreros del cigarro; fue el primero en instituir el pago de una cuota regular y en organizar una asistencia a los nuevos adherentes.

Los judíos alemanes no aprecian el "orientalismo" de esos "salvajes asiáticos", a quienes apodan *kikres* (ya que sus apellidos terminan en -*ky*…) o *bo-hunk* ("bárbaros" y "socialistas"). Espantados por su activismo sindical y político, organizan su recepción de la mejor manera posible y hacen todo lo que pueden para ayudarlos a asimilarse. El primer hospital judío en los Estados Unidos (inicialmente llamado Hospital de los Judíos de Nueva York) es fundado por un grupo de judíos neoyorkinos de origen alemán, entre ellos: Samson Simson, uno de los mejores juristas de la época; el banquero Samuel Myer Isaacs –que también financia la creación del Maimonide College de Filadelfia–; y Adolphus Simeon Solomons, quien, junto con Clara Barton, también funda en 1881 la Cruz Roja de los Estados Unidos.

Ese año, Jacob Schiff adquiere definitivamente autoridad sobre su suegro y se convierte en el patrón de Kuhn, Loeb y Co. Su muy joven hija —no tiene más que 17 años— se casa, como hemos visto antes, con Felix Warburg, conocido en Alemania, que entonces se vuelve socio de Kuhn Loeb, con su hermano Paul, que a su vez se casa con la cuñada de Jacob, la otra hija Loeb. Con la unión de las dos casas, Kuhn Loeb y Warburg, alrededor de Jacob Schiff, éste se convierte en el jefe de los dos bancos de negocios más afamados del mundo, de ambos lados del Atlántico.[18]

Como dos hermanas de Henry Goldman se casaron con dos hermanos Sachs, otra se casa con un tal Samuel Hammerslough, joven sastre de Springfield (donde conoció a Abraham Lincoln), que acaba de comprar a su suegro una pequeña firma de venta por correspondencia, cuyo nombre se hará famoso: Sears Roebuck; Goldman y Sachs lo ayudarán a convertirse en uno de los primeros grupos de distribución de los Estados Unidos, en competencia con R. H. Macy, propiedad del esposo de otra hija Sachs.

Precisamente en ese momento, Jesse Seligman es contactado por hombres de negocios franceses para retomar por su cuenta el financiamiento del proyecto del Canal de Panamá que no logran poner en marcha. Seligman organiza un financiamiento con el Banco de París, Drexel y Morgan: extraño caso de alianza de bancos judíos y protestantes. Hay una gran ofensiva mediática contra ellos: en el Senado los acusan de querer "vender Norteamérica a Francia". Se habla de conspiración judía, y se reprocha a Morgan que se "una a los judíos".[54] Seligman replica que los principales beneficiarios del proyecto serán los Estados Unidos, de donde provendrán las máquinas que perforarán el canal. Gustave Eiffel y muchos otros lo publicitan. Y ganan: el empréstito es suscripto en Europa y en Nueva York.

Pero los partidarios del otro trazado, todos norteamericanos, no renuncian, y en 1884, el gobierno de Washington firma con el de Managua un tratado, llamado de Zavala, para la construcción de un canal a través de Nicaragua. El Senado vacila en ratificar este tratado. En 1885, los trabajos comenzados en Panamá en 1882 no muestran mayores avances. Todavía están en menos de la mitad de la nivelación. Lesseps se resigna a las esclusas preconizadas por el ingeniero en jefe que contrató, Philippe Bunau-Varilla,[73] cuyo papel pudimos ver en el caso Dreyfus.

Para estar más a tono con las exigencias de la economía moderna, sin dejar de luchar contra las tendencias a la asimilación, en 1885, el judaísmo reformado norteamericano se organiza con la "Plataforma de Pittsburgh": renuncia a las reglas alimentarias, a la circuncisión, al Shabat. En 1887 se

funda la Hebrew Immigrant Aid Society, sociedad laica, financiada por todos los judíos de los Estados Unidos, no sólo los de mejor pasar, para asistir a los más desprotegidos. En promedio, los judíos no son más
acaudalados que los otros norteamericanos. En 1890, según las estadísticas
oficiales norteamericanas, el 35% de ellos son pequeños comerciantes, el
29% empleados, el 12% obreros, el 15% agentes, abogados, banqueros y
el 5% médicos. El ideal deseado para los niños: abogado o médico.

En 1886, Samuel Gompers, a quien vimos presidir el sindicato de los
obreros del cigarro, reúne, a los 36 años, a todos los sindicatos americanos en
una American Federation of Labour, constituida por un sindicato por oficio.
Temible negociador, seguirá siendo, hasta su muerte en 1924, el hombre más
influyente de la clase obrera norteamericana.

Luego de nueve años de trabajos, en 1889, Lesseps ha gastado todo lo
que recibió de los suscriptores de sus empréstitos, o sea, 400 millones de
dólares (mil millones de francos); pero sólo un tercio del canal está perfo-
rado. El presupuesto inicial ascendía a 600 millones… ¡de francos! En
1889, Philippe Bunau-Varilla presenta un plan para dinamitar las rocas bajo
el agua.[73]

En el mismo momento se desarrolla un destino muy diferente del judío
norteamericano, que ostenta, a su manera tan particular, el espíritu bimilenario de los descubridores: Salomón Bibo, nacido en Prusia en 1853, se une
en 1869 a sus dos hermanos emigrados tres años antes que él a Nuevo México. Primero, los tres trabajan para otra familia de pioneros judíos, los
Spielberg. Luego, los tres hermanos se instalan en un puesto de avanzada para comerciar con los indios navajos. Posteriormente sirven de intermediarios
y negociadores entre los indios, los mexicanos y los anglosajones, y defienden a los primeros cuando los blancos intentan quitarles sus territorios. En
1882, Salomón Bibo establece un puesto comercial –¡el eterno oficio de
agente!– entre los indios acomas; aprende su lengua, estudia su situación, y
comprende que son explotados por los blancos; se pasa a su bando y se convierte en su negociador. Tiene entonces 24 años. A cambio de un contrato
de arriendo de los 94 mil acres cedidos a los indios en 1877 por el gobierno
norteamericano, se compromete a proteger sus tierras y su ganado y a explotar sus minas de carbón; les pagará un alquiler anual de 12 mil dólares, al
que se añadirán 10 dólares por tonelada de mineral extraído. El contrato
funciona tan bien que Bibo se convierte en una suerte de jefe indio. En 1888
–tiene 35 años–, hasta es reconocido por la administración federal en Washington como "gobernador del pueblo acoma". En 1889 se casa con la nieta

del jefe, la princesa Juana, que se convierte al judaísmo. Es oficialmente el jefe de los acomas. Once años más tarde, el único jefe indio judío de la Historia se instalará en San Francisco para permitir que sus niños reciban una educación religiosa…

Otro destino: Anton Oppenheimer –sin relación con los proveedores de la corte de Viena–, nacido en Baviera en 1840, emigra a los Estados Unidos en 1858. Primero es comerciante en Texas en una pequeña ciudad llamada… Palestina; luego, soldado en el ejército de los Confederados del Sur. Posteriormente, tras hacerse comerciante de animales, pasa a ser propietario de tierras, y adquiere una sociedad de comercio mayorista, que en 1890 adopta el nombre de American Hat and Shoe Company: ¡éxito fabuloso!

La Lehman Brothers es ahora una importantísima casa de negocios de materias primas, pero los Lehman no viven todavía en el mismo mundo que los Seligman o los Guggenheim, y mucho menos en el de los Schiff y los Warburg. Cuando Emmanuel Lehman muere, el poder pasa a su hijo Philip y a su sobrino Arthur; éste se casará con la hija de Adolph Lewinsohn, jefe de una importante sociedad minera norteamericana relacionada con los Seligman.

Los hijos de estos casi cincuenta grandes banqueros son educados entonces en los mejores colegios protestantes y hacen su *bar mitzvá*. Ya no se habla alemán en la casa. El zar, cuya política antisemita siguen con ira, representa para ellos "el enemigo de la humanidad", y no les molestaría financiar una revolución en Rusia. Por otra parte, financian los comienzos del Bund en Vilna. Son jugadores de squash y aficionados a la ópera, poseen yates, campos de polo privados y caballos de carrera.[18] Hacen donaciones a las obras sociales, judías o no, y se ocupan de cerca de la educación de sus hijos. Cuando van a Europa en barco, los más ricos llevan *maître d'hôtel*, doméstica y cocinero. En sus casas se amontonan los Durero, los Rembrandt, los Botticelli.

En 1892, el príncipe André Poniatowski, recibido entre los Seligman, describe claramente su modo de vida:

> El dinero por sí solo no tiene significación para ellos, fuera de los negocios […]. Sólo hablan de deporte, literatura, arte –especialmente de música–, financian obras y sus partidos políticos, y por encima de todo están consagrados a la vida de familia, con una intensidad que sólo se encuentra hoy en las provincias francesas […]. La vida de estos hombres, aparte de su gusto por el deporte, se parece a la de los banqueros de las viejas casas de Lyon.[18]

Pero la calma nunca dura. Al siguiente año, los Seligman son alcanzados por un escándalo.

En 1893, un pánico bursátil en Nueva York acarrea, entre otras, la quiebra de la compañía de Lesseps. Debe interrumpir la perforación del canal; 85 mil suscriptores se arruinan. Lesseps vuelve a Francia, agotado, para enfrentar una investigación del Parlamento. Se descubre entonces que corrompió a políticos de primer rango y a periodistas famosos para ocultar la verdad sobre el estado de los trabajos.

Como el escándalo, entre otros cómplices, cuestiona a dos agentes judíos (Cornelius Herz y Jacques Reinach), Drumont desata sus iras "contra aquellos que arruinaron a 85 mil suscriptores", olvidando que la estafa es esencialmente producto de notables pertenecientes a los partidos católicos. Lesseps es condenado; su hijo Charles escapa a Gran Bretaña. Se busca un comprador para el canal inconcluso. El precio es de 100 millones de dólares.

Francia no claudica: el canal se ha vuelto estratégico, porque Alemania hizo pie en Venezuela para controlar los movimientos de los barcos sobre el Atlántico. Pese al escándalo, se crea una nueva compañía del Canal de Panamá en 1894, el mismo año del estallido de los Estados Unidos del caso Dreyfus, en el momento en que una investigación a cargo del Congreso de los Estados Unidos acusa a J. P. Morgan y Seligman de haber ganado mucho dinero en comisiones de inversión de los préstamos franceses. En especial, se reprocha a Jesse Seligman haber propuesto la presidencia del Comité del Canal al ex presidente Grant. Finalmente, ésta recayó en R. W. Thomson, secretario de Marina del presidente Hayes, que dimitió del gobierno para aceptar el puesto gracias a un salario anual exorbitante de 24 mil dólares; su presencia tranquilizadora contribuyó a atraer a pequeños ahorristas. Aunque la comisión del Senado, al término de su larga investigación, no encuentra absolutamente nada que reprochar a Jesse Seligman, éste no sobrevive al escándalo: muere algunas semanas más tarde, víctima, como su hermano dieciséis años antes, de ataques injustificados.

Los otros Seligman deciden no renunciar al proyecto de perforación, siempre con los franceses y siempre a través de Panamá. Contratan a parte del equipo de la nueva compañía del Canal de Panamá,[73] entre ellos Philippe Bunau-Varilla. Luego del escándalo, ya es impensable buscar dinero entre el público; hay que hacer pagar al contribuyente. La batalla entre los dos proyectos se desplaza entonces al Congreso.

En noviembre de 1896, mientras en París Bunau-Varilla ayuda a echar luz sobre el caso Dreyfus en su diario *Le Matin,* en Nueva York nace otro gran diario: Adolph Simon Ochs compra el *New York Times,* entonces una hoja muy modesta, que sólo tiraba 9 mil ejemplares. Nacido en Cincinnati en 1868 de judíos emigrados de Alemania en 1848, es obrero impresor a los 11 años en la *Knoxville Chronicle* y luego en el *Chattanooga Times.* A los 20 años, Ochs toma el control, por 250 dólares, de ese oscuro diario en quiebra. En 1889 se casa con la hija del rabino Wise de Cincinnati, uno de los fundadores del judaísmo reformado en los Estados Unidos, que más tarde tendrá una actuación fundamental en el seno de la comunidad judía norteamericana. Ochs establece los principios del periodismo ético, en el momento en que Jo Pulitzer (con el *World*) y William Hearst (con el *Journal*) apuestan al sensacionalismo. Instala la independencia de la información respecto de la publicidad y la línea editorial. El *Chattanooga Times* se convierte en el periódico más respetado del sur de los Estados Unidos. Para él, el judaísmo no es más que una religión; es hostil al sionismo que acaba de aparecer y lo considera contrario a los valores judíos. El *New York Times* conoce rápidamente un fabuloso éxito: su tirada pasará de 9 mil ejemplares en 1896 a 780 mil en 1925.

En 1897, el Senado confirma la elección de la ruta por Nicaragua, hoy considerada técnicamente mejor.

En ese momento, ingresa a los Estados Unidos un millón de judíos rusos que huyen de los pogromos de 1894. Su llegada revoluciona la estructura del judaísmo norteamericano: los tres cuartos de los recién llegados se hacen obreros en las grandes ciudades; fabrican la mayoría de la ropa del país. En lugar del 12% de veinte años antes, los dos tercios de los judíos norteamericanos son ahora obreros, como los italianos y los irlandeses que desembarcan al mismo tiempo que los judíos rusos. Estos siguen siendo igualmente mal recibidos en las asociaciones financiadas por los ricos. Por ejemplo, en 1897, la *Yiddish Gazette* indica: "En las instituciones filantrópicas de los judíos aristócratas alemanes [...] cada refugiado es interrogado como si fuera un criminal. Lo degradan, él tiembla como una hoja, como si se encontrara ante un funcionario ruso".

Su experiencia obrera en Rusia los propulsa a la cabeza de numerosos sindicatos alrededor de Samuel Gompers: como Morris Hillquit, Meyer London, Sidney Hillman. Apoyados a veces por la burguesía judía (Jacob Schiff, Louis Marshall, Henry Mesowitz), obligan a los patrones a aceptar sus principales reivindicaciones: semana laboral de cincuenta horas, contratación preferencial de obreros sindicados, procedimientos de mediación. En 1900 se crea incluso el primer sindicato estrictamente judío: un sindicato de mujeres que trabajan en la industria de la indumentaria.

Los conflictos entre los bancos judíos y los de los WASP (White Anglo-Saxon Protestants) se intensifican. En abril de 1901, una batalla bursátil enfrenta una vez más a Morgan y a Schiff por el control del financiamiento de los ferrocarriles, en especial la Northern Pacific Union una "batalla de gigantes" que nadie gana–.

Luego del asesinato, el 6 de septiembre de 1901, del presidente McKinley, quien era favorable al trazado por Nicaragua, y reemplazado éste por el vicepresidente Theodore Roosevelt, más inseguro, comienza otra batalla entre los bancos protestantes y los judíos por la elección del trazado del canal: Morgan abandona el campo de los Seligman y lleva adelante una campaña para un financiamiento público del proyecto de Nicaragua. En 1902, el Senado se inclina por el proyecto de Morgan, pero una erupción del volcán Momotombo, en Nicaragua, seguida por otra –la del monte Pelea, en Martinica–, modifica el juego. Tres días antes del voto, a Philippe Bunau-Varilla se le ocurre enviar a cada senador norteamericano una estampilla de Nicaragua que muestra el Momotombo humeante.[73] Nicaragua es una tierra volcánica; Panamá no: allí el canal no correría riesgos. Hay un cambio de planes: el Senado vota a favor de la adquisición de la Sociedad del Canal de Panamá por el Estado de los Estados Unidos. La misma operación se da con la Cámara de Representantes, que se pronuncia en el mismo sentido.

Pero no todo está solucionado aún: el Istmo de Panamá forma parte del territorio colombiano, y el Parlamento de Bogotá, bajo influencia alemana, acaba de votar contra una cesión del terreno necesario para la prosecución de la perforación. A menos que se abonen 10 millones de dólares… Bunau-Varilla sugiere entonces a los Seligman provocar la secesión de Panamá: ¡menos costoso que corromper al gobierno y el Parlamento colombianos! Los Seligman abonan entonces 100 mil dólares[54] –en sus Memorias,[73] Bunau-Varilla pretende haberlos pagado él mismo– a un pequeño grupo de independentistas panameños dirigido por el doctor Amador. En las oficinas neoyorkinas de Seligman, Bunau-Varilla redacta la Declaración de Independencia y la Constitución de la nueva república. Se encuentra en la Casa Blanca con el Presidente, Theodore Roosevelt, y le pregunta si intervendría en Panamá para proteger vidas e intereses estadounidenses en caso de que estallara una revolución. Silencio afirmativo del Presidente. La revolución panameña estalla el 3 de noviembre de 1903; la presencia del USS Nashville en la bahía convence a los colombianos de aceptar la secesión en diciembre. Se firma un tratado entre el secretario de Estado Hays, por los Estados Unidos, y Bunau-Varilla, por Panamá, que entrega el canal por un siglo a los Estados

Unidos. Se proclama la República de Panamá. El doctor Amador se convierte en su primer presidente. Francia y los Estados Unidos lo reconocen, y Bunau-Varilla es nombrado... ¡su embajador ante los Estados Unidos! Apogeo del poder de los Seligman y venganza póstuma de Jesse, a nueve años de su muerte.

En 1903, Paul Warburg, hermano de Max, ciudadano alemán por algunos meses más, publica un *Plan para un Banco Central,* en que anuncia nuevas crisis bancarias en ausencia del control del crédito: sobre el modelo de lo que Ludwig Bamberger creó en 1870 en el Imperio Alemán, propone la organización de un Banco Central, que serviría de garantía mutua a los bancos y del que serían propietarios por partes iguales el gobierno y los grandes bancos privados. Únicamente una decena de bancos federales regionales estarían autorizados todavía a emitir moneda convertible en oro, y controlarían los créditos de los bancos.[18]

Pero en Washington nadie concede importancia al proyecto de ese rico banquero alemán que sólo reside seis meses por año en Nueva York y pasa el resto del tiempo en Hamburgo. La economía se dispara y el control de los bancos contraría demasiados intereses.

Kuhn Loeb –dirigido ahora por Jacob Schiff con un recién llegado, Otto Kahn, que acaba de desembarcar de Alemania–, financia Westinghouse, US Rubber, Armour, ATT, y reorganiza los ferrocarriles.

Los banqueros judíos viven y actúan siempre bajo el control de los mismos jefes de familia. Así, en Kuhn Loeb, Felix y Paul Warburg, tanto en el banco como en su casa, están bajo la altanera autoridad de Jacob Schiff, suegro de uno y cuñado del otro. Cada viernes a la tarde, las tres familias cenan juntas en el 932 de la Quinta Avenida, donde Jacob Schiff –ahora tiene 57 años– hizo acondicionar una suerte de palacio de cuatro pisos.[18] Jacob Schiff dice las oraciones en hebreo, que son escuchadas en silencio por la familia. Se habla inglés, aunque todos los adultos presentes sean de origen alemán. Jacob Schiff está muy comprometido con las obras sociales para la integración de los inmigrantes rusos. Funda una nueva organización caritativa, la American Jewish Committee (AJC), así como el Seminario Teológico y el Herbert Union College; crea una división judía en la New York Public Library; financia una nueva traducción inglesa de la Torá; preside durante treinta y cinco años el Montefiore Hospital de Nueva York, adonde concurre todas las semanas. También financia la Cruz Roja de los Estados Unidos y milita por la integración de los negros, por la enseñanza gratuita, por los derechos sindicales y contra el trabajo infantil. Pero lo esencial de su lucha atañe a la suerte de los judíos rusos: en 1905, luego de un pogrom en Odesa, obtiene que el presidente Theodore Roosevelt proteste personalmente ante el zar −en vano−.

En esa época, Japón, frustrado por sus conquistas en China, ataca a Rusia. Aunque, para el estupor de los europeos y los americanos, el Imperio del Sol Naciente resulta ser una potencia militar moderna, no puede vencer al ejército zarista sin comprar armas. Entonces, Schiff acepta organizar para él un colosal empréstito de 200 millones de dólares. Obtiene el apoyo de los Warburg y los Morgan. La colocación es difícil, pero Jacob lo logra. En el mismo momento, se niega a participar en un préstamo organizado en Wall Street por cuenta de Francia, porque teme que, en definitiva, ese dinero vaya a manos rusas: en esa época Rusia toma muchos préstamos en París. La ira rusa contra los financistas norteamericanos no hace más que agravar los pogromos. El 11 de julio de 1906, cuando la guerra se inclina a su favor, Japón lanza en Londres un nuevo empréstito de 30 millones de libras esterlinas. Kuhn Loeb, en Nueva York, y la casa Warburg, en Hamburgo, lo colocan en varios otros bancos. Esta vez, la demanda es diez veces superior a la oferta: la suerte de las armas ya no provoca ninguna duda.

Pronto, la victoria del Japón es total; el Tratado de Portsmouth le concede derechos en Manchuria y una parte de Sajalín, concesiones en China y un protectorado sobre Corea. Max Warburg y Jacob Schiff se convierten entonces en los financistas titulares de Japón. Schiff efectúa incluso un viaje triunfal al archipiélago, para gran furor de los rusos. Por primera vez, un emperador nipón invita a cenar a su mesa a un extranjero que no es miembro de una familia reinante. La hija del negociador japonés −que luego será ministro de Finanzas y más tarde primer ministro, antes de ser asesinado en 1936− irá a vivir varios años a Nueva York, a casa de los Schiff.

En 1906, Kuhn Loeb −donde, por primera vez, un socio no miembro de la familia, Otto Kahn, se vuelve muy influyente− sigue importando capitales europeos para invertir en la industria norteamericana: se toma un empréstito de 48 millones de dólares en Francia para financiar la Pennsylvania Railroad Union.

En el otoño de 1907, la quiebra de Knickerbocker Trust & Co. provoca la nueva crisis financiera que había previsto Paul Warburg cuatro años antes. Los bancos son acusados de haber ganado demasiado dinero otorgando préstamos imprudentes y de no haber previsto el pánico. El proyecto de Banco Central de Paul Warburg −cuyo hermano Felix es uno de esos banqueros acusados de permisivos− se vuelve entonces un tema de actualidad.

Entre el 1 de julio de 1908 y el 30 de junio de 1909, tras nuevos pogromos, se produce la avalancha: 540 mil judíos de Rusia llegan a Norteamérica en familias enteras, a menudo muy ortodoxas, trayendo consigo una rica y profunda cultura ídish. Los Estados Unidos albergan ahora a la tercera población judía del mundo, con –según una estimación demasiado precisa para ser exacta– 1.777.185 personas, contra 5.215.805 en Rusia y 2.084.591 en Austria-Hungría.

El *melting pot* (expresión creada en esa época por el escritor judío inglés Israel Zangwill, en una obra dedicada a Theodore Roosevelt) hace de Norteamérica la utopía donde todos vienen a "construir la República del Hombre y el Reino de Dios".[460]

El Gold Standard Act instala la supremacía del dólar. Como cada vez que una nación se transforma en depósito de mercancías, poco tiempo más tarde se convierte en depósito monetario. Treinta años después de su toma del poder industrial, Norteamérica, que ahora obtiene más ganancias de las que puede invertir en su propia tierra, comienza a prestar sus divisas a las empresas y a los otros Estados del mundo. Los bancos de negocios norteamericanos, que siguen tomando en Europa con qué prestar en los Estados Unidos, comienzan a operar también en el sentido inverso. En consecuencia, Kuhn Loeb y N. M. Rotschild organizan en 1910 un crédito para la República Dominicana, cuyo reembolso estaría garantizado sobre los derechos de aduana que ella percibe. Antes de decidirse a participar, Jacob Schiff telegrafía a Londres a sir Ernest Cassel: "Si ellos no pagan, ¿quién irá a buscar esos derechos de aduana?". Cassel responde: "Sus marines y los nuestros".[18] La superpotencia militar y financiera ya no es solamente británica, los Estados Unidos se han vuelto imperio.

Ese mismo año 1910, Paul Warburg, a los 42 años, finalmente se convierte en ciudadano norteamericano, y deja solo a Max en Hamburgo administrando el banco judío más antiguo del mundo. La Asociación de Banqueros de Nueva York apoya entonces oficialmente su proyecto. Un senador de Rhode Island, Nelson Aldrich –suegro de J. D. Rockefeller hijo, a quien financia justamente el banco Kuhn Loeb, del que Paul es uno de los socios–, presidente de la Comisión Monetaria Nacional, se interesa en sus ideas.

Los bancos de Wall Street –en cuya primera fila están Kuhn Loeb, Lehman Brothers, Guggenheim, Seligman y ahora Goldman Sachs, y luego, más lejos y más pequeño, Lazard– ayudan a las empresas a financiarse a través de la emisión de obligaciones o acciones: en 1910, para Underwood; en 1911, para Studebaker; en 1912, para F. W. Woolworth, luego para Continental Can.

Los nombres de Goldman Sachs, Lehman, Kuhn Loeb y Guggenheim se vuelven míticos.

Otro nombre aparece en 1910: Salomon. Los tres hermanos –Arthur, Herbert y Percy Salomon– y un tal Benjamin Levy retoman la pequeña sociedad paterna de corretaje monetario, con el nombre de "Salomon Brothers". Comienzan por financiar los equipamientos de ferrocarriles y la tesorería de las empresas antes de hacer de su sociedad una de las primeras firmas en el mundo especializadas en emisión de obligaciones.

La sospecha para con los bancos, judíos o no, se incrementa. A comienzos de 1912, una comisión del Senado, el Money Trust Investigation Committee, investiga las actividades de Kuhn Loeb, J. P. Morgan, Kidder, Lee Higginson y el National City Bank. Algunos Estados votan leyes que instauran un control del crédito. En noviembre de 1912, el presidente Wilson, inmediatamente elegido contra Taft y Theodore Roosevelt, pide a Paul Warburg que redacte un proyecto de ley a partir de su libro. Lo presenta en el Senado Robert Owen, y en la Cámara de Representantes uno por Virginia, Carter Glass: el proyecto de Paul Warburg se convierte en el Glass-Owen Act, que crea los doce bancos regionales de reserva y el Banco Federal de Reserva previstos por Paul. Wilson le propone entonces la presidencia de la "Fed", el Banco Federal de Reserva; Paul se siente todavía demasiado alemán y sólo acepta la vicepresidencia, sin que se nombre otro presidente. Benjamin Strong, yerno de John Pierpont Morgan –que muere ese mismo año–, es nombrado presidente del banco regional de Nueva York. Equilibrio de poderes, una vez más, entre bancos protestantes y judíos.

Luego de Jacob Schiff, Otto Kahn se vuelve el hombre más importante de Kuhn Loeb. Es más influyente que Paul Warburg, absorbido por el Banco Federal, que Felix, ocupado en sus mundanidades y sus obras.

En 1913, Albert Strauss, primer asociado del Banco Seligman que no es miembro de la familia, entra en el consejo de administración de la General Motors, entonces en pleno desarrollo, como Ford –que, por su parte, es antisemita–.

Extraordinario desfasaje entre este puñado de multimillonarios y los otros, la multitud de judíos que, en Rusia, Alemania, Austria, Francia, Inglaterra, Marruecos, Turquía, Argelia, sobreviven a duras penas, con tanta frecuencia miserables y perseguidos. Entre los que luchan –inclusive con las armas en la mano– contra el capitalismo y ese millón y medio de otros que, llegados a los Estados Unidos entre 1900 y 1914, permanecieron concentrados sobre todo en Nueva York, donde entonces representan el 28% de la población. Claro que éstos, por lo menos, realizaron las aspiraciones de la Revolución Francesa: acabar con el gueto, encontrar una tierra de libertad. Algunos, mucho más escasos, miran ya hacia otra Tierra Prometida.

La matriz del sionismo: primeras miradas hacia Palestina

Contrariamente a todos los mitos, la casi totalidad de los judíos del mundo, sobre todo los más ricos, dan muestras de escepticismo, hasta de hostilidad, respecto del proyecto sionista, cuando aparece a fines del siglo XIX. Terminarán por dejarse convencer de financiar algunas colonias para albergar a los judíos rusos, pero a lo sumo en la Argentina o en Canadá: el proyecto sionista no es un proyecto del "dinero judío", como más tarde denunciarán sus enemigos.

Todo comienza en 1833, cuando el pachá (gobernador) de Egipto, Mehmet Alí, invade Palestina y Siria, y proclama la igualdad de derechos de todos sus súbditos. Palestina ya es un desafío geopolíticamente estratégico, por lo menos para los ingleses, en la ruta de la India. Por eso, en 1840, convocan a una conferencia en Londres que obliga a Mehmet Alí a restituir Palestina a los turcos a cambio de la transmisión de la circunscripción administrativa de Egipto, transformada en 1841 en monarquía independiente. Allí siguen trabajando algunos judíos en el comercio y la banca.[235]

Mientras tanto, la Arabia costera pasa al control de Saúd el Grande, que extiende el imperio wahhabí a toda Arabia antes de ser frenado por Mehmet Alí y los egipcios.

Los 300 mil judíos del Imperio Otomano ejercen todos los oficios; pueden incluso, ahora, acceder a empleos públicos: funcionarios, directores de administraciones, jueces, cónsules. En adelante están autorizados a llevar el sombrero nacional, el *fez,* sin enarbolar ningún signo distintivo. Algunas figuras de banqueros[235] y de comerciantes (Gabbaï, Adjiman, Carmona, Camondo) ilustran este período de modernización. El banquero Camondo financia en Estambul una escuela moderna abierta donde se enseña en francés, lo que provoca una crisis con el rabinato. En otras partes del Imperio, los judíos son casi todos muy pobres: carpinteros, ropavejeros, comerciantes, a veces empleados por los turcos como funcionarios lejanos –por ejemplo, en Magreb hasta la llegada de los franceses–. En Siria, en 1840, se produce un grave incidente: el cónsul de Francia los acusa de asesinato ritual de un monje capuchino; muchos son entonces torturados y asesinados. Los sobrevivientes son liberados por la Puerta bajo la presión internacional, pero el mito se instala duraderamente en el mundo árabe, como sucedió largo tiempo en la cristiandad: los judíos necesitan beber sangre humana.

En Palestina (que incluye entonces la actual Jordania), su destino es aún más miserable. En 1845, aunque todavía son mayoritarios en Jerusalén (8 mil judíos sobre 15 mil habitantes), no son más que 30 mil en todo el territorio, para 550 mil árabes. El 11 de agosto de 1850, Gustave Flaubert escribe en sus *Libretas de viaje:* "La maldición de Dios parece planear sobre la ciudad, ciudad santa de tres religiones que se pudre en fastidio, marasmo y abandono".[145]

El primer banquero judío que se preocupa por el destino de los judíos de Palestina es un judío liornés, yerno de los Rothschild y barón inglés, Moses Montefiore. Muy religioso, en 1860 hace construir su propia sinagoga en su propiedad de Ramsgate y sólo viaja con su propio carnicero. Junto a los proyectos que financia para mejorar la situación de los judíos en Rusia, Polonia, Rumania y Marruecos, se interesa en los de Palestina, tierra que, para él, no es de naturaleza diferente a la de los otros lugares de residencia. Así, establece un pueblo en Yemin Moshe, al pie de las murallas de la vieja ciudad de Jerusalén –primer barrio *extra muros*–, para ayudar a vivir con autosuficiencia a los judíos que entonces residen en Palestina. Para ayudar a otros a hacerse campesinos, compra las primeras granjas judías: diez hectáreas de plantaciones de naranjos en Jafa. Todavía no se trata de ayudar a la inmigración de otros judíos.

En Europa y los Estados Unidos, la idea de la restauración de un Estado judío tampoco ocupa el pensamiento de las comunidades. Nadie olvidó el sueño bimilenario; pero pocos rabinos e intelectuales, y menos comerciantes, lo evocan y se consagran a ello. Algunos, sin duda –como Moses Hess, en su libro *Roma y Jerusalén,* de 1862–, ya soñaron con eso, pero sólo se encuentra una evidencia política de esto en una conversación entre dos cristianos. En 1863, el presidente Abraham Lincoln confía a un extraño sacerdote canadiense, Henry Wentworth Monk –que vive en Jerusalén y está convencido de que Dios le encargó que vuelva a crear el Estado de Israel–, que espera que los judíos puedan "restaurar su hogar nacional [*national home*]" en Palestina; "es un noble sueño compartido por muchos norteamericanos". Luego agrega este juego de palabras: "Como mi médico es un judío que muchas veces me puso de pie, no veo ninguna razón para no dar una mano [*a leg up,* literalmente: 'una pierna'] a sus compatriotas". Pero las comunidades judías, por su parte, bajo ningún concepto están preparadas, y a su manera de ver, Palestina no es más que una comunidad entre otras.

En Europa, el estado de ánimo es el mismo. Tras haber fundado numerosas escuelas en Tetuán, Tánger, Bagdad, Estambul, Adrianópolis, Esmirna, Salónica, Sofía, la Alianza Israelita Universal[88] –creada, como vimos, en París en 1860– abre otra en 1873 cerca de Jafa, en Mikve Israel, luego otras dos: en Motza, cerca de Jerusalén, y en Petaj Tikvá. Pero, una vez más, nada específico, de no ser el papel personal representado por Charles Netter, uno de los fundadores de la Alianza, preocupado por promover Palestina. Los judíos franceses, alemanes y británicos están más ocupados en sostener a los 3 millones de judíos rusos que en ayudar a Palestina; y no ven en ella un refugio eventual para éstos.

El primer proyecto coherente de Estado judío en Palestina es formulado en 1880 cuando un judío ruso, Leo Pinsker, médico en Odesa, publica en Berlín *La autoemancipación*. Él secunda en Rusia la fundación –clandestina– de la asociación *Jobeve Sion* (Los amantes de Sión), cuyo objetivo es "la resurrección política, nacional y espiritual del pueblo judío en Palestina" y la del movimiento estudiantil *Bilu* (acrónimo de *Beit Yaakov lejú ve-neletjá*: "Casa de Jacob, adelante"). Muy pronto organizarán la partida de Odesa hacia Estambul y Palestina de 30 mil judíos rusos, polacos y rumanos. Sobre todo, se trata de estudiantes idealistas e inexpertos. Jaffa, puerto de entrada para la *Aliá* ("Subida"), todavía sólo cuenta con algunos centenares de judíos. La llegada de todos ellos duplica la población judía del país, pero no disponen de medio material alguno.

Después de la de Montefiore, la primer ayuda significativa aportada a los judíos palestinos proviene, en 1882, del barón Maurice de Hirsch. Este banquero alemán, belga, inglés y francés a la vez, que va a financiar proyectos de asistencia a los refugiados en todas partes, es muy hostil a la idea de un Estado judío, que considera extravagante. Aunque, en marzo de 1882, compra a unos turcos 2.200 hectáreas de tierra para instalar a refugiados, para él es un proyecto como otros que tiene en una decena de países.

Se trata de una proeza, porque la casi totalidad de la tierra de Palestina pertenece al Estado otomano o a algunos particulares que viven en el extranjero, especialmente en Damasco y Beirut. Por consiguiente, cualquier adquisición supone largas gestiones burocráticas ante autoridades locales, hostiles a la presencia judía, y no menos difíciles negociaciones con los propietarios. En junio de 1882, el gobierno otomano intenta prohibir la instalación de nuevos inmigrantes judíos, así como toda adquisición de tierra y toda construcción. Tales prohibiciones son rápidamente eludidas. El barón de Hirsch hace construir en sus tierras las primeras granjas privadas, *moshavot:* Rishón

Lesión, Rosh Piná y Zijrón Yaakov. Los primeros emigrantes, poco familia-
rizados con la agricultura, comienzan por drenar los pantanos, eliminar las
piedras, crear terrazas para hacer cultivables las parcelas y plantar eucaliptus.
Algunos judíos yemenitas se instalan en Jerusalén como obreros de la construcción y trabajan en las primeras plantaciones de limoneros. Pero, por falta de medios, algunas granjas rápidamente se encuentran al borde de la
quiebra.

Una de las primeras voces judías norteamericanas favorables a la creación
de un Estado judío se hace oír el año siguiente, en 1883. Es la de Emma Lazarus, descendiente de una de las familias del *Saint-Charles* que desembarca-
ron en Nueva York en 1654, la poeta cuyos versos están grabados en el zócalo
de la estatua de la Libertad. Para ella, "Palestina debería ser el país de los sin
patria, un objetivo para los errantes y un asilo para los perseguidos de una nación que habrá dejado de serlo".[55]

En 1884, un año antes de su muerte, el centésimo aniversario del barón
Montefiore es decretado día de fiesta en todas las comunidades judías del
mundo. El otro gran mecenas, Maurice de Hirsch, tropieza con la tragedia:
la muerte de su único hijo, Lucien, en 1887. Se instala entonces en París y se
hunde en el trabajo. Escribe: "Perdí a mi hijo, pero no a mi heredero: la humanidad es mi heredera". Se sume entonces en un proyecto grandioso. En
1890 organiza la Jewish Colonization Association; su objetivo es, como vimos, la emigración de 3.250.000 judíos rusos a la Argentina en veinticinco
años. A la Argentina, no a Palestina.

Ese mismo año, 1890, el debate sobre el retorno a Palestina crece en intensidad. Aparece la palabra "sionismo", inventada por un escritor vienés,
Nathan Birnbaum. En 1891, un escritor ruso, Asher Ginsberg, más conocido con el nombre de Ajad Haam, insiste en la importancia de la laicización
del judaísmo, de un acuerdo previo con la población árabe antes de hablar de
crear un Estado judío y en la necesidad de atraer a intelectuales a Palestina.
Es el "sionismo cultural". En los Estados Unidos, la cultura bíblica y protestante lleva a los dirigentes a trazar continuamente un paralelo entre Norteamérica e Israel, dos Tierras Prometidas, y de ese modo, a interesarse en el
sionismo. En 1892, cuando los pogromos en Rusia se transforman en
masacres, el fiscal de la Corte Suprema, el *speaker* de la Cámara de Representantes, el reverendo William Blackstone y el cardenal Gibbons presentan al
presidente Benjamin Harrison y al secretario de Estado James Blaine una petición protestando contra el destino infligido a los judíos de Rusia y solicitando que se convoque a una conferencia internacional

para considerar el reclamo judío sobre Palestina, su antigua patria, y promover por cualquier otro medio justo y adaptado el alivio de sus sufrimientos […]. ¿Por qué no devolver Palestina a los judíos? Según la distribución que hizo Dios de las naciones, ésa es su patria, inalienable, de la que fueron expulsados por la fuerza. Era un país industrioso y cultivado, el centro de una civilización y una religión. Creemos que es apropiado dar a los judíos el derecho a regresar a la tierra de la que fueron despojados por nuestros antepasados romanos.

Ningún judío norteamericano destacado participa en la iniciativa de esta profesión de fe sionista de algunas de las más altas personalidades del país.

La gloria de haber lanzado el movimiento sionista no corresponderá a ninguno de estos precursores ni a ningún financista, sino a Theodor Herzl, corresponsal en París de un diario vienés, la *Neue Freie Presse*. En 1895, impactado por la ola de antisemitismo que arrastra el escándalo de Panamá y por el estallido del caso Dreyfus, más que por la situación rusa, Herzl escribe *El Estado judío* (*Die Judenstaat*),[197] cuya conclusión remite a la del libro de Pinsker redactado quince años antes: la nación judía debe resucitar sobre un territorio, de ser posible en Palestina. Propone la creación de una "compañía judía" para adquirir tierras *over there* (allá), sin especificar todavía dónde se encuentra ese *over there*; esta sociedad de derecho inglés, con un capital de 200 millones de dólares, tendría por misión comprar los bienes dejados por los judíos en los países que abandonarían y pagarles en dinero y tierras *over there*, donde serían orientados hacia la agricultura. La compañía haría sus ganancias administrando y revendiendo los bienes comprados a los judíos. El capital de esta "compañía judía" sería suscripto por financistas judíos de todo el mundo; pero también por "pequeños tenedores" judíos y "pequeños bancos" judíos, para no depender solamente de los "grandes banqueros", "que podrían rechazar el proyecto con una sonrisa", y hasta por accionistas cristianos "que podrían ver con interés la solución de la cuestión judía y sentirse atraídos por la rentabilidad del proyecto".[197]

De hecho, que Herzl haga esas especificaciones se debe a que sabe que no puede contar con el sostén de los financistas judíos, ni en Europa ni en los Estados Unidos. Ni Guggenheim, ni Rothschild, ni Seligman, ni Schiff, ni Warburg, ni Hirsch, ni Kahn, ni Goldman, ni Lazard, ni Oppenheim, ni Salomon están dispuestos a financiar un proyecto semejante: para ellos, es una idea fantasiosa.

El barón de Hirsch muere en 1896. Su Jewish Colonization Association mal que bien sigue transportando a judíos rusos hacia América Latina. En los tres años que siguen, su esposa, Clara, dona 15 millones de dólares, tomados de su fortuna personal, a obras, en su mayoría judías, en Nueva York, Galitzia, Viena, Budapest y París. Luego lega 10 millones de dólares a fundaciones, pero no gran cosa para Palestina.

Uno de los hijos de James de Rothschild, Edmond-James, contactado por Herzl, también rehúsa participar en el proyecto sionista;[286] pero, solicitado por los responsables del pueblo de Rishón Lesión –que depende del movimiento sionista Jobeve Sion, al borde de la quiebra–, decide apoyarlo, así como al pueblo de Zijrón Yaakov. Va a visitarlos y vuelve entusiasmado, aunque, al igual que Hirsch y Montefiore, de ningún modo se volvió sionista.

En 1896, Theodor Herzl, sin dejarse desalentar por estos primeros rechazos, contacta a toda una serie de autoridades políticas para proponerles su idea. Discute incluso con el nuncio apostólico en Viena acerca de la eventual extraterritorialidad de una parte de Jerusalén en el caso de que un Estado judío se establezca en Palestina. Quiere reunir a sus principales avales y celebrar un congreso sionista en Munich, pero la oposición de la comunidad local lo lleva a desplazar esta reunión a Basilea, ciudad donde residen muy pocos judíos.

El 29 de agosto de 1897, es decir, algunas semanas antes de la fundación clandestina del Bund en Vilna, Herzl reúne en Basilea el I Congreso Sionista Mundial: 200 participantes de 17 países reunidos en el casino municipal, entre los cuales se hallan 69 delegados de organizaciones sionistas y diversos invitados a título personal. Cada cual llegó por su cuenta. Participan también 10 no judíos, sin derecho a voto. Ningún financista judío importante aceptó estar presente. Es un asunto de intelectuales y de médicos.

Herzl expone su programa en el seno de un comité presidido por uno de sus amigos, Max Nordau, hijo de un rabino de Budapest, que llegó a médico en París en 1880. Según este programa, el sionismo busca para el pueblo judío una "patria pública y legalmente reconocida en Palestina". El Congreso decide "la promoción de la instalación en Israel de granjeros, artesanos y empresarios judíos; la organización y la unión de los judíos del mundo, a escala local e internacional, según las leyes de cada país; el refuerzo del sentimiento nacional judío; la preparación con miras a obtener el consentimiento de los gobiernos, de ser necesario, para alcanzar los objetivos del sionismo".

Incentivados por Leo Motzkin, un matemático ruso emigrado a Berlín, muchos delegados solicitan que se añada que el futuro Estado judío debe ser "reconocido por la ley internacional", y no simplemente impuesto. En otras palabras, que se llegue a un acuerdo con los árabes. Otras voces se oponen. Se encuentra una fórmula de compromiso: el Estado deberá ser "garantizado por la ley pública". Allí se habla de la necesidad de un derecho del trabajo ejemplar.

Herzl es elegido presidente; Nordau es uno de los tres vicepresidentes. Se crea un comité para administrar el movimiento entre los congresos anuales. Cada uno deberá abonar en forma anual una cuota de un shékel, que equivale simbólicamente a un franco, un marco, medio dólar o dos chelines.

En 1898, el II Congreso Sionista crea el Jewish Colonial Trust para financiar la adquisición de tierras en Palestina, según el modelo del proyecto de "compañía judía" de Herzl. Una vez más, ningún gran financista judío se asocia, y no se recauda, con un llamamiento a los pequeños patrocinadores de la comunidad británica, más que 395 mil libras de los 8 millones esperados. Nuevo fracaso financiero de un proyecto sionista. Por primera vez, un grupo de socialistas solicita estar asociado a la dirección del movimiento.

Herzl propone al sultán otomano anular la deuda externa de la Sublime Puerta a cambio de la soberanía judía sobre Palestina. Ninguno de los banqueros acreedores, sin embargo, lo autorizó a negociar en su nombre una oferta semejante... que es rechazada.

En el III Congreso, reunido en 1899, siempre en Basilea, Herzl informa de sus encuentros en Berlín, Constantinopla y Jerusalén. Se esfuerza por evitar una discusión sobre la índole de la identidad judía y la del Estado a construir, por temor a que provoque una escisión entre religiosos y laicos. Se discute acerca de si hay que concentrarse en una acción diplomática "un poco ilusoria", como la de Herzl, o si hay que desarrollar implantaciones "concretas", como hace Rothschild, fuera del movimiento sionista. Se reprocha a Herzl no interesarse más que en las personalidades que conoce, y no en la organización práctica del movimiento. Se decide entonces que el Jewish Colonial Trust destinará los fondos que pueda recaudar exclusivamente a las adquisiciones de tierras en Palestina y en Siria. El *over there* designa en adelante a Palestina.

Llegados allí, los no sionistas son más eficaces que Herzl. Edmond de Rothschild agrupa las colonias que financia con las de la Jewish Colonial Association fundada por el barón de Hirsch. Asume su dirección, desarrolla Zijrón Yaakov, Rishón Lesión y, sin saberlo, fija los límites septentrionales del futuro país con los pueblos de Rosh Piná y Metulla, y con el control de las fuentes de agua cercanas del río Litani. Apasionado, el barón se entrega en cuerpo y alma, compra tierras, ayuda a viabilizarlas, favorece el nacimiento de una pequeña industria judía; controla muy de cerca el funcionamiento económico de esas colonias, que ahora emplean a trabajadores árabes, más experimentados, e instala en Jafa una administración para controlarlos, cosa que exaspera a los colonos.[286]

Todavía no se cuentan más de 85 mil judíos en Palestina (sobre 10 millones en el mundo), en comparación con el medio millón de árabes, incluida Transjordania. Resulta difícil imaginar un Estado en tales condiciones. Todo el dinero del mundo no cambiaría nada allí –por lo demás, es escaso–.

En 1900, el IV Congreso Sionista se realiza en Londres; el objetivo es atraer a la vez la atención de la opinión pública de la primera potencia del mundo y el dinero de la floreciente comunidad judía británica. Se discute acerca de la miserable situación económica de las explotaciones agrícolas creadas en Palestina. Se pasan horas evocando un proyecto de movimiento deportivo, el Macabi. Los ortodoxos, liderados por el rabino Itzak Yaakov Reines, protestan contra esa pérdida de tiempo; reclaman que se concentren en las cuestiones políticas y en el financiamiento de la adquisición de tierras nuevas. Sobre esto, siempre nada: el fracaso es total.

El V Congreso, reunido en 1901 en Basilea, decide, para paliar el fracaso del Jewish Colonial Trust, crear una organización encargada de recaudar entre las masas judías los fondos necesarios para la adquisición de tierras: el *Keren Kayémet Le-Israel* (KKL) o Jewish National Fund. Un grupo dirigido por Leo Motzkin, Martin Buber y Jaim Weizmann solicita que se adopte un programa de promoción de la cultura judía en la Diáspora, para incitar al retorno a Sión. También reclama más democracia en el movimiento. La Organización Sionista Permanente, con sede en Viena, se refuerza. En adelante, los congresos sólo se realizarán cada dos años.

En el terreno diplomático no hay ningún progreso. Nadie, en Estambul, pretende ceder Palestina. Entonces, sin mandato alguno, Herzl cambia de estrategia: en 1901 evoca con el sultán Abdul Hamid II la idea de instalar a los judíos en Chipre, ya no en Palestina. El otro no responde: es el viejo proyecto de Josef Ha Nassi, que antaño contribuyó a la terrible derrota de Lepanto...

Los ingleses, por su parte, preocupados por proteger sus líneas de comunicación con la India y velar sobre el Canal de Suez, están más interesados que nunca en Palestina. Además, ahora que las naves comienzan a utilizar el mazut, Londres experimenta un interés renovado por el Cercano Oriente: en 1901, William d'Arcy obtiene una concesión para la extracción del petróleo de Irak y de Arabia. Abd al-Aziz Ibn Saúd toma el poder en Arabia y quita

Riad a los turcos. Toda la política mundial no va a tardar en girar alrededor de esos yacimientos de oro negro. La suerte de Palestina, y del sionismo, dependerá en gran medida de ello.

En 1902, Herzl es recibido por la Comisión Real sobre la Inmigración Extranjera y por Joseph Chamberlain, secretario de Estado británico en las colonias, que le propone establecer una colonia en El-Arish, en el Sinaí, que entonces pertenece a Egipto (a su vez, bajo tutela británica desde 1882). Herzl evoca la Argentina y Chipre.

En el mismo momento, un partido religioso, el Mizrahi, se constituye en Vilna para reivindicar la "Tierra Prometida". El Bund y el Mizrahi nacieron en la misma ciudad, pero sus objetivos difieren radicalmente: uno quiere derechos para los judíos en Rusia; el otro, en Palestina. Una feliz ocurrencia dirá que lo que distingue a los bundistas de los sionistas es solamente... ¡el mareo!*

En 1903, el gobierno británico propone oficialmente a Herzl una implantación de judíos... en Uganda, "en condiciones que deberían permitirles respetar sus costumbres nacionales". Pese a la extravagancia del lugar escogido, para Herzl es una victoria: la superpotencia del momento reconoce la legitimidad de su reivindicación nacional.

Ese mismo año, el Jewish Colonial Trust logra crear en Londres una pequeña filial, la Anglo-Palestinian Company, con un capital de solamente 50 mil libras esterlinas. Es el primer banco judío en Palestina: entre los dirigentes, nadie conoce todavía el proyecto ugandés.

En 1903, cuando Herzl presenta a los delegados del Congreso Sionista el proyecto de un hogar judío en Uganda, se produce un escándalo. Él plantea que es una solución de urgencia y temporaria para los judíos de Rusia, un reconocimiento del derecho nacional que no implica renunciar al objetivo último del sionismo: Palestina. ¡Estupor, escándalo! Los judíos rusos se muestran como los más hostiles. Max Nordau, principal confidente de Herzl, defiende, con otros, el proyecto de su amigo. El Congreso queda al borde de la escisión. Un voto (295 a favor, 178 en contra y 98 abstenciones) decide el envío de una simple misión de observación a Uganda para no malquistar a los británicos, pero sin comprometerse a nada.

En 1904, el KKL, creado dos años antes, realiza las primeras adquisiciones sionistas –muy modestas– de tierras en Judea y en la región de Tiberíades.

* "Mareo" se dice en francés *mal de mer,* que literalmente significa "mal de mar". [N. del T.]

Siempre en 1904, el papa Pío IX se niega a apoyar el movimiento sionista. Es una última decepción para Herzl, que muere el 3 de septiembre, extenuado, a los 44 años.

El escritor británico Israel Zangwill, inventor de la palabra "sionismo",[460] se pone a la cabeza del movimiento. Los principales dirigentes descartan el proyecto ugandés; insisten únicamente con Palestina, sobre la base del eslogan "Una tierra sin pueblo para un pueblo sin tierra". Algunos, sin embargo, no renuncian a establecer otros refugios fuera de Medio Oriente. El propio Zangwill dice que aceptaría un territorio en cualquier lado, incluso en Uganda, para los judíos mártires de Rusia. Se habla del Canadá, de Australia; algunas delegaciones son enviadas a Irak, a Libia, a Angola. Jacob Schiff –que sigue sin ser sionista– financia la instalación de 9.300 judíos rusos en Galveston, Texas.

En 1905, el VII Congreso, que nuevamente se lleva a cabo en Basilea, excluye definitivamente cualquier implantación del futuro Estado fuera de Palestina o sus vecinos inmediatos. Israel Zangwill dimite entonces y crea la Jewish Territorial Organization, que retoma el proyecto ugandés. Es un compás de espera: Nordau se niega a reemplazarlo, y David Wolffsohn hereda el cargo. Las oficinas de la Organización Sionista son trasladadas de Viena –donde el alcalde es considerado antisemita en exceso– a Colonia, donde son bien recibidos. Se había esperado la muerte de Herzl para hacerlo. Entonces hay 85 mil judíos en Palestina.

En 1907, el VIII Congreso se realiza en La Haya, al mismo tiempo que el Congreso Internacional por la Paz. Un ingeniero químico ruso nacionalizado inglés de quien ya hablamos, Jaim Weizmann, se convierte en el principal portavoz del movimiento. Predominan los "pragmáticos", que sostienen que únicamente la amplitud de las implantaciones permitirá el reconocimiento de las grandes potencias: la Organización Sionista abre finalmente una oficina de enlace en Jafa. Arthur Rupin la preside como primer responsable sionista que va a vivir a Palestina. Notable administrador, que estudió derecho y economía, Rupin es partidario de un Estado binacional, judío y árabe. Crea pueblos, transforma a estudiantes en campesinos, a campesinos en empresarios, y organiza cursos de formación agrícola en granjas especializadas.

Como resultado de nuevos pogromos, llega por mar la primera camada de inmigrantes rusos a Palestina. Son unos 5 mil: cantidad irrisoria, comparada con los 500 mil que afluyen en el mismo momento a los Estados Unidos. Sobre todo se trata de jóvenes con ideas tan socialistas como las de aquellos que prefirieron seguir a Lenin: entre ellos, David Ben Gurión, Moshe Sharet, Itzjak Ben Zvi.

Los recién llegados participan en la creación de una treintena de pueblos. En lugar de apelar a árabes asalariados, en 1907 instalan una organización de autodefensa, Bar-Giora. Su prioridad es crear un movimiento socialista. Llega de Odesa otro dirigente sionista del proyecto simplemente nacionalista, Vladimir Jabotinsky.

Pero sus recursos financieros son muy insuficientes; los pioneros se estancan. Sobre los 15 mil judíos rusos desembarcados entonces en Palestina, la mitad vuelve a partir al cabo de algunos años y se une al millón y medio que fue directamente a los Estados Unidos.

Menahem Usichkine, Jaim Weizmann y Nahum Sokolov, en Londres, y el Movimiento de Trabajadores de Palestina, en Jaffa, acusan al presidente de la Organización Sionista, Wolffsohn, establecido en Colonia, de abandonar a los pioneros a su suerte.

Ese año (1907) se crea en Palestina Ha-Shomer Hatzair, organización judía de autodefensa. En Jafa y en Jerusalén aparecen diarios en hebreo, partidos políticos, organizaciones de trabajadores agrícolas. Se construyen nuevos barrios en Jerusalén. Jafa cuenta ahora con 50 mil habitantes, de los cuales 10 mil son judíos.

En Estambul, la revolución de los Jóvenes Turcos –apoyada por numerosos judíos turcos– abre, en 1908, una esperanza tanto para los árabes como para los judíos de Palestina. El sultán abdica en 1909; su hijo Abdul Hamid III lo sucede, pero casi sin poderes. La igualdad de derechos es reconocida a todos, salvo a griegos, armenios y judíos.

En abril de 1909, Rupin, jefe de la Organización Sionista en Palestina, agrupa a sesenta familias en el seno de una asociación, Ajuzat Báyit, y compra un terreno sobre la costa, cerca de Jaffa. Los lotes son echados a la suerte; el barrio se llamará Tel-Aviv. Ese mismo año también crea el primer *kibutz* (comunidad), Degania, al borde del lago Tiberíades. Es un pueblo sin jerarquía, sin propiedad, sin dinero. El teórico de esa utopía es Arón David Gordon, intelectual socialista nacido en 1856 en Rusia, que llegó a Palestina en 1904. Para él, únicamente el retorno a la naturaleza y la eliminación del dinero permitirán cambiar el destino de los judíos. Antes de poder construir una nación entera sobre estos principios, propone construir comunidades –*kibutzim*– fundadas en la propiedad conjunta de la tierra y de todos los bienes, la igualdad absoluta de los miembros, la educación colectiva de los niños y la ausencia de dinero. La mayoría de los primeros *kibutzim* serán acondicionados según el mismo patrón: un tanque de agua, barracas, tierras, un comedor, una biblioteca, un almacén, una lavandería, establos para los animales. Una asamblea general de sus miembros vota el presupuesto y aprueba la admisión de nuevos miembros. Un secretario, responsable del conjunto, es elegido al mismo tiempo que un tesorero y un coordinador del trabajo. Las mujeres reclaman hacer el mismo trabajo que los hombres; ningún asalariado externo, ni judío ni árabe, es admitido. La educación de los niños se cimenta sobre la vida colectiva, hasta su encuentro con el mundo exterior y la universidad.

En el Congreso Sionista de 1911 –donde, por primera vez, se realiza una sesión en hebreo– se define un programa de creación de otros *kibutzim*. Muchos explican que el *kibutz* no es más que el modelo reducido del futuro Estado judío, de donde el dinero será desterrado. Shlomo Kaplansky plantea entonces la cuestión de las relaciones con los árabes. Otto Warburg, pariente lejano de los banqueros, reemplaza a David Wolffsohn a la cabeza de la Organización.

En 1912, al término de la primera guerra en los Balcanes, Grecia recupera Salónica, cuya población está constituida en más de la mitad por judíos de origen español. Comienzan helenización, discriminación y dejudeización.

En 1913, el XI Congreso sionista se realiza en Viena, antigua sede de la Organización, donde el judaísmo intelectual es triunfante. Se discute acerca de la creación de una universidad hebraica en Jerusalén.

En 1914, la Anglo-Persian Oil Company (APOC), fundada cinco años antes, pasa bajo el control del Almirantazgo Británico, que decidió emplear el mazut para la propulsión de sus barcos. El petróleo irakí e iraní comienza a surgir en abundancia.

En total, 40 mil judíos emigraron a Palestina de 1904 a 1914, la mayor parte originarios de Rusia o de Austria-Hungría. Los judíos estadounidenses siguen sin interesarse en el movimiento sionista. Y la ayuda financiera de las comunidades del resto de la Diáspora es tan pobre que más de los tres cuartos de los emigrantes vuelven a partir, especialmente hacia América. En 1914 no quedan más que 80 mil judíos en Palestina, de un total mundial de alrededor de 11 millones y medio (es decir, cerca del triple de su cantidad a comienzos del siglo XIX).

Se conoce en detalle la distribución de esos once millones y medio: en efecto, del 16 de septiembre de 1909 al 3 de octubre de 1910 se intenta un primer censo –evidentemente muy aproximativo– del judaísmo mundial, hecho por el *American Jewish Year Book*[470] para el año judío 5670. Más de la mitad de los judíos están instalados en Europa del Este y un octavo en los Estados Unidos. Más del 70% vive en tres países: Rusia (5.215.800), Austria-Hungría

(2.084.600) y los Estados Unidos (1.777.200). El resto se agrupa sobre todo en Europa (20%): Alemania (607.900), Gran Bretaña e Imperio Británico (380.800), Rumania (250.000), Países Bajos (160.000), Francia (158.000, que incluye Argelia: 63.000), Italia (52.000), Bulgaria (36.455), Suiza (12.000), Bélgica (12.000), Grecia (8.000), Serbia (5.500), Dinamarca-Suecia (4.000), España (2.500), Luxemburgo (1.200), Creta (1.000), Noruega (642). En el Islam no son más que el 7% del total: Imperio otomano (464.000), Marruecos (110.000), Túnez (62.600), Persia (49.500), Egipto (38.600), Libia (18.600), Turkestán-Afganistán (14.000), Abisinia (3.000). América Latina y Asia no representan más que el 0,5% del total: Argentina (30.000), México (9.000), Brasil (3.000), Cuba (4.000), Surinam (1.158), Curaçao (1.000), Perú (500), Venezuela (411), Costa Rica (43). China y Japón cuentan con 2.000 de ellos, casi en su totalidad establecidos en Shangai.

En total: 11.530.000 judíos, de los cuales más del 90% se halla en tierra cristiana. Señal de los tiempos: en el censo, ¡Palestina ni siquiera es distinguida del resto del Imperio Otomano!

En un siglo, esa distribución geográfica se modificó enormemente. El pueblo judío ya no es campesino en Polonia, sino obrero en Rusia y en los Estados Unidos. Entre los judíos, algunos son excepcionales innovadores. No son ya solamente denunciados como agentes más o menos involuntarios de todas las desgracias del mundo, o como codiciosos acaparadores, usureros, parásitos, sino también como organizadores explícitos y conscientes de su toma de poder sobre la economía del planeta.

4. La ley del número

La muerte de los imperios

El 3 de agosto de 1914, cuando el *Cristóbal,* con Philippe Bunau-Varilla a bordo, inaugura el servicio del Canal de Panamá, el acontecimiento pasa totalmente inadvertido: el mismo día estalla la Primera Guerra Mundial.

Al igual que los otros, los judíos no disponen de medios para frenar el curso de la tragedia que se inicia. Sospechados de traición por rusos, polacos, alemanes, austríacos, ingleses, franceses, son indiferentemente acusados de haber desencadenado el conflicto vendiendo armas a todos los beligerantes, de enriquecerse con la guerra y de predicar el pacifismo. Un especialista en la historia del imperialismo, el británico O. R. Hobson,[202] llegará a escri-

bir que "la casa Rothschild desempeñaba en Francia un papel más importante que cualquier otro gobierno extranjero"[202] y que "no habría habido
una Gran Guerra si Rothschild se hubiera opuesto"...[202] ¡Odiosa mitología!
De hecho, ellos no tienen actuación específica alguna en el financiamiento
de esta guerra.[395]

En realidad, evidentemente se encuentran judíos en todos los bandos porque, como casi siempre, apoyan a los países de quienes son ciudadanos; en su
mayoría son incluso patriotas inflamados. En Alemania, 100 mil judíos parten al frente, inclusive judíos polacos enrolados tras la avanzada de las tropas
del Káiser en el este; otros se encuentran en el ejército austro-húngaro. En Inglaterra, 50 mil judíos se enrolan en el ejército, entre ellos un regimiento de
emigrados judíos rusos, el 38° batallón real de fusileros. En el Imperio Otomano, gran parte de la población judía se moviliza a favor del gobierno, aliado a Alemania. En Rusia se cuentan más de 350 mil judíos en el ejército del
zar. James, hijo de Edmond de Rothschild, lucha en el ejército británico;
Eric, hijo de Max Warburg, sirve en el ejército alemán; Jimmy, nieto de Paul
Warburg, pronto luchará en el ejército estadounidense.

Lo mismo sucede con la industria de guerra. En Alemania, Walther Rathenau dirige la política de distribución de las materias primas. En Francia,
junto a Georges Mandel, que entra al gabinete de Clemenceau, Marcel
Bloch, un joven ingeniero judío salido de una familia ortodoxa, futuro Marcel Dassault, inventa una nueva hélice y fabrica en 1917 un biplaza revolucionario, el SAE-4, que el ejército utiliza de manera inmediata; otro ingeniero,
André Citroën, abandona sus engranajes de espigas para construir fábricas de
obuses y reorganizar el servicio de municiones y, luego, el servicio postal. En
Gran Bretaña, Jaim Weizmann, otro ingeniero judío, que además es portavoz
del movimiento sionista, descubre una nueva manera de producir acetona,
solvente indispensable para la fabricación de explosivos, y se convierte en director de los laboratorios del Almirantazgo. En Alemania, una enorme cantidad de sabios judíos se ponen al servicio del movimiento de guerra del Reich.

Los financistas judíos son inmediatamente nacionalistas: Max Warburg
coloca empréstitos de guerra alemanes y financia la industria de guerra del
Káiser. En su diario íntimo anota: "Nunca nuestro destino financiero estuvo
tan estrechamente ligado al destino político de Alemania. [...] Probablemente no haya un solo banco privado alemán que haya garantizado más empréstitos a favor del Imperio Alemán que nosotros. [...] Nosotros contribuimos
a financiar la guerra, sobre todo como garantes para realizar adquisiciones a
los países neutrales".[18] En Londres, la comunidad y los bancos judíos se com-

prometen sin medias tintas con su gobierno, al igual que los franceses, como los Rothschild u Horace Finaly en el Banco de París y los Países Bajos.

Los judíos estadounidenses coinciden con los demás en considerar que el único país a combatir es la Rusia zarista. En cuanto al resto, están divididos. Algunos se declaran claramente proalemanes, como Otto Kahn, el principal socio de Kuhn Loeb. Jacob Schiff –entonces de 68 años– también es proalemán, porque piensa que los ingleses financian directa o indirectamente a Rusia. Lo mismo ocurre con Henry Goldman. Otros, como Samuel Sachs, por el contrario, optan por el campo franco-británico y dejan de financiar transacciones con Alemania y sus aliados. Los Sachs ya no dirigen la palabra a los Goldman. Felix Warburg vacila: ¡uno de sus hermanos aconseja al Káiser; otro dirige el Banco Federal de los Estados Unidos!

Poco a poco, Felix Warburg y Otto Kahn toman partido por los aliados. No Schiff, que presenta su renuncia a Kuhn Loeb, no aceptada. Los otros se alinearán al fin y al cabo con la posición del gobierno estadounidense y se movilizarán para vender los bonos de guerra emitidos por Washington; así, en la escala del continente, crearán enormes redes de venta que colocarán esos bonos a paso acelerado, inventando de ese modo técnicas luego utilizadas para colocar *ad nauseam* títulos de empresas estadounidenses.

En noviembre de 1914, Felix Warburg, contrario a esa guerra fratricida, es elegido tesorero del American Jewish Relief Committee, que agrupa a todas las organizaciones estadounidenses de ayuda a los judíos de Europa, sin importar de qué lado de las trincheras se encuentran. Una agencia, el Joint Committee, enviará fondos a las comunidades víctimas de la guerra.

Mientras el conflicto se estanca –y Gran Bretaña acumula empréstitos ante los bancos estadounidenses–, en Arabia, el coronel Lawrence promete a Faisal, jerife de La Meca, convertirlo en soberano de un gran país árabe que engloba a Palestina, si lo ayuda a apurar el derrumbe del Imperio Otomano. Por eso, en mayo de 1916, mientras el ejército francés hace frente solo a los alemanes en Verdún, Georges Picot y Sykes firman en Londres un acuerdo en que se reparten Levante: París se adjudica una pequeña zona de influencia en Siria, el Líbano y en la región de Mosul; para los británicos quedarán Irak e Irán, donde se encuentra la mayor parte de los yacimientos de petróleo conocidos. En cuanto a Palestina, quedará sometida a un estatuto especial, aún por decidir: a nadie se revelan las promesas hechas a Faisal por Lawrence. Siempre habrá tiempo para anunciarles que deben volverse árabes.

En abril de 1917, temiendo que Alemania tome el control del Atlántico –tal vez temiendo también que la asfixia de Gran Bretaña que resultaría de ello le impidiera devolver sus empréstitos–, los Estados Unidos finalmente entran en guerra. Se encuentran entonces miles de judíos entre los soldados estadounidenses en el frente: uno de ellos es Jimmy, hijo de Paul Warburg, alistado en los marines al terminar sus estudios en Harvard.

Jacob Schiff se aleja de Kuhn Loeb, que, bajo la dirección de Otto Kahn, a partir de 1917 se convierte en enemigo irreductible de Alemania, organizando recaudaciones de fondos para Gran Bretaña y Francia, y llevando a los neutrales a rechazar préstamos para Berlín. Se cuenta que el Káiser habría declarado entonces: "Es más importante eliminar a Otto Kahn que al presidente de los Estados Unidos o al general Pershing".[54] Por lo demás, una flota de submarinos da caza al buque donde se encuentra durante un viaje con destino a Europa.

En junio, es el Estado alemán el que no puede hacer frente a sus deudas de guerra. Y como –gracias a las presiones de Otto Kahn, entre otros– nadie le concede nuevos préstamos, el Káiser se dirige al Banco Central, que acciona la máquina de billetes; la inflación, hasta entonces contenida, se dispara. Max Warburg insiste entonces ante el Káiser para que una vez más se intente lanzar empréstitos a largo plazo ante países neutrales, inclusive a condición de cesiones territoriales, pero su plan es desechado. El 6 de julio de 1917, ante el Reichstag, predice el fracaso de la guerra submarina y anuncia la derrota alemana debido al derrumbe de la economía.

Mientras tanto, las tropas británicas del general Allenby avanzan hacia Palestina con ayuda árabe y gracias a las maniobras de Lawrence de Arabia. El movimiento sionista no tiene la intención de dejar que los aliados árabes de Londres dominen Jerusalén. El 4 de junio de 1917, en respuesta a una carta de lord Rothschild, el secretario general de Relaciones Exteriores de Francia se declara favorable al establecimiento en Palestina de una "nacionalidad judía". En agosto, Jaim Weizmann y lord Rothschild, dirigentes de la Organización Sionista Mundial, fundan un Comité Anglo-Palestino, que interpela al ministro británico de Relaciones Exteriores, lord Balfour: les preocupa qué piensa hacer de Palestina luego de la guerra. Intensas negociaciones[7] siguen tras el envío de esta carta para lograr una respuesta favorable antes de que las tropas británicas entren en Palestina.

El 2 de noviembre de 1917, lord Balfour escribe a Lord Rothschild, presidente de la British Zionist Federation, la carta esperada durante dos meses, anhelada durante veinte años, soñada por veinte siglos, cuyos términos fueron cuidadosamente negociados:

Estimado Lord Rothschild,

Tengo el enorme placer de dirigirle, en nombre del gobierno de Su Majestad, la siguiente declaración de simpatía hacia las aspiraciones sionistas, declaración sometida al gabinete y aprobada por él.

El gobierno de Su Majestad encara favorablemente el establecimiento en Palestina de un Hogar nacional para el pueblo judío, y empleará todos sus esfuerzos en facilitar la realización de dicho objetivo, quedando claramente entendido que nada se hará que pueda perjudicar los derechos civiles y religiosos de las colectividades no judías que existen en Palestina ni los derechos y el estatuto político de que gozan los judíos en cualquier otro país. Le estaría muy agradecido si tuviera a bien llevar esta declaración a conocimiento de la Federación Sionista.

Arthur James Balfour

Si lord Rothschild es el único destinatario de la carta, es porque Weizmann no había estado asociado a las primeras gestiones y a la redacción del primer borrador de la carta. Esta misiva llega justo a tiempo: algunas semanas más tarde, el ejército británico de Allenby se apodera de Jerusalén, poniendo fin a cuatrocientos años de dominación turca sobre la ciudad. Palestina queda de hecho bajo mandato británico. Allí sólo viven 56 mil judíos y 600 mil árabes (incluyendo Transjordania). Francia e Italia —aliadas de Londres en la guerra— aprueban de inmediato la declaración de Balfour para no dejar la cuestión de Oriente únicamente bajo control británico.

El 26 de noviembre de 1917, menos de un mes después de la toma del poder por los bolcheviques, la Rusia de Lenin pide el armisticio. El 3 de marzo de 1918, los rusos conducidos por Trotski firman la paz en Brest-Litovsk haciendo enormes concesiones territoriales. El Imperio Alemán cree entonces que se beneficiará con una tregua, ve incluso una perspectiva de victoria. Pero de hecho, entra en agonía.

En abril, Otto Kahn, que, en nombre de los banqueros, se convirtió en el organizador del bloqueo financiero contra Alemania, es recibido en Francia como un héroe. Cena con Clemenceau, que lo llama "el más grande estadounidense viviente"; visita el frente e informa a los aliados que sabe —por una infidencia del rey de España, Alfonso XIII, que lo recibió en Madrid— que una revolución comunista amenaza a Alemania.[54] La noticia es importante: la victoria puede ser lograda en la retaguardia antes de serlo en el frente.

En junio de 1918, durante la renovación de su mandato, Paul Warburg propone al presidente Wilson resignar la vicepresidencia del Banco Federal para no dejarla, luego de la entrada en guerra de los Estados Unidos, en manos de un ex ciudadano alemán.[18] Para su gran sorpresa, esta dimisión es aceptada. Amargado, vuelve a Kuhn Loeb. Ese día, el *New York Times* escribe que "nadie más que él, en su modestia, podría aspirar al título de fundador del Sistema de la Reserva Federal".[18] En agosto de 1918, tras siete meses de vacilaciones, el presidente Wilson aprueba la declaración de lord Balfour.

En Berlín se acelera la derrota, de momento más política que militar. A comienzos de octubre, el Káiser llama al príncipe Max de Bade a la Cancillería, y propone a Max Warburg el puesto de ministro de Finanzas. Éste lo rechaza: en su familia nadie es ministro. El 5 de noviembre, un comité revolucionario toma el poder en Hamburgo; el prestigio de Max Warburg es tal que ese comité, tras haberlo tomado como rehén y urgido a decir dónde se encuentra el dinero de la ciudad, protege a su familia, lo invita a almorzar y escucha sus consejos.[18] Guillermo II abdica y parte al exilio en los Países Bajos. Albert Ballin, el amigo judío del Káiser y de Max, fundador de la Hamburg American Line, uno de los más grandes industriales alemanes, se suicida de pena ante la derrota de su país.

En adelante, los Estados Unidos son la mayor potencia del mundo. Son los primeros productores de trigo, carbón y acero, y poseen la mitad del oro del planeta. El dólar es la única moneda todavía realmente convertible en oro; la libra pasó a la historia.

El nuevo jefe de gobierno alemán, Friedrich Ebert, pide a Max Warburg que dirija en París la delegación financiera en las negociaciones del tratado de paz.[223] Por su parte, ¡su hermano Paul Warburg formará parte de la delegación estadounidense! Por lo demás, estará presente una delegación judía, dirigida por un financista de Wall Street, Bernard Baruch, famoso por haber hecho fortuna antes de los 30 años en la Bolsa y que, desde entonces, aconsejó a varios presidentes de los Estados Unidos.

Las conversaciones comienzan el 12 de enero de 1919, durante la semana sangrienta en Alemania, en plena huelga general. Karl Liebknecht y Rosa Luxemburgo, judíos polacos, pronto serán asesinados.

Cuando se debate cuál será el porvenir del Imperio Otomano, Jaim Weizmann, miembro de la delegación judía, declara en la conferencia que discute la suerte de Palestina:

> No solicitamos un gobierno judío. Solicitamos que, bajo el gobierno de la región, se establezcan en el país determinadas condiciones y tal administración que podamos enviar emigrantes a Palestina [...]. Nosotros nos dedicaríamos a crear escuelas donde se enseñaría la lengua hebrea y construiríamos gradual-

mente una nación que sería tan judía como francesa es Francia y británica es Gran Bretaña. Cuando esta nación forme la mayoría de la población, entonces habrá llegado el momento de reclamar el gobierno de ese país.[444]

El emir Faisal, hijo del jerife Hussein, confiando en la promesa inglesa, firma en Versalles un acuerdo con Weizmann que habla de "colaboración con miras a realizar las aspiraciones nacionales". Acepta la realización de la declaración Balfour, a cambio de la promesa de la creación de un Estado árabe en toda la región. Baruch obtiene la garantía de que los derechos cívicos y culturales serán acordados con los judíos radicados en todos los países de Europa, así como un derecho de observación de los sionistas sobre Palestina.

Los alemanes se resignan a la pérdida de sus colonias, a la neutralización de la orilla izquierda del Rin, al abandono de sus inversiones en el extranjero y de lo esencial de su flota, y al pago de 132 mil millones de marcos oro de "reparaciones" a los aliados, 5 mil de los cuales deberán pagarse antes del 1º de mayo de 1921, a cambio de aprovisionamientos en alimentos y materias primas. El Imperio Austro-Húngaro es desmantelado. Aparecen muchos Estados: Checoslovaquia, Hungría, Polonia, los países bálticos…

Los 7 millones de judíos otomanos, rusos y austro-húngaros ahora están separados por veintisiete fronteras.

El nacimiento de la Unión Soviética

Karl Marx había predicho que la eliminación del capitalismo haría desaparecer el antisemitismo. Nada semejante sucede cuando el socialismo se instala en Rusia.

En marzo de 1917, la caída del régimen zarista acarrea la emigración de algunas familias judías que habían permanecido en Petersburgo tras los acontecimientos revolucionarios de 1905, entre ellos el barón Alejandro de Günzburg y su mujer, hermana de George Warburg.[18] Pero la inmensa masa judía asiste con entusiasmo al derrocamiento de la autocracia. Si relativamente hay pocos judíos entre los miembros del Partido Bolchevique, sin embargo se encuentran varios entre los altos dirigentes. En especial cuatro: Grígori Yevséievich Radómylsky, llamado Zinóviev, ya uno de los más próximos colaboradores de Lenin, que es nombrado a la cabeza de la III Internacional; Liev Davídovich Bronstein, llamado León Trotski, que funda el Ejército Rojo con muchos oficiales judíos; Isaac Nahman Steinberg, escritor ídish origi-

nario de una familia judía lituana tradicional, autor de una tesis de doctorado en derecho sobre la ley penal en el Talmud, miembro de la fracción bolchevique del Partido Socialdemócrata Ruso y luego del Partido Bolchevique,
se convierte, a los 30 años, en comisario del pueblo en la Justicia; por último,
Maxim Litvínov, detenido en Londres e intercambiado por un cónsul británico, se convierte en comisario del pueblo adjunto en las Relaciones Exteriores. Hay otros más, no tan conocidos, como Sokolnikov, comisario del
pueblo en las Finanzas, o Sverdlov, presidente del Ejecutivo de los soviets. Alrededor de Trotski, muchos sueñan con un socialismo mundial, una "Comu-
na planetaria", de la que la revolución rusa sólo constituiría una primera
etapa.

La *Declaración de los derechos de los pueblos de Rusia* reconoce primero derechos religiosos y nacionales a los judíos. Se abren sinagogas y escuelas judías, aparecen publicaciones en hebreo y en ídish. Pero los decretos de
reglamentación generan un marco muy severo para esas nuevas libertades. A
partir de enero de 1918, la separación entre Iglesias y Estado lleva a la confiscación de los bienes de los diferentes cleros y a la prohibición de la enseñanza religiosa, cristiana o judía.

Para los bolcheviques, como para Marx, la religión desaparecerá naturalmente con el capitalismo. A la manera de ver de Lenin, es inconcebible favorecer el mantenimiento de una cultura judía, "eslogan de rabinos y burgueses,
que son nuestros enemigos".[226] También para Trotski, el judaísmo desaparecerá con la concreción del socialismo.

En la primavera de 1918, cuando la revolución bolchevique se propaga a
Ucrania, estalla una guerra civil. El Ejército Rojo debe defenderse a la vez contra la guerrilla ucraniana de Petliura, contra las tropas blancas de Denikin y
Wrangel, y contra el ejército polaco de Pilsudski; algunos jefes de bandos, los
atamanes, también se mezclan en la batalla. El único otro enemigo común a
todos esos ejércitos antibolcheviques son los casi 2 millones de judíos que viven allí; frente a ellos, cantan a coro el viejo eslogan de los pogromos: "¡Mata
a los judíos para salvar a Rusia!". Se forman algunos grupos de autodefensa judíos. Cuando el Ejército Rojo vence, las tropas blancas derrotadas aniquilan a
todos los judíos que encuentran. Cerca de dos mil pogromos producen más
de 100 mil muertes; medio millón queda sin hogar.

Al final de la guerra, en noviembre de 1918, Polonia y Lituania recuperan
su independencia perdida en 1795. Una fracción del judaísmo polaco se se-
para entonces de la dominación rusa, pero a costa de importantes movimientos de población: la nueva Polonia recibe a 600 mil judíos procedentes de

Rusia. Se producen ventas forzadas, asesinatos, hambruna… Dos millones y medio de judíos permanecen en definitiva en la órbita soviética; otro millón y medio se encuentra en territorio polaco, aparentemente a salvo de la dictadura. Veinte años más tarde, parte de los de la Unión Soviética sobrevivirá. Todos los de Polonia habían desaparecido.

En 1919, el Bund polaco es reconstituido en medio de la euforia. El Bund ruso se incorpora al Partido Comunista y constituye las *Yevsektsiya* ("secciones judías").[226]

La batalla continúa al oeste de Rusia. Aliados provisionalmente a los ucranianos, los polacos toman Kiev en mayo de 1920, y luego retroceden ante el Ejército Rojo. Se produce la batalla frente a Varsovia. Los polacos frenan la caballería rusa de Tujachevski y su avanzada hacia Berlín. Nuevamente amenazada de desaparecer, Polonia acepta un armisticio, que es firmado en Riga el 12 de octubre de 1920. Ucrania, que esperaba la independencia, queda en manos de Rusia. Los judíos que permanecieron en Rusia y lucharon con los polacos son considerados traidores y tratados como tales; delegados procedentes del conjunto de Rusia a una conferencia sionista son detenidos y deportados a Siberia. Las organizaciones judías, acusadas de representar una "tendencia burguesa-clerical", son liquidadas. Se ocupan de distinguir a los "burgueses", que cometieron el error de querer seguir siendo judíos, de los obreros, de quienes se dice que están dispuestos a dejar de serlo.

Soportan las mismas medidas que aquejan a las Iglesias cristianas: se cierran sinagogas y escuelas; se confiscan libros; se impide el funcionamiento de las sociedades de asistencia. Los pocos burgueses judíos todavía presentes en el país son detenidos por la policía política, la Checa de Beria y de Dzerjinski. Se autoriza todavía el uso del ídish, su teatro y su prensa, pero, como prácticamente no hay escuelas secundarias ni universidades ídish, la cantidad de los que lo hablan declina hasta desaparecer. La enseñanza del hebreo, "lengua reaccionaria y clerical", también es prohibida.

El gobierno soviético se dirige entonces, en 1920, a los comerciantes judíos, cuyas tiendas acaba de nacionalizar:

> El poder soviético lucha denodadamente contra la especulación y el libre comercio. De este modo, en contra de su voluntad, inflige un duro golpe a las masas judías, que, en virtud de la política zarista, hasta ahora fueron forzadas a vivir del comercio minorista y otras ocupaciones precarias. Pero, al privaros de vuestros negocios vergonzosos e improductivos, al mismo tiempo os da el derecho y la oportunidad de realizar un trabajo sano, honesto y prove-

choso, inclusive en la agricultura, que se os prohibía bajo el régimen del zar;
¡uníos a las filas de los trabajadores, y el poder soviético acudirá en vuestra
ayuda![226]

La aniquilación del judaísmo ruso prosigue. El exilio está cerrado para los judíos: ni hablar de partir para América. Rusia era un infierno abierto; la URSS
se convierte en un infierno cerrado.

Algunos logran todavía emigrar. Mártov abandona Rusia; se instala en Berlín con la familia de Nabokov, como representante de los mencheviques. Pin-
has Rutenberg, gobernador de Petrogrado bajo Kerenski, encarcelado durante
seis meses, es autorizado a emigrar a Palestina, donde fundará la compañía de
electricidad y dirigirá el primer embrión del ejército judío, la *Haganá*.

En Europa Occidental se sigue afirmando que la revolución bolchevique
es dirigida por judíos. En Gran Bretaña, Francia y los Estados Unidos, se habla de una conexión entre la "judería internacional" y la Revolución Rusa. El
8 de febrero de 1920, Winston Churchill escribe: "Con la notable excepción
de Lenin, la mayoría de los dirigentes rusos son judíos. Además, la principal
inspiración y la fuerza provienen de los dirigentes judíos." [226] Curiosamente,
en esta época, una carta de un lector turco del *Times* de Londres revela el
nombre del autor de la mistificación de los *Protocolos de los sabios de Sión*. Sin
duda, lo descubrieron en los archivos de la Okrana, la policía secreta del zar.
En el mismo momento, aparece en Estambul el manuscrito de una enigmá-
tica obra maestra de la literatura rusa: *Novela con cocaína*.

Algunos dirigentes judíos de la Revolución caen en desgracia:[226] en 1923,
Isaac Nahman Steinberg, el joven comisario del pueblo en la Justicia, logra
abandonar Moscú; instalado en Nueva York, escribirá ensayos políticos en
ídish, editará publicaciones judías y será director de un instituto de estudios
judíos. Zinóviev, implicado en un escándalo relacionado con el envío de una
carta al Partido Comunista Británico, es separado, al igual que Trotski, por
Stalin. En 1925, el corresponsal del *Times* en la URSS, Robert Wilton,[448] cree
no obstante poder escribir todavía, basándose en nombres para sustentar lo
dicho, que tres cuartas partes del Comité Central del Partido Comunista son
judías, así como 17 ministros sobre 23 y 41 miembros del Politburó sobre 60.
Es inverificable: los nombres no demuestran nada y el autor no presenta ninguna prueba convincente.

En 1924, para ayudar a los judíos a sobrevivir mejor en la reciente URSS
—cuyo proyecto no cuestionan—, Felix Warburg y Julius Rosenwald (director
de Sears & Roebuck) crean la American Jewish Joint Agricultural Corpora-

tion, con el apoyo de John D. Rockefeller hijo (de quien los antisemitas pretenderán, contra toda verosimilitud, que es "cripto judío"). Su ambición es agrupar, con el acuerdo de las autoridades soviéticas, a centenares de miles de judíos en doscientas quince explotaciones agrícolas sobre dos millones y medio de acres. El Agro-Joint compra las tierras, el ganado, los tractores, y financia cuatrocientas escuelas para impartir una formación en los oficios del artesanado (imprenta, trabajo de la madera). En 1927, Felix Warburg visita cuarenta de esas colonias agrícolas judías, dos de las cuales llevan su nombre. Es tan bien recibido que a su regreso hace la apología del régimen soviético, "que mejora el destino económico de los judíos", sin hacer mención alguna de la aniquilación cultural del judaísmo. El mismo año, el gobierno soviético proyecta la creación de una "región judía autónoma", el Birobidján, región estratégica en la frontera china; se requiere la contribución del Agro-Joint para financiar la instalación de los primeros colonos en 1928. La hambruna mata a millones de campesinos judíos, rusos y ucranianos. En 1930, las secciones judías del Partido, las *Yevsektsiya,* son disueltas; sus dirigentes, acusados por Stalin de "tendencias nacionalistas", son deportados o ejecutados. A manera de epitafio, Stalin declara: "Los judíos sólo son una nacionalidad sobre el papel: el sionismo es un movimiento burgués reaccionario; y el ídish una jerga". Lázaro Kaganóvich y algunos otros judíos se encuentran todavía en los más altos cargos del país; Lef Efimovich Meriajine todavía es presidente del Banco Central.

Un destino judío particular: Armand Hammer, nacido en 1898 en Nueva York, es hijo de judíos inmigrantes –llegados, según la tradición familiar, a Rusia desde Jerusalén–, descendiente de Judas Macabeo, también llamado "Judas el Martillo" (¿salvo que *Arm* y *Hammer* hayan sido escogidos porque el brazo y el martillo son los símbolos del Partido Socialdemócrata Ruso?…). Su nombre habría sido inspirado a su padre por el héroe de *La dama de las camelias.* En 1917, mientras estudia medicina, retoma el pequeño laboratorio farmacéutico paterno. Se vuelve uno de los primeros productores mundiales de jengibre, hace fortuna, culmina sus estudios de medicina en 1921 en Columbia, y ofrece sus servicios como médico en Rusia, donde la hambruna causa estragos. Allí descubre pieles de gran valor que cambia por trigo americano. Así se siente más útil que como médico y se convierte en uno de los jefes del comercio Este-Oeste, conciliando su amistad con Lenin y su plena adhesión al sistema capitalista. Explota minas de amianto en la URSS, importa autos, tractores, y adquiere innumerables obras de arte rusas ante el Estado a cambio de productos industriales. Deja la Unión Soviética en 1931 y se retira entonces de los negocios... hasta resultar propietario de una modesta compañía petrolera que va a convertir en una de las *majors:* Occidental Petroleum, que, entre otros, desarrollará... el petróleo libio.

En 1928, Birobidján es declarado "región autónoma judía", aunque los judíos sólo representan un quinto de la población. En el contexto de la colectivización, las ricas colonias del Agro-Joint son expropiadas por las autoridades soviéticas y vinculadas a los koljoses vecinos. Los judíos que vivían en ellas son mezclados, a la fuerza, con los otros campesinos.

En lo sucesivo, el 40% de los judíos soviéticos está repartido en seis ciudades. Centenares de miles de ellos se han vuelto obreros. Los matrimonios mixtos aumentan. Pese a la represión, cuando no equivalgan a más que el 2% de la población, todavía son el 15% de los estudiantes.

A partir de 1930, Maxim Litvínov, hasta entonces adjunto de Chicherin, asume la política exterior soviética. En 1933 logra el reconocimiento de la URSS por los Estados Unidos, y se convierte en el abogado de la alianza con ellos contra los nazis, antes de ser relevado de sus funciones, en mayo de 1939, tras la firma del pacto de no agresión germano-soviético. Reemplazado por Mólotov, se convierte en embajador en los Estados Unidos hasta 1943. Muere en 1951.

Cuando estalla la guerra, la anexión del este de Polonia y de los Estados bálticos suma 2 millones de judíos polacos a los 3 millones que permanecieron en Rusia.

5. Lo nuevo, la crisis, lo viejo

Weimar y Wall Street

Hannah Arendt observa que el momento en que los judíos pierden representatividad e influencia, en que son integrados, asimilados, el antisemitismo se exaspera y son más amenazados.[14] Realmente eso sucede después de la Gran Guerra, como sucedió tantas veces en el curso de los siglos anteriores.

En Austria, no fue bajo Metternich y Francisco José cuando el antisemitismo se manifestó con mayor virulencia, sino bajo la República de 1920. En Francia, tampoco bajo el Segundo Imperio –período en que los judíos franceses están en la cúspide de su poder financiero– se desencadenaron los peores ataques, sino en verdad alrededor de la Primera Guerra Mundial, cuando son menos visibles en puestos importantes.[14] En Alemania, inmediatamente después del desastre de 1918, integrados, perfectamente identificados con la cultura del país, del que representan menos del 1% de la población (460 mil personas), los judíos no tardan en ser brutalmente atacados e, incluso, los más influyentes, asesinados.

Primer banquero del país, Max Warburg financia la adquisición de nuevas naves para la "Línea" que salvó de la bancarrota tras la muerte de Ballin.[81] Para eludir lo que el tratado de Versalles impone a Alemania y evitar el embargo de las filiales en el extranjero de Zeiss y de Krupp, disfraza a éstas de empresas británicas y holandesas haciéndolas comprar por dos filiales de la casa Warburg reabiertas en Londres y en Amsterdam.[18] Walther Rathenau, ahora ministro de la Reconstrucción de mayo a octubre de 1921, negocia el Tratado de Rapallo con Chicherin, en su calidad de ministro de Relaciones Exteriores. Escribe *La nueva sociedad* para criticar tanto el socialismo totalitario como el capitalismo deshumanizado por el progreso técnico, y para proponer una tercera vía en la que el Estado controlaría la economía y los asalariados dirigirían las empresas. Hugo Preuss, jurista judío, redacta la Constitución de Weimar. Kurt Eisner dirige el gobierno revolucionario bávaro, a la cabeza de un equipo cuya mayoría de ministros son judíos.

El antisemitismo estalla. La caza de judíos pronto es abierta. En la primavera de 1921, Kurt Eisner y varios de sus ministros judíos, así como Hugo Preuss, son asesinados. El 24 de junio de 1922 es el turno de Walther Rathenau, entonces ministro de Relaciones Exteriores, que es asesinado por dos nacionalistas antisemitas miembros de una organización secreta, Cónsul. Todos son acusados de no haber logrado que se anulasen las reparaciones impuestas a Alemania. Casi todos los bancos alemanes están arruinados. La casa Warburg sólo sobrevive gracias a un préstamo de Kuhn Loeb.

A fines de septiembre de 1923, Paul y Max Warburg, con el Norddeutsche Bank y el Dresdner Bank, crean el Hamburger Bank, que emite sus propios billetes garantizados por el oro y descontables en dólares por intermedio de la casa Warburg; una vez más, el dinero proviene de Kuhn Loeb. Esto salva primero a la casa Warburg y luego, como sesenta y seis años antes, a Hamburgo. Hjalmar Schacht, desde hace dos años en el Reichsbank, retoma la idea por su cuenta y sugiere al presidente del Consejo, Gustav Stresemann, que cree una nueva moneda para toda Alemania, el Rentenmark, prendado sobre el conjunto de los bienes de la economía alemana, con un nuevo instituto de emisión, el Rentenbank. Gran éxito: los Warburg permitieron que la República de Weimar se estabilice.

En el verano de 1925, durante un almuerzo en Schacht, Max Warburg conoce al mariscal Hindenburg, que acaba de ser elegido presidente de la República al morir Ebert, el 28 de febrero de 1925.

Lo envían a Moscú, a la cabeza de un consorcio, para abrir un crédito comercial a los soviéticos. Allí se cruza con su hermano Felix, que se encuentra de visita en sus colonias agrícolas...

Ese año, en América, en virtud de la desocupación, existen cuotas que limitan la llegada de gente de Europa del Este. La gran inmigración se detiene en el momento en que sería dramáticamente más necesaria.

Para entonces, los judíos perdieron la casi totalidad de los puestos clave que tenían desde hacía más de cien años en los bancos y las industrias alemanas, salvo en el Deutsche Bank, dirigido por Oscar Wassermann y el Darmstädter Bank de Jacob Goldschmidt. La comunidad judía alemana está muy integrada; los matrimonios mixtos se multiplican. Se asimila tan rápido que algunos estadísticos de la época prevén su desaparición para... 1950.

En medio de este marasmo, hay algunas excepciones. En Gran Bretaña, los Rothschild,[286] cuyo banco sigue siendo dominante; en Francia, Horace Finaly asume la presidencia del Banco de París y los Países Bajos, y lo convierte en un gran banco. Marcel Bloch fabrica ahora automóviles y cazas bombarderos con una eficacia reducida por la modesta calidad de los motores franceses. André Citroën construye en 1919 la primera fábrica europea de producción de automóviles en serie; inventa el *marketing* y la publicidad, hasta la megalomanía: ¡hace iluminar la Torre Eiffel con 250 mil bombitas que dibujan su nombre! Gran mecenas judío, ayuda a desarrollar la ORT en Francia, institución social destinada a formar jóvenes judíos en el trabajo industrial. Poco interesado en el dinero, más sensible a los encantos del juego y las mujeres, quiebra en 1934 y debe ceder su empresa a Michelin, su principal acreedor, justo después del lanzamiento del "autito" Tracción, algunos meses antes de su muerte, en 1935.

En Estados Unidos, los cuatro quintos de los judíos viven ahora en Nueva York, Chicago y Los Ángeles. Si un cuarto de la población judía americana pertenece todavía al proletariado, los emigrados originarios de Alemania pasan de la producción textil a la banca, abandonando los otros oficios a los emigrados más recientes, llegados del Este, que a su vez pronto pasan del estatus de obreros al de abogados o de chatarreros a comerciantes; el 60% trabaja ahora en el comercio y el 17% en profesiones liberales (contra el 3% en 1900). Muy pocos son todavía obreros. Todos los medios de promoción social son utilizados para progresar: veintiséis judíos estadounidenses son campeones del mundo de box entre las dos guerras; de ellos los más famosos son Barney Ross y Benny Leonard. Espectacular mutación.

En la industria se da un destino particular: en 1922, Louis Blaustein funda una *major* del petróleo, la American Oil Company (Amoco). Al llegar de Lituania en 1883, es primero vendedor ambulante. En 1900 inventa un depósito estanco que hace tirar por caballos para vender kerosén a los almaceneros; luego, en 1910, nafta, y un carburante específico que llama *Amoco*. Crea estaciones de servicio y, en 1923, cuando se desarrolla el uso del automóvil, cede la mitad de la Amoco a la Pan American, para no seguir dependiendo de la Standard Oil, su proveedor de petróleo. Pero la Pan American es adquirida por la Standard Oil en 1925... Amoco sólo recuperará su independencia mucho más tarde, en ocasión del desmantelamiento del emporio Rockefeller por las autoridades antitrust.

Las grandes familias se esfuman. En abril de 1920, Jacob Schiff, que no comprendió nada de la guerra, muere dejando una fortuna estimada entre 50 y 200 millones de dólares, es decir, mucho menos de lo que distribuyó en obras a lo largo de su vida. Su hijo Mortimer lo reemplaza en la dirección de Kuhn Loeb, que drena todavía unos 9 millones de dólares por año: dos tercios para financiar los ferrocarriles; el resto, destinado a la industria y a emisores extranjeros.[18] Cada socio gana todavía más de un millón de dólares por año. Ya no es el primer banco de negocios del país. Los otros bancos judíos también tienden a evaporarse del frente de la escena: Seligman desaparece; Lehman y Guggenheim pierden su influencia. Goldman Sachs y Salomon todavía resisten.

Los matrimonios mixtos se vuelven más frecuentes. En Europa, los Rothschild lo convierten incluso en una regla. En los Estados Unidos, varios Seligman cambian de religión. Otto Kahn, convertido con la guerra en el banquero más famoso de Nueva York, declara que "San Pablo, San Francisco y Jesús son los tres personajes más grandes de la Historia".[54] Dillon (del banco Dillon Read), que en realidad se llama Lapowski, se niega a considerarse judío. Felix Warburg, uno de los estadounidenses de mayor fortuna de su época, ya no va al banco. Es aquél hacia quien se inclina el director de orquesta cuando se dirige al Metropolitan Opera, pero no es ya el dandy de preguerra. Apasionado por los asuntos judíos, transfigurado por su acción militante, desde 1914 preside con entusiasmo el Joint Distribution Committee, que ayuda a los refugiados judíos: lo implanta en todo el mundo y participa en la fundación del Llamamiento Judío Americano que coordina las colectas de fondos en favor del Joint. Sigue sin ser sionista, pero la suerte de los judíos del mundo entero le preocupa enormemente; no aprueba nada de lo que ocurre en Palestina –donde, a su juicio, los judíos rusos llevan el comunismo–, pero en los quince últimos años de su vida distribuye más de 13 millones de dólares a obras judías.[18]

Paul Warburg ha dejado de ir a su oficina de Kuhn Loeb. A comienzos de 1929 denuncia la "burbuja" financiera que, en su opinión, se está formando, y anuncia "una depresión general en todo el país".[18] Una vez más, nadie lo escucha.

La Crisis sobreviene en octubre con el Kreditanstalt en Viena. Es una catástrofe para toda la Diáspora, como lo es para el resto de Occidente. En Londres, el barrio de White Chapel vuelve a poblarse de judíos miserables. En París, las necesidades de los refugiados del Este exceden los medios de asistencia de las comunidades. En Alemania, los bancos judíos apenas sobreviven, y la crisis agudiza el antisemitismo. El Darmstädter Bank de Jacob Goldschmidt, al igual que la casa Warburg, está en peligro. Un tercio de los judíos alemanes están sumidos en la miseria. El 8 de diciembre de 1931, el gobierno alemán instituye una "tasa de fuga" que grava a los que parten, equivalente al cuarto del valor corriente de sus bienes al momento de su partida. En todas partes, en Europa y Estados Unidos, los bancos judíos son acusados, sin pruebas, de ser responsables de la recesión. El antisemitismo contra la "plutocracia judía" se hace cada vez más rabioso. De 4 millones y medio de judíos presentes en suelo estadounidense, cerca de 1 millón cae en la pobreza. Algunas organizaciones de asistencia comunitaria están incluso en la quiebra. Por primera vez en los Estados Unidos, numerosas familias judías descienden en la escala social. El país cierra más herméticamente todavía sus puertas, y centenares de miles de judíos europeos que buscan refugio ya no son recibidos en los Estados Unidos.

Los antiguos grandes bancos judíos están cada vez peor. Goldman Sachs, que en 1928 creó un fondo de inversión (la Goldman Sachs Trading Corporation), la mitad de cuyos títulos fueron vendidos al público, está casi en bancarrota. Lo mismo sucede con Kuhn Loeb, pero también bancos protestantes como Morgan, Kidder Peabody's y Lee Higginson.

Mortimer Schiff muere en agosto de 1931, deja a su hijo John y a sus otros herederos no más que 7,6 millones de dólares en efectivo y títulos en 81 sociedades. Su valor, valuado todavía en 28,7 millones de dólares el día de su muerte, baja el 54% en virtud del derrumbe de la Bolsa, en el momento en que son repartidos entre los herederos: ¡lo que deja Mortimer ya no es más que el décimo de lo que le legó su padre, once años antes!

Paul Warburg, que debe ceder gran parte de su fortuna para salvar de la quiebra a su hijo Jimmy, muere el 24 de enero de 1932 de una crisis cardíaca, dejando sólo 2,5 millones de dólares. Al morir, el periodista Walter Lippmann escribe: "Previó lo peor y lo anunció a tiempo. Fue uno de los arquitectos de lo más sólido de nuestro Banco Central, y el crítico más sincero de sus debilidades".

Felix, por su parte, todavía tiene recursos para mostrarse generoso. En 1931 envía al Deutsche Bank, entonces presidido por Oscar Wassermann, 3 millones de dólares para transferir a los judíos víctimas de pogromos en Galitzia, nuevamente polaca.

En 1935, sólo una sociedad financiera judía estadounidense parece salir airosa: la más reciente, Salomon Brothers, relanza la emisión de obligaciones. En 1936, según la revista *Fortune,* solamente 30 de los 420 directores de la New York Clearing House son judíos, así como 46 sobre los 252 miembros del New York Stock Exchange.

El último Seligman, Jeff, muere en 1937 sin herederos. Sin los fundadores, la casa languidece. Los hijos de Felix Warburg ya no están tan apasionados por las finanzas como su padre: su hijo mayor, Frederick, se instala en Middleburg, Virginia, donde posee un haras; Gerald, su segundo hijo, hace una bella carrera de violoncelista y director de orquesta. A su egreso de Harvard, Jimmy, el hijo de Paul Warburg, escribe con seudónimo el guión de una comedia musical exitosa, *Time and Dandy.*[18]

En 1939, la mitad de los judíos de Norteamérica trabajan en el comercio, y un cuarto ejerce profesiones liberales, dos sectores favorables para la promoción social. En la revista *Fortune* se lee:

> La comunidad judía no monopolizó la industria, como suele decirse, aunque algunos judíos se interesan en ciertos rubros. Hay y habrá todavía algunos judíos que ocupan puestos eminentes en la banca y el seguro… El comercio del alcohol (que era tradicionalmente judío en Polonia, donde ellos no lo bebían) en los Estados Unidos está en manos de judíos no alemanes (que representan la mitad de los destiladores).

Samuel Bronfman figura entre los mejores de esos destiladores. Tras un comienzo en la hotelería con su padre, crea en Canadá un negocio de espirituosos que lo lleva a controlar una de las más grandes destilerías mundiales, Seagram's Ltd. Según su biógrafo, "mientras el whisky escocés envejece en doce años, el de Sam Bronfman no requiere más que dos días".[54] El alcohol roza entonces las zonas oscuras de la sociedad estadounidense, y por tanto, también las del judaísmo estadounidense.

Chicago

Por supuesto, ninguna sociedad está exenta de delincuentes. Ni la diáspora judía ni las otras. Sin embargo, invariablemente se trató de evitar los hechos de violencia. La obsesión de las comunidades siempre fue prevenir la inmoralidad, y la ética judía las protege mucho mejor que otras contra la criminalidad. Al punto que, como vimos, desde la alborada de los tiempos, una comunidad se considera colectivamente responsable de cualquier asesinato cometido en su vecindad, y se prohíbe aceptar como donativo el producto de un robo o un crimen. También reprime severamente cualquier fraude, sobre todo, como también vimos, respecto de un no judío.

Fuera de las acusaciones de "crímenes rituales", no se encuentra ninguna acusación seria de asesinato en banda organizada antes de la llegada en masa de judíos rusos al suelo estadounidense, hacia 1910. Sin embargo, son innumerables los rumores, como el que dice que Jack el Destripador, nunca detenido, se ocultaba en White Chapel, uno de los barrios judíos de Londres. Por eso, aquellos cuya trayectoria sin referencias, sin contar con estructuras que los recibieran, sin formación, sin familia ni comunidad vamos a evocar aquí constituyen otras tantas pruebas *a contrario* de la fuerza de la ética judía, cuando es respetada.

En la Norteamérica del no-derecho, todo es posible. Y entre los 3 millones de judíos estadounidenses posteriores a la Gran Guerra, surgen algunos centenares de criminales aislados. Pero, entre ellos, como siempre, las cosas no se hacen a medias: ya que son criminales, más vale ser los primeros. Según *The Jewish Almanach*, "no es exagerado decir que su influencia en el crimen organizado de los Estados Unidos en las décadas de 1920 y 1930 iguala, y hasta supera, la de los italianos".

Antes de 1914 entraron 3 millones de italianos, con otros tantos judíos procedentes de Rusia y del Imperio Austro-Húngaro. Todos, o casi todos, se instalan en Nueva York y en Chicago, en *Little Italy* o casi guetos. Los italianos importan las costumbres de la Mano Negra y la Camorra; algunos judíos –sin vínculos con su comunidad ni relación entre sí– se convierten en sus socios.

El primer judío jefe del crimen en Nueva York, Arnold Rothstein, apodado "el Cerebro", hacia 1910 organiza la corrupción en los partidos de béisbol, toma el control de la policía de la ciudad, planifica la importación de alcohol (cuyo consumo está prohibido a partir de 1919) del Canadá y de Europa –arbitrando y manteniendo el orden entre otros temibles jefes de bandas, como Arthur Flegenheimer (llamado "Dutch Schultz") y Louis Buchalter, que aniquila a su propia banda con la ayuda de su lugarteniente, Jack "Legs" Diamond–.

Rothstein localiza a Mayer Lansky, un joven hijo de inmigrantes rusos, nacido en 1902 en Grodno, Rusia. El joven –a partir de 1916, esto es, cinco años después de su llegada a Norteamérica– comienza por robar autos y apostar en las esquinas de las calles de Nueva York; luego se vuelca al gran bandidismo. Para él, el judaísmo no es más que un vago vínculo que lo une con la memoria de su padre. En su casa se festeja Navidad y se ignora todo de las fiestas judías. Gran organizador, sin el menor escrúpulo, se lo considera un hombre común. Se casa, tiene hijos; huye de la celebridad, dejando que otros maten en su lugar, aunque a veces él se encarga de esa tarea.[180] En 1919, cuando trabaja para Rothstein con su amigo de la infancia Bugsy Siegel –un asesino psicópata–, un italiano llamado Charlie Luciano se le acerca para proponerle protección a cambio de dinero. Mayer se rehúsa, pero le propone asociarse; el italiano acepta. Es una extraña alianza, ya que la costumbre de los mafiosos es cooperar solamente entre italianos originarios de la misma provincia. Pero el ruso y el siciliano se aprecian y se comprenden con medias palabras. Juntos, toman el control de los prestamistas y agentes de seguros de los guetos y *Little Italy*, compran empresas de apuestas en Nueva York y montan un sindicato de *book-makers* en todo el país, planificando al mismo tiempo la corrupción de policías y políticos ya iniciada por Rothstein. Lansky no se opone a Luciano, salvo cuando éste quiere interesarse en la prostitución. En otras partes, judíos, italianos e irlandeses hacen juntos la ley. Así, en 1920, el norte de Chicago está controlado por los irlandeses y el sur, por los italianos; unos y otros asistidos por tenientes judíos. Todos administran la prohibición.

En la costa Este, la Mafia es dirigida por Giuseppe Masseria y Sal Maranzano, quienes piden a Luciano que se libre de Lansky, recupere su territorio y se una a ellos: un siciliano, dicen, no trabaja con un judío. Charlie se niega y se mantiene apartado de la lucha entre Maranzano y Masseria por el título de *capo di tutti i capi*.

El FBI no se involucra: el adversario de Edgar Hoover, su jefe desde 1924, no son los gángsters, sino los comunistas. Para él, la Mafia no es prioritaria.

En septiembre de 1928, Arnold Rothstein es asesinado en Nueva York, sin duda por orden de Dutch Schultz, que quiere ocupar su lugar. El 9 de mayo de 1929, Lansky y Luciano reúnen en Atlantic City a todos los jefes del crimen del Este: Guzik y Capone, de Chicago; Buchalter, de Nueva York; Bernstein, de Detroit; Dalitz, de Cleveland; Hoff y Rosen, de Filadelfia. Para terminar con las *vendettas,* proponen organizar el Sindicato como una suerte de cooperativa, sin jefe, con división de los territorios. Lansky funda lo que se llamará la "Murder Inc.", un grupo de asesinos a su servicio, cuya dirección confía a Siegel y a Buchalter. A partir de entonces, Schultz y Lansky se convierten en los grandes jefes del gangsterismo judío norteamericano.

El 10 de septiembre de 1931, a la caída de Masseria, dos gángsters judíos, Bugsy Siegel (el pistolero de Mayer Lansky) y Bo Weinberg (el segundo de Dutch Schultz), liquidan, bajo órdenes de Lansky y de Luciano, al vencedor, nuevo *capo di tutti i capi,* Maranzano, en su oficina de la Unione Siciliana. Así, Lansky hace de Charlie Luciano, convertido en "Lucky", el jefe de la Mafia del Este.

A su vez, Luciano ayuda a Lansky a sacarse de encima a uno de sus principales oponentes, Waxey Gordon, que dirige la producción de alcohol en Filadelfia desde el asesinato de Rothstein. Para ello, el siciliano simplemente hace llegar a la administración fiscal informaciones sobre Gordon, que es enviado a prisión sin enterarse quién lo ha denunciado. A veces, la eliminación no es tan suave: así, Lansky y Luciano ayudan a Buchalter a liquidar a su propio lugarteniente, Jack "Legs" Diamond. Juntos toman entonces completo control de su región, y luego organizan el sindicato del crimen en los Estados Unidos.

Aunque Hoover persista en negar su existencia, la Mafia italiana –rebautizada *Cosa Nostra* por la policía para no reconocer el error del jefe del FBI– poco a poco es desmantelada. Al Capone es capturado en 1932 por fraude fiscal; el propio Lucky Luciano es detenido en 1935. Dutch Schultz, el rival de Lansky, también muere ese año en manos de policías, luego de un tiroteo, profiriendo palabras enigmáticas. Lansky, que sin duda lo hizo liquidar, se saca de encima a su último rival, Charles "King" Solomon, de Boston, que importa lo esencial del whisky en el país.

Al final de la prohibición, Lansky se vuelca hacia el juego. Primero en Saratoga, luego en Nueva Orleans y en Las Vegas, donde hará eliminar a su último pistolero, Bugsy Siegel, culpable de no haber respetado el presupuesto de construcción de un hotel.[180]

Algunos años más tarde, Lansky intentará refugiarse en Israel, que le negará el beneficio de la Ley del Retorno: por sus crímenes, habrá perdido el derecho a ser reconocido como judío. Morirá en Miami, en su cama.

Hollywood

Al ocaso del poder de los judíos en las finanzas corresponde su resplandeciente aparición en las industrias del espectáculo. Tras haber sido en Europa parte involucrada en el surgimiento de las industrias telefónica y discográfica, del automóvil y el transporte aéreo, ahí los tenemos en la del cine.[154] El teatro de Viena habrá anunciado el cine de Hollywood.

La invención del cinematógrafo, en 1894, no es judía. Ni Lumière, ni Méliès, ni Pathé, ni Gaumont lo son. Thomas Edison, inventor del calidoscopio en 1889, tampoco lo es, y funda una muy importante sociedad de producción; los principales estudios anteriores a 1914 (Selig, Vitagraph, Biograph, Lubin) no son propiedad de judíos. Sin embargo, las firmas esenciales de hoy sí lo son: Universal, Fox, Paramount, Warner Bros, MGM, RCA y CBS son todas creaciones de inmigrantes judíos de Europa del Este.[154]

Como en la banca, estos maestros del porvenir no se conocen a su llegada, y sus avances no son producto de una acción coordinada. De hecho, muchos de ellos se sienten muy poco judíos. Pese a ello, sin ser plenamente conscientes demuestran poseer un talento de pioneros que ya vimos expresarse en muchas otras ocasiones. Aquí tenemos algunos de esos destinos, que alumbraron el cine de hoy.

Adolf Zukor llega de Hungría en 1890; trabaja primero en la peletería, luego compra *nickelodeons* —máquinas tragamonedas instaladas en sótanos insalubres, sólo frecuentados por hombres de las capas populares–, que por cinco centavos difunden películas de animación de un minuto. Muy pronto comprende que el cine posee un atractivo específico. Cuando aparecen las salas en 1905, en vez de alternar, como hacen los otros, juegos de escena y espectáculos en pantalla, se lanza al comercio de películas más largas y a partir de 1907, presenta por primera vez, simultáneamente en varias salas, una primera película que dura unos diez minutos, *The Great Train Robbery*. Zukor luego se hace productor, porque, según dice, se vende mejor lo que hizo uno mismo. Escribe: "Los autores de películas apuntaban demasiado bajo, ateniéndose a la anécdota. Al cine le hacía falta ambición estética".[154] Durante un viaje a Baviera, en 1907, graba una muy larga representación de una *Pasión de Cristo,* totalmente antisemita, ¡cosa que no le quita el sueño! En Nueva York es un triunfo. También inventa el largometraje. En vísperas de la Primera Guerra Mundial compra los derechos de *La Reina Elizabeth,* representada por Sarah Bernhardt, de *Tess d'Uberville* y del *Conde de Montecristo.* En 1916 se implanta en Hollywood. Asociado con Jess Lasky, un productor de teatro –Broadway también es judío en esa época, como lo era el teatro en Viena, y a menudo está poblado de vieneses–, en 1917 funda la Paramount Pictures, que pone al servicio de la propaganda de guerra.

Carl Laemmle, originario de Laupheim, en Württemberg, es aprendiz de sastre y luego obrero agrícola; descubre los *nickelodeons* en Chicago a comienzos del siglo XX. A partir de 1906 distribuye películas en verdaderas salas equipadas con un centenar de butacas, accesibles para mujeres solas y familias. Allí se ven cortos documentales –testimonios sobre la vida estadounidense– y del teatro mezclados. En 1909 se lanza a su vez a la producción, funda en Nueva York una compañía a la que llama Independant Motion y pone en imágenes un poema de Longfellow. En 1912 se muda y crea la primera casa de producción de California, Universal Studios, contratando como ayudante a otro judío, Wilhelm Fuchs, que es húngaro. Inventa el *star system* con Mary Pickford. Fuchs (que se convierte en Fox) se establecerá en Long Island y creará la 20th Century Fox.

Los hermanos Warner –tres nacidos en Polonia y uno en Canadá– abren su primer *nickelodeon* en 1903 en Pittsburgh, Pensilvania. Poco a poco mejoran la calidad de las salas y, en 1912, producen su primera película en Nueva York. En 1918 crean su propio estudio en Hollywood y, en 1923, fundan la Warner Bros.

Marcus Loew, nacido en Nueva York en 1870 en una familia austríaca, pasa de las pieles al espectáculo, y durante mucho tiempo duda del porvenir del cine, pensando que el teatro siempre se impondrá sobre aquél. A partir de 1909, sin embargo, distribuye las películas de Zukor y, en vísperas de la Primera Guerra Mundial, construye la primera red de un centenar de salas modernas donde ahora concurren las familias: en 1913, 10 millones de estadounidenses van al cine.

Louis B. Mayer, primero ferretero, que pretende no conocer el nombre de su ciudad natal –Minsk– ni su fecha de nacimiento (escoge el año 1885 y la jornada del 4 de julio, fiesta nacional de los Estados Unidos), crea salas de mejor calidad a partir de Havervill, Massachusetts. Funda Alco, que se convierte en la Metro cuando, en 1920, la fusiona con la red de salas de Marcus Loew.

En 1916, Samuel Goldfish, asociado con los hermanos Selwyn, crea el Studio Goldwyn, que se convierte en la Goldwyn en 1920. Ese año, Carl Laemmle, presidente de Universal, prohíbe a su propia sociedad presentar personajes judíos caricaturescos, lo que todavía a los otros les es indiferente.

En 1924, la Metro de Loew y Mayer y la Goldwyn de Goldfish y Selwyn se fusionan: la firma común se convierte en la Metro Goldwyn Mayer, luego la MGM, lo que muchos traducen en ídish —lengua hablada corrientemente en Hollywood en esa época— por *Mayer Ganze Mishpoje* (toda la familia Mayer). Irving Thalberg, nacido en Brooklyn en una familia judía de Renania poco practicante, llega a jefe de creación artística de la MGM.

En 1926, los hermanos Warner producen la primera película en la que la música puede ser sincronizada con la imagen, *Don Juan,* y, en 1927, la primera película sonora, *El cantor de jazz,* interpretada por un cantor judío que narra su vida: se trata de Jackie Rabinowitz Yoelson, nacido en Lituania, hijo del rabino Moses Yoelson, que llegó a Washington en 1890, y que en 1899 transformó su nombre en Al Jolson, antes de partir a una gira teatral con su hermano, ennegreciéndose la cara. La película obtiene un enorme éxito. Todo cambia: los espectadores ya no necesitan saber leer inglés. Pero, para controlar la calidad del sonido, sólo se filma en interiores, y textos de calidad, generalmente comedias inspiradas de Broadway, con comediantes que hablan un inglés perfecto. A veces también se filman en Nueva York películas en ídish para el público de Brooklyn y de Chicago.

Alrededor de 1928, los hermanos Warner compran 250 salas y los estudios de Burbank. La calidad de las salas de proyección y de las películas sigue mejorando.

La Crisis provoca una necesidad de comedias musicales, y algunos músicos judíos —entre otros— las realizan: George Gershwin, por ejemplo, se inspira en las canciones de cuna ídish de su infancia para componer algunas melodías de su ópera sudista, *Porgy and Bess.*

En resumen, Marcus Loew fundó la Metro; Carl Laemmle, la Universal; Adolf Zukor, la Paramount; Wilhelm Fuchs, la Fox; Louis B. Mayer, Samuel Goldfish, Marcus Loew e Irving Thalberg, la MGM; Jack Warner, la Warner Bros: todas, de una u otra manera, siguen presentes hoy.

En ninguna de las películas que producen se descubren sus orígenes: hacen todo lo posible por librarse de ellos. Ninguno hace política. Únicamente Louis B. Mayer, amigo íntimo de W. R. Hearst, el modelo de *Citizen Kane,* es familiar del presidente Hoover y uno de los más grandes proveedores de fondos del Partido Republicano.[32]

En 1933, 53 productores sobre 425 son judíos cuando desembarcan directores judíos de la Alemania hitleriana (Lubitsch, Cukor, Sternberg, Mankiewicz). Goebbels denuncia entonces a Hollywood como una *jüdisches Geselschaft,* sin que los medios estadounidenses ni los productores judíos reaccionen. Cuando, en una conferencia de prensa, Cecil B. De Mille denuncia en 1937 "los abusos de la influencia judía sobre la industria cinematográfica",[154] John Ford abandona la sala dando un portazo; pero ningún productor judío protesta. Hasta la entrada en guerra de los Estados Unidos, los judíos de Hollywood evitan incluso utilizar su influencia para realizar películas antinazis. La única película que evoca antes de la guerra la amenaza hitleriana, *The Moral Storm,* habla de "no arios", sin mencionar a los judíos.[32] En 1935, interrogado sobre la conducta a adoptar respecto de Hitler, Thalberg pronuncia esta frase terrible: "Muchos judíos morirán; pero el judaísmo sobrevivirá al nazismo".[32] A un periodista que le pregunta en 1936 por qué sus películas jamás evocan el nazismo, Adolf Zukor –cuyo propio hermano siguió siendo rabino en Berlín hasta 1932– da esta respuesta más terrible todavía: "Hollywood no debe ocuparse más que de divertir a la gente. Hacer que el cine tenga incidencia política sería un error, sería propaganda".[154]

En 1940, Charlie Chaplin es el primer realizador que dirige una película antinazi: *El gran dictador.* Por su personaje de semipordiosero, vagabundo perseguido, sin duda es el más judío de los hombres de cine. De todas formas, es el único que se levanta contra Hitler. Robert Brasillach lo cree judío cuando no lo es, y él hasta mantiene el misterio sobre sus orígenes, complaciéndose a menudo en declarar que "espera serlo un poco"...

En septiembre de 1941, Charles Lindbergh, hostil a la entrada en guerra de los Estados Unidos e inclusive pronazi, también denuncia: "El mayor peligro que amenaza a este país son la propiedad y la influencia judías de la industria del cine".[154] Ni los japoneses ni los alemanes...

También se encuentran judíos entre los primeros que desarrollaron los otros dos nuevos medios de comunicación: la radio y la televisión. Dos destinos los ilustran:

David Sarnoff nace cerca de Minsk en 1891 y emigra a Nueva York en 1905. Es vendedor de diarios a los 15 años, tras breves estudios en una *yeshivá.* Posteriormente se desempeña como telegrafista con Marconi. El 14 de abril de 1912, recibe los últimos mensajes del *Titanic* y da a conocer a todo el mundo los nombres de los sobrevivientes. En 1919 llega a ser director comercial en RCA, que se fusionó con Marconi. En 1921, desde un emisor de la marina, se le ocurre comentar para el público el campeonato de box Carpentier-Dempsey. Ha nacido la radio: sólo resta popularizarla. RCA invierte 2 mil dólares en el proyecto de Sarnoff. Luego tiene la idea de combinar radio y fonógrafo. En 1926 pone en condiciones la primera red de radiodifusión, y después se convierte en presidente de RCA, en 1930. En 1939 lanza la televisión, fundando la NBC.

William S. Paley es hijo de un emigrado ruso fabricante de cigarros. Luego de pasar por Warton School, en 1927 descubre la radio, con motivo de la publicidad que hace la empresa paterna en una pequeña estación de Filadelfia, la cual compra en 1929. La convierte en CBS e introduce a Bing Crosby y a Frank Sinatra en la radio. En 1939, lanza la CBS en la televisión, al mismo tiempo que Sarnoff crea la NBC. Seguirá siendo el jefe hasta los 90 años, en 1990, tras despedir a tres de sus... ¡sucesores!

Mientras tanto, de 1924 a 1938, 150 mil judíos originarios de Alemania y de Austria logran pasar a los Estados Unidos, pese a las cuotas muy restringidas reservadas a los judíos del Reich. Entre ellos se encuentran Albert Einstein, Hannah Arendt, Herbert Marcuse, Bruno Bettelheim y Edward Teller, que, bajo la dirección de un físico judío neoyorquino, Robert Oppenheimer, pronto pondrá en marcha el proyecto nuclear estadounidense en Los Álamos.

Jerusalén

Al terminar la Gran Guerra, el ex Imperio Otomano y Persia, que albergan entonces las más importantes reservas mundiales de petróleo, se convierten en el campo de pelea entre occidentales. Los británicos apoyan a la Arabia de los Saúd e Irak y confirman la independencia de Kuwait, creada en 1915. La parte alemana de la Turkish Petroleum Company –fundada en 1912 por bancos alemanes para controlar el petróleo iraquí– es cedida a Francia –una migaja, comparada con la "torta" que se reparten la Anglo-Persian Oil Company (APOC), la Shell y el grupo local privado Gulbenkian–.

El 3 de marzo de 1919, el presidente Wilson habla de un *Jewish Common - wealth*. La Organización Sionista y algunos mecenas no sionistas compran tierras en la región de Jerusalén, de Tel-Aviv, de Haifa y en otras zonas hasta entonces inaccesibles: el Néguev, Transjordania. Ese mismo año, un sindicato, la Histadrut, es fundado en Haifa, y de inmediato llega a los 4 mil miembros. Rápidamente se convierte en un conglomerado económico y social. "El objetivo –dicen sus reglamentos– es involucrar a todos los trabajadores de Palestina que viven de su trabajo, sin explotar a nadie, en la instalación de colonias nuevas y en todas las cuestiones económicas y culturales que afecten al trabajo en Palestina." Pronto agrupa a la mitad de los asalariados del país.

En Palestina –incluso en Transjordania– viven entonces 600 mil árabes y 60 mil judíos; 25 mil emigrados vuelven a partir bajo la presión de los turcos. Pero se desencadena una nueva *aliá:* 40 mil nuevos emigrantes vienen a reemplazarlos.

En 1920, los árabes fomentan motines en Jerusalén y luego en Jafa. Hasta entonces favorable a un Estado binacional judeo-árabe, Rupin adhiere a la idea de un Estado judío separado. En 1921, el primer congreso sionista de posguerra se realiza en Karlsbad (Karlovy Vary, en Chequia); Jaim Weizmann asume como presidente. Se discute la insuficiencia de la recaudación de fondos en las comunidades judías en favor de Palestina, y las dificultades suscitadas con los árabes. Se llega a la conclusión de que el sionismo "quiere vivir en relaciones de armonía y de respeto mutuo con el pueblo árabe", y se pide al ejecutivo del movimiento que realice "un sincero entendimiento con el pueblo árabe".

En julio de 1922, la Sociedad de las Naciones confía oficialmente a Gran Bretaña un mandato sobre Palestina. La declaración Balfour es retomada en el preámbulo del mandato. Esa decisión cuenta con el apoyo, entre otros, de la China de Sun Yat-sen, cuyo principal consejero es un judío de Shangai convertido en general chino, Morris Cohen, mientras que, del otro lado, un médico judío austríaco, Jacob Rosenfeld, se vuelve médico en el futuro Ejército Popular de Mao Tsé-Tung...

En septiembre de 1922, Transjordania, parte oriental de Palestina, es confiada a uno de los hijos del emir Husein, el emir Abdullah: se crea así un Estado tapón entre Siria bajo tutela francesa y la Península Arábiga, donde sigue ascendiendo el poder de la familia Saúd. Habrá que esperar tres años para que Transjordania recupere Ákaba, en detrimento de los sauditas, y acceda al mar. Ninguna identidad nacional une todavía a los distintos habitantes del resto de Palestina, procedentes de Siria, Líbano, Arabia y otros lugares.

Herbert Samuel es nombrado alto comisionado en el resto de Palestina, donde ahora viven 660 mil árabes y 84 mil judíos. Aunque los británicos quieran contener la inmigración judía, se crean veinticinco nuevos asentamientos en condiciones económicas precarias; el precio de las tierras contiguas a las colonias y de aquellas que disponen de fuentes de agua sube vertiginosamente. Se instalan mucho más en la ciudad. En tres años, Tel-Aviv pasa de 13 mil a 40 mil habitantes. Se desarrollan pequeñas industrias y comercios. Pero los dirigentes de la Agencia Judía no poseen el capital necesario para la asistencia de los 60 mil recién llegados en el espacio de tres años, provenientes de Polonia y la nueva URSS (entre ellos Golda Meyerson, que se convertirá en Golda Meir).

La razón de esa insuficiencia de recursos es siempre la misma: pese a la declaración Balfour, la mayoría de los judíos ricos siguen siendo hostiles o indiferentes al sionismo; mientras que los políticos estadounidenses y europeos lo aprueban, como el presidente Harding, quien en 1921 habla de "restaurar a los judíos en su morada histórica nacional", o de Calvin Coolidge, que evoca la "madre patria judía en Palestina".[7]

Uno de los dirigentes sionistas, Menahem Ussishkin, elegido en 1923 para la presidencia del Jewish Colonial Trust, parte entonces con Jaim Weizmann a Europa y a América en procura de recaudar fondos. Con los pocos capitales que traerá, otro responsable, Yehoshua Hankin –financista sin par bajo el aspecto de rabino–, negociará con los beduinos la adquisición de 60 mil hectáreas en Rejovot, en Hadera y en Galilea, en el valle de Beit Sheán, cerca del Jordán, al sur de Tiberíades. Nadie tiene en mente un mapa preciso del país que se debe construir.

En la primavera de 1923, Felix Warburg conoce en Nueva York a Jaim Weizmann, que fue a solicitar el apoyo político y financiero de las comunidades judías estadounidenses. El futuro primer presidente del Estado de Israel cuenta de este modo su encuentro con uno de los judíos de mayor fortuna del mundo –acaso el más rico–, que resume claramente la actitud de los judíos estadounidenses de la época respecto del sionismo:

> Felix era un hombre excepcional, caritativo en grado sumo, una figura central de la comunidad judía estadounidenses, aunque no estuviera en estrecho contacto con su base. Había algo de persona tolerante en él [...]. El señor Warburg me hizo un informe de lo que, según sus datos, ocurría en Palestina. Para ser franco, jamás oí galimatías más fantasioso por parte de una persona en quien se podía confiar: bolchevismo, inmoralidad, derroche de dinero, inacción, ineficacia, todo eso fundado sobre rumores...[18]

Weizmann sugiere entonces a Felix Warburg que se dirija a Palestina para formarse una idea por sí mismo. Para su gran sorpresa, Felix acepta. Parte incluso en las semanas venideras. A su regreso vuelve a encontrarse con Weizmann, todavía en Norteamérica, quien observa cierto cambio en la actitud del multimillonario, que había pasado de la hostilidad a la benevolencia distante:

> No considerábamos a Palestina desde la misma perspectiva: para nosotros, sionistas, era un movimiento de renovación nacional; para él, por lo menos cuando comenzó a interesarse, era una de sus cincuenta y siete actividades filantrópicas, tal vez más importante e interesante que las otras, pero cuya ín-

dole no era muy diferente. Toda su educación se oponía a que compartiera nuestro punto de vista; por lo demás, sus colegas, en los innumerables asuntos en que estaba comprometido, constantemente lo prevenían acerca del peligro que corría identificándose demasiado con los sionistas. Warburg era una de las cartas más preciosas de su comunidad, y tenían mucho miedo de perderlo en provecho de una idea nueva que, en su principio y su esencia, podía acaparar toda su atención.[18]

A partir de ese día, Felix Warburg va a colaborar con Weizmann favoreciendo una serie de proyectos culturales en Palestina. Pero no se interesa realmente en la adquisición de tierras, y mucho menos en el proyecto político de los sionistas. Incluso es frontal la oposición entre las dos estrategias: una cultural, la otra política.

Para Warburg, Palestina debe convertirse en un centro cultural del judaísmo, el lugar de renacimiento de una identidad ética, y no en una nación entre otras; por lo demás, piensa que Weizmann alimenta sobre todo una ambición política personal.

Así, Warburg crea un comité destinado a financiar el desarrollo en Jerusalén de una universidad, uno de cuyos embriones acaba de ser instalado en el monte Scopus, que estaba pensado para el movimiento sionista a partir de 1913. Toma a su cargo lo esencial de los gastos, con la condición de que se convierta en una universidad del judaísmo, mientras que Jaim Weizmann y, más tarde, Albert Einstein desean que se convierta en un instituto científico. Felix, que invierte el dinero, impone su punto de vista. Para oponerse a él, Weizmann y Einstein fundan entonces, cerca de Tel-Aviv, lo que mucho más tarde se convertirá en el Instituto Weizmann, uno de los primeros institutos científicos del mundo. En octubre de 1924, todos irán a inaugurar los primeros locales de la Universidad Hebraica de Jerusalén, cuyo primer consejo de administración componen, aunque siempre en desacuerdo.

Únicamente algunos judíos europeos se muestran activos en la adquisición de tierras –por ejemplo, los Rothschild, algunos de los cuales hasta se volvieron sionistas–. En 1923, Edmond-James crea una Palestine Jewish Colonization Association; su primera colonia será Binyamina (el nombre hebreo de su padre). Es elegido presidente honorario de la Organización Sionista Mundial, cuyo presidente operativo es Weizmann. El Consejo Ejecutivo de la Organización deja Londres para instalarse en Jerusalén, con el Jewish Colonial Trust; y su filial, la Anglo-Palestine Company, se convierte en el Banco Leumi (Banco Nacional). La cantidad de judíos en Palestina pasa de 90 mil, en 1927, a 160 mil, en 1929.

La Turkish Petroleum Company (TPC) se convierte en la Irak Petroleum Company. Esso, Gulf, Texaco, Socal/Chevron y Socony/Mobil figuran en su capital. En 1928, un acuerdo llamado "de la línea roja" prohíbe a las compañías accionistas de la Anglo-Palestine Company explotar petróleo sin el acuerdo de las otras en los límites del ex Imperio Otomano, incluida Arabia Saudita y Kuwait. Francia pierde Mosul, pero a cambio recibe un cuarto de la producción de bruto de esta región por intermedio de la Compañía Francesa de Petróleos (actualmente TotalFina-Elf). La distribución del petróleo de Medio Oriente queda regulada, así como el destino de aquellos que administran sus territorios: estarán bajo tutela anglosajona –no sin algunas traiciones entre ellos, como veremos–.

En 1929, por primera vez, una conferencia reúne en Londres a la Organización Sionista Mundial y a representantes de las comunidades judías de todo el mundo. Con voluntad de apoyar el movimiento sionista, esta conferencia crea una nueva instancia (¡ya existen por lo menos otras tres!), el Keren Hayesod, para recaudar fondos entre las comunidades exangües y escépticas de Europa y de Norteamérica, y sobre todo una agencia encargada de organizar, con los británicos, la recepción de los judíos en Palestina: la Agencia Judía, cuyo principio estaba previsto a partir de 1922 en el texto del mandato británico. Su Consejo de Administración, que acaba de abandonar el Ejecutivo de la Organización Sionista, se instala en Londres. Todavía no es más que un club:

> La Agencia Judía –escribe Weizmann– reúne a un grupo de las más distinguidas personalidades: todas las clases de la sociedad, todas las obras del espíritu humano están representadas, desde León Blum, el gran jefe socialista, hasta Marshall y Warburg, personajes de derecha; desde Lord Melchet, uno de los más importantes industriales de Gran Bretaña, hasta Albert Einstein y el poeta Jaim Nahmán Bialik.[443]

Ese mismo año, en Hebrón, en Haifa y en otras localidades, se realizan motines que producen 135 víctimas judías y 116 árabes. Ante el pedido de los dirigentes árabes, una vez más el gobierno de MacDonald intenta imponer restricciones a la inmigración judía. En señal de protesta, Felix Warburg y Jaim Weizmann, por una vez de la misma opinión, dimiten al Consejo de la Agencia y sólo vuelven cuando el Primer Ministro británico renuncia a esas restricciones.

Pero Warburg sigue desconfiando de Weizmann, a quien considera cada vez más "como una especie de Mussolini". En 1929, escribe a sir Alfred Bond, uno de los dirigentes judíos británicos, fundador de la primera compañía química de Europa (la Imperial Chemicals), que se ha convertido en lord Melchet y es uno de los escasos judíos todavía influyentes en el *establishment* británico, miembro también del consejo de la Agencia Judía: "Estoy a favor de cualquier acción que permita llegar a un acuerdo con los árabes y que muestre que nuestras ambiciones son limitadas". A esta altura, las relaciones entre Felix y Jaim sólo pueden tensarse todavía más. Por otra parte, los británicos no se privan de oponer con frecuencia a Warburg, que predica la idea de un "hogar" cultural, contra Weizmann, que reclama la creación de un Estado.

En 1930, Edmond-James de Rothschild, único actor financiero significativo del sionismo, adquiere con sus propios capitales 5.200 hectáreas sobre las cuales crea algunos pueblos (Pardés Hanna, Binyamina, Givat Ada, Bnei Brak y Herzliya), *kibutzim, moshavim,* vides, una compañía eléctrica, un cementerio. El año de su muerte, en 1934, compra 5.600 nuevas hectáreas a dos familias árabes de Siria, y establece colonias en la Alta Galilea y en el valle de Huleh. En total, habrá comprado 50 mil kilómetros cuadrados de tierras y creado cerca de treinta colonias, que entonces corresponden a una fundación a la que prohibió revenderlas.

En 1933, el acuerdo llamado "de la línea roja" es roto por los estadounidenses: Socal/Chevron obtiene del rey Ibn Seúd –a quien Gran Bretaña acaba de reconocer como rey– la concesión del territorio saudita, donde se descubrió petróleo en 1930, sin consentimiento de los otros. El mismo año, un Alto Comité Ejecutivo árabe, presidido por el gran muftí de Jerusalén, Hadj Amine el-Husseini, desata disturbios en Jerusalén y en Jafa contra los ingleses, acarreando la muerte de veinticinco árabes y de un policía británico.

Con la llegada al poder de Hitler se acelera la emigración procedente de Europa: de 1933 a 1936, 174 mil refugiados –obreros, agricultores, empleados, médicos– desembarcarán provenientes de Alemania, Polonia, Austria, Checoslovaquia y Hungría; entre ellos, 60 mil serán originarios del Reich, entre los cuales se halla el gran filósofo alemán Martin Buber. Las organizaciones judías siguen comprando tierras. Ahora se cuentan en Palestina 200 mil judíos y 1 millón de árabes, atraídos por el crecimiento económico.

En enero de 1935, la Agencia Judía se erige en gobierno oficioso de los judíos en Palestina. El 26 de enero de 1935, una *fatwá* es lanzada por el gran muftí de Jerusalén contra los árabes que vendan sus tierras a judíos. En noviembre, el Alto Comité Árabe desarrollado por el gran muftí reclama una vez más la prohibición de la venta de tierras a las organizaciones sionistas, la detención de la inmigración judía y una gran novedad: la instalación de un gobierno autónomo árabe.

El alto comisionado británico acepta y propone la instauración de un Consejo Legislativo. Pero, en febrero de 1936, Londres rechaza el proyecto; es demasiado temprano: el desequilibrio entre las dos poblaciones todavía es muy grande.

El 19 de abril de 1936, una revuelta árabe elimina a caminantes judíos en Jafa y luego a otros en Tel-Aviv. En mayo, una huelga de 175 días de los trabajadores árabes interrumpe las comunicaciones entre los diferentes asentamientos judíos, para demostrar que el funcionamiento del país depende de la población árabe y para obligar a los británicos a detener el desarrollo del proyecto sionista y a crear inmediatamente un gobierno nacional árabe sobre toda Palestina.

En el mismo momento, la amenaza hitleriana lleva a la creación del Congreso Judío Mundial –¡otra organización más!–, que apunta a agrupar los organismos dirigentes de las comunidades judías de todo el mundo, sionistas o no. Es la primera vez en su historia que todas las diásporas tratan de coordinarse. Pero el Congreso Judío seguirá siendo siempre un lugar de encuentro sin poder ni legitimidad representativa real.

Pese a la voluntad de los judíos de seguir difiriendo la decisión –a la espera de la afluencia de nuevos inmigrantes–, en junio de 1937, una comisión británica bajo la dirección de lord Peel, encargada de estudiar una solución definitiva, propone por primera vez la división del país en tres entidades: un Estado judío, que incluiría una zona costera que se extendería del monte Carmelo a Be'er Tuvia, el valle de Jezreel y la Galilea; un Estado árabe, que incluiría Judea, Samaria y el Néguev, que se fusionaría con Transjordania; y una zona intermedia, entre Jafa y Jerusalén, que permanecería bajo mandato británico. Determinados corredores permitirían que todos accedan a los lugares santos, "depósitos sagrados de civilización", que también permanecerían bajo mandato británico. A la espera de la creación de esos dos Estados, estaría prohibido que los judíos comprasen tierras en la región asignada a los árabes.

Es la primera vez que la idea de un Estado propiamente judío parece ser tomada en serio por los ingleses.

El gobierno y el Parlamento británicos aceptan las conclusiones de la comisión de Peel. En cuanto a los sionistas, están divididos: el Estado sería exiguo, reducido a 200 mil habitantes; Jerusalén no estaría incluida. David Ben Gurión quiere aceptar el plan: más vale un Estado que nada. Los árabes lo rechazan: no quieren un Estado judío, ni siquiera a cambio de un Estado palestino. Los grupos militares de la *Haganá,* el ejército oficial de la Agencia Judía, y del Irgún, milicia paramilitar sionista de derecha creada en 1937, lanzan entonces cuantiosas ofensivas contra los británicos para crear un hecho consumado sobre un territorio más vasto que el previsto por la comisión de Peel. La insurrección árabe vuelve a comenzar. Los ingleses disuelven el Alto Comité Árabe, y el gran muftí de Jerusalén escapa al Líbano.

Entre 1937 y 1939, 250 mil inmigrantes logran pasar, huyendo del infierno nazi; muchos otros deben volver a partir, ya que las barreras y las presiones árabes impiden que los ingleses los dejen entrar en Palestina. La población judía total llega entonces a 450 mil personas. La economía se desarrolla: industrias agro-alimentarias, textiles, refinerías de petróleo, cooperativas de transporte, compañías de electricidad y de aguas, plantas procesadoras de potasio del Mar Muerto. Se crean nuevos *kibutzim* en lugares estratégicos.

En 1939, el gobierno británico convoca a una conferencia entre judíos y árabes para terminar con esa situación; los árabes se niegan a participar. En mayo de 1939, Londres publica un nuevo *Libro blanco* que, pase lo que pase, prevé la expiración del mandato en un plazo de diez años. Catástrofe para los sionistas: reniega de la declaración Balfour y prevé la fundación de un solo "Estado soberano de Palestina" dividido en tres zonas, y una limitación de la población judía a un tercio de la de los árabes. Las fronteras de estas tres zonas son diferentes de las líneas divisorias indicadas por la comisión de Peel. Una, que abarca las colinas de Judea y de Samaria, la Galilea occidental y el norte del Néguev, será árabe, y los judíos no tendrán derecho a comprar tierras allí. Otra (el valle de Jezreel, la Galilea oriental y la mayoría de las llanuras costeras) será judía, y la compra de tierras podrá proseguir con la aprobación del alto comisionado. Finalmente, una tercera (una franja costera que va de Zijrón Yaakov a un punto situado al norte de Rehovot, que engloba las zonas urbanas) también será judía, y las compras de tierras no estarán sometidas a restricción alguna. ¡Ya no es en absoluto el mismo mapa! Y sobre todo, este *Libro blanco* limita la inmigración judía a 75 mil entradas en cinco años, lo que bloquea en Europa a los que quieren huir del nazismo. Los ingleses abandonaron todas sus promesas. Sin embargo, cuando estalla la guerra, judíos y británicos se encuentran en el mismo campo; se hacen a un lado las cuestiones judeo-árabes.

En 1941, el gran muftí de Jerusalén predica el exterminio de los judíos en Palestina y pide a Hitler que "solucione la cuestión judía en el interés nacional y popular, sobre el modelo alemán".

El 6 de mayo de 1942, en Nueva York, los dirigentes de la Agencia Judía se encuentran con representantes del gobierno estadounidense en el hotel Biltmore. David Ben Gurión, jefe de la Agencia Judía, explica que no habrá un nuevo orden mundial "mientras no se resuelva el problema de la ausencia de patria de los judíos". No sabe que en Europa la Shoá ha comenzado.

6. La economía de la Shoá

En innumerables oportunidades a lo largo de la historia, los judíos fueron expulsados luego de haber servido. Esta vez, se llevará la barbarie hasta su extremo: ellos ayudaron a mundializar la economía; nadie que los odie puede asumir el riesgo de expulsarlos, por temor a ver que se vuelvan en contra desde el exterior; por ende, la única solución del odio es "final".

Todas las corrientes del antijudaísmo y el antisemitismo, explícitas o implícitas, de Marx a Drumont, de Weber a Sombart, y muchas otras, convergen entonces en un trágico apogeo: quieren librarse del judaísmo; los nazis van a sacarse de encima a los judíos.[74] Para ellos, el judío no es un chivo emisario, sino el punto focal al que todo conduce: hay que eliminarlo para acabar con las dos primeras coerciones del mundo, el dinero y Dios. No hay en esto racionalidad alguna, sino tan sólo una monstruosidad.

Al comienzo, todavía se trata de expulsar: el Programa del Partido Nacional Socialista, con fecha del 4 de febrero de 1921, enuncia claramente, en su punto 17, que, desde la toma del poder, cualquier persona que tenga un abuelo judío ingresado en Alemania después del 2 de agosto de 1914 perderá su nacionalidad, será expropiado y "expulsado" del espacio vital germánico. En 1924, Adolf Hitler escribe en *Mein Kampf* que se debe proteger "la existencia y la reproducción de nuestra raza y nuestro pueblo, la subsistencia de nuestros niños y la pureza de nuestra sangre, la libertad y la independencia de nuestra patria".[201] Alfred Rosenberg, el ideólogo del Partido nazi, en 1930 predica en *El mito del siglo XX*: "la purificación de la raza nórdica", para preservarla del mestizaje, "liquidando" a los "asociales", los "parásitos", los "indeseables", en especial a los judíos, agentes revolucionarios aliados a los bolcheviques para dominar el mundo. Podrían contentarse con echarlos, pero eso implicaría no contar con que, al expulsarlos, el peligro para ellos sería hacer crecer la cantidad de enemigos del exterior. Como un judío en el exterior es tan peligroso como en el interior, no quedará más que la "solución final".

Lo que todavía no se llama globalización prohíbe la expulsión; obliga al aniquilamiento.

El antisemitismo, que desde hace siglos acompaña la revolución industrial, encuentra aquí su punto más alto: se eliminará según la modalidad y los principios propios de esa revolución a los enemigos de la nueva Alemania. Para impedir que la perjudiquen, del interior y del exterior. En este caso, intervendrán todos los actores de la economía alemana, no sólo los nazis.[74] Para ello no se creará órgano específico alguno. El traslado, la contabilidad, la gestión, la recuperación de los subproductos y la instalación de los campos de exterminio, todo se imita de las fábricas y de la sociedad.

La economía de la toma del poder

El 10 de abril de 1932, el mariscal Hindenburg es reelegido con 19,2 millones de sufragios contra 13,5 millones que obtiene Adolf Hitler. Heinrich Brüning, que apoyó al mariscal, sigue siendo canciller e invocando la desocupación –que ahora aqueja a más de 5 millones de alemanes– para reclamar la anulación definitiva de las reparaciones de la Gran Guerra. El 29 de mayo dimite; Franz von Papen lo reemplaza a la cabeza de un gabinete de técnicos y "barones", y se esfuerza por incluir a los nazis en la mayoría; aspira a preparar nuevas elecciones, con la esperanza de neutralizarlos. En junio, en Lausana, Papen obtiene la anulación definitiva de las reparaciones a cambio de la vaga promesa de un pago posterior, por Alemania, de 3 mil millones de marcos a un Fondo de Reconstrucción de Europa, que queda por establecer. En las elecciones legislativas de julio, los nazis decaen levemente, logrando 200 asientos sobre 607. Hjalmar Schacht se ubica entonces detrás de Hitler; Papen dimite. Hindenburg apela al general Von Schleicher. Los disturbios arrecian. Ahora hay más de 6 millones de desocupados. Hindenburg decide una nueva disolución en noviembre de 1932. Luego del nuevo escrutinio, los nazis pierden 34 escaños.

El 30 de enero de 1933, a pedido de Papen, quien se cree capaz de manipular al futuro Führer, Hindenburg nombra a Hitler canciller con solamente tres ministros nazis sobre once. Tras un *meeting* de recaudación de fondos en Berlín, el 8 de febrero, y una reunión el 20 en casa de Hermann Goering, presidente del Reichstag, los industriales alemanes –Frederick Flick, Röchling, Siemens, Westruck, Hugo Stinnes, Wilhelm Zangen, presidente del patronato alemán, y sobre todo los Krupp– adhieren a los nazis. El 27 de febrero, el Reichstag es incendiado; el 28, a pedido de Hitler, el mariscal-presidente suspende las libertades fundamentales y hace detener a gran cantidad de comunistas; Hindenburg convoca a elecciones para el 5 de marzo de 1933. Los nazis logran el 44% de los votos. Hitler es confirmado en la cancillería.

La eliminación de judíos –teorizada desde hace mucho tiempo– se organiza entonces en seis etapas: expropiación, concentración, trabajos forzados, operaciones móviles de matanza, deportaciones, exterminio.

Expropiación

El 14 de marzo de 1933, Max Warburg se entera de que el alcalde de Hamburgo dejará de consultarlo acerca de los problemas financieros de la ciudad porque recibió numerosas peticiones contra la "dictadura" de los Warburg. Max no se preocupa demasiado: su amigo Schacht, que acaba de ser designado responsable del financiamiento de la campaña electoral de Hitler, vuelve, a partir del 17 de marzo, a la presidencia del Reichsbank, que abandonó tres años antes. Mejor aún: en el decreto de nombramiento de Schacht, firmado por el propio Hitler, también son nombrados los otros ocho miembros del consejo del Banco Central. Entre ellos, tres banqueros judíos: Mendelssohn, Wasserman, del Deutsche Bank, y Max Warburg. ¡Un Warburg nombrado por Hitler!... Es la prueba de que nada hay que temer: los nazis no harán lo que anuncian. El omnipotente Schacht, por otra parte, repite a quien quiera oírlo que no se trata de perjudicar a los judíos, "tan importantes para el buen estado de las finanzas internacionales de Alemania".[18] Como, por lo demás, la mayoría de los judíos alemanes, Max Warburg todavía confía, incluso cuando los nazis acusan a los judíos de controlar la prensa y de haber acaparado toda la industria aprovechando la crisis de 1923. Cuando, ya en marzo de 1933, su sobrino Siegmund deja Alemania abandonándolo todo y le suplica que haga otro tanto, Max responde que "sabe de fuentes seguras que los dirigentes nazis no toman en serio lo que escriben sus propios diarios".[18] De una familia alemana durante cuatro siglos, Max no puede creer en la locura de sus compatriotas.

El 7 de agosto de 1933, durante una conferencia reunida en Amsterdam, un abogado de Nueva York, Samuel Untermeyer, reclama, en nombre de los judíos estadounidenses, el boicot contra Alemania. Varias organizaciones judías organizan y financian algunas partidas de Alemania con destino a Palestina y los

Estados Unidos. Ningún otro país da un paso al frente para recibirlos. Incluso Canadá les cierra explícitamente sus puertas: *None is too many* (Ninguno ya es demasiado). Entonces hay 9,5 millones de judíos en Europa, sobre un total de 15,4 en el mundo; 5,5 millones se encuentran en la URSS y en Polonia.

En mayo de 1933, Jaim Arlozorof, que entonces dirige el departamento político de la Agencia Judía, negocia un acuerdo secreto con los nazis (con el nombre en código de *Haavará,* "transferencia"). Según las cláusulas de ese acuerdo, los judíos alemanes que partirían hacia Palestina dejarían sus bienes a organizaciones judías, que las venderían a alemanes y, con el producto de esas ventas, por un lado comprarían mercancías alemanas para Palestina y por el otro asistirían a los emigrados a su llegada a la Tierra Prometida. No están lejos de la Jewish Company, imaginada cuarenta años antes por Theodor Herzl. Muchos sionistas protestan. En junio de 1933, Arlozorof es asesinado. Tras gran debate –entonces, ¿hay que apoyar indirectamente la economía nazi?–, el proyecto es avalado en el Congreso Sionista de Praga en octubre de 1933. Rupin firma el acuerdo y la casa Warburg organiza su financiamiento. Por su parte, uno de los dirigentes del movimiento sionista radical, Jabotinsky, considera el acuerdo "infame, deshonroso, despreciable" y, en oposición, preconiza una intensificación del boicot contra Alemania. En definitiva, los cerca de 20 mil judíos alemanes que se beneficiarán con ese plan salvarán su vida.

A fines de 1933, Henry Goldman, que volvió a Alemania en 1932, es detenido por los nazis; una vez que lo liberan, parte lo antes posible a Nueva York.

En julio de 1934, Schacht tranquiliza una vez más a Warburg: obtuvo del propio Adolf Hitler la confirmación de que los judíos "conservarán el derecho a vivir normalmente en Alemania".

En julio de 1935 –algunos días después de que en París, el 14 de julio, el cortejo fúnebre de Alfred Dreyfus atravesara la Place de la Concorde ante las tropas en armas–, se promulgan las leyes de Nuremberg "para la protección de la sangre y el honor alemanes", prohibiendo los matrimonios entre judíos y no judíos. Es declarada judía toda persona que tenga tres abuelos judíos o bien sólo dos si su cónyuge es judío. En adelante, los judíos son desterrados de la función pública, la justicia, la enseñanza, las profesiones liberales, el ejército y los oficios de la cultura. Una cuota limita su admisión en las escuelas y universidades.

Las empresas judías, por su parte, siguen funcionando. En 1936 –cuando la coalición del Frente Popular conducida por León Blum accede al poder en

Francia, suscitando una nueva ola de antisemitismo–, las cuentas de la casa Warburg todavía están en equilibrio. Krupp sigue abonándole los intereses adeudados en concepto de préstamos. Muchos judíos alemanes piensan todavía que el nazismo no es más que un fenómeno pasajero que va a desaparecer rápidamente.

¡Hasta existen algunos que dan a entender que los nazis sostienen el sionismo! Una circular del Ministerio alemán de Relaciones Exteriores del 22 de junio de 1937, sin embargo, establece claramente lo contrario: los nazis no quieren una potencia judía fuera de Alemania. Este documento capital atestigua que la "solución final" está en todas las mentalidades desde antes de la guerra: "No obstante, sería un error suponer que Alemania apoya la formación de una estructura estatal en Palestina bajo cualquier forma de control judío. Teniendo en cuenta la agitación antialemana del judaísmo internacional, Alemania no puede aprobar [la idea] de que la formación de un Estado judío en Palestina ayudaría al desarrollo pacífico de las naciones del mundo". Un memorando interno de la sección de Asuntos Judíos de las SS retoma y confirma: "La proclamación de un Estado judío o una Palestina administrada por los judíos crearía para Alemania un nuevo enemigo que tendría profunda influencia sobre los desarrollos [políticos] en el Cercano Oriente". Un Estado judío "trabajaría para ofrecer una protección especial a las minorías judías en todos los países, dando por consiguiente una protección legal a la actividad parásita del judaísmo mundial". Un Estado de ese tipo no podría absorber a todos los judíos, pero "serviría de base al judaísmo internacional, como Moscú sirve de base al comunismo internacional". Llegados a este punto, todo es explícito: puesto que la expulsión es peligrosa, la eliminación es la única solución posible. En las cancillerías inglesa, francesa y norteamericana, muchos, preocupados por sus intereses árabes, no distan mucho de pensar también que no se debe permitir que los judíos se instalen en masa en otra parte, vale decir, en Palestina.

En un primer momento, con todo, los despidos de judíos son tratados según la ley alemana; se someten a la justicia numerosos litigios que los tribunales tratan imperturbablemente: así, un director de producción judío, contratado por tiempo indeterminado, es exonerado por ruptura de contrato por una sociedad cinematográfica que se considera con derecho a despedirlo, en virtud de una cláusula de su contrato que prevé el cese del empleo en caso de "enfermedad, muerte o causas similares que incapacitasen al director para trabajar". Por otra parte, en 1938, el Reichsgericht (la más alta instancia judicial de Alemania) confirma que esta cláusula de su contrato es "indiscutiblemente aplicable", debido a que las "características raciales" del querellante equivalen a una enfermedad o a la muerte.[198] En otras palabras, a partir de 1938, tanto los más altos magistrados de Alemania como sus diplomáticos, consideran jurídicamente muertos a todos los judíos del Reich.

Ese mismo año comienza la expropiación de las empresas judías. En abril, los judíos primero deben declarar todo valor superior a los 5 mil marcos: 135.700 judíos alemanes declaran juntos un monto de 7 mil millones de Reichsmarks; 9.657 judíos extranjeros declaran 415 millones de Reichsmarks; 2.259 judíos "apátridas" declaran 73 millones de Reichsmarks. En total: 7.500 millones de Reichsmarks. Entonces, les cobran impuestos que suman 2 mil millones de Reichsmarks, esto es, cerca de un tercio del valor de los patrimonios registrados.

El 14 de junio de 1938, un decreto del Ministerio del Interior requiere que se declaren, con miras a la expropiación, todos los establecimientos industriales judíos. Son considerados como tales las empresas cuyos propietarios sean judíos o cuyo presidente, uno de los representantes legales o un miembro del consejo de administración sea judío. Todas esas empresas deben ser cedidas a no judíos y "arianizadas".

Luego se decide la arianización de las empresas de servicios (bancos, consejos de crédito, transacciones inmobiliarias, corretaje en la Bolsa). En mayo de 1938, la casa Warburg es cedida a un empleado que se hizo nazi, Brinckmann.[18] Es lo que ocurre también con Bleichröder, Oppenheim y un centenar de otros bancos judíos. En julio de 1938 se suprimen las licencias de los médicos y los abogados judíos.

En el *Gau* de Franconia, Julius Streicher hace convocar a todos los propietarios judíos de alojamientos, les hace firmar una transferencia de sus bienes a la ciudad de Fürth o a otro adquirente que él designe, por un precio simbólico. La ciudad paga mil Reichsmarks por apartamentos que valen 100 mil; un particular compra por 180 Reichsmarks una casa que vale 20 mil.[198] Max Warburg se decide a abandonar Hamburgo.

Luego llega el turno de los comerciantes. En la noche del 9 al 10 de noviembre de 1938, tras el asesinato en París de un diplomático alemán por un joven judío polaco, Hershel Grinszpan, los nazis aniquilan a centenares de personas y hieren gravemente a otras miles; 7.500 tiendas son saqueadas, 300 sinagogas incendiadas: es la "Noche de los cristales rotos".

Dos días después, el 12 de noviembre de 1938, a las 11 horas, una reunión surreal, presidida por Goering, con Goebbels y Heydrich, ordena que las compañías de seguros abonen el monto de los destrozos causados en las tiendas judías... ¡al Ministerio de Finanzas, para compensar los impuestos que los comerciantes judíos ya no podrán satisfacer! Los aseguradores presentes se sorprenden. El Ministerio, añade Goering, fijará las sumas que eventualmente se imputarán a los propietarios judíos. Declara: "Se ha tomado la decisión de arianizar la economía alemana, de sacar a los judíos; se tardó demasiado en ponerla en marcha [...]. Alemania quiere apropiarse de lo que le saquearon. En consecuencia, es el gobierno alemán el que debe ser indemnizado. [...] Los judíos deben transferir sus propiedades al Estado". Se inicia una discusión: Goebbels propone ordenar que los judíos destruyan ellos mismos sus sinagogas para reemplazarlas por garages; se discute cómo se van a importar los 6 millones de cristales –o sea, el equivalente de la producción anual de vidrios en Bélgica, el país proveedor– necesarios para las reparaciones, y finalmente se preguntan por la manera de reservar a los judíos compartimientos separados en los trenes sin ofrecerles, pese a ello, la ventaja de estar menos amontonados en ellos que los otros...

En conclusión, se decide que una multa suplementaria de mil millones de marcos será aplicada a los judíos por haber provocado "la justa ira del pueblo alemán". Además, 25 mil son enviados a campos de concentración en Dachau, Oranienburg-Sachsenhausen, Buchenwald, Ravensbrück y Mauthausen por comportamiento "antisocial" y "criminal".

Algunas semanas más tarde, los últimos establecimientos industriales, los últimos bienes inmobiliarios, valores muebles y cuentas bancarias pertenecientes a judíos son embargados.

En enero de 1939, Joachim von Ribbentrop repite que "Alemania debe considerar peligrosa la formación de un Estado judío", porque "eso traería un incremento internacional a la potencia del judaísmo mundial". Nadie quiere entender que su discurso en realidad implica la liquidación de todos los judíos bajo control alemán. De 1938 a mayo de 1939, solamente 150 mil de ellos abandonan el Reich; cuando estalla la guerra, todavía son 370 mil.

La expropiación comienza en septiembre de 1939 en Polonia, y, a partir del 18 de octubre de 1940, en Francia, como en todos los países anexados o vencidos.

El reparto de los bienes judíos provoca conflictos entre los servicios nazis.[269] Los stocks de materias primas confiscadas van al ejército. Heinrich Himmler y el Despacho principal de refuerzo de la germanidad quieren que las empresas liquidadas se atribuyan a los combatientes y herederos de los alemanes "étnicos", luego a los de los alemanes "asesinados" por los polacos y, por último, a los de los combatientes muertos en los diferentes frentes.[198]

Entonces se decide reservar empresas para los futuros ex combatientes, y se constituyen "sociedades de incautación" encargadas de administrar las empresas judías a la espera del retorno de los guerreros.

Por primera vez, en Francia, los alemanes confían a un gobierno extranjero el cuidado de proceder por su cuenta a la expropiación.[269] El jefe –alemán– del estado mayor administrativo del comando militar, el doctor Elmer Michel, escribe: "Habrán de esforzarse en reemplazar a los judíos por franceses para hacer participar también, de esta manera, a la población francesa en la eliminación de los judíos, y para evitar la impresión de que únicamente los alemanes quieren ponerse en lugar de los judíos".[198] El general Otto von Stüpnagel, representante alemán, decreta que las empresas que incluyan una participación judía mínima podrían no ser expropiadas si se quitan de encima "voluntariamente" a sus accionistas y dirigentes judíos. El doctor Michel estimula entonces la cesión "voluntaria" de las empresas a adquirentes "arios". Si los judíos se niegan a liquidar sus bienes, la venta es consumada por la fuerza con el acuerdo del comando militar. Si no hay adquirente, el Servicio de Control del Ministerio de la Producción Industrial y el Trabajo, dirigido por un ex regente del Banco de Francia, el presidente Fournier, nombra a administradores provisionales.[269] Todo se hace para salvaguardar las apariencias de la legalidad. No lo suficiente, sin duda: en enero de 1941, el doctor Michel escribe al comando militar que "tratan de suscitar dudas sobre la validez legal que, tras el fin de la Ocupación, revestirán los contratos firmados por los administradores".[198]

La ley vichista del 22 de julio de 1941 apunta a "eliminar la influencia judía de la economía nacional" practicando las "consignaciones nacionales". En diciembre de 1941, el comando alemán encarga que la Caja de Depósitos y Consignaciones recaude de ese modo una multa de mil millones sobre los judíos de Francia.[232] Reunirá las "consignaciones" judías comprando a la Administración de Dominios, a bajo precio, las acciones embargadas en las cuentas bancarias de 28 mil ahorristas judíos.

En todas partes, en el Reich y en los territorios ocupados, a partir de marzo de 1941, los adquirentes alemanes pierden el derecho a utilizar las marcas de fábrica y las denominaciones comerciales judías. Así, la casa Warburg se convierte en casa Brinckman.[18] La celebérrima marca de porcelanas Rosenthal es objeto de un debate digno de Padre Ubú: la sociedad, arianizada en 1936 y convertida en Rosenthal Porzellan AG, desea conservar su nombre ("No se trata de un nombre, sino del símbolo de un producto"); el ministro de Propaganda observa que el Consejo de Administración está totalmente arianizado, que el presidente, Philipp Rosenthal, fundador de la sociedad, emigró en 1933 y ha muerto, que su viuda es una "aria pura", que los nuevos propietarios son todos arios; todos los servicios son favorables a la conservación del nombre, pero nadie se atreve a tomar la decisión de autorizar a una empresa a conservar un nombre judío.[198] A fines de 1941, los nazis terminan por decretar que... ¡"Rosenthal" no es un patronímico judío!

En octubre de 1943, la situación en Francia de 11 mil empresas y alojamientos (un tercio en zona ocupada) está "solucionada". Prudentes, los compradores franceses de esos bienes expoliados se constituyen en asociación de "propietarios de antiguas empresas judías", para precaverse de cualquier impugnación posterior. En el verano de 1944, cuando los aliados se acercan a París, el doctor Michel vuelve a expresar su satisfacción ante los progresos de la "dejudaización de la economía francesa":[53] 42.739 empresas están bajo tutela de administradores nombrados por el Estado; más de 7.500 fueron liquidadas, y otras tantas vendidas por un monto de 2.100 millones de francos.

Concentración

El empobrecimiento brutal de los judíos y su exclusión del trabajo producen su amontonamiento en las grandes ciudades, primero en Viena y en Berlín. A partir de 1939, allí se reúnen más de la mitad de los judíos del Reich. En Polonia, cuando el 6 de septiembre de 1939 llega el ocupante alemán a Cracovia, encuentra a 50 mil judíos. En abril de 1940 les dan cuatro meses para evacuar la ciudad: 35 mil se van y 15 mil son autorizados a quedarse. Luego los hacen volver y los encierran en guetos. El primero se crea en Lodz en 1940; agrupa a 150 mil personas. En marzo de 1941 se crean otros en Cracovia (20 mil judíos, 6 mil de los cuales pertenecen a los pueblos vecinos), en Lublin y en Varsovia (donde se amontona a 500 mil personas en condiciones abominables). En cuanto el gueto está instituido, los alemanes delegan su administración a la comunidad judía.[198] Así, cada gueto se constituye como una ciudad-Estado sitiada, con sus revueltas, sus héroes y sus debilidades.

En abril de 1941, Paetsch, director del Banco Central del Reich, afirma que la administración del gueto de Lodz cuesta un millón de Reichsmarks por mes, y que el de Varsovia insumirá otro tanto. El jefe de la división de Finanzas del gobierno general de la Polonia ocupada, Spindler, añade que el de Varsovia representa un gasto anual "insoportable" (*untragbar*) de 70 a 100 millones de zlotys[198]. Todas las facturas son enviadas entonces a los judíos, de quienes se sospecha que disimulan en los guetos considerables haberes. En julio de 1942, en Varsovia, el dirigente del consejo del gueto, Czerniakow, recibe facturas de la empresa alemana de trabajos públicos Schmidt und Münstermann, por gastos de construcción del muro del gueto, por un monto total de más de 1,3 millones de Reichsmarks[198].

El trabajo forzado

Para reducir el costo de los guetos, se esfuerzan entonces por rentabilizarlos. El doctor Gate, economista de la Oficina Nacional de Rentabilidad del Gobierno General, especialista en racionalización y planificación de la producción, recomienda utilizar a los judíos en trabajos forzados:

> Admitiendo que se puedan emplear en el gueto de 60 a 65 mil judíos, y contando con una productividad del orden de 5 zlotys por trabajador y por día; suponiendo que la cantidad de judíos que trabajan siete u ocho meses del año en talleres fuera del gueto se mantenga en el mismo nivel, sin variación de los salarios, entonces el conjunto de las actividades liberaría alrededor de medio millón de zlotys por día para pagar el aprovisionamiento, o sea, 93 zlotys por individuo.[198]

Para alcanzar esos objetivos, evalúa las inversiones necesarias de las empresas alemanas en 40 millones de zlotys por año. Tales estimaciones son consideradas demasiado "teóricas".[198]

A partir del 26 de octubre de 1939, "destacamentos judíos" de los guetos son requisados al azar de las necesidades; cualquier administración que tiene necesidad de mano de obra hace su petición, El jefe de las SS y de la policía, Krüger, establece un padrón general con fichas donde consta oficio, edad, sexo, etcétera. Se genera un conflicto de autoridad, ya que Hans Frank, el gobernador general, se niega a reconocer a las SS la menor autoridad en este campo. El trabajo forzado, naturalmente, no es remunerado. Una excepción se produce en Varsovia, en la primavera de 1941, cuando uno de los principales usuarios de mano de obra judía, dueño de una empresa de recuperación de chatarra, el capitán de caballería Sehn, dice "oponerse a la esclavitud" y paga a Czerniakow 2 zlotys diarios por hombre.[198]

Para racionalizar la utilización del trabajo forzado se instala una nueva estructura: el campo de trabajo. En vez de hacer trabajar a la gente fuera del gueto autorizándolos a volver todas las noches, envían a campos a los jefes de familia, que dejan a sus familiares como rehenes en el gueto. Pronto, el territorio polaco está sembrado de campos de trabajo cuya mano de obra es utilizada para cavar fosos antitanques, para talleres de acondicionamiento hidráulicos o ferroviarios. En febrero de 1940, Himmler decide hacer cavar un gigantesco foso antitanque en las nuevas fronteras orientales de Alemania: se juntan unos miles de judíos –y no millones, como pretendía el plan original– en Belzec y Plaszow para cavar un foso entre el Bug y el San. Así, 5 mil judíos, remunerados con 50 pfennings por día, culminan el eje rutero Gleiwitz-Oppeln, en Alta Silesia.[198] El acondicionamiento fluvial del distrito de Varsovia utiliza a 25 mil judíos.

Los campos de trabajo se convierten luego en proveedores de mano de obra para empresas industriales con carácter militar. En 1941, decenas de miles de trabajadores judíos son integrados por la fuerza a la industria del armamento y la industria eléctrica (AEG –fundada por los Rathenau– y Siemens). Las cuadrillas de trabajo no requieren una vigilancia rigurosa, en virtud de los rehenes que quedaron en los guetos. El costo de la mano de obra es muy bajo, y la administración financiera particularmente simple: nada obliga a pagar los salarios. En 1942, aunque los mandatarios del Reich en Trabajo exigen abonar un salario simbólico, la administración regional se queda con la mayor parte para "mantenimiento" de los campos.

También los guetos se convierten en sí mismos en campos de trabajo. En Lodz, la estación carga de 70 a 90 vagones por día de artículos baratos que fabrican en ellos. Rumkowski (el "más viejo de los judíos") recibe el poder de "obligar a todos los judíos a trabajar sin retribución".[198] En el gueto de Varsovia, en julio de 1942, 95 mil "económicamente activos" garantizan exportaciones tanto oficiales como clandestinas. Los productos fabricados son los mismos que en Lodz: uniformes, cajas de municiones, calzados, artículos de hojalata, cepillos, escobas, colchones, juguetes, reparación de muebles, zurcido de ropa vieja.[198] Los compradores son las Fuerzas Armadas alemanas, los servicios de las SS y de la policía, los organismos de trabajos, las empresas privadas. Rápidamente, el ejército se convierte en el principal comprador y depende de lo que produce la fuerza de trabajo judía.

Pero las oficinas centrales esperan con impaciencia la liquidación de los guetos para apoderarse de los "tesoros ocultos". Cuando se salgan con la suya, quedarán decepcionados: los 2 millones y medio de judíos de los territorios ocupados y del gobierno general no poseen casi nada, o, en todo caso, mucho menos que los 800 mil judíos del Reich.[198]

El Holocausto artesanal

Así, después de estas cuatro primeras etapas –definición, expropiación, concentración, trabajos forzados– viene la "solución final". Cuantos más éxitos militares logra el Reich, tanto más se incrementa la cantidad de judíos en los territorios que domina, y tanto menos puede manejarlos en campos de trabajo. En el momento del ataque alemán contra la Unión Soviética –el 22 de junio de 1941–, 2.160.000 judíos se encuentran ya en las regiones ocupadas por los alemanes (Ucrania, Bielorrusia, Crimea). Ante el avance de las tropas alemanas, 1 millón y medio de judíos logra huir; más de dos millones y medio caen en las redadas: de ellos, el 90% son agrupados en menos de cincuenta ciudades. A los que no pueden obligar a trabajar, tampoco pueden expulsarlos. Falta lugar: hay que eliminarlos.

En julio de 1941, Himmler confirma su deseo de eliminar a todos los judíos, "eternos fermentos de corrupción", desplazar a 31 millones de eslavos hacia Siberia y reemplazarlos por 4 millones de alemanes, enviados al campo para protegerlos de la "corrupción urbana".

Una vez tomada la decisión, en los meses que preceden a la invasión de la URSS, los alemanes refinan un primer método de exterminio masivo: las unidades de matanza móviles, los *Einsatzgruppen,* que agrupan a SS, policías alemanas –tropas comunes– y a veces también a fuerzas locales.[168]

Desde el momento de entrada en la URSS, cuatro de estas unidades, vale decir, 3 mil hombres –de la Wehrmacht, no de las SS–, son enviados como exploradores, con órdenes de capturar a los judíos por sorpresa, conducirlos fuera de la ciudad, ejecutarlos, preferentemente al borde de una fosa que les habrán hecho cavar, y enterrarlos.[168] Estas operaciones son realizadas por soldados rasos alemanes, que habrían podido rechazar las órdenes sin temer por su propia vida; algunos –pocos– lo hicieron.[168]

Desde los suburbios de Leningrado hasta Odesa, Simferópol, Rostov, Babi Yar (cerca de Kiev), Ponar (cerca de Vilna) y Kaunas, entre junio y noviembre de 1941, estos *Einsatzgruppen* exterminan a 500 mil judíos. En noviembre, 2 millones de judíos están vivos todavía en la URSS. Se lanza una segunda oleada, esta vez con un mayor número de matadores, siempre soldados de la Wehrmacht. A fines de 1943, 900 mil judíos más son exterminados de esa manera. Esas matanzas son objeto de informes que se clasifican por fecha, localidad y categoría de víctimas,[198] redactados por suboficiales, y agrupados y sintetizados cotidianamente por la RSHA (Oficina Central de Seguridad del Reich).

Otros judíos son deportados entonces a campos que nada tienen ya de campos de concentración o de trabajo.[236] Pero estas operaciones amenazan el rendimiento de las empresas que les están asociadas. El 14 de octubre de 1941, una de las empresas de armamento vinculadas a un campo de trabajo envía un telegrama a Heydrich: "Como todos sabemos, actualmente se procede a una nueva deportación de judíos que concierne a nuestros obreros judíos laboriosamente formados con miras a su especialización. Fueron educados para la soldadura y el blindaje en zinc, y su partida acarrearía una disminución de la producción tal vez equivalente a un tercio".[198] Es necesario preservar la capacidad de producción, máxime cuando "esos obreros judíos se muestran más capaces y laboriosos que los otros y en este momento alcanzan récords tales que casi se podría comparar la productividad de un judío con la de dos obreros especializados arios".[198] Heydrich acepta diferir la deportación de los judíos del armamento y de sus familias.

Pero, en otras partes, el exterminio prosigue. De hecho, tropezamos aquí con la milenaria vacilación de los perseguidores entre la explotación duradera y la eliminación inmediata. Durante algunos meses, los partidarios de la explotación de la fuerza de trabajo se resistirán a los deseos de Hitler, prefiriendo hacer morir a los judíos de agotamiento antes que gaseados. Pero fracasarán ante las decisiones impacientes del Führer.

En diciembre de 1941 comienzan las experiencias de exterminio con gas en Chelmno, Polonia, con camiones cuyos gases del escape asfixian a prisioneros amontonados en la caja.

El aniquilamiento industrial

El 20 de enero de 1942, en Berlín, en una bella casa al borde del lago de Wannsee, los representantes de todos los ministerios organizan la "solución final". Una vez culminada la conferencia, el 25 de enero de 1942, Himmler escribe a Glücks: "Los campos de concentración acometerán las grandes tareas económicas en las próximas semanas." Más precisamente, le pide aniquilar de la manera más rápida posible a 100 mil hombres y 500 mil mujeres.[198] Y ordena que todos los judíos del gobierno general sean exterminados antes de fines de 1942. Albert Speer, ministro de la Producción de Guerra, y el general Fromm, jefe del ejército de reserva, al tiempo que impugnan la legitimidad de las estadísticas de las SS, se quejan a Hitler: la solución final amenaza la reserva de mano de obra judía y bloquea en los campos de concentración a soldados alemanes que serían más útiles en otras partes. El 27 de marzo de 1942, Goebbels escribe: "No quedará gran cosa de los judíos… La profecía que hizo el Führer sobre ellos, porque suscitaron una nueva guerra mundial, comienza a cumplirse de la manera más terrible".[198]

Altos funcionarios redactan decretos y reglamentos, negocian la deportación con los Estados ocupados; la administración de los ferrocarriles se encarga del transporte.[236] El asesinato adquiere una magnitud industrial. El uso del gas asfixiante se convierte en la regla.

Luego de Chelmno se destacan seis campos: Belzec, Sobibor, Treblinka, Maidanek y Auschwitz.

Si Himmler tuvo en cuenta este último sitio –a algunas decenas de kilómetros de Kazimierz–, lo hizo en virtud de su fácil acceso por ferrocarril y su aislamiento. Rudolf Hess será nombrado a la cabeza de este campo, mucho más moderno que los demás: dispone de unidades que combinan una antecámara, una cámara de gas y hornos crematorios para quemar los cadáveres. Los centros de ejecución, poco a poco, son puestos en servicio: Belzec, el primero, de octubre de 1941 a febrero de 1942, sirve de prototipo; luego Sobibor es acondicionado a un ritmo infernal, de marzo a abril de 1942; le sigue Treblinka, construido por judíos cargados en el gueto de Varsovia, donde los nazis también se apoderan de clavos, cables e interruptores. La realización de esas instalaciones sofisticadas, sin embargo, exige más tiempo que el previsto.

La Degesch, una sociedad de lucha contra los parásitos, propiedad de IG-Farben, Degussa y Goldschmidt, pone a punto el zyklón B, producido luego por Dessauer Werke y Kaliwerke en Kolin. La Degesch controla su distribución, Heli y Testa garantizan la venta directa a los "usuarios": la Wehrmacht y las SS. IG-Farben fabrica el estabilizador de este gas. A pesar del bombardeo en marzo de 1944, a la fábrica de Dessau que produce el zyklón, las SS nunca tendrán escasez de gas.[198]

Las deportaciones hacia los nuevos campos dan lugar a detalles minuciosos; los transportes se preparan con ayuda de listas nominales que se establecen previamente en los campos de tránsito. En Polonia, la administración de los ferrocarriles pide a su personal que anote la cantidad de deportados de cada convoy para facturar su transporte a la policía de seguridad. La contabilidad se hace en la partida; la administración de los campos, por su parte, sólo registra los judíos conservados con vida.

El transporte de los judíos hacia los campos exige una organización considerable, bajo el mando de la oficina IV-B-4 de la RSHA, dirigida por Eichmann: primero se encarga de ello Heydrich y luego el jefe de la Gestapo, el general Müller, junto con Himmler. Utilizan los servicios de la Reichsbahn, monstruo administrativo que impera sobre 500 mil empleados. Son responsables de los trenes de viajeros que forman y planifican los convoyes de la muerte en toda Europa, "en medio de la administración cotidiana de los programas de transporte".[198] Como observará Eichmann cuando se lo enjuicia, "la elaboración de los horarios era una ciencia en sí misma". En noviembre de 1941, inmediatamente después de los primeros transportes, la Reichswehrnigung –la central judía, que cree poder impedir la catástrofe negociando con los nazis–, recibe del capitán Gutwasser, de la RSHA, órdenes de recaudar con los últimos bienes de los futuros deportados una suma a depositar en una cuenta especial W (*Sonderkonto W*) para pagar, entre otras cosas, su "viaje" en tren.[198] El 3 de diciembre de 1941, Eppstein y Lilienthal, miembros de la comisión que preside la "Unión Nacional Judía", dirigentes de las comunidades polacas, transmiten las instrucciones recibidas de "nuestros servicios de control" (vale decir, la Gestapo): se pide a cada miembro de un "transporte de evacuación" que abone una suma igual o superior al 25% de lo que todavía posea.[198] La "solución final" se autofinancia:

> Transportados incluso en furgones de ganado, la tarifa base para un lugar en tercera clase es de 4 pfennings por kilómetro de vía férrea. Los niños menores de 10 años pagan media tarifa, los menores de 4 años viajan gratis. Se concede una tarifa grupal (media tarifa de tercera clase) si por lo menos 400 personas son transportadas. La factura se envía al organismo que requiere el convoy, la RSHA. Para los deportados paga solamente ida; para los guardas compra ida y vuelta".[198]

Las deportaciones hacia los campos de exterminio[74] comienzan en junio de 1942: 5 mil judíos son enviados de Cracovia al campo de Belzec, donde son gaseados. En el verano de 1942 llevan a Maidanek a varios miles de judíos, en virtud del atascamiento de las líneas que llegan a Belzec y a Sobibor, y en septiembre-octubre construyen "tres pequeñas cámaras de gas"[198] donde entra inmediatamente la mayor parte de ellos. En octubre, otros 6 mil son enviados también a Belzec y gaseados. Estos centros de ejecución funcionan rápido y bien: "El recién llegado descendía del tren por la mañana; a la noche su cadáver era quemado y su ropa empaquetada y depositada para despacharla a Alemania".[198]

La recuperación de los bienes de los deportados que dejan los guetos y las víctimas de los campos está muy planificada. Los bienes llevados por los de-

portados del gueto de Lodz al campo de Kulmhof y las posesiones dejadas en
los guetos son centralizados en un servicio que no depende ni de las ss ni de
la policía.[74] Las "recaudaciones" van a la administración del gueto. Ésta lleva
una contabilidad precisa del conjunto de las operaciones de venta (fuera de
las pieles, despachadas directamente a Ravensbrück, donde funciona una fábrica de ropa destinada a la Waffen ss). Todos los bienes confiscados son propiedad del Reich. La wvha (Oficina Central Económico Política) los reparte
entre los propios ss, en especial a los soldados heridos y condecorados, o como regalos de Navidad para sus familias.

Una directiva de Hans Frank, gobernador general, reglamenta con extremada precisión cómo ventilar las "mercancías".[198] La mayoría de los objetos
de valor (dinero, joyas, relojes de oro, implantes dentarios de oro) son remitidos al Reichsbank, cuyo presidente es el ministro de Economía, Walther
Funk; la mayor parte de los textiles (con excepción de la seda, que va directamente al Ministerio de Economía) le corresponde a la vomi (*Volksdeutsche
Mittelstelle*), organización de ayuda social a los "alemanes de fuste".[198] Las
sumas son depositadas en el Tesoro en una cuenta especial, destinada a financiar las ss.

En Auschwitz, el director administrativo se ocupa a la vez de la recaudación, la selección, el inventario y el embalaje. En Maidanek, Sobibor, Treblinka, Belzec, el jefe de las ss y de la policía de Lublin, Globocnik, registra en
un inventario central todos los bienes obtenidos y asigna las incumbencias:[198]
Georg Wippern se hace cargo de joyas, divisas y objetos varios (de valor);
Hermann Höfle se reserva la selección de la ropa, el calzado, etcétera.

Los bienes de los campos de Polonia son luego remitidos a los depósitos de Lublin. Los nazis se los disputan. A partir de abril de 1942, el general Grawitz, médico en jefe de las ss y la policía, escribe a Wigand, jefe
de las ss y de la policía de Varsovia: "Se me ha informado que los jefes de
las ss y de la policía de Varsovia y de Lublin detentan depósitos de oro antiguo de origen judío".[198] Himmler alerta entonces al Ministerio de Economía. Rudolf Brandt, del Estado Mayor personal de Hitler, escribe al general
ss Oswald Pohl: "Dispensar un tratamiento generoso a todos los requeri-
mientos de oro y plata que emanan de las ss".[198] En agosto de 1942, Globocnik solicita la autorización de "deducir" 2 millones de zlotys sobre la
"evacuación judía" para financiar escuelas destinadas a los colonos alemanes
del distrito.

En Francia, durante su arresto, a los judíos les aconsejan llevar consigo
tanto dinero, valores muebles y joyas como puedan, para no encontrarse lue-

go en la indigencia.[53] A su llegada al campo de Drancy, el dinero, los títulos y las joyas les son inmediatamente confiscados por la policía francesa.

En los campos de muerte se organizan empresas SS que tratan de hacer trabajar a los prisioneros antes de su exterminio, con miras a constituir un imperio industrial SS. Una vez más se presenta el dilema: infligir la muerte mediante el trabajo forzado o aplicar la "solución final" sin trabajo...

Frank, que dirige la WVHA, anexa ciertos campos y ocupa los centros de ejecución situados en el gobierno general. Le interesa utilizar la mano de obra judía para sus empresas a cualquier precio, aunque eso deba aminorar la puesta en marcha de la solución final. El 16 de septiembre de 1942 escribe a Himmler: "Los judíos disponibles que emigran al Este deberán interrumpir su viaje y trabajar en la industria de guerra".[198] Deben "aportar hasta el último segundo de tiempo que les resta de vida, para que las SS puedan crear una base industrial y ejercer un poder económico".[198] El 18 de septiembre, el general Von Ginart protesta ante el Estado Mayor contra el retiro de los judíos de las empresas: "Los polacos jamás podrán reemplazarlos. No están suficientemente calificados".

En noviembre de 1942, Hitler solicita personalmente que todos los judíos sean retirados de la industria del armamento y reemplazados por polacos, una vez que estos se familiaricen con su tarea. Los responsables de los campos despachan entonces a la casi totalidad de los convoyes hacia las cámaras de gas, lo que exaspera a los responsables SS de la asignación de mano de obra. Pohl no logra ya desacelerar el proceso. En la primavera de 1943, solamente 160 mil prisioneros se encuentran todavía bajo su autoridad: el 15% de ellos está afectado al mantenimiento de los campos (cocina, enfermería, limpieza, etcétera) y a las operaciones de "aniquilación" (los *Transportkommandos* limpian los vagones tras la descarga; los *Effectenkammerkommandos* seleccionan los objetos de valor; los *Sonderkommandos* son empleados en los hornos crematorios); los otros trabajan para las empresas SS, para otras firmas privadas (IG-Farben) y en las instalaciones de los campos. Las empresas SS se dedican principalmente a actividades rudimentarias: canteras de grava (Auschwitz y Treblinka I), cementerios (Maidanek), productos derivados de la madera.[198]

IG-Farben instala en Auschwitz hasta una fábrica de caucho sintético ("Buna"), con una producción de 25 mil toneladas, e invierte en ella 700 millones de Reichsmarks. Los detenidos que trabajan allí son sometidos al régimen alimentario del campo: IG-Farben añade un poco de "sopa Buna" para "mejorar el rendimiento".[198] Las SS suministran los guardias. Cuando IG-Farben reclama castigo para algunos detenidos, las SS lo administra. Los métodos y la mentalidad SS se convierten en los de la empresa: por ejemplo, durante la construcción de la fábrica, los prisioneros deben "transportar el cemento a paso de carrera". De los 35 mil prisioneros que pasan por "Buna III", por lo menos 25 mil perecen.[198] Durante una visita de un grupo de dirigentes de IG-Farben, uno de estos señala a un prisionero de edad, el doctor Fritz Löhner-Beda, diciendo: "Ese cerdo judío podría trabajar un poco más rápido", y agrega: "Si son incapaces de trabajar, despáchenlos a las cámaras de gas".[198] Una vez terminada la inspección, el doctor Löhner-Beda es sacado del equipo de trabajo y golpeado hasta morir.[198]

Pese a las órdenes de Hitler, que no quiere trabajos forzados, en 1943 varias importantes sociedades se unen a IG-Farben en los campos de la muerte: las fábricas de detonadores de Krupp, destruidas en Essen el 5 de marzo de 1943 por un bombardeo aliado, son objeto de diecisiete proyectos de reinstalación en Auschwitz. Uno de los dirigentes de Krupp, Hölkeskamp, encuentra 500 obreros judíos todavía empleados en dos empresas de Berlín y los despacha a Auschwitz para ponerlos a disposición de su fábrica.[198]

Entretanto, las mujeres, los enfermos, los ancianos, los niños ineptos para el trabajo son eliminados. En 1943, la hija menor de Theodor Herzl muere en el campo de Theresienstadt (sus dos hermanos mayores se suicidaron en 1930).

El 23 de marzo de 1943, un estadístico, Richard Korherr, resume en dieciséis páginas el estado de situación al 31 de diciembre de 1942, evocando explícitamente la "solución final del problema judío".

Mientras tanto, en distintos sitios, se organizan algunas formas de resistencia. A partir de enero de 1943, en algunas ocasiones, el ejército italiano se niega a cooperar con el alemán y entregar a los judíos puestos bajo su control, impidiendo que los alemanes los deporten. En febrero, obliga incluso a los franceses a rechazar una orden de transferencia de varios centenares de judíos franceses de Niza a Auschwitz. Ribbentrop, ministro de Relaciones Exteriores, se queja ante Mussolini de que "los círculos militares italianos [...] carecen de una visión clara de la cuestión judía".

También se organizan resistencias en los campos: en Cracovia, el movimiento Akiba resiste, hasta que en marzo de 1943 todos los sobrevivientes son enviados al campo de trabajo de Plaszow. Treblinka se rebela el 2 de agosto de 1943; Sobibor, el 14 de octubre de 1943; Maidanek y Auschwitz-Birkenau, el 7 de octubre de 1944. Rebeliones por el honor.

En octubre de 1943, 1 millón y medio de judíos ya fue diezmado en los campos de la muerte.

Un destino: en noviembre de 1943, el rabino Riccardo Pacifici, de Géno-va, 200 miembros de su comunidad y 100 judíos refugiados allí, procedentes del norte de Europa, son deportados y gaseados en Auschwitz. En 1944, los nazis apresan a los 260 judíos que viven en Creta, Candía (otro nombre de Heraklion) y los ponen en un barco con 400 rehenes griegos y 300 soldados italianos. La nave se hunde: no hay sobrevientes.

Mientras tanto, se sigue trabajando en las fábricas de los campos de muer-te. El 1 de marzo de 1944, un comité de coordinación, alrededor de Speer, encargado de construir fábricas aeronáuticas en enormes búnkers, necesita a 250 mil trabajadores. Solicita utilizar a judíos. No sin reticencias, Hitler acepta que emplee, "en última instancia", los 100 mil judíos húngaros toda-vía no deportados. El general Pohl interroga: "¿Pueden emplearse mujeres en el programa de construcción de la Organización Todt?".[198] Respuesta irónica de Himmler, el 24 de mayo de 1944: "¡Mi estimado Pohl! ¡Por supuesto que hay que utilizar a las mujeres judías! Sólo habrá que cuidar de alimentarlas bien. Aquí, lo importante es el aprivisionamiento en legumbres crudas. En-tonces, ¡no se olvide de importar mucho ajo de Hungría!".[198] El 9 de junio de 1944, Pohl anuncia que están disponibles de 10 a 20 mil "judías húnga-ras". Aboga: "En otro tiempo obtuve resultados excepcionales en Siemens po-niendo a las judías en las instalaciones electromecánicas". Un responsable del Ministerio de los Territorios Ocupados del Este le replica: "Las cuestiones económicas no deben ser tenidas en cuenta en la solución de la cuestión ju-día".[198] En el verano de 1944, los 425 mil judíos de Hungría terminan su martirio en Auschwitz.[445]

A medida que se desarrolla el programa de aniquilación, los costos au-mentan. Se estiman en 150 millones de Reichsmarks los gastos globales para el transporte, la instalación de los campos y las operaciones de ejecución.

En Francia, el 31 de julio de 1944, justo antes de la llegada de los Aliados a la región parisina[22], Maurice Kiffer establece las cuentas del campo de in-ternación de Drancy, que administra desde octubre de 1941, para el prefec-to de policía Amédée Bussière. Él estima en 24.208.422 francos el monto global de los "ingresos", es decir, las sumas confiscadas a los 67 mil deporta-dos internados en Drancy antes de ser transferidos hacia los campos de la muerte. Kiffer escribe: "Transferí la mayor parte de las sumas restantes en nuestra caja a la Caja de Depósitos y Consignaciones, o sea, un total de 12.039.892,85 francos" (alrededor de 2,5 millones de euros, para 2002). ¿Qué significa "sumas restantes en nuestra caja" si no que cada cual hacía uso discrecional de ella? Kiffer aclara que también quedan en sus cajas valores mobiliarios (títulos, bonos al portador) "para [los cuales] no se ha tomado ninguna decisión", así como joyas y objetos de valor. Evalúa en 24 millones de francos (5 millones de euros en 2002) el total de las sumas confiscadas en Drancy, y, como acabamos de ver, de ese total, en julio de 1944 deposita el saldo –12 millones de francos– en la Caja de Depósitos y Consignaciones; y hoy se declara incapaz de indicar qué ocurrió con esos fondos. Sin duda, fueron transferidos a cuentas abiertas en la Caja por la prefectura de policía...

Los últimos SS abandonan Drancy el 17 de agosto de 1944. En suma, 75.721 judíos fueron deportados de Francia;[224] 300 mil fueron despojados de sus bienes, y muchos jamás los recuperaron.

En noviembre de 1944, los nazis deciden que el problema judío está resuelto, y cesan las operaciones de aniquilación con gases en Auschwitz, el último campo de exterminio todavía en funcionamiento; destruyen las cámaras de gas y los hornos crematorios. Los rusos llegan el 20 de enero de 1945.

El 2 de abril de 1945, una nota interna de la dirección de la Caja de Depósitos, enfrentada a la obligación de restituir esas acciones o rembolsarlas al valor de compra, emplea veintiséis veces la expresión "el judío", quince de las cuales se hallan en las dos primeras páginas. Puede leerse, por ejemplo: "Queda claro que el judío tomará el partido más ventajoso para él".[232]

Aun cuando lo innominable no puede reducirse a la abstracción de los números, éstos hablan claro: había 9 millones de judíos en Europa en 1933; dos tercios fueron exterminados.

5
Deuteronomio
(1945-)

Al terminar la Segunda Guerra Mundial, cayeron todas las estrategias intentadas durante tres milenios: los exilios seculares no sirvieron de refugios; el dinero no alejó la violencia; Dios no salvó a Su pueblo del infierno. Los judíos estadounidenses, que según se decía eran tan poderosos, no pudieron impedir la matanza ni construir el Estado-refugio; tampoco acelerar la terminación de la guerra. La supuesta omnipotencia judía no era más que una fantasmagoría propia de verdugos.

El balance de la Shoá impone una evidencia: la mayor parte de este pueblo estaba constituido por obreros pobres de Europa Central, y no por banqueros ricos de Alemania. Los sobrevivientes callan, testigos de matanzas de las que nadie, a su alrededor, quiere oír hablar nunca más.

Algunos desean recuperar el anonimato, a condición de cambiar de nombre, de no ser contabilizados ni elegidos por nadie, ni siquiera por Dios. Otros, por el contrario, quieren despertar las diásporas, hacerlas brillar nuevamente, darles medios, y ante todo reconstruir las instituciones de la solidaridad en beneficio de los sobrevivientes de Europa.

Por último, otros pretenden construir lo antes posible la nación-refugio que tanta falta hacía. Para algunos de éstos deberá ser trivial, anónima, escapar a la maldita especificidad; allí, la doctrina judía deberá ser olvidada; allí cada cual deberá poder ejercer cualquier oficio, así sea ilegal. Para otros, habrá de ser un Estado ejemplar de ética laica, socialista a la alemana y democrática a la británica a un mismo tiempo; allí podrá nacer un hombre nuevo, liberado de las exigencias de la herencia propia del judaísmo y de aquellas de los países de adopción, a la vez héroe de la Biblia e intelectual vienés. Para algunos otros, también, el Estado nuevo deberá ser una teocracia sometida únicamente a las leyes del reino de David, inclusive el jubileo, la prohibición del préstamo a interés entre judíos y la *tzedaká,* un modo de acelerar el advenimiento del Mesías. En esos tres proyectos, es una nación imaginaria, una utopía, a construir sin dinero, sin ejército, sin organización estatal, incluso sin población… Y en medio de un entorno hostil.

Extrañamente, ése es también el desafío del último libro del Pentateuco, el Deuteronomio o "Palabras".[90] Libro de las utopías, una última vez, metafóricamente por lo menos, puede acompañar la Historia.

Meditación sobre el conjunto de la Ley, según la tradición, transmitida en lo esencial por Dios a Moisés en los treinta y siete últimos días de su vida, en el linde de la Tierra Prometida, su quinto libro recapitula los principios necesarios para la vida en Israel entre poblaciones hostiles: los diez mandamientos, las dos primeras frases del *shemá* –la oración que une a todos los judíos, dondequiera que estén, en las horas más solemnes–, y el último discurso del patriarca, última reflexión sobre el lugar de la libertad en la condición humana. Este libro reúne el conjunto de las leyes necesarias para que Israel sea un ejemplo ético y el conjunto de los castigos que le esperan si no lo es. Ante todo describe cómo hacer el bien a su alrededor, cómo garantizar su prosperidad a través de la prosperidad de los vecinos.

Indudablemente redactado –por lo menos en parte– poco después de la salida del desierto, el Deuteronomio apunta a luchar contra los cultos paganos circundantes y a alejar a los dos enemigos del pueblo nómada que finalmente ha regresado a su casa: la idolatría que corrompe, la discordia que dispersa.

Ésas son exactamente las dos principales cuestiones planteadas a los sobrevivientes al salir de los desiertos de la Shoá.

1. Las Tierras y el Libro

Cuando amanece sobre los escombros, cada cual toma conciencia del inconmensurable desastre. Han desaparecido por decenas de millones rusos, ucranianos, gitanos, alemanes, polacos, húngaros. En total, 60 millones de muertos; entre ellos, dos tercios del judaísmo europeo.

Ya nada existe de esas comunidades, que sin embargo habían logrado resistir, a veces durante cerca de dos milenios, a todas las persecuciones: de Amberes a Odesa, de Burdeos a Esmirna, de Liorna a Vilna, de Frankfurt a Trieste, de Viena a Kiev, de Hamburgo a Salónica, de Berlín a Breslau, de Amsterdam a Lodz. Nada. Nadie. También han perecido en gran cantidad judíos de Argelia. En Kazimierz, 2 mil judíos milagrosamente salvados emergen de las cuevas y los montes de Galitzia. En toda Polonia, los 250 mil sobrevivientes sólo deben su salvación a algunos "justos" polacos y a la llegada del Ejército Rojo; algunos otros pasaron a tiempo a las redes de la resistencia de los Países Bajos y de Francia, donde a menudo se les reservaban las misiones más arriesgadas.

La inmensidad del desastre, inexplicable, deja a los sobrevivientes petrificados en un incoercible sentimiento de remordimiento colectivo: para los judíos de Europa, el de haber sobrevivido; para los demás, el de no haber comprendido a tiempo lo que se jugaba en el infierno nazi, no haber sabido apurar el bombardeo de las vías que conducían hacia Auschwitz ni los desembarcos en Normandía y en Sicilia y el contraataque soviético.

Retorno a la tierra

No bien se los libera de los campos, los sobrevivientes de Alemania, Hungría y Polonia abandonan Europa Central, muchos de ellos con destino a Palestina. A través de su organización de solidaridad unificada, el "Joint", los judíos estadounidenses financian esas partidas, por lo general clandestinas: la "fuga", según la palabra elocuente de los organizadores, de aquellos que entonces se llama púdicamente DP, *displaced people*.

En la nueva geopolítica que se va configurando, se alzan fronteras entre los dos bloques, y parece que todo debe leerse en adelante según el nuevo enfrentamiento Este-Oeste. Sin embargo, Palestina no es todavía un reto de la Guerra Fría. Stalin, convertido en amo del Este, parece alentar el nacimiento de una nación judía, después de todo inspirada por rusos, la que ayudará, según espera, a contener la influencia de los británicos en el Cercano Oriente. Estos últimos, que quieren deshacerse lo más rápido posible de su mandato, sólo aprueban de mala gana un proyecto que algunos de ellos ya lamentan haber iniciado en 1917. En Washington, el presidente Truman es favorable: piensa que tras el Holocausto se ha convertido en un deber aplicar la declaración Balfour, mientras que, por su parte, el Departamento de Estado y el secretario de Defensa son francamente hostiles: a su criterio, los sionistas son demasiado socializantes, y los países árabes petroleros podrían verse tentados a encolumnarse tras Stalin para alejar la amenaza sionista. Ni hablar de dejar el petróleo a los soviéticos.

Comprendiendo que los británicos quieren librarse cuanto antes de su mandato, los sionistas deciden ocupar posiciones estratégicas que permitan sostener un territorio lo suficientemente coherente para constituir un país. La Agencia Judía administra así un centenar de instalaciones con apoyo financiero (todavía muy modesto: menos de 50 millones de dólares) del Joint estadounidense, principalmente ocupado en ayudar a los refugiados en Europa. En marzo de 1945, en El Cairo, seis países –Egipto, Siria, Líbano, Arabia Saudita, Irak y Transjordania– crean la Liga Árabe. El conflicto está en ciernes.

En enero de 1946, los británicos dejan Irak a Faisal, hijo mayor de Husein de Hiyaz, y Transjordania al emir Abdullah, su hermano menor. Casi en el mismo momento, en marzo, Winston Churchill, en su famoso discurso de Fulton, anuncia que una "cortina de hierro" ha caído entre las dos partes de Europa.

Para acordar la soberanía del territorio restante, una comisión anglo-norteamericana llega a la conclusión de que es preciso un arbitraje de la Organización de las Naciones Unidas, recién creada. Muchas cancillerías vacilan todavía entre un Estado único con dos entidades, una judía y la otra árabe, y dos Estados distintos; en ambos casos, nadie sabe qué hacer con Jerusalén.

En agosto de 1946, durante una reunión secreta en París,[136] la dirección de la Agencia Judía decide aceptar la partición y obtiene el acuerdo del presidente Truman. Entre el Jordán y el mar, el equilibrio demográfico se modifica con la llegada de judíos sobrevivientes del Este. Ahora se cuentan en Palestina 650 mil judíos y 1 millón de árabes, a veces procedentes de lejos, que son atraídos por los empleos creados por los colonos judíos y el aporte inglés. A los 100 mil sobrevivientes polacos se añaden 123 mil rumanos. En octubre de 1946, once nuevas implantaciones, cuidadosamente repartidas, dan a la Agencia y a su jefe, Ben Gurión, el control del Néguev.

Apenas se instala la Organización de las Naciones Unidas, los británicos llevan la cuestión de Palestina ante el Consejo de Seguridad. Una de sus primeras decisiones es la creación, el 13 de mayo de 1947, de un Comité Especial sobre Palestina (UNSCOP), compuesto por representantes de once naciones. Inmediatamente después, el delegado permanente soviético ante el Consejo de Seguridad, Andréi Gromiko, toma partido claramente a favor de un Estado judío independiente instalado en parte de ese territorio: "Ningún Estado europeo supo defender los derechos elementales de los judíos contra la violencia fascista. Esto explica las aspiraciones judías de tener su Estado. Sería injusto negarles ese derecho".

Los diplomáticos norteamericanos y británicos adhieren de mala gana: en el momento en que el plan Marshall se dispone a derramar 13 mil millones de dólares sobre Europa, ni un centavo está disponible para el Cercano Oriente. Ni en Washington ni en Londres o en Moscú. Tampoco para los inmigrantes clandestinos –sobre todo los del *Exodus,* que desembarcan en julio de 1947 tras un largo vagabundeo– ni para los árabes de las regiones del mandato. El Comité Especial de las Naciones Unidas hace una investigación *in situ* en junio y julio. La Agencia Judía le explica su proyecto; el Alto Comité árabe boicotea al Comité, que emite su informe en septiembre: siete países (Canadá, Checoslovaquia, Guatemala, Países Bajos, Perú, Suecia y Uruguay) recomiendan la creación de dos Estados separados y de una zona internacional alrededor de Jerusalén, así como el agrupamiento de las tres entidades en una unión económica; el Estado hebreo englobaría a todas las colonias existentes y estaría poblado por 558 mil judíos y 405 mil árabes; el palestino, por 800 mil árabes y un millar de judíos; la zona internacional, de 100 mil judíos y 105 mil árabes. India, Irán y Yugoslavia recomiendan la creación de un Estado único que abarque dos "provincias", una bajo dirección judía, la otra bajo dirección árabe. Australia se abstiene.

Los sionistas aceptan el plan, pese a la exigüidad del territorio que se les concede y la ausencia de Jerusalén: ¡por fin un Estado! Los países árabes rechazan la partición y amenazan con entrar en guerra si se crea de este modo un Estado hebreo. Un solo dirigente árabe, el rey Abdullah de Transjordania, hace saber al responsable de la Agencia Judía, David Ben Gurión, que él autorizaría la instalación de un Estado judío, a condición de que el resto del territorio del mandato esté bajo su soberanía, como por otra parte los británicos le habían dejado entender a su padre en 1917.

La tensión aumenta. Durante un encuentro secreto en Nueva York, poco antes del voto, el 16 de septiembre de 1947, el secretario de la Liga Árabe, Azzam Pachá, declara al representante de la Agencia Judía, Abba Eban: "Sólo podrán obtener algo por las armas. Nosotros trataremos de vencerlos. No estoy seguro de que ganemos. Echamos a los cruzados, pero perdimos España y Persia. Es posible que perdamos Palestina. Es demasiado tarde para hablar de una solución pacífica".[136] La guerra es inevitable.

El debate en la Asamblea General sobre el informe del Comité Especial comienza el 21 de octubre de 1947, en la pista de patinaje de Flushing Meadows, que sirve de sede provisoria a las Naciones Unidas. La batalla diplomática es incierta. El presidente Truman hace saber que, reunidos en una entidad económica, los dos Estados pueden formar un conjunto viable: "Si se desarrolla esa región como nosotros desarrollamos la cuenca de Tennesee, puede dar de comer a 20 o 30 millones de personas".

Durante otra reunión secreta en Naharaya –en el domicilio de Abraham Ruthenberg, director de una estación eléctrica instalada sobre el Jordán[136]–, el 17 de noviembre de 1947, Abdullah de Jordania firma con una adjunta de Ben Gurión, Golda Meir, un acuerdo por el cual se compromete a no intervenir en el conflicto más allá de la línea divisoria propuesta por el Comité Especial, a cambio de que se le cedan los territorios reservados al Estado palestino: Palestina es él.

El 29 de noviembre, en una de las últimas votaciones no divididas por la Guerra Fría, la Asamblea General de las Naciones Unidas aprueba la partición, con 33 votos a favor, 13 en contra y 10 abstenciones. Se ha alcanzado el umbral necesario de los dos tercios. Los Estados Unidos, la URSS, Francia y Gran Bretaña votan a favor; algunos aliados de los Estados Unidos (Grecia y Cuba) votan en contra; otros (el Salvador y Honduras) se abstienen. Se decide que la creación de los dos Estados será proclamada al final del mandato británico, fijado para el 14 de mayo de 1948. Esa noche, un comando árabe asesina a los siete pasajeros judíos de un ómnibus.

El 5 de diciembre, los Estados Unidos decretan un embargo sobre las entregas de armas en la región, mientras que los británicos siguen suministrándolas a los árabes y los judíos las compran de contrabando en Checoslovaquia.

En enero de 1948, se produce el primer ataque árabe, el del Ejército de Liberación Árabe de Fauzi El-Kaukji contra los *kibutzim* del norte. La *Haganá* intenta establecer una continuidad territorial entre las colonias y garantizar el control de las fuentes de agua que alimentan el lago Tiberíades y el río Litani: es el plan "D" de Ben Gurión. El 1º de marzo de 1948, el consejo del *Yishuv*, el órgano de gestión de la Agencia, se transforma en un Consejo Provisional del Pueblo de 37 miembros, especie de parlamento transitorio que prepara la proclama del Estado. Solicitado por Ben Gurión, Albert Einstein, que abogó por esa creación, se niega a convertirse en el primer presidente del Estado de Israel. Volverá a negarse en 1952, "triste por no poder aceptar". El cargo será para Weizman, que sueña con eso desde hace treinta años. Hasta abril de 1948, la ofensiva es árabe; los judíos de Jerusalén están aislados; el 6 de abril, las tropas de la *Haganá* intentan en vano abrir la ruta de Jerusalén. El 9, el pueblo árabe de Deir Yassin, situado en una colina que domina la ruta de Jerusalén, es atacado por la Irgún, pese a la oposición escrita de la *Haganá*. La matanza produce un centenar de muertos, menos de lo que anuncian tanto la propia Agencia Judía (para espantar a las poblaciones árabes) como los árabes (para denunciar a la Irgún). Esto desencadena un éxodo masivo de los árabes, que abandonan casas y campos.[378] Cuatro días más tarde, un convoy sanitario judío, en ruta hacia el hospital Hadassah de Jerusalén, cae en una emboscada: mueren 77 médicos, enfermeras, enfermos y heridos. El 22 de abril, Haifa es tomada por la *Haganá;* el 4 de mayo, la Legión Árabe ataca el pueblo de Kfar Etzión y aniquila a los sobrevivientes luego de su rendición.[136]

El 14 de mayo, día de la partida de los británicos, David Ben Gurión proclama el renacimiento del Estado de Israel tras 1878 años de ausencia, con 700 mil habitantes judíos y los 156 mil árabes que escogieron quedarse.

En este territorio todavía incierto, lo esencial de la tierra, que todavía pertenece a las autoridades del mandato, es entregado al nuevo Estado. Jaim Weizmann encarga a David Ben Gurión que forme un gobierno provisional con los cinco departamentos de la Agencia Judía, sin que ésta conserve más que la responsabilidad de la recepción de los refugiados con ayuda del Banco Anglo-Palestino.

La historia que comienza es tan singular como la de los siglos pasados. Y la economía del pueblo judío va a adoptar una vez más, en ese lugar, características particulares: en cincuenta años deberá crear un nuevo Estado, su población se multiplicará por siete; un cuarto de su actividad deberá estar dedicada a la defensa, y no podrá hacer comercio alguno con sus vecinos. Pese a esos obstáculos únicos en la historia, su nivel de vida se multiplicará por cuarenta en medio siglo; se convertirá en el primer país del mundo en nivel de educación, de investigación, de exportación industrial, de formación profesional e innovación tecnológica. La asistencia exterior –primero muy magra; luego muy importante antes de volver a caer– no explica todo, ni mucho menos: la que recibirán sus vecinos será equivalente, mientras que su nivel de vida será diez veces inferior.

Naturalmente, no es posible que el nuevo Estado obedezca los principios económicos del Talmud. Es un Estado judío, no un Estado bíblico. Es un gobierno socialista, no teocrático. El Estado posee la casi totalidad de las tierras y los bancos y dos tercios del aparato de producción industrial. El resto pertenece a la Agencia, los sindicatos y los *kibutzim*. Tan sólo los pequeños comercios son empresas privadas. Nadie disputa ya a los bancos el derecho a percibir un interés sobre sus clientes.

Los Estados Unidos son los primeros en reconocer de facto el nuevo Estado, once minutos después de su proclamación. La Unión Soviética es la primera en reconocerlo *de iure,* cosa que Francia hará al cabo de cuatro meses; los británicos y los estadounidenses sólo lo harán ocho meses más tarde. León Blum escribirá al presidente Weizmann:

> Judío francés, nacido en Francia de una larga serie de antepasados franceses, sin hablar más que la lengua de mi país, alimentado principalmente de su cultura, habiéndome negado a abandonarlo en el mismo momento en que corría más peligro, participo sin embargo con toda mi alma en el esfuerzo

admirable –milagrosamente trasladado al plano de la realidad histórica– que en adelante garantiza una patria digna, igual y libre a todos los judíos que no tuvieron, como yo, la fortuna de encontrarla en su país natal.

Nadie piensa ya en proclamar el Estado palestino querido por las Naciones Unidas; los vecinos árabes, por su parte, sólo piensan en destruir el Estado hebreo.

A partir del 15 de mayo, el secretario de la Liga Árabe, Azzam Pachá, anuncia "una guerra de exterminio". El mismo día, los ejércitos de Egipto, Siria, Transjordania, Líbano e Irak atacan. Frente a ellos, la *Haganá* –Tzáhal (por Tzavá Haganá Le-Israel)– todavía no dispone de tanques, ni cañones; sobre sus 60 mil combatientes, solamente 19 mil están equipados con armas pesadas procedentes de Checoslovaquia, luego de Francia. Primero, la batalla parece perdida: el 29 de mayo, los 2.500 judíos de la ciudad vieja de Jerusalén se rinden; el 11 de junio se declara un cese el fuego, pero no se sostiene. Luego el movimiento se invierte: el 12 de julio, Lod es tomada por un joven coronel de Tsahal, Itzjak Rabin. Los árabes son expulsados; la ruta de Jerusalén vuelve a abrirse tras un violento combate entre Tsahal y las tropas de la Legión Árabe, bajo el mando del inglés Glubb Pacha. Una segunda tregua, decidida el 18 de julio, tampoco se sostiene. En agosto, el conde Bernadotte viene a negociar un acuerdo en nombre de la ONU: propone que Israel devuelva el Néguev y Jerusalén a cambio de Galilea, cosa que ambos bandos rechazan; Bernadotte es asesinado. Los dirigentes árabes siguen incitando a los árabes a partir, esperando que "los judíos sean arrojados al mar". Tsahal ocupa Galilea hasta el Golán y el monte Hermon. La Legión Árabe bombardea Jerusalén hasta octubre. El presidente Truman sigue vacilando en apoyar demasiado claramente al nuevo Estado. Sus declaraciones son de una extrema prudencia. Así, el 28 de octubre de 1948: "Es una responsabilidad verificar que nuestra política en Israel coincida con nuestra política mundial; mi deseo es ayudar a construir en Palestina un Estado democrático fuerte, próspero, libre e independiente. Debe ser bastante grande, bastante libre, bastante fuerte para permitir que su pueblo garantice por sí solo su desarrollo y su seguridad".[136] En otras palabras: no queremos que el nuevo Estado caiga en la órbita soviética...

En diciembre, Abdullah toma el título de rey del "reino hachemita de Jordania", nuevo nombre de Transjordania. Por primera vez, parte de Palestina es claramente independiente. La resolución 194 de las Naciones·Unidas solicita a Israel que permita el retorno de los palestinos exiliados "a sus hogares lo antes posible", y una indemnización para todos "aquellos que decidan no volver". Esto no tendrá ninguna secuela, y los refugiados se amontonarán en campos sin que los Estados árabes hagan nada por sacarlos de allí.[378] En total, 700 mil palestinos abandonaron sus domicilios, la mitad de ellos lo hizo, según los "nuevos historiadores" israelíes,[378] bajo presión de los israelíes.

Mientras tanto, un aparato estatal hebreo se construye a partir de las agencias y la administración del mandato. El primer ministro de Finanzas, Eliézer Kaplan, instituye la "lira" (una lira vale entonces cuatro dólares) como moneda, emitida primero por el Banco Anglo-Palestino, que se convertirá en el Banco Leumi. Su primera prioridad es el control de los gastos sociales y la recaudación de los impuestos. El primer presupuesto, el de 1949, es de 160 millones de dólares para un PBI de menos de mil millones de dólares. El déficit exterior es de 220 millones de dólares. La ayuda de la Diáspora es sólo de 60 millones de dólares. Ecuación insoluble…

El 31 de enero de 1949, al mismo tiempo que el reconocimiento *de iure,* los Estados Unidos confirman el embargo total sobre las entregas de armas y conceden al nuevo Estado un primer préstamo de 135 millones de dólares, que cubre apenas la mitad del déficit exterior de ese primer año.[42]

El 14 de febrero de 1949, el Parlamento Hebreo vota la Ley de Transición, que se llamará la "Pequeña Constitución": no zanja ningún debate difícil; los dirigentes de la época, todos laicos, no desean enfrentar a los religiosos, que sueñan con una teocracia.

En 1949 se firman cuatro armisticios sucesivos: el 24 de febrero, con Egipto; el 3 de abril, con el reino hachemita de Jordania, en Rodas; el 23 de marzo, con el Líbano, en Naharíya;[136] por último, el 20 de julio, con Siria, en Mishmán Hayardén. Irak no firma. Cierta cantidad de palestinos siguen partiendo: los de Majdal van a Gaza y el pueblo se convierte en Ashkelón. En los dos frentes se destruyeron pueblos, se aniquilaron civiles. El Estado de Israel cubre 836 mil hectáreas, 48.600 de las cuales están cultivadas e incluyen 277 establecimientos rurales, 15 pueblos, 99 *moshavim,* 159 *kibutzim;* sus 111 mil habitantes suministran la casi totalidad de los productos agrícolas.

El 5 de julio de 1950, David Ben Gurión declara que la "ley del Retorno" es una de las leyes fundamentales del Estado. A su juicio, "materializa su misión primordial: la reunión de los exiliados. Esta ley dispone que no es el Estado el que concede a los judíos que viven en el extranjero el derecho a instalarse en Israel, sino que ese derecho les es natural e inherente en la medida en que, siendo judíos, deseen instalarse en el país". En otras palabras, el Estado está al servicio de los inmigrantes. Llegan entonces 121 mil judíos iraquíes, obligados a vender sus bienes al depositar su solicitud de emigración, y luego muchos más. Se organizan puentes aéreos a partir de Shangai (donde los comunistas tomaron el poder en 1949), de Izmir, de Yemen. En total, de los países árabes son echados tantos judíos como árabes de Palestina. Siguen los búlgaros y los libios, no tan bien recibidos como los judíos de Polonia: para los primeros se arriendan habitaciones de hotel; para los otros, simples tiendas.[378] En total, de 1948 a 1951, 700 mil inmigrantes vienen a duplicar la población judía del país.

Como nadie quiere prestar –y mucho menos dar– al nuevo Estado, a partir de mayo de 1951 el financiamiento de sus necesidades es cubierto por "bonos de Israel" colocados en las diásporas, a menudo por los rabinos, que excepcionalmente autorizan la percepción de intereses sobre judíos: la razón, según explican,[409] es que nadie sabe con exactitud la cantidad de prestatarios finales, ciudadanos de Israel, algunos de los cuales no son judíos...

Las donaciones de las diásporas a la Agencia Judía, recaudadas en 71 países por el Keren Hayesod (Tesoro de la Colonización Judía) y en los Estados Unidos por el United Jewish Appeal, aportan alrededor de 60 millones de dólares en 1951.[42] Lo esencial sirve para alojar a los recién llegados. Israel se desarrolla en una economía de guerra. Pero el embargo que lo aqueja funciona como una fuente de crecimiento: éste es del 30% en 1951, año en que el presupuesto recibe una primera donación de 65 millones de dólares de los Estados Unidos para ayudar a la instalación de los refugiados.[41] Por su parte, Siria rechaza la asistencia americana y se inclina poco a poco hacia la órbita soviética.

En septiembre de 1952 se firma un acuerdo con Alemania Federal sobre "reparaciones" por un monto –¡irrisorio frente a lo que la RFA recibe del Plan Marshall!– de 60 millones de dólares por año durante doce años, o sea, el equivalente de la ayuda americana anual a Israel –es decir, todavía un sexto del presupuesto aproximadamente, mientras que la ayuda de la Diáspora disminuye hasta caer a 27 millones de dólares–. El ingreso per cápita es todavía bajo: 470 dólares per cápita, o sea, un cuarto del francés.[42]

En 1953, el crecimiento disminuye con la cantidad de inmigrantes, mientras que la inflación se dispara hasta alcanzar el 57% por año. Israel se estanca; el proyecto sionista parece haber comenzado mal, máxime cuando la situación política de los vecinos se vuelve más amenazadora. En Jordania, Abdullah, asesinado a comienzos de año, es reemplazado por su hijo, Talal; pero en mayo de 1953, éste deja el trono a su propio hijo, Husein, que se convierte en rey con menos de 18 años. En El Cairo, en 1952, el rey Faruk es derrocado por un grupo de militares todavía más hostil a Israel. En 1953 muere el rey Ibn Saúd, que reinó en Arabia durante cincuenta años. Su hijo mayor, Seúd y otro menor, el emir Faisal, se disputan el poder. Los americanos siguen confiando en los británicos para administrar esa parte del mundo y evitar que se incline del lado soviético. El presidente de los Estados Unidos, Dwight Eisenhower, con mandato entre 1952 y 1960, escribirá en sus *Memorias:* "En el fondo nosotros considerábamos que, a despecho de los intereses norteamericanos y franceses, los británicos debían conservar allí sus responsabilidades en el campo de la seguridad y la estabilidad. Los británicos tenían un conocimiento profundo de la historia, las tradiciones y los pueblos de esa parte del mundo".

Pero cuando, en octubre de 1954, el coronel Nasser aleja al general Neguib y se instala a la cabeza de Egipto, los estadounidenses lo apoyan y le entregan armas mientras que los británicos desconfían de las ambiciones del joven *rais.* Por su parte, Francia sigue suministrando armas e intercambiando secretos militares con Israel. En 1955 –en su primera intervención en la región–, los Estados Unidos proponen, a través del Plan Johnston, la división de las aguas del Jordán y de su afluente, el Yarmuk, entre los países ribereños: todos rechazan ese plan, ya que cada cual pretende más. El mismo año, el hijo del presidente sirio, Zaím, propone a los israelíes abrir negociaciones y recibir a 300 mil palestinos. Ben Gurión demora en responder y Damasco retira su propuesta.

El 26 de julio de 1956, el presidente Nasser nacionaliza el Canal de Suez. Francia y Gran Bretaña reaccionan desembarcando en Suez, y los israelíes invadiendo el Sinaí, sin el consentimiento de los Estados Unidos. El 5 de noviembre, el mariscal Bulganin, presidente del Consejo de Ministros de la URSS, amenaza a Francia y a Gran Bretaña con represalias nucleares si no se retiran. Los dos europeos retroceden y salen del juego. Israel se retira del Sinaí, y sus tropas son reemplazadas por fuerzas de interposición de las Naciones Unidas. El conflicto Este-Oeste se extiende ahora al Oriente Medio; cada cual ubica sus peones. Los estadounidenses, que esperan poder utilizar al Islam como un antídoto del comunismo, abren líneas de crédito a Jordania, a Egipto y a los palestinos a través de la UNRWA, la organización de las Naciones Unidas a cargo de los refugiados. Los soviéticos también ven al Islam como una puerta de entrada a los países del Sur y multiplican los esfuerzos de asistencia a los países árabes; Egipto, Irak y Siria se inclinan progresivamente a su campo. En 1959, tres estudiantes, Yaser Arafat, Jalil Al Wazir y Salah Jalaf fundan en Kuwait el Fatah, cuyo objetivo es la reconquista de toda Palestina mediante la lucha armada.

Tras un período de estancamiento, la economía israelí vuelve a crecer con la llegada de nuevos inmigrantes, siempre financiada por empréstitos contraídos con los Estados Unidos y con comunidades judías de Occidente. La inflación devora el resto. Llegan entonces los judíos egipcios, tunecinos y marroquíes, y luego, en 1962, 14 mil judíos de Argelia; otros 200 mil prefieren seguir al resto de los franceses a la metrópolis. Solamente mil franceses y otros tantos norteamericanos hacen cada año su *aliá* (o "subida"). Por otra parte, en 1965 se firma un acuerdo de unión aduanera entre Israel y la Unión Europea.

En Arabia, Faisal aleja definitivamente a Saúd IV. En 1965, algunos palestinos crean la Organización para la Liberación de Palestina (OLP), dirigida primero por Ahmed Chujeiri, bajo la tutela de Nasser. El Fatah se vuelve miembro. En mayo de 1967, a pedido de Egipto, las tropas de las Naciones Unidas se retiran del Sinaí. En junio, el puerto de Eilat sobre el Mar Rojo es bloqueado por Egipto, que cierra el Golfo de Ákaba. Se desencadena una guerra relámpago entre Israel, Siria, Jordania y Egipto. En menos de una semana da a Israel el control de la Cisjordania, el Sinaí, el Golán y Jerusalén Oriental, con un millón de palestinos. Israel anexa Jerusalén Oriental y ocupa el resto de los territorios. En señal de protesta, Francia interrumpe sus entregas de armas a Israel. Pronto, los Estados Unidos comenzará las suyas.

El 12 de junio de 1967, el líder del Fatah, Yaser Arafat, decide lanzar la lucha armada en Cisjordania, donde se dirige en secreto en julio. En agosto, la cumbre árabe de Jartum rechaza toda negociación con Israel.

El 22 de noviembre de 1967, la resolución 242 del Consejo de Seguridad, cuyas versiones francesa e inglesa son voluntariamente contradictorias, exige que Israel restituya "los" –o "algunos"– territorios ocupados. También reconoce implícitamente a Israel; Nasser la acepta, a diferencia del Fatah. En diciembre de 1967, Ahmed Chujeiri renuncia a la presidencia de la OLP.

Los dirigentes laboristas israelíes (Moshé Dayán, David Ben Gurión, Golda Meir) vacilan: devolver las tierras conquistadas a Jordania, Egipto y Siria, ¿no implica recrear la amenaza anterior, sin haber obtenido nada a cambio? ¿Y "restituirlas" a quién? ¿Al ex ocupante jordano? ¿A un Estado que los otros Estados árabes no quieren realmente? Crear Palestina, ¿no es asumir el riesgo de concebir un enemigo suplementario? Anexarlo para mejorar las condiciones de seguridad, ¿no es convertirse en una nueva África del Sur? No se decide nada explícitamente.

Se instala entonces en Israel una euforia política y un frenesí de consumo. Si, en 1968, todavía hay diez veces menos autos por millar de habitantes que en los Estados Unidos, la brecha del nivel de vida se reduce con Europa y se profundiza con los árabes de Cisjordania y los países vecinos.

El Fatah se instala ahora en Jordania, de donde parten los atentados. El 18 de marzo de 1968, un ómnibus que transporta niños acciona una mina cerca de Eilat; dos pasajeros mueren. Como respuesta, el 21, los israelíes atacan una base del Fatah en Karameh, pueblo de refugiados, en Jordania. Los palestinos ocupan cada vez más lugar en Jordania, al punto de amenazar el poder del "pequeño rey". Algunos dirigentes árabes e israelíes, por lo demás, ven la solución del problema palestino en el reemplazo de los dirigentes de Jordania por los de la OLP: Jordania se convertiría en Palestina y todo volvería al orden. En abril de 1968, Arafat se hace portavoz de la OLP. El consejo nacional palestino adopta en junio una carta que hace de "la lucha armada [...] el único camino". Los palestinos se instalan también en el sur del Líbano.

Mientras tanto, se acelera la carrera armamentista: la Guerra de los Seis Días mostró que Oriente Medio puede constituir un banco de ensayo para los dos bloques. Por eso, la industria estadounidense, luego de la de Francia, comienza a utilizar los éxitos militares israelíes como argumentos comerciales ante otros clientes de todo el mundo. Por consiguiente, ese mismo año Israel obtiene la promesa de que la asistencia militar estadounidense siempre le permitirá mantener una "ventaja cualitativa" respecto del armamento soviético de sus vecinos. Por otra parte, Richard Nixon reconoce el interés comercial de los Estados Unidos en financiar la defensa de Israel: "El compromiso de los Estados Unidos con la seguridad y el porvenir de Israel está fundado tanto en nuestra concepción moral como en nuestro propio interés". El tono es muy diferente del empleado por sus predecesores...

En febrero de 1969, Yaser Arafat se convierte en presidente de la OLP: los movimientos guerrilleros tomaron el poder. Mientras que otro movimiento palestino –el Frente Popular para la Liberación de Palestina (FPLP)– prepara desvíos de aviones en Europa, el Fatah, principal rama de la OLP, se adjudica cada vez más poderes en Jordania. En junio de 1970 toman como rehenes a clientes de grandes hoteles de Ammán. En julio, Egipto y Jordania dan su beneplácito a un plan de paz expresado por el secretario de Estado norteamericano Rodgers. Israel acepta. La paz está al alcance de la mano. A fines de agosto, los palestinos lo rechazan. El 6 de septiembre, el FPLP desvía dos aviones (uno estadounidense y otro suizo), y luego, el 9, un tercero. Los tres aparatos son conducidos a Jordania. El 16 de septiembre el rey Husein aniquila a 20 mil (según algunas fuentes) militantes palestinos antes de expulsar a los sobrevivientes. Yaser Arafat y la OLP se establecen entonces en Beirut, con el movimiento terrorista Septiembre Negro.

La economía israelí sigue siendo de tendencia socialista: la Agencia Judía, el sindicato, los *kibutzim* y el ejército –cuatro "cargas" según las teorías clásicas, cuatro puntos de apoyo según la práctica sionista– se dividen todavía el poder económico y social. El sector privado es marginal: como desde hace dos mil años en el seno de la Diáspora, a los judíos de Israel no les gusta ser asalariados de un empleador privado, así sea judío. En 1971, el PBI por habitante, sin embargo, muestra haberse triplicado desde el nacimiento del Estado. Con una tasa del 10% anual, el crecimiento es muy superior al de Occidente, que sin embargo alaba la economía de mercado. Por falta de trabajadores judíos, la economía comienza incluso a depender de la mano de obra árabe; se da inicio entonces a la colonización de la ribera oeste del Jordán y la franja de Gaza.

Como la ayuda de las diásporas aumentó mucho tras la Guerra de los Seis Días, los judíos estadounidenses comienzan a ejercer una abierta influencia en el seno de la Agencia Judía: en adelante designan al 30% de sus dirigentes. Esta asistencia es equivalente a la de los Estados Unidos y se mantiene en 100 millones de dólares por año, es decir, menos del 5% del presupuesto israelí.[41] Durante ese mismo período, el conjunto de los Estados árabes vecinos recibe de los propios Estados Unidos una ayuda dos veces superior. El 28 de noviembre de 1971, el primer ministro jordano Wasfi Tall, el que aplastó a los últimos *fedayines* palestinos, es asesinado por Septiembre Negro.

La aceleración de la carrera armamentista exige un financiamiento cada vez más elevado. Por primera vez en 1972, a las donaciones estadounidenses se añaden préstamos destinados al financiamiento de equipamientos militares procedentes de ese país. El presupuesto militar representa ahora la mitad del presupuesto general y supera el tercio del PBI.[41] A partir de entonces, los gastos aumentan claramente más rápido que los ingresos, aunque la administración de los territorios moviliza todavía muy pocos recursos (300 funcionarios israelíes y 15 mil palestinos).

En septiembre de 1972, un grupo del Fatah toma como rehenes a atletas israelíes en los Juegos Olímpicos de Munich: once son asesinados. La tensión militar y la amenaza terrorista se hacen más fuertes. Varios dirigentes palestinos son asesinados en Beirut por comandos israelíes. La primera ministro Golda Meir, prevenida, no cree en la inminencia de un ataque árabe. Sin embargo, el 6 de octubre de 1973, día de Kipur, Egipto y Siria atacan Israel y recuperan parte del Sinaí y Golán. Luego de dos semanas de combates donde la propia existencia de Israel es amenazada un momento –y en parte gracias a la audacia de un joven general, Ariel Sharón, que toma del revés a las tropas egipcias en el Sinaí–, Egipto pierde 10 mil hombres, 650 tanques y 180 aviones. En el armisticio, la resolución 338 de las Naciones Unidas retoma los términos de la resolución 242. Nasser dimite, antes de ser llamado por su pueblo. Las cumbres árabes de Argel (noviembre de 1973) y de Rabat (octubre de 1974) reconocen a la OLP como única representante del pueblo palestino. En junio de 1974, la OLP se da como programa "edificar la autoridad nacional independiente sobre cualquier parte del territorio palestino que sea liberada"; pero su carta no es revocada. En noviembre de 1974, ante la Asamblea General de las Naciones Unidas, Arafat habla del "sueño" de un "Estado democrático donde cristianos, judíos y musulmanes vivirían en total igualdad". La situación económica de Israel se vuelve mucho más difícil: el alza del precio del petróleo y el aumento de los gastos militares disminuyen el crecimiento y hacen disparar la inflación: ¡en 1974 se necesitan 6 liras por cada dólar! En cuanto a los gastos públicos, ahora representan el 80% del PBI: ¡tanto como en URSS, o casi! Los déficits públicos se disparan. Para financiarlos, el Estado monopoliza todo el ahorro del país, sofocando la economía privada. Pese a ello, Israel todavía conocerá tasas de crecimiento de la productividad entre las más elevadas del mundo, con una media anual del 4,4% sobre veinticinco años. Los presupuestos de solidaridad sufren; los inmigrantes recientes son sus primeras víctimas. Aparecen movimientos sociales como el de los Black Panthers, movimiento radical de judíos marroquíes que exigen medios suplementarios para la integración de los sefaradíes, en ese Estado construido por askenazís. Isaac Rabin se convierte en primer ministro en mayo de 1974.

Frente al derrame de armas soviéticas en los países vecinos, los israelíes necesitan armas nuevas, que no siempre pueden pagar. Por eso, en 1974, por primera vez los Estados Unidos les hacen una donación de 2.200 millones de dólares para comprar armas –a las empresas estadounidenses, evidentemente– y bloquean las ventas de armas de esas mismas empresas a algunos países árabes.

En el mismo momento, Washington busca aliados en el seno del Islam contra la influencia creciente de los soviéticos en Afganistán, África y otras partes, con la esperanza de provocar un estancamiento del adversario y hasta una rebelión en las repúblicas de Asia Central.

En una suerte de síntesis de las posiciones de sus predecesores, Jimmy Carter, elegido en 1977, explica el apoyo estadounidense a Israel por la moral religiosa y por el interés económico de los Estados Unidos a la vez: "los

Estados Unidos tienen con Israel una relación única y moralmente justa. Es compatible con nuestras convicciones religiosas profundas, y es justa en términos del interés estratégico de los Estados Unidos". A pesar de este apoyo, Israel está cada vez más aislado a escala internacional. En enero de 1975 debe defenderse contra ataques procedentes del sur del Líbano. Comienza la guerra entre las falanges cristianas y los palestinos. El 10 de noviembre de 1975, la ONU adopta una moción que asimila el sionismo con el racismo. En junio de 1976, el ejército sirio interviene junto a los cristianos libaneses contra los palestinos.

Una nueva alza en el precio del petróleo empuja la inflación israelí al 30% en 1977 y se traga la totalidad de la ayuda estadounidense. Ahora se necesitan 10 liras por cada dólar…

En agosto de 1977, Menahem Beguin, jefe del partido de derecha, el Likud, llega al poder; la situación social y económica del país es tanto más desesperada cuanto que los gastos militares aumentan sin cesar. Ante la sorpresa general, en noviembre de 1977, Anuar el Sadat se dirige a Jerusalén: la situación económica de Egipto no es mejor que la de su adversario. En septiembre de 1978 se abren negociaciones en Campo David bajo la égida del presidente Carter. Mediante un tratado firmado el 26 de marzo de 1979, Israel restituye el Sinaí a Egipto a cambio de su reconocimiento. Los otros dirigentes árabes boicotean a Egipto y designan a la OLP como representante único y legítimo de los palestinos. Arafat se declara dispuesto a aceptar, de manera provisional, la ribera oeste del Jordán y Gaza como un Estado de fronteras todavía flexibles. La URSS invade Afganistán en diciembre de 1979.

En Israel, la paz con Egipto no resuelve la crisis financiera. En 1980, incluso si una nueva moneda, el *shékel* –¡retorno a la gruta comprada por Abraham!–, reemplaza la lira, la inflación alcanza el 131% y los gastos presupuestarios representan siempre más de los dos tercios del PBI.

El Líbano, donde se establece el cuartel general de la OLP, se convierte en la amenaza principal para Israel, tras la instalación en la frontera norte del país, en febrero de 1981, de un movimiento fundamentalista shií ligado a Irán, el Hezbolá. Para librarse de ello, Israel bombardea e invade el Sur del Líbano. El 6 de junio de 1982, Tsahal impone incluso el bloqueo de Beirut. Arafat debe refugiarse en Trípoli, en el norte del Líbano. El 9 de septiembre de 1982, la cumbre árabe de Fez reconoce el "derecho a la paz de todos los Estados de la región", aunque no nombra a Israel. El 16 y el 17 de septiembre, en represalia tras el asesinato del presidente Gemayel, cerca de 2 mil civiles palestinos y libaneses son asesinados o desaparecen en los campos de refugiados de Sabra y Chatila, cerca de Beirut, asesinados por milicias cristianas, sin que intervengan las tropas del general Sharón, que ocupan entonces Beirut. El 20 de diciembre de 1982, Yaser Arafat y su entorno embarcan en naves griegas, escoltados por buques franceses, y parten hacia Túnez. La situación económica y política de Israel se vuelve crítica, por más que la amenaza militar parezca alejarse; su deuda externa es una de las más elevadas del mundo, y la ayuda de los Estados Unidos no logra más que rembolsar las anualidades. En agosto de 1983, Beguin dimite y su sucesor, Isaac Shamir, tampoco puede reducir el déficit. Casi en la bancarrota, los cuatro principales bancos del país son nacionalizados. En 1984, la inflación trepa al 400%; ¡un dólar se cambia por 800 shékels!

En septiembre de 1984, Shimón Peres, que llegó a primer ministro de un gobierno de unidad nacional, invierte radicalmente la política económica: disminuye el 30% todos los salarios, bloquea los precios, reduce el déficit presupuestario y privatiza parte de la economía; un nuevo shékel (igual a mil "viejos" shékels) se pone en circulación. Es una mutación radical. Para acompañar la reforma, la ayuda estadounidense se instala a un ritmo anual de 3 mil millones de donaciones (1.800 de donaciones militares y 1.200 de donaciones civiles), es decir, ese año, el 8% del presupuesto total. Su monto no se moverá más hasta 1997, luego disminuirá y tenderá a representar una parte decreciente de los gastos estatales. Por añadidura, tres cuartos de la asistencia militar vuelven a los Estados Unidos, en más de un millar de empresas estadounidenses repartidas en cuarenta y siete Estados: ¡la política interior vigila!...

En 1985, los Estados Unidos firman con Israel su primer acuerdo de unión aduanera. Este acuerdo de libre comercio beneficia a las empresas estadounidenses, cuyas exportaciones hacia Israel van a triplicarse en diez años. Más explícitamente que nunca, Ronald Reagan habla entonces de Israel como de un "activo" estratégico para los Estados Unidos: "Sólo si tomamos conciencia del papel esencial del Estado de Israel en nuestros cálculos estratégicos podemos construir las fundaciones destinadas a apartar las miradas de Moscú de territorios y recursos vitales para nuestra seguridad y nuestro bienestar".

El programa de Shimón Peres, prolongando las reformas del gobierno de Beguin, es un éxito: en un año, la inflación cae del 400 al 20%; la incidencia de los gastos públicos en el PBI baja un 25%; la economía privada comienza a desarrollarse con la paulatina privatización del conjunto de los activos del Estado −165 empresas, la mayoría muy reducidas, que representan el 8% de los asalariados de la industria− y de los del sindicato, la Histadrut.

En octubre de 1985, un crucero italiano, el *Achille Lauro,* es tomado por un comando palestino, con el objetivo de obtener la liberación de cincuenta prisioneros palestinos en Israel; por primera vez, un judío estadounidense es asesinado. La situación económica y social se agrava en los "territorios". La mitad de la población tiene entonces menos de 18 años. El 8 de diciembre de 1987, un accidente de ruta en que un camión israelí atropella a cuatro trabajadores de Jabaliya, una villa miseria de Gaza, desencadena un motín a pedradas y bombas molotov. Comienza la primera *intifada,* mujeres y niños lapidan a soldados y a colonos, primero en Gaza y luego en Cisjordania. No obstante, innumerables contactos secretos tratan de acercar a israelíes y palestinos.

La estabilización económica trastabilla. La administración de los territorios se vuelve cada vez más costosa. Israel sigue estando en la primera fila mundial por su deuda externa por habitante. En 1988, un nuevo gobierno de unidad nacional (Shamir como primer ministro, Peres en Finanzas) decide un plan de austeridad complementario: los gastos de defensa son estabilizados (antes de bajar gradualmente del 30 al 14% del PBI).

Con la llegada de Mijaíl Gorbachov al poder en Moscú, el conflicto Este-Oeste se difumina y, con él, la tensión en Medio Oriente. En julio de 1988, el rey Husein renuncia a toda pretensión territorial en Cisjordania. En Argel, en noviembre de 1988, la OLP reconoce las resoluciones 242 y 338 de la ONU, admitiendo implícitamente el derecho de Israel a la existencia y abandonando la "lucha armada". En mayo de 1989, Yaser Arafat declara en París que la carta de la OLP que prevé la destrucción del Estado de Israel está "caduca"; en Ginebra, renuncia al terrorismo. En noviembre de 1989, la caída del muro de Berlín provoca la afluencia a Israel de 200 mil judíos de la URSS en dos años; el 53% de ellos están en edad de trabajar, en su mayoría tienen un nivel de funcionario superior o de ingeniero. El 25 de mayo de 1991, un puente aéreo también repatría de Etiopía a la comunidad de los falashas. Creen que estos recién llegados representarán una carga considerable, y los estadounidenses prometen hasta 10 mil millones de dólares de ayuda suplementaria a lo largo de cinco años para financiar su instalación. De hecho, estos refugiados son inmediatamente un factor de crecimiento, en virtud de sus excepcionales calificaciones profesionales. Aunque los recién llegados perciban, por igual trabajo, un salario inferior a los otros en el 40%, en el espacio de algunos años recuperan lo esencial de ese retraso. Gracias a ellos, la industria evoluciona hacia los sectores de alta tecnología. La tasa de crecimiento anual sigue siendo en promedio del 6%.

El conflicto del Medio Oriente no es ya un conflicto Este-Oeste, y todavía no es un conflicto Norte-Sur. En adelante, los Estados Unidos tienen muchas menos razones estratégicas para ayudar a Israel. Sobre todo cuando en enero de 1991 tienen una especial necesidad de la alianza de todos los árabes –y de los soviéticos, en plena crisis– para echar de Kuwait a Irak –sostenido por Jordania y la OLP–, que invadió el emirato el verano anterior.

El 3 de octubre de 1991, tras la derrota de Irak, la paz se acerca. Israelíes y palestinos se encuentran primero en público en Madrid; luego, en secreto, en Oslo. El 9 de septiembre de 1993, Israel y la OLP se reconocen mutuamente, y el primero concede un régimen de autonomía parcial a algunas partes de los territorios ocupados. Pero, entre muchas otras, la cuestión de Jerusalén no queda zanjada; tampoco la de los refugiados. El 13 de septiembre de 1993, Yaser Arafat estrecha la mano de Isaac Rabin en la Casa Blanca en presencia de Bill Clinton. Una conferencia del conjunto de los países donantes promete 2 mil cuatrocientos millones de dólares de asistencia a los palestinos. Apenas la mitad será efectivamente abonada.

El terrorismo –de ambos lados– escande los avances hacia la paz. En plena negociación, en febrero de 1994, un colono judío estadounidense mata a cuarenta personas en la mezquita de Hebrón. El drama es seguido por el primer atentado suicida del movimiento islámico Hamas. Ello no impide que, el 29 de abril de 1994, se firme entre Israel y la OLP un acuerdo sobre la economía, que apunta a alentar a que sociedades israelíes se implanten en Gaza, a ayudar a la creación de empresas palestinas y a reducir la dependencia de los trabajadores palestinos respecto de los empleadores de Israel.

Un tratado con Jordania, firmado el 17 de octubre de 1994, prevé que Israel suministrará a dicho país 50 millones de metros cúbicos de agua por año hasta la firma de un acuerdo definitivo de división de las aguas del Jordán.

Más de veinte países nuevos establecen entonces relaciones diplomáticas con el Estado hebreo. Sus exportaciones aumentan en más de la mitad con la India y cerca de dos tercios con Tailandia; China se convierte en uno de los primeros clientes de las industrias civiles y militares israelíes, y los pedidos de Tsahal se reducen.

El 28 de septiembre de 1995, tras nuevas negociaciones en Oslo, se firma un nuevo acuerdo intermedio entre israelíes y palestinos: Cisjordania es dividida en un centenar de zonas dotadas de tres estatutos diferentes, que definen los contornos de un futuro Estado. El ejército israelí debe retirarse de las ocho ciudades más grandes; debe elegirse un consejo nacional palestino. No se está lejos de la creación del Estado palestino cuando, el 4 de noviembre de

1995, Isaac Rabin es asesinado por un extremista israelí. Los atentados suicidas perpetrados por Hamas se reanudan de inmediato. La economía vuelve a sumergirse. La paz se aleja. El 29 de mayo de 1996, las elecciones legislativas son ganadas por la derecha, y Benjamín Nethanyahu se convierte en primer ministro. La aplicación de los acuerdos de Oslo es cuestionada.

A fin de no depender tanto de los Estados Unidos en las negociaciones de paz, Israel propone entonces al gobierno estadounidense suprimir su ayuda económica y aumentar la ayuda militar en la mitad de su monto (llevándola de 1,8 a 2,4 millones de dólares). Entre 1990 y 1998, 800 mil judíos rusos siguen afluyendo a Israel, esto es, en proporción, ¡el equivalente a una población igual a la de Francia que fuera a instalarse a los Estados Unidos! Contrariamente a lo que muchos temen, las riquezas que crean siguen siendo más importantes que su costo.

La promesa de paz sigue atrayendo todavía una enorme cantidad de inversiones extranjeras: éstas pasan de 100 millones de dólares en 1990 a 2 mil millones en 1998. Tras unos acuerdos de aplicación firmados en Wye, Estados Unidos, el 23 de octubre de 1998, Israel recibe incluso la promesa de una ayuda especial para retirar sus tropas de ciertas zonas que se deben restituir a la autoridad palestina, la que, por su parte, recibe una ayuda para instalar las suyas.[136]

Las negociaciones de paz se reanudan tras la formación, el 17 de mayo de 1999, de un nuevo gobierno laborista dirigido por Yehud Barak. En septiembre de 1999 se decreta un nuevo calendario que apunta a la firma de una paz global para el 13 de septiembre de 2000. Una vez más, en lo esencial, la esperanza reside en que el manejo de las discusiones se encuentra de ambos lados en manos de laicos, conscientes de qué arriesgan en su propio frente si permiten que una batalla territorial degenere en conflicto teológico. Por eso, tácitamente se admite no encarar las cuestiones religiosas sino tras un acuerdo sobre la distribución de los territorios, el regreso de los refugiados y la cuestión del agua (el 90% del agua de Cisjordania es utilizada por los israelíes).

En julio de 2000 en Campo David luego de numerosos preparativos, a instancias de Barak y contra la opinión de los palestinos, comienza una reunión en la cumbre que esta vez apunta a la creación de un Estado palestino y a la firma de una paz definitiva. Todavía nadie se preocupó por saber cuál(es) será(n) la(s) moneda(s) del nuevo conjunto, cómo se organizará el libre tránsito de los trabajadores, cuáles serán los medios de soberanía puestos a disposición de la futura Palestina, donde corrupción y desocupación siguen siendo los peores enemigos de la paz. Nadie sabe tampoco cómo se mantendrá una identidad nacional israelí una vez abiertas las fronteras. Sin embargo, están cerca de un acuerdo respecto de las fronteras, sobre la base de propuestas de Bill Clinton, cuando vienen las cuestiones de los refugiados –oficialmente son 3,7 millones, sobre todo en Jordania y Gaza– y de Jerusalén. Para reforzar su posición sobre este punto, Yaser Arafat promueve una reunión del "comité Al-Qods" –el cual reúne al conjunto de los Estados árabes interesados en la Ciudad Santa–, que reafirma que Jerusalén debe ser la capital del futuro Estado palestino. Clinton propone que la parte árabe de la ciudad sea administrada por los palestinos pero bajo soberanía israelí. Otras astucias permiten acercarse a un convenio. El acuerdo está casi cerrado, sobre un territorio palestino que representa el 96% de la Cisjordania (con intercambio para el 4% restante). La soberanía palestina sería reconocida sobre los barrios con mayoría árabe de Jerusalén; el muro occidental quedaría bajo soberanía israelí.

Porque viven en democracia, los israelíes no tienen ningún medio de impedir que un anciano general cubierto de gloria y de oprobio, Ariel Sharón, venga a sabiendas a recalcar, con su presencia el 28 de septiembre sobre la esplanada de las Mezquitas, la índole insoluble del problema de Jerusalén. Y porque todavía no viven en democracia, los palestinos, por su parte, tampoco tienen ningún medio de impedir que algunos de sus extremistas destruyan lugares tan sagrados para el islam como para los otros monoteísmos. Todo trastabilla. Se entra en discusiones cada vez más absurdas sobre las condiciones de retorno o no retorno de los refugiados, hasta entonces olvidados por todos, y sobre las condiciones del ejercicio de la autoridad sobre el monte del Templo y la esplanada de las Mezquitas.

El 4 de marzo de 2001, tras la dislocación de la mayoría de Barak y las elecciones, el general Ariel Sharón se convierte en primer ministro del Estado de Israel. La paz nunca estuvo tan lejos. Todo el año 2001 está jalonado por atentados, represalias, motines, ocasiones fallidas. Se crean veinticinco nuevos asentamientos. La economía de la región se sumerge; el turismo se eclipsa. Por primera vez, el crecimiento de Israel es negativo. Israel y Palestina pagan muy caro el retorno de la violencia. El 24 de diciembre de 2001, Sharón prohíbe a Arafat el acceso a Belén.

¿Es Israel un Estado judío?

Un país rico: desde el nacimiento del país, el PBI se multiplicó por veinte; el ingreso per cápita por cuarenta, y ahora se acerca al de España, Portugal o

Grecia; la capitalización bursátil, en proporción, es una de las más elevadas del mundo: más de 1 millón de israelíes son accionistas; la cantidad media de autos (1 cada 3,4 habitantes) está cerca de la de Europa; las familias (cuyo patrimonio medio supera los 160 mil dólares) permanecen muy endeudadas; la asignación al área de defensa es superior al 15% del PBI, o sea, el triple de la correspondiente a otros países desarrollados.

El país ya no es socialista: la parte del presupuesto en el PBI no representa más que el 47% en 2001, contra el 77% en 1984; las desigualdades aumentaron considerablemente a partir de 1975; 1 millón de israelíes vive por debajo de la línea de pobreza; un cuarto de los niños no disponen del mínimo vital. Si bien el Estado sigue poseyendo el 90% del suelo y 160 empresas, los principales bancos y la industria, antaño propiedades del Estado y los sindicatos, ahora están privatizados.[41] Aunque todavía aseguran un tercio de la producción agrícola, los 270 *kibutzim* del país no representan más que un quinto de la población y un quinceavo de la producción industrial. Algunos no son más que centros de turismo; otros, con la extensión de las ciudades, albergan a grandes supermercados o lavanderías automáticas; algunos otros son privatizados. En ellos, los niños viven con sus padres hasta que completan su educación secundaria. Solamente un niño de *kibutz* de cada cinco vuelve después del ejército. Por lo demás, la Histadrut, al comienzo sindicato único, ya no tiene actuación económica alguna: su polo industrial, Koor, fue desmantelado; su banco, Hapoalim, fue privatizado; su caja de servicios sanitarios, Kupat Holim, se ha vuelto autónoma; solamente el 30% de los asalariados están sindicados, frente al 90% de comienzos de los años cincuenta.

El país se ha convertido en una economía de la inteligencia: a diferencia de las elites precedentes, que se desarrollaban en el ejército y en los *kibutzim,* las de hoy —mezcla de sabras, marroquíes y ex soviéticos…— construyeron una de las primeras industrias del saber. Con una tasa de alfabetización del 95%, el país tiene la más fuerte proporción de científicos e ingenieros del mundo (14 cada mil asalariados, contra 8 en los Estados Unidos y en Japón); el 15% de los trabajadores en 2002 tiene más de 16 años de estudios, cuando no eran más que el 1% en 1979. Primer país del mundo en gastos de educación (7% del PBI), Israel registra cada año la mayor cantidad de patentes por habitante. Las nuevas tecnologías representan el 15% del PBI del país y dos tercios de la producción industrial. Únicamente Japón exporta proporcionalmente más programas informáticos que Israel, segundo también —esta vez después de Suecia— en cantidad relativa de asalariados empleados en la informática. Sus tecnologías modifican todos los sectores, inclusive la agricultura, que no ocupa más que al 2% de la población, con el primer rendimiento por hectárea del mundo. Para ocupar los otros empleos, Israel hizo venir a 300 mil rumanos y tailandeses; la mitad de los obreros de la construcción y el 11,5% de los trabajadores de la industria son extranjeros, de los cuales el 45% es palestino.

Sin embargo, Israel conserva todavía ciertos rasgos de *un país en desarro - llo*: un tercio de su presupuesto sigue consagrado a la defensa; la economía subterránea sigue siendo muy importante, en especial por el empleo de una mano de obra palestina ilegal; parte significativa de los ingresos –por lo menos el 3%– se destina a la lotería nacional y los juegos clandestinos.

Una ayuda exterior cada vez menos necesaria: el aporte de las diásporas, tan esencial en los primeros años, hoy se ha vuelto irrisorio. A pesar de la tentativa de unificación de las recaudaciones (el United Jewish Appeal en los Estados Unidos y el Appel Juif Unifié en Francia), miles de asociaciones compiten entre sí para recaudar sumas cuya recapitulación resulta difícil. Así, la United Jewish Appeal recauda alrededor de 1.000 millones de dólares por año, que distribuye entre instituciones sociales en Norteamérica, el resto de la Diáspora e Israel. Los "bonos de Israel", que aportaron 20 mil millones de dólares en cuarenta años, ya no sirven más que para rembolsar los bonos anteriores y mantener la red comunitaria. En los Estados Unidos, 4 mil fundaciones reúnen fondos destinados a obras judías, y la mitad de los judíos estadounidenses, de una manera u otra, les destinan al menos 50 dólares por año. Los veinte primeros donantes norteamericanos (que juntos abonan aproximadamente 300 millones de dólares sobre el total de mil) se ponen de acuerdo dos veces por año sobre el mejor uso de sus donaciones. Así, desde la creación del Estado, cada israelí recibió de la Diáspora 20 mil dólares per cápita, o sea, el equivalente a un año de ingresos.[41] Hoy, tras haber representado hasta el 5%, las donaciones de las comunidades no constituyen más que aproximadamente el 0,3% del PBI israelí. A esto se añade lo que aportan cada año los Estados Unidos (2.700 millones de dólares de donaciones, fundamentalmente militares, o sea, seis veces más de lo que abonan las diásporas) y Alemania (600 millones de dólares en forma de "indemnizaciones" individuales que reemplazan, a partir de 1965, las "reparaciones" globales).[41]

En total, pese a la amplitud de estos aportes, la ayuda exterior de hecho se ha vuelto negativa, porque los rembolsos de préstamos anteriores superan todos los años en 6 mil millones de dólares los nuevos aportes. Por tanto, la ayuda no es más que una manera de mantener un lazo cultural con las diásporas y un lazo tecnológico con la industria de defensa estadounidense. Nada más.

La economía no es para nada judía: una ínfima parte de lo que es ortodoxo en Israel está integrado a la economía, y la propia economía obedece poco a la Ley; excepto que vuelve a ser nómada: al inclinarse por la economía de la inteligencia, las industrias –y sus cuadros jerárquicos– pueden dejar el país cuando se les ocurra. Una diáspora de 500 mil personas se parece ya a los *yordim* ("los que descienden", por oposición a "los que suben"), es decir, los israelíes que dejan el país. De este modo, hoy aparece en Israel una especie de pos-sionismo que hace del país una comunidad más trivial, menos ideológica, más norteamericanizada, pese a la fuerte presencia de los religiosos. El estatus de los ciudadanos no judíos incluso se ha trivializado, a tal punto que la Corte Suprema autoriza a los árabes israelíes –cuyo número pasó de 156 mil a 1,1 millón en cincuenta años– a comprar tierras en cualquier lugar del país.

Junto a Israel, la economía jordana –que comenzó prácticamente con los mismos logros y desventajas que Israel– permaneció muy débil, con un ingreso per cápita siete veces inferior al de su vecino. Palestina, en 2000, tiene un ingreso diez veces inferior (y hasta quince veces en 2001, debido a la guerra). Dos tercios de la población están por debajo de la línea de pobreza. Su economía es muy dependiente de la israelí: son los puertos israelíes los que recaudan sus derechos de aduana, los que constituyen lo esencial de los ingresos de su presupuesto; un cuarto de su PBI proviene de los trabajadores empleados en Israel. La mayoría de los intercambios corrientes en Gaza y Cisjordania se hacen en shékels, mientras que las operaciones de inversión se tratan en dólares. Las donaciones anuales de la diáspora palestina son del orden de los 90 millones de dólares, encaminados sobre todo a través de la Welfare Association, creada en 1983, que distribuye sus fondos a organizaciones humanitarias en Palestina. Potente, cultivada, laica y brillante, esta diáspora prospera en Norteamérica, Gran Bretaña y en el Golfo; por otra parte, algunos años aporta 100 millones de dólares para financiar inversiones industriales y 200 millones de dólares para construir casas. Por falta de ahorro local, dichas inversiones representan lo esencial de las que se hacen en Palestina. Por otra parte, la más importante empresa palestina, la Papico, fue creada en 1994, con 350 millones de dólares, por ciento cuarenta hombres de negocios de la diáspora. Otras sociedades –la Apic, la APFF, el Palestine Bank for Investment, Salam International Investment– intentan organizar el arranque de una economía estrangulada por la guerra y los desórdenes administrativos.

El despertar de las diásporas

A diferencia de lo que ocurrió en la Edad Media, el impacto de la Shoá no fue seguido por un renacimiento de las comunidades en el lugar de sus desdichas. Las de Europa Central no fueron reconstituidas; a las de Europa Oriental les cuesta mucho trabajo financiar la recepción de los sobrevivientes.

En la URSS, donde todavía son más de 2 millones en 1945, la situación de los judíos es todavía muy difícil. El antisemitismo sigue siendo intenso, pese a la guerra y al papel que en ella representaron los 100 generales judíos del Ejército Rojo, los 121 judíos que recibieron el título de héroe de la Unión Soviética y los 500 mil soldados judíos. En 1947, Stalin prohíbe la publicación del *Libro negro,* compendio de testimonios de rusos sobre la Shoá redactado por un comité antifascista judío de la Unión Soviética; sus 25 miembros, acusados de "cosmopolitismo", son detenidos y condenados a muerte. Aunque agradezcan a Stalin haber vencido a Hitler y, primero que nadie, haber reconocido el Estado de Israel, muchos judíos rusos intentan dejar el país, por Israel u otros lugares. En 1950, cuando Stalin abandona sus esperanzas de hacer de Israel un Estado satélite, la prensa denuncia a los judíos rusos, húngaros y checos, como "cosmopolitas sin raíces", "demoledores del orgullo nacional", "agentes al servicio del imperialismo occidental". En agosto de 1952, los condenados del comité antifascista son ejecutados en secreto en la prisión de Lubianka con otros 450 intelectuales judíos. La misma suerte espera a numerosos judíos de los partidos comunistas de Europa Oriental.

El 13 de enero de 1953, Stalin, que dejó de apoyar a Israel, acusa a un grupo de médicos judíos (que se ocupan en una clínica especial de la elite del Partido y de los dirigentes de los partidos hermanos) de fomentar el envenenamiento de los dirigentes soviéticos. Es el "complot de los delantales blancos". Stalin hace detener a esos "saboteadores, agentes de organizaciones sionistas" y se dispone a deportar a Siberia a todos los judíos soviéticos, fichados por Beria. El 28 de febrero, esos planes de deportación son incluso discutidos en el seno del Politburó. Según una de las versiones que circulan, Mólotov, cuya esposa es judía, se habría opuesto violentamente a la deportación; el mariscal Voroshílov, héroe de la guerra, habría gritado: "¡Me avergonzaría seguir siendo miembro de nuestro Partido, que sería completamente deshonrado!". Stalin habría aullado: "¡Camarada, yo soy el que decidirá en qué momento no tendrás más derecho a poseer tu carné!". Entonces habría caído en coma, antes de morir algunos días más tarde. Según otra versión —aceptada hoy por todos los historiadores–, Stalin habría muerto esa noche luego de una cena demasiado etílica en compañía de Beria, Malenkov, Bulganin y Kruschev. Se habría encontrado su cuerpo al día siguiente, en su habitación cerrada con llave desde el interior.

Bajo Kruschev, la situación de los judíos soviéticos no mejora. Boris Pasternak no puede publicar *El doctor Zhivago*, Vasili Grossman es enviado al gulag. En 1959, todavía son 2,5 millones, en su mayoría cada vez más asimilados. Si dos tercios realizaron estudios superiores, si representan todavía el 15% de los médicos, el 10% de los abogados y los actores, determinadas cuotas hacen que se vea limitado su acceso a posiciones importantes en la investigación, la universidad, la administración, la justicia, el ejército y el Partido.

Después de la Guerra de los Seis Días –en que se aplasta a los ejércitos árabes equipados con armas soviéticas–, su situación se agrava seriamente. El judaísmo es presentado en Moscú como una "religión criminal", diferente de las otras. Tras una vasta campaña antisemita que les retira su nacionalidad, los últimos judíos de Polonia y de Rumania reciben la autorización de emigrar; el último abandona Kasimierz en 1968. En esta Europa Central donde, treinta años antes, vivían los dos tercios del pueblo judío, ya no hay más que cementerios.

En cambio, en la URSS, aquellos que supuestamente poseen demasiados secretos no son autorizados a partir. Las purgas prosiguen en la universidad, en los medios, en el seno de las instituciones gubernamentales y el interior del Partido. Ida Nudel, Nathan Chtaranski y todos aquellos a quienes se rechaza una visa de salida, los *refuzniki,* ahora son perseguidos abiertamente. En 1970, algunos judíos de Leningrado intentan desviar un avión hacia Israel, y su proceso señala el comienzo de una campaña internacional por su derecho a emigrar. En algunos casos se los considera responsables de la caída del zarismo, del gulag, del terror estalinista; en otros, de los fracasos económicos y militares del país. Los acusan indistintamente de ser agentes del imperialismo occidental, fomentar complots antisoviéticos o ser estalinistas totalitarios. De 1968 a 1981, 250 mil judíos salen de la URSS, arrancados uno a uno por intervenciones occidentales, a cambio de suministros de trigo o de otras raciones alimentarias. En 1981, Breznev interrumpe las visas de salida. Hay que esperar a 1986 y a Mijaíl Gorbachov para que se termine el antisemitismo estatal y se abran las puertas del imperio sobre sus 2 millones de prisioneros; en quince años, 1.400.000 de ellos parten: 900 mil lo hacen con destino a Israel. Se quedan 300 mil en Rusia y 200 mil en Ucrania; otros deciden no abandonar las nuevas repúblicas de Asia Central.

En otros lados, desde la guerra mundial, por lo general las diásporas declinaron, salvo en Canadá y en Francia, donde progresaron, y en los Estados Unidos, donde la comunidad norteamericana siguió siendo muy importante. En Europa, los judíos son todavía 1.500.000 (dos tercios en Francia y el resto sobre todo en Inglaterra), o sea, la cantidad más baja desde el siglo XIV. En Gran Bretaña, donde todavía eran 410 mil en 1967, no son más que 300 mil, los cuales forman una comunidad muy asimilada, con muchos artistas y hombres de teatro, que va envejeciendo, pese a la llegada de 30 mil israelíes (tantos como británicos que partieron para Israel).

En tierras del islam, ninguna comunidad tiene más de 20 mil miembros: las más importantes están todavía en Turquía (19 mil) y en Marruecos (6 mil).

En América Latina, los judíos no son más que 400 mil en total, fundamentalmente llegados de Europa en los años treinta. Muchos emigran a Israel, a España y sobre todo a Miami.

En los Estados Unidos, donde vive todavía cerca de la mitad de los judíos del mundo, su número se estanca, a partir de 1960, en aproximadamente 5 millones. E incluso, ese número sólo se mantuvo por la llegada de una "nueva diáspora": 400 mil emigrantes procedentes de la URSS y otros 300 mil de Israel. En adelante, representan menos del 2,5% de la población estadounidense, contra el 4% en 1920; el 85% de ellos vive en quince ciudades. Las tres mayores comunidades judías del mundo se encuentran todavía en Nueva York (1,9 millón), Los Ángeles (580 mil) y Miami (535 mil). Muchos están agrupados por origen: muchos rusos están establecidos en Brighton Beach, Brooklin; los sirios, en Queen's; los iraníes, en Los Ángeles. Como el resto de los estadounidenses, tienden a desplazarse hacia el oeste y el sur. Solamente 3,5 millones de ellos pertenecen a familias cuyos dos padres son judíos; el 15% de los niños frecuentan escuelas judías. Las comunidades están divididas en varios movimientos: ortodoxos, conservadores, reconstructivistas, tradicionalistas y reformados. Los cambios son considerables: en 1972, los reformados ordenan a la primera mujer rabino, seguidos en 1983 por los conservadores. La comunidad judía se distingue del resto de los estadounidenses más por su nivel de educación que por su nivel de vida: el 90% de los niños judíos en edad escolar y universitaria realizan estudios, contra el 55% del resto de la población. Dado que viven con un ingreso medio el 10% más elevado que el de la media de la población, 150 mil judíos de Nueva York pueden beneficiarse con programas públicos de lucha contra la pobreza; otros 275 mil (cuadros medios desocupados o sobreendeudados, emigrados procedentes de la ex URSS, etcétera) son clasificados entre los "casi pobres", sin derecho a la asistencia de la ciudad. Lo esencial de las donaciones de los más pudientes, por otra parte, está destinado a ayudarlos y a permitirles encontrar alojamiento y trabajo.

En Francia vive hoy la segunda comunidad judía fuera de Israel. Extremadamente diversificada, contradictoria, de un nivel de vida igual al del resto del país, agrupa a más de 600 mil personas, de las cuales la mitad vive en la región parisina, y cuya mayoría es sefaradí. La cantidad de sinagogas pasó de 30 en 1965 a 300 en 2002. Si bien el 40% de los judíos son miembros de una de esas sinagogas, solamente el 4% de los niños (26 mil) asiste a una de las cien escuelas judías. También en este caso, más del 90% de los que están en edad escolar o universitaria realizan estudios, contra el 70% de los del resto de la población. La organización religiosa, reunida alrededor de los consistorios establecidos por el Sanedrín de Napoleón en 1807, es completada por una gran cantidad de obras sociales laicas, la mayoría de las cuales gravitan alrededor del Fondo Social Judío Unificado, creado después de la guerra. Un judaísmo reformado muy dinámico atrae a una fracción significativa y creciente de esta comunidad, una de las más animadas del mundo, el 15% de cuyos miembros son considerados como observantes y el 50% como tradicionalistas.

Con 300 mil personas, muchas de las cuales son de origen polaco, ruso o marroquí y se hallan instaladas en Montreal, Toronto, Winnipeg y Vancouver, la comunidad canadiense también es muy dinámica, y está muy presente en la vida política, económica (los Bronfmann, los Reichman) y artística (Leonard Cohen). Destinos: hoy se encuentran en la familia Shumiatcher, que vive en el Canadá desde hace un siglo, escritores, cineastas, arquitectos, abogados, jueces, profesores, banqueros, poetas, empresarios…

Así, cuatro quintos de los 7,5 millones de miembros de la Diáspora viven en cinco países: los Estados Unidos, Francia, Canadá, Gran Bretaña y Rusia. El resto está instalado sobre todo en la Argentina (220 mil), Ucrania (150 mil), África del Sur (114 mil), Brasil (110 mil) y en sesenta y seis países, de Turquía (19 mil) a Siria (100), pasando por Australia (8 mil).

En total, el pueblo judío reúne hoy alrededor de 12,5 millones de personas, o sea, el 0,2% de la población mundial (en lugar del 3%, al parecer, de hace dos mil años). Relativamente, pues, es quince veces menos numerosa que en la época romana. Su parte en la riqueza mundial no es más que, a lo sumo, del 0,5%, lo que debería bastar para disipar las fantasías de fortuna que le adjudican…

Para terminar con el mito del dinero judío

Luego de la Shoá se ha vuelto imposible hablar del lugar del pueblo judío en la economía del mundo. Muy raras son las empresas que siguieron siendo estrictamente judías. La mayoría de aquellas de que se habló hasta aquí, que lo eran por causa de sus fundadores, no lo son más o incluso han desaparecido. De generación en generación, el fuego sagrado terminó por debilitarse, para luego apagarse. Como los otros, los judíos se asimilan, y sus empresas dejan de ser identificables con sus creadores, aunque éstos les hayan dejado su nombre. Por último, aquellos que todavía dirigen empresas, como asalariados, no les imprimen una especificidad judía ni constituyen un grupo particular: ya no hay —o casi— "dinero judío".

Primero, algunos industriales judíos dejan de serlo. Entre estos, a su regreso de Buchenwald, Marcel Bloch se vuelve Marcel Dassault: se convierte y, en 1949, produce un primer avión a reacción, el *Huracán,* seguido del *Misterio* y el *Ilusión.* Otros creadores también cambian de nombre, a veces sin ocultarlo —como Ralf Lifchitz, convertido en Ralph Lauren—, otros más discretamente.

A la inversa, algunos dirigen empresas como cuadros asalariados sin que éstas evidentemente puedan ser consideradas como judías, así como sin embargo lo pretenden innumerables panfletos antisemitas. Por ejemplo, Dupont de Nemours, empresa química fundada a fines del siglo XVIII por un protestante francés, durante un tiempo fue dirigida por un judío lituano, Ernest Shapiro, y una parte de sus títulos perteneció durante un tiempo al grupo Bronfman, sin que jamás se convierta por ello en una firma judía. De igual modo, la Walt Disney Company, cuyos principales cuadros dirigentes de hoy son judíos, no es una sociedad judía, pese a lo que dicen de ella innumerables sitios y publicaciones antisemitas de los Estados Unidos. Esto es también lo que ocurre con Time Warner, Warner Music, ABC, CBS. Michael Bloomberg, fundador de una agencia de informaciones financieras y nuevo alcalde de Nueva York, Larry Ellison, fundador de Oracle, y Steve Balmer, presidente de Microsoft, a todas luces no hacen de las empresas que dirigen —o que crearon— "empresas judías".

En Hollywood, Goldwyn Pictures sigue siendo, con NBC (dirigida por el hijo de David Sarnoff), la única empresa de origen judío todavía dirigida por un descendiente del fundador (el hijo de Samuel Goldwyn). En Londres, la agencia Reuters —que no oculta sus orígenes en su "biografía" oficial— jamás tuvo características de una agencia específicamente judía.

En la prensa escrita, el grupo Newhouse (fundado por Samuel Newhouse, nacido en Rusia en 1895, y dirigido por sus hijos Samuel y Donald) controla veintiséis periódicos, casas de edición y revistas (*Vogue, Vanity Fair, New Yorker*),[261] sin que sea específicamente judío, al igual que el *New York Times*, que todavía pertenece a la familia Ochs y sigue dirigido por el bisnieto del primer propietario, Arthur Ochs Sulzberger. El *Washington Post* sigue perteneciendo a la hija de Eugen Mayer, llamada Kathy Graham, cuyo hijo dirige actualmente el grupo, propietario también de *Newsweek*. Ninguna red secreta los reúne, ni en público ni detrás de escena. Y si los Pritzker son propietarios de los hoteles Hyatt, ¡evidentemente no hay nada específico en sus negocios o en su clientela!

Por último, pocos son los bancos judíos que financiaron la economía del siglo XIX y sobrevivieron: Warburg, Seligman, Bichoffsheim, Kuhn-Loeb fueron tragados por otros; Oppenheim, Guggenheim, Lehman, Bleichröder se volvieron casi insignificantes.

En la colocación de empréstitos, únicamente dos establecimientos de origen judío –Salomon Brothers y Dillon-Reed– siguen siendo los principales agentes en colocación de obligaciones, pero desde hace mucho perdieron toda especificidad. Salomon Brothers salva de la quiebra a Nueva York en 1975 –con Felix Rohatyn, de Lazard– y a Chrysler en 1980, al encontrarle 5 mil millones de dólares de préstamos garantizados por el gobierno federal. Ninguno de esos dos establecimientos están dirigidos por descendientes de las familias fundadoras, y nada –ni siquiera en sus folletos o su sitio en Internet– recuerda sus orígenes, que Dillon siempre mantuvo a distancia.

Entre los bancos de negocios del siglo XIX sólo conservan su importancia Goldman-Sachs, Lazard y Rothschild, y los dos últimos son los únicos que todavía están dirigidos por descendientes de las familias fundadoras.

Goldman-Sachs, que con Merryl Lynch se alzó al primer puesto de los bancos de negocios mundiales a partir de 1986, desde comienzos del siglo XX ya no está dirigido por miembros de las familias fundadoras. Hasta hace poco estuvo a su cabeza John L. Weinberg, hijo y nieto de dirigentes de la firma, pero sin parentesco con los fundadores.

El banco Lazard, desarrollado por André Meyer[333] a partir de los años 1940, y luego, a partir de 1975, por Michel David-Weill, descendiente de uno de los tres fundadores, es hoy una gran casa mundial, consejera de las principales fusiones y adquisiciones, sin ninguna especificidad judía. Procedente de Hungría y habiendo pasado por París, Felix Rohatyn desempeñó en él un papel considerable; hoy es relevado por Bruce Wasserstein, que asume su dirección en lugar de Michel David-Weill.

La casa Rothschild mantiene su rango en Gran Bretaña. En Francia, David de Rothschild, hijo de Guy, descendiente de James, recreó la casa en París como banco de negocios en 1987, tras su nacionalización como banco comercial en 1982. Luego estuvo asociado a la dirección de la de Londres y hace del conjunto, con su primo Evelyn, uno de los primeros bancos de negocios del mundo. Todavía dirige, después de su padre, la institución de asistencia social de la comunidad francesa, la FSJU. Su primo Benjamin, hijo de Edmond, dirige otro grupo Rothschild, otro conjunto de bancos, sin o casi sin ninguna relación financiera con el precedente.

Muchos bancos creados por judíos en Europa desaparecieron con el nazismo y no resurgieron de los escombros. En Bruselas, el banco Philippson, fundado en 1871 por Franz Philippson, que se convirtió en el banco Degroof durante la última guerra, no recuperó su nombre. Los descendientes de los propietarios iniciales se volvieron accionistas minoritarios y uno de ellos preside el consejo de administración del banco Degroof. En Hamburgo, el banco Warburg, convertido en Brinckmann en 1949, y luego nuevamente Warburg en 1991, dos años después del retiro de la familia Brinckmann, practicamente desapareció. El Deutsche Bank —que no menciona en su "biografía" oficial el judaísmo de su fundador, Ludwig Bamberger— y el Dresdner Bank —que, por su parte, no lo oculta— ya nada tienen de judío. En Polonia, eso es lo que también ocurre con los bancos Handlowy y PKO. De igual modo, en Londres, Hambros dejó de ser un banco judío desde hace mucho tiempo, tanto por sus accionistas como por sus dirigentes.

Trayectoria meteórica: el sobrino de Max Warburg, Siegmund,[18] crea la casa S. G. Warburg en Londres en 1938, antes de participar en el financiamiento de la economía de guerra, inventar las OPA, lanzar luego los primeros empréstitos en eurodólares, y tratar, en vano, de fusionarse con Kuhn Loeb, para reanudar lazos con la tradición familiar. Muere en 1982 sin haber visto desaparecer su casa —que convirtió entonces en una de las primeras del mundo—, tragada quince años más tarde por la Unión de Bancos Suizos.

Por otra parte, varios judíos eminentes representan un papel importante en la organización de las instituciones financieras internacionales que se instalan a partir de 1944.

Así, Harry Dexter White, hijo de emigrados lituanos, nacido en Boston en 1892, hizo su tesis sobre los movimientos financieros extranjeros en Francia. En ella muestra que las exportaciones de capitales pueden llevar a un país al desastre. Luego de haber luchado en el frente en 1917, enseña economía en diversas universidades norteamericanas antes de trabajar en la administración en 1934. Convertido en viceministro de Finanzas y adjunto de Henry Morgenthau en 1942, prepara con los británicos los reglamentos de las futuras instituciones financieras internacionales previstas para cuando finalice la guerra, cuyo resultado entonces era todavía incierto. Propone la organización de un fondo de estabilización de cambios que emitiría una moneda de reserva, la *unitas,* y de un banco mundial de inversión que financiaría el desarrollo de los países por reconstruir y administraría el stock de oro mundial. Frente a él, el negociador británico, John Maynard Keynes –que ya fue uno de los negociadores británicos del Tratado de Versalles luego de la Primera Guerra Mundial–, propone un sistema no tan dependiente de los Estados Unidos: una moneda mundial, el *bancor,* y un banco central mundial. Harry Dexter White impone sus puntos de vista a Keynes con tanta mayor facilidad en la medida en que los convoyes de naves de auxilio estadounidenses que atraviesan el Atlántico parecen retrasarse o acelerarse al ritmo de los progresos realizados por los negociadores... En julio de 1944, en Bretton Woods, Estados Unidos, el papel del Fondo Monetario Internacional se reduce al otorgamiento de préstamos a corto plazo para compensar las fluctuaciones de las tasas de cambio; el del Banco Mundial, por su parte, a consentir préstamos para el lanzamiento de proyectos específicos en el Tercer Mundo. Nombrado primer administrador estadounidense del FMI, Harry Dexter White, muy enfermo, debe renunciar en marzo de 1947. En enero de 1948 es acusado de ser un agente comunista por haber deseado la adhesión de la URSS al FMI y por haber propuesto, con Henry Morgenthau, el desmantelamiento de la industria alemana. En abril es interpelado por una comisión de investigación del Senado. Tras un interrogatorio tenso, le rechazan el descanso que solicita; muere cuarenta y ocho horas más tarde. En 1953, el senador McCarthy acusará al presidente Truman de haber ocultado que Harry Dexter White era un espía soviético, antes que los archivos establecieran que jamás lo fue.

Más tarde, otros tendrán influencia entre poderosos, en ciertos países de Europa, creando diversas instituciones financieras internacionales, y escaparán, a través de la literatura o la ciencia, de los oficios del dinero.

Hoy, cuando *brokers* y fondos de pensión administran lo esencial del ahorro del mundo, el oficio de agente de capitales toma nuevas direcciones. Una vez más, se encuentran agentes judíos en los sectores más riesgosos: primero, los *junk bonds,* títulos muy riesgosos, durante un tiempo tan útiles para el financiamiento de la industria norteamericana; luego, los *hedge funds,* mecanismo de cobertura de riesgos. Algunos trabajan en bancos o en fondos especializados, como Marshall-Wace, Voltaire, Meditor o Tiger. Se los encuentra entre los gerentes de los principales fondos, como Capital Research International, Fidelity o los de Deutsche Bank, hasta en fondos de *venture capital* dedicados a financiar la innovación.

Entre estos últimos, uno de los únicos que creó su propia estructura es George Soros. Nacido en Hungría en 1930, llega a Londres en 1947, y primero trabaja para lo que queda entonces del pequeño banco Bleichröder en Nueva York, antes de fundar en 1979 el Quantum Fund, que pronto administra más de 15 mil millones de dólares. Más que un inversor, está especializado en la gestión a corto plazo, inclusive la especulación sobre las monedas, antes de consagrar lo esencial de su tiempo, y de su fortuna, a sus fundaciones para la promoción de la democracia en Europa Oriental y la propagación de las ideas del filósofo Karl Popper.

Dos sectores siguen siendo ampliamente judíos, como desde hace siglos: las industrias de ropa en Londres, Chicago, Nueva York y París, y el corretaje de diamantes, lo esencial de cuyos negocios se desarrolla entre la calle 47 en Nueva York, Tel-Aviv y Amberes. Ambos enfrentan una fuerte competencia: en especial, el mercado indio parece tomar el poder en los diamantes.

El papel relativo del "hampa" judío en la criminalidad también disminuye con la globalización, aunque se encuentran todavía algunos de sus miembros como corredores en algunos tipos de lavado de divisas del tráfico de droga, de Los Ángeles a Moscú, de Bogotá a Tel-Aviv. Una sola red específicamente judía fue descubierta, en febrero de 1990, en Nueva York; tomaba el siguiente circuito: una parte de la droga del cártel de Cali era cambiada en Colombia por diamantes; para transformarlos en efectivo, éstos eran despachados a Milán y montados en joyas que luego volvían a partir a Manhattan para ser allí vendidas legalmente –al contado– en la calle 47, donde, según un comentario empático del periódico israelí *Maariv,* que reveló el caso, "hay más restaurantes *casher* que en todo Tel-Aviv, y donde se encuentra el mayor lavado de dinero de la droga de los Estados Unidos". Una parte del producto de esta venta era entonces entregada por los joyeros a instituciones judías de Nueva York, que restituían una parte –siempre en *cash*– a pasadores de carteles. Los dirigentes de esta red hacían creer a algunos de sus relevos –judíos ortodoxos, como un rabino de Brooklyn cuyo arresto, en febrero de 1990, reveló todo el asunto– que ayudaban a diamantistas de la calle 47 a defraudar al fisco, o a sacar sus capitales de algunos judíos iraníes. El jefe de esta red, un israelí, confesó haber blanqueado de ese modo 200 millones de dólares a cuenta del cártel de Cali, o sea, menos del 1% del monto manejado anualmente por ese cártel, que distribuye cuatro quintos de la cocaína y un tercio de la heroína consumidas en el mundo.

¿Qué queda del antisemitismo?

Con la Shoá y el nacimiento de Israel, el antisemitismo en Europa se vuelve más discreto, sin que por ello desaparezca: como siempre, se intensifica durante las crisis económicas. A las viejas acusaciones de deicidio y práctica de la usura se añaden ahora las de los adversarios de la política de Israel, que en ocasiones mezclan antisionismo y antisemitismo: Dios, la tierra y el dinero.

En 1963, el Concilio Vaticano II, a iniciativa de Juan XXIII, pone fin en principio a dos milenios de acusaciones de deicidio en un texto en que cada palabra es importante:

> La Iglesia no puede olvidar que recibió la revelación del Antiguo Testamento de ese pueblo con el que Dios, en Su inefable misericordia, se dignó firmar la antigua Alianza, y que se nutre de la raíz del olivo franco en el cual se injertaron los ramos del olivo silvestre que son los gentiles. En efecto, la Iglesia cree que Cristo, nuestra Paz, reconcilió a judíos y a gentiles por Su cruz, y en Sí mismo, de los dos hizo uno. [...] También recuerda que del pueblo judío nacieron los apóstoles, fundamentos y columnas de la Iglesia, así como la mayor cantidad de los primeros discípulos que anunciaron al mundo el Evangelio de Cristo. [...] Aunque los jefes de los judíos, con sus partidarios, hayan empujado a la muerte de Cristo, no obstante, lo que fue cometido durante su Pasión no puede ser imputado ni indistintamente a todos los judíos que vivían entonces ni a los judíos de nuestro tiempo. Si es cierto que la Iglesia es el nuevo pueblo de Dios, no por ello los judíos deben ser presentados como reprobados por Dios ni malditos, como si esto se desprendiera de la Santa Escritura.

A pesar –o a causa– de ese texto, nada se ha cerrado realmente todavía: así, en 1965, en un sermón pronunciado el domingo de la Pasión, Pablo VI, sucesor de Juan XXIII, declara que "este día marca la triste y grave página que narra el conflicto entre Jesús y los judíos, el pueblo predestinado a esperar al Mesías, que no lo reconoció y finalmente lo mató". Hay que esperar a enero de 1975 para que el Vaticano publique un documento llamando a los católicos a combatir el antisemitismo, y a 1985 para que un documento romano mencione el Holocausto y el Estado de Israel.

Al año siguiente, Juan Pablo II es el primer papa que entra a una sinagoga, la de Roma; en 1993 establece relaciones diplomáticas con Israel, luego hace una visita y ora ante el Muro occidental; en 2000, finalmente publica un documento sobre los "errores de la Iglesia", mencionando por primera vez, entre ellos, la Inquisición y las conversiones forzadas.

El antisemitismo cristiano se atenúa y se difumina sin desaparecer por completo. Todavía está presente, en el estado de huellas más o menos olvidadas, en innumerables libros de enseñanza católica.

El antisemitismo económico, por su parte, sigue manifestándose más o menos esporádicamente, en cada recesión, en forma de acusaciones de explotación, de parasitismo y, sobre todo, de dominación de la economía mundial. En Gran Bretaña y en Bélgica existen movimientos o partidos abiertamente antisemitas. En Francia, en 1954, cuando Pierre Mendès France, luego de Léon Blum y René Mayer, se convierte en el tercer judío presidente del Consejo, un libelo proclama: "¡Franceses honestos! ¡Franceses de vieja cepa! ¡A vuestras antorchas…! El fuego arderá. ¡El dinero de los judíos es la miseria de los otros! No compréis más nada a los judíos. Poned al descubierto sus artimañas. Observad de quiénes se trata. Sabed que Mendès (alias France) acaba de vender París a la judería internacional".[56] En los Estados Unidos, el macartismo trae aparejada una violenta denuncia (evidentemente sin pruebas) de los presuntos lazos entre los judíos de Hollywwod y los de Moscú. En 1950, el libro de un tal William Wickliffe, *The Federal Reserve Corporation,* logra un enorme éxito explicando cómo los banqueros judíos controlan el Banco Federal de Reserva y, de ese modo, la economía estadounidense. Otra obra, *The Federal Reserve Conspiracy,* de un tal Eustache Mullins, afirma:

> El pueblo norteamericano soporta la carga de cientos de miles de millones de dólares de deudas simplemente porque dejamos que un puñado de extranjeros enemigos tome el control de nuestro sistema monetario. Los tres más importantes son: Paul Warburg, el judío alemán que redactó el Federal Reserve Act; Emmanuel Goldenweiser, el judío ruso que controló el detalle de las operaciones del Federal Reserve Board durante treinta años; y Harry Dexter White, hijo de judíos lituanos, que creó el Fondo Monetario Internacional.

En 1967, algunas manifestaciones enfrentan en Nueva York a docentes negros y judíos, y llevan a intelectuales estadounidenses –en ocasiones ellos mismos judíos, como Noam Chomsky– a oponerse a Israel sin poder evitar a veces resbalones antisemitas. Más tarde, uno de los dirigentes negros más extremistas, Louis Farrakhan, repite sin descanso: "¿Acaso el Banco Federal es propiedad del gobierno? ¡No, de los judíos! El mismo año que se creó la administración fiscal, también se crearon el FBI y la Liga Judía contra la Difamación. ¡No es una coincidencia!". Otros machacan que Nueva York, ciudad judía ("Jew York"), no es Norteamérica. Mil sitios de Internet, que hoy florecen en los Estados Unidos y otras partes sin control alguno, en virtud de la primacía reconocida a la libertad de expresión, pretenden develar –sin expresar tampoco ellos otras pruebas que sus imprecaciones– cómo los judíos controlan el conjunto de las industrias del espectáculo, la del azúcar o, incluso, según el capricho de la fantasía de sus autores, las de los calzados, las joyas, el trigo, el algodón, el petróleo, el acero, el alcohol, los medios o los bancos... El judío ya no es tan sólo el parásito que desvía mediante la usura parte de las riquezas ni el que busca influir los poderes para servir sus propios intereses, sino que también es el amo oculto de los mercados (como en los *Proto - colos de los sabios de Sión*), el arquitecto de la globalización. Aquellos ven a judíos ocultos en todas las manifestaciones de un poder financiero, cultural o político. No hay poderoso que no sea denunciado por ellos como tal, o como sometido a la influencia de una "tiranía judía mundial". Como por definición un complot es clandestino, inconfesado, la prueba de su realidad reside justamente en la imposibilidad de establecerlo; ¡y los que lo ponen en duda necesariamente son agentes a sueldo de los conspiradores! Así, en 1992, James Bo Gritz, candidato hipotético del Partido Populista en la elección presidencial estadounidense, explica que "ocho familias judías controlan el Banco Federal de Reserva: Rothschild, Lazard, Israel Roses Seils, banquero de Italia [?], Lehman Brothers, el Chase Manhattan, Kuhn-Loeb y Goldman Sachs". Si ningún banco de esta lista es accionista del Banco Federal, uno solo sí lo es del Federal Reserve Bank de Nueva York, el Chase, ¡justamente el único que nunca tuvo vínculos judíos!...

En 1997, en Suiza, un best-seller de un alemán, Jan van Helsing, *Las so - ciedades secretas y su poder en el siglo XX,* acusa a los judíos de ser los únicos responsables del capitalismo, el bolchevismo, las crisis económicas y las inestabilidades políticas. En Japón, otro libro, *Los japoneses y los judíos,* que ya vendió más de 1 millón de ejemplares, expone confusamente la responsabilidad de los judíos en la guerra ruso-japonesa, en Hiroshima, en Nagasaki y con respecto al sida.[171] La secta Aum Shinrikyo afirma incluso que los judíos se beneficiaron con la derrota japonesa de 1945 para controlar el mundo.[171] En Alemania como en Francia, las profanaciones de cementerios judíos, al igual que las agresiones contra rabinos, dirigentes, sinagogas y centros co-munitarios no desaparecieron. Hasta se acusa a los judíos de ser indirecta-mente responsables de la Shoá: Hitler, expresan algunos historiadores alemanes como Ernst Nolte, no sería más que una respuesta al marxismo y a la Unión Soviética. Bastará con añadir que el marxismo y la URSS son "crea-ciones judías" para que el judío perseguidor se convierta –refinamiento supre-mo– ¡en responsable de su propia persecución!

En los países musulmanes, el antisemitismo sirve a menudo de pretexto pa-ra desafiar al Occidente sin nombrarlo. Así, en plena crisis de cambios, en sep-tiembre de 1997, durante la reunión anual del FMI en Hong Kong, el primer ministro malayo acusa a los "banqueros judíos" de ser responsables de la caída de la moneda de su país. Tiempo más tarde deberá retirar sus afirmaciones.

En el momento en que una de las religiones monoteístas, hija del judaís-mo, reconoce sus equivocaciones para con él, algunos, en otra religión que lo acogió durante catorce siglos, toman la antorcha del odio. Así, en parte de la prensa árabe de hoy, además de los ataques antisionistas, renacen todas las viejas acusaciones abandonadas por los cristianos.[462] Por ejemplo, se acusa a consejeros agrónomos israelíes en Egipto de difundir enfermedades; a otros, de envenenar el agua. Se reprocha a médicos judíos de esterilizar a palestinas en Gaza y hasta de inocularles el virus del sida. El ministro de Salud de la au-toridad palestina, Riad Al-Zaanun, escribe en el periódico palestino *Al-Ayam* del 25 de julio de 1998: "Los médicos israelíes utilizan a las pacientes pales-tinas para la experimentación con medicamentos y la formación de jóvenes médicos". El secretario de la autoridad palestina, Taib Abdel Rahim, escribe que los aviones israelíes derramaron sobre la franja de Gaza chocolates enve-nenados. El 23 de junio de 2001, un tal Mustafá Mahmud escribe en el pe-riódico egipcio *Al-Ahram*: "¿Qué quieren exactamente los judíos? Lean el noveno *Protocolo de los sabios de Sión*". Varios países árabes reimprimen en to-das las lenguas esa falsificación forjada hace un siglo por la policía zarista. El 25 de marzo de 2001, Mahmud Al-Said Al-Kurdi escribe en el periódico egipcio *Al-Akhbar:* "El Talmud, segundo libro santo de los judíos, decreta que los *matzot* del Día del Perdón deben ser amasados con sangre de un no judío. De preferencia, debe tratarse de la sangre de jóvenes obtenida como conse-cuencia de una violación". El 20 de febrero de 2001, el muftí de Jerusalén, Ikrama Sabri, declara en una *fatwa* difundida por la radio palestina:

> Existen varias versiones sobre la razón por la que los judíos lloran ante el Mu-ro. Según una de estas versiones, lloran porque no respetaron los diez man-

damientos de nuestro señor Moisés, la paz sea con él. Según otra, lloran por el hecho de que el profeta Mahoma era árabe y no judío. Precisamente por eso a ese muro lo llaman Muro de los Lamentos. Pero, según la ley internacional, se trata de un patrimonio islámico consagrado, porque el muro Al-Burak forma parte de la muralla de la mezquita Al-Aksa. Y lo que es más, fue el propio profeta Mahoma quien lo santificó cuando ató la montura Al-Burak, que lo había transportado sobre su lomo de La Meca a Jerusalén en la noche del Maaraj. Por eso decretamos que ese muro pertenece al islam y que no tiene relación alguna con los judíos.[462]

Podrían añadirse mil ejemplos tomados de otros diarios árabes o de libros escolares de esos países. Por último, según el padre del fundamentalismo musulmán, el egipcio Sayyid Qutb, en su libro *Nuestra lucha contra los judíos,* la índole "maléfica" de los judíos se explica por su odio hacia el arcángel Gabriel, que reveló su papel de profeta a Mahoma, y por su "ingratitud" para con la hospitalidad de los musulmanes. Son, insiste, "los peores enemigos de los musulmanes".

Felizmente, todas esas expresiones son todavía ampliamente minoritarias y denunciadas por los responsables oficiales del islam, tan amenazado como el judaísmo.

2. No hay sedentarios sin nómadas

No hay motivo de asombro en estas supervivencias. Tres milenios de historia muestran cómo se constituyó poco a poco el mito del judío fascinado por el dinero, que se vuelve omnipotente. Pero también, y sobre todo, cómo se desplegó la extremada diversidad de los destinos judíos.

Ningún hilo conductor parece relacionar a lo largo de los siglos a esos mercaderes que estudian los textos a la luz de una vela al tiempo que transportan fardos de algodón en naves que hacen la ruta de Adén hacia la India, esos sastres que cosen pieles en tenderetes de un pueblo polaco, esos campesinos que cultivan la vid en una cálida provincia francesa, esos orfebres que negocian monedas raras en Frankfurt, esos financistas que colocan los empréstitos de príncipes alemanes y compañías ferroviarias estadounidenses, esos sindicalistas que organizan huelgas en Lituania, esos dirigentes comunistas rusos, esos obreros polacos, esos industriales alemanes, esos exploradores de América y de China, esos marranos que mueren por su fe, esos piratas del

Caribe, ese jefe indio, esos productores de Hollywood; pero también esos músicos vieneses, esos portuarios de Odesa, esos matemáticos franceses, esos mendigos en los mercados de Marruecos, esos ropavejeros en el *bled* argelino. Sin embargo, todos se enfrentan a la misma elección: instalarse, volverse sedentarios, asimilarse y perder su identidad o bien seguir siendo ellos mismos, cumplir tareas que los otros no quieren hacer, correr el riesgo de ser perseguidos y echados.

Los que eligieron una de esas mil y una maneras de persistir en su ser mostraron que no hay cultura judía sin una dimensión nómada, que sólo hay riqueza al servicio de una ética, que nada es bueno para ellos si no lo es también para el mundo, y que el mundo extrajo enormes beneficios de los papeles que les hizo cumplir pidiéndoles que crearan sus medios de vida y que pagasen su derecho de permanencia.

Mucho más allá de ellos mismos, revelan esa realidad pocas veces tenida en cuenta: *ninguna de las sociedades sedentarias habría podido sobrevivir sin nómadas* que transportasen entre ellas mercancías, ideas, capitales y para eso se atrevieran a asumir riesgos intelectuales y materiales que ningún sedentario habría estado dispuesto a correr. Tal es la primera diferencia entre uno y otro tipo de cultura: el grado de peligro que cada cual está dispuesto a enfrentar. Admitidos temporariamente como sedentarios, creando riquezas para sus anfitriones, incesantemente amenazados de tener que volver a partir, odiados por los servicios que prestan, sospechados por los cambios que aportan, los nómadas son echados cuando las amenazas que ellos asumían están lo suficientemente dominadas para ser ahora enfrentadas por los propios sedentarios. También a la inversa, *el nómada necesita al sedentario* para ser recibido en sus oasis, para intercambiar y comerciar. También necesita permanecer unido para beneficiarse con la ayuda de la comunidad.

El pueblo judío desempeñó el papel del nómada que crea riquezas para el sedentario. Así, cumplió su tarea, "enmendar el mundo". Por eso su identidad se construyó en ese nomadismo forzado: su nombre es viaje; su vida es movimiento; su nostalgia es sedentaria. La hospitalidad y el enriquecimiento de sus anfitriones es la condición de su supervivencia. Su cultura y su moral se estructuran en torno a las necesidades del vagabundeo: solidaridad, hospitalidad, tolerancia son los artículos de su ley; precariedad y marginalidad, su condición. Lo nuevo constituye su fondo de comercio. Como nómada, no puede acumular duraderamente ni arraigarse; el dinero para él no puede ser más que un vehículo. El nomadismo no es una superioridad, sino apenas una especificidad compartida con otros pueblos y absolutamente necesaria para la supervivencia y el bienestar de los sedentarios.

Más precisamente, los judíos garantizan, desde hace cerca de tres mil años, los tres servicios esenciales prestados por los viajeros: descubrir, relacionar e innovar. Sin esos aportes, ninguna sociedad abierta habría podido sobrevivir.

Descubrir

Cualquier descubrimiento es necesariamente resultado de un vagabundeo nómada; jamás es una apropiación, sino la puesta a disposición de todos de una idea, un territorio o un saber. En cuanto se ponen en movimiento para su primer viaje, e incluso antes de garantizar su identidad a través de su Libro, los hebreos son descubridores.

Su primer descubrimiento es el de la unicidad de Dios. Una ruptura semejante sólo podía ser hecha por nómadas: al viajar, transportan sus dioses con ellos; estos terminan necesariamente por fundirse en uno solo, para ser transportable. Como en adelante ese dios está en todas partes con ellos, no es ya el dios de un territorio sino, por fuerza, también el de los sitios que atraviesan: su dios sólo puede ser el de todos.

Otro descubrimiento en el que tienen participación protagónica es el de la moneda y sus instrumentos: el cheque, la letra de cambio, el billete de banco. Abstracción, forma de universalidad, bien nómada, en el dominio material el dinero cumple funciones paralelas a las de Dios: así como Dios suplanta el politeísmo, el dinero sustituye el trueque. Como Él, reemplaza la violencia, el sacrificio, las represalias. Como la idea de Dios, el dinero es una abstracción nómada. Como Él, pero en un terreno muy diferente, se presenta como omnipotente, infalible, celoso, incomprensible, organizador de la vida colectiva. Como Dios, el dinero permite viajar liviano; es fuente de descubrimiento. Es un medio de servir a Dios, de hacer el bien. No es diferente de lo que es el pincel para el pintor, dirá en el siglo XX el banquero Siegmund Warburg, recuperando así la obsesión judía de no considerar la fortuna sino como un medio de realizar otras exigencias. Pero, diferencia radical con Dios, que es eterno, el dinero es precario, volátil, reversible. Es la otra cara de Dios.

El nómada es también aquel que descubre territorios: por eso, los judíos figuran entre los primeros en la astronomía, la cartografía, la geografía —ciencia mayor, conocimiento precioso–, pero también entre los viajeros impenitentes que unieron Europa con la China, las Indias, América, como Yehudá Crescas o Gaspar de las Indias, de quienes hablamos más arriba.

Este descubrimiento de lo universal al mismo tiempo que de lo abstracto los lleva a participar en la invención del método científico. De hecho, ya la modalidad de los rabíes se emparenta con la de la ciencia porque, según vimos, consiste en localizar invariantes tras los casos particulares, principios tras una jurisprudencia, números tras las palabras, conceptos tras los hechos. Sin embargo, como, sobre todo, los dejan buscar donde nadie se atreve todavía, los judíos se volvieron pioneros en medicina, matemáticas, música, química, física nuclear, psicoanálisis, genética y, más generalmente, en cualquier ámbito en que un descubrimiento puede amenazar un orden establecido y crear riquezas nuevas, para otros que no son los poderes instalados: hay otras maneras de cambiar el mundo, fuera de la economía.

Por último, el nómada no habita solamente el espacio sino también el tiempo, en cuyo interior viaja para prever el futuro y evaluar sus riesgos. Por eso, a su manera de ver, la especulación intelectual constituye un viaje virtual en la duración. Ese sentido del largo plazo está aguzado por el oficio de prestamista forzado, que lleva a los judíos a evaluar las contingencias, a tomar prendas, a asegurarse. Por eso están presentes en todos los oficios ligados a la estimación del riesgo; en otras palabras, a la exploración del tiempo: de banquero a asegurador, de filósofo a futurólogo… Y también ahí descubren, anuncian, a riesgo de ser considerados responsables de los acontecimientos que predicen, de las amenazas que destacan. Una vez más, chivos emisarios.

Relacionar

Descubrir, a menudo es sencillamente relacionar campos que a priori no tienen relación entre sí, como hacen, entre muchos otros, Sigmund Freud entre sueño y sexualidad, Albert Einstein entre ondas y partículas, Gabriel Lippman entre química y fotografía… Y también, de manera más prosaica, relacionar entre sí territorios conocidos y descubiertos con los sedentarios que en ellos residen. Así se instalan, desde la Antigüedad, comunidades-relevos en todos los puertos y las ferias, y se crean redes de comunicación culturales y comerciales entre lugares, pueblos, grupos sociales, empresas, mercados, sin los cuales la economía del mundo no habría podido crecer.

El primer oficio judío, por tanto, es muy naturalmente el de *agente,* que consiste en encontrar un proveedor para lo que uno quiere comprar o un cliente para lo que uno quiere vender. También ejercen todos los otros oficios de "relacionadores": navegantes, armadores, diplomáticos, banqueros de negocios, impresores, periodistas, escritores, cineastas... De los radhanitas del siglo XI hasta los marranos del XVII, de Gracia Mendes a André Meyer.

El escrito es el instrumento primordial de esta relación. Un nómada no puede relacionar si no lee. Por eso, el modo de expresión escrito, entre cuyos primeros poseedores figuran los judíos, es tan esencial para ellos. Y, con él, la imprenta, el teléfono, la radio, el cine y todas las otras formas de comunicación. De Menasseh ben Israel a los hermanos Warner. De Julius Reuter a Isaac Berliner. De los hermanos Soncino a David Sarnoff.

Innovar

Así como exportan y relacionan, también importan. Una vez admitidos por los sedentarios y habiendo relacionado entre sí a naciones sedentarias, llevan a una lo que descubrieron en otras: mercancías, capitales, ideas.

El primer oficio de los extranjeros, por lo demás, es abastecer a quienes los reciben con productos del exterior. Por tanto, suministran pimienta a Lisboa, diamantes a Amberes, café a Italia, tabaco a Lisboa, uniformes a Norteamérica, sederías preciosas a los príncipes alemanes.

También aportan cosas nuevas en los oficios más sedentarios, revolucionando, por ejemplo, la agricultura en Babilonia, España, la Mesopotamia, Palestina, Egipto, Polonia, Brasil, Surinam, los Estados Unidos. Revolucionan también las relaciones sociales: primeros sindicalistas, y hasta primeros revolucionarios, importan a Norteamérica esas ideas maduradas en Europa Occidental y puestas en práctica en Europa Oriental.

Importadores de dinero y metales preciosos, también aportan capitales destinados a los campesinos, los cruzados, las ciudades, las iglesias, las cortes, los ejércitos: de Babilonia a España, de Polonia a Alemania, de Londres a Norteamérica. Con ellos, el dinero se convierte en vehículo de lo nuevo, y ellos mismos en una *burguesía-comodín,* una burguesía de sustitución, que se dedica a encontrar los recursos que necesitan los tesoros públicos: banqueros de las cruzadas, de los reyes de Inglaterra, de las ciudades alemanas, de la joven América, siempre odiados por los servicios que prestan. Una vez más, chivos emisarios.

Entre esos grandes agentes de lo nuevo: el duque de Naxos en la conquista de Tiberíades, Nathan Rothschild en busca de financiamiento para la Santa Alianza, Josef Seligman en busca de dinero para Abraham Lincoln, los hermanos Pereire bosquejando proyectos de financiación de los ferrocarriles; pero también Samuel Gompers fundando sindicatos estadounidenses a partir de conceptos y métodos importados de Europa, y gran cantidad de anónimos, que ejercen todos los comercios de cosas e ideas.

Esos tres roles –descubrir, relacionar, innovar– son esenciales para el funcionamiento de la economía sedentaria. Son la clave del desarrollo del mundo. No hay desarrollo sedentario sin esos nómadas. Pero tampoco hay cuestionamiento del orden establecido sin ellos. Por eso durante mucho tiempo son mal vistos: se execra a quienes contribuyen a perturbar el *statu quo*.

A partir del siglo XVI, con la expansión de la libertad, muchos países de Occidente se esfuerzan por favorecer los viajes de sus propios naturales y atraer a ellos a los viajeros extranjeros. Declinan los países que no tienen una diáspora entre los otros o que apartan de sus tierras las de los otros. Esto ocurre con la España que expulsa a los judíos y la Rusia que los relega a tareas sedentarias sin hacer que otros cumplan las funciones destinadas a los nómadas.

Perdurar

Los nómadas se hallan entre dos fuegos: amenazados con desaparecer por la violencia, también lo están por la paz que los asimila. Para durar, necesitan mezclar permanencia y cambio, corto y largo plazo. La historia conduce entonces a los judíos a adaptarse a siete leyes, jamás explicitadas y sin embargo siempre aplicadas:

– *Vivir en grupo* para protegerse de las persecuciones. De ahí proviene la organización rigurosa de la vida comunitaria, la prohibición de orar solo, la exigencia de los matrimonios internos y, sobre todo, la obligación obsesiva de la solidaridad, magníficamente expresada por este mandamiento del Génesis: "Deja tu casa abierta de par en par y trata a la gente pobre como si fuera un miembro de tu familia"; y por este otro mandamiento del Levítico: "Si tu hermano llega a desobedecer, si ves que vacila su fortuna, sostenlo, así fuera extranjero y recién llegado; y que viva contigo"; y por último, por este comentario que pide a los miembros de una misma comunidad que "se hagan recíprocamente todos los servicios compatibles con su propio interés". Hemos visto su aplicación concreta a lo largo de los siglos.

– *Permanecer incesantemente al acecho,* evaluar las amenazas, estar dispuesto en cada momento a partir en caso de peligro. A menudo, algunas comunidades encargan a uno de los suyos de las relaciones con los poderes exteriores y de velar por las amenazas. Así, el *nasí,* el *exilarca,* el *naguib,* el *stadlan* negocian, cada cual en su país, con las autoridades sedentarias.

– *Transmitir la herencia cultural* a las generaciones siguientes. La educación, tanto judía como laica, es el primer deber: obligación incesantemente repetida que confiere al libro, a la lectura, a la escritura, un lugar único en la historia.

– *Imponerse una moral muy austera,* no tolerar arrogancia ni inmoralidad, para no crear celos ni pretextos para la persecución. El Talmud especifica minuciosamente cómo no dejarse someter por las exigencias del dinero y mantener prioridades morales, cómo no hacer fiestas llamativas ni gastos suntuarios. Por qué no acumular *bienes sedentarios;* ni tierras ni castillos: no entorpecerse ni exhibir riquezas. No poseer más que bienes nómadas: ideas, libros, un violín, diamantes. "No le es dado a toda persona que hace muchos negocios convertirse en sabio", concluye el Talmud.

– *Aceptar la ley del anfitrión* sin violar la suya, vivir de las lealtades simultáneas y no sucesivas, aceptar la dualidad sin mentir jamás sobre su fe, salvo para salvar su vida. Esto ocurre con el marrano, que jamás se dice judío sin olvidar nunca que lo es. También con el ciudadano que debe ser absolutamente fiel a toda república que lo recibe.

– *Aceptar los aportes extranjeros,* las ideas, las culturas, la lengua de los otros, y en especial recibir a los recién llegados convertidos al judaísmo. Sin duda, es la ley más difícil de aplicar.

– *Crear riquezas nuevas* o servicios nuevos, portadores de progreso para los que circundan la comunidad, y nunca construir una fuerza o una riqueza acaparando bienes que ya existen. Para que nada les aproveche que no aproveche también a los otros. Para que los otros tengan interés en su bienestar. En un versículo que lo resume todo, el Deuteronomio dice: "Debes amar a Dios con todas tus fuerzas"; "es decir –comenta Rashi–, con todas tus riquezas".[409]

A no dudarlo, sin estas leyes, las comunidades judías no habrían resistido a la violencia que expulsa ni a la sedentariedad que asimila. Con estas leyes, supieron mantener su razón de ser. De haber permanecido en su tierra hace dos mil años, el pueblo judío sin duda habría perdido su identidad. De haber estado reducido a un país, se habría convertido en un pueblo del Medio Oriente entre otros. Pero ninguno de esos pueblos sobrevivió. La persecución, al mantenerlo nómada, paradójicamente lo ayudó a perdurar, dando a cada cual un interés para permanecer judío, para sobrevivir.

Pero nada garantiza que lo mismo ocurrirá en el porvenir: ¿quién, en 1800, habría podido predecir lo que ocurrió en el siglo XIX? Y más aún, ¿quién en 1900 hubiera sabido anunciar las tragedias cuyo teatro iba a ser el siglo XX?

Cuando el centro de gravedad del mundo –por lo menos, sobre el plano demográfico– se inclina nuevamente hacia Oriente, la historia de Israel, una vez más, se jugará en su capacidad de cumplir un papel de hombre que pasa, de agente de paz y progreso entre Oriente y Occidente. Si intenta limitar su identidad a las tierras adquiridas, está perdido. Si continúa su ruta, podrá sobrevivir y ayudar a la humanidad a no desaparecer.

3. El eslabón de Oriente: Israel

Durante toda la historia humana –exceptuando el último medio siglo–, lo esencial del pueblo judío vivió en Oriente. Es lo que nuevamente ocurre hoy, con Israel como punto central. Pero ese Estado, para sobrevivir, no podrá permanecer aislado, irrisorio enclave de Occidente en un Oriente hostil. Una vez más, deberá ser útil a los que lo rodean, incluso antes de pensar en sí mismo. Vale decir, ayudar a la occidentalización de la región y aceptar su propia orientalización a la vez.

Objetivos de guerra, formas de guerra

Actualmente, los israelíes son 6 millones (entre ellos 1,1 millón de árabes) y los palestinos, 3,2 millones (sin contar los refugiados en el exterior). Los egipcios, los sirios, los iraquíes y los jordanos son 180 millones. Mañana, este desequilibrio demográfico va a acentuarse.

Por cierto, Israel tiene todavía el más alto nivel de fecundidad de todos los países desarrollados (2,8 niños por mujer) y su población sigue siendo joven: por la mera acción del crecimiento demográfico, pasará a 7,6 millones en 2025 y a más de 8,5 millones en 2050.

Pero, a más tardar en 2010, la población árabe de Israel y de Palestina será más numerosa que la judía. A partir de ese año, los árabes representarán el 58% de los 15,2 millones de habitantes instalados entre el mar y el Jordán. Porque, si una posee una tasa de fecundidad más elevada que todos los del hemisferio Norte, la otra tiene la tasa más elevada del planeta (5,6%). Antes de 2050, los palestinos serán más numerosos que los israelíes, y, para mantener un equilibrio entre judíos y árabes, en Israel sería necesaria una afluencia anual de 50 mil inmigrantes. Al lado, Irak, Siria, Egipto, el Líbano y Jordania, todos juntos hoy treinta veces más poblados que Israel, lo serán treinta y dos veces más en 2050.

El equilibrio se rompería más rápido aún si se concediera un derecho de retorno a los descendientes de los palestinos que partieron en 1948 –a menos que se conceda el mismo derecho a los descendientes de los judíos echados de los países árabes en el mismo momento–.

Entonces, los 10 millones de israelíes se verán confrontados a 350 millones de vecinos árabes. Una configuración semejante, combinada con un desvío creciente en los niveles de vida, no podría tolerarse sino en situación de paz.

Pero Israel está amenazado por *cada uno de los cinco objetivos de guerra* que acechan al mundo: territorios, religiones, riquezas, agua y energía. Y este país, una vez más, podría tener que experimentar todas las *nuevas formas de guerra* del porvenir: terrorismo urbano, combates sin uniformes, armas civiles, guerra sin armas.

– Una guerra comenzó por las *fronteras* entre el Estado hebreo y un Estado palestino. Guerra de civiles, calle por calle, niños judíos y árabes mezclados; guerra de represalias donde cada cual asesina para vengar el muerto anterior; guerra contradictoria, también, donde algunos extremistas cometen atentados o asesinatos para impedir que otros, en su propio campo, hagan la paz. Una vez más guerra de represalias, homicida de todas las civilizaciones. Puede desembocar en la desaparición de la autoridad palestina, el retorno a una ocupación directa de los territorios, sin que eso aporte una solución duradera a la coexistencia de ambos pueblos.

– Israel, último país del Norte implantado en el sur, también es uno de los posibles desafíos de *una guerra entre el Norte y el Sur.* La diferencia en los niveles de vida (de uno a diez) en la región excita los celos y exacerba el sentimiento de injusticia. Trabajo en negro, explotación, inmigración clandestina se encuentran aquí mezclados. Una guerrilla económica podría sabotear los enclaves de poder de la economía de Israel.

– Israel también se ve apresado en la *guerra religiosa* declarada por parte del Islam al Occidente judeocristiano, una guerra de la cual el sionismo es un símbolo y la causa palestina, una coartada. Podría imaginarse entonces una guerra que implique todas las fuerzas religiosas y laicas contra la de esos extremistas religiosos. Para obtener la exclusividad de Dios.

– Asimismo, Israel podría verse capturada en una *guerra por el petróleo,* dos tercios de cuyas reservas mundiales controla Medio Oriente. Una guerra semejante, de hecho, se encuentra como trasfondo del conflicto palestino-israelí desde la declaración Balfour y el acuerdo de partición de las riquezas del Golfo.

– Por último, el *déficit en agua* de la región podría convertirse en causal de guerra. Israel, Jordania y Palestina disponen hoy de menos de 500 metros cúbicos de agua por habitante al año, y ese volumen va a decrecer, lo que va a exigir una nueva partición y considerables inversiones.

En suma, Israel no podría sobrevivir a la acumulación de tales guerras y relaciones de fuerza. Pese a su superioridad tecnológica, sería aplastada demográficamente; sus elites partirían, su economía se derrumbaría. La guerra duradera, total, señalaría el fin del sionismo.

Lo que aquí se juega, por otra parte, no sería más que la prefiguración de conflictos más vastos fuera del Medio Oriente alrededor de los mismos objetivos de guerra, pero con nuevos instrumentos, en particular mediante el desvío de medios civiles de comunicación (como en Nueva York el 11 de septiembre de 2001) destinados a ser convertidos en instrumentos de muerte. Muchas fronteras serán entonces impugnadas, muchas batallas opondrán a la gente del Norte con la del Sur, muchos movimientos religiosos se levantarán unos contra otros, muchas hostilidades serán desencadenadas para asegurarse el control de las fuentes de energía (sobre todo, en el Cáucaso); por último, la apropiación de las fuentes de agua se volverá rápidamente un motivo de tensión mayor: en 2015, 3 mil millones de seres humanos carecerán de agua. La gente luchará por ella.

No hay Israel sin Palestina

Sin embargo, la paz todavía es posible y, una vez más, Israel necesita ser útil a los otros para sobrevivir: 5 millones de judíos y 4 millones de árabes viven hoy en 24 mil kilómetros cuadrados entre el Jordán y el Mediterráneo, y los palestinos sólo reclaman el 20% de esa tierra. Más que nadie, Israel tiene interés en concedérsela. Necesita a Palestina al menos tanto como Palestina necesita a Israel. Hasta podría decirse que Israel tiene más interés en la existencia de Palestina, que le permitirá recuperar su desarrollo en la seguridad, que la propia OLP. Para ella, en efecto, la creación del Estado podría llevar al cuestionamiento de su papel dirigente, porque la evolución de Palestina hacia la democracia haría surgir una elite muy diferente. Dado que la guerra lo condena a desaparecer, el Estado hebreo no sobrevivirá en el largo plazo si no reconoce a Pales-

tina su derecho a la existencia, esto es, el derecho a un Estado provisto de todos los instrumentos de la soberanía plena, sobre un territorio viable y coherente, con un estatus especial para Jerusalén, capital de uno y de otro, ciudad
para todos. Inversamente, los palestinos deben reconocer el derecho a la existencia de un Estado judío y recuperar a sus refugiados a cambio del reconocimiento de Jerusalén Oriental como capital de Palestina. Por último, cada cual
debe aceptar la presencia del otro en su propio territorio.

Ahora, muchos parecen convencidos de esto. Sólo resta encontrar en ambos frentes a los hombres de Estado que lo impongan a sus propios extremistas. Hombres capaces de comprender que la fuerza sola, sin respeto por las
necesidades del otro, conduce a la ruina. La paz pasa por la aceptación de la
existencia del otro, la separación de los combatientes, la instalación de una
fuerza de interposición para hacer respetar un cese el fuego, la lucha de cada
cual contra sus propios extremistas.

La comunidad internacional deberá ayudar a israelíes y palestinos a aprender nuevamente a trabajar juntos, a combatir el terrorismo en su tierra y desde su propia tierra.

Una vez afianzado este reconocimiento recíproco y –¡todavía más difícil!–
olvidado el odio, para que la paz se instale en forma duradera habrá que organizar una verdadera cooperación entre ambos países. No será cosa fácil: en
efecto, son muy diferentes, no sólo en el plano religioso.

Desde hace mucho tiempo, el mundo árabe sueña con edificar su unidad
económica y reunir en un conjunto integrado a los 300 millones de habitantes
de veinte países que van de Arabia Saudita a Sudán y de Irak a Libia. Múltiples
proyectos fueron lanzados en este sentido: Fondo Árabe para el Desarrollo Económico y Social; Consejo de la Unidad Económica Árabe; Consejo de Cooperación del Golfo; Banco Árabe de Desarrollo Económico; Banco Islámico;
mercado común árabe; zona árabe de libre comercio… Todos esos proyectos
fracasaron, y hasta los derechos aduaneros entre esos diversos países siguen siendo muy elevados. Las brechas entre sus niveles de vida, las diferencias de sistema social, las rivalidades políticas les impidieron integrarse, y el comercio entre
países árabes no representa todavía más que el 5% de sus intercambios.

Más difícil todavía sería unir a Israel y a Palestina con sus vecinos: Jordania, Egipto, Líbano y Siria. A las secuelas de las guerras se añade el hecho de
que no tienen la costumbre de comerciar unos con otros y pocos producen
aquello que el otro necesita. Sin embargo, un proyecto semejante sería la condición necesaria de una paz duradera, como ocurrió en Europa. Crear las
condiciones para que cada cual tenga interés en el éxito del otro.

La ejecución de ese proyecto comenzaría por una liberación progresiva de la circulación de bienes y de servicios. Posibilitaría el retorno de todos al crecimiento y el empleo, y poco a poco, como en Europa, conduciría a la armonización de las legislaciones y a la distribución comunitaria de los recursos básicos, en especial el agua, que exigirá considerables inversiones conjuntas. También como en Europa, deberán financiarse fondos sociales para compensar las enormes diferencias de nivel de vida entre esos diversos países. Una vez acondicionado un espacio económico semejante, las identidades nacionales dejarían de ser antagónicas, y cada cual tendría interés en el crecimiento del otro. Se pasaría de la hostilidad a la rivalidad, de la rivalidad a la competencia, de la competencia a la cooperación. La paz sería peligrosa ante todo para los dirigentes; los dictadores verían a sus pueblos volverse contra ellos y reclamar la democracia y la unión.

Un día, entonces, la "Unión del Medio Oriente" tendría una moneda, un parlamento, y hasta, mucho más tarde, como Europa, un ejecutivo. Entonces Israel debería aceptar ser atravesado por poblaciones que hoy le son hostiles; hasta se vería obligado a conceder a esos extranjeros el derecho de permanencia, de instalación, de adquisición de tierras, de voto en las elecciones locales. Miembro entre otros de la "Unión del Medio Oriente", Israel sería alcanzado por sus vecinos en un modo de vida más o menos común, en un destino común. Como en Europa, matrimonios mixtos sellarían la culminación del proceso. Convertido de este modo en sedentario, Israel debería aceptar el aporte de los otros. En ello perdería su identidad; en todo caso, tal como lo quisieron sus fundadores.

En definitiva, así en la paz como en la guerra, el proyecto sionista perdería su sentido.

De Oriente y de Occidente

Frente a este doble atolladero –en la guerra como en la paz–, las elites israelíes vacilan. No quieren saber nada con los estragos de la guerra ni con las consecuencias de la paz. Ven con terror cómo la más absurda de las guerras de religión devastó Irlanda; comprueban con angustia cómo la paz más bella transforma a África del Sur. En cuanto a los palestinos, atravesados por las mismas dudas, algunos ven todavía en la prosecución del conflicto el mejor medio de mantener su unidad, temiendo que la paz la haga explotar.

Para salir de este dilema, algunos, en ambos campos, propondrán una bunkerización de sus dos naciones, encerradas detrás de fronteras. Desplazamientos masivos de poblaciones, como ocurrió entre Croacia y Serbia, que permitan crear entidades casi homogéneas. Entre ellas, una suerte de "muro de Jericó": el primer muro entre el Norte y el Sur. Una solución semejante, que serviría a muchos intereses en cada campo, sería sin embargo política y económicamente impensable: no es posible concebir que los árabes israelíes acepten verse así separados de sus vecinos que viven del otro lado del muro, como ocurrió en Alemania y todavía ocurre hoy en Corea. Para Israel, esto supondría expulsar a todos los árabes israelíes y vivir sin lazo alguno con su vecindad. En cuanto a Palestina, una partición de ese tipo la privaría de una parte considerable de sus ingresos y acarrearía para ella un derrumbe económico aún más profundo que el que hoy padece. Ambas opciones son imposibles, salvo para algunos extremistas de los dos campos.

Por tanto, Israel deberá aceptar la paz y lo que implica la apertura. Deberá dejar de fundar su especificidad únicamente en la propiedad de un suelo, para definirse una vez más por su capacidad de promover una identidad de nómadas, de hombres que pasan, es decir, continuar su existencia y su irradiación mediante una lengua, una historia, una cultura, un conjunto de valores. Se convertiría entonces en agente y vate de sus propios valores, como el de los valores occidentales, al tiempo que aceptaría verse enriquecido por los valores del Oriente y el islam.

Más lejos en el tiempo, en el corazón del futuro triángulo donde todo se jugará –Occidente, Islam y Extremo Oriente–, se abrirá, para la más oriental de las potencias de Occidente, un nuevo papel de agente de paz y progreso.

La educación será entonces la más estratégica de las cartas. La carrera por el armamento del espíritu será la única que valdrá la pena entablar. La Diáspora, pues, tendrá que cumplir un papel estratégico que ya no parece en situación de desempeñar: fuera de muy raras excepciones, en efecto, está desapareciendo justamente en la uniformidad de la occidentalización y el olvido de su identidad.

4. El eslabón de Occidente: las diásporas

Desaparecer por indiferencia

La población judía mundial, estimada en 12,5 millones en 2002, decrece desde mediados de los años setenta, cuando todavía alcanzaba 13,7 millones. En veinte años, la Diáspora también pasó de 9 a menos de 7,5 millones. Sin contar siquiera las partidas hacia Israel, su muy baja tasa de fecundidad (1,6 niños por mujer, salvo en las familias ortodoxas) no le permite mantener esa cantidad. De ello resulta su envejecimiento: en los Estados Unidos, solamente el 21% de los judíos estadounidenses tienen menos de 18 años, contra el 35% para la población estadounidense en su conjunto. En otras partes –salvo en Canadá y en Francia– es peor: en Rusia, los niños menores de 14 años representan menos del 10% del total, y quienes superan los 55 años se convirtieron en cerca de la mitad de la comunidad.

A esto se añaden la multiplicación de los matrimonios mixtos y la regresión del sentimiento de pertenencia. Por todas partes en Occidente, viven cada vez menos en casa de sus padres, se casan cada vez más con alguien que conocieron en el trabajo o en la universidad. En todas las comunidades minoritarias del mundo, la cantidad de matrimonios mixtos aumenta. En la diáspora judía en especial, esa cantidad pasó del 3% de los matrimonios en 1940 al 8% en 1960 y a más del 52% en 2001. En la Argentina es del 57%. En los Estados Unidos alcanza incluso el 72% para los laicos aunque sigue circunscripto al 3% entre los ultraortodoxos. De cada 10 parejas, 8 no casadas son mixtas. Únicamente los afroamericanos en los Estados Unidos y los musulmanes en Europa escapan todavía en parte a esta tendencia, porque lo desean y porque son objeto de segregación. Y como el nivel universitario estimula la asimilación, la diáspora judía está particularmente involucrada. Eterno dilema: el saber laico amenaza la pertenencia específica.

La mayoría de los matrimonios mixtos no implica la conversión del cónyuge judío a otra religión, sino el rechazo de conversión del cónyuge no judío, y sobre todo, el abandono del judaísmo en la generación siguiente. Hoy, aunque un tercio de los jóvenes de la Diáspora se casa con un no judío que no se convierte, más de la mitad de los niños surgidos de matrimonios mixtos en los Estados Unidos no se volverán judíos. En este país, 700 mil jóvenes de menos de 18 años de los cuales uno de sus padres es judío son educados en otra religión, y 600 mil adultos nacidos de por lo menos un padre judío practican otra religión.

Hasta los niños de parejas judías pierden su identidad: en los Estados Unidos, dos niños judíos de cada tres no reciben educación religiosa. En Francia, esta proporción es casi de uno de cada dos. Una de las raras excepciones en la Diáspora es Amberes, donde el 90% de los niños asiste todavía a una escuela judía.

Más que nunca, la pertenencia se convierte en una elección individual, cada vez menos dictada por el entorno. Si para un israelí resulta difícil no llamarse tal, para muchos judíos de la Diáspora, en particular estadounidenses –cuyo modelo lo constituye un Jerry Seinfeld–, esa pertenencia a la Diáspora hoy ya no se manifiesta sino por datos vagos: el recuerdo de la Shoá, la vigilancia frente a las amenazas de antisemitismo, la necesidad de un apoyo al Estado de Israel, la solidaridad con los más pobres, la piedad filial y el respeto por las tradiciones familiares. Sólo siguen siendo judíos aquellos que lo escogen; pero como no pueden escogerlo sino aquellos que nacieron tales, su número sólo puede decrecer.

Al fin y al cabo, si las tendencias actuales se prolongan, un tercio de la Diáspora habrá desaparecido en 2020, y dos tercios en 2050. Según un análisis todavía más pesimista de algunos investigadores de Harvard, en 2080 no habrá en los Estados Unidos más que 900 mil judíos, a lo sumo. Según otro análisis del American Jewish Committee para el *American Jewish Year Book,* la población judía estadounidense todavía llegará a 3,8 millones en 2080, pero el 40% de ellos tendrá entonces más de 65 años.

Con el canadiense, el judaísmo francés parece el menos amenazado por esas evoluciones crepusculares, aunque los ritmos de asimilación se acerquen poco a poco a los de los Estados Unidos.

Por consiguiente, salvo si la guerra lo vacía de su población, en 2020 Israel se convertirá en la primera comunidad judía del mundo, y la mayoría del pueblo judío vivirá allí antes de 2050. Entonces, éste dejará de tener una diáspora más vasta que la nación. Se hablará entonces de "diáspora israelí", y no ya de diáspora judía. Se convertirá en una diáspora nacional, y ya no cultural, mezclada en la globalización con las otras diásporas nacionales, mestizada con ellas.

El pueblo judío habría vivido entonces dos mil años a la vanguardia para desaparecer cuando los otros lo hayan alcanzado. Esta desaparición por la uniformidad no es la única que lo amenaza.

Desaparecer por las diferencias

Debilitadas pero siempre envidiadas, las diásporas también podrían desaparecer debido a la hostilidad de los sedentarios. Ya vemos cómo se manifiesta contra ellas un retorno de la violencia, como en oposición a otras minorías. El recuerdo de la Shoá ya no basta para protegerlas de dramas de una amplitud comparable. Podrían conocer un reverdecer si se cristalizaran alrededor de las diásporas reproches fantasmáticos, como el de dominar la globalización. O incluso si fueran designadas, por algunas fuerzas todavía indiscernibles e imprevisibles, como relacionadas con un Estado cuya existencia, se diría, amenazara el acceso al petróleo del Occidente, o, más en general, si fueran denunciadas como el principal obstáculo para un acuerdo entre Oriente y Occidente o entre islam y cristiandad. Entonces, en la peor de las pesadillas, podría irse hacia un acuerdo de las dos religiones hijas contra la madre, del islam y el cristianismo contra el judaísmo. O del islam y los laicos contra el judaísmo. El reciente discurso del nuevo presidente sirio ante el papa, donde se denuncia el judaísmo como deicida, y la ausencia de reacciones del Vaticano ante esas palabras podrían constituir uno de los signos precursores de tal coalición hostil al judaísmo. Resta imaginar qué fuerzas, en Occidente o en otras partes, podrían cultivar tales fantasías. Felizmente hoy es imposible, y esa amenaza es lejana.

De modo más general, la globalización, al estimular la uniformidad, exacerba la rivalidad entre los que se parecen[165] y focaliza la violencia sobre un tercero: también aquí, el pueblo judío parece en situación de volverse una vez más el "tercero doliente", chivo emisario de rivales uniformes.

En el momento presente, nada permite adivinar la eventualidad de dichas amenazas —en todo caso, en el estado actual de las relaciones de fuerza geopolíticas—. Pero en 1900, nada, o casi nada, permitía presagiar lo que iba a ocurrir algunas décadas más tarde…

5. De Occidente y de Oriente

Abrirse o desaparecer

Las nuevas tecnologías de la comunicación van a constituir una formidable herramienta de relación entre diásporas y comunidades de origen. Van a acelerar el predominio de los valores surgidos del pueblo judío, generalizando a todos las condiciones y los medios del nomadismo: nada hay más judío, en su espíritu, que el teléfono portátil.

Como las demás minorías, las diásporas judías sólo podrán sobrevivir si retrocede la barbarie del mundo, lo que dista de depender de ellas, si cada cual aprende a apreciar las diferencias, a encontrar su felicidad en la de sus vecinos. No en una yuxtaposición de comunidades más o menos cerradas, alrededor del comunitarismo, sino en la multipertenencia, la participación en entidades múltiples; y más específicamente, por lo que respecta al judaísmo,

si un acuerdo territorial se vuelve posible. Por último, si las religiones prosiguen el formidable esfuerzo de renovación cultural que parece animar hoy a
algunos de sus dirigentes.

Un grupo de mecenas estadounidenses, animado por un financista de
Wall Street, Michel Steinhardt, hijo de un joyero de Brooklyn, desea favorecer un mejor conocimiento de la historia y la identidad judías por los jóvenes judíos. Haciendo del apego a Israel un sustituto de la pertenencia
religiosa, este grupo fundó el Partnership for Excellence in Jewish Education,
dotado de 18 millones de dólares por año, para enviar a jóvenes de la Diáspora a descubrir Israel y su historia: 8 mil jóvenes el primer año, 50 mil los
años siguientes. También fundó el Birth Right ("derecho de nacimiento"),
que ofrece lunas de miel a los jóvenes judíos recién casados. Por último, gracias a técnicas comerciales modernas, aconseja a las comunidades sobre la manera de hacer evolucionar su aproximación al culto y a los fieles, reanudando
lazos, de ese modo, con tentativas vecinas desplegadas por las Iglesias protestantes y católicas de Norteamérica y de Europa –con el apoyo, también ellas,
de hombres de empresa: *marketing* religioso–.

Muchos otros aportes serían necesarios para que el judaísmo –como las
otras confesiones– vuelva a ser un polo de atracción y suministre respuestas a
los grandes interrogantes planteados por la humanidad. Sin encerrarse no obstante en una ortodoxia intolerante, en un comunitarismo celoso. No es seguro
que todas las diásporas judías cuenten con los recursos para favorecer una renovación espiritual semejante. Para no definirse ya tan sólo por lo que los otros les
hicieron, ni por lo que los otros hacen a Israel, serían necesarios profesores, escuelas, debates, lugares de encuentro. Haría falta paz, apertura, tolerancia, aceptación de la multifidelidad, modernización de los ritos, las prácticas y las ideas.
Si la guerra persiste en Medio Oriente, la responsabilidad de la supervivencia
del judaísmo pesará entonces sobre tres comunidades de Occidente: las de los
Estados Unidos, Canadá y Francia. Si se convierte en un lugar de paz, en cambio, Israel podrá financiar a su vez la vida cultural de algunas diásporas: no habría mejor uso de los fondos abonados por los bancos suizos para indemnizar
las expoliaciones perpetradas durante la última guerra mundial.

En uno u otro caso, para lograr una renovación semejante, sobre todo será necesario que el pueblo judío, como cualquier otra minoría, reanude sus
lazos con la apertura a los recién llegados, tolere nuevos modos de vida y reciba con más facilidad a quienes quieran unírsele. El Joint Conversion Institute, creado en Israel en 1999, intenta flexibilizar las reglas de la conversión
para admitir también como convertidos a quienes no se comprometerían a

vivir de manera ortodoxa. Esto no es más que un primer y tímido esbozo. Sólo pueden sobrevivir las sociedades abiertas. Hasta ahora, únicamente su apertura garantizó la supervivencia del judaísmo.

Después de todo, Rut, la bisabuela de David, de quien, según el Talmud, descenderá el Mesías, no era judía...

Hombres que pasan, de Oriente y de Occidente

Junto a Israel, la diáspora judía, entre otras, podría cumplir un rol ético, recordando a todos los humanos los valores morales que le permitieron durar, en una continuación de su ayuda a los otros para dialogar, crear, progresar, intercambiar. En el momento en que otras civilizaciones se moldean y surgen, el pueblo judío deberá recuperar, de una manera muy diferente, con las herramientas nuevas de lo virtual, el papel que desempeñaba hace diez siglos: pasar entre el Occidente, el Islam y el Oriente; pasar riquezas, ideas, culturas; pero también y sobre todo, tal vez, en esta nueva etapa de la historia del mundo, pasar su principal riqueza: el tiempo.

Puesto que el pueblo judío piensa a su Dios, convertido en el de todos, como el señor del tiempo en que viaja y cuyo valor mide con dinero; puesto que puso, a menudo para su desgracia, a su Dios y su dinero a disposición de los demás, ofreciendo, así, tiempo al mundo –tiempo de eternidad (a través de Dios), tiempo material (a través del dinero), tiempo del espíritu (a través del arte)–, le resta hacer del tiempo una nueva fuente de progreso de la humanidad.

En el nuevo diálogo de las civilizaciones, en la orientalización en curso de los hombres, y la occidentalización en curso de las cosas, el pueblo judío tendrá que representar un papel eminente en el encuentro de las diversas visiones del tiempo, de Oriente y de Occidente, que van a enfrentarse. Al expresar la única virtud común al sedentario y al nómada, esencial para la futura cultura del tiempo: la *hospitalidad,* donde todo se juega en el placer de dar placer y en el intercambio de tiempo. Un tiempo finalmente arrancado a la doble dominación de la tierra y el dinero.

* * *

Por lo tanto, esta historia no habla solamente de un pueblo demográficamente irrisorio, sino que revela el papel de todas las minorías en la historia humana. Destaca el dilema con que tarde o temprano se ven confrontados todos los pueblos: desaparecer en la indiferencia de la uniformidad o morir por la intolerancia a la singularidad. Anuncia la transformación, en última instancia, de todas las cosas y todas las relaciones sociales en dinero, la conversión de todos a las culturas dominantes. Destaca la amenaza que planea sobre todas las minorías, designadas como chivos emisarios por aquellos cuyos conservadurismos desafían, envidiadas porque duran y perseguidas por lo que dan. También muestra que las diásporas que tienen éxito son aquellas que dan la mayor importancia a la educación, la memoria, la excelencia, el largo plazo, el respeto por los otros. Indica que el porvenir pertenece a las naciones abiertas a las diásporas de los otros y a las suyas propias. Ilustra el hecho de que no hay sedentarios sin nómadas ni nómadas sin sedentarios. Por último, anuncia que Occidente sólo tiene interés en la paz con el Islam y Oriente si está dispuesto a abrirse a sus culturas y a sus diásporas.

De una u otra manera, todos los pueblos del mundo se verán enfrentados a estos desafíos. Todos tienen una dimensión nómada y sedentaria a la vez, con una diáspora más o menos importante. Todos se verán mezclados en esas diversas formas de guerra; el terrorismo nómada no escatimará a nadie. Todos se verán enfrentados a la exigencia de definirse a través de una identidad cultural, una lengua, y no solamente un territorio. A menos que se aísle en un gueto, ninguno podrá ser otra cosa que el crisol de un mestizaje. Todos deberán reasignar un sentido a valores éticos, a determinadas morales, para servir de barreras a las locuras del mundo. La historia del pueblo judío, en sus relaciones con el dinero y el mundo, no es más que un anticipo, precioso para todos, por las leyes que enseña, de lo que cada cual puede esperar.

Una vez más, en Oriente se encuentran hoy las diásporas más promisorias. Primero la china: veinte veces más numerosa que la judía; treinta veces más rica que ella; igualmente orientada hacia la familia, la educación, el esfuerzo; igualmente capaz de alimentarse de los otros al tiempo que protege su identidad.

Mañana, la globalización estimulará la multiplicación de tales diásporas, a veces desapareciendo en las naciones que las acogen, otras renovadas a través de nuevos aportes de inmigrantes, otras sin raíces o sin nación. De ese mosaico movible estará hecho el mundo, y sólo podrá sobrevivir aceptándose como tal, enseñando a cada cual lo que debe esperar de los otros y lo que debe darles.

Por lo menos, que la historia de los judíos, el mundo y el dinero enseñe esta lección: cualquier hombre necesita a los otros para ser salvado.

NOTAS BIBLIOGRÁFICAS

1. ABBOTT, G. F., *Israel in Europe,* Londres, Macmillan, 1907.
2. ADAMS, *Le Monde religieux dévoilé* [redactado según notas suministradas por Josué Van Oven, miembro del Consistorio Israelita de Alemania].
3. ADAMS, Hannah, *History of the Jews from the Destruction of Jerusalem to nine - teenth Century,* Boston, 1812.
4. ADLER, E. N., *Jewish Travellers in the Middle Ages: 19 first hand accounts,* Nueva York, Hermon Press, 1966.
5. AGUS, I., *The heroic age of franco-german Jewry,* Nueva York, Bloch, 1969.
6. ALBRIGHT, Mike, *Yahveh and the Gods of Canaan,* Nueva York, 1983.
7. ALEM, Jean-Pierre, *La Mémoire du siècle. La Déclaration Balfour aux sources de l'État d'Israël,* Bruselas, Complexe, 1991.
8. AMAR, André, "Essai psychanalytique sur l'argent", París, *Revue française de psychanalyse,* 1956.
9. ANCHEL, Robert, *Un baron juif français au XVIIIᵉ siècle,* París, Souvenir et Science, 1930.
10. ANDICS, H., *Histoire de l'antisémitisme,* París, Albin Michel, 1967 [trad. esp.: *Historia del antisemitismo,* Madrid, Ibérico Europea de Ediciones, 1969].
11. ANDRIEU, Claire, "Le Mythe de la banque juive et les réalités de l'aryanisation", *Pardès,* París, 1992, núm. 16.
12. ARENDT, Hannah, *Les Origines du totalitarisme,* 3 vols., París, Seuil, 1998 [trad. esp.: *Los orígenes del totalitarismo,* Madrid, Taurus, 1998].
13. ARENDT, Hannah, *Sur l'antisémitisme,* París, Calmann-Lévy, reed. 1973.
14. ARENDT, Hannah, *La Tradition cachée. Le Juif comme paria,* París, Christian Bourgeois, 1996 [trad. esp.: *La tradición oculta,* Barcelona, Paidós, 2004].
15. ARISTÓTELES, *Éthique à Nicomaque,* París, J. Vrin, 1994 [Trad. esp.: *Ética a Nicómaco,* Madrid, Alianza, 2004].
16. ARMSTRONG, Karen, *A History of God, from Abraham to the present: the 4000-years quest for God,* Londres, Heinemann, 1993 [trad. esp.: *Una historia de Dios: 4000 años de búsqueda en el judaísmo, el cristianismo y el Islam,* Barcelona, Paidós Ibérica, 2002].
17. ATTALI, Jacques, *Au propre et au figuré,* París, Fayard, 1988.

18. ATTALI, Jacques, *Un homme d'influence*, París, Fayard, 1985 [trad. esp.: *Un hombre de influencia: Sir Siegmun Warburg (1902-1982)*, Barcelona, Seix Barral, 1992].

19. ATTALI, Jacques, *1492*, París, Fayard, 1991 [trad. esp.: *Milcuatrocientos noventa y dos*, Barcelona, Plural de Ediciones, 1992].

20. ATTIAS, J.-C. y E. Benbassa, *Dictionnaire de la civilisation juive*, París, Larousse, 1997.

21. AVI-YONAH, Michaël, *The Jews under Roman and Byzantine rule, from Bar-kochba to the Arab conquest*, Jerusalén, Magnus Press.

22. AZÉMA, Jean-Pierre y François Bédarida (dir.), *Vichy et les Français*, París, Fayard, 1992.

23. AZÉMA, Jean-Pierre y François Bédarida (dir.), *La France des Années noires*, tomo I, *De la Défaite à Vichy*, París, Seuil, 1993.

24. AZÉMA, Jean-Pierre, *De Munich à la Libération*, París, Seuil, 1979.

25. BÄCK, Samuel, *Die Geschichte des Jüdischen Volkes und seiner Literatur vom babylonischen Exile bis auf die Gegenwart*, Lissa, 1878.

26. BACON, Francis, *La Nouvelle Atlantide*, París, Flammarion, 1995 [trad. esp.: *La nueva Atlántida*, Buenos Aires, Losada, 1941].

27. BADINTER, Robert, *Libres et égaux... L'émancipation des Juifs 1789-1791*, París, Fayard, 1989.

28. BARBOUR, Violet, *Capitalism in Amsterdam in the 17th century*, Baltimore, Johns Hopkins, 1950.

29. BARD, Mitchell, *The Babylonians*.

30. BARNAVI, Élie, *Histoire universelle des Juifs*, París, Hachette, 1992.

31. BARNAVI, Élie, *A Historical Atlas of the Jewish People*, Nueva York, Alfred. Knopf, 1992.

32. BARNAVI, Élie y Saul Friedländer, *Les Juifs et le XXe siècle. Dictionnaire critique*, París, Calmann-Lévy, 2000.

33. BARNAVI, Élie, *Israël au XXe siècle*, París, PUF, 1982.

34. BARON, S. W., *Histoire d'Israël: Vie sociale et religieuse*, 5. vol., París, PUF, 1957-1964.

35. BARON, S. W., "Population", en: *Encyclopaedia Judaïca*, tomo XIII, 1971.

36. BASTAIRE, Jean, "Drumont et l'antisémitisme", en: *Esprit*, marzo de 1964, núm. 326.

37. BAUER, Julien, *La Nourriture casher*, París, PUF, 1996.

38. BAUER, Bruno, "La question juive", en: *La Question juive par Karl Marx*, París, UGE, 1968.

39. BÉDARRIDE, Israël, *Les Juifs en France, en Italie et en Espagne*, París, Lévy frères, 1861.

40. BENBASSA, Esther, *Histoire des Juifs de France*, París, Seuil, 1998.

41. BENDELAC, Jacques, *Israël à crédit*, París, L'Harmattan, 1995.

42. BENDELAC, Jacques, *Les Fonds extérieurs d'Israël,* París, Economica, 1982.
43. BENAMOZEGH, Élie, *Israël et l'humanité,* París, Albin Michel, 1961 [trad. esp.: *Israel y la humanidad,* Barcelona, Riopiedras, 2003].
44. BEN ISRAEL, Menasseh, *Espérance d'Israël,* París, Librairie Philosophique J. Vrin, 1979 [trad. esp.: *Esperanza de Israel,* Madrid, Hiperión, 1987].
45. BEN SASSOON, M., "Letter fragments from the Geniza to the beginnings of the renewal of contact between the Babylonian yeshivot with the West", en: *Tabriz,* vol. 56.
46. BENSIMON, Doris y Églal Erréra, *Israéliens: des Juifs et des Arabes,* Bruselas, Complexe, 1989.
47. BEN ZION, Yeshua-Raz, *From the lost tribes in Afghanistan to the Mashed Jewish Converts of Iran,* 1992.
48. Dr. S. BERG, Philip, *Kabbalah for the Layman,* Jerusalén, Press of the Research Centre of Kabbalah, 1981.
49. Dr. S. BERG, Philip, *An entrance to the Zohar,* Jerusalén, Press of the Research Centre of Kabbalah, 1974.
50. BERSTEIN, Serge y Pierre Milza, *L'Allemagne 1870-1970,* París, Masson, 1971.
51. GILLE, Bertrand, *La Banque en France au XIXe siècle,* París, 1970.
52. BEUGNOT, Auguste-Arthur, *Les Juifs d'Occident,* París, 1824.
53. BILLIG, Joseph, *Le commissariat général aux questions juives* (1941-1944), 2 vols., París, Éditions du Centre, 1955-1960.
54. BIRMINGHAM, Stephen, *Our crowd,* Nueva York, Harper and Row, 1967.
55. BIRMINGHAM, Stephen, *The Grandees,* Nueva York, Harper and Row, 1971.
56. BIRNBAUM, Pierre, *Un Mythe politique, la "république juive",* París, Fayard, 1988.
57. BLAZE, Elzéar, *La vie militaire sous le Premier Empire. Souvenirs d'un officier de la Grande Armée,* París, 1906.
58. BLOOM, Herbert I., *The Economic Activities of the Jews of Amsterdam in the 17th & 18th centuries,* Londres, Kennicot Press, 1982.
59. BLUMENKRANZ, Bernhard, *Juifs et chrétiens dans le monde occidental (430-1096),* París, Mouton, 1960.
60. BLUMENKRANZ, Bernhard, *Les Auteurs chrétiens latins du Moyen Âge sur les Juifs et le judaïsme,* París, Mouton, 1963.
61. BLUMENKRANZ, Bernhard, *Histoire des Juifs de France,* Tolosa, Privat, 1972.
62. BOCCACCIO, *Décaméron,* París, Bordas, 1988 [trad. esp.: *El Decamerón,* Barcelona, Bruguera, 1983].
63. BOGUE, Donald J., *The Population of the United States,* Nueva York, 1959.
64. BOORSTIN, Daniel, *Les Découvreurs,* París, Seghers, 1986 [trad.esp.: *Los descubridores,* Barcelona, Crítica, 2000].
65. BOUNAN, Michel, *La Vie innommable,* París, Allia, 1993.
66. BORNSTEIN-MAKOVETSKY, Leah, "L'activité de l'élite sépharade après l'expulsion", en: *La société juive à travers l'histoire,* tomo III, París, Fayard, 1992-1993.

67. BOURDREL, Philippe, *Histoire des Juifs de France,* París, Albin Michel, 1974.

68. BOUVIER, Jean y Henry Germain-Martin, *Finances et financiers de l'Ancien Régime,* París, PUF, 1969.

69. BRAUDEL, Fernand, *Civilisation matérielle, économie et capitalisme,* París, Armand Colin, 1979 [trad. esp.: *Civilización material, economía y capitalismo, Siglos XV-XVIII,* 3 tomos, Madrid, Alianza, 1984].

70. BRAUDEL, Fernand, *La Méditérrannée et le monde méditerranéen à l'époque de Philippe II,* 2 vols., París, Armand Colin, 1966 [trad. esp.: *El Mediterráneo y el mundo mediterráneo,* Madrid, Fondo de Cultura Económica, 2004].

71. BRAUDEL, Fernand y Ernest Labrousse (dirs.), *Histoire économique et sociale de la France,* París, PUF, 1970.

72. BREDIN, Jean-Denis, *L'Affaire,* París, Fayard-Julliard, 1993.

73. BUNAU-VARILLA, Philippe, *Mémoires,* no publicadas.

74. BURIN, Philippe, *Hitler et les Juifs,* París, 1989.

75. CALIMANI, Ricardo, *Histoire du ghetto de Venise,* París, Denoël, 1997.

76. CAPEFIGUE, Jean-Baptiste, *Histoire des grandes opérations financières,* París, 1858.

77. CARS, Jean des, *Malesherbes,* París, 1994.

78. *Catalogue d'Actes relatifs aux Juifs, Revue d'études juives,* III, núm. 86, pág. 222.

79. CATANE, Moshe, *Des croisades à nos jours,* París, 1956.

80. CAVE, C. y Herbert Coulson (comps.), *A Source Book for Medieval Economic History,* Milwaukee, The Bruce Publishing Co., 1936.

81. CECIL, L., *Albert Ballin,* Nueva Jersey, Princeton University Press, 1970.

82. CERBELAUD, Dominique, *Écouter Israël,* París, Le Cerf, 1995.

83. CHARLOT, Monica, *L'Angleterre, 1945-1980,* París, Imprimerie National, 1981.

84. CHAUNU, Pierre, *L'expansion européenne du XIIIᵉ au XVᵉ siècle,* París, PUF, 1969 [trad. esp.: *La expansión europea,* Barcelona, Labor, 1982].

85. CHAUVEL, Geneviève, *Saladin, rassembleur de l'Islam,* París, Bordas, 1991 [trad. esp.: *Saladino: el unificador del Islam,* Barcelona, Planeta, 2003].

86. CHESNAIS, Jean-Claude, *La Population mondiale,* París, Bordas, 1991.

87. CHEVALIER, Yves, *Le Juif, bouc émissaire: contribution à la théorie de l'antisé-mitisme,* tesis de doctorado, París IV, 1986.

88. CHOURAQUI, André, *L'Alliance israélite universelle et la renaissance juive con-temporaine,* París, PUF, 1965.

89. CHOURAQUI, André, *Histoire du judaïsme,* París, PUF, 1974 [trad. esp.: *Historia del judaísmo,* México, Cruz O., 1991].

90. CHOURAQUI, André, *L'Univers de la Bible,* París, Lidis, 1991.

91. CHOURAQUI, André, *Les Hommes de la Bible,* París, Hachette, 1994.

92. CLOULAS, Ivan, *Les Borgia,* París, Fayard, 1987 [trad. esp.: *Los Borgia: fama e infamia en el Renacimiento,* Barcelona, Vergara, 2003].

93. COHEN, Raphaël, *Ouvertures sur le Talmud,* París, Jacques Grancher, 1990.

94. COHEN, Raphaël, *Les Chemins de la Torah,* París, Le Hameau, 1986.

95. COHEN, Brigitte-Fanny, *Elie Wiesel, qui êtes-vous?*, Lyon, La Manufacture, 1987.

96. COHN, Norman, *Histoire d'un mythe: "la conspiration juive" et "les protocoles des Sages de Sion"*, París, Gallimard, 1967 [trad. esp.: *El mito de la conspira - ción judía mundial: los Protocolos de los sabios de Sión*, Madrid, Alianza, 1995].

97. Coloquio XVII de los intelectuales judíos de lengua francesa: *Le modèle de l'Occident*, París, PUF, 1977.

98. Coloquio XVIII de los intelectuales judíos de lengua francesa: *L'Argent*, París, Denoël, 1989.

99. COLÓN, Cristóbal, *Journal*, París, La Découverte, 1991 [trad. esp.: *Diario de navegación*, La Habana, Comisión Nacional de la Unesco, 1961].

100. COMTE, Bernard, "Conscience catholique et persécution antisémite: l'engagement de théologiens lyonnais en 1941-1942", *Annales ESC*, mayo-junio de 1993, núm. 3, pp. 635-654.

101. CONDER, Claude-Reignier, *Judas Macchabeus and the Jewish war of indepen - dence,*. Londres, 1894.

102. CORAN (Le), París, Flammarion [trad. esp.: *El Corán*, Madrid, Editora Nacional, 1984].

103. DA COSTA, *Israel en de Volken*, Utrecht, 1876.

104. DAHAN, Gilbert, *La Polémique chrétienne contre le judaïsme au Moyen Âge*, París, Albin Michel, 1991.

105. DAAN, Gilbert, *Les Intellectuels chrétiens et les Juifs au Moyen Âge*, París, Cerf, 1990.

106. DALY, *The Settlement of the Jews in North America*, Nueva York, 1893.

107. DAVIS, D. (comp.), *Hebrew deeds of english Jews before 1290*, Fainsworth, Gregg, 1972.

108. DEDIEU, J.-P., *L'Inquisition*, París, Cerf, 1987.

109. DELUMEAU, Jean, *La Civilisation de la Renaissance*, París, Arthaud, 1984 [trad. esp.: *La civilización del Renacimiento*, Barcelona, Juventud, 1977].

110. DEEPING, Georges-B., *Les Juifs dans le Moyen Âge*, París, 1834.

111. DEUTSCH, Émeric, *L'Argent entre violence et pacification*, en: "L'argent", XVIII Coloquio de los intelectuales judíos.

112. DEUTSCHER, Isaac, *Staline*, París, Gallimard, 1973 [trad. esp.: *Stalin: biogra - fía política*, México, Era, 1988].

113. *Dictionnaire encyclopédique du judaïsme*, París, Laffont, 1996.

114. DIDEROT, Denis y Jean d'Alembert, *Encyclopédie*, artículo "Judaïsme".

115. DIMONT, Max, *Jews, God and History*, Nueva York, Simon and Schuster, 1962.

116. DOUBNOV, Simon, *Précis d'histoire juive*, Servicio técnico para la educación, París, 1963.

117. DOUBNOV, Simon, *Histoire moderne du peuple juif (1789-1938)*, París, Cerf, 1994.

118. DRAÏ, Raphaël, *L'Économie chabbatique*, París, Fayard, 1998.

119.   DRAÏ, Raphaël, *Le Dieu caché et sa révélation,* París, Fayard, 1990.
120.   DRAÏ, Raphaël, *La Conscience des prophètes,* París, Fayard, 1993.
121.   DRAÏ, Raphaël, *Le Mythe de la loi du talion,* París, Anthropos, 1996.
122.   DROZ, Jacques (dir.), *Histoire de l'Allemagne,* 4 vols., París, Hatier, 1970-1976 [trad. esp.: *Historia de Alemania,* Barcelona, Salvat, 1952].
123.   DRUMONT, Édouard, *La France juive, essai d'histoire contemporaine,* París, Marpon y Flammarion, 1886 [trad. esp.: *La Francia judía,* Barcelona, 1889].
124.   DUCELLIER, Alain; Michel Kaplan; Bernadette Martin, y Françoise Micheau, *Le Moyen Âge en Orient, Byzance et l'Islam,* París, Hachette, 1990.
125.   EHRENBOURG, Ilya y Vassily, Grossman, *Le Livre noir,* Arles-París, Actes-Sud-Solin, 1995.
126.   EHRENGERG, R., *Le Siècle des Fugger,* París, SEVPEN, 1955.
127.   EINZIG, Peter, *The Euro-bond market,* Londres, Macmillan, 1969.
128.   EISENBERG, Josy, *Une Histoire du peuple juif,* París, Livre de poche, 1970.
129.   EISENBERG, Josy, *Histoire moderne du peuple juif, d'Abraham à Rabin,* París, Stock, 1997.
130.   EISENBERG, Josy y Armand Abecassis, *À Bible Ouverte,* París, Albin Michel, 1978.
131.   EISENBERG, Josy y Benno Gross, *Un Messie nommée Joseph, À Bible Ouverte V,* París, Albin Michel, 1983.
132.   EISENBERG, Josy y Armand Abecassis, *Moi, le gardien de mon frère?, À Bible Ouverte III,* París, Albin Michel, 1980.
133.   ELIADE, Mircea, *Histoire des croyances et des idées religieuses,* París, Payot, 1976 [trad. esp.: *Historia de las creencias y las ideas religiosas,* Barcelona, Paidós Ibérica, 1999].
134.   EMERY, Richard W., *The Jews of Perpignan in the 13th century,* Nueva York, Columbia University Press, 1959.
135.   *Encyclopædia Judaica,* Jerusalén, Keter Publishing House, 1972.
136.   ENDERLIN, Charles, *Paix et guerres. Les secrets des négociations israëlo-arabes, 1917-1997,* París, Stock, 1997.
137.   ENGELS, Friedrich, *L'Origine de la famille, de la propriété privée et de l'État,* París, Éditions Sociales, 1971 [trad. esp.: *El origen de la familia, de la propiedad y del Estado,* parte 7a. de las obras completas, Barcelona, Planeta].
138.   ERSTEIN, I., *Studies in the Communal Life of Jews in Spain,* Nueva York, Herman Press, 1968.
139.   FAVIER, Jean, *De l'or et des épices. Naissance de l'homme d'affaires au Moyen Âge,* París, Fayard, 1987.
140.   FEINGOLD, *The Politics of Rescue,* New Brunswick Rutgers University Press, Payot, 1970.
141.   FEUERWERKER, David, *L'Émancipation des Juifs en France de l'Ancien Régime à la fin du Second Empire,* París, Albin Michel, 1976.

142. FINKIELKRAUT, Alain, "Péguy, les Juifs, l'argent", en: *L'argent*, XXVIII Coloquio de los intelectuales judíos.

143. FINOT, *Étude historique des relations entre la Flandre et l'Espagne au Moyen Âge* (Anales del Comité flamenco de Francia), París, 1899.

144. FISCHEL, W. J., "Rediscovery of the Medieval Jewish Community in Central Afghanistan", *Journal of the American Oriental Society*, vol. 85, 1965.

145. FLAUBERT, Gustave, *Carnets de voyage à Carthage*, Publicaciones de la universidad de Ruán, 1999 [trad. esp.: *Viaje a Oriente*, Madrid, Cátedra, 1993].

146. FLEG, Edmond, *Anthologie juive des origines à nos jours*, París, Flammarion, 1956.

147. FLEG, Edmond, *Moïse raconté par les sages*, París, Albin Michel, 1969 [trad. esp.: *Moisés contado por los sabios*, Basauri, Grafite, 2001].

148. FLEG, Edmond, *Anthologie de la pensée juive*, "J'ai lu", París, 1966.

149. FONTETTE, François de, *Histoire de l'antisémitisme*, París, PUF, 1993.

150. FRAENCKEL, André-Aron, "…Et ils dépouillèrent l'Égypte…", en *L'argent*, XVIII Coloquio de los intelectuales judíos.

151. FRAZER, L., *Le Bouc émissaire*, París, Laffont, 1983.

152. FREEDMAN, Maurice; James Parkes; Hannah Newstatter y Howard Brotz, *A mi - nority in Britain. Social studies of the Anglo-Jewish community*, Londres, 1955.

153. FREUD, Sigmund, *L'homme Moïse et la religion monothéiste*, París, Gallimard, 1997 [trad. esp.: *Moisés y la religión monoteísta y otros escritos sobre judaísmo y antisemitismo*, Madrid, Alianza, 2001].

154. GABLER, Neal, *An Empire of Their Own: How the Jews Invented Hollywood*, Nueva York, 1988.

155. GALL, Lothar; Gerald D. Feldman; Harold James; Carl-Ludwig Holtfrerich y Hans E. Buschgen, *The Deutsche Bank 1870*, Londres, Weidenfeld and Nicholson, 1995.

156. GARDET, Louis, *La Cité musulmane. Vie sociale et politique*, París, 1954.

157. GARELLI, Paul, *Le Proche-Orient asiatique*, París, PUF, 1974 [trad. esp.: *Próximo Oriente asiático: desde los orígenes hasta las invasiones*, Cerdanyola, Labor, 1987].

158. GEIGER, Abraham, *Das Judenthum und seine Geschichte*, Breslau, 1909.

159. GÉNESTAL, R., *Le Rôle des monastères comme établissements de crédit du XIe au XIIIe siècle*, París, 1901.

160. GEREMEK, Bronislaw, *La Potence ou la Pitié*, París, Gallimard, 1987 [trad. esp.: *La horca y la piedad: historia de la miseria y la caridad en Europa*, Madrid, Alianza, 1998].

161. GIL, M., *Les Tusturi, famille et clan*, Tel Aviv, 1981 (en hebreo).

162. GIL, M., *Land of Israel during the first Muslim Period (634-1099)*.

163. GINIEWSKI, Paul, *De Massada à Beyrouth*, París, PUF, 1983.

164. GIRARD, Patrick, *La Révolution française et les Juifs*, París, Robert Laffont, 1989.

165. GIRARD, René, *La Violence et le Sacré,* París, Grasset, 1970 [trad. esp.: *La vio - lencia y lo sagrado*, Barcelona, Anagrama, 1998].

166. GOITEIN, Salomon Dov, *Juifs et Arabes,* París, Minuit, 1957.

167. GOITEIN, Salomon Dov, Notas y traducción de *Letters of medieval Jewish tra - ders,* Princeton University Press, 1973.

168. GOLDHAGEN, Daniel, *Les Bourreaux volontaires de Hitler,* París, Seuil, 1997 [trad. esp.: *Los verdugos voluntarios de Hitler*, Madrid, Taurus, 1998].

169. GOLDMAN, Nahum, *Autobiographie. Une vie au service d'une cause,* París, Fa- yard.

170. GOMBRICH, E.H., *Warburg Aby. An Intellectual Biography,* University of Lon- don, The Warburg Institute, 1970 [trad. esp.: *Aby Warburg, una biografía*, Madrid, Alianza, 1992].

171. GOODMAN, D. y M. Miyazawa, *Jews in the Japanese Mind,* Nueva York, Free Press, 1995.

172. GOTTHEIL, R., *The Belmont-Belmonte Family,* Nueva York, 1917.

173. GOUREVICH, E., *Guide des Hassidim,* París, Le Cerf, 1988.

174. GRABOIS, Arieh, "L'abbaye de Saint-Denis et les Juifs sous l'abbatiat de Su- ger", *Annales ESC,* 24, 1969.

175. GRABOIS, Arieh, "Du crédit juif à Paris au temps de saint Louis", *Revue des Études Juives,* tomo CXXIX, París, 1970.

176. GRABOIS, Arieh, "Rôle et fonction de l'usure juive dans le système économi- que et social du monde médiéval (IXᵉ-XIVᵉ s.)", en: *La Société juive à travers l'histoire,* III.

177. GRAYZEL, Salomon, *Histoire des Juifs,* Servicio técnico para la educación, t. I, París, 1967.

178. GRAETZ, Heinrich, *Histoire des Juifs,* tomos I a V, París, Lévy, 1882-1897 [trad. esp.: *Historia del pueblo de Israel*, México, La Verdad, 1938].

179. GRÉGOIRE, abad, *Histoire des sectes religieuses,* París, Potey, 1810.

180. GRIBBEN, Mark, *Meyer Lansky, mastermind of the mob,* Nueva York, Dark Horse Multimedia, 1999.

181. GRIBETZ, Judah, Edward Greestein y Regina Stein, *Timelines of Jewish His - tory,* Nueva York, Simon and Schuster, 1993.

182. GROLLENBERG, Luc H., *Atlas de la Bible,* París, Elsevier, 1954 [trad. esp.: *Pa - norama del mundo bíblico*, Barcelona, Guadarrama, 1966].

183. GROS N. (comp)., *Economic History of the Jews,* Jerusalem Library of Jewish Knowledge, Jerusalén, Keter Publishing House, 1975.

184. GRUNEBAUM, G. E. von, *Eastern Jewry Under Islam,* Viator, 1971.

185. GUDEMANN, M. citando a Shekel (Rabí Chalom bar Isaac), *Geschichte des Er - ziehungswesen und der Cultur der Juden,* Viena 1881-1884, tomo III.

186. GUEDJ, Marc, "Argent et violence dans la loi du talion", en: *L'Argent,* XXVIII Coloquio de los intelectuales judíos.

187. GUGGENHEIM, E., *Le Judaïsme dans la vie quotidienne*, París, Albin Michel, 1992.

188. GUILLEN, P., *L'Allemagne de 1848 à nos jours*, París, Nathan, 1970.

189. HADAS-LEBEL, Mireille, "Sémite: histoire d'un mot", *L'Histoire*, octubre de 1991, núm. 148, pp. 16-18.

190. HADAS-LEBEL, Mireille, *Le Peuple hébreu*, París, Gallimard, 1998.

191. HADAS-LEBEL, Mireille, *Flavius Josèphe. Le Juif de Rome*, París, Fayard, 1985 [trad. esp.: *Flavio Josefo: el judío de Roma*, Barcelona, Herder, 1994].

192. HAMBURGER, *Realencyclopädie des Judenthums*, Leipzig, 1896.

193. HARRIS, *History of the Medieval Jews*, Nueva York, Michel, 1907.

194. HAYOUN, Maurice-Ruben, *Le Zohar aux origines de la mystique juive*, París, Noësis, 1999.

195. HEERS, Jacques, *Christophe Colomb*, París, Hachette, 1981 [trad. esp.: *Cristóbal Colón*, México, Fondo de Cultura Económica, 1994].

196. HERODOTO, *L'Enquête*, París, Gallimard, 1985.

197. HERZL, Theodor, *L'État juif,* seguido de *Essai sur le sionisme*, París, La Découverte, 1990 [trad. esp.: *El Estado Judío*, Washington, Depto. Latino Americano de la Agencia Judía, 1946].

198. HILBERG, Raul, *La Destruction des Juifs d'Europe*, París, Fayard, 1988.

199. HIRSCHBERG, H. Z., *Les Trois cycles de l'histoire des Juifs d'Afrique du Nord*, vol. 6, otoño de 1965, "Dispersion et Unité".

200. HIRSCH, Samson, *Dix neuf épîtres.*

201. HITLER, Adolf, *Mein Kampf,* trad. fr., París, Sorlot [trad. esp.: *Mi lucha*, Barcelona, Asociación Cultural Editorial Ojeda, 2004].

202. HOBSON, O. R., *How the City works*, Londres, New Chronicle Book Department, 1955.

203. HUME, David, *Histoire de l'Angleterre*, París, Didier, 1842 [trad. esp.: *Historia de Inglaterra bajo la casa Tudor*, 2 tomos, Barcelona, Orbis].

204. IANCU, Danièle y Carol, *Les Juifs du Midi. Une Histoire millénaire*, Aviñón, 1995.

205. JACOBS, J. (comp.), *Jews of Angevin England*, Tornsworth England, Gregg, 1970.

206. JACOBSON, David, "When Palestine meant Israël", *Israël Biblical Archeology Review,* mayo de 2001.

207. The Jewish Telegraphic Agency, "A Century of Vatican-Jewish Relations", *The Jewish Exponent*, Filadelfia, Jewish Publishing Group.

208. *Jews and Judaism in the United States. A Documentary History,* Nueva York, Behrman House, 1983.

209. JÖHLINGER, Otto, *Bismarck und die Juden*, Berlín, 1921.

210. JOHNSON, Paul, *Une Histoire des Juifs*, París, Lattès, 1989 [trad. esp.: *La historia de los judíos*, Barcelona, Javier Vergara, 2004].

211. JORDAN, W. C., *The French monarchy and the Jews from Philip August to Phi- lip IV,* Filadelfia, 1989.

212. FLAVIO, JOSEFO, *La Prise de Jerusalem,* Mónaco, 1965 [trad. esp.: *Obras com- pletas de Flavio Josefo,* Buenos Aires, Acervo Cultural, c 1961].

213. FLAVIO, JOSEFO, *La Guerre des Juifs contre les Romains,* París, 1968.

214. KAENNEL, Lucie, *Luther était-il antisémite?,* Ginebra, Labor et Fides, 1997.

215. KAPLAN, Joseph, *Un enseignement de l'estime,* París, Stock, 1982.

216. KARPELES, Edmond, *Sketch of Jewish History,* Filadelfia, 1898.

217. KASPI, André, *Les Juifs pendant l'Occupation,* París, Seuil, 1991

218. KASPI, André, *La guerre de Sécession,* París, Gallimard, 1992.

219. KATZ, Jacob, *Tradition and Crisis. Jewish society of the End of the Middle Age,* Glencœ, 1961.

220. KATZ, Jacob, *L'Emancipation des Juifs en Europe,* París, Hachette, 1984.

221. KATZ, Jacob, *Exclusion et tolérance: chrétiens et Juifs du Moyen Âge à l'ère des Lumières,* París, Lieu Commun, 1987.

222. KEYNES, John Maynard, *The Economic consequences of the peace,* Londres, Macmillan, 1920 [trad. esp.: *Las consecuencias económicas de la paz,* Barcelo- na, Crítica, 2002].

223. KEYNES, John Maynard, *Carl Melchior,* Collected writings, Londres, Macmi- llan, 1920.

224. KLARSFELD, Serge, *La shoah en France,* 4 vol., París, Fayard, 2001.

225. KLIER, L. y Shlomo Lambroza, *Pogroms: Anti-Jewish Violence in Modern Rus- sian History,* Cambridge University Press, 1992.

226. KOCHAN, L. (dir.), *Les Juifs en Union soviétique depuis 1917,* París, Calmann- Lévy, 1971.

227. KŒNEN, *Geschiedenis d. Juden in Nederland,* Utrecht, 1843.

228. KOLATCH, Alfred J., *Le Livre juif du pourquoi,* Ginebra, 1990

229. KRIEGEL, Annie, *Israël est-il coupable?,* París, Laffont, 1982.

230. KRIEGEL, Maurice, *Les Juifs à la fin du Moyen Âge dans l'Europe méditerranéen- ne,* París, Hachette, 1979.

231. KRIEGEL, Maurice, "Les Juifs et l'argent au Moyen Âge", Actas del XVIII Co- loquio de los intelectuales judíos de lengua francesa, París, Denoël, 1989.

232. Caja de Depósitos y Consignaciones, *La spoliation antisémite sous l'Occupa- tion: consignations et restitutions,* diciembre de 2001.

233. LAMBERT, Christian Yohanan, *Le Talmud et la littérature rabbinique,* París, Desclée de Brouwer, 1997.

234. LANDES, David, "Les Juifs dans l'économie, images et réalités, l'argent", Ac- tas del XVIII Coloquio de los intelectuales judíos de lengua francesa, París, De- noël, 1989.

235. LANDES, David, *Banquiers et pachas,* París, Albin Michel, 1993.

236. LANZMANN, Claude, *Shoah,* París, Fayard, 1986 [trad. esp: *Shoah,* Madrid, Arena libros, 2003].

237. LE BRAS, Gabriel, "Usure", *Dictionnaire de théologie catholique,* tomo XV, 2 (1950).

238. LE GOFF, Jacques, "Métiers licites et métiers illicites dans l'Occident médiéval", en: *Pour un autre Moyen Âge,* París, Gallimard, 1977.

239. LE GOFF, Jacques, *Marchands et banquiers du Moyen Âge,* París, PUF, 1972 [trad. esp.: *Mercaderes y banqueros de la Edad Media,* Madrid, Alianza, 2004].

240. LE GOFF, Jacques, *Saint Louis,* París, Gallimard, 1996.

241. *Le Juif et la France,* Catálogo de la exposición del Palacio Berlitz, 5 de septiembre de 1941-15 de enero de 1942, organizada por el Instituto de Estudios de los Asuntos Judíos, 1941.

242. LE LORRAIN, Hugues, *L'Antisémitisme est-il indigne du chrétien et du Français?,* s/e, s/a.

243. LEMANN, padre Joseph, *L'Entrée des israélites dans la société française et les États chrétiens,* París, Lecoffre, 1886.

244. LÉON, Abraham, *La Conception matérialiste de la question juive,* París, Pionniers, 1946 [trad. esp.: *Concepción materialista de la cuestión judía,* México, Juan Pablos, 1976].

245. LEROY, Béatrice, *L'Aventure séfarade,* París, Flammarion, 1991.

246. LEROY, Béatrice, *Les "Menir": une famille sépharade à travers les siècles XIIᵉ–XXᵉ),* Burdeos, CNRS, 1969.

247. *Les Juifs d'Espagne, histoire d'une diaspora 1492-1992,* Colectivo, París, Liana Levi, 1992 [trad. esp.: *Los judíos de España: historia de una diáspora, 1492-1992,* Madrid, Trotta, 1993].

248. LESLIE, D. D., "Persia or Yemen? The origin of the Kaifeng Jews", en: *Irano-Judaica,* pp. 101-111.

249. LEVINAS, Emmanuel, *De Dieu qui vient à l'idée,* París, Vrin, 1986 [trad. esp.: *De Dios que viene a la idea,* Madrid, Caparrós, 1995].

250. LEVINAS, Emmanuel, *Difficile liberté,* París, Albin Michel, 1976 [trad. esp.: *Difícil libertad,* Madrid, Caparrós, 2004].

251. LEWIS, Bernard, *Les Juifs en terre d'Islam,* París, Flammarion, 1986 [trad. esp.: *Los judíos del Islam,* Madrid, Leutrumero, 2002].

252. LEWIS, Bernard, *Sémites et antisémites,* París, 1991.

253. LIBER, Maurice, *Les Juifs et la convocation des États généraux,* Peeters, Lovaina-París, 1989.

254. LOMBARD, Maurice, *Espaces et réseaux du haut Moyen Âge,* París-La Haya, Mouton, 1972.

255. LOMBARD, Maurice, *Études d'économie médiévale,* París-La Haya, Mouton, 1971.

256.   LOMBARD, Maurice, *L'Islam dans sa première grandeur (VIf–XI ᵉs.),* París, Flammarion, 1971.

257.   LULL, Ramón, *Le Livre du Gentil et des trois sages,* Éd. de l'Éclat, 1992.

258.   LYONS, Malcon y David Jackson, *Saladin, The Politics of the holy war,* Cambridge University Press, 1997.

259.   MADARIAGA, Salvador de, *Christophe Colomb,* París, 1952 [trad. esp.: *Vida del muy magnífico señor don Cristóbal Colón,* Madrid, Espasa-Calpe, 1992].

260.   MAHARAL, Juddah Loew, *Commentaires.*

261.   MAIER, Thomas, *Newhouse: all the glitter, power, and glory of America's richest media empire and the secretive man behind it,* Nueva York, Harper Collins, 1998.

262.   MAIMONIDES, Moïse, *Le guide des égarés,* París, Verdier, 1979 [trad. esp.: *Guía de los descarriados,* Madrid, Obelisco, 1997].

263.   MALISSA, Élisabeth D., *Italy and the Jews,* Compiled and copyrighted, 2000.

264.   MALO, Charles, *Histoire des Juifs depuis la destruction de Jérusalem jusqu'à ce jour,* París, 1826.

265.   MANN, Thomas, *Joseph et ses frères. Joseph le nourricier,* París, Gallimard, 1980 [trad. esp.: *José y sus hermanos,* 4 tomos, Barcelona, Ediciones B].

266.   MARIÉJOL, Jean-H., *L'Espagne sous Ferdinand et Isabelle,* París, 1892.

267.   MARIÉJOL, Jean-H., *Histoire de la France depuis les origines jusqu'à la Révolution française,* París, 1905.

268.   MARLOWE, Christopher, *Le Juif de Malte,* traducido por H. A. Baatsch, en *L'Avant-scène, théâtre 1046,* París, 1999 [trad. esp.: *El judío de Malta Eduardo II,* Madrid, Cátedra, 2003].

269.   MARRUS, Michaël R. y Robert O. Paxton, *Vichy et les Juifs,* París, Calmann-Lévy, 1981.

270.   MARX, Karl, *La Question juive,* París, 1968 [trad. esp: *La cuestión judía,* Buenos Aires, Biblioteca Dialéctica, dirigida por Aníbal Ponce, 1936].

271.   MARX, Karl, *Le Capital,* París, 1985 [trad. esp.: *El capital,* 3 tomos, Fondo de Cultura Económica, 1946].

272.   MASSING, Paul W., *Rehearsal for Destruction,* Nueva York, 1967.

273.   MECKLEMBURG, rabí Yaacov, *Haktav ve hakabbalah.*

274.   MENDEZ BEJARANO, M., *Histoire de la Juiverie de Séville,* Madrid, 1922 [trad. esp.: *Historia de la judería de Sevilla,* Sevilla, Castillejo, 1993].

275.   MICHEL, Alain, *Racines d'Israël. 1948: Plongée dans 3000 ans d'histoire,* París, Autrement, 1998.

276.   *Michna,* tomo VIII, *Baba batra,* tomo IX, *Babakama, Babametzia, Traité Nasikin,* traducido del hebreo por R. Weil, Presses du Temps Présent, 1973.

277.   MIQUEL, Pierre, *La Grande Guerre,* París, Fayard, 1983.

278.   MISRAHI, Robert, *Marx et la question juive,* París, Gallimard, 1972.

279.   MONTAIGNE, Michel de, *De la vanité,* París, Rivages, 1989 [trad. esp.: *Sobre la vanidad y otros ensayos,* Madrid, Valdemar, 2000].

280. MONTANDON, Georges, *Comment reconnaître et expliquer le Juif?,* París, Nouvelles Éditions Françaises, 1940.

281. MONTANDON, Georges, *La Race, les races,* París, Payot, 1933.

282. MONTESQUIEU, Charles de Secondat de, *Lettres persanes,* París, 1994 [trad. esp.: *Cartas persas,* Madrid, Cátedra, 1997].

283. MORAIS, Umberto, *A Short History of anti-Semitism,* Nueva York, Norton and Co., 1976.

284. MORE, Thomas, *L'Utopie ou le Traité de la meilleure forme de gouvernement,* París, Flammarion, 1987 [trad. esp.: *Utopía,* Madrid, Alianza, 1998].

285. MORRISSON, *The Jews under Roman Rule,* Nueva York, Gallimard, 1893.

286. MORTON, F., *The Rothschilds,* Nueva York, Atheneum, 1962.

287. MUMFORD, Lewis, *La Cité à travers l'histoire,* París, Seuil, 1964 [trad. esp.: *La ciudad en la historia: Sus orígenes, transformaciones y perspectivas,* 2 tomos, Buenos Aires, Infinito, 1966].

288. NAHON, Gérard, *Les Hébreux,* París, Seuil, 1963.

289. NAHON, Gérard, "Le crédit et les Juifs dans la France du XIIIe siècle", París, *Annales ESC,* tomo XXIV, 1969.

290. NEHER, André, *Faust et le Maharal de Prague,* París, PUF, 1987.

291. NEHER, André, *David Gans (1541-1613), disciple du Maharal, assistant de Ty - cho Brahé et de Jean Kepler,* París, Klincksieck, 1974.

292. NEHER, André y Renée, *Histoire biblique du peuple d'Israël,* 2 vol., París, Maisonneuve, 1962.

293. NEHER-BERNHEIM, Renée, *Histoire juive: faits et documents, de la Renaissance à nos jours,* 4 vol., París, Klincksieck, 1971-1974.

294. NEUSNER, Jacob, *A History of The Jews in Babylonia,* Leyde, 1937.

295. NEUSNER, Jacob, *Le Judaïsme à l'aube du christianisme,* París, Cerf, 1986.

296. OUAKNIN, Marc-Alain, *Le livre brûlé: lire le Talmud,* París, Lieu commun, 1986 [trad. esp.: *El libro quemado: filosofía del Talmud,* Barcelona, Riopiedras, 1999].

297. OUAKNIN, Marc-Alain, *De génération en génération... Être Juif,* París, Bibliophane, 1989.

298. ORMESSON, Wladimir d', *La Crise mondiale de 1857,* París.

299. PALMER, *A History of the Jewish Nation,* Londres, 1874.

300. PARKES, James, *Les Juifs de la communauté médiévale,* Nueva York, Sepher-Hermon Press, 1976.

301. PARKES, Rev. Dr. James, *The Conflict of the Church and the Synagogue,* Filadelfia, Jewish Publication Society of America, 1961.

302. PAXTON, Robert O., "La Spécificité de la persécution des Juifs en France", *Annales ESC,* mayo-junio 1993, núm. 3.

303. PAXTON, Robert O., *La France de Vichy (1940-1944),* París, Seuil, 1973 [trad. esp.: *La Francia de Vichy: vieja guardia y Nuevo Orden,* Barcelona, Noguer, 1974].

304. PÉREZ, Joseph, *Isabelle et Ferdinand, Rois Catholiques d'Espagne,* París, Fayard, 1988 [trad. esp.: *Isabel y Fernando, los ReyesCatólicos,* San Sebastián, Nerea, 1997].

305. PIETRI, François, *Napoléon et les israélites,* París, Berger-Levrault, 1965.

306. PICCIOTO, *Sketches of Anglo-Jewish History,* Londres, 1875.

307. POLIAKOV, Léon, *L'envers du destin. Entretiens avec Georges Elia Sarfati,* París, De Fallois, 1989.

308. POLIAKOV, Léon, *Histoire de l'antisémitisme;* tomo I: *L'âge de la foi,* París, Calmann-Lévy [trad. esp.: *Historia del antisemitismo,* Barcelona, Muchnik, 1980-1986].

309. POLIAKOV, Léon, *Histoire de l'antisémitisme;* tomo II: *De Mahomet aux Ma - rranes,* París, Calmann-Lévy.

310. POLIAKOV, Léon, *Histoire de l'antisémitisme;* tomo III: *L'âge de la science,* París, Calmann-Lévy.

311. POLIAKOV, Léon, *Histoire de l'antisémitisme;* tomo IV: *De Voltaire à Wagner,* París, Calmann-Lévy.

312. POLIAKOV, Léon, *L'Impossible choix,* París, Austral, 1994.

313. POLIAKOV, Léon, *Les Banchieri juifs et le Saint-Siège, du XIIIe au XVIIe siècle),* París, Imprimerie National, 1965.

314. POLIAKOV, Léon, *Du Christ aux Juifs de Cour,* París, Calmann-Lévy, 1955 [trad. esp.: *De Cristo a los judíos de las cortes,* Barcelona, El Aleph, 1986].

315. POLIAKOV, Léon, *Le Mythe aryen,* París, Presses-Pocket, 1994.

316. POLIAKOV, Léon, *Bréviaire de la haine. Le IIIe Reich et les Juifs,* París, Calmann-Lévy, 1951 [trad. esp.: *El Tercer Reich y los judíos: documentos y estudios,* Barcelona, Seix Barral, 1960].

317. POLONSKI, Jacques, *La Presse, la propagande et l'opinion publique sous l'occu - pation,* París, CDJC, 1946.

318. PONCINS, Léon de, *La mystérieuse Internationale juive,* París, Beauchesne et ses fils, 1936.

319. POOL, David de Sola, *An Old Faith in the New World,* Nueva York, Columbia University Press, 1955.

320. POOL, David de Sola, *Portraits etched in stone,* Nueva York, Columbia University Press, 1966.

321. POTOK, Chaim, *Une Histoire du peuple juif,* París, Presses-Pocket, 1996.

322. PRÉVOST, Philippe, *Histoire du ghetto d'Avignon,* Aviñón, Aubanel, 1975.

323. PRIEBATSCH, Félix, *Die Judenpolitik des Fürstlichen Absolutismus im 17 & 18. Jahrhundert.*

324. PULIDO FERNANDEZ, Angel, *Espagnols sans patrie,* París, 1905 [trad. esp.: *Es - pañoles sin patria y la raza sefaradí,* Granada, Universidad de Granada, 1993].

325. RACHI, *Le Talmud, commentaires,* publicado por Adin Steinsaltz.

326. RAIZMAN, Isaac, *História dos Israelitas no Brasil,* San Pablo, 1937.

327. RAPHAEL, Freddy y Weyl, Robert, *Regards nouveaux sur les Juifs d'Alsace.*

328. RAPHAEL, Freddy, *Juifs en Alsace. Culture, société, histoire,* Tolosa, Privat, 1977.
329. RAPHAEL, Freddy, *Judaïsme et capitalisme,* París, PUF, 1982.
330. *Rapport du Congrès juif mondial,* 1938.
331. RAULT, Jean, *Drumont, la France juive et la Libre Parole,* París, Société Française d'Éditions Littéraires et Techniques, 1935.
332. READ, Donald, *The Power of News, the History of Reuters, 1849-1989,* Oxford University Press, 1992.
333. REICH, Carl, *The biography of André Meyer,* Nueva York, William Morrow and Co., 1983.
334. REINACH, Théodore, *Histoire des Israélites depuis l'époque de leur dispersion jus - qu'à nos jours,* París, Hachette, 1884.
335. REINACH, Théodore, *Textes d'auteurs grecs et romains relatifs au judaïsme,* Hildesheim, G. Olms, 1963.
336. RENAN, Ernest, *Judaïsme et christianisme,* París, Copernic, 1977.
337. RENOUARD, Yves, *Histoire de Florence,* París, PUF, 1974 [trad. esp.: *Historia de Florencia,* Buenos Aires, Eudeba, c1968].
338. RENOUARD, Yves, *Les Hommes d'affaires italiens du Moyen Âge,* París, Armand Colin, 1972.
339. RICARDO, David, *Œuvres complètes,* Zeller, 1966.
340. ROGIER, J., R. Aubert y M.-D. Knowles, *Nouvelle histoire de l'Église,* París, Seuil, 1968 [trad. esp.: *Nueva historia de la Iglesia,* Madrid, Ediciones Cristiandad, 1977].
341. ROCKEVODE, J. G. (ed.), *Chronica Jocelini de Brakelonda,* Londres, Camdem Society, 1840.
342. ROLL, Eric, *Memoirs. Crowded Hours,* Londres, 1985.
343. ROSEMBAUM, E. y A. J. Sherman, *Das Bankhaus M. M. Warburg & Co. 1798-1938,* Hamburgo, Hans Christians Verlag, 1976.
344. ROTH, Cecil, *Doña Gracia Nasi,* París, Liana Levi, 1990.
345. ROTH, Cecil, *The House of Nasi, the Duke of Naxos,* Nueva York, Greenwood Press, 1948.
346. ROTH, Cecil, *Histoire du peuple juif,* Éd. de la Terre Retrouvée, 1963.
347. ROTH, Cecil, *Histoire des marranes,* París, Liana Levi, 1990 [trad. esp.: *Historia de los Marranos,* Madrid, Altalena, 1986].
348. ROUCHE, Michel, *Le Moyen Âge en Occident,* París, Hachette, 1999.
349. ROUMANI, Maurice, *The Case of the Jews from Arab Countries: A Neglected Is - sue,* Tel-Aviv, World Organization of Jews from Arab Countries, 1977.
350. RUPPIN, Arthur, *Les Juifs dans le monde moderne,* París, Payot, 1934.
351. SAFRAN, Alexandre, *Un tison arraché aux flammes. La communauté juive de Roumanie 1939-1947, Mémoires,* París, Stock, 1987.
352. SAINT-BONNET, Georges, *Le Juif ou l'internationale du parasitisme,* París, Vita, 1932.

353. SAINT-SIMON, Henri de, *Le Nouveau Christianisme. Dialogues entre un conser - vateur et un novateur,* París, 1825 [trad. esp.: *El nuevo cristianismo,* Madrid, Centro de Estudios Políticos y Constitucionales, 1981].

354. SANTINI, P. (comp.), *Documenti di Storia Italiana,* Florencia, 1895.

355. SAPORI, Armando, *Le Marchand italien au Moyen Âge,* París, 1952.

356. SAVARY, *Dictionnaire universel du commerce.*

357. SAVILLE, Pierre, *Le Juif de Cour,* París, 1970.

358. SAYOUS, André E., *Les Débuts du commerce de l'Espagne avec l'Amérique (1503-1518),* París, 1934.

359. SAYOUS, André E., "Les Juifs", *Revue Économique Internationale,* marzo de 1932.

360. SCHACHT, H., *Mémoires d'un magicien,* 2 vols., París, Amiot-Dumont [trad. esp.: *Memorias,* Barcelona, La Academia, 1954].

361. SCHICK, L., *Un grand homme d'affaires du début du XVI siècle: Jacob Fugger,* París, SEVPEN, 1957 [trad. esp.: *Jacobo Fúcar, un gran hombre de negocios del siglo XVI,* Madrid, Aguilar, 1961].

362. SCHLATTER, *Israels Geschichte von Alexander den Grossen bis Hadrian,* Carlowitz, 1901.

363. SCHŒNBERG, Shira, *Ashkenazim.*

364. SCHOLEM, Gershom, *Aux origines religieuses du judaïsme laïc: de la mystique aux Lumières,* París, Calmann-Lévy, 2000.

365. SCHOLEM, Gershom, *On the Kabbalah and its Symbolism,* Nueva York, Schocken Books, 1969 [trad. esp.: *La cábala y su simbolismo,* Madrid, Siglo XXI, 1985].

366. SCHOLEM, Gershom, *Sabbataï Tsvi, Le Messie mystique,* París, Verdier, 1983.

367. SCHOR, Ralph, *L'Antisémitisme en France pendant les années trente: prélude à Vichy,* Bruselas, Complexe, 1992.

368. SCHÖRER (von), *A History of the Jewish People in the Time of Jesus Christ,* Nueva York, 1891.

369. SCHWARZFUCHS, Simon, *Les Juifs de France,* París, Albin Michel, 1975.

370. SCHWARZFUCHS, Simon, *Kahal. La communauté juive de l'Europe médiévale,* París, Maisonneuve et Larose, 1986.

371. SCHWARZFUCHS, Simon, *Brève histoire des Juifs de France,* París, Comptoir du Livre du Kéren Hassefer.

372. SCHWARZFUCHS, Simon, "Les Juifs de Cour", en: *La société juive à travers l'his - toire,* tomo III.

373. SCHWARZFUCHS, Simon, *Rachi de Troyes,* con un glosario de francés antiguo, a cargo de Moshé Katane, París, Albin Michel, 1991.

374. SCHWARZFUCHS, Simon, *Les Juifs d'Algérie et la France: 1855-1930,* Instituto ben-Zvi, Jerusalén, 1981.

375. SCHWARZFUCHS, Simon, *Aux prises avec Vichy,* París, Calmann-Lévy, 1998.

376. SÉDILLOT, René, *Histoire des marchands et des marchés,* París, Fayard, 1964.

377. SEGEV, Tom, *Le Septième million,* París, Liana Lévi, 1993.
378. SEGEV, Tom, *Les Premiers Israéliens,* París, Calmann-Lévy, 1998.
379. SELTZER, Robert, *Jewish People, Jewish Thought,* Nueva York, Macmillan, 1980.
380. SÉPHIPHA, H-V, *L'Agonie des Judéo-Espagnols,* París, Entente, 1979.
381. SHAKESPEARE, William, *Le Marchand de Venise,* París, Gallimard, La Pléiade, tomo I, 1975 [trad. esp.: *El mercader de Venecia,* Madrid, Cátedra, 2004].
382. SHATZMILLER, Joseph, *Le Prêt d'argent dans la société médiévale,* París, Belles Lettres, 2000.
383. SHAW, S., *Histoire de l'Empire ottoman et de la Turquie,* Horvath.
384. SHIRER, William, *L'Ascension et la chute du IIIe Reich,* trad. fr., París [trad. esp.: *Auge y caída del Tercer Reich: una historia de la Alemania Nazi,* Barcelona, Luis de Caralt, 1962].
385. SHORT, Walter, *The Exclusion of the Jews and Christians from the Arabian Pe-ninsula.*
386. SILBERSTEIN, Laurence J., "Others Within and Others Without", en: *Jewish Thought and History: Construction of Jewish Culture and Identity* ed. por Laurence J. Silberstein y Robert L. Cohen, 1994.
387. SILVAIN, Gérard, *Images et traditions juives, un millier de cartes postales,* prefacio de Alain Poher, Astrid, 1980.
388. SIRAT, Colette, *La philosophie juive médiévale en pays de chrétienté,* París, Presses du CNRS, 1988.
389. SIRAT, Colette, *La philosophie juive médiévale en terre d'islam,* París, Presses du CNRS, 1988.
390. SIRAT, René, *Les Fleurs du soleil,* París, 1991.
391. SOIL, H., *Abravanel, Don Isaac, sa vie et ses œuvres,* París, Gallimard, 1983.
392. SOMBART, Werner, *Les Juifs et la vie économique,* París, 1923.
393. SOMBART, Werner, *L'Apogée du capitalisme,* 2 vol., París, 1932 [trad. esp.: *El apogeo del capitalismo,* México, Fondo de Cultura Económica, 1946].
394. SOMBART, Werner, *Le Bourgeois. Contribution à l'histoire morale et intellectuelle de l'homme économique et moderne,* París, 1926. [trad. esp.: *El burgués. Contri-bución a la historia espiritual del hombre moderno,* Madrid, Alianza, 1998].
395. SOUTOU, Georges-Henri, "Comment a été financé la guerre de 1914", en: *La Première Guerre mondiale,* París, Flammarion, 1991, tomo II.
396. SPINOZA, Baruch, *Éthique,* París, PUF, 1990 [trad. esp.: *Obras completas,* t. 3, Buenos Aires, Acervo Cultural, 1977].
397. STARR, J., *The Jews in the Byzantine Empire,* Tarnsworth, Gregg, 1969.
398. STEIN, Siegfried, "The Laws on Interest in the Old Testament", en: *The Jour-nal of Theological Studies,* tomo IV, 1953.
399. STEIN, Siegfried, "The Development of the Jewish law on interest", en: *His-toria Judaïca,* París, 1955.

400. STEINGERG, August, *Studien zur Geschichte der Juden in der Schweiz während des mittelalters,* Zurich, 1902.

401. STEINSALTZ, Adin, *Hommes et femmes de la Bible,* París, Albin Michel, 1990.

402. STERN, Selma, *Jude Süss,* Berlín, 1929.

403. STERN, Selma, *The Court Jew, a contribution to the history of the period of absolu - tion in Central Europ Philadelphie,* Jewish Publication Society of America, 1950.

404. STERN, Fritz, *L'Or et le Fer, Bismarck, Bleischröder et la construction de l'Empi - re allemand,* París, Fayard, 1990.

405. STOLÉRU, Lionel, *Séminaire sur l'économie du judaïsme,* CUEJ, 1976.

406. SUAREZ FERNANDEZ, L., *Les Juifs espagnols au Moyen Âge,* París, Gallimard, 1983 [trad. esp.: *Judíos españoles en la Edad Media,* Madrid, Rialp, 1980].

407. TALMUD, edición francesa de Adin Steinsaltz, París, Ramsay/FSJU, 1999-2000.

408. TALMUD, editado en hebreo por el rabino Adin Steinsaltz, Jerusalén Israel Institute for talmudic publications, 1994 [trad. esp.: *Talmud,* Madrid, Alianza, 2002].

409. TAMARI, Meir, "With all your possessions", *Jewish Ethnics and Economic Life,* Nueva York, Macmillan, 1987.

410. TAWNEY, R. H., *La Religion et l'essor du capitalisme,* París, M. Rivière, 1951 [trad. esp.: *La religión en el arte del capitalismo: un estudio histórico,* Madrid, Galo Sáez: Edit. Revista de Derecho Privado, 1936].

411. TENENTI, A., *Florence à l'époque des Médicis; de la Cité à l'État,* París, Flammarion, 1968 [trad. esp.: *Florencia en la época de los Medicis,* Madrid, Axel Springer, 1985].

412. THALMANN, Rita, "La Traque des Juifs dans le contexte de la 'mise au pas' de la France", *Annales ESC,* mayo-junio de 1993, núm. 3.

413. THOMAS, Louis, *Les Raisons de l'antijudaïsme,* París, Les Documents Contemporains, 1942.

414. TOLLET, Daniel, *Histoire des Juifs en Pologne du XVIe siècle à nos jours,* París, PUF, 1992.

415. GRÉGORIO DE TOURS: *Historia Francorum,* VII, trad. fr. de Robert Latouche, París, 1965.

416. TOUSSENEL, Alphonse, *Les Juifs rois de l'époque: histoire de la féodalité finan - cière,* París, 1845.

417. TOVEY D'BLOSSIERS, *"Anglia Judaica" or the History and antiquities of the Jews in England,* Oxford, Fletcher, 1738.

418. Trabajos del Centro de Historia de las Religiones de Estrasburgo II, *Prière, mys - tique et judaïsme,* París, PUF, 1987.

419. *Dictionnaire universel français et latin (Dictionnaire de Trévoux).*

420. TRIGANO, Shmuel (dir.), *La Société juive à travers les âges,* 4 vol., París, Fayard, 1992-1993.

421. TROCMÉ, Étienne, *L'Enfance du christianisme,* París, Noësis, 1997.

422.   TUDÈLE, Benjamin de, *Voyages autour du Monde*, París, 1830.

423.   TURNER, H. A., *Stresemann and the politics of the Weimar Republic*, Princeton University Press, 1963.

424.   VAJDA, Georges, "Le rôle et la signification de l'ascétisme dans la religion juive", *Archives de sociologie des religions*, 1964.

425.   VALDMAN, Édouard, *Les Juifs et l'argent. Pour une métaphysique de l'argent*, París, 1999.

426.   VALLAT, Xavier, *Le Nez de Cléopâtre: souvenirs d'un homme de droite (1918-1945)*, París, Les Quatre Fils Aymon, 1957.

427.   VAN CLEAF, Bachman, *Peltries or plantations*, 1969.

428.   VANEIGEM, Raoul, *La Résistance au christianisme*, París, Fayard, 1993.

429.   VAUX, Roland de, *Histoire ancienne d'Israël des origines à l'installation en Canaan*, París, Gabalda, 1986 [trad. esp.: *Historia antigua de Israel*, Madrid, Ediciones Cristiandad, 1975].

430.   VAUX, Roland de, *Les Institutions de l'Ancien Testament*, París, Cerf, 1989-1991, tomo I [trad. esp.: *Instituciones del Antiguo Testamento*, Barcelona, Herder, 1993].

431.   VOLTAIRE, *Traité sur la tolérance*, Oxford, Voltaire Foundation, 1999 [trad. esp.: *Tratado de la tolerancia*, Barcelona Crítica, 1992].

432.   VOLTAIRE, *Dictionnaire philosophique*, Oxford, Voltaire Foundation, 1994 [trad. esp.: *Diccionario filosófico*, 2 tomos, Madrid, Temas de Hoy].

433.   WACHTEL, Nathan, *La Vision des vaincus. Les Indiens du Pérou devant la conquête espagnole*, París, Gallimard, 1971 [trad. esp.: *Los vencidos. Los indios del Perú frente a la conquista española*, Madrid, Alianza, 1976].

434.   WACHTEL, Nathan, *La Foi du souvenir: labyrinthes marranes*, París, Seuil, 2001 [trad. esp.: *La fe del recuerdo. Laberintos marranos*, Buenos Aires, Fondo de Cultura Económica].

435.   WARBURG, J. P., *The long road home*, Nueva York, Doubleday, 1964.

436.   WARBURG, Aby, *Essais florentins*, Klincksieck, 1990.

437.   WASSERSTEIN, Bruce, *Britain and the Jews of Europe, 1939-1945*, Oxford, Institute of Jewish affairs, 1979.

438.   WEBER, Max, *L'Étique protestante et l'esprit du capitalisme*, París, Plon, 1964 [trad. esp.: *La ética protestante y el espíritu del capitalismo*, Madrid, Alianza, 2004].

439.   WEBER, Max, *Le Judaïsme antique*, París, Plon, 1971.

440.   WEBER, Max, "La morale économique des grandes religions", *Archives de sociologie des Religions*, núm. 9, 1960.

441.   WEIDER, Ben, *Napoléon et les Juifs*, Conferencia realizada en la Sociedad Napoleónica Internacional, Alejandría, 1997.

442.   WEINGORT, Abraham, *Intérêt et crédit dans le droit talmudique*, París, Librairie de Droit et Jurisprudence, 1979.

443. WEIZMANN, Chaïm, *Naissance d'Israël*, París, Gallimard, 1957.
444. WEIZMANN, Ezer, *La Bataille pour la paix*, París, Hachette, 1981.
445. WIESEL, Élie, *La Nuit*, Minuit, 1958 [trad. esp.: *La noche*, Barcelona, El Aleph, 2002].
446. WIESEL, Élie, *Les Juifs du silence*, París, Seuil, 1966.
447. WIESEL, Élie, *Célébration biblique. Portraits et légendes*, París, Seuil, 1975 [trad. esp.: *Celebración jasídica: semblanzas y leyendas*, Salamanca, Sígueme, 2003].
448. WILTON, Robert, *Les Derniers Jours des Romanov*, París, Crès, 1931.
449. WINOCK, Michel, *Nationalisme, antisémitisme et fascisme en France*, París, Seuil, 1990.
450. WIRTH, L., *Le Ghetto*, Grenoble, PUG, 1980.
451. WIZNITZER, D., *A History of Jewish Crafts and Guilds*, Nueva York, Jonathan David, 1965.
452. WOLF, *The American Jews as Patriots, Soldiers, and Citizens*, Filadelfia, 1895.
453. YAFFE, J., *The American Jews*, Nueva York, Random House, 1968.
454. YE'OR, Bat, *The Dhimmi*, Fairleigh Dickinson University Press, 1985.
455. YE'OR, Bat, *Juifs et Chrétiens sous l'Islam*, París, Berg international, 1994.
456. YEHEIL NISSIM, Ben Samuel de Pisa, *Banking and finance among Jews in Re - naissance Italy*, ed. crít., notas de Gilbert Rosenthal, Nueva York, 1962.
457. YOVEL, Yeremiahov, *Spinoza and other heretics*, Princeton University Press, 1989.
458. ZAFRANI, Haïm, *Mille ans de vie juive au Maroc. Histoire et culture, religion et magie*, París, Maisonneuve et Larose, 1983.
459. ZAFRANI, Haïm, *Les Juifs du Maroc. Études de Taqqanot et de Responsa*, París, 1972.
460. ZANGWILL, Israël, *The Melting Pot*, Londres, Heinemann, 1919.
461. ZIPOERSTEIN, E., *Business Ethics in Jewish Law*, Nueva York, Ktav, 1983.

Diarios, revistas y sitios en Internet

462. *L'Arche*, París.
463. *Fortune*, "Lehman Bros", por AUTELLA K., 1984.
464. *Business Week*, "Warburg S. G., The exceptional survivor", 14 de marzo de 1977.
465. *Euromoney*, número especial: *A History of Eurobond Market*.
466. *Investor Chronicle*, entrevista a Siegmund Warburg, 1973.
467. *Jewish Chronicle*, Londres.
468. *Jerusalem Post*, Jerusalén.
469. *The Jewish Virtual Library*.
470. *American Jewish Year Book*, Filadelfia.
471. *Biblical Archeology Review*, Washington.
472. *Quotidien du peuple*, Pekín, 15 de diciembre de 2000.

ÍNDICE DE NOMBRES

Kahn, Alfonso, 311.
Kahn, Otto, 377, 378, 380, 385, 395, 396, 397, 407.
Kama Tanim, Abu, 155.
Kámenev, Lev Borísovich, 354.
Kant, Emmanuel, 284, 325.
Kaplan, Eliézer, 455.
Kaplansky, Shlomo, 392.
Karkuser, Hermann, 321.
Kazarinov, familia, 239.
Kellermann, François, 303.
Kepler, Johannes, 253.
Kerenski, Alexandr Fiódorovich, 402.
Keynes, John Maynard, 478.
Kiera, Esther, 227.
Kiffer, Maurice, 443.
Klimt, Gustav, 356.
Korherr, Richard, 442.
Kosciuzko, Tadeusz, 275.
Kossovsky, 349.
Kovo, Judá, 227.
Kremer, Aarón, 349.
Kronenberg, Leopold, 318, 321, 344, 345.
Krüger, Paul, 434.
Krupp, familia, 426, 429, 442.
Krupp, Fred, 324.
Kruschev, Nikita, 472.
Kuhn, Abraham, 359, 361, 365, 366, 367, 371.
Kuranda, Ignaz, 356.

La Motthe, Jacques de, 270.
La Peyrere, Isaac de, 259.
Labán, 34.
Laemmle, Carl, 414, 415.
Lambert, familia, 318.
Láñez, Diego de, 219, 220.
Lansky, Mayer, 411, 412.
Lao Tsé, 53.
Lasky, Jess, 414.

Lassalle, Ferdinand, 313.
Lauren, Ralph, 475.
Laurent-Meyer, familia, 306.
Lawrence de Arabia, 395, 396.
Lazard, Alexandre, 361.
Lazard, familia, 321, 359, 362, 366, 369, 385.
Lazard, Simon, 361.
Lazare, Bernard, 333, 334.
Lazarus, Emma, 384.
Lazarus, familia, 271, 358, 368.
Lee, general, 364.
Leffman, Behrend, 282.
Legnica, Enrique de, 200.
Lehman, Arthur, 373.
Lehman, Behrend: 282, véase Leffman, Behrend.
Lehman, Emmanuel, 362, 363, 365, 373.
Lehman, familia, 362, 365, 366, 367.
Lehman, Henry, 360, 361, 362.
Lehman, Mayer, 365.
Lehman, Philip, 373.
Leibniz, Wilhelm Gottfried, 262.
Leicester, conde de, 252.
Lems, Adrián, 268.
Lenin, Vladimir I. Ulianov, llamado, 349, 351, 353, 390, 397, 399, 400, 402, 403.
León III, 140.
León XIII, 329.
Leonard, Benny, 407.
Leonino, barón, 321.
Leopoldo, duque de Austria, 182.
Leopoldo I de Habsburgo, 248.
Leopoldo II, emperador, 286, 354.
Lesseps, Charles de, 374.
Lesseps, Ferdinand de, 370, 371, 372, 374.
Lessing, Gothold Ephraim, 284.
Levi de Barrios, Daniel, 262.

ÍNDICE GENERAL

3

Levítico

(1096/1789)

4
Números
(1789/1945)

5

Deuteronomio
(1945-)

Los judíos, el mundo y el dinero, de Jacques Attali,
se terminó de imprimir y encuadernar en mayo de 2019
en Impresora y Encuadernadora Progreso, S. A. de C. V. (IEPSA),
calzada San Lorenzo, 244; 09830 Ciudad de México.
El tiraje fue de 4 000 ejemplares.